Adobe Photoshop CC 버전 | 영문 · 한글 공용

# GTQ 포토샵

## 1급

**SD에듀**
(주)시대고시기획

# GTQ 포토샵에 관한 저자 일문일답

### 디자인 노베이스 비전공자도 GTQ 자격증 취득이 가능할까요?

디자인의 전문적인 지식을 묻는 시험이 아니기에, 포토샵 프로그램만 성실히 공부한다면 단기간 합격이 가능합니다.

### 단기간에 GTQ 자격증을 취득할 수 있는 합격 TIP이 있나요?

GTQ 자격증 시험은 필기시험 없이 오직 실기시험만으로 자격 취득이 가능한 시험입니다. 그러므로 이 책의 워밍업 정보와 기본개념을 습득한 후에는 최대한 문제를 많이 접해보는 것이 단기 합격을 위한 지름길입니다. 초반에 문제를 풀 때는 실전 모의고사 문제를 풀어보며 연습하고 시험의 감이 잡히면 기출 모의고사 문제를 풀어보며 90분 안에 편집 작업을 완료하는 것에 중점을 두어야 합니다. 연습 시에도 시간 안에 완성할 수 있다면 시험장에서는 수월히 합격의 문턱을 넘길 수 있습니다.

## GTQ 자격증을 취득하면 도전할 수 있는 직종을 알려주세요!

GTQ 자격증을 취득한 이후 도전할 수 있는 직업에는 웹 디자이너, 편집 디자이너, UX/UI 디자이너, 캐릭터 디자이너, 게임 원화가, 일러스트레이터, 그래픽 디자이너, 브랜드 디자이너, 디자인 전문 공무원 등 다양한 직업군에 도전할 수 있습니다.

## GTQ 자격증 유효기간이 있나요?

GTQ 자격증은 보수교육을 받고 갱신해야 유효기간이 연장됩니다. 보수교육을 받지 않는 경우 자격이 일시적으로 정지됩니다(자격증 자체가 없어지는 건 아닙니다). 보수교육의 조건으로는 2019년 1월 1일 이후 취득자는 취득일로부터 5년 이내 보수교육을 받아야 하고, 2018년 12월 31일 이전 취득자는 보수교육 이수 의무가 없습니다.

## GTQ 시험 시간 관리는 어떻게 할까요?

GTQ 포토샵 1급의 시험 시간은 총 90분입니다. 연습할 때는 1번 17분, 2번 13분, 3번 25분, 4번 35분을 권장하지만, 각 문제의 난이도에 따라 적정한 시간 배분 조율이 필요합니다. 그리고 실제 시험장에서는 위의 시간대로 90분을 꽉 채우기보단 혹시 모를 상황을 대비하여 5분 정도 남겨두는 것이 좋습니다. 연습할 때도 이점을 염두에 두길 바랍니다.

# 이 책의 구성

## 기본개념

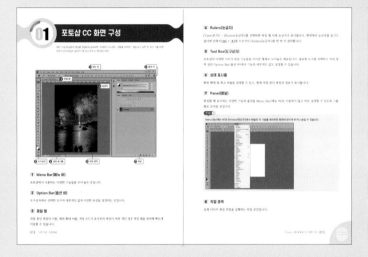

시험에 출제되는 포토샵의 기본 기능을 소개하고 설명합니다.

## 문항별 핵심 기능 익히기

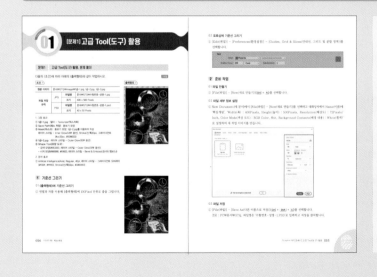

최신 출제 유형과 동일한 문제를 풀어보며 핵심 기능을 익히고 연습합니다.

## 실전 모의고사 10회 & 최신 기출 유형 모의고사 5회

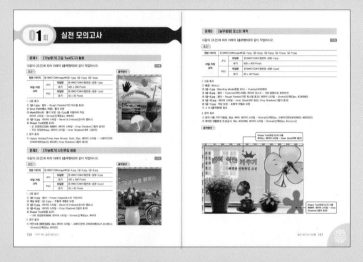

실전 및 최신 기출 유형
모의고사로 실력을 점검
할 수 있습니다.

## 해설(실전 및 최신 기출 유형 모의고사)

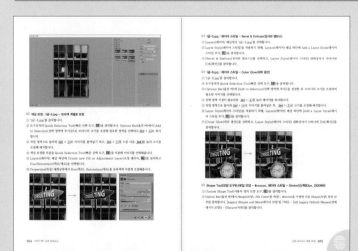

모의고사 해설을 제공해
부족한 부분을 확인하고
공부할 수 있습니다.

# 차례

## 실습 파일 다운로드

**1** 인터넷을 실행하여 시대에듀 홈페이지에 접속합니다. (www.edusd.co.kr)

**2** '로그인'을 합니다.
※ '시대에듀' 회원이 아닌 경우 [회원가입]을 클릭하여 가입한 후 로그인합니다.

**3** 홈페이지 화면 상단의 [프로그램]을 클릭합니다.

**4** 목록에서 학습에 필요한 자료 파일을 찾아 선택합니다.
※ 검색란을 이용하면 원하는 자료를 좀 더 빠르게 찾을 수 있습니다.

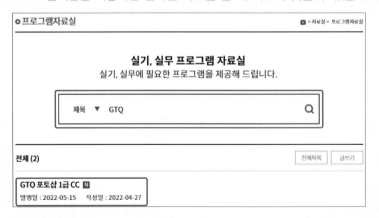

**5** 첨부된 Zip(압축 파일) 파일을 클릭하여 사용자 컴퓨터에 저장하고 압축을 해제합니다.

PART

01

# GTQ 포토샵 1급
# 워밍업

# 시험 안내

본격적인 공부를 시작하기에 앞서 GTQ의 정의와 시험 방법 및 합격 기준에 대해 간단히 알아보겠습니다.

## 1 GTQ 시험이란?

GTQ(Graphic Technology Qualification)는 컴퓨터그래픽 디자인 능력을 평가하는 국가공인자격 시험으로 남녀노소 누구나 응시 가능하며, 국내 디자인 자격 중 가장 많은 사람들이 응시하는 자격입니다. 사진 및 각종 이미지 편집, 웹 디자인 등 디자인에 있어 가장 기본이 되는 역량을 추출하고 조합해 포토샵 등의 디자인 프로그램을 활용하여 평가하고 있습니다.

## 2 GTQ 시험 문항 및 합격 기준

| 등급 | 문항 및 시험방법 | 시험 시간 | S/W Version | 합격 기준 |
|---|---|---|---|---|
| 1급 | 4문항 실무 작업형 실기시험 | 90분 | Adobe Photoshop CS4, CS6, CC(한글, 영문) | 100점 만점 70점 이상 |
| 2급 | 4문항 실무 작업형 실기시험 | 90분 | | 100점 만점 60점 이상 |
| 3급 | 3문항 실무 작업형 실기시험 | 60분 | | 100점 만점 60점 이상 |

## 3 GTQ 원서접수 및 응시료

### 01 원서접수

[https://license.kpc.or.kr] 접속 – [접수/수험표] – [원서접수 신청]

### 02 응시료

① 일반 접수

1급 : 31,000원 | 2급 : 22,000원 | 3급 : 15,000원

② 군장병 접수

1급 : 25,000원 | 2급 : 18,000원 | 3급 : 12,000원

※부가가치세 포함 및 결제대행수수료 1,000원 별도 금액

# 그림으로 보는 시험절차

GTQ 시험장 입실부터 퇴실까지의 시험 절차를 그림과 함께 자세히 살펴보겠습니다.

## 1  시험장 입실

수험표 또는 자리 배치표에 지정된 PC에 앉습니다.

## 2  컴퓨터 점검

컴퓨터를 켠 후 시스템에 문제가 있는지 확인합니다.
컴퓨터 시스템에 문제가 있다면,
감독위원에게 자리 변경을 요청합니다.

## 3  수험번호 입력

감독위원의 지시에 따라 바탕화면에 있는 [KOAS 수험자용]
프로그램을 실행합니다.
공란에 수험번호를 입력하고 [확인]을 클릭합니다.

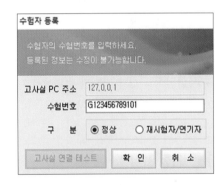

**TIP** ⭐

GTQ 시험의 수험번호는 총 13자리로 [KOAS 수험자용] 수험자 등록과 작업물의 파일명을 저장할 때도 수험번호가 필요해 시험 하루 전날 미리 암기하는 것이 좋습니다.

## 4 프로그램 확인

감독위원의 지시에 따라 바탕화면에 있는 [KOAS 수험자용] 프로그램을 실행합니다.
공란에 수험번호를 입력하고 [확인]을 클릭합니다.

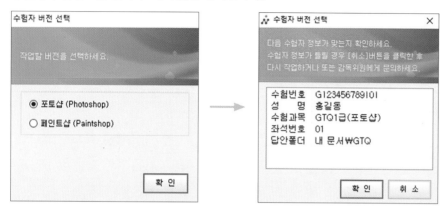

시험에서 사용할 프로그램을 선택하고 [확인]을 클릭하면 수험자 정보가 표시됩니다.
수험번호부터 성명, 수험과목 등 꼼꼼히 확인한 후 문제가 없으면 [확인]을 클릭합니다.

## 5 문제지 수령

감독위원이 문제가 기재된 출력물을 나눠주면 총 4쪽이 맞는지 쪽수를 확인하고,
인쇄가 잘못된 곳은 없는지 확인합니다.

## 6 시험 시작

시험이 시작되면, 포토샵 프로그램을 실행합니다.
혹시 모를 컴퓨터 오류를 대비해 시험 중간에 한 번씩 저장하며 작업합니다.

## 7 문제 풀이

| 파일명 | 예 |
|---|---|
| 수험번호−성명−1.jpg | G1234567−홍길동−1.jpg |
| 수험번호−성명−1.psd | G1234567−홍길동−1.psd |

문제에 기재된 이미지의 편집 작업이 모두 완료될 때마다 jpg와 psd 파일을 답안 작성요령에 맞게 저장한 후, 감독관 PC로 전송합니다.

## 8 시험 종료

시험이 끝나면 [수험자 시험 종료] 버튼을 클릭합니다.

## 9 시험장 퇴실

감독위원의 지시에 따라 시험장을 퇴실합니다.

> 합격자 발표일은 시험일로부터 3주 뒤 Kpc 자격 − [합격 확인 / 자격증 신청]에서 확인할 수 있습니다.

# 03 시험장 환경설정

시험장에 입실하면 맨 먼저 수험표 또는 자리배치표를 확인한 후 지정된 PC에 앉습니다. 그 후 감독관에게 문제지를 배부 받기 전까지 컴퓨터를 점검할 수 있는데, 이때 내가 연습했던 환경과 동일하게 포토샵을 미리 설정해 주는 것이 좋습니다.

## 1 초기화

이전 사용자가 설정해 놓은 값을 초기화하기 위하여 Ctrl + Alt + Shift 를 누른 채 마우스 포인터를 포토샵 아이콘으로 가져가 우클릭합니다. [열기(O)]를 선택하고 설정값에 대한 삭제 여부를 묻는 대화상자가 나타나면 [Yes(예)]를 클릭합니다.

**Adobe Photoshop**

Delete the Adobe Photoshop Settings File?

[ Yes ]    [ No ]

**TIP** ⭐

• 시험장의 컴퓨터는 여러 사람이 사용했기 때문에 누군가 단축키를 마음대로 바꿨을 가능성이 높고, 또 캐시 파일이 쌓여있는 이유로 프로그램이 멈추는 것을 방지하기 위해 초기화해주는 것이 좋습니다.

• 바탕화면에 포토샵 아이콘이 보이지 않을 경우 시작 메뉴줄의 [Window(시작, ⊞)]를 클릭하면 포토샵 아이콘을 바로 찾을 수 있습니다.

## 2 그리드 & 눈금자 설정

결과물의 크기, 위치, 방향 등을 《출력형태》와 동일하게 지정하기 위해서는 기준선과 눈금자가 필요합니다.

① [Edit(편집)] – [Preferences(환경설정)] – [Guides, Grid & Slices(안내선, 그리드 & 분할 영역)]를 선택합니다.

② Gridline Every(그리드라인 빈도) : 100Pixels, Subdivisions(세분) : 1로 적용합니다.

Grid

Color: ▮ Magenta

Gridline Every: 100    Pixels    Subdivisions: 1

눈금자 설정은 [Edit(편집)] – [Preferences(환경설정)] – [Units & Rulers(단위 & 눈금자)]를 선택합니다.
Rulers(눈금자)는 Pixels로 적용합니다.

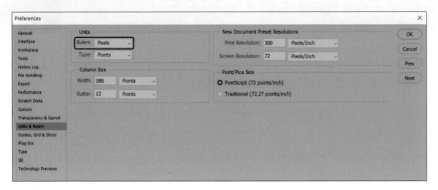

## 3 히스토리

[History(작업 내용)] 패널은 작업한 내역을 저장하고 그 내역을 확인할 수 있는 패널입니다. Menu Bar(메뉴 바)의 [Edit(편집)] – [Preferences(환경설정)] – [Performance(성능)]에서 작업 내역의 저장 횟수 설정이 가능합니다.

① [Edit(편집)] – [Preferences(환경설정)] – [Performance(성능)]를 선택합니다.

② [Preferences(환경설정)] 대화상자가 나타나면 [History & Cache(히스토리 & 캐시)]의 [History States (히스토리 스테이트)]의 값을 100으로 입력합니다.

> 기본적으로 [History States(히스토리 스테이트)]의 값은 '50'으로 설정되어 있는데, '50'은 사용자가 실행한 기록이 최대 50
> 번 저장되어 마지막 작업 시점에서 50번 전으로 되돌아 갈 수 있다는 뜻입니다. 입문자일 경우 '100'으로 변경해주는 것이 가장
> 좋습니다. 그 이상으로 설정하게 되면 컴퓨터 사양이 낮은 경우 오류가 발생할 수 있어 '100' 이하로 설정할 것을 권장합니다.

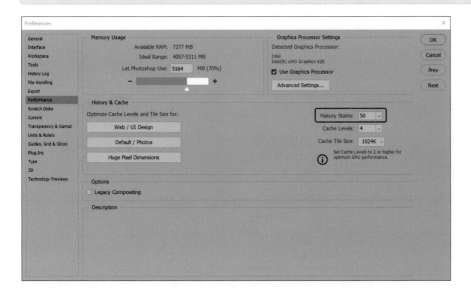

# 04 합격문을 열기 위한 요령

GTQ 시험은 90분 동안 4개의 편집 작업을 완료해야 하기에 시간이 여유롭지 않습니다. 모든 작업을 완벽하게 끝내는 것에 집착하다 보면 많은 시간을 뺏겨 작업을 완료하지 못한 채 시험장을 퇴실하는 일이 발생합니다. 세밀함이 필요한 작업에 대한 연습은 시험 합격 후 해 봐도 충분합니다. 시험장에서는 《출력형태》에 맞게 빠르게 작업하고 끝내는 것에 초점을 두어야 합니다.

## 1 Layer Style(레이어 스타일) 선택 후 → 바로 [OK(확인)] 클릭!

GTQ 시험에서 Layer Style(레이어 스타일) 적용 지문은 설정값의 상세한 조정까지 요구하지 않기 때문에 지문과 일치하는 Layer Style(레이어 스타일)을 선택한 후 대화상자에서 바로 [OK(확인)]를 클릭합니다.

> **주의** ❗
>
> Layer Style(레이어 스타일) 중 [Stroke(획/선)]의 Size(크기)를 조정해야 하는 지시가 지문에 기재되어 있을 수 있으므로 잘 살펴봐야 합니다. 그리고 [Gradient Overlay(그레이디언트 오버레이)]의 경우 《출력형태》와 각도를 비슷하게 맞추는 것이 중요합니다. 설정값이 문제지에 따로 기재되어 있지 않기 때문에 무시하고 넘어갈 경우 감점 요인이 됩니다. 정확하게 맞추는 건 차치하고 육안으로 봤을 때 《출력형태》의 각도와 비슷해 보이도록 작업합니다.

**예시** Layer Style(레이어 스타일) – [Bevel & Emboss(경사와 엠보스)]

Layer Style(레이어 스타일) 대화상자에서 [Bevel & Emboss(경사와 엠보스)]를 선택한 후, Structure(구조)와 Shading(명암)의 설정값은 그대로 둔 채 바로 [OK(확인)]를 클릭합니다.

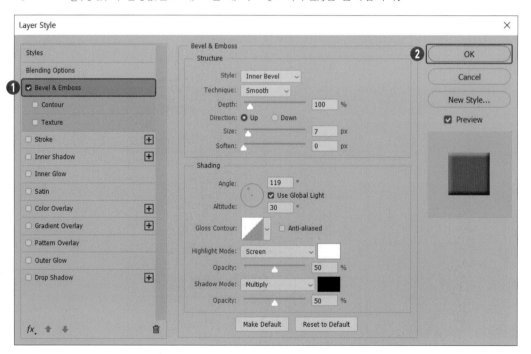

## 2 [Filter Gallery(필터 갤러리)]의 [Filter(필터)] 선택 후 → 바로 [OK(확인)] 클릭!

GTQ 시험의 이미지 편집 작업 중 자주 등장하는 [Filter Gallery(필터 갤러리)]의 [Filter(필터)] 적용 문제 역시도 Layer Style(레이어 스타일)과 동일하게 설정값 변경을 요구하지 않기 때문에 지문에서 가리키는 해당 [Filter(필터)]를 선택한 후 바로 [OK(확인)]를 클릭합니다.

> 예시 **[Filter(필터)] – [Angled Strokes(각진 선/획)]**

[Filter(필터)] – [Filter Gallery(필터 갤러리)] – [Brush Strokes(브러시 선/획)] – [Angled Strokes(각진 선/획)]을 선택하고 [OK(확인)]를 클릭합니다.

**TIP ★**

- 문제 조건에 일치하는 [Filter(필터)]를 선택한 후, 바로 [OK(확인)]를 클릭합니다.
- [Filter(필터)]는 [Filter Gallery(필터 갤러리)] 대화상자의 [Filter(필터)] 목록을 통해서 알파벳 순으로도 찾을 수 있습니다.

## 3 Pen Tool(펜 도구) 사용 → 시간이 부족할 땐 Custom Shape Tool(사용자 지정 도구)을 사용!

GTQ 시험에서 Pen Tool(펜 도구, 🖋)을 활용한 문제는 여러 번 나오는데 Pen Tool(펜 도구, 🖋) 작업에 매진한 나머지 다른 작업은 시작하지도 못한 채 미완성으로 둘 경우 불합격의 원인이 될 수도 있습니다. 그래서 시간이 부족할 때는 대체방안으로 Custom Shape Tool(사용자 정의 도구, 🖎)을 사용해 작업하기도 합니다. 아래의 예시처럼 진행할 경우 패스 부분만 감점되기 때문에 감점 점수를 상당히 줄일 수 있습니다.

**예시** Pen Tool(펜 도구) → Custom Shape Tool(사용자 점의 모양 도구) 사용, 패스 작업

Pen Tool(펜 도구, ▨)을 이용해 작업을 진행하던 중 시간이 부족할 땐, 도구상자의 Custom Shape Tool(사용자 정의 도구, ▨)을 클릭합니다. Option Bar(옵션 바)에서 문제지에 기재되어 있는 정보들로 값을 변경하고 《출력형태》와 일치하는 Shape(모양)를 찾아 작업 영역에 추가합니다.

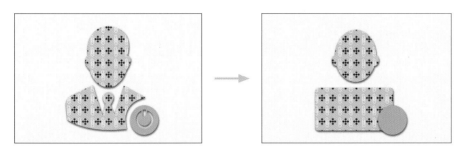

**TIP** ⭐

90분이란 짧은 시간 동안 수십 가지의 작업을 완료하려면 자주 사용하는 도구의 바로가기 키는 암기하는 것이 좋습니다.

파일 및 이미지

새 파일 만들기 : Ctrl + N              저장 : Ctrl + S
다른 이름으로 저장 : Ctrl + Shift + S       파일 열기 : Ctrl + O

보기

눈금자 표시/숨기기 : Ctrl + R            안내선 표시/숨기기 : Ctrl + :
격자 표시/숨기기 : Ctrl + "              화면 확대 : Ctrl + +
화면 축소 : Ctrl + −                   화면 자율 조정 : Alt + 스크롤

선택 및 편집

복사 : Ctrl + C                       붙여넣기 : Ctrl + V
자유 변형 : Ctrl + T                   뒤로 가기 : Ctrl + Z
전체 선택 : Ctrl + A                   선택 해제 : Ctrl + D
선택 영역 추가 : Quick Selection Tool(빠른 선택 도구, ▨) 누르고 Shift + 클릭 or 드래그
선택 영역 제외 : Quick Selection Tool(빠른 선택 도구, ▨) 누르고 Alt + 클릭 or 드래그

레이어

레이어 그룹 생성 : Ctrl + G             레이어 그룹 해제 : Ctrl + Shift + G
레이어 병합 : Ctrl + E                 레이어 복사 : Ctrl + J
클리핑 마스크 : Ctrl + Alt + G          전경색 채우기 : Alt + Delete
배경색 채우기 : Ctrl + Delete

PART

# 02

# 기본개념

# 포토샵 CC 화면 구성

화면 구성 요소들의 명칭을 확실하게 공부하면, 교재에서 지시하는 내용을 파악하기 쉽습니다. 실전 및 최신 기출 유형 모의고사의 해설에 들어가기에 앞서 반드시 확인해주세요.

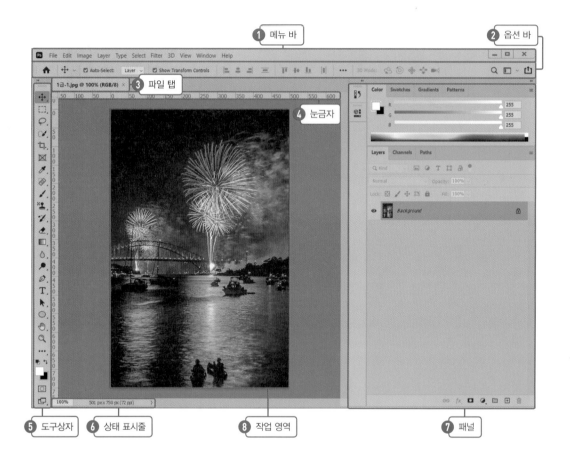

## 1 Menu Bar(메뉴 바)

포토샵에서 사용하는 다양한 기능들을 모아 놓은 곳입니다.

## 2 Option Bar(옵션 바)

도구상자에서 선택한 도구의 세부적인 값과 다양한 속성을 설정하는 곳입니다.

## 3 파일 탭

작업 중인 파일의 이름, 화면 확대 비율, 색상 모드가 표시되며 파일이 여러 개인 경우 파일 탭을 클릭해 빠르게 이동할 수 있습니다.

## 4  Rulers(눈금자)

[View(보기)] – [Rulers(눈금자)]를 선택하면 파일 탭 아래 눈금자가 표시됩니다. 화면에서 눈금자를 숨기고 싶다면 단축키(Ctrl + R)를 누르거나 [Rulers(눈금자)]를 한 번 더 클릭합니다.

## 5  Tool Box(도구상자)

포토샵의 다양한 이미지 편집 기능들을 아이콘 형태로 모아놓은 패널입니다. 필요한 도구를 선택하고 작업 영역 상단 Option Bar(옵션 바)에서 기능의 세부적인 값도 설정할 수 있습니다.

## 6  상태 표시줄

화면 확대 및 축소 비율을 설정할 수 있고, 현재 작업 중인 파일의 정보가 표시됩니다.

## 7  Panel(패널)

편집할 때 요구되는 다양한 기능과 옵션을 Menu Bar(메뉴 바)로 이동하지 않고 바로 설정할 수 있도록 그룹별로 모아둔 곳입니다.

TIP ⭐

Menu Bar(메뉴 바)의 [Window(윈도우)]에서 패널의 각 기능을 체크하면 화면에 보이게 하거나 숨길 수 있습니다.

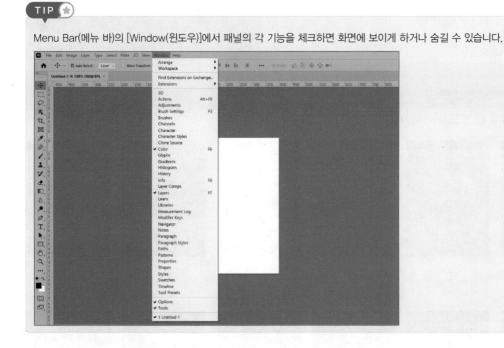

## 8  작업 영역

실제 이미지 편집 작업을 실행하는 작업 공간입니다.

# 주요 패널 소개

패널이란 편집할 때 필요한 다양한 기능과 옵션을 바로 설정할 수 있도록 그룹별로 모아둔 별도의 독립된 창입니다. 시험에 자주 사용하는 패널들의 사용 방법을 알아보겠습니다.

## 1 Layers(레이어) 패널

Layers(레이어) 패널은 현재 작업 중인 이미지에 포함된 모든 레이어 정보를 표시해주는 패널로 매우 중요한 구성 요소입니다. Layers(레이어) 패널에서 새 작업 환경을 만들면, 작업 영역과 함께 새 레이어 패널도 설정할 수 있고, [Window(윈도우)] – [Layers(레이어)]를 선택하면 화면에서 Layers(레이어) 패널을 보이게 하거나 숨길 수 있습니다.

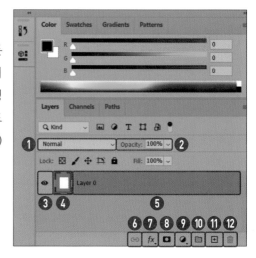

### 01 Blending Mode(혼합 모드)

선택된 레이어의 혼합 모드를 아래와 같이 설정할 수 있습니다.

Normal
(표준)

Dissolve
(디졸브)

Multiply
(어둡게)

Color Burn
(색상 번)

Darker Color
(어두운 색상)

Screen
(스크린)

Color Dodge
(색상 닷지)

Overlay
(오버레이)

Soft Light
(소프트 라이트)

Hard Light
(하드 라이트)

Divide
(분할)

Luminosity
(광도)

## 02 Opacity(불투명도)

선택된 레이어의 불투명도를 조절할 수 있습니다. 레이어는 값이 낮을수록 투명해지며 0~100%까지 값을 설정할 수 있습니다.

## 03 Indicates Layer Visibility(레이어 보기)

레이어의 눈 아이콘을 클릭하면 해당 레이어 이미지를 작업 영역에서 숨기거나 나타나게 설정할 수 있습니다.

## 04 Layer Thumbnail(레이어 썸네일)

레이어의 미리보기 화면으로 썸네일이라고도 합니다.

## 05 Layer Name(레이어 이름)

레이어를 더블 클릭하면 이름을 변경할 수 있습니다.

## 06 Link Layers(링크 레이어)

레이어가 최소 2개 이상일 경우 활성화되며, 각각의 레이어를 하나로 연결합니다.

## 07 Add a Layer Style(레이어 스타일)

선택된 레이어에 스타일을 적용합니다.

## 08 Add a Layer Mask(레이어 마스크)

레이어 마스크를 추가합니다.

## 09 Create New Fill or Adjustment Layer(조정 레이어)

보정 필터 레이어를 추가합니다.

## 10 Create a New Group(그룹 생성)

그룹 폴더를 생성합니다.

그룹 생성 단축키 Ctrl + G

## 11 Create a New Layer(레이어 생성)

새 투명 레이어를 생성합니다.

## 12 Delete Layer(레이어 삭제)

레이어를 삭제합니다.

## 2 Path(패스) 패널

Path(패스) 패널은 Pen Tool(펜 도구, ) 혹은 Custom Shape Tool(사용자 정의 도구, )을 이용해 만든 패스를 관리하는 곳입니다.

**TIP** ⭐

Menu Bar(메뉴 바)의 [Window(윈도우)] – [Path(패스)]를 선택하면 생성됩니다.

- 한 번 클릭하면 Path(패스)가 선택됩니다.
- 더블 클릭하면 이름을 지정할 수 있는 [Save Path] 대화상자가 나타납니다.

## 3 Character(문자) 패널

Character(문자) 패널은 문자에 관여하는 패널입니다.

Menu Bar(메뉴 바)의 [Type(타입)] – [Panels(패널)] – [Character Panel(문자 패널)]을 선택하면 활성화됩니다.

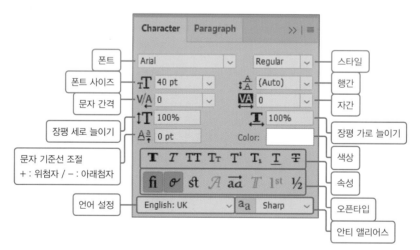

# 03 도구상자 알아보기

도구상자는 Menu Bar(메뉴 바)의 [Window(윈도우)] – [Tools(도구)]를 선택하면 화면에서 보이고, 해제하면 숨겨집니다.

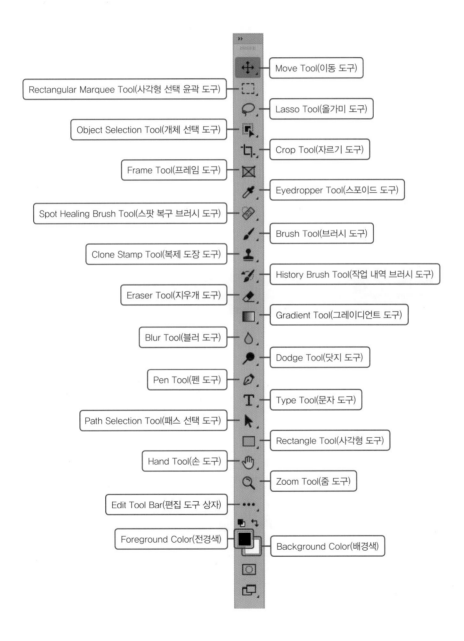

Rectangular Marquee Tool(사각형 선택 윤곽 도구)

Object Selection Tool(개체 선택 도구)

Frame Tool(프레임 도구)

Spot Healing Brush Tool(스팟 복구 브러시 도구)

Clone Stamp Tool(복제 도장 도구)

Eraser Tool(지우개 도구)

Blur Tool(블러 도구)

Pen Tool(펜 도구)

Path Selection Tool(패스 선택 도구)

Hand Tool(손 도구)

Edit Tool Bar(편집 도구 상자)

Foreground Color(전경색)

Move Tool(이동 도구)

Lasso Tool(올가미 도구)

Crop Tool(자르기 도구)

Eyedropper Tool(스포이드 도구)

Brush Tool(브러시 도구)

History Brush Tool(작업 내역 브러시 도구)

Gradient Tool(그레이디언트 도구)

Dodge Tool(닷지 도구)

Type Tool(문자 도구)

Rectangle Tool(사각형 도구)

Zoom Tool(줌 도구)

Background Color(배경색)

## 1 이동 도구

**01** Move Tool(이동 도구, V) : 선택 영역 및 레이어를 드래그나 키보드 방향키로 이동시킵니다.

**02** Artboard Tool(아트보드 도구, V) : 드래그하여 아트보드를 만듭니다.


## 2 선택 영역 설정 도구

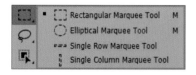

**01** Rectangular Marquee Tool(사각형 선택 윤곽 도구, M) : 클릭 및 드래그하여 사각형 모양으로 선택 영역을 만듭니다.

**02** Elliptical Marquee Tool(타원형 선택 윤곽 도구, M) : 클릭 및 드래그하여 원형 모양으로 선택 영역을 만듭니다.

**03** Single Row Marquee Tool(단일 행 선택 윤곽 도구) : 1Pixel 가로선 형태로 선택합니다.

**04** Single Column Marquee Tool(단일 열 선택 윤곽 도구) : 1Pixel 세로선 형태로 선택합니다.

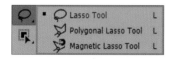

**05** Lasso Tool(올가미 도구, L) : 드래그로 자유롭게 영역을 선택합니다.

**06** Polygonal Lasso Tool(다각형 올가미 도구, L) : 다각형 형태로 클릭하면서 자유롭게 영역을 선택합니다.

**07** Magnetic Lasso Tool(자석 올가미 도구, L) : 드래그하여 이미지의 경계선을 따라 자유롭게 영역을 선택합니다.

**08** Objection Selection Tool(개체 선택 도구, W) : 개체가 있는 부분을 드래그하면 사각형의 선택 영역 안에서 자동으로 개체만 찾아 선택합니다.

**09** Quick Selection Tool(빠른 선택 도구, W) : 클릭 또는 드래그한 부분을 기준으로 색상이 비슷한 영역을 빠르게 선택할 수 있습니다.

**10** Magic Wand Tool(자동 선택 도구, W) : 한 번의 클릭으로 색상이 비슷한 영역이 한꺼번에 선택됩니다.

## 3 자르기 도구

**01** Crop Tool(자르기 도구, C) : 드래그하여 선택한 영역대로 이미지나 아트보드를 자릅니다. 원본 영역보다 크게 조정해 작업 영역의 크기를 키울 수도 있습니다.

**02** Perspective Crop Tool(원근 자르기 도구, C) : 원근감이 표현되도록 이미지나 아트보드를 자릅니다.

**03** Slice Tool(분할 영역 도구, C) : 웹 이미지를 작업하면서 이미지나 아트보드를 분할합니다.

**04** Slice Select Tool(분할 영역 선택 도구, C) : 분할된 이미지나 아트보드를 선택할 수 있습니다.

## 4 프레임 도구

**01** Frame Tool(프레임 도구, K) : 사각형과 원형의 프레임에 이미지를 넣을 수 있는 기능입니다.

## 5 색상 추출 및 기타 도구

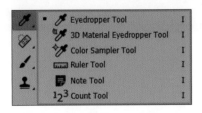

**01** Eyedropper Tool(스포이드 도구, I) : 색상을 추출하는 기능으로 클릭한 지점의 색이 전경색으로 지정됩니다.

**02** 3D Material Eyedropper Tool(3D 재질 스포이드 도구, I) : 3D 입체 개체에서 색상을 추출합니다.

**03** Color Sampler Tool(색상 샘플러 도구, I) : Info 패널에서 선택한 색상 정보를 표시합니다.

**04** Ruler Tool(눈금자 도구, I) : 이미지 길이와 각도를 측정합니다.

**05** Note Tool(메모 도구, I) : 이미지나 아트보드에 메모를 추가합니다.

**06** Count Tool(카운트 도구, I) : 클릭하여 개체 수를 표시합니다.

## 6 이미지 복구 및 보정 도구

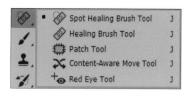

**01** Spot Healing Brush Tool(스팟 복구 브러시 도구, J): 클릭 또는 드래그하는 방식으로 특정 부분을 수정합니다.

**02** Healing Brush Tool(복구 브러시 도구, J) : 선택 영역의 주변 이미지와 같은 색상으로 자연스럽게 보정합니다.

**03** Patch Tool(패치 도구, J) : 수정하려는 부분을 선택 영역으로 지정한 다음 드래그하여 수정합니다.

**04** Content-Aware Move Tool(내용 인식 이동 도구, J) : 특정 이미지를 자연스럽게 이동할 때 사용합니다.

**05** Red Eye Tool(적목 현상 도구, J) : 눈동자의 적목 현상을 제거합니다.

## 7 브러시 도구

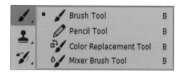

**01** Brush Tool(브러시 도구, B) : 화면을 드래그하여 브러시나 연필처럼 색을 입힐 수 있으며, 작업 중 화면에서 마우스 우클릭으로 브러시 크기, 종류, 강도 등을 빠르게 설정할 수 있습니다.

**02** Pencil Tool(연필 도구, B) : 연필로 그린 듯한 터치를 적용할 수 있으며, 작업 중 화면에서 마우스 우클릭으로 브러시 크기, 종류, 강도 등을 빠르게 설정할 수 있습니다.

**03** Color Replacement Tool(색상 대체 도구, B) : 브러시로 색상을 변경할 수 있으며, 작업 중 화면에서 마우스 우클릭으로 브러시 크기, 종류, 강도 등을 빠르게 설정할 수 있습니다.

**04** Mixer Brush Tool(혼합 브러시 도구, B) : 색상을 혼합하여 칠할 수 있으며, 작업 중 화면에서 마우스 우클릭으로 브러시 크기, 종류, 강도 등을 빠르게 설정할 수 있습니다.

**05** History Brush Tool(작업 내역 브러시 도구, Y) : 작업한 이미지의 일부분을 원래대로 복구하는데 사용하는 기능입니다.

**06** Art History Brush Tool(미술 작업 내역 브러시 도구, Y) : 회화적인 형태로 복구하는데 사용하는 기능입니다.

## 8  스탬프 도구

**01** Clone Stamp Tool(복제 도장 도구, S) : 이미지를 복제하거나 배경을 복제해 객체를 지울 때 사용합니다. Alt 를 누른 상태로 이미지의 특정 영역을 클릭하면, 그 지점이 복사되어 드래그할 때마다 도장 찍듯이 해당 부분을 복제합니다.

**02** Pattern Stamp Tool(패턴 도장 도구, S) : 반복되는 패턴을 복제합니다.

Clone Stamp Tool(복제 도장 도구, S)

Clone Stamp Tool(복제 도장 도구, 📷)은 이미지를 복제하거나 배경을 복제해서 객체를 지울 때 사용합니다. 실무에서 보정 작업 시에 자주 사용하는 기능으로 연습해두면 유용합니다.

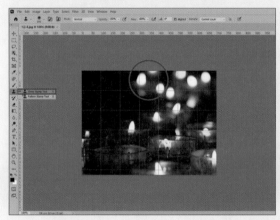
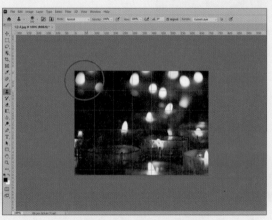

| 작업 전 | 작업 후 |

도구상자에서 Clone Stamp Tool(복제 도장 도구, 📷)을 선택하고 복제하고자 하는 특정 영역을 Alt 를 누른 상태로 클릭하면 오른쪽 이미지와 같이 해당 영역이 똑같이 복제됩니다.


## 9  지우개 도구

**01** Eraser Tool(지우개 도구, E) : 클릭 또는 드래그하여 이미지를 지웁니다.

**02** Background Eraser Tool(배경 지우개 도구, E) : 클릭 또는 드래그하여 지운 영역을 투명하게 만듭니다.

**03** Magic Eraser Tool(자동 지우개 도구, E) : 클릭한 부분을 기준으로 비슷한 색상 영역을 지웁니다.

## 10 그레이디언트 도구

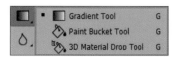

**01** Gradient Tool(그레이디언트 도구, G) : 전경색과 배경색, 혹은 여러 가지 색상을 단계적으로 혼합합니다.

**02** Paint Bucket Tool(페인트 통 도구, G) : 특정 영역을 색이나 패턴으로 채워줍니다.

**03** 3D Material Drop Tool(3D 재질 놓기 도구, G) : 3D 입체 개체를 색이나 패턴으로 채워줍니다.


## 11 밝기 조정 도구

**01** Blur Tool(블러 도구) : 이미지를 드래그하여 흐릿하게 만듭니다.

**02** Sharpen Tool(선명 효과 도구) : 이미지를 드래그하여 선명하게 만듭니다.

**03** Smudge Tool(얼룩 효과 도구) : 이미지에 뭉갠 표현을 해줍니다.

**04** Dodge Tool(닷지 도구, O) : 특정 영역을 클릭 또는 드래그하여 이미지를 밝게 만듭니다.

**05** Burn Tool(번 도구, O) : 특정 영역을 클릭 또는 드래그하여 어둡게 만듭니다.

**06** Sponge Tool(스폰지 도구, O) : 특정 영역을 클릭 또는 드래그하여 채도를 조정합니다.


## 12 펜 도구

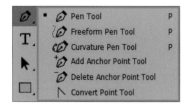

**01** Pen Tool(펜 도구, P) : 선택한 영역을 제외하고 배경을 제거할 때 사용하며 선택한 영역은 패스로 만들어져 부분적으로 수정이 가능합니다.

**02** Freeform Pen Tool(자유 형태 펜 도구, P) : 드래그하는 방향대로 패스 선이 그려집니다.

**03** Curvature Pen Tool(기준점 변환 도구, P) : 베지어 곡선을 이용하지 않아도 곡선의 패스 선을 만들 수 있습니다.

**04** Add Anchor Point Tool(기준점 추가 도구) : 패스 선에 기준점을 추가합니다.

**05** Delete Anchor Point Tool(기준점 삭제 도구) : 패스 선의 기준점을 삭제합니다.

**06** Convert Point Tool(기준점 변환 도구) : 기준점을 이용하여 변형합니다.

## 13 문자 도구

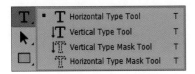

**01** Horizontal Type Tool(문자 도구, T) : 작업 영역에 글자를 입력하기 위해 사용합니다.

**02** Vertical Type Tool(세로 문자 도구, T) : 세로 방향으로 글자를 입력하기 위해 사용합니다.

**03** Vertical Type Mask Tool(세로 문자 마스크 도구, T) : 세로 방향으로 문자의 선택 영역을 만들 때 사용합니다.

**04** Horizontal Type Mask Tool(가로 문자 마스크 도구, T) : 가로 방향으로 문자의 선택 영역을 만들 때 사용합니다.

## 14 패스 선택 도구

**01** Path Selection Tool(패스 선택 도구, A) : Path(패스)를 이동시키거나 회전 및 변형해주는 기능입니다. 비슷한 기능으로 Move Tool(이동 도구)이 있습니다.

**02** Direct Selection Tool(직접 선택 도구, A) : Path(패스)를 클릭하면 선택된 Path(패스)의 점들과 기준점이 보이는데, Path(패스)의 길이와 각도를 조절하고 변형하는 데 사용됩니다.

## 15 사각형 도구

**01** Rectangle Tool(사각형 도구, U) : 사각형 모양 및 패스를 만듭니다.

**02** Rounded Rectangle Tool(모서리가 둥근 사각형 도구, U) : 모서리가 둥근 사각형 모양 및 패스를 만듭니다.

**03** Ellipse Tool(원형 도구, U) : 원형 모양 및 패스를 만듭니다.

**04** Polygon Tool(다각형 도구, U) : 다각형 모양 및 패스를 만듭니다.

**05** Line Tool(선 도구, U) : 선을 만듭니다.

**06** Custom Shape Tool(사용자 정의 모양 도구, U) : 사용자가 등록한 모양을 만들 때 사용합니다.


## 16 화면 조정 도구

**01** Hand Tool(손 도구, H) : 포토샵 작업 중 이미지가 한 화면에 다 표시되지 않을 경우 보이는 영역을 이동할 수 있습니다. 보통은 Space Bar 를 누른 채 클릭 또는 드래그하는 방법을 주로 사용합니다.

**02** Rotate View Tool(회전 보기 도구, R) : 작업 화면을 회전할 때 사용합니다.

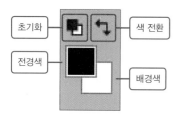


## 17 초기화

**01** Default Foreground and Background Colors(기본 전경색과 배경색, D) : 전경색은 검은색(#000000), 배경색은 흰색(#ffffff)으로 초기화할 수 있습니다.


## 18 색 전환

**01** Switch Foreground and Background Colors(전경색 배경색 전환, X) : 현재 설정된 전경색과 배경색을 서로 바꿉니다.


## 19 전경색 · 배경색

**01** Set Foreground Color(전경색) : 색상을 더블 클릭한 후 [Color Picker(색상 선택)] 대화상자가 나타나면 원하는 전경색을 지정할 수 있습니다.

**02** Set Background Color(배경색) : 색상을 더블 클릭한 후 [Color Picker(색상 선택)] 대화상자가 나타나면 원하는 배경색을 지정할 수 있습니다.

# 04 시험에서 자주 사용되는 기능들

GTQ 시험에서는 펜 도구와 선택 도구 등 다양한 도구를 이용하는 작업이 많습니다. 제한시간 안에 완벽히 작업을 끝내려면 연습을 통해 도구 사용에 익숙해져야 합니다.

## 1 Path Operations(패스 오퍼레이션)

하나의 [Path(패스)] 혹은 하나의 [Shape(모양)] 레이어에 여러 개의 [Pen Tool(펜 도구, ✏️)] 작업을 하고 싶을 때 또는 복잡한 [Shape(모양)]를 작업할 때 사용합니다.

도구상자에서 [Ellips Tool(원형 도구, ⬭)]을 선택한 다음 Option Bar(옵션 바)에서 Shape(모양)의 [Stroke(선/획)] 스타일과 [Fill(칠)]의 값을 설정할 수 있습니다.

Option Bar(옵션 바) 맨 왼쪽의 [Path Operations(패스 오퍼레이션, ⬜)] 목록 단추를 클릭하면 총 5개의 선택사항이 나타납니다.

그 중 '[Combine Shapes(모양 결합, 🖻)]', '[Subtract Front Shapes(전면 모양 빼기, 🖻)]', '[Intersect Shape Areas(모양 영역 교차, 🖻)]', '[Exclude Overlapping Shapes(모양 오버랩 제외, 🖻)]'를 아래 이미지와 함께 자세히 살펴보겠습니다.

## 01 [Combine Shapes(모양 결합, 🖻)]

아래 이미지는 원형 모양 2개를 [Combine Shapes(모양 결합, 🖻)]를 선택하여 그린 예시입니다.

① 도구상자의 Ellipse Tool(원형 도구, 🔘)을 선택합니다.

② 작업 영역에 1개의 원형 모양을 그린 후 Option Bar(옵션 바)의 맨 오른쪽 [Path Operations(패스 오퍼레이션)] 목록을 클릭하고 [Combine Shapes(모양 결합, 🖻)]를 선택합니다.

③ 기존의 원형 옆으로 나머지 1개의 원형을 추가합니다.

④ Paths(패스) 패널에서 2개의 원형 모양이 결합된 것을 확인합니다.

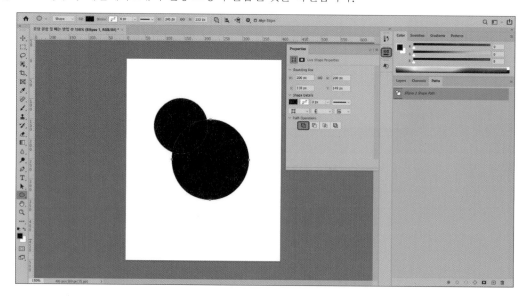

## 02 [Subtract Front Shapes(전면 모양 빼기, )]

아래 이미지는 [Subtract Front Shapes(전면 모양 빼기, )]를 선택하여 원형 모양 2개를 그린 예시입니다.

① 도구상자의 Ellipse Tool(원형 도구, )을 선택합니다.

② 캔버스에 1개의 원형 모양을 그린 후 Option Bar(옵션 바)의 맨 오른쪽 [Path Operations(패스 오퍼레이션)] 목록을 클릭하고 [Subtract Front Shapes(전면 모양 빼기, )]를 선택합니다

③ 기존의 원형 옆으로 나머지 1개의 원형을 추가합니다.

④ Paths(패스) 패널에서 새로 만든 원형 모양의 영역은 비워지고 나머지 부분만 남은 것을 확인할 수 있습니다.

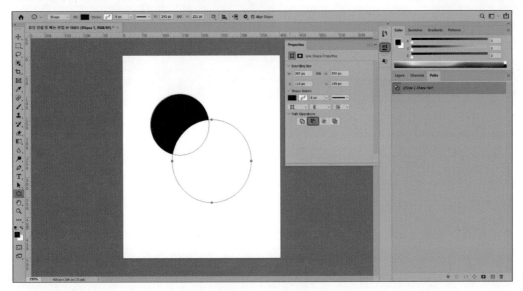

## 03 [Intersect Shape Areas(모양 영역 교차, )]

아래 이미지는 [Intersect Shape Areas(모양 영역 교차, )]를 선택하여 원형 모양 2개를 그린 예시입니다.

① 도구상자의 Ellipse Tool(원형 도구, )을 선택합니다.

② 작업 영역에 1개의 원형 모양을 그린 후 Option Bar(옵션 바)의 맨 오른쪽 [Path Operations(패스 오퍼레이션)] 목록을 클릭하고 [Intersect Shape Areas(모양 영역 교차, )]를 선택합니다.

③ 기존의 원형 옆으로 나머지 1개의 원형을 추가합니다.

④ Paths(패스) 패널에서 겹쳐진 2개의 원형 모양이 교차된 부분만 남고 나머지는 사라진 모습을 확인할 수 있습니다.

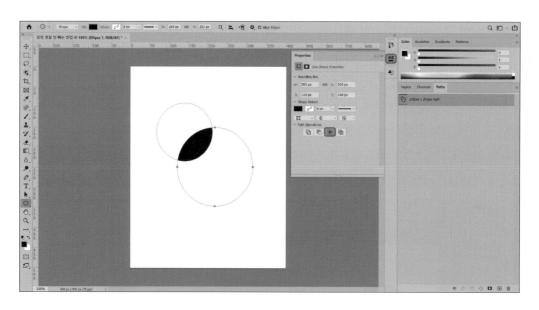

## 04 [Exclude Overlapping Shapes(모양 오버랩 제외, ⊡)]

아래 이미지는 [Exclude Overlapping Shapes(모양 오버랩 제외, ⊡)]를 선택해 원형 모양 2개를 그린 예시입니다.

① 도구상자의 Ellipse Tool(원형 도구, ◎)을 선택합니다.

② 작업 영역에 1개의 원형 모양을 그린 후 Option Bar(옵션 바)의 맨 오른쪽 [Path Operations(패스 오퍼레이션)] 목록을 클릭하고 [Exclude Overlapping Shapes(모양 오버랩 제외, ⊡)]를 선택합니다.

③ 기존의 원형 옆으로 나머지 1개의 원형을 추가합니다.

④ [Paths(패스)] 패널에서 2개의 원형 모양이 겹쳐진 부분만 제외되고 나머지 모양은 유지된 걸 확인할 수 있습니다.

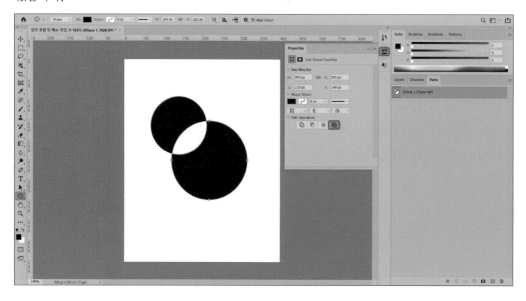

## 2  Pen Tool(펜 도구, P)로 패스 그리기

Pen Tool(펜 도구, )로 선들을 클릭 또는 드래그하여 이어 만든 영역은 직선과 곡선의 패스 및 다양한 모양을 그릴 수 있습니다.

### ① 직선 패스

시작점을 클릭한 후, 아래의 이미지처럼 삼각형 모양에 맞추어 선들을 이어 클릭합니다.

### ② 곡선 패스

처음 시작점을 클릭하여 기준점을 만듭니다. 기준점의 선을 이어 그리고 마우스를 클릭한 채 위·아래로 드래그하면 직선이었던 선이 둥근 곡선 모양으로 휘어집니다. 곡선의 길이와 방향을 조절할 수 있는 핸들을 조정해 원하는 모양으로 만들고, 진행되는 곡선의 방향을 전환할 때는 기준점에서 Alt 를 누른 채로 클릭하여 진행 방향의 핸들을 삭제한 후 연결하여 그립니다.

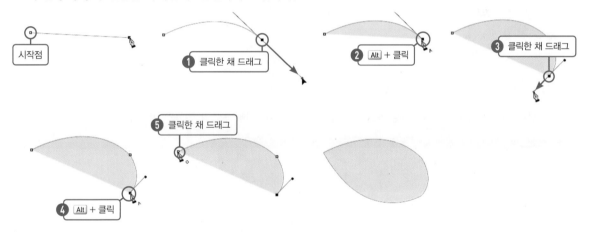

### 01 연습 예시 : 손 모양

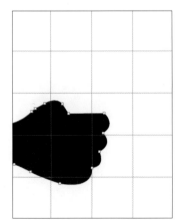

① [View] – [Show] – [Grid]를 선택하거나 단축키(Ctrl + ·)를 눌러 기준선을 작업 영역에 표시합니다.

② 도구상자에서 Pen Tool(펜 도구, ◇.)을 선택합니다.

③ Option Bar(옵션 바)의 Pen Tool(펜 도구, ◇.) 아이콘 옆에 [Path(패스)]로 되어 있다면 [Shape(모양)]로 변경합니다.

④ 시작점을 클릭하여 찍고 곡선면을 그리기 위해 '클릭 → 드래그' 합니다.

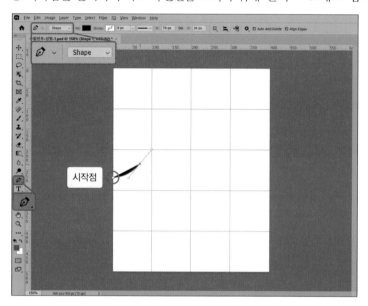

⑤ 방향을 바꾸기 위해 Alt 를 누른 채로 기준점을 클릭하여 진행 방향의 핸들을 제거합니다.

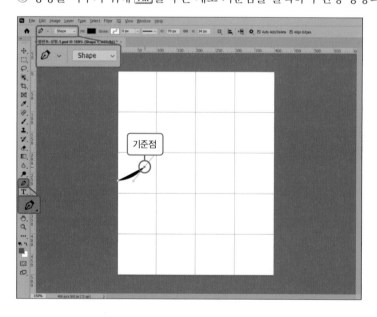

⑥ 직선 방향이나 굴곡이 덜 한 부분을 그리기 위해 '클릭 → 클릭' 합니다. 선을 이어 시작점과 기준점을 이어 줍니다.

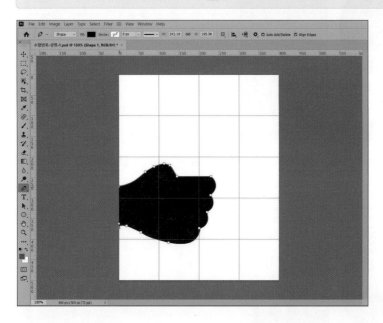

## 02 실전 예시 : 지구본 모양

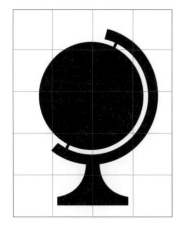

① 도구상자에서 Ellipse Tool(원형 도구, 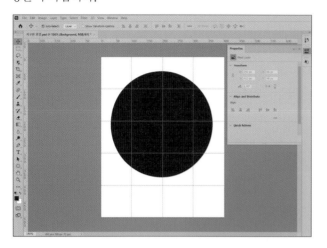)을 선택하고 Shift 를 누른 채 드래그하여 작업 영역에 원형 모양을 추가합니다.

② 상단 Option Bar(옵션 바)에서 [Exclude Overlapping Shapes(모양 오버랩 제외, 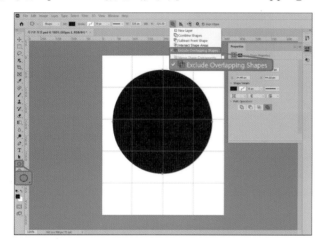)]를 클릭합니다.

③ 도구상자에서 Ellipse Tool(원형 도구, 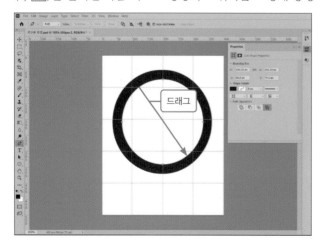)을 선택해 기존의 원 위로 드래그합니다. Move Tool(이동 도구, )을 클릭한 다음 키보드 방향키로 위치를 조정해 중앙으로 이동시킵니다.

④ 도구상자의 Pen Tool(펜 도구, ✎)이 선택된 상태에서 [Subtract Front Shapes(전면 모양 빼기, 🔲)]를 클릭합니다.

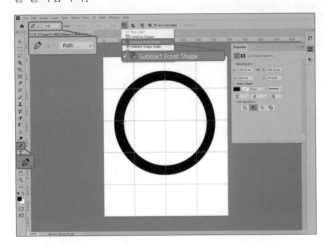

⑤ 원의 일부 영역을 지우기 위해 Pen Tool(펜 도구, ✎)로 러프하게 모양을 그려준 뒤 Delete 를 눌러 삭제합니다.

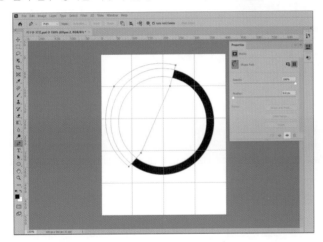

⑥ 도구상자에서 Rectangle Tool(직사각형 도구, ⬜)을 선택해 막대 모양처럼 길게 드래그한 후, Ctrl + T 를 눌러서 방향을 조절합니다.

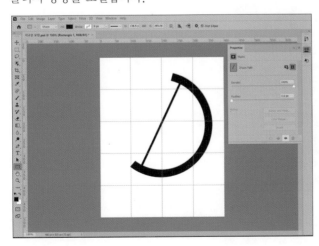

⑦ 도구상자에서 Ellipse Tool(원형 도구, 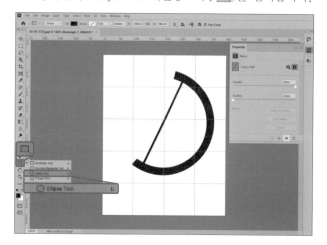)을 선택합니다.

⑧ Shift 를 눌러 《출력형태》에 맞게 드래그한 후, 키보드의 방향키로 위치를 세밀하게 조정합니다.

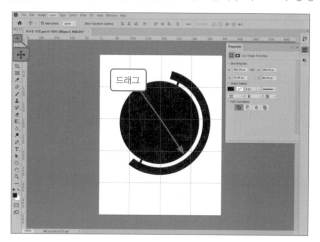

⑨ 도구상자에서 Rectangle Tool(직사각형 도구, 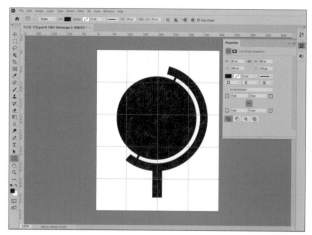)을 선택한 다음 작업 영역에 드래그하여 추가합니다.

⑩ Layers(레이어) 패널 하단에서 Create a New Layer(새 레이어 생성, ➕)를 클릭해 새 레이어를 생성한 후, 도구상자에서 Pen Tool(펜 도구, ✒️)을 선택합니다. 상단 Option Bar(옵션 바)에서 Shape(모양)로 변경합니다.

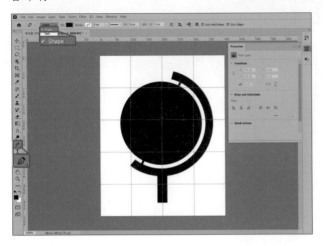

⑪ 시작점을 찍고 직선을 그릴 때는 점과 점 사이를 '클릭 → 클릭'하여 선을 잇고, 곡선을 그릴 때는 점과 점 사이를 '클릭한 채 → 드래그' 합니다.

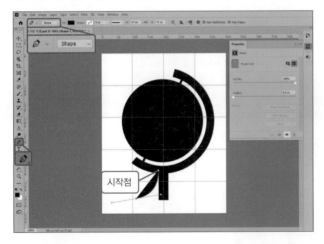

⑫ 곡선을 그리고 난 뒤, Alt 를 눌러 진행 방향의 핸들을 클릭해 제거합니다.

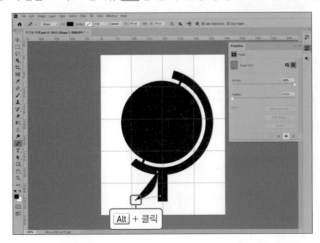

⑬ 직선을 그리기 위해 점과 점 사이를 '클릭 → 클릭'하며 이어줍니다.

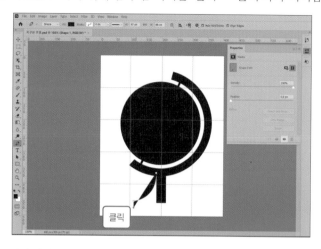

⑭ 시작점과 기준점을 이어줍니다.

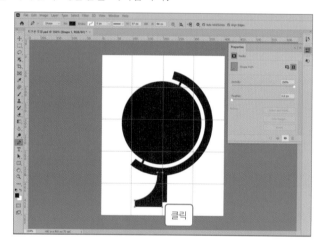

⑮ 도구상자에서 Move Tool(이동 도구, ⊕)을 선택합니다.

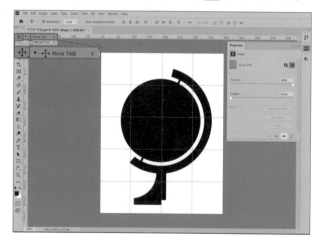

⑯ Alt를 눌러 지구본의 발을 클릭한 채 Shift도 눌러 옆 라인으로 드래그하여 복사합니다.

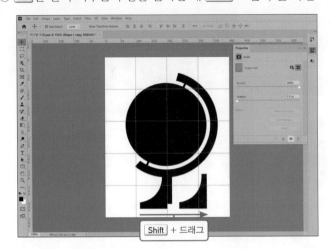

⑰ 복제된 레이어를 클릭하고 Ctrl + T를 눌러 개체를 선택한 다음 마우스 우클릭 후 [Flip Horizontal(수평 뒤집기)]를 클릭해 뒤집어 배치합니다.

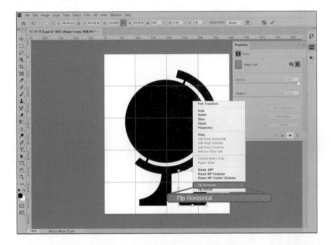

⑱ 뒤집힌 레이어는 키보드 방향키로 위치를 세밀하게 조정합니다.

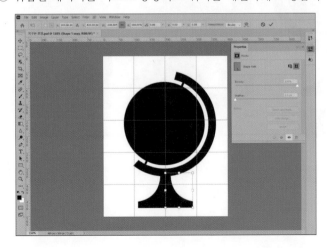

⑲ 화면의 오른쪽 Layers(레이어) 패널에서 Background(배경)를 제외한 나머지 레이어를 Shift 를 눌러 모두 선택합니다.

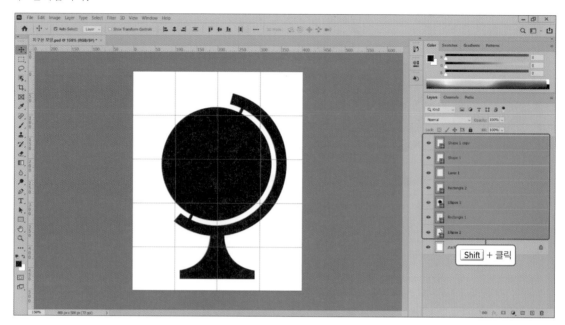

⑳ Ctrl + E 를 눌러 1개의 레이어로 병합합니다.

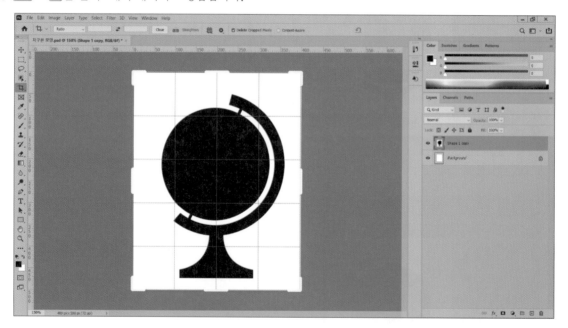

## 03 패스 저장

① 도구상자의 Pen Tool(펜 도구, )을 활용해 객체를 만듭니다.

> **주의 ❗**
> • Paths(패스)를 저장할 때 레이어는 반드시 1개로 만들어야 합니다.
> • 레이어 패널에서 Shift 를 누른 채 레이어를 모두 선택하고, Ctrl + E 로 병합합니다.

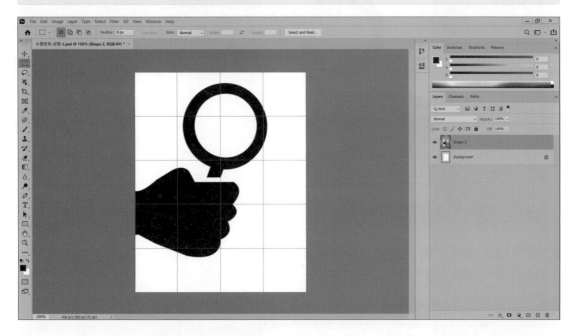

② 상단 Menu Bar(메뉴 바)의 [Window(윈도우)] – [Paths(패스)]를 선택합니다.

③ Paths(패스) 패널에서 1개로 병합된 레이어를 더블 클릭합니다.

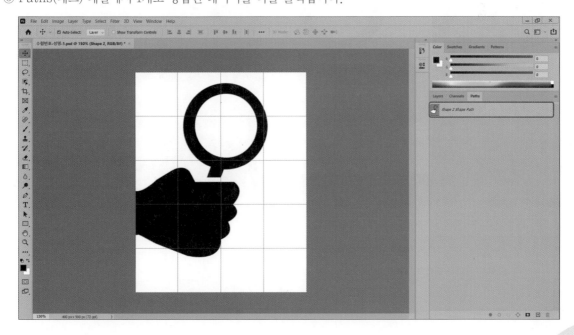

④ Save Path(패스 저장) 대화상자가 나타나면 Name(이름)을 '돋보기 모양'으로 입력하고 [OK(확인)]를 클릭합니다.

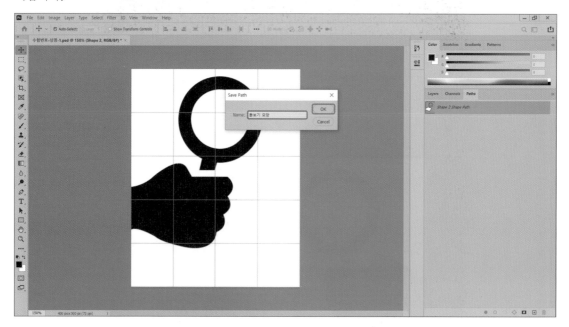

⑤ 이름이 정확히 입력되었는지 확인한 후, Layers(레이어) 패널로 돌아옵니다.

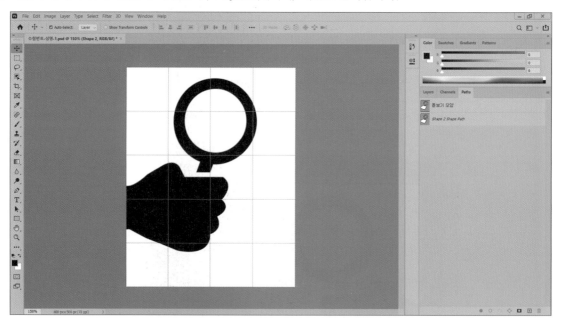

## 3  선택 도구 사용

### 01 Object Selection Tool(개체 선택 도구, W, 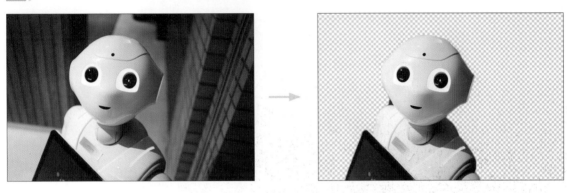)

이미지에 원하는 영역을 드래그하면 영역 내에서 개체를 자동으로 찾고 선택합니다. 배경이 복잡한 경우 사용합니다.

예시 ▷

① 도구상자에서 Object Selection Tool(개체 선택 도구, ⬚)을 클릭합니다.

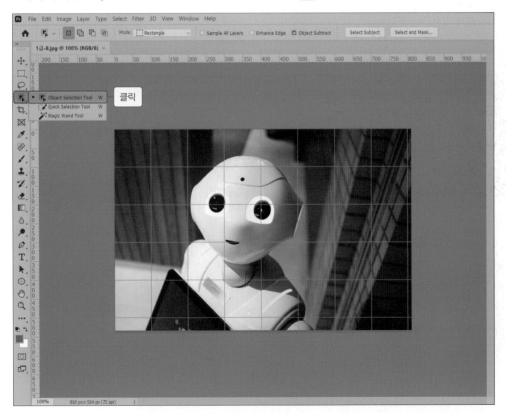

② 작업 영역에서 이미지의 원하는 영역을 드래그합니다.

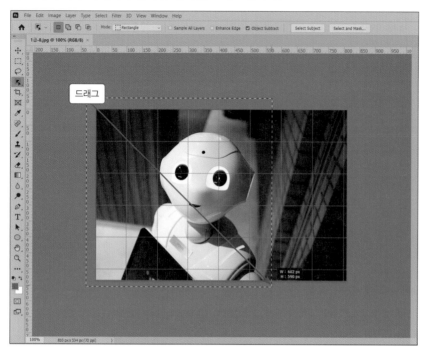

주의 ❗

개체와 배경의 색상이 비슷하면, 영역이 정확하게 선택되지 않을 수도 있습니다.

③ 자동으로 개체만 선택된 것을 확인할 수 있습니다.

## 02 Quick Selection Tool(빠른 선택 도구, W, 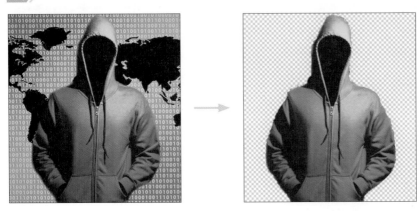)

원하는 영역을 클릭 후 드래그하면 비슷한 색상끼리 빠르게 선택됩니다. 선택 영역과 배경의 경계가 분명할 때 사용합니다.

예시 ▶

① 도구상자에서 Quick Selection Tool(빠른 선택 도구, 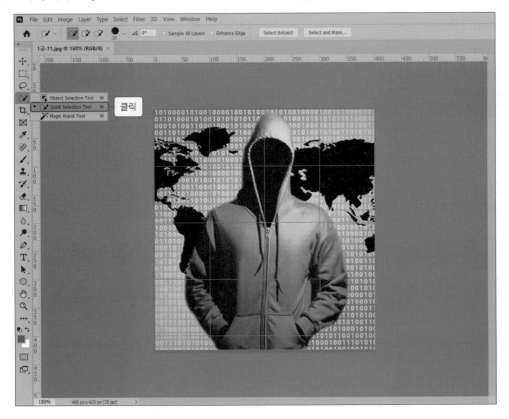)을 클릭합니다.

② 원하는 영역을 클릭 또는 드래그하여 선택합니다.

브러시의 크기는 Option Bar(옵션 바)에서 조절하거나, 단축키 ⏛(확대), ⏛(축소)를 눌러 조절할 수도 있습니다.

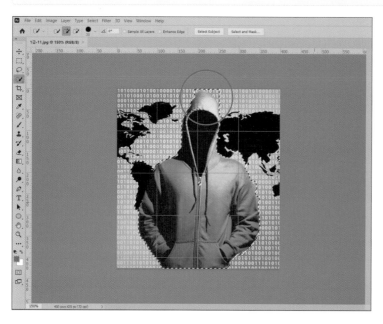

③ 불필요한 영역이 선택되었을 경우, Alt 를 누른 상태에서 제외할 부분을 클릭 또는 드래그합니다.

④ Quick Selection Tool(빠른 선택 도구, 🖌️)을 이용한 선택 영역 설정이 완료되면 작업 영역에 복사( Ctrl
+ C ), 붙여넣기( Ctrl + V )해 점선 바깥의 배경이 지워진 이미지를 확인합니다.

## 03 Magic Wand Tool(자동 선택 도구, W, )

클릭한 곳을 기준으로 비슷한 색상 영역이 모두 선택됩니다. 배경이 단색인 경우 주로 사용합니다.

예시 〉〉

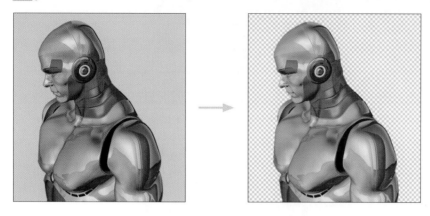

① 도구상자에서 Magic Wand Tool(자동 선택 도구, )을 클릭합니다.

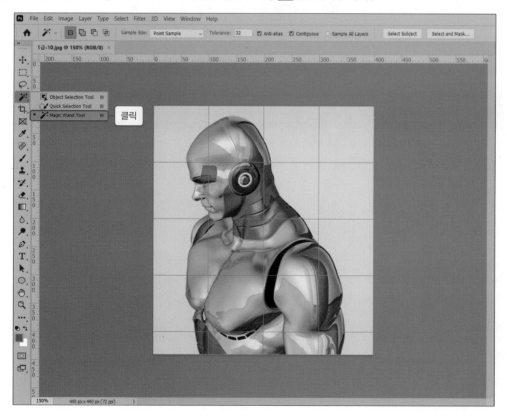

② 하늘색 배경을 클릭해 선택합니다.

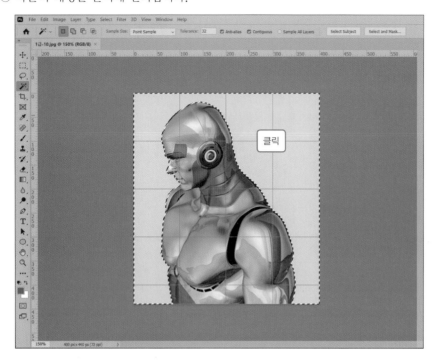

③ 선택된 배경은 Delete 를 눌러 삭제합니다.

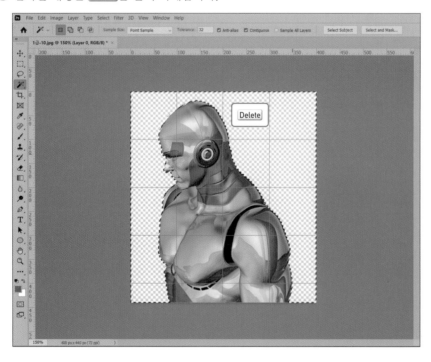

## 4 패턴(Pattern)

**01 패턴 만들기** : 장식, 클립 모양, #333366, #ffffff

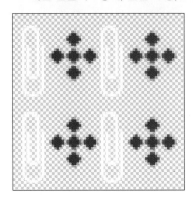

① 패턴을 만들기 위해 [File(파일)] – [New(새로 만들기)]를 선택합니다.

② [New Document(새 문서)]에서 'Width(폭) : 70Pixels, Height(높이) : 70Pixels, Resolution(해상도) : 72Pixels/Inch, Color Mode(색상 모드) : RGB Color, 8bit, Background Contents(배경 내용) : Transparent(투명색)'로 설정하여 새 작업 이미지를 만듭니다.

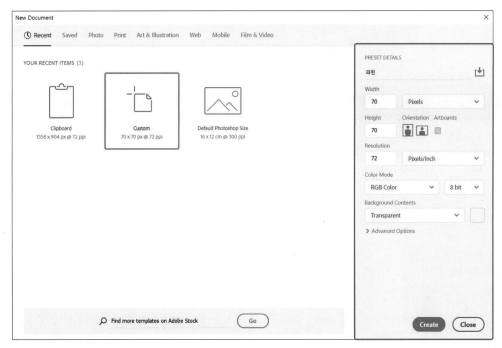

③ 도구상자의 Custom Shape Tool(사용자 모양 정의 도구, 🖉)을 클릭합니다.

④ Option Bar(옵션 바)에 [Legacy Shapes and More(레거시 모양 및 기타)] – [All Legacy Default Shapes(전체 레거시 모양)] – [Ornaments(장식)]를 선택합니다.

**TIP** ⭐

잘 보이지 않는 경우, [Window(윈도우)] – [Shapes(모양)]를 클릭하면, Shapes(모양) 패널이 나타납니다.

⑤ [Ornament 4(장식 4, ✛)]를 찾아 선택한 후 `Shift`를 눌러 드래그합니다.

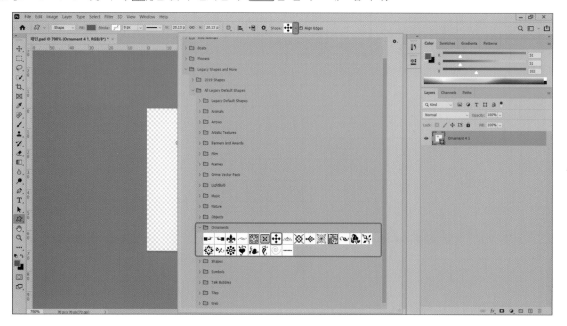

⑥ 도구상자 하단에 전경색을 더블 클릭해 [Color Piker(색상 선택)] 대화상자가 나타나면 #333366을 설정하고 [OK(확인)]를 클릭합니다. 전경색 단축키인 Alt + Delete 를 눌러 색상을 입혀줍니다.

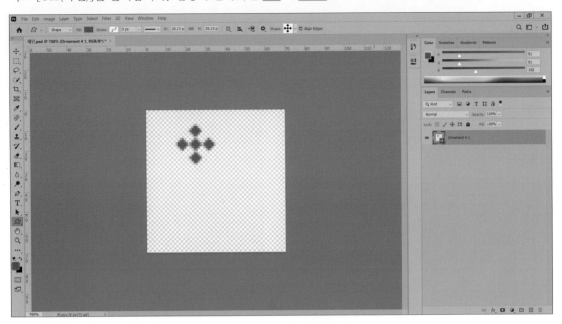

⑦ Layers(레이어) 패널 하단에서 Create a new layer(새로운 레이어 생성, 回)를 클릭합니다.

⑧ 위와 같은 방법으로 도구상자의 Custom Shape Tool(사용자 모양 정의 도구, 圖)을 클릭한 후 [Paper Clip(클립, 圖)]을 찾아 작업 영역에 추가합니다.

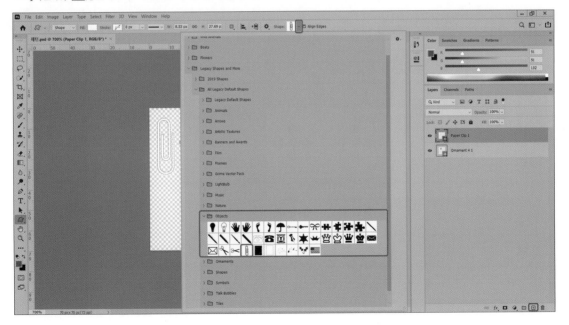

⑨ 도구상자 하단에 전경색을 더블 클릭한 후 [Color Piker(색상 선택)] 대화상자가 나타나면 #ffffff를 설정하고 [OK(확인)]를 클릭합니다. 전경색 단축키인 Alt + Delete 를 눌러 색상을 입혀줍니다.

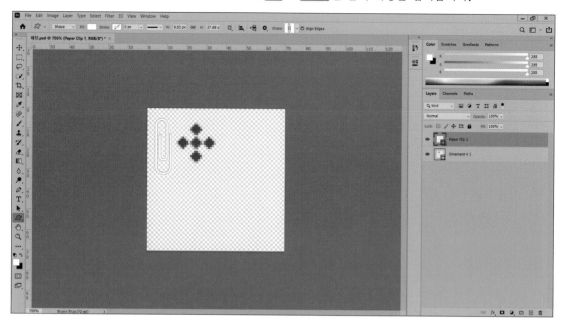

⑩ Layers(레이어) 패널에서 2개의 레이어를 Shift 를 누른 채 모두 선택합니다. 작업 영역에서 Alt 를 눌러 《출력형태》와 같이 복사합니다.

⑪ [Edit(편집)] – [Define Pattern(사용자 패턴 정의)]을 선택합니다.

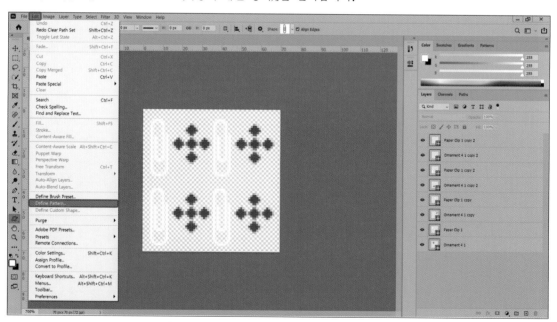

⑫ Pattern Name(패턴 이름)을 '장식, 클립 모양'으로 입력하고 [OK(확인)]를 클릭합니다.

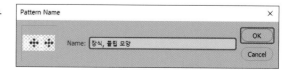

## 5  필터(Filter)

### 01 필터 갤러리(Filter Gallery)

GTQ 시험에서 필터 갤러리(Filter Gallery)를 이용한 문제는 반드시 출제되는 부분으로 시험에 자주 등장하는
필터의 위치를 미리 숙지하면 작업 시간을 단축시킬 수 있습니다.

#### ① Artistic(예술 효과)

Cutout(오려내기)

Dry Brush(드라이 브러시)

Film Grain(필름 그레인)

Paint Daubs(페인트 덥스)

Rough Pastels(거친 파스텔)

Sponge(스폰지)

② Brush Strokes(브러시 선/획)

Accented Edges(강조된 가장자리)

Crosshatch(그물눈)

Sprayed Strokes(스프레이 선)

③ Sketch(스케치 효과)

Water Paper(워터 페이퍼)

Patchwork(패치워크)

Texturizer(텍스처화)

**주의** ❗

본문에 나열된 필터는 GTQ 시험에 자주 등장하는 필터입니다. 반드시 숙지하길 바라며 이외에도 필터 갤러리(Filter Gallery)의 다양한 필터들을 이용해 연습해 보시길 바랍니다.

PART

03

# 핵심개념

# [문제1] 고급 Tool(도구) 활용

| 문제1 | 고급 Tool(도구) 활용, 문제 풀이 |
|---|---|

다음의 〈조건〉에 따라 아래의 《출력형태》와 같이 작업하시오.

`20점`

`조건 ⌐`

| 원본 이미지 | 문서\GTQ\image\1급−1.jpg, 1급−2.jpg, 1급−3.jpg | | |
|---|---|---|---|
| 파일 저장 규칙 | JPG | 파일명 | 문서\GTQ\수험번호−성명−1.jpg |
| | | 크기 | 400 x 500 Pixels |
| | PSD | 파일명 | 문서\GTQ\수험번호−성명−1.psd |
| | | 크기 | 40 x 50 Pixels |

`출력형태 ⌐`

1. 그림 효과

① 1급−1.jpg : 필터 − Texturizer(텍스처화)

② Save Path(패스 저장) : 돋보기 모양

③ Mask(마스크) : 돋보기 모양, 1급−2.jpg를 이용하여 작성
  레이어 스타일 − Inner Glow(내부 광선), Stroke(선/획)(3px, 그레이디언트
        (#cc33cc, #006633))

④ 1급−3.jpg : 레이어 스타일 − Outer Glow(외부 광선)

⑤ Shape Tool(모양 도구) :
  − 검색 모양(#663333, 레이어 스타일 − Outer Glow(외부 광선))
  − 시계 모양(#666666, #ff9933, 레이어 스타일 − Bevel & Emboss(경사와 엠보스))

2. 문자 효과

① Artificial Intelligence(Arial, Regular, 40pt, 레이어 스타일 − 그레이디언트 오버레이
  (#ff33ff, #ffff00), Stroke(선/획)(2px, #330000))

## 1 기준선 그리기

### 01 《출력형태》에 기준선 그리기

① 연필과 자를 이용해 《출력형태》에 100Pixel 단위로 줄을 그립니다.

## 02 포토샵에 기준선 그리기

① [Edit(편집)] - [Preferences(환경설정)] - [Guides, Grid & Slices(안내선, 그리드 및 분할 영역)]를 선택합니다.

## 2 준비 작업

### 01 파일 만들기

① [File(파일)] - [New(새로 만들기)](Ctrl + N)를 선택합니다.

### 02 파일 세부 정보 설정

① New Document(새 문서)에서 Name(이름)에 '핵심개념', 'Width(폭) : 400Pixels, Height(높이) : 500Pixels, Resolution(해상도) : 72Pixels/Inch, Color Mode(색상 모드) : RGB Color, 8bit, Background Contents(배경 내용) : White(흰색)'로 설정하여 새 작업 이미지를 만듭니다.

### 03 파일 저장

① [File(파일)] - [Save As(다른 이름으로 저장)](Ctrl + Shift + S)를 선택합니다.
경로 : PC\문서\GTQ, 파일명은 '수험번호-성명-1.psd'로 입력하고 저장을 클릭합니다.

#### 04 사용된 원본 이미지 열기

① [File(파일)] – [Open(열기)]을 선택합니다.

경로 : 문서\GTQ\Image\1급-1.jpg, 1급-2.jpg, 1급-3.jpg 총 3개의 jpg 파일을 Shift 를 누른 채
모두 선택하고, [열기( O )]를 클릭합니다.

## 3  그림 효과 적용

#### 01 1급-1.jpg : 필터 – Texturizer(텍스처화)

① '1급-1.jpg'를 클릭합니다.

② '1급-1.jpg'를 전체 선택(Ctrl + A ) 후 Ctrl + C 를 눌러 복사합니다. 작업 영역으로 돌아와 붙여넣기(Ctrl
+ V )합니다.

③ Ctrl + T 를 눌러 《출력형태》와 비교해가며 이미지의 크기와 위치를 조정하고 Enter 를 눌러줍니다.

④ [Filter(필터)] – [Filter Gallery(필터 갤러리)] – [Texture(텍스처)] – [Texturizer(텍스처화)]를 선택
하고 [OK(확인)]를 클릭합니다.

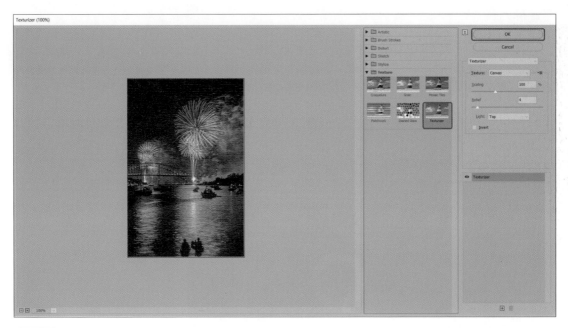

[Filter Gallery(필터 갤러리)] 대화상자의 오른쪽 [Cancel(취소)] 버튼 아래 목록 단추를 클릭하면 필터 갤러리의 모든 필터가 알파벳 순으로 정렬되어 있습니다.

## 02 Save Path(패스 저장) : 돋보기 모양

① Layers(레이어) 패널 하단에서 Create a new layer(새 레이어 생성, )를 클릭합니다.

② 도구상자에서 Pen Tool(펜 도구, ∅.)을 클릭합니다.

③ 상단 Option Bar(옵션 바)의 Pen Tool(펜 도구, ∅.) 아이콘 옆에 [Path(패스)]를 [Shape(모양)]로 변경하고 외곽을 그립니다.

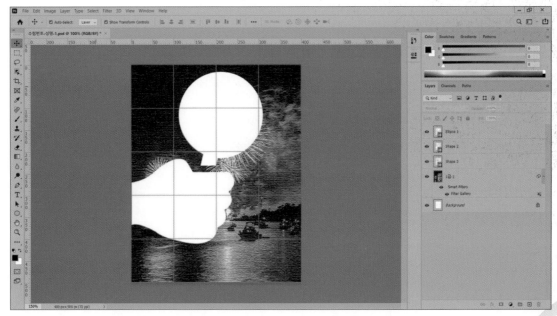

Path(패스)는 러프하게 클릭해 그리면 쉽게 그릴 수 있습니다. 원형 부분은 도구상자의 Ellipse Tool(원형 도구, ⬤)을 활용합니다. Path(패스)를 끊어서 그리다 보면 Layer(레이어)가 여러 개로 생성될 경우가 있는데, 이때 [Shift]를 누른 채 레이어 패널의 패스 레이어를 모두 선택한 후 [Ctrl] + [E]를 누르면 1개의 레이어로 병합됩니다.

④ 도구상자에서 Ellipse Tool(원형 도구, ⬤)을 클릭하고 상단 Option Bar(옵션 바)에서 [Exclude Overlapping Shapes(모양 오버랩 제외, ⬚)]를 선택해 기존의 원형 중앙에 제외할 원형을 1개 그립니다.

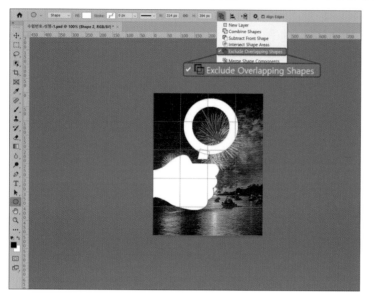

⑤ Menu Bar(메뉴 바)에서 [Paths(패스)]를 클릭합니다.

⑥ Paths(패스) 패널에서 병합된 레이어를 더블 클릭합니다.

⑦ Save Path(패스 저장) 대화상자가 나타나면 Name(이름)을 '돋보기 모양'으로 입력한 후 [OK(확인)]를 클릭합니다.

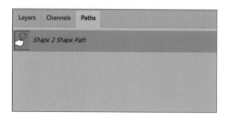

⑧ Paths(패스) 패널에서 다시 Layers(레이어) 패널로 돌아옵니다.

## 03 Mask(마스크) : 돋보기 모양, 1급-2.jpg를 이용하여 작성

① 만들어진 패스에 클리핑 마스크 작업을 하기 위해 '1급-2.jpg'를 클릭합니다.

② '1급-2.jpg'를 전체 선택([Ctrl] + [A])한 후 [Ctrl] + [C]를 눌러 복사합니다. 작업 영역으로 돌아와 Shape(모양) 위에 붙여넣기([Ctrl] + [V])합니다.

③ 가져온 '1급-2.jpg'가 선택된 상태에서 마우스 우클릭 후 Create Clipping Mask(클리핑 마스크 만들기)
　를 선택하거나 또는 Ctrl + Alt + G를 눌러줍니다.

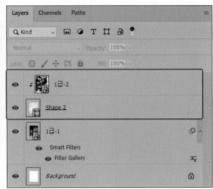

④ Ctrl + T를 눌러 《출력형태》와 비교해가며 크기와 위치를 조정하고 Enter를 눌러줍니다.

⑤ Layer Style(레이어 스타일)을 적용하기 위해, Layers(레이어) 패널 하단에 Add a Layer Style(레이어
　스타일 추가, fx)을 클릭합니다.

⑥ [Inner Glow(내부 광선)]와 [Stroke(선/획)]를 선택해 Size(크기) : 3px, Fill Type(칠 유형) : Gradient
　(그레이디언트)로 설정합니다.

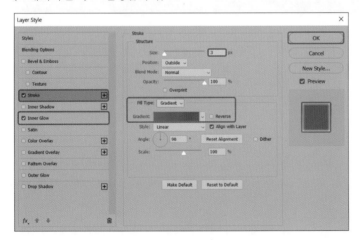

⑦ 이어서 Gradient 색상을 더블 클릭한 다음 [Gradient Editor(그레이디언트 편집)] 대화상자가 나타나면
　[Color Stop(색상 정지점)]의 왼쪽과 오른쪽 색상을 각각 '#cc33cc'와 '#06633'으로 설정한 뒤 [OK(확인)]
　를 클릭합니다.

**04 1급-3.jpg : 레이어 스타일 – Outer Glow(외부 광선)**

① '1급-3.jpg'를 클릭합니다.

② 도구상자에서 Quick Selection Tool(빠른 선택 도구, [아이콘])을 클릭합니다.

③ Options Bar(옵션 바)에 [Add to Selection(선택 영역에 추가)]을 설정한 후 브러시의 크기를 조정하며 필요한 이미지를 선택합니다.

**TIP** ⭐

이미지를 선택하는 도구에는 제한이 없습니다.
Pen Tool(펜 도구, [아이콘]), Polygonal Lasso Tool(다각형 올가미 도구, [아이콘]), Quick Selection Tool(빠른 선택 도구, [아이콘]), Magic Wand Tool(마술봉 도구, [아이콘]) 등으로 여러 번 연습해 보고 본인에게 맞는 편리한 도구를 사용합니다.

④ 선택 영역 지정이 완료되면 Ctrl + C를 눌러 레이어를 복사합니다.

⑤ 작업 영역으로 돌아와 Ctrl + V로 이미지를 붙여넣은 후, Ctrl + T로 크기를 조정해 배치합니다.

⑥ Layer Style(레이어 스타일)을 적용하기 위해, Layers(레이어) 패널 하단에 Add a Layer Style(레이어 스타일 추가, fx.)을 클릭합니다.

⑦ [Outer Glow(외부 광선)]를 선택한 후, Layer Style(레이어 스타일) 대화상자에서 [OK(확인)]를 클릭합니다.

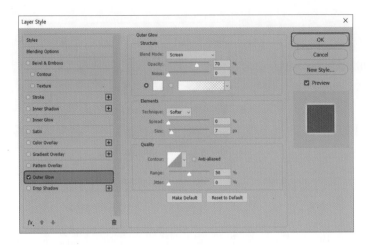

⑧ Ctrl + T를 눌러 마우스 우클릭 후 [Flip Horizontal(수평 뒤집기)]로 뒤집어 배치합니다.

**05** Shape Tool(모양 도구)(검색 모양 – #663333, 레이어 스타일 – Outer Glow(외부 광선), (시계 모양 – #666666, 레이어 스타일 – Bevel & Emboss(경사와 엠보스))

① 도구상자의 Custom Shape Tool(사용자 모양 정의 도구, 🔯)을 클릭합니다.

② Option Bar(옵션 바)에서 Shape(모양), Fill Color(칠 색상) : #663333을 지정한 다음 Shape(모양) 목록 단추를 클릭합니다. [Legacy Shapes and More(레거시 모양 및 기타)] – [All Legacy Default Shapes(전체 레거시 모양)] – [Web(웹)]을 클릭합니다.

> **TIP** ⭐
>
> Shape(모양)에 색상을 지정하는 방법은 2가지가 있습니다. Shape(모양)를 추가하기 전과 후로 색상 바꾸는 연습을 모두 해 보고 더 편한 방법을 선택해 주세요.
>
> ① 작업 영역에 Shape(모양)를 추가하기 전 Custom Shape Tool(사용자 정의 모양 도구, 🔯)의 Option Bar(옵션 바) – Fill Color(칠 색상)에서 색상을 지정할 수 있습니다.

② 작업 영역에 Shape(모양)를 추가한 후, 도구상자 하단의 전경색을 더블 클릭합니다. Color Picker(색상 선택) 대화상자가 나타나면 문제에서 지시하는 색상값을 설정한 후 [OK(확인)]를 클릭합니다. Shape(모양)에 색을 입히기 위해 전경색 단축키인 Alt + Delete 를 눌러줍니다.

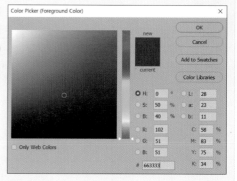

③ 《출력형태》와 일치하는 World Wide Web Search(웹 검색, 🔍)를 찾아 선택한 후, Shift 를 누른 채 드래그하여 작업 영역에 추가합니다.

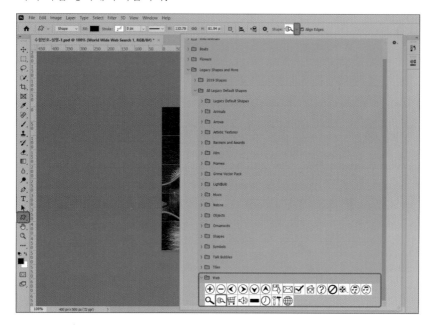

④ Layers(레이어) 패널 하단에 Add a Layer Style(레이어 스타일 추가, fx.)을 클릭한 다음 [Outer Glow(외부 광선)]를 선택해 적용합니다.

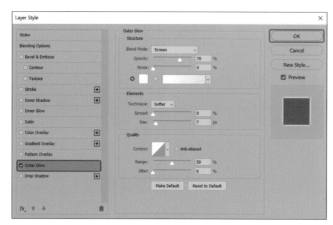

⑤ 계속해서 Custom Shape Tool(사용자 정의 모양 도구, ▨)을 클릭합니다.

⑥ Option Bar(옵션 바)에서 Shape(모양), Fill Color(칠 색상) : #666666을 설정한 다음 Shape(모양) 목록 단추를 클릭합니다. [Legacy Shapes and More(레거시 모양 및 기타)] – [All Legacy Default Shapes(전체 레거시 모양)] – [Web(웹)]을 클릭합니다.

⑦ 《출력형태》와 일치하는 Time(시계, ▣)을 찾아 선택한 후, Shift 를 누른 채 드래그하여 작업 영역에 추가합니다.

⑧ Layers(레이어) 패널 하단에 Add a Layer Style(레이어 스타일 추가, fx.)을 클릭한 다음 [Bevel & Emboss(경사와 엠보스)]를 선택해 적용합니다.

⑨ 위와 동일한 Shape(모양)를 작업 영역에 추가하기 위해 Alt 를 눌러 Time(시계, ▣)을 드래그해 복사합니다.

⑩ Ctrl + T 를 눌러 크기를 조정하고 마우스 우클릭 후 [Flip Horizontal(수평 뒤집기)]을 선택해 뒤집어 배치합니다.

⑪ 이어서 도구상자 하단의 전경색을 더블 클릭합니다. Color Piker(색상 선택) 대화상자가 나타나면 #ff9933으로 설정하고 Alt + Delete 를 눌러 Shape(모양)의 색을 입혀줍니다.

### 4 문자 효과 적용

01 Artificial Intelligence(Arial, Regular, 40pt, 레이어 스타일 – 그레이디언트 오버레이(#ff33ff, #ffff00), Stroke(선/획)(2px, #330000))

① 도구상자에서 Horizontal Type Tool(수평 문자 도구)을 클릭하고 Options Bar(옵션 바)에서 Font(글꼴) : Arial, Style(스타일) : Regular, Size(크기) : 40pt를 설정한 후 'Artificial Intelligence'를 입력합니다.

Character(문자) 패널에서도 텍스트의 세부 정보를 설정할 수 있습니다.

① [Type(타입)] – [Panels(패널)] – [Character Panel(문자 패널)]을 선택합니다.

② 화면의 오른쪽에 Character(문자) 패널이 활성화되면 텍스트의 세부 정보를 입력해 설정할 수 있습니다.

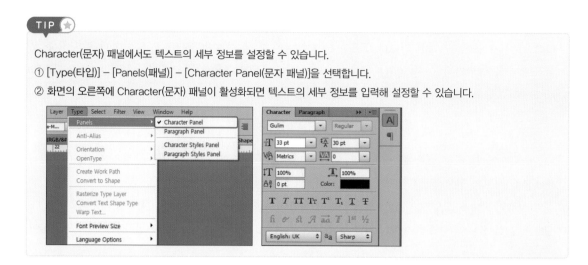

② Options Bar(옵션 바)에서 Create Warped Text(뒤틀어진 텍스트)를 클릭해 Warp Text(텍스트 뒤틀기) 대화상자가 나타나면 Style : Flag(깃발)를 선택해 문자의 모양을 왜곡합니다.

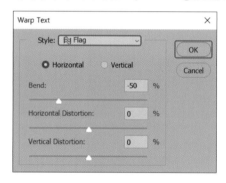

③ Layer Style(레이어 스타일)을 적용하기 위해, Layers(레이어) 패널 하단에 [Add a Layer Style(레이어 스타일 추가, _fx._)]을 클릭합니다.

④ [Gradient Overlay(그레이디언트 오버레이)]를 선택합니다.

⑤ Layer Style(레이어 스타일) 대화상자가 나타나면 Gradient(그레이디언트) 색상 스펙트럼을 클릭합니다.

⑥ 왼쪽과 오른쪽 아래 Color Stop(색상 정지점)을 각각 더블 클릭해 '#ff33ff', '#ffff00'으로 색상을 설정한 후 Angle(각도)을 조정하고 [OK(확인)]를 클릭합니다.

⑦ 이어서 Add a Layer Style(레이어 스타일 추가, _fx._)을 클릭합니다. [Stroke(선/획)]를 선택해 Size(크기) : 2px, Color(색상) : #330000으로 설정하고 [OK(확인)]를 클릭합니다.

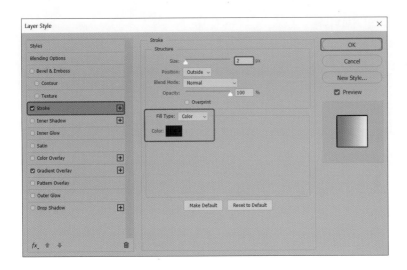

## 5 최종 파일 저장

### 01 JPG 파일 저장

① [File(파일)] – [Save As(다른 이름으로 저장)]를 클릭합니다.

② 파일 이름은 '수험번호–성명–1'로 입력합니다.

③ 파일 형식은 JPEG를 눌러주고 [저장(S)]을 클릭합니다.

④ JPEG Options(JPEG 옵션)은 Quality : 8 이상으로 설정하고 [OK(확인)]를 클릭합니다.

## 02 PSD 파일 저장

① [Image(이미지)] – [Image Size(이미지 크기)]를 선택합니다.

② Width(폭) : 40Pixels, Height(높이) : 50Pixels로 설정하고 [OK(확인)]를 클릭합니다.

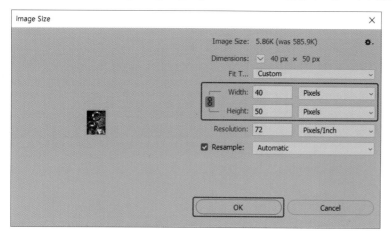

③ [File(파일)] – [Save(저장)]([Ctrl] + [S])를 선택합니다.

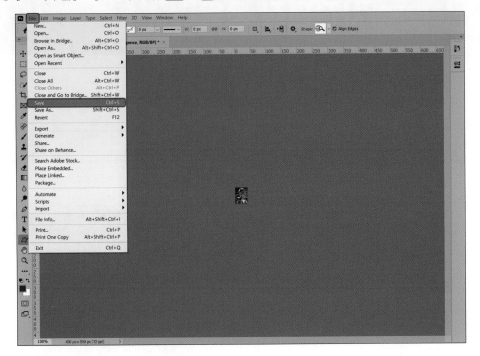

## 03 최종 파일 확인

① 2가지 포맷(JPG, PSD)의 최종 파일이 잘 만들어졌는지 확인합니다.

## 6 답안 파일 전송

## 01 감독위원 PC로 답안 파일 전송

# Chapter 02

# [문제2] 사진편집 응용

## 문제2 [기능평가] 사진편집 응용

다음의 〈조건〉에 따라 아래의 《출력형태》와 같이 작업하시오. [20점]

조건 ∟

| 원본 이미지 | | 문서\GTQ\image\1급–4.jpg, 1급–5.jpg, 1급–6.jpg | |
|---|---|---|---|
| 파일 저장 규칙 | JPG | 파일명 | 문서\GTQ\수험번호–성명–2.JPG |
| | | 크기 | 400 x 500 Pixels |
| | PSD | 파일명 | 문서\GTQ\수험번호–성명–2.PSD |
| | | 크기 | 40 x 50 Pixels |

출력형태 ∟

### 1. 그림 효과

① 1급–4.jpg : 필터 – Crosshatch(그물눈)
② 색상 보정 : 1급–5.jpg – 노란색, 파란색 계열로 보정
③ 1급–5.jpg : 레이어 스타일 – Inner Shadow(내부 그림자)
④ 1급–6.jpg : 레이어 스타일 – Drop Shadow(그림자 효과)
⑤ Shape Tool(모양 도구) :
　– 왕관 모양(#993300, 레이어 스타일 – Inner Glow(내부 광선))
　– 나침반 모양(#000055, 레이어 스타일 – Stroke(선/획)(2px, #ffcc99),
　　Opacity(불투명도)(70%))

### 2. 문자 효과

① 인공지능 교육의 미래(굴림, 33pt, 레이어 스타일 – 그레이디언트 오버레이
　(#ffcc00, #ffffff, #cc66cc), Stroke(선/획)(2px, #666699))

## 1 기준선 그리기

### 01 《출력형태》에 기준선 그리기

① 연필과 자를 이용해 《출력형태》에 100Pixels 단위로 줄을 그립니다.

## 02 포토샵에 기준선 그리기

① [Edit(편집)] − [Preferences(환경설정)] − [Guides, Grid & Slices(안내선, 그리드 및 분할 영역)]를
선택합니다.

## 2 준비 작업

### 01 파일 만들기

① [File(파일)] − [New(새로 만들기)](Ctrl + N)를 선택합니다.

### 02 파일 세부 정보 설정

① New Document(새 문서)에서 Name(이름)에 '핵심개념', 'Width(폭) : 400Pixels, Height(높이)
: 500Pixels, Resolution(해상도) : 72Pixels/Inch, Color Mode(색상 모드) : RGB Color, 8bit,
Background Contents(배경 내용) : White(흰색)'로 설정하여 새 작업 이미지를 만듭니다.

### 03 파일 저장

① [File(파일)] − [Save As(다른 이름으로 저장)](Ctrl + Shift + S)를 선택합니다.
경로 : PC\문서\GTQ, 파일명은 '수험번호−성명−2.psd'로 저장합니다.

## 04 사용된 원본 이미지 열기

① [File(파일)] – [Open(열기)]을 선택합니다.

경로 : 문서\GTQ\Image\1급-4.jpg, 1급-5.jpg, 1급-6.jpg 총 3개의 jpg 파일을 [Shift]를 누른 채 모두 선택하고 [열기([O])]를 클릭합니다.

## 3 그림 효과 적용

### 01 1급-1.jpg : 필터 – Crosshatch(그물눈)

① '1급-4.jpg'를 클릭합니다.

② '1급-4.jpg'를 전체 선택([Ctrl] + [A])한 후 [Ctrl] + [C]를 눌러 복사합니다. 작업 영역으로 돌아와 [Ctrl] + [V]로 붙여넣기 합니다.

③ [Ctrl] + [T]를 눌러 《출력형태》와 비교해가며 이미지의 크기 및 위치를 조정하고 [Enter]를 눌러줍니다.

④ [Filter(필터)]-[Filter Gallery(필터 갤러리)]-[Brush Strokes(브러시 선/획)]-[Crosshatch(그물눈)]를 선택한 다음 [OK(확인)]를 클릭합니다.

### 02 색상 보정 : 1급-5.jpg – 노란색, 파란색 계열로 보정

① '1급-5.jpg'를 클릭합니다.

② 도구상자의 Quick Selection Tool(빠른 선택 도구, ▨)을 클릭합니다. Options Bar(옵션 바)에서 [Add to Selection(선택 영역에 추가)]으로 브러시의 크기를 조절해 필요한 영역을 선택하고 [Ctrl] + [C]로 복사합니다.

③ 작업 영역으로 돌아와 [Ctrl] + [V]로 이미지를 붙여넣기 하고, [Ctrl] + [T]를 누른 다음 [Shift]를 눌러 크기를 조정해 배치합니다.

④ 색상 보정할 영역을 Quick Selection Tool(빠른 선택 도구, ▨)을 이용해 선택합니다.

⑤ Layers(레이어) 패널 하단에 Create new fill or Adjustment Layer(조정 레이어, )를 클릭하고 Hue/Saturation(색조/채도)을 선택합니다.

⑥ Properties(특징) 대화상자에서 Hue(색조), Saturation(채도)을 노란색에 가깝게 조절해줍니다.

⑦ 위와 같은 방법으로 Quick Selection Tool(빠른 선택 도구, )을 이용해 색상 보정할 부분을 선택하고 [Hue/Saturation(색조/채도)]을 클릭합니다.

⑧ Properties(특징) 대화상자에서 Hue(색조), Saturation(채도)을 파란색에 가깝게 조절해 줍니다.

### 03 1급-5.jpg : 레이어 스타일 – Inner Shadow(내부 그림자)

① Layers(레이어) 패널에서 '1급-5.jpg'를 클릭합니다.

② Layer Style(레이어 스타일)을 적용하기 위해, Layers(레이어) 패널 하단에 Add a Layer Style(레이어 스타일 추가, fx.)을 클릭합니다.

③ [Inner Shadow(내부 그림자)]를 선택하고 Layer Style(레이어 스타일) 대화상자가 나타나면 [OK(확인)]를 클릭합니다.

## 04 1급-6.jpg : 레이어 스타일 – Drop Shadow(그림자 효과)

① '1급-6.jpg'를 클릭합니다.

② 도구상자의 Quick Selection Tool(빠른 선택 도구, 🖌)을 클릭합니다. Options Bar(옵션 바)에서 [Add to Selection(선택 영역에 추가)]으로 브러시의 크기를 조절해 필요한 영역을 드래그한 후 Ctrl + C로 복사합니다.

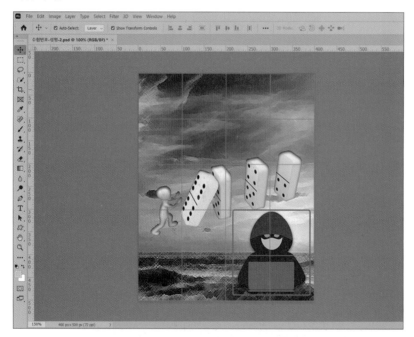

③ 작업 영역으로 돌아와 Ctrl + V로 이미지를 붙여넣고 Ctrl + T로 크기를 조정해 배치합니다.

④ Layer Style(레이어 스타일)을 적용하기 위해, Layers(레이어) 패널 하단에 Add a Layer Style(레이어 스타일 추가, fx)을 클릭합니다.

⑤ [Drop Shadow(그림자 효과)]를 선택하고 Layer Style(레이어 스타일) 대화상자에서 [OK(확인)]를 클릭합니다.

**05** Shape Tool(모양 도구), (왕관 모양 – #993300, 레이어 스타일 – Inner Glow(내부 광선)), (나침반 모양
    – #000055, 레이어 스타일 – Stroke(선/획)(2px, #ffcc99), Opacity(불투명도)(70%))

① Custom Shape Tool(사용자 정의 모양 도구, 🐚)을 클릭합니다.

② Option Bar(옵션 바)에서 Shape(모양), Fill Color(칠 색상) : #993300을 설정한 다음 Shape(모양)
  목록 단추를 클릭합니다. [Legacy Shapes and More(레거시 모양 및 기타)] – [All Legacy Default
  Shapes(전체 레거시 모양)] – [Objects(물건)]를 클릭합니다.

③ 《출력형태》와 일치하는 Crown 1(왕관 1, 👑)을 찾아 선택한 후, Shift 를 누른 채 드래그하여 작업 영역에
  추가합니다.

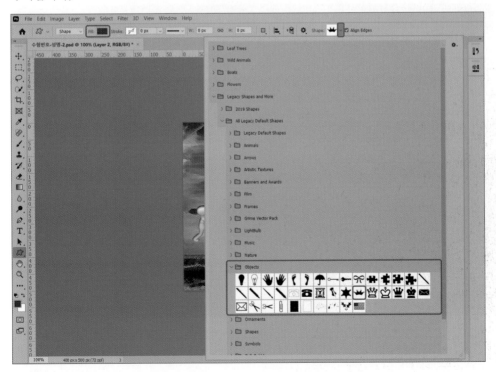

④ Layer Style(레이어 스타일)을 적용하기 위해, Layers(레이어) 패널 하단에 Add a Layer Style(레이어 스타일 추가, _fx._)을 클릭합니다.

⑤ [Inner Glow(내부 광선)]를 선택한 후, Layer Style(레이어 스타일) 대화상자에서 [OK(확인)]를 클릭합니다.

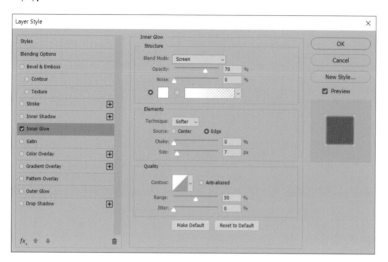

⑥ 위와 동일한 Shape(모양)를 작업 영역에 추가하기 위해 Alt 를 눌러 Crown 1(왕관, ♛)을 복사합니다.

⑦ Ctrl + T 를 눌러 《출력형태》와 비교해가며 이미지의 크기와 위치를 조정하고 Enter 를 눌러줍니다.

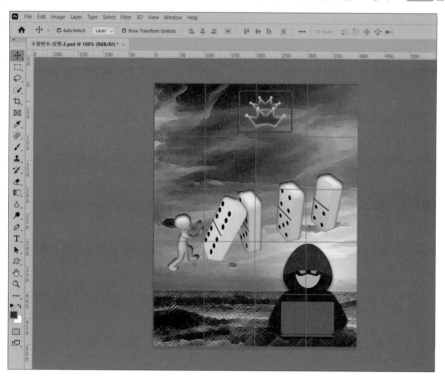

⑧ 계속해서 Custom Shape Tool(사용자 정의 모양 도구, ✍️)을 클릭합니다.

⑨ Option Bar(옵션 바)에서 Shape(모양), Fill Color(칠 색상) : #000055를 지정한 다음 Shape(모양) 목록 단추를 클릭합니다. [Legacy Shapes and More(레거시 모양 및 기타)] – [All Legacy Default Shapes(전체 레거시 모양)] – [Symbols(기호)]을 클릭합니다.

⑩ 《출력형태》와 일치하는 Compass(나침반, ✛)를 찾아 선택한 후, Shift 를 누른 채 드래그하여 작업 영역에 추가합니다.

⑪ Layers(레이어) 패널 하단에 Add a Layer Style(레이어 스타일 추가, fx.)을 클릭합니다.

⑫ [Stroke(선/획)]를 선택해 Size(크기) : 2px, Color(색상) : #ffcc99로 설정하고 [OK(확인)]를 클릭합니다.

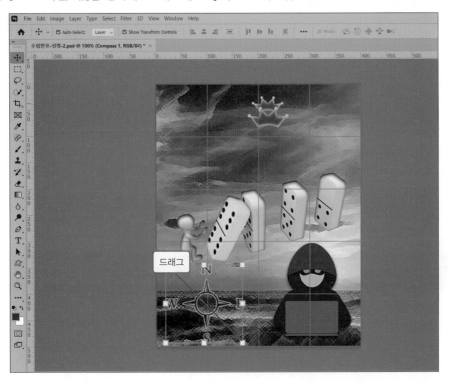

## 4 문자 효과 적용

**01** 인공지능 교육의 미래(굴림, 33pt, 레이어 스타일 – 그레디언트 오버레이(#ffcc00, #ffffff, #cc66cc), Stroke(선/획)(2px, #666699))

① 도구상자에서 Horizontal Type Tool(수평 문자 도구)을 클릭하고 Options Bar(옵션 바)에서 Font(글꼴) : Gulim, Size(크기) : 33pt을 설정한 후 '인공지능 교육의 미래'를 입력합니다.

② Options Bar(옵션 바)에서 Create Warped Text(뒤틀어진 텍스트)를 클릭해 Warp Text(텍스트 뒤틀기) 대화상자가 나타나면 Style : Bulge(돌출)를 선택하여 문자의 모양을 왜곡합니다.

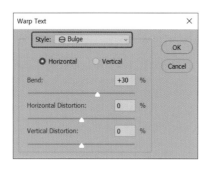

③ Layer Style(레이어 스타일)을 적용하기 위해, Layers(레이어) 패널 하단에 Add a Layer Style(레이어 스타일 추가, fx.)을 클릭합니다.

④ [Gradient Overlay(그레이디언트 오버레이)]를 선택합니다.

⑤ Layer Style(레이어 스타일) 대화상자에서 Gradient(그레이디언트) 색상 스펙트럼을 클릭합니다.

⑥ 왼쪽, 중앙, 오른쪽의 Color Stop(색상 정지점)을 각각 더블 클릭하고 '#ffcc00', '#ffffff', '#cc66cc'로 색상을 설정합니다.

⑦ 이어서 [Stroke(획/선)]를 선택하고 Size(크기) : 2px, Position(포지션) : Outside, Color(색상) : #666699로 설정한 후 [OK(확인)]를 클릭합니다.

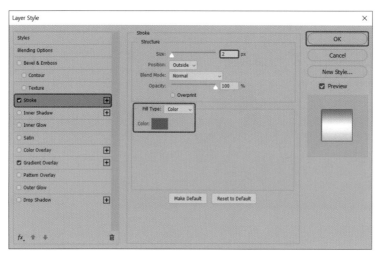

## **5** 최종 파일 저장

### 01 JPG 파일 저장

① [File(파일)] – [Save As(다른 이름으로 저장)]를 선택합니다.

② 파일 이름은 '수험번호–성명–2'로 입력합니다.

③ 파일 형식은 JPEG를 선택하고 [저장(S)]을 클릭합니다.

④ JPEG Options(JPEG 옵션)은 Quality : 8 이상으로 설정하고 [OK(확인)]를 클릭합니다.

### 02 PSD 파일 저장

① [Image(이미지)] – [Image Size(이미지 크기)]를 선택합니다.

② Width(폭) : 40Pixels, Height(높이) : 50Pixels, [OK(확인)]를 클릭합니다.

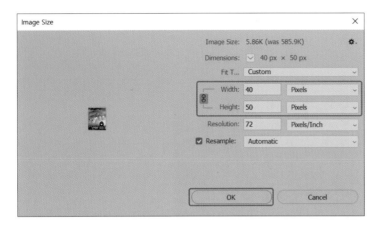

③ [File(파일)] – [Save(저장)]($Ctrl$ + $S$)를 선택합니다.

### 03 최종 파일 확인

① 2가지 포맷(JPG, PSD)의 최종 파일이 만들어졌는지 확인합니다.

## 6 답안 파일 전송

### 01 감독위원 PC로 답안 파일 전송

# ·Chapter· 03 [문제3] 포스터 제작

| 문제3 | [실무응용] 포스터 제작 |
| --- | --- |

다음의 〈조건〉에 따라 아래의 《출력형태》와 같이 작업하시오.  [25점]

**조건 ㄴ**

| 원본 이미지 | 문서\GTQ\Image\1급-7.jpg, 1급-8.jpg, 1급-9.jpg, 1급-10.jpg, 1급-11.jpg | | |
| --- | --- | --- | --- |
| 파일 저장 규칙 | JPG | 파일명 | 문서\GTQ\수험번호-성명-3.jpg |
| | | 크기 | 600 x 400 Pixels |
| | PSD | 파일명 | 문서\GTQ\수험번호-성명-3.psd |
| | | 크기 | 60 x 40 Pixels |

## 1. 그림 효과

① 배경 : #6699cc
② 1급-7.jpg : 필터 – Texturizer(텍스처화), 레이어 마스크 – 가로 방향으로 흐릿하게
③ 1급-8.jpg : Blending Mode(혼합 모드) – Overlay(오버레이), 레이어 마스크 – 세로 방향으로 흐릿하게
④ 1급-9.jpg : 필터 – Rough Pastels(거친 파스텔), 레이어 스타일 – Stroke(선/획)(6px, 그레이디언트(#ffcc00, 투명으로))
⑤ 1급-10.jpg : 레이어 스타일 – Outer Glow(외부 광선)
⑥ 1급-11.jpg : 색상 보정 – 빨간색 계열로 보정, 레이어 스타일 – Drop Shadow(그림자 효과)
⑦ 그 외 《출력형태》 참조

## 2. 문자 효과

① 한국인공지능윤리협회(굴림, 30pt, 42pt, 레이어 스타일 – 그레이디언트 오버레이(#00ccff, #ffffff, #ff9900), Stroke(선/획)(2px, #660099))
② Korea Artificial Intelligence Ethics Association(Times New Roman, Regular, 18pt, #ffffff, 레이어 스타일 – Stroke(선/획)(2px, #996633))
③ 딥페이크 추방 캠페인 온라인 서명 운동(돋움, 16pt, #ffff99, 레이어 스타일 – Stroke(선/획)(2px, 그레이디언트(#333333, #990000)))
④ 연구 / 교육 / 지원(궁서, 16pt, #ff0000, #333399, 레이어 스타일 – Stroke(선/획)(2px, #ffffff))

**출력형태 ㄴ**

Shape Tool(모양 도구) 사용
레이어 스타일 – 그레이디언트 오버레이(#000033, #ffcccc), Opacity(불투명도)(70%)

Shape Tool(모양 도구) 사용
#333333, #996600,
레이어 스타일 – Outer Glow(외부 광선)

Shape Tool(모양 도구) 사용
#ff9999, 레이어 스타일 – Inner Shadow(내부 그림자),
Stroke(선/획)(1px, #000000)

## 1 기준선 그리기

### 01《출력형태》에 기준선 그리기

① 연필과 자를 이용해《출력형태》에 100Pixels 단위로 줄을 그립니다.

### 02 포토샵에 기준선 그리기

① [Edit(편집)] – [Preferences(환경설정)] – [Guides, Grid & Slices(안내선, 그리드 및 분할 영역)]를
선택합니다.

## 2 준비 작업

### 01 파일 만들기

① [File(파일)] – [New(새로 만들기)]([Ctrl] + [N])를 선택합니다.

### 02 파일 세부 정보 설정

① New Document(새 문서)에서 Name(이름)에 '핵심개념', 'Width(폭) : 600Pixels, Height(높이) :
400Pixels, Resolution(해상도): 72Pixels/Inch, Color Mode(색상 모드) : RGB Color, 8bit,
Background Contents(배경 내용) : White(흰색)'로 설정하여 새 작업 이미지를 만듭니다.

## 03 파일 저장

① [File(파일)] − [Save As(다른 이름으로 저장)]([Ctrl] + [Shift] + [S])를 선택합니다.
경로 : PC\문서\GTQ, 파일명은 '수험번호−성명−3.psd'로 저장합니다.

## 04 사용된 원본 이미지 열기

① [File(파일)] − [Open(열기)]을 클릭합니다.
경로 : 문서\GTQ\Image\1급−7.jpg, 1급−8.jpg, 1급−9.jpg, 1급−10.jpg, 1급−11.jpg 총 5개의 jpg 파일을 [Shift]를 누른 채 모두 선택하고, [열기([O])]를 클릭합니다.

## 3  그림 효과 적용

### 01 배경 : #6699cc

① 도구상자 하단에 전경색을 더블 클릭합니다. Color Picker(색상 선택) 대화상자가 나타나면 #6699cc로 색상을 설정하고 [OK(확인)]를 클릭합니다. 작업 영역에서 전경색 단축키인 [Alt] + [Delete]를 눌러줍니다.

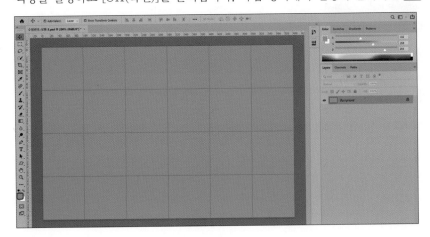

**02** 1급-7.jpg : Filter(필터) – Texturizer(텍스처화), 레이어 마스크 – 가로 방향으로 흐릿하게

① '1급-7.jpg'를 클릭합니다.

② '1급-7.jpg'를 전체 선택(Ctrl + A) 후 Ctrl + C를 눌러 복사합니다. 작업 영역으로 다시 돌아와 붙여넣기 (Ctrl + V)합니다.

③ Ctrl + T를 눌러 《출력형태》와 비교해가며 크기와 위치를 조정하고 Enter를 눌러줍니다.

④ [Filter(필터)] – [Filter Gallery(필터 갤러리)] – [Texture(텍스처)] – [Texturizer(텍스처화)]를 선택한 후 [OK(확인)]를 클릭합니다.

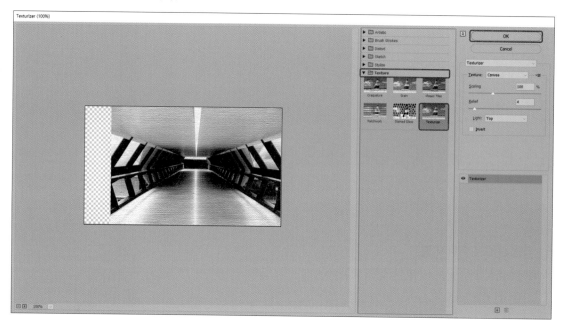

⑤ '1급-7.jpg' 레이어에 마스크를 추가하기 위해 Layers(레이어) 패널 하단에 Add a Layer Mask(마스크 추가, ▣)를 클릭합니다.

⑥ '1급-7.jpg' 레이어에 마스크가 적용됐으면, 도구상자의 Gradient Tool(그레이디언트 도구, ▣)을 클릭합니다.

⑦ Option Bar(옵션 바)에서 Gradient Spectrum(그레이디언트 스펙트럼, 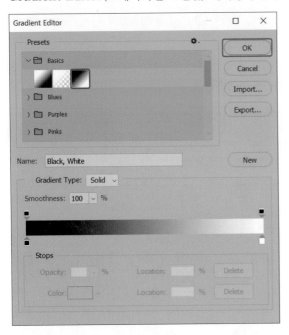)을 선택하고 Gradient Editor(그레이디언트 편집) 대화상자에서 그레이 계열을 지정한 후 [OK(확인)]를 클릭합니다.

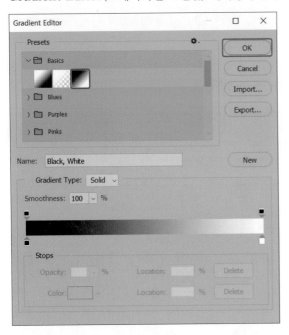

⑧ 배경의 왼쪽에서 오른쪽 방향으로 드래그합니다.

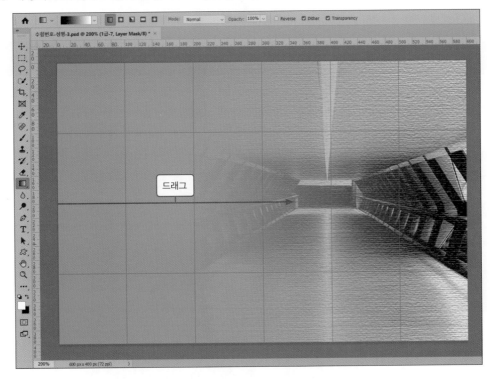

**03** 1급-8.jpg : Blending Mode(혼합 모드) – Overlay(오버레이), 레이어 마스크 – 세로 방향으로 흐릿하게

① '1급-8.jpg'를 클릭합니다.

② '1급-8.jpg'를 전체 선택(Ctrl + A) 후 Ctrl + C를 눌러 복사합니다. 작업 영역으로 다시 돌아와 붙여넣기 (Ctrl + V)합니다.

③ Ctrl + T를 눌러 《출력형태》와 비교해가며 이미지의 크기 및 위치를 조정하고 Enter를 눌러줍니다.

④ Blending Mode(혼합 모드)는 [Overlay(오버레이)]를 선택합니다.

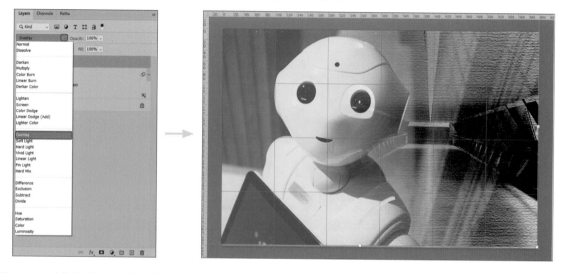

⑤ Layers(레이어) 패널 하단에 Add a Layer Mask(마스크 추가, ▣)를 클릭합니다.

⑥ '1급-8.jpg' 레이어에 마스크가 적용됐으면, 도구상자의 Gradient Tool(그레이디언트 도구, ▣)을 클릭합니다.

⑦ 위와 동일하게 Option Bar(옵션 바)에서 Gradient Spectrum(그레이디언트 스펙트럼, ▣▪█████▪)을 선택하고 Gradient Editor(그레이디언트 편집) 대화상자에서 그레이 계열을 지정한 후 [OK(확인)]를 클릭합니다.

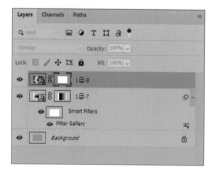
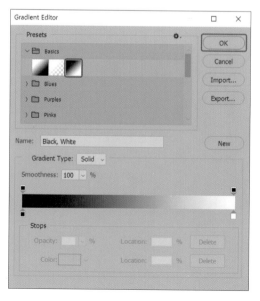

⑧ 배경의 아래쪽에서 위쪽 방향으로 드래그합니다.

**04** 1급-9.jpg : 필터 – Rough Pastels(거친 파스텔), 레이어 스타일 – Stroke(선/획)(6px, 그레이디언트 (#ffcc00, 투명으로))

① Layers(레이어) 패널 하단에 Create a new layer(새 레이어 만들기, ⊞)를 선택합니다.

② 도구상자에서 Custom Shape Tool(사용자 정의 모양 도구, ▨)을 클릭합니다.

③ Option Bar(옵션 바)에서 Shape(모양), Fill Color(칠 색상) : #ffffff를 설정한 다음 Shape(모양) 목록 단추를 클릭합니다. [Legacy Shapes and More(레거시 모양 및 기타)] – [All Legacy Default Shapes(전체 레거시 모양)] – [Banners and Awards(배너 및 상장)]를 선택합니다.

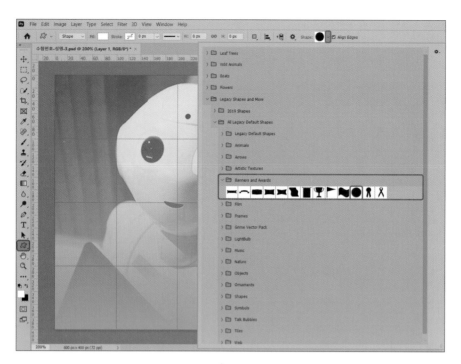

④ 《출력형태》와 일치하는 Seal(인장, 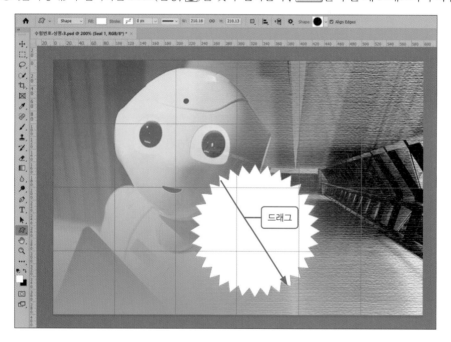)를 찾아 선택한 후, Shift 를 누른 채 드래그하여 작업 영역에 추가합니다.

드래그

⑤ '1급-9.jpg'를 전체 선택(Ctrl + A)한 후 Ctrl + C를 눌러 복사합니다. 작업 영역으로 다시 돌아와 붙여넣기(Ctrl + V)합니다.

⑥ Ctrl + T를 눌러 《출력형태》와 비교해가며 이미지 크기 및 위치를 조정하고 Enter를 눌러줍니다.

⑦ [Filter(필터)] – [Filter Gallery(필터 갤러리)] – [Artistic(예술 효과)] – [Rough Pastels(거친 파스텔)]을 선택한 후 [OK(확인)]를 클릭합니다.

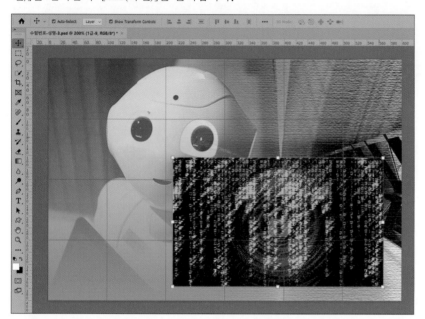

⑧ 클리핑 마스크를 하기 위해 '1급-9.jpg'를 Seal(인장, ●) 위로 위치한 다음 Ctrl + Alt + G를 눌러줍니다.

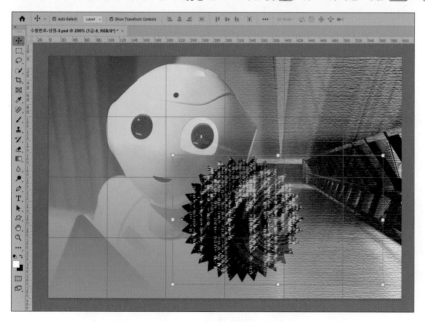

⑨ Layer Style(레이어 스타일)을 적용하기 위해, Add a Layer Style(레이어 스타일 추가, fx.)을 클릭합니다.

⑩ [Stroke(선/획)]를 선택하고 Size(크기) : 6px, Position(포지션) : Outside, Fill Type(칠 유형) :
Gradient로 설정합니다.

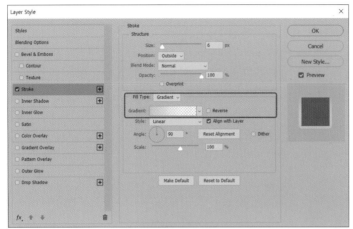 

⑪ Gradient(그레이디언트) 색상 스펙트럼을 클릭합니다.

⑫ 왼쪽과 오른쪽 아래 Color Stop(색상 정지점)을 각각 더블 클릭해 '#ffcc00', '#ffffff'로 색상을 설정한 후
Angle(각도)을 조정하고 [OK(확인)]를 클릭합니다.

⑬ 흰색을 불투명하게 만들기 위해, '#ffffff' 위에 Opacity Stop(불투명도 정지점)을 클릭하고 하단 Opacity(불
투명도)에 0%로 입력합니다.

### 05 1급-10.jpg : 레이어 스타일 – Outer Glow(외부 광선)

① '1급-10.jpg'를 클릭합니다.

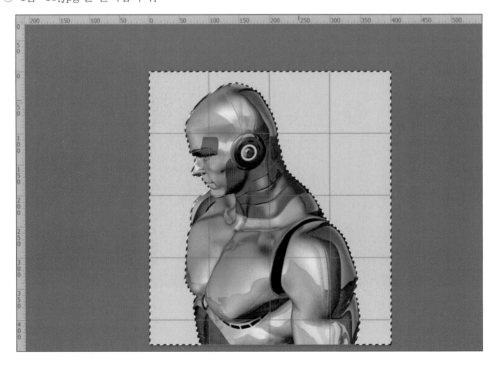

② 도구상자의 Quick Selection Tool(빠른 선택 도구, 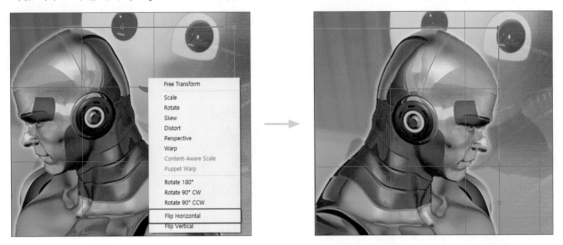)을 선택합니다. Options Bar(옵션 바)에서 [Add to Selection(선택 영역에 추가)]으로 브러시의 크기를 조절해 필요한 영역을 선택하고 Ctrl + C 로 복사합니다.

③ 작업 영역으로 돌아와 Ctrl + V 로 이미지를 붙여넣고 Ctrl + T 를 누릅니다. Shift 를 눌러 크기를 조정한 다음 마우스 우클릭 후 [Flip Horizontal(수평 뒤집기)]을 선택해 뒤집어 배치합니다.

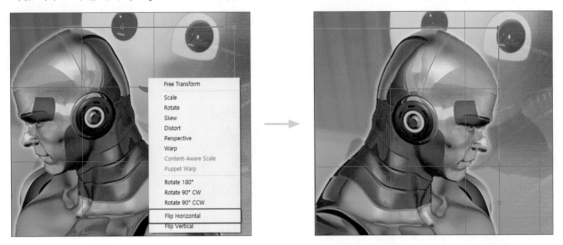

④ Layer Style(레이어 스타일)을 적용하기 위해, Add a Layer Style(레이어 스타일 추가, fx.)을 클릭합니다.

⑤ [Outer Glow(외부 광선)]를 선택하고, Layer Style(레이어 스타일) 대화상자가 나타나면 [OK(확인)]를 클릭합니다.

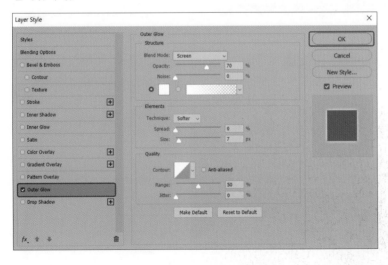

**1급-11.jpg : 색상 보정 – 빨간색 계열로 보정, 레이어 스타일 – Drop Shadow(그림자 효과)**

① '1급-11.jpg'를 클릭합니다.

② 도구상자의 Quick Selection Tool(빠른 선택 도구, ▨)을 선택합니다. Options Bar(옵션 바)에서 [Add to Selection(선택 영역에 추가)]으로 브러시의 크기를 조절해 필요한 영역을 선택하고 `Ctrl` + `C`로 복사합니다.

③ 작업 영역으로 돌아와 `Ctrl` + `V`로 이미지를 붙여넣고, `Ctrl` + `T`로 크기를 조정해 배치합니다.

④ 이어서 색상 보정할 부분을 Quick Selection Tool(빠른 선택 도구, ▨)을 이용해 이미지를 선택합니다.

⑤ Layers(레이어) 패널 하단에 Create new fill or adjustment layer(조정 레이어, ◉)를 클릭하고, Hue/Saturation(색조/채도)을 선택합니다.

⑥ Properties(특징) 대화상자에서 Hue(색조), Saturation(채도)을 빨간색에 가깝게 조절해 줍니다.

⑦ Layer Style(레이어 스타일)을 적용하기 위해, Add a Layer Style(레이어 스타일 추가, *fx.*)을 클릭합니다.

⑧ [Drop Shadow(그림자 효과)]를 선택하고 Layer Style(레이어 스타일) 대화상자에서 [OK(확인)]를 클릭합니다.

## 07 그 외 《출력형태》 참조

① Layers(레이어) 패널 하단에 Create a new layer(새 레이어 생성, ▣)를 클릭합니다.

② Custom Shape Tool(사용자 모양 정의 도구, 🖉)을 클릭합니다.

③ Option Bar(옵션 바)에서 Shape(모양) 목록 단추를 클릭합니다. [Legacy Shapes and More(레거시 모양 및 기타)] – [All Legacy Default Shapes(전체 레거시 모양)] – [Talk Bubbles(말풍선)]를 클릭합니다.

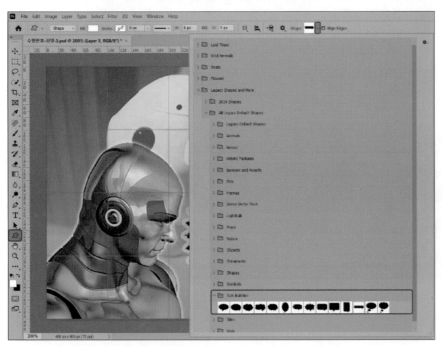

④ 《출력형태》와 일치하는 Talk 12(말 12, ▬)를 찾아 선택한 후, [Shift]를 누른 채 드래그하여 작업 영역에 추가합니다.

⑤ Layer Style(레이어 스타일)을 적용하기 위해, Layers(레이어) 패널 하단에 Add a Layer Style(레이어 스타일 추가, *fx.*)을 클릭한 다음 [Gradient Overlay(그레이디언트 오버레이)]를 선택합니다.

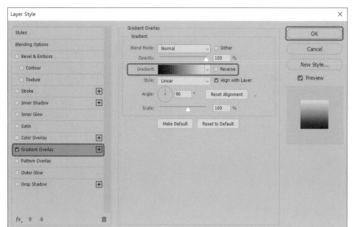

⑥ Layer Style(레이어 스타일) 대화상자에서 Gradient(그레이디언트) 색상 스펙트럼을 클릭합니다.

⑦ 왼쪽과 오른쪽 아래 Color Stop(색상 정지점)을 각각 더블 클릭해 '#000033', '#ffcccc'로 색상을 설정한 후 Angle(각도)을 조정하고 [OK(확인)]를 클릭합니다.

⑧ Talk 12(말 12, ▬)를 불투명하게 만들기 위해 Opacity(불투명도)는 70%로 설정합니다.

⑨ 위와 같은 방법으로 Custom Shape Tool(사용자 모양 정의 도구, 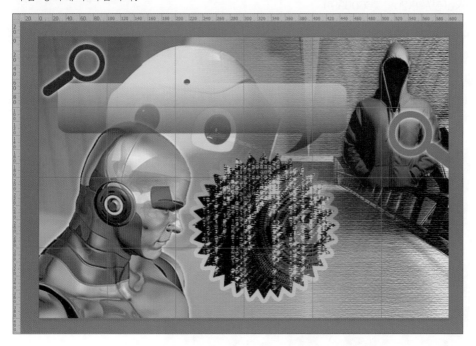)을 이용해 Search(검색, 🔍) Fill Color(칠 색상) : #333333, #996600, 레이어 스타일 – Outer Glow(외부 광선)가 적용된 Shape(모양)를 작업 영역에 추가합니다.

⑩ 동일하게 Custom Shape Tool(사용자 모양 정의 도구, 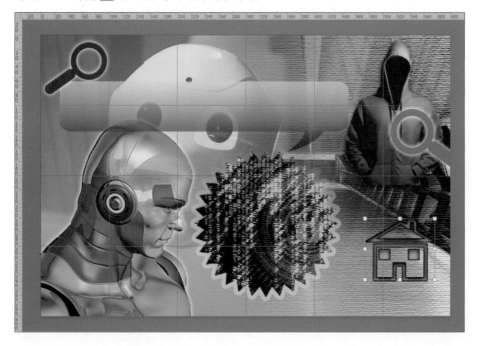)을 이용해 Fill Color(칠 색상) : #ff9999, 레이어 스타일 – Inner Shadow(내부 그림자), Stroke(선/획)(Size : 1px, Color(색상) : #000000)이 적용된 Home(집, )을 작업 영역에 추가합니다.

## 4 문자 효과 적용

**01** 한국인공지능윤리협회(굴림, 30pt, 42pt, 레이어 스타일 – 그레이디언트 오버레이(#00ccff, #ffffff, #ff9900), Stroke(선/획)(2px, #660099))

① 도구상자의 Horizontal Type Tool(수평 문자 도구)을 클릭하고 Options Bar(옵션 바)에서 Font(글꼴) : Gulim, Size(크기) : 30pt를 설정한 후 '한국인공지능윤리협회'를 입력한 다음, '인공지능윤리협회'를 블록 설정하여 Size(크기) : 42pt로 변경합니다.

② Options Bar(옵션 바)에서 Create Warped Text(뒤틀어진 텍스트)를 클릭한 다음 Warp Text(텍스트 뒤틀기) 대화상자가 나타나면 Style : Flag(깃발)를 설정하여 문자의 모양을 왜곡합니다.

③ Layer Style(레이어 스타일)을 적용하기 위해, Layers(레이어) 패널 하단에 [Add a Layer Style(레이어 스타일 추가, fx)]을 클릭합니다.

④ [Stroke(선/획)]를 선택해 Size(크기) : 2px, Color(색상) : #660099로 설정합니다.

⑤ 이어서 [Gradient Overlay(그레이디언트 오버레이)]를 선택합니다.

⑥ Gradient(그레이디언트) 색상 스펙트럼을 클릭합니다.

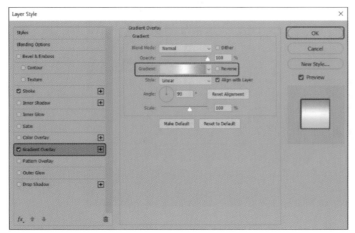

⑦ 왼쪽, 중앙, 오른쪽 아래 Color Stop(색상 정지점)을 각각 더블 클릭해 '#00ccff', '#ffffff', '#ff9900'으로 색상을 설정한 후 Angle(각도)을 조정하고 [OK(확인)]를 클릭합니다.

**02** Korea Artificial Intelligence Ethics Association(Times New Roman, Regular, 18pt, #ffffff, 레이어 스타일 – Stroke(선/획)(2px, #996633))

① 도구상자의 Horizontal Type Tool(수평 문자 도구)을 클릭하고 Options Bar(옵션 바)에서 Font(글꼴) : Times New Roman, Style(스타일) : Regular, Font Color(글자 색) : #ffffff, Size(크기) : 18pt를 설정한 후 'Korea Artificial Intelligence Ethics Association'을 입력합니다.

② Layer Style(레이어 스타일)을 적용하기 위해, Layers(레이어) 패널 하단에 [Add a Layer Style(레이어 스타일 추가, _fx._)]을 클릭합니다.

③ [Stroke(획/선)]를 선택해 Size(크기) : 2px, Color(색상) : #996633으로 설정하고 [OK(확인)]를 클릭합니다.

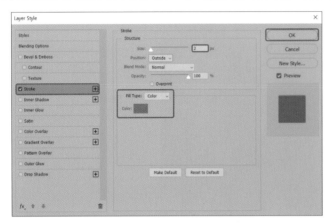

03 딥페이크 추방 캠페인 온라인 서명 운동(돋움, 16pt, #ffff99, 레이어 스타일 – Stroke(선/획)(2px, 그레이디언트(#333333, #990000)))

① 도구상자의 Horizontal Type Tool(수평 문자 도구)을 클릭하고 Options Bar(옵션 바)에서 Font(글꼴) : Dotum, Size(크기) : 16pt, Font Color(글자색) : #ffff99를 설정한 후 '딥페이크 추방 캠페인 온라인 서명 운동'을 입력합니다.

② Options Bar(옵션 바)에서 Create Warped Text(뒤틀어진 텍스트)를 클릭한 다음 Warp Text(텍스트 뒤틀기) 대화상자가 나타나면 Style : Flay(깃발)를 설정하여 문자의 모양을 왜곡합니다.

③ Layer Style(레이어 스타일)을 적용하기 위해, Layers(레이어) 패널 하단에 Add a Layer Style(레이어 스타일 추가, *fx*)을 클릭합니다.

④ [Stroke(선/획)]를 선택해 Size(크기) : 2px, Fill Type(칠 유형) : Gradient(그레이디언트)로 설정합니다.

⑤ Gradient(그레이디언트) 색상 스펙트럼을 클릭합니다.

⑥ 왼쪽과 오른쪽 아래 Color Stop(색상 정지점)을 각각 더블 클릭해 '#333333', '#990000'으로 색상을 설정한 후 Angle(각도)을 조정하고 [OK(확인)]를 클릭합니다.

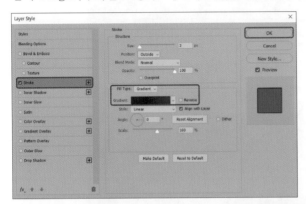

**04** 연구 / 교육 / 지원(궁서, 16pt, #ff0000, #333399, 레이어 스타일 – Stroke(선/획)(2px, #ffffff))

① 도구상자의 Horizontal Type Tool(수평 문자 도구)을 클릭하고 Options Bar(옵션 바)에서 Font(글꼴) : Gungsuh, Size(크기) : 16pt, Font Color(글자색) : #ff0000을 설정한 후 '연구 / 교육 / 지원'을 입력한 다음, '/ 교육 / 지원'을 블록 설정하여 Font Color(글자색) : #333399로 변경합니다.

② Layer Style(레이어 스타일)을 적용하기 위해, Layers(레이어) 패널 하단에 Add a Layer Style(레이어 스타일추가, *fx.*)을 클릭합니다.

③ [Stroke(선/획)]를 선택해 Size(크기) : 2px, Color(색상) : #ffffff로 설정한 후 [OK(확인)]를 클릭합니다.

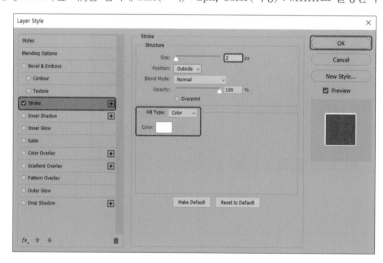

## 5  최종 파일 저장

### 01 JPG 파일 저장

① [File(파일)] – [Save As(다른 이름으로 저장)]를 클릭합니다.

② 파일 이름은 '수험번호–성명–3'을 입력합니다.

③ 파일 형식은 JPEG를 눌러주고 [저장(S)]을 클릭합니다.

④ JPEG Options(JPEG 옵션)은 Quality : 8 이상으로 설정하고 [OK(확인)]를 클릭합니다.

## 02 PSD 파일 저장

① [Image(이미지)] – [Image Size(이미지 크기)]를 클릭합니다.

② Width(폭) : 60Pixels, Height(높이) : 40Pixels, [OK(확인)]를 클릭합니다.

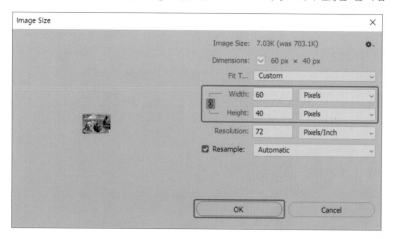

③ [File(파일)] – [Save(저장)]를 선택합니다.

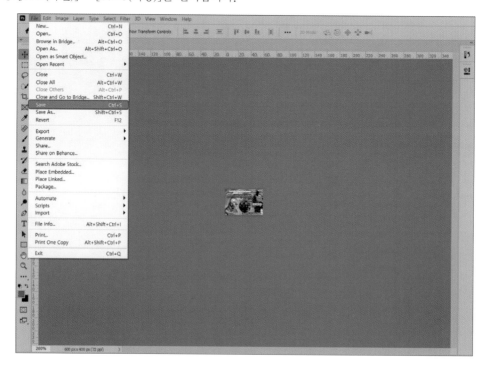

## 03 최종 파일 확인

① 반드시 2가지 포맷(JPG, PSD)의 최종 파일이 잘 만들어졌는지 확인합니다.

## 6  답안 파일 전송

### 01 감독위원 PC로 답안 파일 전송

# Chapter 04

# [문제4] 웹 페이지 제작

| 문제4 | [실무응용] 웹 페이지 제작 |
|---|---|

다음의 〈조건〉에 따라 아래의 《출력형태》와 같이 작업하시오.    35점

조건 └

| 원본 이미지 | 문서\GTQ\Image\1급-12.jpg, 1급-13.jpg, 1급-14.jpg, 1급-15.jpg, 1급-16.jpg, 1급-17.jpg | | |
|---|---|---|---|
| 파일 저장 규칙 | JPG | 파일명 | 문서\GTQ\수험번호-성명-4.jpg |
| | | 크기 | 600 x 400 Pixels |
| | PSD | 파일명 | 문서\GTQ\수험번호-성명-4.psd |
| | | 크기 | 60 x 40 Pixels |

1. 그림 효과

① 배경 : #ffffcc
② 패턴(장식, 클립 모양) : #333366, #ffffff
③ 1급-12.jpg : Blending Mode(혼합 모드) – Hard Light(하드 라이트), 레이어 마스크 – 대각선 방향으로 흐릿하게
④ 1급-13.jpg : 필터 – Angled Strokes(각진 선/획), 레이어 마스크 – 세로 방향으로 흐릿하게
⑤ 1급-14.jpg : 레이어 스타일 – Stroke(선/획)(2px, #33cc99), Bevel & Emboss(경사와 엠보스)
⑥ 1급-15.jpg : 필터 – Film Grain(필름 그레인), 레이어 스타일 – Inner Shadow(내부 그림자)
⑦ 1급-16.jpg : 색상 보정 – 노란색 계열로 보정, 레이어 스타일 – Bevel & Emboss(경사와 엠보스)
⑧ 그 외 《출력형태》 참조

2. 문자 효과

① 온라인 인공지능 윤리 대전(돋움, 28pt, 레이어 스타일 – 그레이디언트 오버레이(#00cccc, #ffffff), Stroke(선/획)(2px, #000033))
② https://www.kaiea.org(Arial, Regular, 18pt, #006666, 레이어 스타일 – Stroke(선/획)(2px, #cccc99))
③ 안전하고 윤리적인 인공지능 활용 연구(돋움, 20pt, 26pt, #99ff33, #ffffff, 레이어 스타일 – Stroke(선/획)(2px, #996666))
④ 윤리대전, 윤리헌장, 알림마당(돋움, 18pt, #000000, 레이어 스타일 – Stroke(선/획)(2px, #ffcc00, #ffffff))

출력형태 └

Pen Tool(펜 도구) 사용
#ffcc99, #99cccc,
레이어 스타일 – Drop Shadow(그림자 효과)

Shape Tool(모양 도구) 사용
레이어 스타일 – 그레이디언트 오버레이(#ffcc00, #9999ff, #ffffff),
Stroke(선/획)(2px, #ffcc00, #9999ff)

## 1 기준선 그리기

### 01 《출력형태》에 기준선 그리기

① 연필과 자를 이용해 《출력형태》에 100Pixels 단위로 줄을 그립니다.

### 02 포토샵에 기준선 그리기

① [Edit(편집)] – [Preferences(환경설정)] – [Guides, Grid & Slices(안내선, 그리드 및 분할 영역)]를 선택합니다.

## 2 준비 작업

### 01 파일 만들기

① [File(파일)] – [New(새로 만들기)](Ctrl + N)를 선택합니다.

### 02 파일 세부 정보 설정

① New Document(새 문서)에서 Name(이름)에 '핵심개념', 'Width(폭) : 600Pixels, Height(높이) : 400Pixels, Resolution(해상도) : 72Pixels/Inch, Color Mode(색상 모드) : RGB Color, 8bit, Background Contents(배경 내용) : White(흰색)'로 설정하여 새 작업 이미지를 만듭니다.

## 03 파일 저장

① [File(파일)] – [Save As(다른 이름으로 저장)](Ctrl + Shift + S)를 선택합니다.
경로 : PC\문서\GTQ, 파일명은 '수험번호–성명–4.psd'로 저장합니다.

## 04 사용된 원본 이미지 열기

① [File(파일)] – [Open(열기)]을 선택합니다.
경로 : 문서\GTQ\Image\1급–12.jpg, 1급–13.jpg, 1급–14.jpg, 1급–15.jpg, 1급–16.jpg, 1급–17.jpg
총 6개의 jpg 파일을 Shift 를 눌러 모두 선택하고, [열기(O)]를 클릭합니다.

## 3 그림 효과 적용

### 01 배경 : #ffffcc

① 도구상자 하단에 전경색을 더블 클릭합니다. Color Picker(색상 선택) 대화상자가 나타나면 #ffffcc로 색상을 설정하고 [OK(확인)]를 클릭합니다. 작업 영역에서 Alt + Delete 를 눌러줍니다.

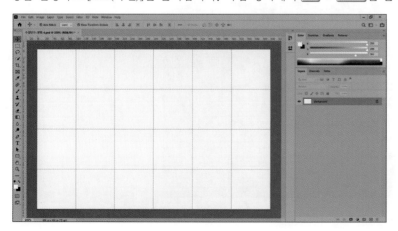

## 02 패턴(장식, 클립 모양) : #333366, #ffffff

① 패턴을 만들기 위해 [File(파일)] – [New(새로 만들기)]를 선택합니다.

② New Document(새 문서)에서 Name(이름)에 '패턴', 'Width(폭) : 70Pixels, Height(높이) : 70Pixels, Resolution(해상도) : 72Pixels/Inch, Color Mode(색상 모드) : RGB Color, 8bit, Background Contents(배경 내용) : Transparent(투명색)'로 설정하여 새 작업 이미지를 만듭니다.

③ Custom Shape Tool(사용자 모양 정의 도구, ⬛)을 클릭합니다.

④ Option Bar(옵션 바)에서 Shape(모양), Fill Color(칠 색상) : #333366을 지정한 다음 Shape(모양) 목록 단추를 클릭합니다. [Legacy Shapes and More(레거시 모양 및 기타)] – [All Legacy Default Shapes(전체 레거시 모양)] – [Ornaments(장식)]를 선택합니다.

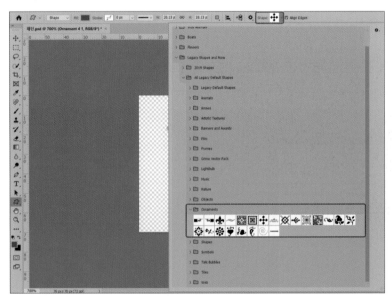

⑤ 《출력형태》와 일치하는 Ornament 4(장식 4, ✛)를 찾아 선택한 후, Shift 를 누른 채 드래그하여 작업 영역에 추가합니다.

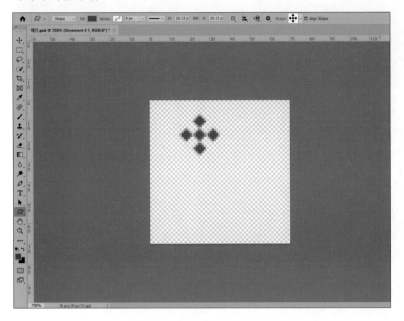

⑥ Layers(레이어) 패널 하단에서 Create a new layer(새 레이어 생성, ⊞)를 클릭해 새 레이어를 추가합니다.

⑦ 도구상자의 Custom Shape Tool(사용자 정의 모양 도구, ◈)을 클릭합니다.

⑧ Option Bar(옵션 바)에서 Shape(모양), Fill Color(칠 색상) : #ffffff를 지정한 다음 Shape(모양) 목록 단추를 클릭합니다. [Legacy Shapes and More(레거시 모양 및 기타)] - [All Legacy Default Shapes(전체 레거시 모양)] - [Objects(물건)]를 클릭합니다.

⑨ 《출력형태》와 일치하는 Paper Clip(클립, 🗍)을 찾아 선택한 후, Shift 를 누른 채 드래그하여 작업 영역에 추가합니다.

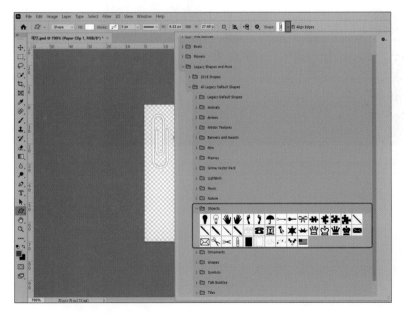

⑩ Layers(레이어) 패널에서 [Shift]를 누른 채 2개의 레이어를 선택한 후 [Alt]를 눌러 드래그하면 Paper Clip(클립, ![])과 Ornament 4(장식 4, ![]) 모양이 복사됩니다.

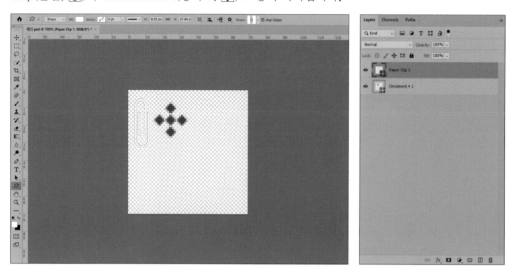

⑪ [Edit(편집)] − [Define Pattern(사용자 패턴 정의)]을 클릭합니다.

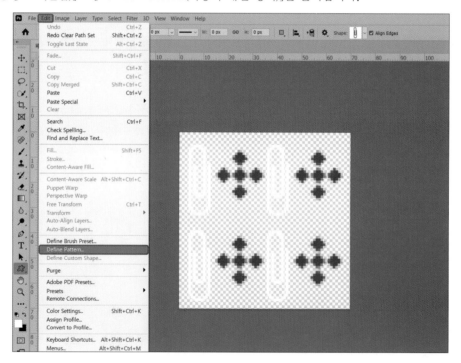

⑫ Pattern Name(패턴 이름)을 '장식, 클립 모양'으로 입력하고 [OK(확인)]를 클릭한 후 작업 영역으로 돌아 갑니다.

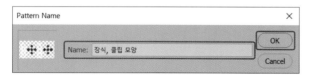

## 03 패턴(장식, 클립 모양) : Pen Tool(펜 도구) 사용 #ffcc99, #99cccc, 레이어 스타일 − Drop Shadow (그림자 효과)

① Layers(레이어) 패널 하단에 Create a new layer(새 레이어 생성, ⊞)를 클릭합니다.

② 도구상자에서 Pen Tool(펜 도구, ⬧.)을 이용해 패스를 그려줍니다.

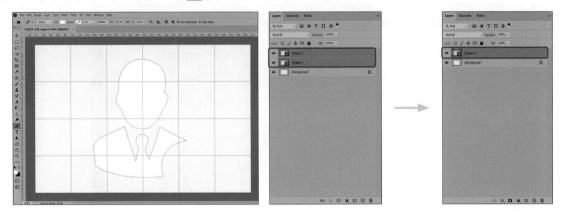

③ Layers(레이어) 패널에서 Shift 를 누른 채 2개의 레이어를 모두 선택한 다음 Ctrl + E 를 눌러 하나의 레이어로 병합합니다.

④ 도구상자 하단에 전경색을 더블 클릭합니다. Color Picker(색상 선택) 대화상자가 나타나면 #ffcc99로 설정하고 [OK(확인)]를 클릭합니다. Shape(모양)의 색상을 입히기 위해 Alt + Delete 를 눌러줍니다.

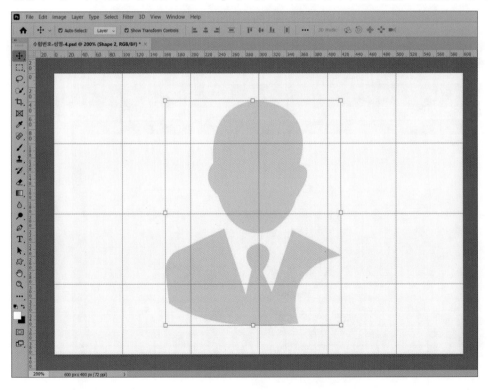

⑤ Layer Style(레이어 스타일)을 적용하기 위해, Layers(레이어) 패널 하단에 Add a Layer Style(레이어 스타일 추가, fx.)을 클릭합니다.

⑥ [Drop Shadow(그림자 효과)]를 선택한 후, Layer Style(레이어 스타일) 대화상자에서 [OK(확인)]를 클릭합니다.

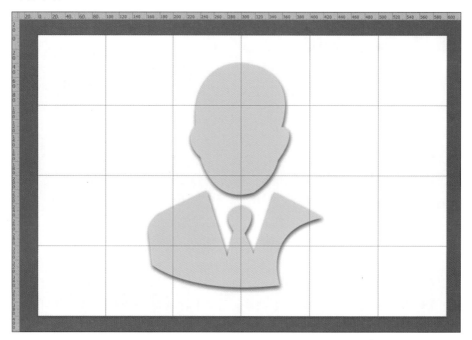

⑦ 도구상자에서 Ellipse Tool(원형 도구, ○)을 선택해 Option Bar(옵션 바)에서 Shape(모양), Fill Color(칠 색상) : #99cccc를 입력하고 [OK(확인)]를 클릭합니다.

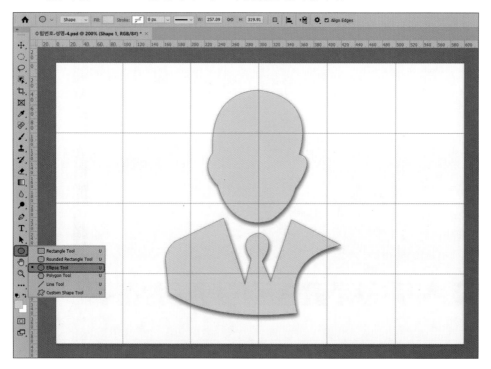

⑧ `Shift`를 누른 채 드래그하여 《출력형태》의 크기와 맞춘 다음 `Enter`를 눌러줍니다.

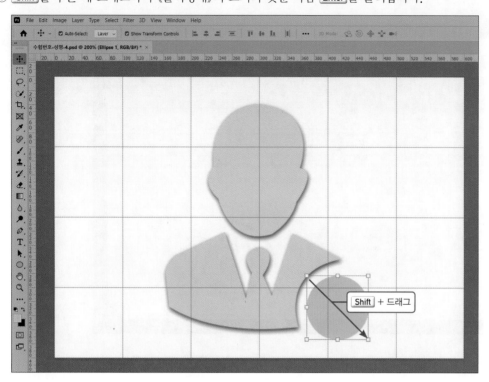

⑨ 도구상자에서 Pen Tool(펜 도구, ✐)을 클릭하고 상단 [Exclude Overlapping Shapes(모양 오버랩 제외, ⊡)]를 누릅니다.

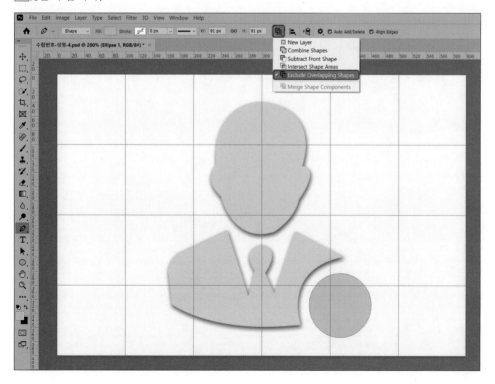

⑩ Path(패스)에서 제외할 모양을 그립니다.

## 04 패턴(장식, 클립 모양) : 클리핑 마스크

① Layers(레이어) 패널 하단에 Create a new layer(새 레이어 생성, 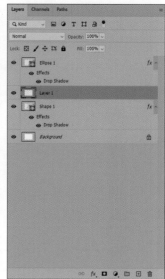)를 클릭합니다.

② 도구상자의 Pattern Stamp Tool(패턴 스탬프 툴, )을 클릭합니다.

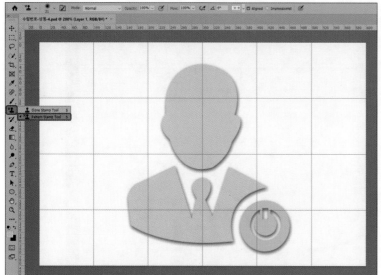

③ 상단 Option Bar(옵션 바)에서 패턴 썸네일 옆에 목록 단추를 눌러 만들어 놓은 패턴 모양을 클릭합니다.

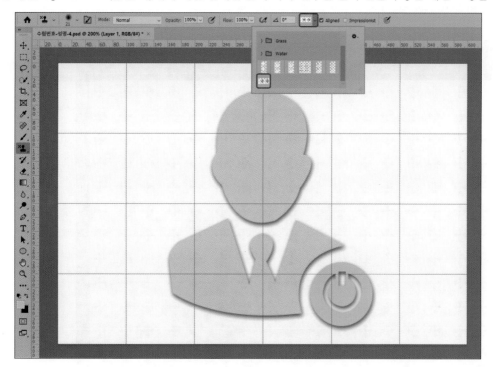

④ Size(크기)를 5000px로 설정합니다.

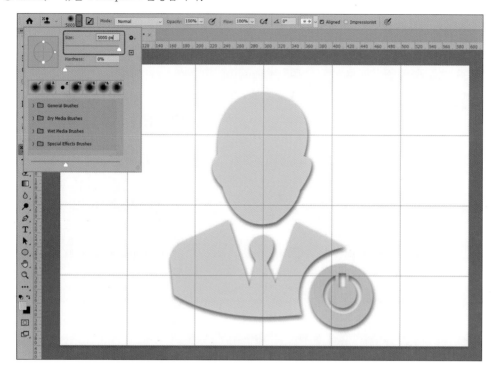

⑤ 작업 영역의 빈 곳을 클릭합니다.

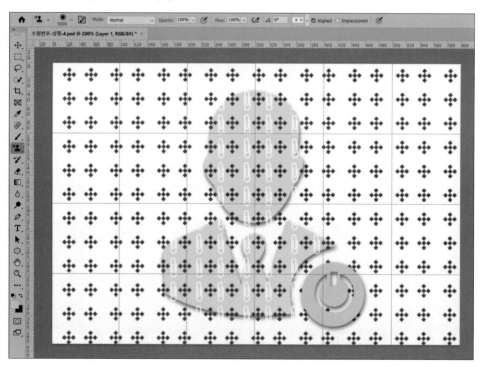

⑥ 클리핑 마스크를 하기 위해 [Ctrl] + [Alt] + [G]를 눌러줍니다.

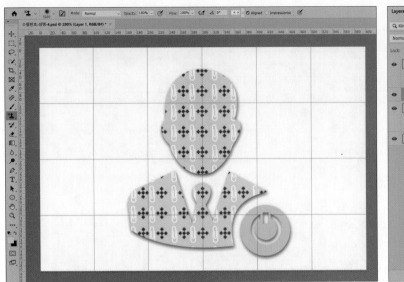

**05** 1급-12.jpg : Blending Mode(혼합 모드) – Hard Light(하드 라이트), 레이어 마스크 – 대각선 방향으로 흐릿하게

① '1급-12.jpg'를 클릭합니다.

② '1급-12.jpg'를 전체 선택([Ctrl] + [A]) 후 [Ctrl] + [C]를 눌러 복사합니다. 작업 영역으로 다시 돌아와 붙여넣기 ([Ctrl] + [V])합니다.

③ [Ctrl] + [T]를 눌러 《출력형태》와 비교해가며 크기와 위치를 조정하고 [Enter]를 눌러줍니다.

④ Blending Mode(혼합 모드)는 [Hard Light(하드 라이트)]를 선택합니다.

⑤ Layers(레이어) 패널 하단에 Add a layer mask(마스크 추가, ▢)를 클릭합니다.

⑥ 레이어 옆에 마스크가 적용됐으면, 도구상자의 Gradient Tool(그레이디언트 도구, ▢)을 클릭합니다.

⑦ Option Bar(옵션 바)에서 Gradient Spectrum(그레이디언트 스펙트럼, ▢▬▬▬)을 클릭한 다음

Gradient Editor(그레이디언트 편집) 대화상자가 나타나면 그레이 계열의 그라데이션을 선택한 후 [OK(확인)]를 클릭합니다.

⑧ 아래쪽에서 위쪽 대각선 방향으로 드래그합니다.

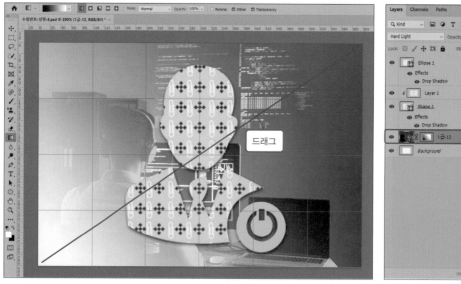

**06** 1급-13.jpg : 필터 – Angled Strokes(각진 선/획), 레이어 마스크 – 세로 방향으로 흐릿하게

① '1급-13.jpg'를 클릭합니다.

② '1급-13.jpg'를 전체 선택(Ctrl + A) 후 Ctrl + C를 눌러 복사합니다. 작업 영역으로 다시 돌아와 붙여넣기 (Ctrl + V)합니다.

③ Ctrl + T를 눌러 《출력형태》와 비교해가며 이미지의 크기 및 위치를 조정하고 Enter를 눌러줍니다.

④ [Filter(필터)] – [Filter Gallery(필터 갤러리)] – [Brush Strokes(브러시 선/획)] – [Angled Strokes(각진 선/획)]를 선택한 후 [OK(확인)]를 클릭합니다.

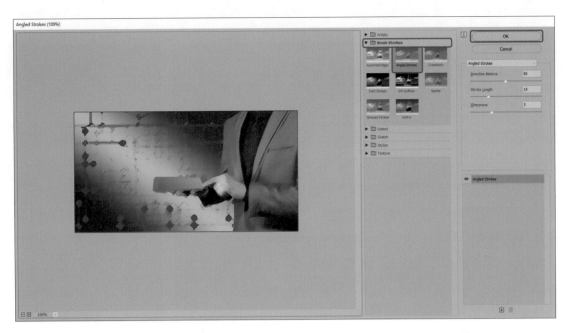

⑤ Layers(레이어) 패널 하단에 Add a layer mask(마스크 추가, 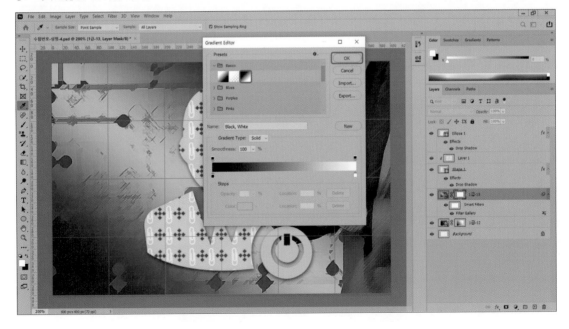)를 클릭합니다.

⑥ Layers(레이어) 옆에 마스크가 적용됐으면, 도구상자의 Gradient Tool(그레이디언트 도구, )을 클릭합니다.

⑦ Option Bar(옵션 바) Gradient Spectrum(그레이디언트 스펙트럼, )을 클릭한 다음 Gradient Editor(그레이디언트 편집) 대화상자가 나타나면 그레이 계열의 그라데이션을 선택한 후 [OK(확인)]를 클릭합니다.

⑧ 아래쪽에서 위쪽 방향으로 드래그합니다.

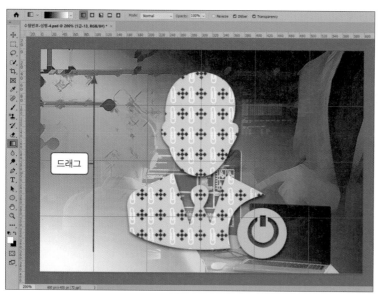

**07** 1급-14.jpg : 레이어 스타일 – Stroke(선/획)(2px, #33cc99), Bevel & Emboss(경사와 엠보스)

① '1급-14.jpg'를 클릭합니다.

② 도구상자의 Quick Selection Tool(빠른 선택 도구, )을 선택합니다. Options Bar(옵션 바)에서 [Add to Selection(선택 영역에 추가)]으로 브러시의 크기를 조절해 필요한 영역을 선택하고 Ctrl + C 로 복사합니다.

③ 작업 영역으로 돌아와 Ctrl + V 로 이미지를 붙여넣기 하고, Ctrl + T 를 누른 다음 Shift 를 눌러 크기를 조정해 배치합니다.

④ Layer Style(레이어 스타일)을 적용하기 위해, Layers(레이어) 패널 하단에 Add a Layer Style(레이어 스타일 추가, fx. )을 클릭합니다.

⑤ [Stroke(선/획)]를 선택해 Size(크기) : 2px, Color(색상) : #33cc99로 설정합니다.

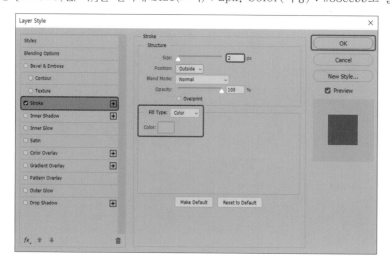

⑥ 이어서 [Bevel & Emboss(경사와 엠보스)]를 선택하고 Layer Style(레이어 스타일) 대화상자에서 [OK(확인)]를 클릭합니다.

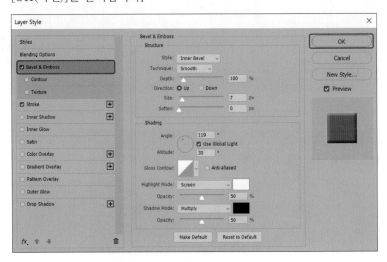

08 1급-15.jpg : 필터 - Film Grain(필름 그레인), 레이어 스타일 - Inner Shadow(내부 그림자)

① '1급-15.jpg'를 클릭합니다.

② 도구상자의 Quick Selection Tool(빠른 선택 도구, )을 선택합니다. Options Bar(옵션 바)에서 [Add to Selection(선택 영역에 추가)]으로 브러시의 크기를 조절해 필요한 영역을 선택하고 Ctrl + C 로 복사합니다.

③ 작업 영역으로 돌아와 Ctrl + V 로 이미지를 붙여넣기 하고, Ctrl + T 를 누른 다음 Shift 를 눌러 크기를 조정해 배치합니다.

④ [Filter(필터)] - [Filter Gallery(필터 갤러리)] - [Artistic(예술 효과)] - [Film grain(필름 그레인)]을 선택한 후 [OK(확인)]를 클릭합니다.

⑤ Layers(레이어) 패널 하단에 Add a Layer Style(레이어 스타일 추가, fx. )을 클릭합니다.

⑥ [Inner Shadow(내부 그림자)]를 선택하고, Layer Style(레이어 스타일) 대화상자에서 [OK(확인)]를 클릭합니다.

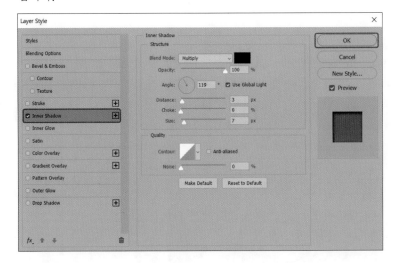

## 09 1급-16.jpg : 색상 보정 – 노란색 계열로 보정, 레이어 스타일 – Bevel & Emboss(경사와 엠보스)

① '1급-16.jpg'를 클릭합니다.

② 도구상자의 Quick Selection Tool(빠른 선택 도구, )을 선택합니다. Options Bar(옵션 바)에서 [Add to Selection(선택 영역에 추가)]으로 브러시의 크기를 조절해 필요한 영역을 선택하고 Ctrl + C 로 복사합니다.

③ 작업 영역으로 돌아와 Ctrl + V 로 이미지를 붙여넣기 하고, Ctrl + T 를 누른 다음 Shift 를 눌러 크기를 조정해 배치합니다.

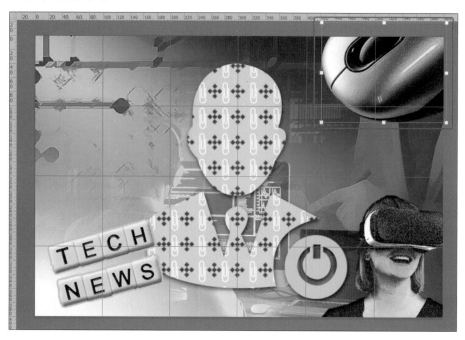

④ 색상 보정할 영역을 Quick Selection Tool(빠른 선택 도구, )로 드래그하여 선택합니다.

⑤ Layers(레이어) 패널의 '1급-16.jpg' 레이어 썸네일을 Ctrl 를 눌러 클릭한 다음 Layers(레이어) 패널 하단 Create new fill or adjustment layer(조정 레이어, )를 클릭합니다.

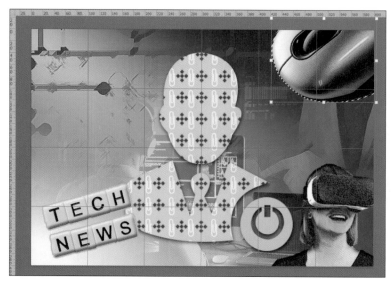

⑥ [Hue/Saturation(색조/채도)]을 선택해 Properties(특징) 대화상자에서 Hue(색조), Saturation(채도)을 노란색에 가깝게 조절합니다.

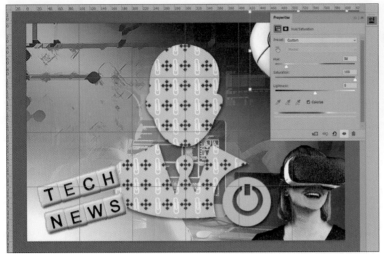

⑦ Layer Style(레이어 스타일)을 적용하기 위해, Layers(레이어) 패널 하단에 Add a Layer Style(레이어 스타일 추가, *fx.*)을 클릭합니다.

⑧ [Bevel & Emboss(경사와 엠보스)]를 선택한 후 [OK(확인)]를 클릭합니다.

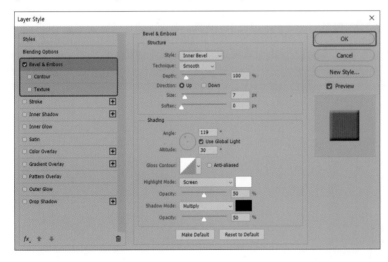

## 10 그 외 《출력형태》 참조

① Layers(레이어) 패널 하단에 Create a new layer(새 레이어 만들기, ▣)를 클릭합니다.

② 도구상자의 Custom Shape Tool(사용자 정의 모양 도구, ▨)을 클릭합니다.

③ Option Bar(옵션 바)에서 Shape(모양)로 설정한 다음 Shape(모양) 목록 단추를 클릭합니다. [Legacy Shapes and More(레거시 모양 및 기타)] – [All Legacy Default Shapes(전체 레거시 모양)] – [Symbols(상징)]를 클릭합니다.

④ 《출력형태》와 일치하는 Sign 1(팔각형, ●)을 찾아 선택한 후, Shift 를 누른 채 드래그하여 작업 영역에 추가합니다.

⑤ Layer Style(레이어 스타일)을 적용하기 위해, Layers(레이어) 패널 하단에 Add a Layer Style(레이어 스타일 추가, fx.)을 클릭합니다.

⑥ [Gradient Overlay(그레이디언트 오버레이)]를 선택합니다.

⑦ Layer Style(레이어 스타일) 대화상자에서 Gradient(그레이디언트) 색상 스펙트럼을 클릭합니다.

⑧ 왼쪽과 오른쪽 아래 Color Stop(색상 정지점)을 더블 클릭해 각각 '#ffccoo', '#ffffff'로 색상을 설정한 후 Angle(각도)을 조정합니다.

⑨ 이어서 [Stroke(선/획)]를 선택하고 Size(크기) : 2px, Position(포지션) : Outside, Color(색상) : #ffcc00으로 설정한 후 [OK(확인)]를 클릭합니다.

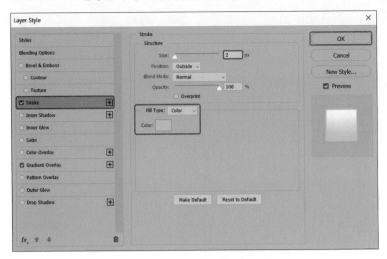

⑩ 추가된 Shape(모양)에 Alt 를 누른 채 2번 드래그하여 복사합니다.

⑪ 복사된 Sign 1(팔각형, ●)에 Layer Style(레이어 스타일)을 적용하기 위해, Layers(레이어) 패널 하단에 Add a Layer Style(레이어 스타일 추가, fx.)을 클릭합니다.

⑫ [Gradient Overlay(그레이디언트 오버레이)]를 선택합니다.

⑬ Layer Style(레이어 스타일) 대화상자에서 [Gradient Spectrum(그레이디언트 스펙트럼, ■▼ ■■■▼)]을 클릭합니다.

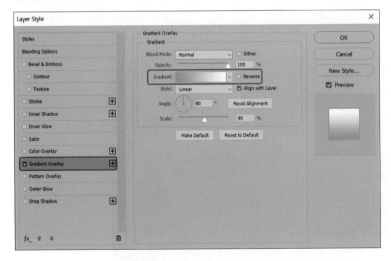

⑭ 왼쪽과 오른쪽 아래 Color Stop(색상 정지점)을 각각 더블 클릭해 '#9999ff', '#ffffff'로 색상을 설정한 후 Angle(각도)을 조정합니다.

⑮ 이어서 [Stroke(선/획)]를 선택해 Size(크기) : 2px, Color(색상) : #9999ff로 설정한 후 [OK(확인)]를 클릭합니다.

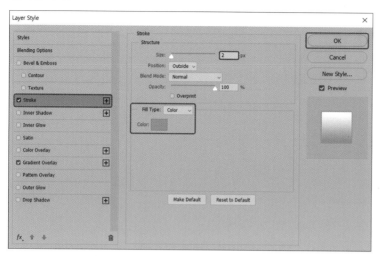

## 11 그 외《출력형태》참조

① '1급-17.jpg'를 클릭합니다.

② 도구상자의 Quick Selection Tool(빠른 선택 도구, 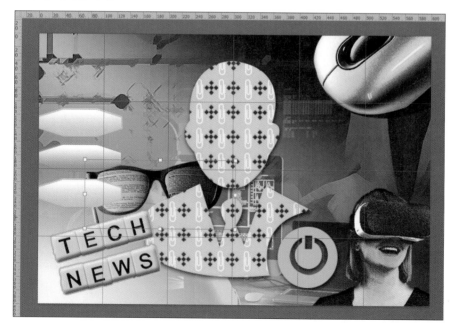)을 선택합니다. Options Bar(옵션 바)에서 [Add to Selection(선택 영역에 추가)]으로 브러시의 크기를 조절해 필요한 영역을 선택하고 Ctrl + C 로 복사합니다.

③ 작업 영역으로 돌아와 Ctrl + V 로 이미지를 붙여넣기 하고, Ctrl + T 를 누른 다음 Shift 를 눌러 크기를 조정해 배치합니다.

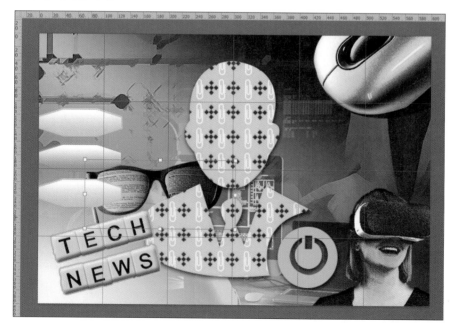

## 4 문자 효과 적용

**01** 온라인 인공지능 윤리 대전(돋움, 28pt, 레이어 스타일 – 그레이디언트 오버레이(#00cccc, #ffffff),
Stroke(선/획)(2px, #000033))

① 도구상자에서 Horizontal Type Tool(수평 문자 도구)을 클릭하고 Options Bar(옵션 바)에서 Font(글
꼴) : Dotum, Size(크기) : 28pt를 설정한 후 '온라인 인공지능 윤리 대전'을 입력합니다.

② Options Bar(옵션 바)에서 [Create Warped Text(뒤틀어진 텍스트)]를 클릭한 다음 Warp Text(텍스트 뒤
틀기) 대화상자가 나타나면 Style : Shell Lower(아래가 넓은 조개)를 선택해 문자의 모양을 왜곡합니다.

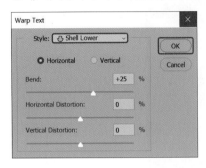

③ Layer Style(레이어 스타일)을 적용하기 위해, Layers(레이어) 패널 하단에 Add a Layer Style(레이어
스타일 추가, fx.)을 클릭합니다.

④ [Gradient Overlay(그레이디언트 오버레이)]를 선택합니다.

⑤ Layer Style(레이어 스타일) 대화상자가 나타나면 Gradient(그레이디언트) 색상 스펙트럼을 클릭합니다.

⑥ 왼쪽과 오른쪽 아래 Color Stop(색상 정지점)을 더블 클릭해 각각 '#00cccc', '#ffffff'로 색상을 설정한 후
Angle(각도)을 조정합니다.

⑦ 이어서 [Stroke(선/획)]를 선택해 Size(크기) : 2px, Color(색상) : #000033으로 설정하고 [OK(확인)]를
클릭합니다.

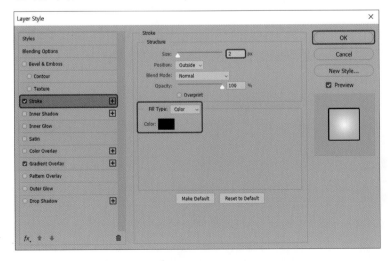

**02** https://www.kaiea.org(Arial, Regular, 18pt, #006666, 레이어 스타일 – Stroke(선/획)(2px, #cccc99))

① 도구상자에서 Horizontal Type Tool(수평 문자 도구)을 클릭하고 Options Bar(옵션 바)에서 Font(글꼴) : Arial, Style(스타일) : Regular, Size(크기) : 18pt, Font Color(글자색) : #006666을 설정한 후 'https://www.kaiea.org'를 입력합니다.

② Layer Style(레이어 스타일)을 적용하기 위해, Layers(레이어) 패널 하단에 Add a Layer Style(레이어 스타일 추가, _fx_)을 클릭합니다.

③ [Stroke(선/획)]를 선택해 Size(크기) : 2px, Color(색상) : #cccc99로 설정하고 [OK(확인)]를 클릭합니다.

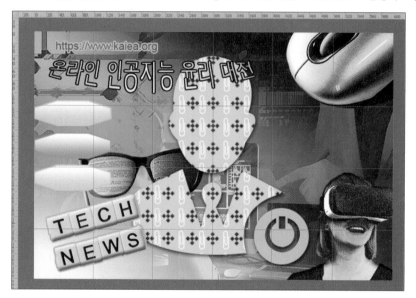

**03** 안전하고 윤리적인 인공지능 활용 연구(돋움, 20pt, 25pt, #99ff33, #ffffff, 레이어 스타일 – Stroke(선/획)(2px, #996666))

① 도구상자에서 Horizontal Type Tool(수평 문자 도구)을 클릭한 뒤 Options Bar(옵션 바)에서 Font(글꼴) : Dotum, Size(크기) : 25pt, Font Color(글자색) : #99ff33을 설정한 후 '안전하고 윤리적인 인공지능 활용 연구'를 입력한 다음, '인공지능 활용 연구'를 블록 설정하여 Size(크기) : 20pt, Font Color(글자색) : #ffffff로 변경합니다.

② Options Bar(옵션 바)에서 Create Warped Text(뒤틀어진 텍스트)를 클릭한 다음 Warp Text(텍스트 뒤틀기) 대화상자가 나타나면 Style : Flag(깃발)를 선택해 문자의 모양을 왜곡합니다.

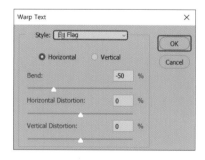

③ Layer Style(레이어 스타일)을 적용하기 위해, Layers(레이어) 패널 하단에 Add a Layer Style(레이어 스타일 추가, *fx.*)을 클릭합니다.

④ [Stroke(선/획)]를 선택해 Size(크기) : 2px, Color(색상) : #996666으로 설정하고 [OK(확인)]를 클릭합니다.

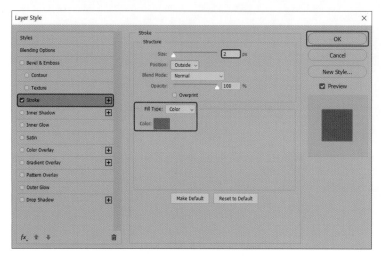

**04** 윤리대전, 윤리헌장, 알림마당(돋움, 18pt, #000000, 레이어 스타일 − Stroke(선/획)(2px, #ffcc00, #ffffff))

① 도구상자에서 Horizontal Type Tool(수평 문자 도구)을 클릭하고 Options Bar(옵션 바)에서 Font(글꼴) : Dotum, Size(크기) : 18pt, Font Color(글자색) : #000000을 설정한 후 '윤리대전'을 입력합니다.

② Layer Style(레이어 스타일)을 적용하기 위해, Layers(레이어) 패널 하단에 Add a Layer Style(레이어 스타일 추가, *fx.*)을 클릭합니다.

③ [Stroke(선/획)]를 선택해 Size(크기) : 2px, Color(색상) : #ffcc00으로 설정하고 [OK(확인)]를 클릭합니다.

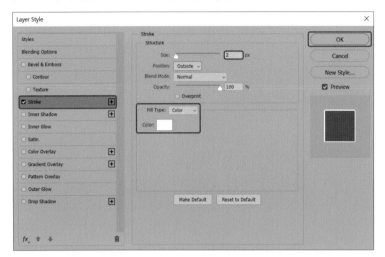

④ 도구상자에서 [Move Tool(이동 도구, ✛)]을 클릭한 후 Alt 를 누른 채 추가된 '윤리대전' 텍스트를 2번 드래그하여 복사합니다.

⑤ 복사된 '윤리대전' 텍스트를 '윤리헌장'과 '알림마당'으로 수정합니다.

⑥ Layers(레이어) 패널에서 '윤리헌장' 레이어를 클릭한 후 하단 Add a Layer Style(레이어 스타일 추가, *fx.*)을 클릭합니다.

⑦ [Stroke(선/획)]를 선택해 Size(크기) : 2px, Color(색상) : #ffffff로 설정하고 [OK(확인)]를 클릭합니다.

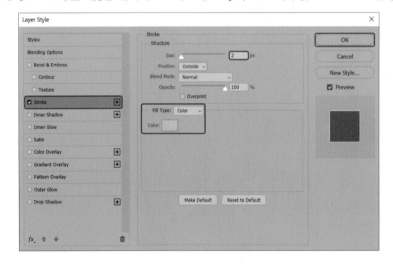

## 5  최종 파일 저장

### 01 JPG 파일 저장

① [File(파일)] – [Save As(다른 이름으로 저장)]를 선택합니다.

② 파일 이름은 '수험번호–성명–4'를 입력합니다.

③ 파일 형식은 JPEG로 설정하고, [저장(S)]을 클릭합니다.

④ JPEG Options(JPEG 옵션)은 Quality : 8 이상으로 설정하고 [OK(확인)]를 클릭합니다.

### 02 PSD 파일 저장

① [Image(이미지)] – [Image Size(이미지 크기)]를 클릭합니다.

② Width(폭) : 60Pixels, Height(높이) : 40Pixels, [OK(확인)]를 클릭합니다.

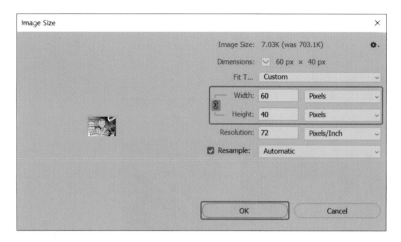

③ [File(파일)] – [Save(저장)]을 클릭합니다.

### 03 최종 파일 확인

① 2가지 포맷(JPG, PSD)의 최종 파일이 만들어졌는지 확인합니다.

## 6  답안 파일 전송

### 01 감독위원 PC로 답안 파일 전송

PART

04

# 실전 모의고사

# 실전 모의고사

---

### 문제1　[기능평가] 고급 Tool(도구) 활용

다음의 〈조건〉에 따라 아래의 《출력형태》와 같이 작업하시오.　[20점]

[조건 ↳]

[출력형태 ↳]

| 원본 이미지 | 문서\GTQ\image\1급-1.jpg, 1급-2.jpg, 1급-3.jpg | | |
|---|---|---|---|
| 파일 저장 규칙 | JPG | 파일명 | 문서\GTQ\수험번호-성명-1.jpg |
| | | 크기 | 400 x 500 Pixels |
| | PSD | 파일명 | 문서\GTQ\수험번호-성명-1.psd |
| | | 크기 | 40 x 50 Pixels |

#### 1. 그림 효과

① 1급-1.jpg : 필터 – Rough Pastels(거친 파스텔)
② Save Path(패스 저장) : 폴더 모양
③ Mask(마스크) : 폴더 모양, 1급-2.jpg를 이용하여 작성
　레이어 스타일 – Stroke(선/획)(3px, #ffff00)
④ 1급-3.jpg : 레이어 스타일 – Bevel & Emboss(경사와 엠보스)
⑤ Shape Tool(모양 도구) :
　– 손 모양(#223399, #888fff, 레이어 스타일 – Drop Shadow(그림자 효과))
　– 우산 모양(#fffaaa, 레이어 스타일 – Inner Shadow(내부 그림자))

#### 2. 문자 효과

① Happy Holiday(Times New Roman, Bold, 35pt, 레이어 스타일 – 그레이디언트
　오버레이(#03ab33, #553fff), Drop Shadow(그림자 효과))

---

### 문제2　[기능평가] 사진편집 응용

다음의 〈조건〉에 따라 아래의 《출력형태》와 같이 작업하시오.　[20점]

[조건 ↳]

[출력형태 ↳]

| 원본 이미지 | 문서\GTQ\mage\1급-4.jpg, 1급-5.jpg, 1급-6.jpg | | |
|---|---|---|---|
| 파일 저장 규칙 | JPG | 파일명 | 문서\GTQ\수험번호-성명-2.jpg |
| | | 크기 | 400 x 500 Pixels |
| | PSD | 파일명 | 문서\GTQ\수험번호-성명-2.psd |
| | | 크기 | 40 x 50 Pixels |

#### 1. 그림 효과

① 1급-4.jpg : 필터 – Poster Edges(포스터 가장자리)
② 색상 보정 : 1급-5.jpg – 주황색 계열로 보정
③ 1급-5.jpg : 레이어 스타일 – Bevel & Emboss(경사와 엠보스)
④ 1급-6.jpg : 레이어 스타일 – Drop Shadow(그림자 효과)
⑤ Shape Tool(모양 도구) :
　– 나비 모양(#006699, 레이어 스타일 – Stroke(선/획)(2px, #ffffff))

#### 2. 문자 효과

① 자연 보호 캠페인(굴림, 40pt, 레이어 스타일 – 그레이디언트 오버레이(#00ccff, #cc66cc),
　Stroke(선/획)(2px, #ffff22))

다음의 〈조건〉에 따라 아래의 《출력형태》와 같이 작업하시오.    25점

조건 ↳

| 원본 이미지 | 문서\GTQ\Image\1급-7.jpg, 1급-8.jpg, 1급-9.jpg, 1급-10.jpg, 1급-11.jpg | | |
|---|---|---|---|
| 파일 저장 규칙 | JPG | 파일명 | 문서\GTQ\수험번호-성명-3.jpg |
| | | 크기 | 600 x 400 Pixels |
| | PSD | 파일명 | 문서\GTQ\수험번호-성명-3.psd |
| | | 크기 | 60 x 40 Pixels |

1. 그림 효과

① 배경 : #fcfccc
② 1급-7.jpg : Blending Mode(혼합 모드) – Overlay(오버레이)
③ 1급-8.jpg : 필터 – Texturizer(텍스처화), 레이어 마스크 – 가로 방향으로 흐릿하게
④ 1급-9.jpg : 필터 – Rough Pastels(거친 파스텔), 레이어 스타일 – Stroke(선/획)(3px, #336666))
⑤ 1급-10.jpg : 레이어 스타일 – Inner Glow(내부 광선), Drop Shadow(그림자 효과)
⑥ 1급-11.jpg : 색상 보정 – 초록색 계열로 보정
⑦ 그 외 《출력형태》 참조

2. 문자 효과

① 반려 식물 키우기(돋움, 36pt, #ffffff, 레이어 스타일 – Stroke(선/획)(2px, 그레이디언트(#006633, #663322)))
② 쾌적한 생활환경 조성(궁서, 18pt, #003366, 레이어 스타일 – Stroke(선/획)(2px, #cccccc))

출력형태 ↳

Shape Tool(모양 도구) 사용
#ff33cc, 레이어 스타일 – Outer Glow(외부 광선)

Shape Tool(모양 도구) 사용
#888fff, 레이어 스타일 – Drop Shadow(그림자 효과)

## 문제4 [실무응용] 웹 페이지 제작

다음의 〈조건〉에 따라 아래의 《출력형태》와 같이 작업하시오. 　35점

### 조건 ㄴ

| 원본 이미지 | 문서\GTQ\Image\1급-12.jpg, 1급-13.jpg, 1급-14.jpg, 1급-15.jpg, 1급-16.jpg, 1급-17.jpg | | |
|---|---|---|---|
| 파일 저장<br>규칙 | JPG | 파일명 | 문서\GTQ\수험번호-성명-4.jpg |
| | | 크기 | 600 x 400 Pixels |
| | PSD | 파일명 | 문서\GTQ\수험번호-성명-4.psd |
| | | 크기 | 60 x 40 Pixels |

### 1. 그림 효과
① 배경 : #eeddff
② 패턴(별 모양) : #ffff22
③ 1급-12.jpg : Blending Mode(혼합 모드) – Hard Light(하드 라이트), Opacity(불투명도)(50%)
④ 1급-13.jpg : 필터 – Sponge(스폰지), 레이어 마스크 – 가로 방향으로 흐릿하게
⑤ 1급-14.jpg : 레이어 스타일 – Drop Shadow(그림자 효과)
⑥ 1급-15.jpg : 필터 – Poster Edges(포스터 가장자리)
⑦ 1급-16.jpg : 색상 보정 – 보라색 계열로 보정
⑧ 그 외 《출력형태》 참조

### 2. 문자 효과
① 소중한 사람을 위한 선물(궁서, 25pt, #ff6600, 레이어 스타일 – Stroke(선/획)(2px, #ffffff))
② https://www.gift.or.kr(Times New Roman, Bold, 16pt, #330066)
③ 고마운 마음을 담아 선물하세요(궁서, 16pt, #4488cc, 레이어 스타일 – Stroke(선/획)(2px, #ffffcc))

### 출력형태 ㄴ

Shape Tool(모양 도구) 사용
#55ff77, 레이어 스타일 – Drop Shadow(그림자 효과)

Shape Tool(모양 도구) 사용
#eecc66, 레이어 스타일 –
Stroke(선/획)(2px, #ffffff)

Shape Tool(모양 도구) 사용
#766688,
레이어 스타일 – Stroke(선/획)
(2px, #ffffff)

https://www.gift.or.kr

# 01회 실전 모의고사 해설

## 문제1 [기능평가] 고급 Tool(도구) 활용

### 1 준비 작업

#### 01. 파일 만들기

① [File(파일)] – [New(새로 만들기)](Ctrl + N)를 클릭합니다.

#### 02. 파일 세부 정보 설정

① New Document(새 문서)에서 Name(이름)에 '실전 연습01', 'Width(폭) : 400Pixels, Height(높이) : 500Pixels, Resolution(해상도) : 72Pixels/Inch, Color Mode(색상 모드) : RGB Color, 8bit, Background Contents(배경 내용) : White(흰색)'로 설정하여 새 작업 이미지를 만듭니다.

#### 03. 파일 저장

① [File(파일)] – [Save As(다른 이름으로 저장)](Ctrl + Shift + S)를 클릭합니다.
경로 : PC\문서\GTQ, 파일명은 '수험번호-성명-1.psd'로 파일을 저장합니다.

#### 04. 사용된 원본 이미지 열기

① [File(파일)] – [Open(열기)]을 클릭합니다.
경로 : 문서\GTQ\Image\1급-1.jpg, 1급-2.jpg, 1급-3.jpg 총 3개의 jpg 파일을 Shift 를 누른 채 모두 선택하고, [열기(O)]를 클릭합니다.

### 2 그림 효과 적용

#### 01. 1급-1.jpg : 필터 – Rough Pastels(거친 파스텔)

① '1급-1.jpg'를 클릭합니다.
② '1급-1.jpg'를 전체 선택(Ctrl + A) 후 Ctrl + C를 눌러 복사합니다. 작업 영역으로 다시 돌아와 붙여넣기 (Ctrl + V)합니다.
③ Ctrl + T를 눌러 《출력형태》와 비교해가며 이미지의 크기와 위치를 조정하고 Enter 를 눌러줍니다.
④ [Filter(필터)] – [Filter Gallery(필터 갤러리)] – [Artistic(예술 효과)] – [Rough Pastels(거친 파스텔)]을 선택하고 [OK(확인)]를 클릭합니다.

## 02 Save Path(패스 저장) : 폴더 모양

① Layers(레이어) 패널 하단에서 Create a new layer(새 레이어 생성, ⊡)를 클릭합니다.
② 《출력형태》에 그려 놓은 기준선을 참고하여 안내선을 만들어줍니다.

③ 도구상자에서 Pen Tool(펜 도구, ✐)을 클릭합니다.
④ Option Bar(옵션 바)에서 Path(패스)를 Shape(모양)로 변경한 후 폴더 외곽을 그립니다.

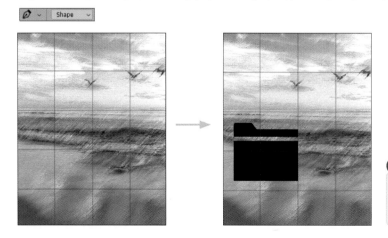

⑤ [Window(윈도우)] - [Paths(패스)]를 선택합니다.

⑥ Paths(패스) 패널에서 'Shape 1 Shape Path' 레이어를 더블 클릭합니다.

⑦ Save Path(패스 저장) 대화상자가 나타나면 '폴더 모양'으로 입력한 후 [OK(확인)]를 클릭합니다.

⑧ Paths(패스) 패널에서 Layers(레이어) 패널로 다시 돌아옵니다.

## 03 Mask(마스크) : 폴더 모양, 1급-2.jpg를 이용하여 작성

① 만들어진 패스에 클리핑 마스크 작업을 하기 위해 '1급-2.jpg'를 클릭합니다.

② '1급-2.jpg'를 전체 선택(Ctrl + A) 후 Ctrl + C를 눌러 복사합니다. 작업 영역으로 돌아와 Shape(모양) 위에 붙여넣기(Ctrl + V)합니다.

③ 가져온 '1급-2.jpg'가 선택된 상태에서 마우스 우클릭 후 Create Clipping Mask(클리핑 마스크 만들기)를 선택 또는 단축키 Ctrl + Alt + G를 눌러줍니다.

④ Ctrl + T를 눌러 《출력형태》와 비교해가며 크기와 위치를 조정하고 Enter를 눌러줍니다.

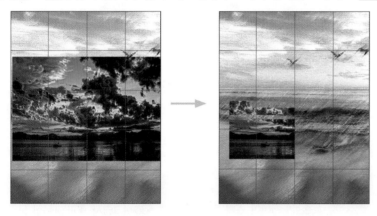

⑤ Layer Style(레이어 스타일)을 적용하기 위해, Layers(레이어) 패널 하단에 Add a Layer Style(레이어 스타일 추가, fx.)을 클릭합니다.

⑥ [Stroke(획)]를 선택하고 Size(크기) : 3px, Position(포지션) : Outside, Color(색상) : #ffff00으로 설정한 후 Layer Style(레이어 스타일) 대화상자에서 [OK(확인)]를 클릭합니다.

## 04 1급-3.jpg : 레이어 스타일 - Bevel & Emboss(경사와 엠보스)

① '1급-3.jpg'를 클릭합니다.

② 도구상자에서 Quick Selection Tool(빠른 선택 도구, ) 을 클릭합니다.

③ Options Bar(옵션 바)에 [Add to Selection(선택 영역에 추가)]을 설정한 후 브러시의 크기를 조절하며 필요한 이미지를 선택합니다.

**TIP** ⭐

이미지 영역을 선택하는 도구에는 제한이 없습니다.
Pen Tool(펜 도구, ⬛), Polygonal Lasso Tool(다각형 올가미 도구, ⬛), Quick Selection Tool(빠른 선택 도구, ⬛), Magic Wand Tool(마술봉 도구, ⬛) 등 다양한 선택 도구들로 연습해보고 본인에게 맞는 편리한 도구를 사용합니다.

④ 선택 영역 지정이 완료되면 [Ctrl] + [C]를 눌러 레이어를 복사합니다.

⑤ 작업 영역으로 돌아와 [Ctrl] + [V]로 이미지를 붙여넣은 후, [Ctrl] + [T]로 크기를 조정해 배치합니다.

⑥ Layer Style(레이어 스타일)을 적용하기 위해, Layers(레이어) 패널 하단에 Add a Layer Style(레이어 스타일 추가, [fx.])을 클릭합니다.

⑦ [Bevel & Emboss(경사와 엠보스)]를 선택한 후, Layer Style(레이어 스타일) 대화상자가 에서 [OK(확인)]를 클릭합니다.

**05** Shape Tool(모양 도구)(손 모양 – #223399, #888fff, 레이어 스타일 – Drop Shadow(그림자 효과), (우산 모양 – #fffaaa, 레이어 스타일 – Inner Shadow(내부 그림자))

① 도구상자의 Custom Shape Tool(사용자 정의 모양 도구, ⬛)을 클릭합니다.

② Option Bar(옵션 바)에서 Shape(모양), Fill Color(칠 색상) : #223399를 지정한 다음 Shape(모양) 목록 단추를 클릭합니다. [Regacy Shapes and More(레거시 모양 및 기타)] – [All Legacy Default Shapes(전체 레거시 모양)] – [Objects(물건)]를 클릭합니다.

③ 《출력형태》와 일치하는 Right Hand(오른손, ✋)를 찾아 선택한 후, [Shift]를 누른 채 드래그하여 작업 영역에 추가합니다.

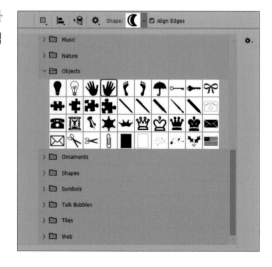

④ Layer Style(레이어 스타일)을 적용하기 위해, Layers(레이어) 패널 하단에 Add a Layer Style(레이어 스타일 추가, *fx.*)을 클릭합니다.

⑤ [Drop Shadow(그림자 효과)]를 선택한 후, Layer Style(레이어 스타일) 대화상자가 나타나면 [OK(확인)]를 클릭합니다.

⑥ 이어서 Custom Shape Tool(사용자 정의 모양 도구, 🎨)을 클릭합니다.

⑦ Option Bar(옵션 바)에서 Shape(모양), Fill Color(칠 색상) : #888fff를 지정한 다음 Shape(모양) 목록 단추를 클릭합니다. [Legacy Shapes and More(레거시 모양 및 기타)] – [All Legacy Default Shapes(전체 레거시 모양)] – [Objects(물건)]를 클릭합니다.

⑧ 《출력형태》와 일치하는 Left Hand(왼손, ✋)를 찾아 선택한 후, Shift 를 누른 채 드래그하여 작업 영역에 추가합니다.

⑨ Layer Style(레이어 스타일)을 적용하기 위해 레이어 패널 하단에 Add a Layer Style(레이어 스타일 추가, *fx.*)을 클릭하고 [Drop Shadow(그림자 효과)]를 선택해 적용합니다.

⑩ 위와 같은 방법으로 Custom Shape Tool(사용자 정의 모양 도구, 🎨)을 사용하여 Fill Color(칠 색상) : #fffaaa, 레이어 스타일 – Inner Shadow(내부 그림자)가 적용된 Umbrella(우산, ☂)를 작업 영역에 추가합니다.

## 3 문자 효과 적용

01 Happy Holiday(Times New Roman, Bold, 35pt, 레이어 스타일 – 그레이디언트 오버레이(#03ab33, #553fff), Drop Shadow(그림자 효과))

① 도구상자에서 Horizontal Type Tool(수평 문자 도구)을 클릭한 뒤 Options Bar(옵션 바)에서 Font(글꼴) : Times New Roman, Style(스타일) : Bold, Size(크기) : 35pt를 설정한 후 'Happy Holiday'를 입력합니다.

② Options Bar(옵션 바)에서 Create Warped Text(뒤틀어진 텍스트)를 클릭해 Warp Text(텍스트 뒤틀기) 대화상자가 나타나면 Style : Arc(부채꼴)를 선택하고 문자의 모양을 왜곡합니다.

③ Layer Style(레이어 스타일)을 적용하기 위해, Layers(레이어) 패널 하단에 Add a Layer Style(레이어 스타일 추가, *fx.*)을 클릭합니다.

④ [Gradient Overlay(그레이디언트 오버레이)]를 선택합니다.

⑤ Layer Style(레이어 스타일) 대화상자가 나타나면 Gradient(그레이디언트) 색상 스펙트럼을 클릭합니다.

⑥ 왼쪽과 오른쪽 아래 Color Stop(색상 정지점)을 각각 더블 클릭해 '#03ab33', '#553fff'로 색상을 설정하고 Angle(각도)을 조절합니다.

⑦ 이어서 Add a Layer Style(레이어 스타일 추가, fx.)을 클릭합니다. [Drop Shadow(그림자 효과)]를 선택하고 Layer Style(레이어 스타일) 대화상자에서 [OK(확인)]를 클릭합니다.

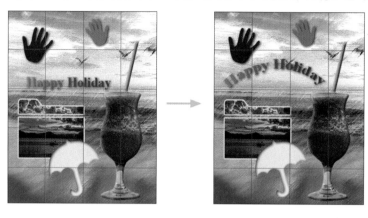

## 4  최종 파일 저장

### 01 JPG 파일 저장

① [File(파일)] – [Save As(다른 이름으로 저장)]를 클릭합니다.

② 파일 이름은 '수험번호-성명-1'로 입력합니다.

③ 파일 형식은 JPEG를 선택하고 [저장(S)]을 클릭합니다.

④ JPEG Options(JPEG 옵션)은 Quality : 8 이상으로 설정하고 [OK(확인)]를 클릭합니다.

### 02 PSD 파일 저장

① [Image(이미지)] – [Image Size(이미지 크기)]를 클릭합니다.

② Width(폭) : 40Pixels, Height(높이) : 50Pixels, [OK(확인)]를 클릭합니다.

③ [File(파일)] – [Save(저장)]( Ctrl + S )를 선택합니다.

### 03 최종 파일 확인

① 2가지 포맷(JPG, PSD)의 최종 파일이 만들어졌는지 확인합니다.

## 5  답안 파일 전송

### 01 감독위원 PC로 답안 파일 전송

## 1 준비 작업

### 01 파일 만들기

① [File(파일)] - [New(새로 만들기)](Ctrl + N)를 클릭합니다.

### 02 파일 세부 정보 설정

① New Document(새 문서)에서 Name(이름)에 '실전 연습01', 'Width(폭) : 400 Pixels, Height(높이) : 500Pixels, Resolution(해상도) : 72Pixels/Inch, Color Mode(색상 모드) : RGB Color, 8bit, Background Contents(배경 내용) : White(흰색)'로 설정하여 새 작업 이미지를 만듭니다.

### 03 파일 저장

① [File(파일)] - [Save As(다른 이름으로 저장)](Ctrl + Shift + S)를 클릭합니다.
경로 : PC\문서\GTQ, 파일명은 '수험번호-성명-2.psd'로 파일을 저장합니다.

### 04 사용된 원본 이미지 열기

① [File(파일)] - [Open(열기)]을 클릭합니다.
경로 : 문서\GTQ\Image\1급-4.jpg, 1급-5.jpg, 1급-6.jpg 총 3개의 jpg 파일을 Shift 를 누른 채 모두 선택하고 [열기(O)]를 클릭합니다.

## 2 그림 효과 적용

### 01 1급-4.jpg : 필터 - Poster Edges(포스터 가장자리)

① '1급-4.jpg'를 클릭합니다.
② '1급-4.jpg'를 전체 선택(Ctrl + A) 후 Ctrl + C를 눌러 복사합니다. 작업 영역으로 돌아와 Ctrl + V로 붙여넣기 합니다.
③ Ctrl + T를 누르고 《출력형태》와 비교해가며 이미지의 크기 및 위치를 조정하고 Enter를 눌러줍니다.
④ [Filter(필터)] - [Filter Gallery(필터 갤러리)] - [Artistic(예술 효과)] - [Poster Edges(포스터 가장자리)]를 선택하고 [OK(확인)]를 클릭합니다.

## 02 색상 보정 : 1급-5.jpg - 주황색 계열로 보정

① '1급-5.jpg'를 클릭합니다.

② 도구상자의 Quick Selection Tool(빠른 선택 도구, ☑)을 클릭합니다. Options Bar(옵션 바)에서 [Add to Selection(선택 영역에 추가)]으로 브러시의 크기를 조절해 필요한 영역을 선택하고 ⌃ + C로 복사합니다.

③ 작업 영역으로 돌아와 ⌃ + V로 이미지를 붙여넣기 하고, ⌃ + T를 누른 다음 Shift를 눌러 크기를 조정해 배치합니다.

④ 작업 영역에서 색상 보정할 부분을 Quick Selection Tool(빠른 선택 도구, ☑)을 이용해 이미지를 선택해줍니다.

⑤ Layers(레이어) 패널 하단에 Create new fill or Adjustment Layer(조정 레이어, ◑)를 클릭하고 Hue/Saturation(색조/채도)을 선택합니다.

⑥ Properties(특징) 대화상자에서 Hue(색조), Saturation(채도)을 주황색에 가깝게 조절해 줍니다.

## 03 1급-5.jpg : 레이어 스타일 – Bevel & Emboss(경사와 엠보스)

① Layers(레이어) 패널에서 '1급-5.jpg'를 선택합니다.

② Layer Style(레이어 스타일)을 적용하기 위해, Layers(레이어) 패널 하단에 Add a Layer Style(레이어 스타일 추가, fx.)을 클릭합니다.

③ [Bevel & Emboss(경사와 엠보스)]를 선택하고 Layer Style(레이어 스타일) 대화상자가 나타나면 [OK(확인)]를 클릭합니다.

## 04 1급-6.jpg : 레이어 스타일 – Drop Shadow(그림자 효과)

① '1급-6.jpg'를 클릭합니다.

② 도구상자의 Quick Selection Tool(빠른 선택 도구, 🖌)을 클릭합니다. Options Bar(옵션 바)에 [Add to Selection(선택 영역에 추가)]으로 브러시의 크기를 조절해 필요한 영역을 드래그하고 Ctrl + C로 복사합니다.

③ 작업 영역으로 돌아와 Ctrl + V로 이미지를 붙여넣기 하고 Ctrl + T를 누른 다음 Shift를 눌러 크기를 조정해 배치합니다.

④ Layer Style(레이어 스타일)을 적용하기 위해, Layers(레이어) 패널 하단에 Add a Layer Style(레이어 스타일 추가, fx.)을 클릭합니다.

⑤ [Drop Shadow(그림자 효과)]를 선택하고 Layer Style(레이어 스타일) 대화상자에서 [OK(확인)]를 클릭합니다.

## 05 Shape Tool(모양 도구)(나비 모양 – #006699, 레이어 스타일 – Stroke(선/획)(2px, #ffff22))

① Custom Shape Tool(사용자 정의 모양 도구, 🔲)을 클릭합니다.

② Option Bar(옵션 바)에서 Shape(모양), Fill Color(칠 색상) : #006699를 설정한 다음 Shape(모양) 목록 단추를 클릭합니다. [Legacy Shapes and More(레거시 모양 및 기타)] – [All Legacy Default Shapes(전체 레거시 모양)] – [Natuer(자연)]를 클릭합니다.

③ 《출력형태》와 일치하는 Butterfly(나비, 🦋)를 찾아 선택한 후, Shift를 누른 채 드래그하여 작업 영역에 추가합니다.

④ Layer Style(레이어 스타일)을 적용하기 위해, Layers(레이어) 패널 하단에 Add a Layer Style(레이어 스타일 추가, fx.)을 클릭합니다.

⑤ [Stroke(선/획)]를 선택하고 Size(크기) : 2px, Color(색상) : #ffff22로 설정한 후 [OK(확인)]를 클릭합니다.

## 3 문자 효과 적용

### 01 자연 보호 캠페인

(굴림, 40pt, 레이어 스타일 – 그레이디언트 오버레이(#00ccff, #cc66cc), Stroke(선/획)(2px, #ffff22))

① 도구상자에서 Horizontal Type Tool(수평 문자 도구)을 클릭한 뒤 Options Bar(옵션 바)에서 Font(글꼴) : Gulim, Size(크기) : 40pt를 설정한 후 '자연 보호 캠페인'을 입력합니다.

② Options Bar(옵션 바)에서 Create Warped Text(뒤틀어진 텍스트)를 클릭한 다음 Warp Text(텍스트 뒤틀기) 대화상자가 나타나면 Style : Rise(상승)를 설정하여 문자의 모양을 왜곡합니다.

③ Layer Style(레이어 스타일)을 적용하기 위해, Layers(레이어) 패널 하단에 Add a Layer Style(레이어 스타일 추가, *fx*)을 클릭합니다.

④ [Gradient Overlay(그레이디언트 오버레이)]를 선택합니다.

⑤ Layer Style(레이어 스타일) 대화상자가 나타나면 Gradient(그레이디언트) 색상 스펙트럼을 클릭합니다.

⑥ 왼쪽과 오른쪽의 Color Stop(색상 정지점)을 각각 더블 클릭하고 '#00ccff', '#cc66cc'로 색상을 설정합니다.

⑦ Angle(각도)을 조정하고 [OK(확인)]를 클릭합니다.

⑧ 이어서 [Stroke(선/획)]를 선택하고 Size(크기) : 2px, Position(포지션) : Outside, Color(색상) : #ffff22로 설정한 후 [OK(확인)]를 클릭합니다.

## 4 최종 파일 저장

### 01 JPG 파일 저장

① [File(파일)] – [Save As(다른 이름으로 저장)]를 선택합니다.

② 파일 이름은 '수험번호-성명-2'로 입력합니다.

③ 파일 형식은 JPEG를 선택하고 [저장(S)]을 클릭합니다.

④ JPEG Options(JPEG 옵션)은 Quality : 8 이상으로 설정하고 [OK(확인)]를 클릭합니다.

### 02 PSD 파일 저장

① [Image(이미지)] – [Image Size(이미지 크기)]를 클릭합니다.

② Width(폭) : 40Pixels, Height(높이) : 50Pixels, [OK(확인)]를 클릭합니다.

③ [File(파일)] – [Save(저장)]([Ctrl] + [S])를 선택합니다.

### 03 최종 파일 확인

① 2가지 포맷(JPG, PSD)의 최종 파일이 만들어졌는지 확인합니다.


## 5 답안 파일 전송

### 01 감독위원 PC로 답안 파일 전송

## 1 준비 작업

### 01 파일 만들기

① [File(파일)] – [New(새로 만들기)](Ctrl + N)를 클릭합니다.

### 02 파일 세부 정보 설정

① New Document(새 문서)에서 Name(이름)에 '실전 연습01', 'Width(폭) : 600Pixels, Height(높이) : 400Pixels, Resolution(해상도) : 72Pixels/Inch, Color Mode(색상 모드) : RGB Color, 8bit, Background Contents(배경 내용) : White(흰색)'로 설정하여 새 작업 이미지를 만듭니다.

### 03 파일 저장

① [File(파일)] – [Save As(다른 이름으로 저장)](Ctrl + Shift + S)를 클릭합니다.
　경로 : PC\문서\GTQ, 파일명은 '수험번호-성명-3.psd'로 저장합니다.

### 04 사용된 원본 이미지 열기

① [File(파일)] – [Open(열기)]을 클릭합니다.
　경로 : 문서\GTQ\Image\1급-7.jpg, 1급-8.jpg, 1급-9.jpg, 1급-10.jpg, 1급-11.jpg 총 5개의 jpg 파일을 Shift를 누른 채 모두 선택하고, [열기(O)]를 클릭합니다.

## 2 그림 효과 적용

### 01 배경 : #fcfccc

① 도구상자 하단에 전경색을 더블 클릭합니다. Color Picker(색상 선택) 대화상자가 나타나면 '#fcfccc'로 색상을 설정하고 [OK(확인)]를 클릭합니다. 작업 영역에서 전경색 단축키인 Alt + Delete를 눌러줍니다.

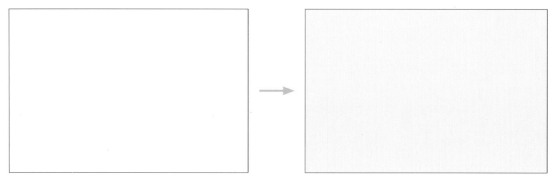

## 02 1급-7.jpg : Blending Mode(혼합 모드) - Overlay(오버레이)

① '1급-7.jpg'를 클릭합니다.

② '1급-7.jpg'를 전체 선택(Ctrl + A) 후 Ctrl + C를 눌러 복사합니다. 작업 영역으로 돌아와 붙여넣기(Ctrl + V)합니다.

③ Ctrl + T를 눌러 《출력형태》와 비교해가며 크기와 위치를 조정하고 Enter를 눌러줍니다.

④ Layers(레이어) 패널 상단의 Blending Mode(혼합 모드)를 클릭한 다음 [Overlay(오버레이)]를 선택합니다.

 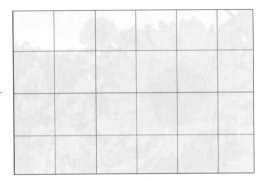

## 03 1급-8.jpg : Filter(필터) - Texturizer(텍스처화), 레이어 마스크 - 가로 방향으로 흐릿하게

① '1급-8.jpg'를 클릭합니다.

② '1급-8.jpg'를 전체 선택(Ctrl + A) 후 Ctrl + C를 눌러 복사합니다. 작업 영역으로 돌아와 붙여넣기(Ctrl + V)합니다.

③ Ctrl + T를 눌러 《출력형태》와 비교해가며 크기와 위치를 조정하고 Enter를 눌러줍니다.

④ [Filter(필터)] - [Filter Gallery(필터 갤러리)] - [Texture(텍스처)] - [Texturizer(텍스처화)]를 선택한 후 [OK(확인)]를 클릭합니다.

⑤ '1급-8.jpg' 레이어에 마스크를 추가하기 위해 Layers(레이어) 패널 하단에 Add a Layer Mask(마스크 추가, ▣)를 클릭합니다.

⑥ '1급-8.jpg' 레이어에 마스크가 적용됐으면, 도구상자의 Gradient Tool(그레이디언트 도구, ▣)을 클릭합니다.

⑦ Option Bar(옵션 바)에서 Gradient Spectrum(그레이디언트 스펙트럼, ▣▪▬▾)을 선택하고 Gradient Editor(그레이디언트 편집) 대화상자에서 그레이 계열을 지정한 후 [OK(확인)]를 클릭합니다.

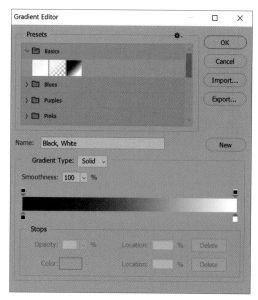

⑧ 배경의 오른쪽에서 왼쪽 방향으로 드래그합니다.

## 04 1급-9.jpg : 필터 − Rough Pastels(거친 파스텔), 레이어 스타일 − Stroke(선/획)(3px, #336666))

① Layers(레이어) 패널 하단에 Create a new layer(새 레이어 생성, ▣)를 클릭합니다.

② 도구상자에서 Custom Shape Tool(사용자 정의 모양 도구, ▨)을 클릭합니다.

③ Option Bar(옵션 바)에서 Shape(모양), Fill Color(칠 색상) : #ffffff를 지정한 다음 Shape(모양) 목록 단추를 클릭합니다. [Legacy Shapes and More(레거시 모양 및 기타)] − [All Legacy Default Shapes(전체 레거시 모양)] − [Shapes(모양)]를 선택합니다.

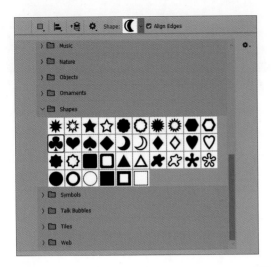

④ 《출력형태》와 일치하는 Club Card(클럽 카드, ♣)를 찾아 선택한 후, [Shift]를 누른 채 드래그하여 작업 영역에 추가합니다.

⑤ Layer Style(레이어 스타일)을 적용하기 위해, Add a Layer Style(레이어 스타일 추가, [fx])을 클릭합니다.

⑥ [Stroke(선/획)]를 선택하고 Size(크기) : 3px, Position(포지션) : Outside, Color(색상) : #336666으로 설정합니다.

⑦ '1급-9.jpg'를 클릭합니다.

⑧ '1급-9.jpg'를 전체 선택([Ctrl] + [A]) 후 [Ctrl] + [C]를 눌러 복사합니다. 작업 영역으로 다시 돌아와 Shape(모양) 위에 붙여넣기([Ctrl] + [V])합니다.

⑨ [Ctrl] + [T]를 눌러 《출력형태》와 비교해가며 이미지의 크기 및 위치를 조정하고 [Enter]를 눌러줍니다.

⑩ [Filter(필터)] – [Filter Gallery(필터 갤러리)] – [Artistic(예술 효과)] – [Rough Pastels(거친 파스텔)]을 선택하고 [OK(확인)]를 클릭합니다.

⑪ [Ctrl] + [Alt] + [G]를 눌러 Clipping Mask(클리핑 마스크)를 적용한 뒤 [Enter]를 눌러줍니다.

## 05 1급-10.jpg : 레이어 스타일 – Inner Glow(내부 광선), Drop Shadow(그림자 효과)

① '1급-10.jpg'를 클릭합니다.

② 도구상자의 Quick Selection Tool(빠른 선택 도구, [브러시])을 선택합니다. Options Bar(옵션 바)에서 [Add to Selection(선택 영역에 추가)]으로 브러시의 크기를 조절해 필요한 영역을 선택하고 [Ctrl] + [C]로 복사합니다.

③ 작업 영역으로 돌아와 Ctrl + V로 이미지를 붙여넣고 Ctrl + T를 눌러 크기를 조정한 뒤 Enter를 눌러줍니다.

④ Layer Style(레이어 스타일)을 적용하기 위해, Layers(레이어) 패널 하단에 Add a Layer Style(레이어 스타일 추가, fx.)을 클릭합니다.

⑤ [Inner Glow(내부 광선)]와 [Drop Shadow(그림자 효과)]를 선택하고, Layer Style(레이어 스타일) 대화상자에서 [OK(확인)]를 클릭합니다.

### 06 1급-11.jpg : 색상 보정 – 초록색 계열로 보정

① '1급-11.jpg'를 클릭합니다.

② 도구상자의 Quick Selection Tool(빠른 선택 도구, ✎)을 선택합니다. Options Bar(옵션 바)에서 [Add to Selection(선택 영역에 추가)]으로 브러시의 크기를 조절해 필요한 영역을 선택하고 Ctrl + C로 복사합니다.

③ 작업 영역으로 돌아와 Ctrl + V로 이미지를 붙여넣기 하고, Ctrl + T를 누른 다음 Shift를 눌러 크기를 조정해 배치합니다.

④ 이어서 색상 보정할 부분을 Quick Selection Tool(빠른 선택 도구, ✎)을 이용해 이미지를 선택해 줍니다.

⑤ Layers(레이어) 패널 하단에 Create new fill or adjustment layer(조정 레이어, ◕.)를 클릭하고, Hue/Saturation(색조/채도)을 선택합니다.

⑥ Properties(특징) 대화상자에서 Hue(색조), Saturation(채도)을 초록색에 가깝게 조절해 줍니다.

### 07 그 외 《출력형태》 참조

① Layers(레이어) 패널 하단에 Create a new layer(새 레이어 생성, 🖽)를 클릭합니다.

② Custom Shape Tool(사용자 정의 모양 도구, 🔊)을 클릭합니다.

③ Option Bar(옵션 바)에서 Shape(모양), Fill Color(칠 색상) : #ff33cc를 지정한 다음 Shape(모양) 목록 단추를 클릭합니다. [Legacy Shapes and More(레거시 모양 및 기타)] − [All Legacy Default Shapes(전체 레거시 모양)] − [Objects(물건)]를 클릭합니다.

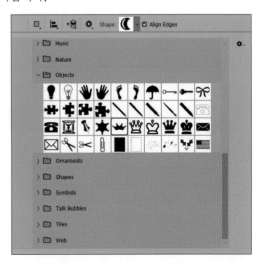

④ 《출력형태》와 일치하는 Crown 1(왕관 1, ♛)을 찾아 선택한 후, Shift 를 누른 채 드래그하여 작업 영역에 추가합니다.

⑤ Layer Style(레이어 스타일)을 적용하기 위해, Layers(레이어) 패널 하단에 Add a Layer Style(레이어 스타일 추가, fx.)을 클릭합니다.

⑥ [Outer Glow(외부 광선)]를 선택한 후, Layer Style(레이어 스타일) 대화상자에서 [OK(확인)]를 클릭합니다.

⑦ 위와 같은 방법으로 Custom Shape Tool(사용자 정의 모양 도구, ⬚)을 사용해 Blob 2(방울 2, ✹)를 작업 영역에 추가하고 Fill Color(칠 색상) : #888fff, 레이어 스타일 – Drop Shadow(그림자 효과)를 적용합니다.

### 3  문자 효과 적용

**01** **반려 식물 키우기(돋움, 36pt, #ffffff, 레이어 스타일 – Stroke(선/획)(2px, 그레이디언트(#006633, #663322))**

① 도구상자에서 Horizontal Type Tool(수평 문자 도구)을 클릭한 뒤 Options Bar(옵션 바)에서 Font(글꼴) : Dotum, Size(크기) : 36pt, Font Color(글자색) : #ffffff를 설정한 후 '반려 식물 키우기'를 입력합니다.

② Options Bar(옵션 바)의 Create Warped Text(뒤틀어진 텍스트)를 클릭한 다음 Warp Text(텍스트 뒤틀기) 대화상자가 나타나면 Style : Flag(깃발)를 설정하여 문자의 모양을 왜곡합니다.

③ Layer Style(레이어 스타일)을 적용하기 위해, Layers(레이어) 패널 하단에 Add a Layer Style(레이어 스타일 추가, fx.)을 클릭합니다.

④ [Stroke(선/획)]를 선택하고 Layer Style(레이어 스타일) 대화상자가 나타나면 Size(크기) : 2px, Fill Type(칠 유형) : Gradient로 지정합니다.

⑤ 이어서 Gradient 색상을 더블 클릭해 Gradient Editor 대화상자가 나타나면 Color Stop(색상 정지점)의 왼쪽과 오른쪽의 색상을 각각 '#006633', '#663322'로 설정한 뒤 [OK(확인)]를 클릭합니다.

**02** 쾌적한 생활환경 조성(궁서, 18pt, #003366, 레이어 스타일 – Stroke(선/획)(2px, #cccccc))

① 도구상자에서 Horizontal Type Tool(수평 문자 도구)을 클릭한 다음 Options Bar(옵션 바)에서 Font(글꼴) : Gungsuh, Size(크기) : 18pt, Font Color(글자색) : #003366으로 설정한 후 '쾌적한 생활 환경 조성'을 입력합니다.

② Layer Style(레이어 스타일)을 적용하기 위해, Layers(레이어) 패널 하단에 Add a Layer Style(레이어 스타일 추가, *fx.*)을 클릭합니다.

③ Layer Style(레이어 스타일) 대화상자에서 [Stroke(획)]를 선택하고 Size(크기) : 2px, Color(색상) : #cccccc로 지정한 후 [OK(확인)]를 클릭합니다.

## 4 최종 파일 저장

### 01 JPG 파일 저장

① [File(파일)] – [Save As(다른 이름으로 저장)]를 클릭합니다.
② 파일 이름은 '수험번호-성명-3'으로 입력합니다.
③ 파일 형식은 JPEG를 선택하고 [저장(S)]을 클릭합니다.
④ JPEG Options(JPEG 옵션)은 Quality : 8 이상으로 설정하고 [OK(확인)]를 클릭합니다.

### 02 PSD 파일 저장

① [Image(이미지)] – [Image Size(이미지 크기)]를 클릭합니다.
② Width(폭) : 60Pixels, Height(높이) : 40Pixels, [OK(확인)]를 클릭합니다.
③ [File(파일)] – [Save(저장)](Ctrl + S)를 선택합니다.

### 03 최종 파일 확인

① 2가지 포맷(JPG, PSD)의 최종 파일이 만들어졌는지 확인합니다.

## 5 답안 파일 전송

### 01 감독위원 PC로 답안 파일 전송

## 1  준비 작업

### 01 파일 만들기

① [File(파일)] – [New(새로 만들기)]([Ctrl] + [N])를 클릭합니다.

### 02 파일 세부 정보 설정

① New Document(새 문서)에서 Name(이름)에 '실전 연습01', 'Width(폭) : 600Pixels, Height(높이)
: 400Pixels, Resolution(해상도) : 72Pixels/Inch, Color Mode(색상 모드) : RGB Color, 8bit,
Background Contents(배경 내용) : White(흰색)'로 설정하여 새 작업 이미지를 만듭니다.

### 03 파일 저장

① [File(파일)] – [Save As(다른 이름으로 저장)]([Ctrl] + [Shift] + [S])를 클릭합니다.
경로 : PC\문서\GTQ, 파일명은 '수험번호-성명-4.psd'로 저장합니다.

### 04 사용된 원본 이미지 열기

① [File(파일)] – [Open(열기)]을 클릭합니다.
경로 : 문서\GTQ\Image\1급-12.jpg, 1급-13.jpg, 1급-14.jpg, 1급-15.jpg, 1급-16.jpg, 1급-17.jpg 총 6
개의 jpg 파일을 [Shift]를 누른 채 모두 선택하고, [열기([O])]를 클릭합니다.

## 2  그림 효과 적용

### 01 배경 : #eeddff

① 도구상자 하단에 전경색을 더블 클릭합니다. Color Picker(색상 선택) 대화상자가 나타나면
#eeddff로 색상을 설정하고 [OK(확인)]를 클릭합니다. 작업 영역에서 전경색 단축키인 [Alt]
+ [Delete]를 눌러줍니다.

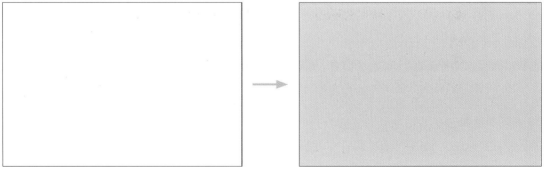

## 02 패턴(별 모양) : #ffff22

① 패턴을 만들기 위해 [File(파일)] – [New(새로 만들기)]를 클릭합니다.

② New Document(새 문서)에서 'Width(폭) : 70Pixels, Height(높이) : 70Pixels, Resolution(해상도) : 72Pixels/Inch, Color Mode(색상 모드) : RGB Color, 8bit, Background Contents(배경 내용) : Transparent(투명색)'로 설정하여 새 작업 이미지를 만듭니다.

③ Custom Shape Tool(사용자 모양 정의 도구, ) 을 클릭합니다.

④ Option Bar(옵션 바)에서 Shape(모양), Fill Color(칠 색상) : #ffff22를 지정한 다음 Shape(모양) 목록 단추를 클릭합니다. [Legacy Shapes and More(레거시 모양 및 기타)] – [All Legacy Default Shapes(전체 레거시 모양)] – [Shapes(모양)]를 선택합니다.

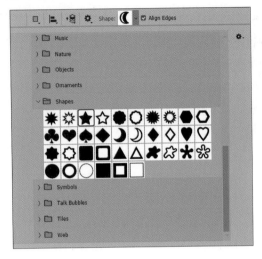

⑤ 《출력형태》와 일치하는 Star(별, ★)를 찾아 선택한 후, Shift 를 누른 채 드래그하여 작업 영역에 추가합니다.

⑥ 도구상자에서 Move Tool(이동 도구, ) 을 클릭한 후 Alt 를 눌러 Star(별, ★)를 드래그해 복사합니다.

⑦ Menu Bar(메뉴 바) – [Edit(편집)] – [Define Pattern(사용자 패턴 정의)]을 클릭합니다.

⑧ Pattern Name(패턴 이름)을 '별 모양'으로 입력하고 [OK(확인)]를 클릭한 후 작업 영역으로 돌아갑니다.

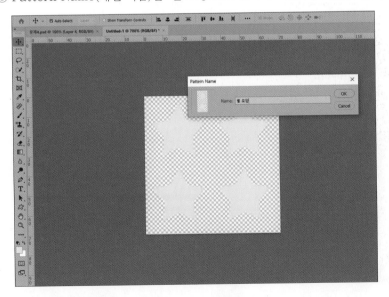

## 03 패턴(별 모양) : Shape Tool(모양 도구) 사용, #766688, 레이어 스타일 – Stroke(선/획)(2px, #ffffff)

① Layers(레이어) 패널 하단에 Create a new layer(새 레이어 만들기, ⊞)를 클릭합니다.

② 도구상자의 Custom Shape Tool(사용자 정의 모양 도구, ⬚)을 클릭합니다.

③ Option Bar(옵션 바)에서 Shape(모양), Fill Color(칠
색상) : #766688로 설정한 다음 Shape(모양) 목록 단추
를 클릭합니다. [Legacy Shapes and More(레거시 모
양 및 기타)] – [All Legacy Default Shapes(전체 레
거시 모양)] – [Shapes(기호)]를 클릭합니다.

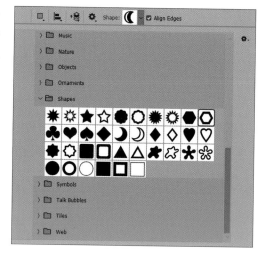

④ 《출력형태》와 일치하는 Hexagon Frame(육각형 프레임, ⬡)을 찾아 선택한 후, Shift 를 누른 채 드래그
하여 작업 영역에 추가합니다.

⑤ Layer Style(레이어 스타일)을 적용하기 위해, Layers(레이어) 패널 하단에 Add a Layer Style(레이어
스타일 추가, fx.)을 클릭합니다.

⑥ [Stroke(획)]를 선택하고, Size(크기) : 2px, Color(색상) : #ffffff로 설정한 후 Layer Style(레이어 스
타일) 대화상자에서 [OK(확인)]를 클릭합니다.

## 04 패턴(별 모양) : 클리핑 마스크

① Layers(레이어) 패널 하단에 Create a new layer(새 레이어 생성, ⊞)를 클릭합니다.

② 도구상자에서 Pattern Stamp Tool(패턴 스탬프 툴, ⬚)을 클릭하고, Option Bar(옵션 바)의 패턴 목록
단추를 눌러 별 모양 패턴을 선택합니다.

③ Size(크기)는 5000px로 설정합니다.

④ 《출력형태》의 패턴 위치를 참고해 작업 영역의 빈 곳을 클릭한 후, Ctrl + Alt + G 를 눌러 클리핑 마스크
를 적용합니다.

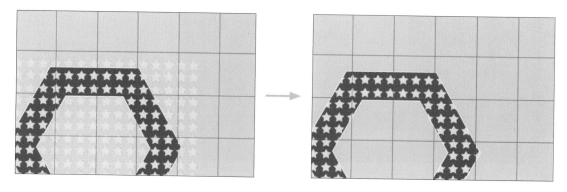

## 05 1급-12.jpg : Blending Mode(혼합 모드) – Hard Light(하드 라이트), Opacity(불투명도)(50%)

① '1급-12.jpg'를 클릭합니다.

② '1급-12.jpg'를 전체 선택(Ctrl + A) 후 Ctrl + C를 눌러 복사합니다. 작업 영역으로 다시 돌아와 붙여넣기 (Ctrl + V)합니다.

③ Ctrl + T를 눌러 《출력형태》와 비교해가며 크기와 위치를 조정하고 Enter를 눌러줍니다.

④ Blending Mode(혼합 모드)는 [Hard Light(하드 라이트)]를 선택합니다.

⑤ Opacity(불투명도)는 50%로 지정합니다.

## 06 1급-13.jpg : 필터 – Sponge(스폰지), 레이어 마스크 – 가로 방향으로 흐릿하게

① '1급-13.jpg'를 클릭합니다.

② '1급-13.jpg'를 전체 선택(Ctrl + A) 후 Ctrl + C를 눌러 복사합니다. 작업 영역으로 다시 돌아와 붙여넣기 (Ctrl + V)합니다.

③ Ctrl + T를 눌러 《출력형태》와 비교해가며 이미지 크기 및 위치를 조정하고 Enter를 눌러줍니다.

④ [Filter(필터)] – [Filter Gallery(필터 갤러리)] – [Artistic(예술 효과)] – [Sponge(스폰지)]를 선택한 후 [OK(확인)]를 클릭합니다.

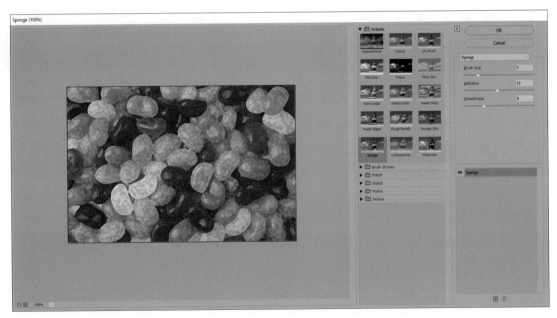

⑤ Layers(레이어) 패널 하단에 Add a layer mask(마스크 추가, )를 클릭합니다.

⑥ Layers(레이어) 옆에 마스크가 적용됐으면, 도구상자의 Gradient Tool(그레이디언트 도구, )을 클릭합니다.

⑦ Option Bar(옵션 바) Gradient Spectrum(그레이디언트 스펙트럼, )을 클릭한 다음 Gradient Editor(그레이디언트 편집) 대화상자가 나타나면 그레이 계열의 그라데이션을 선택한 후 [OK(확인)]를 클릭합니다.

⑧ 배경의 왼쪽에서 오른쪽 방향으로 드래그합니다.

## 07 1급-14.jpg : 레이어 스타일 – Drop Shadow(그림자 효과)

① '1급-14.jpg'를 클릭합니다.

② 도구상자의 Quick Selection Tool(빠른 선택 도구, )을 선택합니다. Options Bar(옵션 바)에서 [Add to Selection(선택 영역에 추가)]으로 브러시의 크기를 조절해 필요한 영역을 선택하고 Ctrl + C 로 복사합니다.

③ 작업 영역으로 돌아와 Ctrl + V 로 이미지를 붙여넣기 하고, Ctrl + T 를 누른 다음 Shift 를 눌러 크기를 조정해 배치합니다.

④ Layer Style(레이어 스타일)을 적용하기 위해, Layers(레이어) 패널 하단에 Add a Layer Style(레이어 스타일 추가, fx. )을 클릭합니다.

⑤ [Drop Shadow(그림자 효과)]를 선택하고 Layer Style(레이어 스타일) 대화상자에서 [OK(확인)]를 클릭합니다.

## 08 1급-15.jpg : 필터 – Poster Edges(포스터 가장자리)

① '1급-15.jpg'를 클릭합니다.

② 도구상자의 Quick Selection Tool(빠른 선택 도구, )을 선택합니다. Options Bar(옵션 바)에서 [Add to Selection(선택 영역에 추가)]으로 브러시의 크기를 조절해 필요한 영역을 선택하고 Ctrl + C 로 복사합니다.

③ 작업 영역으로 돌아와 Ctrl + V 로 이미지를 붙여넣기 하고, Ctrl + T 를 누른 다음 Shift 를 눌러 크기를 조정해 배치합니다.

④ [Filter(필터)] – [Filter Gallery(필터 갤러리)] – [Artistic(예술 효과)] – [Poster Edges(포스터 가장자리)]를 선택한 후 [OK(확인)]를 클릭합니다.

## 09 1급–16.jpg : 색상 보정 – 보라색 계열로 보정

① '1급–16.jpg'를 클릭합니다.

② 도구상자의 Quick Selection Tool(빠른 선택 도구, ✏️)을 선택합니다. Options Bar(옵션 바)에서 [Add to Selection(선택 영역에 추가)]으로 브러시의 크기를 조절해 필요한 영역을 선택하고 Ctrl + C 로 복사합니다.

③ 작업 영역으로 돌아와 Ctrl + V 로 이미지를 붙여넣기 하고, Ctrl + T 를 누른 다음 Shift 를 눌러 크기를 조정해 배치합니다.

④ Layers(레이어) 패널의 '1급–16.jpg' 레이어 썸네일을 Ctrl 을 눌러 클릭한 다음 Layers(레이어) 패널 하단 Create new fill or adjustment layer(조정 레이어, ◐)를 클릭합니다.

⑤ [Hue/Saturation(색조/채도)]을 선택해 Properties(특징) 대화상자에서 Hue(색조), Saturation(채도)을 보라색에 가깝게 조절해 줍니다.

## 10 그 외 《출력형태》 참조

① Layers(레이어) 패널 하단에 Create a new layer(새 레이어 만들기, ⊡)를 클릭합니다.

② 도구상자의 Custom Shape Tool(사용자 정의 모양 도구, ⬚)을 클릭합니다.

③ Option Bar(옵션 바)에서 Shape(모양), Fill Color(칠 색상) : #55ff77로 설정한 다음 Shape(모양) 목록 단추를 클릭합니다. [Legacy Shapes and More(레거시 모양 및 기타)] – [All Legacy Default Shapes(전체 레거시 모양)] – [Symbols(기호)]를 클릭합니다.

④ 《출력형태》와 일치하는 Phone 3(전화기 3, ☎)을 찾아 선택한 후, Shift 를 누른 채 드래그하여 작업 영역에 추가합니다.

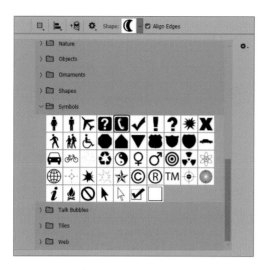

⑤ Layer Style(레이어 스타일)을 적용하기 위해, Layers(레이어) 패널 하단에 Add a Layer Style(레이어 스타일 추가, *fx.*)을 클릭합니다.

⑥ [Drop Shadow(그림자 효과)]를 선택하고, Layer Style(레이어 스타일) 대화상자에서 [OK(확인)]를 클릭합니다.

⑦ 위와 같은 방법으로 Custom Shape Tool(사용자 정의 모양 도구, *》*)을 사용하여 Fill Color(칠 색상) : #eecc66, 레이어 스타일 – Stroke(선/획)(2px, #ffffff)가 적용된 Car 2(자동차 2, *》*)를 작업 영역에 추가합니다.

⑧ '1급-17.jpg'를 클릭합니다.

⑨ 도구상자의 Quick Selection Tool(빠른 선택 도구, *》*)을 선택합니다. Options Bar(옵션 바)에서 [Add to Selection(선택 영역에 추가)]으로 브러시의 크기를 조절해 필요한 영역을 선택하고 Ctrl + C로 복사합니다.

⑩ 작업 영역으로 돌아와 Ctrl + V로 이미지를 붙여넣기 하고, Ctrl + T를 누른 다음 Shift를 눌러 크기를 조정해 배치합니다.

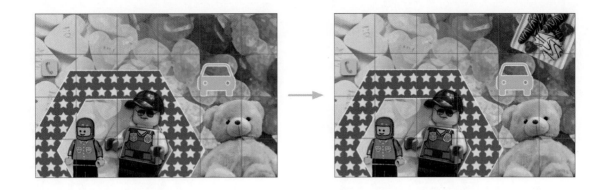

## 3 문자 효과 적용

**01 소중한 사람을 위한 선물(궁서, 25pt, #ff6600, 레이어 스타일 – Stroke(선/획)(2px, #ffffff))**

① 도구상자에서 Horizontal Type Tool(수평 문자 도구)을 클릭한 뒤 Options Bar(옵션 바)에서 Font(글꼴) : Gungsuh, Size(크기) : 25pt, Font Color(글자색) : #ff6600을 설정한 후 '소중한 사람을 위한 선물'을 입력합니다.

② Options Bar(옵션 바)에서 Create Warped Text(뒤틀어진 텍스트)를 클릭한 다음 Warp Text(텍스트 뒤틀기) 대화상자가 나타나면 Style : Arc Upper(위 부채꼴)를 설정하여 문자의 모양을 왜곡합니다.

③ Layer Style(레이어 스타일)을 적용하기 위해, Layers(레이어) 패널 하단에 Add a Layer Style(레이어 스타일 추가, [fx.])을 클릭합니다.

④ [Stroke(선/획)]를 선택해 Size(크기) : 2px, Color(색상) : #ffffff로 설정하고 [OK(확인)]를 클릭합니다.

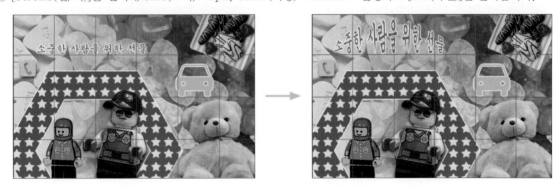

**02 https://www.gift.or.kr(Times New Roman, Bold, 16pt, #330066)**

① 도구상자에서 Horizontal Type Tool(수평 문자 도구)을 클릭한 뒤 Options Bar(옵션 바)에서 Font(글꼴) : Times New Roman, Style(스타일) : Bold, Size(크기) : 16pt, Font Color(글자색) : #330066을 설정한 후 'https://www.gift.or.kr'를 입력합니다.

**03 고마운 마음을 담아 선물하세요(궁서, 16pt, #4488cc, 레이어 스타일 – Stroke(선/획)(2px, #ffffcc))**

① 도구상자에서 Horizontal Type Tool(수평 문자 도구)을 클릭한 뒤 Options Bar(옵션 바)에서 Font(글꼴) : Gungsuh, Size(크기) : 16pt, Font Color(글자색) : #4488cc를 설정한 후 '고마운 마음을 담아 선물하세요'를 입력합니다.

② Layer Style(레이어 스타일)을 적용하기 위해, Layers(레이어) 패널 하단에 Add a Layer Style(레이어 스타일 추가, $fx.$)을 클릭합니다.

③ [Stroke(획/선)]를 선택하고 Size(크기) : 2px, Position(포지션) : Outside, Color(색상) : #ffffcc로 설정한 후 [OK(확인)]를 클릭합니다.

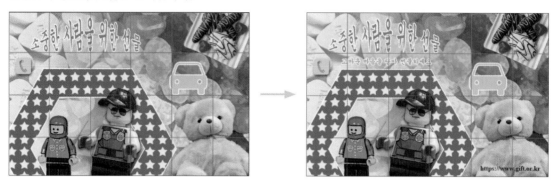

## 4  최종 파일 저장

### 01 JPG 파일 저장

① [File(파일)] – [Save As(다른 이름으로 저장)]를 선택합니다.

② 파일 이름은 '수험번호-성명-4'로 입력합니다.

③ 파일 형식은 JPEG를 선택하고 [저장(S)]을 클릭합니다.

④ JPEG Options(JPEG 옵션)은 Quality : 8 이상으로 설정하고 [OK(확인)]를 클릭합니다.

### 02 PSD 파일 저장

① [Image(이미지)] – [Image Size(이미지 크기)]를 클릭합니다.

② Width(폭) : 60Pixels, Height(높이) : 40Pixels, [OK(확인)]를 클릭합니다.

③ [File(파일)] – [Save(저장)]( Ctrl + S )를 선택합니다.

### 03 최종 파일 확인

① 2가지 포맷(JPG, PSD)의 최종 파일이 만들어졌는지 확인합니다.

## 5  답안 파일 전송

### 01 감독위원 PC로 답안 파일 전송

### 문제1　[기능평가] 고급 Tool(도구) 활용

다음의 〈조건〉에 따라 아래의 《출력형태》와 같이 작업하시오.　20점

조건 ㄴ

| 원본 이미지 | | 문서\GTQ\image\1급-1.jpg, 1급-2.jpg, 1급-3.jpg | |
|---|---|---|---|
| 파일 저장 규칙 | JPG | 파일명 | 문서\GTQ\수험번호-성명-1.jpg |
| | | 크기 | 400 x 500 Pixels |
| | PSD | 파일명 | 문서\GTQ\수험번호-성명-1.psd |
| | | 크기 | 40 x 50 Pixels |

출력형태 ㄴ

1. 그림 효과
① 1급-1.jpg : 필터 - Dry Brush(드라이 브러시)
② Save Path(패스 저장) : 배 모양
③ Mask(마스크) : 배 모양, 1급-2.jpg를 이용하여 작성
　　　　　　　　레이어 스타일 - Stroke(선/획)(3px, #ffffff)
④ 1급-3.jpg : 레이어 스타일 - Bevel & Emboss(경사와 엠보스)
⑤ Shape Tool(모양 도구) :
　- 새 모양(#ccdd00, #888fff, 레이어 스타일 - Drop Shadow(그림자 효과))
　- 비행기 모양(#000cb0, 레이어 스타일 - Inner Shadow(내부 그림자))

2. 문자 효과
① 여행을 떠나요~(돋움, 40pt, 레이어 스타일 - 그레이디언트 오버레이(#ccfcaa,
#95afff), Drop Shadow(그림자 효과), Stroke(선/획)(1px, #4f4f4f))

### 문제2　[기능평가] 사진편집 응용

다음의 〈조건〉에 따라 아래의 《출력형태》와 같이 작업하시오.　20점

조건 ㄴ

| 원본 이미지 | | 문서\GTQ\image\1급-4.jpg, 1급-5.jpg, 1급-6.jpg | |
|---|---|---|---|
| 파일 저장 규칙 | JPG | 파일명 | 문서\GTQ\수험번호-성명-2.jpg |
| | | 크기 | 400 x 500 Pixels |
| | PSD | 파일명 | 문서\GTQ\수험번호-성명-2.psd |
| | | 크기 | 40 x 50 Pixels |

출력형태 ㄴ

1. 그림 효과
① 1급-4.jpg : 필터 - Texturizer(텍스처화)
② 색상 보정 : 1급-5.jpg - 초록색 계열로 보정
③ 1급-5.jpg : 레이어 스타일 - Bevel & Emboss(경사와 엠보스)
④ 1급-6.jpg : 레이어 스타일 - Drop Shadow(그림자 효과)
⑤ Shape Tool(모양 도구) :
　- 전구 모양(#332233, 레이어 스타일 - Stroke(선/획)(2px, #ffffff))

2. 문자 효과
① 북극의 눈물(궁서, 50pt, 레이어 스타일 - 그레이디언트 오버레이(#ffba00,
#771155), Stroke(선/획)(2px, #ffffff))

다음의 〈조건〉에 따라 아래의 《출력형태》와 같이 작업하시오. `25점`

조건 └

| 원본 이미지 | 문서\GTQ\Image\1급-7.jpg, 1급-8.jpg, 1급-9.jpg, 1급-10.jpg, 1급-11.jpg | | |
|---|---|---|---|
| 파일 저장 규칙 | JPG | 파일명 | 문서\GTQ\수험번호-성명-3.jpg |
| | | 크기 | 600 x 400 Pixels |
| | PSD | 파일명 | 문서\GTQ\수험번호-성명-3.psd |
| | | 크기 | 60 x 40 Pixels |

1. 그림 효과

① 배경 : #ccffff

② 1급-7.jpg : Blending Mode(혼합 모드) – Soft Light(소프트 라이트)

③ 1급-8.jpg : 필터 – Dry Brush(드라이 브러시), 레이어 마스크 – 가로 방향으로 흐릿하게

④ 1급-9.jpg : 필터 – Rough Pastels(거친 파스텔), 레이어 스타일 – Stroke(선/획)(3px, #336666))

⑤ 1급-10.jpg : 레이어 스타일 – Inner Glow(내부 광선), Drop Shadow(그림자 효과)

⑥ 1급-11.jpg : 색상 보정 – 빨간색 계열로 보정

⑦ 그 외 《출력형태》 참조

2. 문자 효과

① 맛있는 쿠키 만들기(굴림, 35pt, #ffffff, 레이어 스타일 – Stroke(선/획)(2px, 그레이디언트(#dd7777, #000000))

② 달콤한 세상에 초대합니다~(궁서, 16pt, #003366, 레이어 스타일 – Stroke(선/획)(2px, #ffff99))

출력형태 └

Shape Tool(모양 도구) 사용
#ffffff, 레이어 스타일 – Outer Glow(외부 광선)

Shape Tool(모양 도구) 사용
#22dd00,
레이어 스타일 –
Drop Shadow(그림자 효과)

| 문제4 | [실무응용] 웹 페이지 제작 |
|---|---|

다음의 〈조건〉에 따라 아래의 《출력형태》와 같이 작업하시오.　　　　　35점

**조건 ↳**

| 원본 이미지 | 문서\GTQ\Image\1급-12.jpg, 1급-13.jpg, 1급-14.jpg, 1급-15.jpg, 1급-16.jpg, 1급-17.jpg | | |
|---|---|---|---|
| 파일 저장 규칙 | JPG | 파일명 | 문서\GTQ\수험번호-성명-4.jpg |
| | | 크기 | 600 x 400 Pixels |
| | PSD | 파일명 | 문서\GTQ\수험번호-성명-4.psd |
| | | 크기 | 60 x 40 Pixels |

**1. 그림 효과**

① 배경 : #ccff33
② 패턴(나비 모양) : #ff33ee
③ 1급-12.jpg : Blending Mode(혼합 모드) – Screen(스크린)
④ 1급-13.jpg : 필터 – Sponge(스폰지), 레이어 마스크 – 가로 방향으로 흐릿하게
⑤ 1급-14.jpg : 레이어 스타일 – Drop Shadow(그림자 효과)
⑥ 1급-15.jpg : 필터 – Poster Edges(포스터 가장자리)
⑦ 1급-16.jpg : 색상 보정 – 보라색 계열로 보정
⑧ 그 외 《출력형태》 참조

**2. 문자 효과**

① 비타민 가득 과일 주스(궁서, 25pt, #223344, 레이어 스타일 – Stroke(선/획)(2px, #ffffff))
② 몸에 좋은 비타민 C 먹고 영양소 충전~!(궁서, 16pt, #000000, 레이어 스타일 – Stroke(선/획)(2px, #ffffcc))

**출력형태 ↳**

Shape Tool(모양 도구) 사용
#5bdeee, 레이어 스타일 – Drop Shadow(그림자 효과)

Shape Tool(모양 도구) 사용
#cc4444, 레이어 스타일 –
Stroke(선/획)(2px, #ffffff)

Shape Tool(모양 도구) 사용
#558888
레이어 스타일 – Stroke(선/획)
(2px, #ffffff)

# 02회 실전 모의고사 해설

## 문제1    [기능평가] 고급 Tool(도구) 활용

### 1   준비 작업

#### 01 파일 만들기

① [File(파일)] − [New(새로 만들기)](Ctrl + N)를 클릭합니다.

#### 02 파일 세부 정보 설정

① New Document(새 문서)에서 Name(이름)에 '실전 연습02', 'Width(폭) : 400Pixels, Height(높이) : 500Pixels, Resolution(해상도) : 72Pixels/Inch, Color Mode(색상 모드) : RGB Color, 8bit, Background Contents(배경 내용) : White(흰색)'로 설정하여 새 작업 이미지를 만듭니다.

#### 03 파일 저장

① [File(파일)] − [Save As(다른 이름으로 저장)](Ctrl + Shift + S)를 클릭합니다.
    경로 : PC\문서\GTQ, 파일명은 '수험번호−성명−1.psd'로 저장합니다.

#### 04 사용된 원본 이미지 열기

① [File(파일)] − [Open(열기)]을 클릭합니다.
    경로 : 문서\GTQ\Image\1급−1.jpg, 1급−2.jpg, 1급−3.jpg 총 3개의 jpg 파일을 Shift 를 누른 채 모두 선택하고, [열기(O)]를 클릭합니다.

### 2   그림 효과 적용

#### 01 1급−1.jpg : 필터 − Dry Brush(드라이 브러시)

① '1급−1.jpg'를 클릭합니다.

② '1급−1.jpg'를 전체 선택(Ctrl + A) 후 Ctrl + C를 눌러 복사합니다. 작업 영역으로 다시 돌아와 붙여넣기 (Ctrl + V)합니다.

③ Ctrl + T를 눌러 《출력형태》와 비교해가며 이미지의 크기와 위치를 조정하고 Enter를 눌러줍니다.

④ [Filter(필터)] − [Filter Gallery(필터 갤러리)] − [Artistic(예술 효과)] − [Dry Brush(드라이 브러시)]를 선택하고 [OK(확인)]를 클릭합니다.

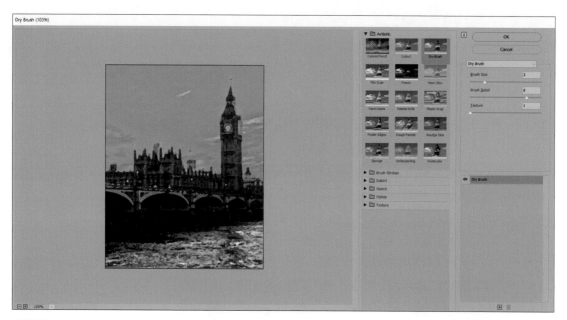

**TIP** ⭐

[Filter Gallery(필터 갤러리)] 대화상자의 오른쪽 [Cancel(취소)] 버튼 아래 목록 단추를 클릭하면 필터 갤러리의 모든 필터가
알파벳 순으로 정렬되어 있습니다.

## 02 Save Path(패스 저장) : 배 모양

① Layers(레이어) 패널 하단에서 Create a new layer(새 레이어 생성, )를 클릭합니다.

② 《출력형태》에 그려 놓은 기준선을 참고하여 안내선을 만들어줍니다.

③ 도구상자에서 Pen Tool(펜 도구, )을 클릭합니다.

④ 상단 Option Bar(옵션 바)에서 Path(패스)를 Shape(모양)로 변경한 후 패스의 외곽을 그립니다.

**TIP** ⭐

레이어가 여러 개로 생성될 경우, Shift 를 눌러 생성된 레이어를 모두 선택한 후 Ctrl + E 로 병합해줍니다.

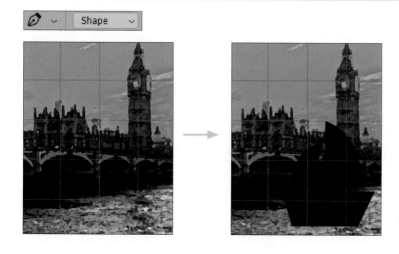

⑤ [Window(윈도우)] – [Paths(패스)]를 선택합니다.

⑥ Paths(패스) 패널에서 'Shape 1 Shape Path' 레이어를 더블 클릭합니다.

⑦ Save Path(패스 저장) 대화상자가 나타나면 '배 모양'으로 입력한 후 [OK(확인)]를 클릭합니다.

⑧ Paths(패스) 패널에서 Layers(레이어) 패널로 다시 돌아옵니다.

## 03 Mask(마스크) : 배 모양, 1급-2.jpg를 이용하여 작성, 레이어 스타일 – Stroke(선/획)(3px, #ffffff)

① 만들어진 패스에 클리핑 마스크 작업을 하기 위해 '1급-2.jpg'를 클릭합니다.

② '1급-2.jpg'를 전체 선택(Ctrl + A)한 후 Ctrl + C를 눌러 복사합니다. 작업 영역으로 돌아와 Shape(모양) 위에 붙여넣기(Ctrl + V)합니다.

③ 가져온 '1급-2.jpg'가 선택된 상태에서 마우스 우클릭 후 Create Clipping Mask(클리핑 마스크 만들기) 를 선택 또는 단축키 Ctrl + Alt + G를 눌러줍니다.

④ Ctrl + T를 눌러 《출력형태》와 비교해가며 크기와 위치를 조정하고 Enter를 눌러줍니다.

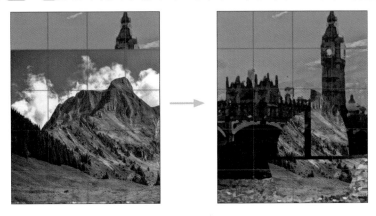

⑤ Layer Style(레이어 스타일)을 적용하기 위해, Layers(레이어) 패널 하단에 Add a Layer Style(레이어 스타일 추가, fx.)을 클릭합니다.

⑥ [Stroke(획)]를 선택한 후, Layer Style(레이어 스타일) 대화상자가 나타나면 Size(크기) : 3px, Color (색상) : #ffffff로 설정한 후 [OK(확인)]를 클릭합니다.

## 04 1급-3.jpg : 레이어 스타일 – Bevel & Emboss(경사와 엠보스)

① '1급-3.jpg'를 클릭합니다.

② 도구상자에서 Quick Selection Tool(빠른 선택 도구, ✔)을 클릭합니다.

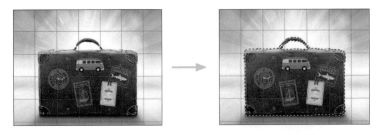

③ 선택 영역 지정이 완료되면 Ctrl + C를 눌러 레이어를 복사합니다.

④ 작업 영역으로 돌아와 Ctrl + V로 이미지를 붙여넣은 후, Ctrl + T로 크기를 조정해 배치합니다.

⑤ Layer Style(레이어 스타일)을 적용하기 위해, Add a Layer Style(레이어 스타일 추가, **fx.**)을 클릭합니다.

⑥ [Bevel & Emboss(경사와 엠보스)]를 선택한 후, Layer Style(레이어 스타일) 대화상자가 나타나면 [OK(확인)]를 클릭합니다.

**05** Shape Tool(모양 도구)(새 모양 – #ccdd00, #888fff, 레이어 스타일 – Drop Shadow(그림자 효과)), (비행기 모양 – #000cb0, 레이어 스타일  Inner Shadow(내부 그림자)

① 도구상자의 Custom Shape Tool(사용자 정의 모양 도구, **⚒**)을 클릭합니다.

② Option Bar(옵션 바)에서 Shape(모양), Fill Color(칠 색상) : #ccdd00을 지정한 다음 Shape(모양) 목록 단추를 클릭합니다. [Legacy Shapes and More(레거시 모양 및 기타)] – [All Legacy Default Shapes(전체 레거시 모양)] – [Animals(동물)]를 클릭합니다.

③ 《출력형태》와 일치하는 Bird 2(새 2, **🕊**)를 찾아 선택한 후, **Shift**를 누른 채 드래그하여 작업 영역에 추가합니다.

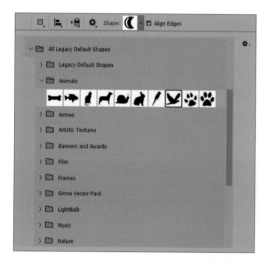

④ Layer Style(레이어 스타일)을 적용하기 위해 레이어 패널 하단에 [Add a Layer Style(레이어 스타일 추가, **fx.**)]을 클릭한 다음 [Drop Shadow(그림자 효과)]를 선택해 적용합니다.

⑤ 도구상자에서 Move Tool(이동 도구, **✛**)을 클릭한 후 **Alt**를 눌러 Bird 2(새 2, **🕊**)를 드래그해 복사합니다. 이어서 도구상자 하단의 전경색을 더블 클릭합니다. Color Piker(색상 선택) 대화상자가 나타나면 #888fff로 설정하고 **Alt** + **Delete**를 눌러 Bird 2(새 2, **🕊**)의 색상을 입혀줍니다.

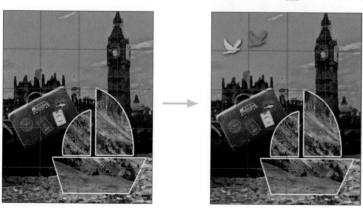

⑥ 위와 같은 방법으로 Custom Shape Tool(사용자 정의 모양 도구, █)을 사용하여 Fill Color(칠 색상) : #000cb0, 레이어 스타일 – Inner Shadow(내부 그림자)가 적용된 Airplane(비행기, █)을 작업 영역에 추가합니다.

## 3  문자 효과 적용

**01** 여행을 떠나요~(돋움, 40pt, 레이어 스타일 – 그레이디언트 오버레이(#ccfcaa, #95afff), Drop Shadow(그림자 효과), Stroke(선/획)(1px, #4f4f4f))

① 도구상자에서 Horizontal Type Tool(수평 문자 도구)을 클릭한 뒤 Options Bar(옵션 바)에서 Font(글 꼴) : Dotum, Size(크기) : 40pt를 설정한 후 '여행을 떠나요~'를 입력합니다.

② Options Bar(옵션 바)에서 Create Warped Text(뒤틀어진 텍스트)를 클릭해 Warp Text(텍스트 뒤틀 기) 대화상자가 나타나면 Style : Fish(물고기)를 선택하고 문자의 모양을 왜곡합니다.

③ Layer Style(레이어 스타일)을 적용하기 위해, Layers(레이어) 패널 하단에 Add a Layer Style(레이어 스타일 추가, █)을 클릭합니다.

④ [Gradient Overlay(그레이디언트 오버레이)]를 선택합니다.

⑤ Layer Style(레이어 스타일) 대화상자가 나타나면 Gradient(그레이디언트) 색상 스펙트럼을 클릭합니다.

⑥ 왼쪽과 오른쪽 아래 Color Stop(색상 정지점)을 각각 더블 클릭해 '#ccfcaa', '#95afff'로 색상을 설정하 고 Angle(각도)을 조정합니다.

⑦ 이어서 [Drop Shadow(그림자 효과)]와 [Stroke(선/획)]를 선택해 Size(크기) : 1px, Position(포지션) : Outside, Color(색상) : #4f4f4f로 설정한 후 [OK(확인)]를 클릭합니다.

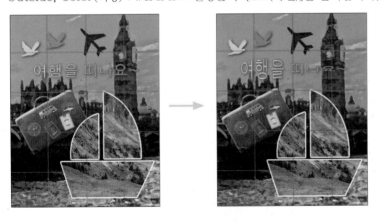

## 4  최종 파일 저장

**01** JPG 파일 저장

① [File(파일)] – [Save As(다른 이름으로 저장)]를 클릭합니다.

② 파일 이름은 '수험번호–성명–1'로 입력합니다.

③ 파일 형식은 JPEG를 선택하고 [저장(S)]을 클릭합니다.

④ JPEG Options(JPEG 옵션)은 Quality : 8 이상으로 잡고 [OK(확인)]를 클릭합니다.

## 02 PSD 파일 저장

① [Image(이미지)] – [Image Size(이미지 크기)]를 클릭합니다.

② Width(폭) : 40Pixels, Height(높이) : 50Pixels, [OK(확인)]를 클릭합니다.

③ [File(파일)] – [Save(저장)]( Ctrl + S )를 선택합니다.

## 03 최종 파일 확인

① 2가지 포맷(JPG, PSD)의 최종 파일이 만들어졌는지 확인합니다.

## 5  답안 파일 전송

## 01 감독위원 PC로 답안 파일 전송

## 문제2 [기능평가] 사진편집 응용

### 1 준비 작업

#### 01 파일 만들기

① [File(파일)] − [New(새로 만들기)](Ctrl + N)를 클릭합니다.

#### 02 파일 세부 정보 설정

① New Document(새 문서)에서 Name(이름)에 '실전 연습02', 'Width(폭) : 400Pixels, Height(높이) : 500Pixels, Resolution(해상도) : 72Pixels/Inch, Color Mode(색상 모드) : RGB Color, 8bit, Background Contents(배경 내용) : White(흰색)'로 설정하여 새 작업 이미지를 만듭니다.

#### 03 파일 저장

① [File(파일)] − [Save As(다른 이름으로 저장)](Ctrl + Shift + S)를 클릭합니다.
  경로 : PC\문서\GTQ, 파일명은 '수험번호−성명−2.psd'로 파일을 저장합니다.

#### 04 사용된 원본 이미지 열기

① [File(파일)] − [Open(열기)]을 클릭합니다.
  경로 : 문서\GTQ\Image\1급−4.jpg, 1급−5.jpg, 1급−6.jpg 총 3개의 jpg 파일을 Shift 를 누른 채 모두 선택하고 [열기(O)]를 클릭합니다.

### 2 그림 효과 적용

#### 01 1급−4.jpg : 필터 − Texturizer(텍스처화)

① '1급−4.jpg'를 클릭합니다.
② '1급−4.jpg'를 전체 선택(Ctrl + A) 후 Ctrl + C를 눌러 복사합니다. 작업 영역으로 돌아와 Ctrl + V로 붙여넣기합니다.
③ Ctrl + T를 눌러 마우스 우클릭 후 [Flip Horizontal(수평 뒤집기)]로 뒤집은 후 배치합니다.
④ [Filter(필터)] − [Filter Gallery(필터 갤러리)] − [Texture(텍스처)] − [Texturizer(텍스처화)]를 선택하고 [OK(확인)]를 클릭합니다.

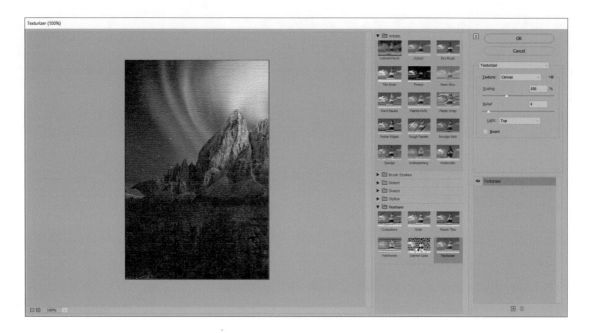

## 02 색상 보정 : 1급-5.jpg – 초록색 계열로 보정

① '1급-5.jpg'를 클릭합니다.

② 도구상자의 Quick Selection Tool(빠른 선택 도구, )을 클릭합니다. Options Bar(옵션 바)에서 [Add to Selection(선택 영역에 추가)]으로 브러시의 크기를 조절해 필요한 영역을 선택하고 Ctrl + C로 복사합니다.

③ 작업 영역으로 돌아와 Ctrl + V로 이미지를 붙여넣기 하고, Ctrl + T를 누른 다음 Shift를 눌러 크기를 조정해 배치합니다.

④ 색상 보정할 부분을 Quick Selection Tool(빠른 선택 도구, )을 이용해 이미지를 선택해 줍니다.

⑤ Layers(레이어) 패널 하단에 Create new fill or Adjustment Layer(조정 레이어, )를 클릭하고 Hue/Saturation(색조/채도)을 선택합니다.

⑥ Properties(특징) 대화상자에서 Hue(색조), Saturation(채도)을 초록색에 가깝게 조절해 줍니다.

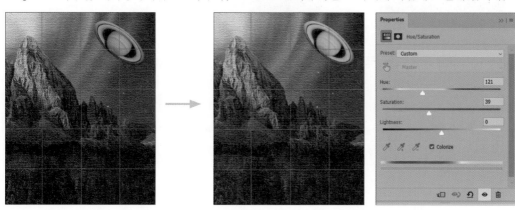

### 03 1급-5.jpg : 레이어 스타일 - Bevel & Emboss(경사와 엠보스)

① Layers(레이어) 패널에서 '1급-5.jpg'를 선택합니다.

② Layer Style(레이어 스타일)을 적용하기 위해, Layers(레이어) 패널 하단에 Add a Layer Style(레이어 스타일 추가, fx.)을 클릭합니다.

③ [Bevel & Emboss(경사와 엠보스)]를 선택하고 Layer Style(레이어 스타일) 대화상자에서 [OK(확인)]를 클릭합니다.

### 04 1급-6.jpg : 레이어 스타일 - Drop Shadow(그림자 효과)

① '1급-6.jpg'를 클릭합니다.

② 도구상자에서 Quick Selection Tool(빠른 선택 도구, .)을 클릭합니다.

③ Options Bar(옵션 바)에 [Add to Selection(선택 영역에 추가)]을 설정한 후 브러시의 크기를 조절하며 필요한 이미지를 선택합니다.

④ 선택 영역 지정이 완료되면 [Ctrl] + [C]를 눌러 레이어를 복사합니다.

⑤ 작업 영역으로 돌아와 [Ctrl] + [V]로 이미지를 붙여넣은 후, [Ctrl] + [T]로 크기를 조정해 배치합니다.

⑥ Layer Style(레이어 스타일)을 적용하기 위해, Layers(레이어) 패널 하단에 Add a Layer Style(레이어 스타일 추가, fx.)을 클릭합니다.

⑦ [Drop Shadow(그림자 효과)]를 선택하고 Layer Style(레이어 스타일) 대화상자에서 [OK(확인)]를 클릭합니다.

### 05 Shape Tool(모양 도구)(전구 모양 - #332233, 레이어 스타일 - Stroke(선/획)(2px, #ffffff))

① Custom Shape Tool(사용자 정의 모양 도구, .)을 클릭합니다.

② Option Bar(옵션 바)에서 Shape(모양), Fill Color(칠 색상) : #332233을 지정한 다음 Shape(모양) 목록 단추를 클릭합니다. [Legacy Shapes and More(레거시 모양 및 기타)] - [All Legacy Default Shapes(전체 레거시 모양)] - [Objects(물건)]를 선택합니다.

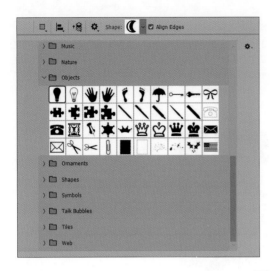

③ 《출력형태》와 일치하는 Light Bulb 1(전구 1, 💡)를 찾아 선택한 후, Shift 를 누른 채 드래그하여 작업 영역에 추가합니다.

④ Layer Style(레이어 스타일)을 적용하기 위해, Add a Layer Style(레이어 스타일 추가, _fx._)을 클릭합니다.

⑤ [Stroke(획/선)]를 선택하고 Size(크기) : 2px, Position(포지션) : Outside, Color(색상) : #ffffff로 설정한 후 [OK(확인)]를 클릭합니다.

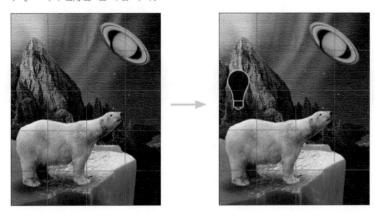

## 3  문자 효과 적용

**01** 북극의 눈물(궁서, 50pt, 레이어 스타일 – 그레이디언트 오버레이(#ffba00, #771155), Stroke(선/획)(2px, #ffffff))

① 도구상자에서 Horizontal Type Tool(수평 문자 도구)을 클릭한 뒤 Options Bar(옵션 바)에서 Font(글꼴) : Gungsuh, Size(크기) : 50pt를 설정한 후 '북극의 눈물'을 입력합니다.

② Options Bar(옵션 바)에서 Create Warped Text(뒤틀어진 텍스트)를 클릭한 다음 Warp Text(텍스트 뒤틀기) 대화상자가 나타나면 Style : Flag(깃발)를 설정하여 문자의 모양을 왜곡합니다.

③ Layer Style(레이어 스타일)을 적용하기 위해, Layers(레이어) 패널 하단에 Add a Layer Style(레이어 스타일 추가, _fx._)을 클릭합니다.

④ [Gradient Overlay(그레이디언트 오버레이)]를 선택합니다.

⑤ Layer Style(레이어 스타일) 대화상자에서 Gradient(그레이디언트) 색상 스펙트럼을 클릭합니다.

⑥ 왼쪽과 오른쪽의 Color Stop(색상 정지점)을 각각 더블 클릭하고 '#ffba00', '#771155'로 색상을 설정한 후 Angle(각도)을 조정합니다.

⑦ 이어서 [Stroke(선/획)]를 선택하고 Size(크기) : 2px, Position(포지션) : Outside, Color(색상) : #ffffff로 설정한 다음 [OK(확인)]을 클릭합니다.

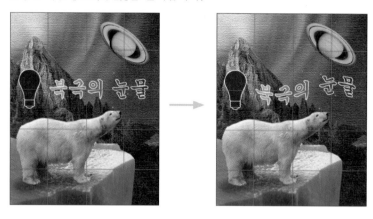

## 4 최종 파일 저장

### 01 JPG 파일 저장

① [File(파일)] – [Save As(다른 이름으로 저장)]를 선택합니다.

② 파일 이름은 '수험번호–성명–2'로 입력합니다.

③ 파일 형식은 JPEG를 선택하고 [저장(S)]을 클릭합니다.

④ JPEG Options(JPEG 옵션)은 Quality : 8 이상으로 잡고 [OK(확인)]를 클릭합니다.

### 02 PSD 파일 저장

① [Image(이미지)] – [Image Size(이미지 크기)]를 선택합니다.

② Width(폭) : 40Pixels, Height(높이) : 50Pixels, [OK(확인)]를 클릭합니다.

③ [File(파일)] – [Save(저장)][Ctrl + S]를 선택합니다.

### 03 최종 파일 확인

① 2가지 포맷(JPG, PSD)의 최종 파일이 만들어졌는지 확인합니다.

## 5 답안 파일 전송

### 01 감독위원 PC로 답안 파일 전송

# 1 준비 작업

### 01 파일 만들기

① [File(파일)] – [New(새로 만들기)]([Ctrl] + [N])를 클릭합니다.

### 02 파일 세부 정보 설정

① New Document(새 문서)에서 Name(이름)에 '실전 연습02', 'Width(폭) : 600Pixels, Height(높이) : 400Pixels, Resolution(해상도) : 72Pixels/Inch, Color Mode(색상 모드) : RGB Color, 8bit, Background Contents(배경 내용) : White(흰색)'로 설정하여 새 작업 이미지를 만듭니다.

### 03 파일 저장

① [File(파일)] – [Save As(다른 이름으로 저장)]([Ctrl] + [Shift] + [S])를 클릭합니다.
  경로 : PC\문서\GTQ, 파일명은 '수험번호–성명–3.psd'로 저장합니다.

### 04 사용된 원본 이미지 열기

① [File(파일)] – [Open(열기)]을 클릭합니다.
  경로 : 문서\GTQ\Image\1급–7.jpg, 1급–8.jpg, 1급–9.jpg, 1급–10.jpg, 1급–11.jpg 총 5개의 jpg 파일을 [Shift]를 누른 채 모두 선택하고, [열기([O])]를 클릭합니다.

# 2 그림 효과 적용

### 01 배경 : #ccffff

① 도구상자 하단에 전경색을 더블 클릭합니다. Color Picker(색상 선택) 대화상자가 나타나면 #ccffff로 색상을 설정하고 [OK(확인)]를 클릭합니다. 작업 영역에서 전경색 단축키인 [Alt] + [Delete]를 눌러줍니다.

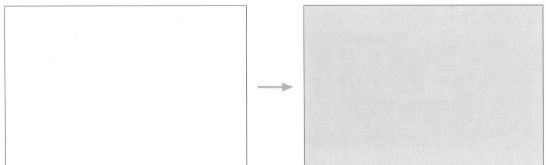

## 02 1급-7.jpg : Blending Mode(혼합 모드) − Soft Light(소프트 라이트)

① '1급-7.jpg'를 클릭합니다.

② '1급-7.jpg'를 전체 선택(Ctrl + A) 후 Ctrl + C를 눌러 복사합니다. 작업 영역으로 돌아와 붙여넣기(Ctrl + V)합니다.

③ Ctrl + T를 눌러《출력형태》와 비교해가며 크기와 위치를 조정하고 Enter를 눌러줍니다.

④ Layers(레이어) 패널 상단의 Blending Mode(혼합 모드)를 클릭한 다음 [Soft Light(소프트 라이트)]를 선택합니다.

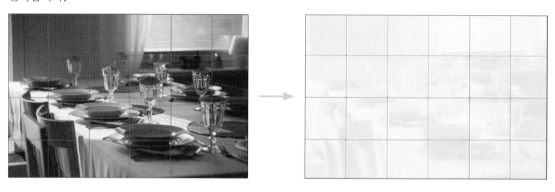

## 03 1급-8.jpg : Filter(필터) − Dry Brush(드라이 브러시), 레이어 마스크 − 가로 방향으로 흐릿하게

① '1급-8.jpg'를 클릭합니다.

② '1급-8.jpg'를 전체 선택(Ctrl + A) 후 Ctrl + C를 눌러 복사합니다. 작업 영역으로 돌아와 붙여넣기(Ctrl + V)합니다.

③ Ctrl + T를 눌러《출력형태》와 비교해가며 이미지의 크기 및 위치를 조정하고 Enter를 눌러줍니다.

④ [Filter(필터)] − [Filter Gallery(필터 갤러리)] − [Artistic(예술 효과)] − [Dry Brush(드라이 브러시)]를 선택한 후[OK(확인)]를 클릭합니다.

⑤ '1급-8.jpg' 레이어에 마스크를 추가하기 위해 Layers(레이어) 패널 하단에 Add a Layer Mask(마스크 추가, )를 클릭합니다.

⑥ '1급-8.jpg' 레이어에 마스크가 적용됐으면, 도구상자의 Gradient Tool(그레이디언트 도구, ■)을 클릭합니다.

⑦ Option Bar(옵션 바)에서 Gradient Spectrum(그레이디언트 스펙트럼, ■▼■■■▼)을 선택하고 Gradient Editor(그레이디언트 편집) 대화상자에서 그레이 계열을 지정한 후 [OK(확인)]를 클릭합니다.

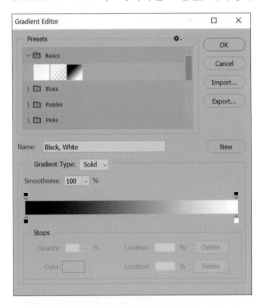

⑧ 배경의 오른쪽에서 왼쪽 방향으로 드래그합니다.

**04** 1급-9.jpg : 필터 – Rough Pastels(거친 파스텔), 레이어 스타일 – Stroke(선/획)(3px, #336666))

① Layers(레이어) 패널 하단에 Create a new layer(새 레이어 생성, ▣)를 클릭합니다.

② 도구상자에서 Custom Shape Tool(사용자 정의 모양 도구, ▨)을 클릭합니다.

③ Option Bar(옵션 바)에서 Shape(모양) 목록 단추를 클릭합니다. [Legacy Shapes and More(레거시 모양 및 기타)] – [All Legacy Default Shapes(전체 레거시 모양)] – [Nature(자연)]를 선택합니다.

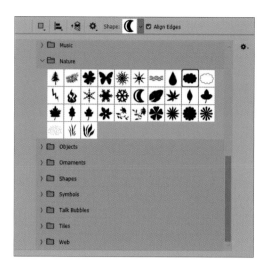

④ 《출력형태》와 일치하는 Cloud 1(구름 1, ●)을 찾아 선택한 후, Shift 를 누른 채 드래그하여 작업 영역에 추가합니다.

⑤ '1급-9.jpg'를 전체 선택(Ctrl + A) 후 Ctrl + C 를 눌러 복사합니다. 작업 영역으로 다시 돌아와 붙여넣기 (Ctrl + V)합니다.

⑥ [Filter(필터)] - [Filter Gallery(필터 갤러리)] - [Artistic(예술 효과)] - [Rough Pastels(거친 파스 텔)]을 선택한 후 [OK(확인)]를 클릭합니다.

⑦ 클리핑 마스크를 하기 위해 '1급-9.jpg'를 Cloud 1(구름 1, ■) 위로 위치한 다음 Ctrl + Alt + G 를 눌러 줍니다.

⑧ Layer Style(레이어 스타일)을 적용하기 위해, Add a Layer Style(레이어 스타일 추가 fx.)을 클릭합니다.

⑨ [Stroke(선/획)]를 선택해 Size(크기) : 3px, Position(포지션) : Outside, Color(색상) : #336666으로 설정하고 Layer Style(레이어 스타일) 대화상자에서 [OK(확인)]를 클릭합니다.

### 05 1급-10.jpg : 레이어 스타일 - Inner Glow(내부 광선), Drop Shadow(그림자 효과)

① '1급-10.jpg'를 클릭합니다.

② 도구상자의 Quick Selection Tool(빠른 선택 도구, ✎)을 선택합니다. Options Bar(옵션 바)에서 [Add to Selection(선택 영역에 추가)]으로 브러시의 크기를 조절해 필요한 영역을 선택하고 Ctrl + C 로 복사합니다.

③ 작업 영역으로 돌아와 Ctrl + V 로 이미지를 붙여넣고 Ctrl + T 를 눌러 크기를 조정한 뒤 Enter 를 눌러줍니다.

④ Layer Style(레이어 스타일)을 적용하기 위해, Add a Layer Style(레이어 스타일 추가, $fx$)을 클릭합니다.

⑤ [Inner Glow(내부 광선)]와 [Drop Shadow(그림자 효과)]를 선택하고 Layer Style(레이어 스타일) 대화상자에서 [OK(확인)]를 클릭합니다.

**06 1급-11.jpg : 색상 보정 – 빨간색 계열로 보정**

① '1급-11.jpg'를 클릭합니다.

② 도구상자의 Quick Selection Tool(빠른 선택 도구, )을 선택합니다. Options Bar(옵션 바)에서 [Add to Selection(선택 영역에 추가)]으로 브러시의 크기를 조절해 필요한 영역을 선택하고 Ctrl + C로 복사합니다.

③ 작업 영역으로 돌아와 Ctrl + V로 이미지를 붙여넣기 하고, Ctrl + T를 누른 다음 Shift를 눌러 크기를 조정해 배치합니다.

④ 이어서 색상 보정할 부분을 Quick Selection Tool(빠른 선택 도구, )을 이용해 이미지를 선택해 줍니다.

⑤ Layers(레이어) 패널 하단에 Create new fill or adjustment layer(조정 레이어, ◐)를 클릭하고, Hue/Saturation(색조/채도)을 선택합니다.

⑥ Properties(특징) 대화상자에서 Hue(색조), Saturation(채도)을 빨간색에 가깝게 조절해 줍니다.

### 07 그 외 《출력형태》 참조

① Layers(레이어) 패널 하단에 Create a new layer(새 레이어 생성, ⊞)를 클릭합니다.

② Custom Shape Tool(사용자 모양 정의 도구, ✍️)을 클릭합니다.

③ Option Bar(옵션 바)에서 Shape(모양), Fill Color(칠 색상) : #ffffff를 지정한 다음 Shape(모양) 목록 단추를 클릭합니다. [Legacy Shapes and More(레거시 모양 및 기타)] – [All Legacy Default Shapes (전체 레거시 모양)] – [Shapes(모양)]를 클릭합니다.

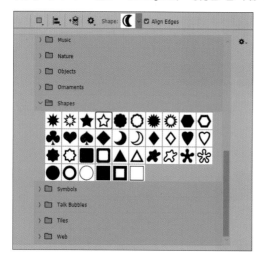

④ 《출력형태》와 일치하는 5Point Star Frame(별 프레임, ☆)을 찾아 선택한 후, [Shift]를 누른 채 드래그하여 작업 영역에 추가합니다.

⑤ Layer Style(레이어 스타일)을 적용하기 위해, Layers(레이어) 패널 하단에 Add a Layer Style(레이어 스타일 추가, fx.)을 클릭합니다.

⑥ [Outer Glow(외부 광선)]를 선택한 후, Layer Style(레이어 스타일) 대화상자에서 [OK(확인)]를 클릭합니다.

⑦ 위와 같은 방법으로 Custom Shape Tool(사용자 모양 정의 도구, 🔷)을 이용하여 Fill Color(칠 색상) : #22dd00, 레이어 스타일 – Drop Shadow(그림자 효과)가 적용된 Shamrock(토끼풀, ✿)을 작업 영역에 추가합니다.

## 3  문자 효과 적용

**01 맛있는 쿠키 만들기(굴림, 35pt, #ffffff, 레이어 스타일 – Stroke(선/획)(2px, 그레이디언트(#dd7777, #000000))**

① 도구상자에서 Horizontal Type Tool(수평 문자 도구)을 클릭한 뒤 Options Bar(옵션 바)에서 Font(글꼴) : Gulim, Size(크기) : 35pt, Font Color(글자색) : #ffffff를 설정한 후 '맛있는 쿠키 만들기'를 입력합니다.

② Options Bar(옵션 바)에서 Create Warped Text(뒤틀어진 텍스트)를 클릭한 다음 Warp Text(텍스트 뒤틀기) 대화상자가 나타나면 Style : Rise(상승)를 설정하여 문자의 모양을 왜곡합니다.

③ Layer Style(레이어 스타일)을 적용하기 위해, Layers(레이어) 패널 하단에 Add a Layer Style(레이어 스타일 추가, fx)을 클릭합니다.

④ [Stroke(선/획)]를 선택해 Size(크기) : 2px, Fill Type(칠 유형) : Gradient(그레이디언트)로 설정합니다.

⑤ 이어서 Gradient 색상을 더블 클릭한 다음 [Gradient Editor(그레이디언트 편집)] 대화상자가 나타나면 [Color Stop(색상 정지점)]의 왼쪽과 오른쪽 색상을 각각 '#dd7777'과 '#000000'으로 지정한 뒤 [OK(확인)]를 클릭합니다.

**02** 달콤한 세상에 초대합니다~(궁서, 16pt, #003366, 레이어 스타일 – Stroke(선/획)(2px, #ffff99))

① 도구상자에서 Horizontal Type Tool(수평 문자 도구)을 클릭한 뒤 Options Bar(옵션 바)에서 Font(글꼴) : Gungsuh, Size(크기) : 16pt, Font Color(글자색) : #003366을 설정한 후 '달콤한 세상에 초대합니다~'를 입력합니다.

② Layer Style(레이어 스타일)을 적용하기 위해, Layers(레이어) 패널 하단에 Add a Layer Style(레이어 스타일 추가, fx.)을 클릭합니다.

③ [Stroke(획/선)]를 선택하고 Size(크기) : 2px, Position(포지션) : Outside, Color(색상) : #ffff99로 설정한 후 [OK(확인)]를 클릭합니다.

## 4 최종 파일 저장

### 01 JPG 파일 저장

① [File(파일)] – [Save As(다른 이름으로 저장)]를 클릭합니다.

② 파일 이름은 '수험번호-성명-3'으로 입력합니다.

③ 파일 형식은 JPEG를 선택하고 [저장(S)]을 클릭합니다.

④ JPEG Options(JPEG 옵션)은 Quality : 8 이상으로 설정하고 [OK(확인)]를 클릭합니다.

### 02 PSD 파일 저장

① [Image(이미지)] – [Image Size(이미지 크기)]를 클릭합니다.

② Width(폭) : 60Pixels, Height(높이) : 40Pixels, [OK(확인)]를 클릭합니다.

③ [File(파일)] – [Save(저장)](Ctrl + S)를 선택합니다.

### 03 최종 파일 확인

① 2가지 포맷(JPG, PSD)의 최종 파일이 만들어졌는지 확인합니다.

## 5 답안 파일 전송

### 01 감독위원 PC로 답안 파일 전송

## 1 준비 작업

### 01 파일 만들기

① [File(파일)] – [New(새로 만들기)]([Ctrl] + [N])를 클릭합니다.

### 02 파일 세부 정보 설정

① New Document(새 문서)에서 Name(이름)에 '실전 연습02', 'Width(폭) : 600Pixels, Height(높이) : 400Pixels, Resolution(해상도) : 72Pixels/Inch, Color Mode(색상 모드) : RGB Color, 8bit, Background Contents(배경 내용) : White(흰색)'로 설정하여 새 작업 이미지를 만듭니다.

### 03 파일 저장

① [File(파일)] – [Save As(다른 이름으로 저장)]([Ctrl] + [Shift] + [S])를 클릭합니다.
   경로 : PC\문서\GTQ, 파일명은 '수험번호-성명-4.psd'로 저장합니다.

### 04 사용된 원본 이미지 열기

① [File(파일)] – [Open(열기)]을 클릭합니다.
   경로 : 문서\GTQ\Image\1급-12.jpg, 1급-13.jpg, 1급-14.jpg, 1급-15.jpg, 1급-16.jpg, 1급-17.jpg 총 6개의 jpg 파일을 [Shift]를 누른 채 모두 선택하고, [열기([O])]를 클릭합니다.

## 2 그림 효과 적용

### 01 배경 : #ccff33

① 도구상자 하단에 전경색을 더블 클릭합니다. Color Picker(색상 선택) 대화상자가 나타나면 #ccff33으로 색상을 설정하고 [OK(확인)]를 클릭합니다. 작업 영역에서 전경색 단축키인 [Alt] + [Delete]를 눌러줍니다.

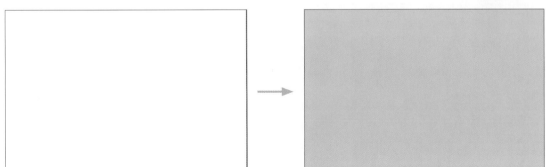

## 02 패턴(나비 모양) : #ff33ee

① 패턴을 만들기 위해 [File(파일)] − [New(새로 만들기)]를 선택합니다.

② New Document(새 문서)에서 'Width(폭) : 70Pixels, Height(높이) : 70Pixels, Resolution(해상도) : 72Pixels/Inch, Color Mode(색상 모드) : RGB Color, 8bit, Background Contents(배경 내용) : Transparent(투명색)'로 설정하여 새 작업 이미지를 만듭니다.

③ Custom Shape Tool(사용자 모양 정의 도구, 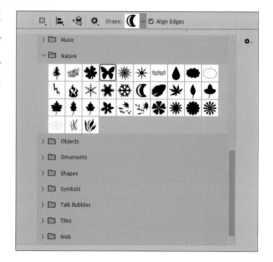)을 클릭합니다.

④ Option Bar(옵션 바)에서 Shape(모양), Fill Color(칠 색상) : #ff33ee를 지정한 다음 Shape(모양) 목록 단추를 클릭합니다. [Legacy Shapes and More(레거시 모양 및 기타)] − [All Legacy Default Shapes(전체 레거시 모양)] − [Nature(자연)]를 선택합니다.

⑤ 《출력형태》와 일치하는 Butterfly(나비, ![나비])를 찾아 선택한 후, Shift 를 누른 채 드래그하여 작업 영역에 추가합니다.

⑥ Alt 를 눌러 Butterfly(나비, ![나비])를 드래그해 복사합니다.

⑦ Menu Bar(메뉴 바) − [Edit(편집)] − [Define Pattern(사용자 패턴 정의)]를 클릭합니다.

⑧ Pattern Name(패턴 이름)을 '나비 모양'으로 입력하고 [OK(확인)]를 클릭한 후 작업 영역으로 돌아갑니다.

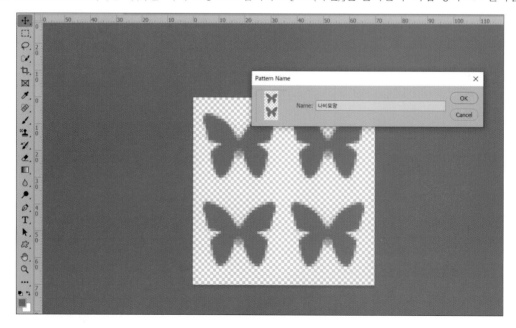

**03** 패턴(나비 모양) : Shape Tool(모양 도구) 사용, #558888, 레이어 스타일 – Stroke(선/획)(2px, #ffffff)

① Layers(레이어) 패널 하단에 Create a new layer(새 레이어 생성, ⊞)를 클릭합니다.

② 도구상자의 Custom Shape Tool(사용자 정의 모양 도구, ⬚)을 클릭합니다.

③ Option Bar(옵션 바)에서 Shape(모양), Fill Color(칠
색상) : #558888을 지정한 다음 Shape(모양) 목록 단추
를 클릭합니다. [Legacy Shapes and More(레거시 모양
및 기타)] – [All Legacy Default Shapes(전체 레거시
모양)] – [Shapes(모양)]를 클릭합니다.

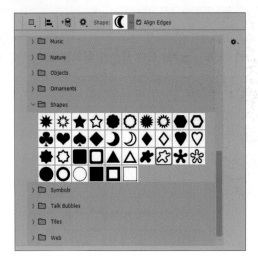

④ 《출력형태》와 비슷한 Blob 1 Frame(방울 1 프레임, ⬚)을 찾아 선택합니다.

⑤ Shift 를 누른 채 드래그하여 크기를 조정한 후 Enter 를 눌러줍니다.

⑥ Layer Style(레이어 스타일)을 적용하기 위해, Layers(레이어) 패널 하단에 Add a Layer Style(레이어
스타일 추가, fx)을 클릭합니다.

⑦ [Stroke(선/획)]를 선택해 Size(크기) : 2px, Color(색상) : #ffffff로 설정한 후 [OK(확인)]를 클릭합니다.

**04** 패턴(나비 모양) : 클리핑 마스크

① Layers(레이어) 패널 하단에 Create a new layer(새 레이어 생성, ⊞)를 클릭합니다.

② 도구상자의 Pattern Stamp Tool(패턴 스탬프 툴, ⬚)을 클릭합니다.

③ 상단 Option Bar(옵션 바) 패턴 썸네일 옆에 목록 단추를 눌러 만들어 놓은 패턴 모양을 클릭합니다.

④ Size(크기)를 5000px로 설정합니다.

⑤ 작업 영역의 빈 곳을 클릭합니다.

⑥ 클리핑 마스크를 하기 위해 Ctrl + Alt + G 를 눌러줍니다.

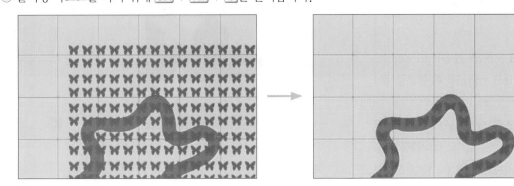

## 05 1급-12.jpg : Blending Mode(혼합 모드) – Screen(스크린)

① '1급-12.jpg'를 클릭합니다.

② '1급-12.jpg'를 전체 선택(Ctrl + A) 후 Ctrl + C를 눌러 복사합니다. 작업 영역으로 돌아와 붙여넣기 (Ctrl + V)합니다.

③ Ctrl + T를 눌러 《출력형태》와 비교해가며 크기와 위치를 조정하고 Enter를 눌러줍니다.

④ Blending Mode(혼합 모드)는 [Screen(스크린)]을 선택합니다.

## 06 1급-13.jpg : 필터 – Sponge(스폰지), 레이어 마스크 – 가로 방향으로 흐릿하게

① '1급-13.jpg'를 클릭합니다.

② '1급-13.jpg'를 전체 선택(Ctrl + A) 후 Ctrl + C를 눌러 복사합니다. 작업 영역으로 돌아와 붙여넣기 (Ctrl + V)합니다.

③ Ctrl + T를 눌러 《출력형태》와 비교해가며 이미지 크기 및 위치를 조정하고 Enter를 눌러줍니다.

④ [Filter(필터)] – [Filter Gallery(필터 갤러리)] – [Artistic(예술 효과)] – [Sponge(스폰지)]를 선택한 후 [OK(확인)]를 클릭합니다.

⑤ Layers(레이어) 패널 하단에 Add a layer mask(마스크 추가, ▣)를 클릭합니다.

⑥ Layers(레이어) 옆에 마스크가 적용됐으면, 도구상자의 Gradient Tool(그레이디언트 도구, ▣)을 클릭 합니다.

⑦ Option Bar(옵션 바) Gradient Spectrum(그레이디언트 스펙트럼, ▣)을 클릭한 다음 Gradient Editor(그레이디언트 편집) 대화상자가 나타나면 그레이 계열의 그라데이션을 선택한 후 [OK(확인)]를 클릭합니다.

⑧ 배경의 왼쪽에서 오른쪽 방향으로 드래그합니다.

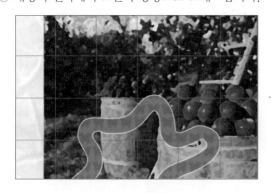 

## 07 1급-14.jpg : 레이어 스타일 – Drop Shadow(그림자 효과)

① '1급-14.jpg'를 클릭합니다.

② 도구상자의 Quick Selection Tool(빠른 선택 도구, ⬚)을 선택합니다. Options Bar(옵션 바)에서 [Add to Selection(선택 영역에 추가)]으로 브러시의 크기를 조절해 필요한 영역을 선택하고 Ctrl + C로 복사합니다.

③ 작업 영역으로 돌아와 Ctrl + V로 이미지를 붙여넣기 하고, Ctrl + T를 누른 다음 Shift를 눌러 크기를 조정해 배치합니다.

④ Layer Style(레이어 스타일)을 적용하기 위해, Layers(레이어) 패널 하단에 Add a Layer Style(레이어 스타일 추가, fx.)을 클릭합니다.

⑤ [Drop Shadow(그림자 효과)]를 선택하고 Layer Style(레이어 스타일) 대화상자에서 [OK(확인)]를 클릭합니다.

## 08 1급-15.jpg : 필터 – Poster Edges(포스터 가장자리)

① '1급-15.jpg'를 클릭합니다.

② 도구상자의 Quick Selection Tool(빠른 선택 도구, ✐)을 선택합니다. Options Bar(옵션 바)에서 [Add to Selection(선택 영역에 추가)]으로 브러시의 크기를 조절해 필요한 영역을 선택하고 Ctrl + C 로 복사합니다.

③ 작업 영역으로 돌아와 Ctrl + V 로 이미지를 붙여넣기 하고, Ctrl + T 를 누른 다음 Shift 를 눌러 크기를 조정해 배치합니다.

④ [Filter(필터)] – [Filter Gallery(필터 갤러리)] – [Artistic(예술 효과)] – [Poster Edges(포스터 가장자리)]를 선택한 후 [OK(확인)]를 클릭합니다.

## 09 1급-16.jpg : 색상 보정 – 보라색 계열로 보정

① '1급-16.jpg'를 클릭합니다.

② 도구상자의 Quick Selection Tool(빠른 선택 도구, ✐)을 선택합니다. Options Bar(옵션 바)에서 [Add to Selection(선택 영역에 추가)]으로 브러시의 크기를 조절해 필요한 영역을 선택하고 Ctrl + C 로 복사합니다.

③ 작업 영역으로 돌아와 Ctrl + V 로 이미지를 붙여넣기 하고, Ctrl + T 를 누른 다음 Shift 를 눌러 크기를 조정해 배치합니다.

④ Layers(레이어) 패널의 '1급-16.jpg' 레이어 썸네일을 Ctrl 을 눌러 클릭한 다음 Layers(레이어) 패널 하단 Create new fill or adjustment layer(조정 레이어, ◑)를 클릭합니다.

⑤ [Hue/Saturation(색조/채도)]을 선택해 Properties(특징) 대화상자에서 Hue(색조), Saturation(채도)을 보라색에 가깝게 조절해 줍니다.

## 10 그 외 《출력형태》 참조

① Layers(레이어) 패널 하단에 Create a new layer(새 레이어 만들기, ⊞)를 클릭합니다.

② 도구상자의 Custom Shape Tool(사용자 정의 모양 도구, ◩)을 클릭합니다.

③ Option Bar(옵션 바)에서 Shape(모양), Fill Color(칠 색상) : #5bdeee를 지정한 다음 Shape(모양) 목록 단추를 클릭합니다. [Legacy Shapes and More(레거시 모양 및 기타)] – [All Legacy Default Shapes(전체 레거시 모양)] – [Symbols(기호)]를 클릭합니다.

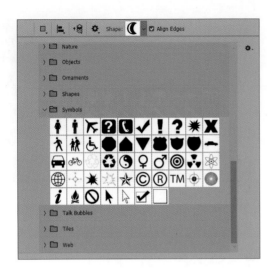

④ 《출력형태》와 일치하는 Woman(여자, [여]}을 찾아 선택한 후, [Shift]를 누른 채 드래그하여 작업 영역에 추가합니다.

⑤ Layer Style(레이어 스타일)을 적용하기 위해, Layers(레이어) 패널 하단에 Add a Layer Style(레이어 스타일 추가, [fx.])을 클릭합니다.

⑥ [Drop Shadow(그림자 효과)]를 선택하고 Layer Style(레이어 스타일) 대화상자에서 [OK(확인)]를 클릭합니다.

⑦ 위와 같은 방법으로 Custom Shape Tool(사용자 정의 모양 도구, [여.])을 이용해 Fill Color(칠 색상) : #cc4444, 레이어 스타일 – Stroke(선/획)(2px, #ffffff)가 적용된 World(세계, [세])를 작업 영역에 추가합니다.

⑧ '1급-17.jpg'를 클릭합니다.

⑨ 도구상자의 Quick Selection Tool(빠른 선택 도구, [여])을 선택합니다. Options Bar(옵션 바)에서 [Add to Selection(선택 영역에 추가)]으로 브러시의 크기를 조절해 필요한 영역을 선택하고 [Ctrl] + [C]로 복사합니다.

⑩ 작업 영역으로 돌아와 [Ctrl] + [V]로 이미지를 붙여넣기 하고, [Ctrl] + [T]를 누른 다음 [Shift]를 눌러 크기를 조정해 배치합니다.

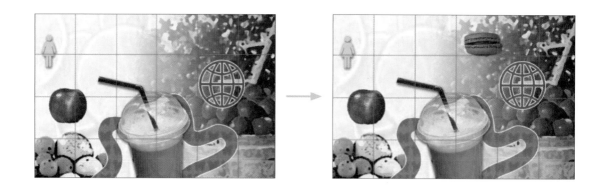

## 3 문자 효과 적용

**01** 비타민 가득 과일 주스(궁서, 25pt, #223344, 레이어 스타일 – Stroke(선/획)(2px, #ffffff))

① 도구상자에서 Horizontal Type Tool(수평 문자 도구)을 클릭한 뒤 Options Bar(옵션 바)에서 Font(글꼴) : Gungsuh, Size(크기) : 25pt, Font Color(글자색) : #223344를 설정한 후 '비타민 가득 과일 주스'를 입력합니다.

② Options Bar(옵션 바)에서 Create Warped Text(뒤틀어진 텍스트)를 클릭해 Warp Text(텍스트 뒤틀기) 대화상자가 나타나면 Style : Bulge(돌출)를 선택하여 문자의 모양을 왜곡합니다.

③ Layer Style(레이어 스타일)을 적용하기 위해, Layers(레이어) 패널 하단에 Add a Layer Style(레이어 스타일 추가, *fx.*)을 클릭합니다.

④ [Stroke(획/선)]를 선택하고 Size(크기) : 2px, Position(포지션) : Outside, Color(색상) : #ffffff로 설정한 후 [OK(확인)]를 클릭합니다.

**02** 몸에 좋은 비타민 C 먹고 영양소 충전~!(궁서, 16pt, #000000, 레이어 스타일 – Stroke(선/획)(2px, #ffffcc))

① 도구상자에서 Horizontal Type Tool(수평 문자 도구)을 클릭한 뒤 Options Bar(옵션 바)에서 Font(글꼴) : Gungsuh, Size(크기) : 16pt, Font Color(글자색) : #000000을 설정한 후 '몸에 좋은 비타민 C 먹고 영양소 충전~!'을 입력합니다.

② Layer Style(레이어 스타일)을 적용하기 위해, Layers(레이어) 패널 하단에 Add a Layer Style(레이어 스타일 추가, *fx.*)을 클릭합니다.

③ [Stroke(획/선)]를 선택하고 Size(크기) : 2px, Position(포지션) : Outside, Color(색상) : #ffffcc로 설정한 후 [OK(확인)]를 클릭합니다.

## 4  최종 파일 저장

### 01 JPG 파일 저장

① [File(파일)] - [Save As(다른 이름으로 저장)]를 클릭합니다.

② 파일 이름은 '수험번호-성명-4'로 입력합니다.

③ 파일 형식은 JPEG를 선택하고 [저장(S)]을 클릭합니다.

④ JPEG Options(JPEG 옵션)은 Quality : 8 이상으로 잡고 [OK(확인)]를 클릭합니다.

### 02 PSD 파일 저장

① [Image(이미지)] - [Image Size(이미지 크기)]를 클릭합니다.

② Width(폭) : 60Pixels, Height(높이) : 40Pixels, [OK(확인)]를 클릭합니다.

③ [File(파일)] - [Save(저장)]([Ctrl] + [S])를 선택합니다.

### 03 최종 파일 확인

① 2가지 포맷(JPG, PSD)의 최종 파일이 만들어졌는지 확인합니다.

## 5  답안 파일 전송

### 01 감독위원 PC로 답안 파일 전송

## 03회 실전 모의고사

---

### 문제1 [기능평가] 고급 Tool(도구) 활용

다음의 〈조건〉에 따라 아래의 《출력형태》와 같이 작업하시오.                    `20점`

[조건]

| 원본 이미지 | | 문서\GTQ\image\1급-1.jpg, 1급-2.jpg, 1급-3.jpg | |
|---|---|---|---|
| 파일 저장 규칙 | JPG | 파일명 | 문서\GTQ\수험번호-성명-1.jpg |
| | | 크기 | 400 x 500 Pixels |
| | PSD | 파일명 | 문서\GTQ\수험번호-성명-1.psd |
| | | 크기 | 40 x 50 Pixels |

[출력형태]

1. 그림 효과

① 1급-1.jpg : 필터 − Texturizer(텍스처화)
② Save Path(패스 저장) : 사람 모양
③ Mask(마스크) : 사람 모양, 1급-2.jpg를 이용하여 작성
　레이어 스타일 − Inner Glow(내부 광선), Stroke(선/획)(3px, 그레이디언트(#cc33cc, #006633))
④ 1급-3.jpg : 레이어 스타일 − Bevel & Emboss(경사와 엠보스)
⑤ Shape Tool(모양 도구) :
　− 검색 모양(#113300, 레이어 스타일 − Outer Glow(외부 광선))
　− 시계 모양(#ee3399, #ff9933, 레이어 스타일 − Inner Shadow(내부 그림자))

2. 문자 효과

① 언택트 시대(굴림, 48pt, 레이어 스타일 − 그레이디언트 오버레이(#ffeeee, #ee3333), Stroke(선/획)(2px, #114466))

---

### 문제2 [기능평가] 사진편집 응용

다음의 〈조건〉에 따라 아래의 《출력형태》와 같이 작업하시오.                    `20점`

[조건]

| 원본 이미지 | | 문서\GTQ\image\1급-4.jpg, 1급-5.jpg, 1급-6.jpg | |
|---|---|---|---|
| 파일 저장 규칙 | JPG | 파일명 | 문서\GTQ\수험번호-성명-2.jpg |
| | | 크기 | 400 x 500 Pixels |
| | PSD | 파일명 | 문서\GTQ\수험번호-성명-2.psd |
| | | 크기 | 40 x 50 Pixels |

[출력형태]

1. 그림 효과

① 1급-4.jpg : 필터 − Crosshatch(그물눈)
② 색상 보정 : 1급-5.jpg − 초록색 계열로 보정
③ 1급-5.jpg : 레이어 스타일 − Inner Shadow(내부 그림자)
④ 1급-6.jpg : 레이어 스타일 − Drop Shadow(그림자 효과)
⑤ Shape Tool(모양 도구) :
　− 재활용 모양(#993300, 레이어 스타일 − Inner Glow(내부 광선))

2. 문자 효과

① 4차산업혁명의 미래(굴림, 40pt, 레이어 스타일 − 그레이디언트 오버레이(#338899, #cc66cc), Stroke(선/획)(2px, #ffff22))

다음의 〈조건〉에 따라 아래의 《출력형태》와 같이 작업하시오. `25점`

**조건** ↳

| 원본 이미지 | | 문서\GTQ\Image\1급-7.jpg, 1급-8.jpg, 1급-9.jpg, 1급-10.jpg, 1급-11.jpg | |
|---|---|---|---|
| 파일 저장 규칙 | JPG | 파일명 | 문서\GTQ\수험번호-성명-3.jpg |
| | | 크기 | 600 x 400 Pixels |
| | PSD | 파일명 | 문서\GTQ\수험번호-성명-3.psd |
| | | 크기 | 60 x 40 Pixels |

1. 그림 효과
① 배경 : #6699cc
② 1급-7.jpg : 필터 – Texturizer(텍스처화) – 세로 방향으로 흐릿하게
③ 1급-8.jpg : Blending Mode(혼합 모드) – Overlay(오버레이), 레이어 마스크 – 가로 방향으로 흐릿하게
④ 1급-9.jpg : 필터 – Rough Pastels(거친 파스텔), 레이어 스타일 – Stroke(선/획)(2px, #336666))
⑤ 1급-10.jpg : 레이어 스타일 – Inner Glow(내부 광선)
⑥ 1급-11.jpg : 색상 보정 – 빨간색 계열로 보정
⑦ 그 외 《출력형태》 참조

2. 문자 효과
① 부동산 절세 비법(돋움, 36pt, 레이어 스타일 – 그레이디언트 오버레이(#00ccff, #ff9900), Stroke(선/획)(2px, #660099))
② 기준금리 인상이 주는 의미(궁서, 16pt, #003333, 레이어 스타일 – Stroke(선/획)(2px, #ffffff))
③ 세금 / 부동산 / 투자(궁서, 16pt, #000000)

**출력형태** ↳

Shape Tool(모양 도구) 사용
레이어 스타일 – 그레이디언트 오버레이(#ccdd99, #ff9900),
Opacity(불투명도)(70%))

Shape Tool(모양 도구) 사용
#ffffbb
레이어 스타일 – Outer Glow
(외부 광선)

다음의 〈조건〉에 따라 아래의 《출력형태》와 같이 작업하시오.  35점

조건 ㄴ

| 원본 이미지 | 문서\GTQ\Image\1급-12.jpg, 1급-13.jpg, 1급-14.jpg, 1급-15.jpg, 1급-16.jpg, 1급-17.jpg | | |
|---|---|---|---|
| 파일 저장 규칙 | JPG | 파일명 | 문서\GTQ\수험번호-성명-4.jpg |
| | | 크기 | 600 x 400 Pixels |
| | PSD | 파일명 | 문서\GTQ\수험번호-성명-4.psd |
| | | 크기 | 60 x 40 Pixels |

1. 그림 효과

① 배경 : #ffffbb
② 패턴(장식 모양) : #332200
③ 1급-12.jpg : Blending Mode(혼합 모드) – Hard Light(하드 라이트), Opacity(불투명도)(50%)
④ 1급-13.jpg : 필터 – Angled Strokes(각진 선/획), 레이어 마스크 – 세로 방향으로 흐릿하게
⑤ 1급-14.jpg : 레이어 스타일 – Stroke(선/획)(2px, #33cc99)
⑥ 1급-15.jpg : 필터 – Poster Edges(포스터 가장자리)
⑦ 1급-16.jpg : 색상 보정 – 파란색 계열로 보정
⑧ 그 외 《출력형태》 참조

2. 문자 효과

① 월급쟁이 재테크 상식(궁서, 42pt, #ff7777, 레이어 스타일 – Stroke(선/획)(3px, #220066))
② https://www.coin.or.kr(Times New Roman, Bold, 16pt, #000000)
③ 똑똑하게 투자하는 방법(돋움, 25pt, #cccc33, 레이어 스타일 – Stroke(선/획)(2px, #220066))

출력형태 ㄴ

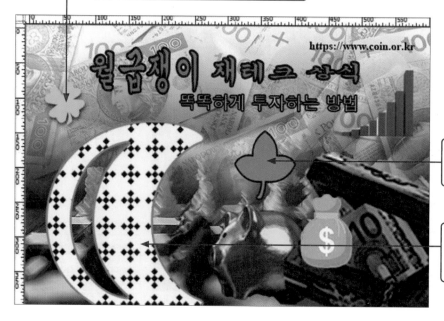

Shape Tool(모양 도구) 사용
#77ffbb, 레이어 스타일 – Drop Shadow(그림자 효과)

Shape Tool(모양 도구) 사용
#119933, 레이어 스타일 –
Stroke(선/획)(2px, #220066)

Shape Tool(모양 도구) 사용
#ffffbb
레이어 스타일 –
Stroke(선/획)(3px, #3399cc)

# 03회 실전 모의고사 해설

## 문제1 [기능평가] 고급 Tool(도구) 활용

### 1 준비 작업

#### 01 파일 만들기

① [File(파일)] − [New(새로 만들기)](**Ctrl** + **N**)를 클릭합니다.

#### 02 파일 세부 정보 설정

① New Document(새 문서)에서 Name(이름)에 '실전 연습03', 'Width(폭) : 400Pixels, Height(높이) : 500Pixels, Resolution(해상도) : 72Pixels/Inch, Color Mode(색상 모드) : RGB Color, 8bit, Background Contents(배경 내용) : White(흰색)'로 설정하여 새 작업 이미지를 만듭니다.

#### 03 파일 저장

① [File(파일)] − [Save As(다른 이름으로 저장)](**Ctrl** + **Shift** + **S**)를 클릭합니다.
경로 : PC\문서\GTQ, 파일명은 '수험번호−성명−1.psd'로 저장합니다.

#### 04 사용된 원본 이미지 열기

① [File(파일)] − [Open(열기)]을 클릭합니다.
경로 : 문서\GTQ\Image\1급−1.jpg, 1급−2.jpg, 1급−3.jpg 총 3개의 jpg 파일을 **Shift**를 누른 채 모두 선택하고, [열기(**O**)]를 클릭합니다.

### 2 그림 효과 적용

#### 01 1급−1.jpg : 필터 − Texturizer(텍스처화)

① '1급−1.jpg'를 클릭합니다.

② '1급−1.jpg'를 전체 선택(**Ctrl** + **A**) 후 **Ctrl** + **C**를 눌러 복사합니다. 작업 영역으로 돌아와 붙여넣기(**Ctrl** + **V**)합니다.

③ **Ctrl** + **T**를 눌러 《출력형태》와 비교해가며 이미지의 크기와 위치를 조정하고 **Enter**를 눌러줍니다.

④ [Filter(필터)] − [Filter Gallery(필터 갤러리)] − [Texture(텍스처)] − [Texturizer(텍스처화)]를 선택하고 [OK(확인)]를 클릭합니다.

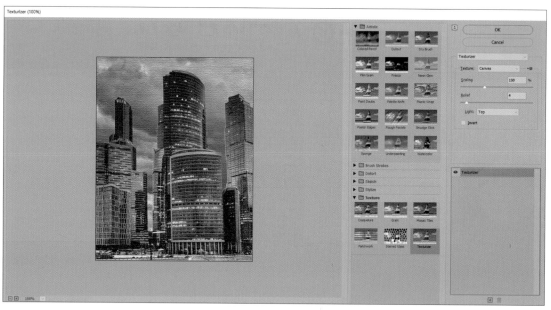

## 02 Save Path(패스 저장) : 사람 모양

① Layers(레이어) 패널 하단에서 Create a new layer(새 레이어 생성, 🔲)를 클릭합니다.

②《출력형태》에 그려 놓은 기준선을 참고하여 안내선을 만들어줍니다.

③ 도구상자에서 Pen Tool(펜 도구, 🖊️)을 클릭합니다.

④ 상단 Option Bar(옵션 바)에서 Path(패스)를 Shape(모양)로 변경한 후 패스의 외곽을 그립니다.

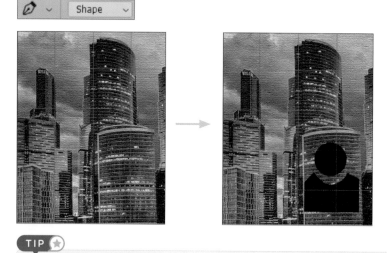

⑤ [Window(윈도우)] – [Paths(패스)]를 선택합니다.

⑥ Paths(패스) 패널에서 'Shape 1 Shape Path' 레이어를 더블 클릭합니다.

⑦ Save Path(패스 저장) 대화상자가 나타나면 '사람 모양'으로 입력한 후 [OK(확인)]를 클릭합니다.

⑧ Paths(패스) 패널에서 Layers(레이어) 패널로 다시 돌아옵니다.

**03 Mask(마스크) : 사람 모양, 1급-2.jpg를 이용하여 작성, 레이어 스타일 – Inner Glow(내부 광선), Stroke(선/획)**
**(3px, 그레이디언트(#cc33cc, #006633))**

① 만들어진 패스에 클리핑 마스크 작업을 하기 위해 '1급-2.jpg'를 클릭합니다.

② '1급-2.jpg'를 전체 선택(Ctrl + A) 후 Ctrl + C를 눌러 복사합니다. 작업 영역으로 돌아와 Shape(모양) 위에 붙여넣기(Ctrl + V)합니다.

③ 가져온 '1급-2.jpg'가 선택된 상태에서 마우스 우클릭 후 Create Clipping Mask(클리핑 마스크 만들기)를 선택 또는 단축키 Ctrl + Alt + G를 눌러줍니다.

④ Ctrl + T를 눌러 《출력형태》와 비교해가며 크기와 위치를 조정하고 Enter를 눌러줍니다.

⑤ Layer Style(레이어 스타일)을 적용하기 위해, Layers(레이어) 패널 하단에 Add a Layer Style(레이어 스타일 추가, fx.)을 클릭합니다.

⑥ [Inner Glow(내부 광선)]와 [Stroke(선/획)]을 선택해 Size(크기) : 3px, Fill Type(칠 유형) : Gradient(그레이디언트)로 설정합니다.

⑦ 이어서 Gradient 색상을 더블 클릭한 다음 [Gradient Editor(그레이디언트 편집)] 대화상자가 나타나면 [Color Stop(색상 정지점)]의 왼쪽과 오른쪽 색상을 각각 '#cc33cc'와 '#006633'으로 지정한 뒤 [OK(확인)]를 클릭합니다.

**04 1급-3.jpg : 레이어 스타일 – Bevel & Emboss(경사와 엠보스)**

① '1급-3.jpg'를 클릭합니다.

② 도구상자에서 Quick Selection Tool(빠른 선택 도구, ) )을 클릭합니다.

③ Options Bar(옵션 바)에 [Add to Selection(선택 영역에 추가)]을 설정한 후 브러시의 크기를 조절하며 필요한 이미지를 선택합니다.

④ 선택 영역 지정이 완료되면 Ctrl + C 를 눌러 레이어를 복사합니다.

⑤ 작업 영역으로 돌아와 Ctrl + V 로 이미지를 붙여넣은 후, Ctrl + T 로 크기를 조정해 배치합니다.

⑥ Layer Style(레이어 스타일)을 적용하기 위해, Layers(레이어) 패널 하단에 Add a Layer Style(레이어 스타일 추가, fx.)을 클릭합니다.

⑦ [Bevel & Emboss(경사와 엠보스)]를 선택한 후, Layer Style(레이어 스타일) 대화상자가 나타나면 [OK(확인)]를 클릭합니다.

⑧ Ctrl + T 를 눌러 마우스 우클릭 후 [Flip Horizontal(수평 뒤집기)]로 뒤집어 배치합니다.

**05** Shape Tool(모양 도구)(검색 모양 – #113300, 레이어 스타일 – Outer Glow(외부 광선)), (시계 모양 – #ee3399, #ff9933, 레이어 스타일 – Inner Shadow(내부 그림자))

① 도구상자의 Custom Shape Tool(사용자 정의 모양 도구, 🔷.)을 클릭합니다.

② Option Bar(옵션 바)에서 Shape(모양), Fill Color(칠 색상) : #113300을 지정한 다음 Shape(모양) 목록 단추를 클릭합니다. [Legacy Shapes and More(레거시 모양 및 기타)] – [All Legacy Default Shapes(전체 레거시 모양)] – [Web(웹)]을 클릭합니다.

③ 《출력형태》와 일치하는 World Wide Web Search(검색, 🔍)를 찾아 선택한 후, Shift 를 누른 채 드래그 하여 작업 영역에 추가합니다.

④ Layer Style(레이어 스타일)을 적용하기 위해, Layers(레이어) 패널 하단에 Add a Layer Style(레이어 스타일 추가, fx.)을 클릭합니다.

⑤ [Outer Glow(외부 광선)]를 선택한 후, Layer Style(레이어 스타일) 대화상자가 나타나면 [OK(확인)]를 클릭합니다.

⑥ 위와 같은 방법으로 Custom Shape Tool(사용자 정의 모양 도구, 📷)을 이용해 Fill Color(칠 색상) : #ee3399, #ff9933, 레이어 스타일 Inner Shadow(내부 그림자)가 적용된 Time(시계, 🕐)을 작업 영역에 추가합니다.

## 3 문자 효과 적용

**01** 언택트 시대(굴림, 48pt, 레이어 스타일 – 그레이디언트 오버레이(#ffeeee, #ee3333), Stroke(선/획)(2px, #114466))

① 도구상자에서 Horizontal Type Tool(수평 문자 도구)을 클릭한 뒤 Options Bar(옵션 바)에서 Font(글 꼴) : Gulim, Size(크기) : 48pt를 설정한 후 '언택트 시대'를 입력합니다.

② Options Bar(옵션 바)에서 Create Warped Text(뒤틀어진 텍스트)를 클릭해 Warp Text(텍스트 뒤틀 기) 대화상자가 나타나면 Style : Flag(깃발)를 선택하고 문자의 모양을 왜곡합니다.

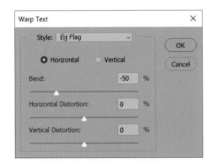

③ Layer Style(레이어 스타일)을 적용하기 위해, Layers(레이어) 패널 하단에 Add a Layer Style(레이어 스타일 추가, 🔲)을 클릭합니다.

④ [Gradient Overlay(그레이디언트 오버레이)]를 선택합니다.

⑤ Layer Style(레이어 스타일) 대화상자가 나타나면 Gradient(그레이디언트) 색상 스펙트럼을 클릭합니다.

⑥ 왼쪽과 오른쪽 아래 Color Stop(색상 정지점)을 각각 더블 클릭해 '#ffeeee', '#ee3333'으로 색상을 설정합니다.

⑦ Angle(각도)을 조정한 다음 [OK(확인)]를 클릭합니다.

⑧ 이어서 [Stroke(선/획)]를 선택해 Size(크기) : 2px, Color(색상) : #114466으로 설정하고 [OK(확인)]를 클릭합니다.

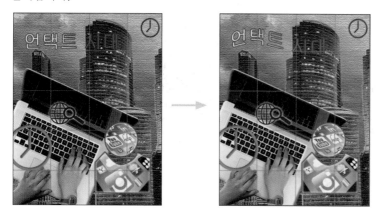

## 4 최종 파일 저장

### 01 JPG 파일 저장

① [File(파일)] – [Save As(다른 이름으로 저장)]를 클릭합니다.

② 파일 이름은 '수험번호-성명-1'로 입력합니다.

③ 파일 형식은 JPEG를 선택하고 [저장(S)]을 클릭합니다.

④ JPEG Options(JPEG 옵션)은 Quality : 8 이상으로 잡고 [OK(확인)]를 클릭합니다.

### 02 PSD 파일 저장

① [Image(이미지)] – [Image Size(이미지 크기)]를 클릭합니다.

② Width(폭) : 40Pixels, Height(높이) : 50Pixels, [OK(확인)]를 클릭합니다.

③ [File(파일)] – [Save(저장)]([Ctrl] + [S])를 선택합니다.

### 03 최종 파일 확인

① 2가지 포맷(JPG, PSD)의 최종 파일이 만들어졌는지 확인합니다.

## 5 답안 파일 전송

### 01 감독위원 PC로 답안 파일 전송

## 1  준비 작업

### 01 파일 만들기

① [File(파일)] − [New(새로 만들기)](Ctrl + N)를 클릭합니다.

### 02 파일 세부 정보 설정

① New Document(새 문서)에서 Name(이름)에 '실전 연습03', 'Width(폭) : 400Pixels, Height(높이) : 500Pixels, Resolution(해상도) : 72Pixels/Inch, Color Mode(색상 모드): RGB Color, 8bit, Background Contents(배경 내용) : White(흰색)'로 설정하여 새 작업 이미지를 만듭니다.

### 03 파일 저장

① [File(파일)] − [Save As(다른 이름으로 저장)](Ctrl + Shift + S)를 클릭합니다.
경로 : PC\문서\GTQ, 파일명은 '수험번호−성명−2.psd'로 파일을 저장합니다.

### 04 사용된 원본 이미지 열기

① [File(파일)] − [Open(열기)]을 클릭합니다.
경로 : 문서\GTQ\Image\1급−4.jpg, 1급−5.jpg, 1급−6.jpg 총 3개의 jpg 파일을 Shift 를 모두 누른 채 선택하고 [열기(O)]를 클릭합니다.

## 2  그림 효과 적용

### 01 1급−4.jpg : 필터 − Crosshatch(그물눈)

① '1급−4.jpg'를 클릭합니다.
② '1급−4.jpg'를 전체 선택(Ctrl + A) 후 Ctrl + C를 눌러 복사합니다. 작업 영역으로 돌아와 Ctrl + V로 붙여넣기 합니다.
③ Ctrl + T를 누르고 《출력형태》와 비교해가며 이미지의 크기 및 위치를 조정하고 Enter를 눌러줍니다.
④ [Filter(필터)] − [Filter Gallery(필터 갤러리)] − [Brush Strokes(브러시 선/획)] − [Crosshatch(그물눈)]를 선택하고 [OK(확인)]를 클릭합니다.

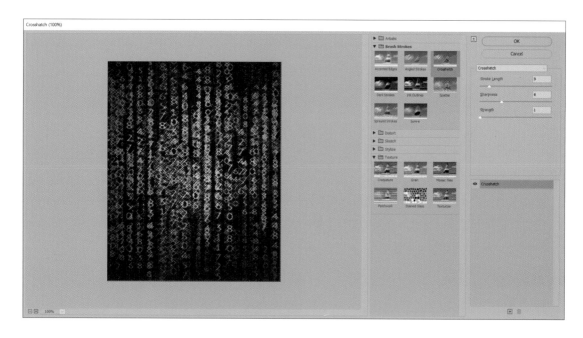

## 02 색상 보정 : 1급-5.jpg – 초록색 계열로 보정

① '1급-5.jpg'를 클릭합니다.

② 도구상자의 Quick Selection Tool(빠른 선택 도구, ✎)을 클릭합니다. Options Bar(옵션 바)에서 [Add to Selection(선택 영역에 추가)]으로 브러시의 크기를 조절해 필요한 영역을 선택하고 Ctrl + C 로 복사합니다.

③ 작업 영역으로 돌아와 Ctrl + V 로 이미지를 붙여넣기 하고, Ctrl + T 를 누른 다음 Shift 를 눌러 크기를 조정해 배치합니다.

④ 색상 보정할 부분을 Quick Selection Tool(빠른 선택 도구, ✎)을 이용해 이미지를 선택해 줍니다.

⑤ Layers(레이어) 패널 하단에 Create new fill or Adjustment Layer(조정 레이어, ◑)를 클릭하고 Hue/Saturation(색조/채도)을 선택합니다.

⑥ Properties(특징) 대화상자에서 Hue(색조), Saturation(채도)을 초록색에 가깝게 조절해 줍니다.

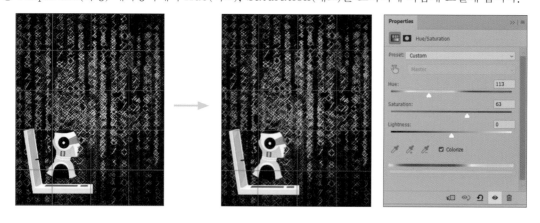

## 03 1급-5.jpg : 레이어 스타일 – Inner Shadow(내부 그림자)

① Layers(레이어) 패널에서 '1급 – 5.jpg'를 선택합니다.

② Layer Style(레이어 스타일)을 적용하기 위해, Layers(레이어) 패널 하단에 Add a Layer Style(레이어 스타일 추가, $fx$)을 클릭합니다.

③ [Inner Shadow(내부 그림자)]를 선택하고, Layer Style(레이어 스타일) 대화상자에서 [OK(확인)]를 클릭합니다.

## 04 1급-6.jpg : 레이어 스타일 – Drop Shadow(그림자 효과)

① '1급-6.jpg'를 클릭합니다.

② 도구상자의 Quick Selection Tool(빠른 선택 도구, ✎)을 클릭합니다.

③ Options Bar(옵션 바)에 [Add to Selection(선택 영역에 추가)]을 설정한 후 브러시의 크기를 조절해 필요한 이미지를 선택합니다.

④ 선택 영역 지정이 완료되면 Ctrl + C를 눌러 레이어를 복사합니다.

⑤ 작업 영역으로 돌아와 Ctrl + V로 이미지를 붙여넣은 후, Ctrl + T로 크기를 조정해 배치합니다.

⑥ Layer Style(레이어 스타일)을 적용하기 위해, Layers(레이어) 패널 하단에 Add a Layer Style(레이어 스타일 추가, $fx$)을 클릭합니다.

⑦ [Drop Shadow(그림자 효과)]를 선택하고 Layer Style(레이어 스타일) 대화상자에서 [OK(확인)]를 클릭합니다.

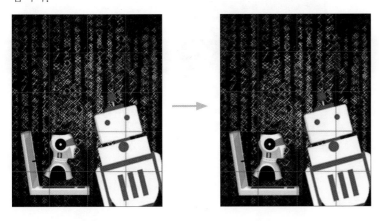

## 05 Shape Tool(모양 도구)(재활용 모양 – #993300 레이어 스타일 – Inner Glow(내부 광선))

① Custom Shape Tool(사용자 정의 모양 도구, ✿)을 클릭합니다.

② Option Bar(옵션 바)에서 Shape(모양), Fill Color(칠 색상) : #993300을 지정한 다음 Shape(모양) 목록 단추를 클릭합니다. [Legacy Shapes and More(레거시 모양 및 기타)] – [All Legacy Default Shapes(전체 레거시 모양)] – [Symbols(기호)]를 클릭합니다.

③ 《출력형태》와 일치하는 Recycle 2(재활용 2, ♻)를 찾아 선택한 후, Shift를 누른 채 드래그하여 작업 영역에 추가합니다.

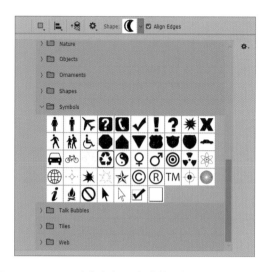

④ Layer Style(레이어 스타일)을 적용하기 위해, Layers(레이어) 패널 하단에 Add a Layer Style(레이어 스타일 추가, *fx.*)을 클릭합니다.

⑤ [Inner Glow(내부 광선)]를 선택한 후, Layer Style(레이어 스타일) 대화상자에서 [OK(확인)]를 클릭합니다.

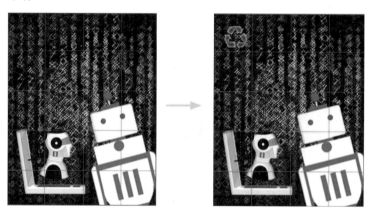

## 3 문자 효과 적용

01 4차산업혁명의 미래(굴림, 40pt, 레이어 스타일 – 그레이디언트 오버레이(#338899, #cc66cc), Stroke(선/획) (2px, #ffff22))

① 도구상자에서 Horizontal Type Tool(수평 문자 도구)을 클릭한 뒤 Options Bar(옵션 바)에서 Font(글꼴) : Gulim, Size(크기) : 40pt을 설정한 후 '4차산업혁명의 미래'를 입력합니다.

② Options Bar(옵션 바)에서 Create Warped Text(뒤틀어진 텍스트)를 클릭해 Warp Text(텍스트 뒤틀기) 대화상자가 나타나면 Style : Bulge(돌출)를 선택하여 문자의 모양을 왜곡합니다.

③ Layer Style(레이어 스타일)을 적용하기 위해, Layers(레이어) 패널 하단에 Add a Layer Style(레이어 스타일 추가, *fx.*)을 클릭합니다.

④ [Gradient Overlay(그레이디언트 오버레이)]를 선택합니다.

⑤ Layer Style(레이어 스타일) 대화상자에서 Gradient(그레이디언트) 색상 스펙트럼을 클릭합니다.

⑥ 왼쪽, 오른쪽의 Color Stop(색상 정지점)을 각각 더블 클릭하고 '#338899', '#cc66cc'로 색상을 설정합니다.

⑦ Angle(각도)을 조정하고 [OK(확인)]를 클릭합니다.

⑧ 이어서 [Stroke(획/선)]를 선택하고 Size(크기) : 2px, Position(포지션) : Outside, Color(색상) : #ffff22로 설정한 후 [OK(확인)]를 클릭합니다.

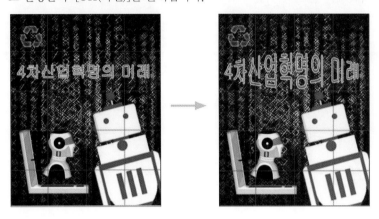

## 4 최종 파일 저장

### 01 JPG 파일 저장

① [File(파일)] – [Save As(다른 이름으로 저장)]를 선택합니다.

② 파일 이름은 '수험번호-성명-2'로 입력합니다.

③ 파일 형식은 JPEG를 선택하고 [저장(S)]을 클릭합니다.

④ JPEG Options(JPEG 옵션)은 Quality : 8 이상으로 잡고 [OK(확인)]를 클릭합니다.

### 02 PSD 파일 저장

① [Image(이미지)] – [Image Size(이미지 크기)]를 클릭합니다.

② Width(폭) : 40Pixels, Height(높이) : 50Pixels, [OK(확인)]를 클릭합니다.

③ [File(파일)] – [Save(저장)]([Ctrl] + [S])를 선택합니다.

### 03 최종 파일 확인

① 2가지 포맷(JPG, PSD)의 최종 파일이 만들어졌는지 확인합니다.

## 5 답안 파일 전송

### 01 감독위원 PC로 답안 파일 전송

## 문제3 [실무응용] 포스터 제작

### 1 준비 작업

#### 01 파일 만들기

① [File(파일)] – [New(새로 만들기)]([Ctrl] + [N])를 클릭합니다.

#### 02 파일 세부 정보 설정

① New Document(새 문서)에서 Name(이름)에 '실전 연습03', 'Width(폭) : 600Pixels, Height(높이) : 400Pixels, Resolution(해상도): 72Pixels/Inch, Color Mode(색상 모드) : RGB Color, 8bit, Background Contents(배경 내용) : White(흰색)'로 설정하여 새 작업 이미지를 만듭니다.

#### 03 파일 저장

① [File(파일)] – [Save As(다른 이름으로 저장)]([Ctrl] + [Shift] + [S])를 클릭합니다.
경로 : PC\문서\GTQ, 파일명은 '수험번호-성명-3.psd'로 저장합니다.

#### 04 사용된 원본 이미지 열기

① [File(파일)] – [Open(열기)]을 클릭합니다.
경로 : 문서\GTQ\Image\1급-7.jpg, 1급-8.jpg, 1급-9.jpg, 1급-10.jpg, 1급-11.jpg 총 5개의 jpg 파일을 [Shift]를 누른 채 모두 선택하고, [열기([O])]를 클릭합니다.

### 2 그림 효과 적용

#### 01 배경 : #6699cc

① 도구상자 하단에 전경색을 더블 클릭합니다. Color Picker(색상 선택) 대화상자가 나타나면 #6699cc로 색상을 설정하고 [OK(확인)]를 클릭합니다. 작업 영역에서 전경색 단축키인 [Alt] + [Delete]를 눌러줍니다.

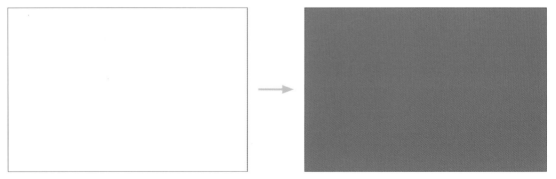

**02** 1급-7.jpg : 필터 – Texturizer(텍스처화) – 세로 방향으로 흐릿하게

① '1급-7.jpg'를 클릭합니다.

② '1급-7.jpg'를 전체 선택(Ctrl + A) 후 Ctrl + C를 눌러 복사합니다. 작업 영역으로 다시 돌아와 붙여넣기 (Ctrl + V)합니다.

③ Ctrl + T를 눌러 《출력형태》와 비교해가며 크기와 위치를 조정하고 Enter를 눌러줍니다.

④ [Filter(필터)] – [Filter Gallery(필터 갤러리)] – [Texture(텍스처)] – [Texturizer(텍스처화)]를 선택한 후 [OK(확인)]를 클릭합니다.

⑤ '1급-7.jpg' 레이어에 마스크를 추가하기 위해 Layers(레이어) 패널 하단에 Add a Layer Mask(마스크 추가, ▣)를 클릭합니다.

⑥ '1급-7.jpg' 레이어에 마스크가 적용됐으면, 도구상자의 Gradient Tool(그레이디언트 도구, ▣)을 클릭합니다.

⑦ Option Bar(옵션 바)에서 Gradient Spectrum(그레이디언트 스펙트럼, ▣▬▬▬ )을 선택하고 Gradient Editor(그레이디언트 편집) 대화상자에서 그레이 계열을 지정한 후 [OK(확인)]를 클릭합니다.

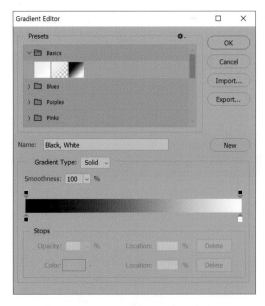

⑧ 배경의 위쪽에서 아래쪽 방향으로 드래그합니다.

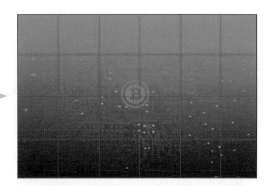

**03** 1급-8.jpg : Blending Mode(혼합 모드) – Overlay(오버레이), 레이어 마스크 – 가로 방향으로 흐릿하게

① '1급-8.jpg'를 클릭합니다.

② '1급-8.jpg'를 전체 선택(Ctrl + A) 후 Ctrl + C를 눌러 복사합니다. 작업 영역으로 돌아와 붙여넣기(Ctrl + V)합니다.

③ Ctrl + T를 눌러 《출력형태》와 비교해가며 크기와 위치를 조정하고 Enter를 눌러줍니다.

④ Blending Mode(혼합 모드)는 [Overlay(오버레이)]를 선택합니다.

⑤ '1급-8.jpg' 레이어에 마스크를 추가하기 위해 Layers(레이어) 패널 하단에 Add a Layer Mask(마스크 추가, ▣)를 클릭합니다.

⑥ '1급-8.jpg' 레이어에 마스크가 적용됐으면, 도구상자의 Gradient Tool(그레이디언트 도구, ▣)을 클릭합니다.

⑦ Option Bar(옵션 바)에서 Gradient Spectrum(그레이디언트 스펙트럼, ▣)을 선택한 다음 Gradient Editor(그레이디언트 편집) 대화상자에서 그레이 계열을 지정한 후 [OK(확인)]를 클릭합니다.

⑧ 배경의 오른쪽에서 왼쪽 방향으로 드래그합니다.

**04** 1급-9.jpg : 필터 − Rough Pastels(거친 파스텔), 레이어 스타일 − Stroke(선/획)(2px, #336666))

① Layers(레이어) 패널 하단에 Create a new layer(새 레이어 만들기, ⊡)를 선택합니다.

② 도구상자에서 Custom Shape Tool(사용자 정의 모양 도구, ✿.)을 클릭합니다.

③ Option Bar(옵션 바)에서 Shape(모양), Fill Color(칠 색상) : #ffffff를 지정한 다음 Shape(모양) 목록 단추를 클릭합니다. [Legacy Shapes and More(레거시 모양 및 기타)] − [All Legacy Default Shapes(전체 레거시 모양)] − [Symbols(기호)]를 선택합니다.

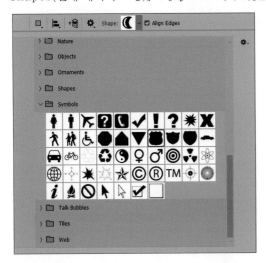

④ 《출력형태》와 일치하는 Sign 4(표식 4, ■)를 찾아 선택한 후, Shift 를 누른 채 드래그하여 작업 영역에 추가합니다.

⑤ '1급-9.jpg'를 전체 선택(Ctrl + A) 후 Ctrl + C를 눌러 복사합니다. 작업 영역으로 돌아와 붙여넣기(Ctrl + V)합니다.

⑥ [Filter(필터)] − [Filter Gallery(필터 갤러리)] − [Artistic(예술 효과)] − [Rough Pastels(거친 파스텔)]을 선택한 후 [OK(확인)]를 클릭합니다.

⑦ 클리핑 마스크를 하기 위해 '1급-9.jpg'를 Sign 4(표식 4, ■) 위로 위치한 다음 Ctrl + Alt + G를 눌러줍니다.

⑧ Layer Style(레이어 스타일)을 적용하기 위해, Add a Layer Style(레이어 스타일 추가, fx.)을 클릭합니다.

⑨ [Stroke(선/획)]를 선택하고 Size(크기) : 2px, Position(포지션) : Outside, Color(색상) : #336666으로 설정합니다.

## 05 1급-10.jpg : 레이어 스타일 – Inner Glow(내부 광선)

① '1급-10.jpg'를 클릭합니다.

② 도구상자의 Quick Selection Tool(빠른 선택 도구, 🖌️)을 선택합니다. Options Bar(옵션 바)에서 [Add to Selection(선택 영역에 추가)]으로 브러시의 크기를 조절해 필요한 영역을 선택하고 Ctrl + C 로 복사합니다.

③ 작업 영역으로 다시 돌아와 붙여넣기(Ctrl + V)합니다.

④ Layer Style(레이어 스타일)을 적용하기 위해, Add a Layer Style(레이어 스타일 추가, fx.)을 클릭합니다.

⑤ [Inner Glow(내부 광선)]를 선택하고 Layer Style(레이어 스타일) 대화상자가 나타나면 [OK(확인)]를 클릭합니다.

## 06 1급-11.jpg : 색상 보정 – 빨간색 계열로 보정

① '1급-11.jpg'를 클릭합니다.

② 도구상자의 Quick Selection Tool(빠른 선택 도구, 🖌️)을 선택합니다. Options Bar(옵션 바)에서 [Add to Selection(선택 영역에 추가)]으로 브러시의 크기를 조절해 필요한 영역을 선택하고 Ctrl + C 로 복사합니다.

③ 작업 영역으로 돌아와 Ctrl + V 로 이미지를 붙여넣기 하고, Ctrl + T 를 누른 다음 Shift 를 눌러 크기를 조정해 배치합니다.

④ 이어서 색상 보정할 부분을 Quick Selection Tool(빠른 선택 도구, 🖌️)을 이용해 이미지를 선택해 줍니다.

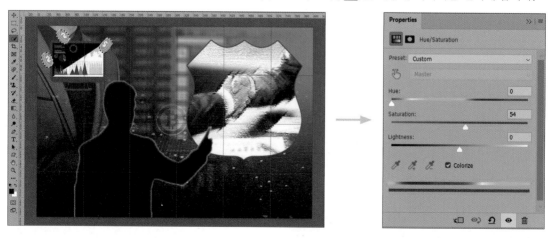

⑤ Layers(레이어) 패널 하단에 Create new fill or adjustment layer(조정 레이어, )를 클릭하고, Hue/Saturation(색조/채도)을 선택합니다.

⑥ Properties(특징) 대화상자에서 Hue(색조), Saturation(채도)을 빨간색에 가깝게 조절해 줍니다.

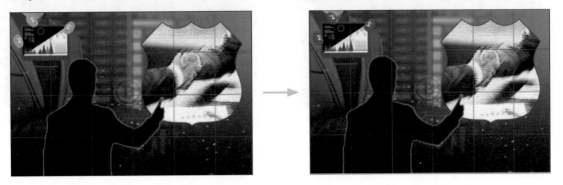

## 07 그 외 《출력형태》 참조

① Layers(레이어) 패널 하단에 Create a new layer(새 레이어 생성, 🖼)를 클릭합니다.

② Custom Shape Tool(사용자 정의 모양 도구, 🖼)을 클릭합니다.

③ Option Bar(옵션 바)에서 Shape(모양)를 지정한 다음 Shape(모양) 목록 단추를 클릭합니다. [Legacy Shapes and More(레거시 모양 및 기타)] – [All Legacy Default Shapes(전체 레거시 모양)] – [Symbols(기호)]를 클릭합니다.

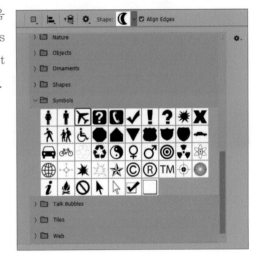

④ 《출력형태》와 일치하는 Airplane(비행기, 🖼)을 찾아 선택한 후, Shift 를 누른 채 드래그하여 작업 영역에 추가합니다.

⑤ Layer Style(레이어 스타일)을 적용하기 위해, Layers(레이어) 패널 하단에 Add a Layer Style(레이어 스타일 추가, 🖼)을 클릭하고 [Gradient Overlay(그레이디언트 오버레이)]를 선택합니다.

⑥ Layer Style(레이어 스타일) 대화상자에서 Gradient(그레이디언트) 색상 스펙트럼을 클릭합니다.

⑦ 왼쪽과 오른쪽 아래 Color Stop(색상 정지점)을 각각 더블 클릭해 '#ccdd99', '#ff9900'으로 색상을 설정한 후 Angle(각도)을 조정하고 [OK(확인)]를 클릭합니다.

⑧ Airplane(비행기, 🖼)을 불투명하게 만들기 위해 Opacity(불투명도)에 70%로 입력합니다.

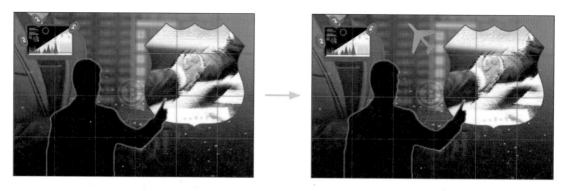

⑨ 위와 같은 방법으로 Custom Shape Tool(사용자 모양 정의 도구, 🔍)을 이용하여 Fill Color(칠 색상) : #ffffbb, 레이어 스타일 – Outer Glow(외부광선)가 적용된 Banner 1(배너 1, ▬)을 작업 영역에 추가합니다.

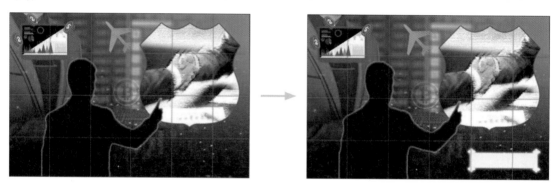

## 3  문자 효과 적용

**01 부동산 절세 비법(돋움, 36pt, 레이어 스타일 – 그레이디언트 오버레이(#00ccff, #ff9900), Stroke(선/획) (2px, #660099))**

① 도구상자의 Horizontal Type Tool(수평 문자 도구)을 클릭한 뒤 Options Bar(옵션 바)에서 Font(글꼴) : Dotum, Size(크기) : 36pt를 설정한 후 '부동산 절세 비법'을 입력합니다.

② Options Bar(옵션 바)에서 Create Warped Text(뒤틀어진 텍스트)를 클릭한 다음 Warp Text(텍스트 뒤틀기) 대화상자가 나타나면 Style : Bulge(돌출)를 설정하여 문자의 모양을 왜곡합니다.

③ Layer Style(레이어 스타일)을 적용하기 위해, Layers(레이어) 패널 하단에 Add a Layer Style(레이어 스타일 추가, 🔲)을 클릭합니다.

④ [Gradient Overlay(그레이디언트 오버레이)]를 선택합니다.

⑤ Layer Style(레이어 스타일) 대화상자에서 Gradient(그레이디언트) 색상 스펙트럼을 클릭합니다.

⑥ 왼쪽, 오른쪽의 Color Stop(색상 정지점)을 각각 더블 클릭하고 '#00ccff', '#ff9900'으로 색상을 설정합니다.

⑦ Angle(각도)을 조정하고 [OK(확인)]를 클릭합니다.

⑧ 이어서 [Stroke(획/선)]를 선택하고 Size(크기) : 2px, Position(포지션): Outside, Color(색상) : #660099 로 설정한 후 [OK(확인)]를 클릭합니다.

**02** 기준금리 인상이 주는 의미(궁서, 16pt, #003333, 레이어 스타일 – Stroke(선/획)(2px, #ffffff))

① 도구상자에서 Horizontal Type Tool(수평 문자 도구)을 클릭한 뒤 Options Bar(옵션 바)에서 Font(글꼴) : Gungsuh, Size(크기) : 16pt, Font Color(글자색) : #003333을 설정한 후 '기준금리 인상이 주는 의미'를 입력합니다.

② Layer Style(레이어 스타일)을 적용하기 위해, Layers(레이어) 패널 하단에 Add a Layer Style(레이어 스타일 추가, fx )을 클릭합니다.

③ [Stroke(획/선)]를 선택해 Size(크기) : 2px, Position(포지션) : Outside, Color(색상) : #ffffff로 설정한 후 [OK(확인)]를 클릭합니다.

**03** 세금 / 부동산 / 투자(궁서, 16pt, #000000)

① 도구상자에서 Horizontal Type Tool(수평 문자 도구)을 클릭한 뒤 Options Bar(옵션 바)에서 Font(글꼴) : Gungsuh, Size(크기) : 16pt, Font Color(글자색) : #000000을 설정한 후 '세금 / 부동산 / 투자'를 입력합니다.

## 4 최종 파일 저장

### 01 JPG 파일 저장

① [File(파일)] – [Save As(다른 이름으로 저장)]를 클릭합니다.

② 파일 이름은 '수험번호–성명–3'으로 입력합니다.

③ 파일 형식은 JPEG를 선택하고 [저장(S)]을 클릭합니다.

④ JPEG Options(JPEG 옵션)은 Quality : 8 이상으로 설정하고 [OK(확인)]를 클릭합니다.

### 02 PSD 파일 저장

① [Image(이미지)] – [Image Size(이미지 크기)]를 클릭합니다.

② Width(폭) : 60Pixels, Height(높이) : 40Pixels, [OK(확인)]를 클릭합니다.

③ [File(파일)] – [Save(저장)](Ctrl + S )를 선택합니다.

### 03 최종 파일 확인

① 2가지 포맷(JPG, PSD)의 최종 파일이 만들어졌는지 확인합니다.

## 5 답안 파일 전송

### 01 감독위원 PC로 답안 파일 전송

## 1 준비 작업

### 01 파일 만들기

① [File(파일)] – [New(새로 만들기)](Ctrl + N)를 클릭합니다.

### 02 파일 세부 정보 설정

① New Document(새 문서)에서 Name(이름)에 '실전 연습03', 'Width(폭) : 600Pixels, Height(높이)
: 400Pixels, Resolution(해상도) : 72Pixels/Inch, Color Mode(색상 모드) : RGB Color, 8bit,
Background Contents(배경 내용) : White(흰색)'로 설정하여 새 작업 이미지를 만듭니다.

### 03 파일 저장

① [File(파일)] – [Save As(다른 이름으로 저장)]](Ctrl + Shift + S)를 클릭합니다.
경로 : PC\문서\GTQ, 파일명은 '수험번호-성명-4.psd'로 저장합니다.

### 04 사용된 원본 이미지 열기

① [File(파일)] – [Open(열기)]을 클릭합니다.
경로 : 문서\GTQ\Image\1급-12.jpg, 1급-13.jpg, 1급-14.jpg, 1급-15.jpg, 1급-16.jpg, 1급-17.jpg
총 6개의 jpg 파일을 Shift를 눌러 모두 선택하고, [열기(O)]를 클릭합니다.

## 2 그림 효과 적용

### 01 배경 : #ffffbb

① 도구상자 하단에 전경색을 더블 클릭합니다. Color Picker(색상 선택) 대화상자가 나타나면
#ffffbb로 색상을 설정하고 [OK(확인)]를 클릭합니다. 작업 영역에서 전경색 단축키인 Alt
+ Delete를 눌러줍니다.

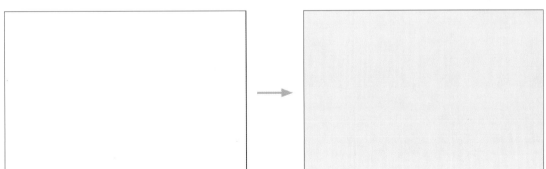

**02** 패턴(장식 모양) : #332200

① 패턴을 만들기 위해 [File(파일)] – [New(새로 만들기)]를 선택합니다.

② New Document(새 문서)에서 'Width(폭) : 70Pixels, Height(높이) : 70Pixels, Resolution(해상도) : 72Pixels/Inch, Color Mode(색상 모드): RGB Color, 8bit, Background Contents(배경 내용) : Transparent(투명색)'로 설정하여 새 작업 이미지를 만듭니다.

③ Custom Shape Tool(사용자 모양 정의 도구, 🟦)을 클릭합니다.

④ Option Bar(옵션 바)에서 Shape(모양), Fill Color(칠 색상) : #332200을 지정한 다음 Shape(모양) 목록 단추를 클릭합니다. [Legacy Shapes and More(레거시 모양 및 기타)] – [All Legacy Default Shapes(전체 레거시 모양)] – [Ornaments(장식)]를 선택합니다.

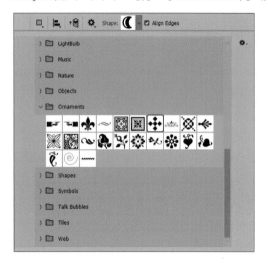

⑤ 《출력형태》와 일치하는 Ornament 4(장식 4, ✛)를 찾아 선택한 후, [Shift]를 누른 채 드래그하여 작업 영역에 추가합니다.

⑥ 도구상자에서 Move Tool(이동 도구, ✛)을 클릭한 후 [Alt]를 눌러 Ornament 4(장식 4, ✛)를 드래그해 복사합니다.

⑦ Menu Bar(메뉴 바) – [Edit(편집)] – [Define Pattern(사용자 패턴 정의)]을 클릭합니다.

⑧ Pattern Name(패턴 이름)을 '장식 모양'으로 입력하고 [OK(확인)]를 클릭한 후 작업 영역으로 돌아갑니다.

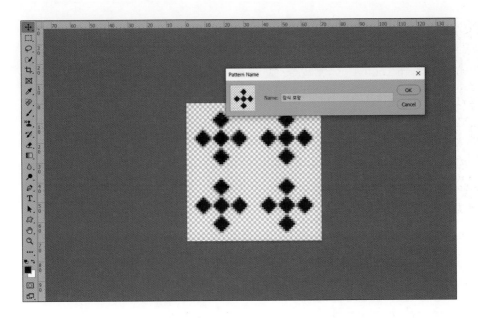

**03 패턴(장식 모양) : Shape Tool(모양 도구) 사용, #ffffbb, 레이어 스타일 – Stroke(선/획)(3px, #3399cc)**

① Layers(레이어) 패널 하단에 Create a new layer(새 레이어 만들기, ⊞)를 클릭합니다.

② 도구상자의 Custom Shape Tool(사용자 정의 모양 도구, ✿)을 클릭합니다.

③ Option Bar(옵션 바)에서 Shape(모양), Fill Color(칠 색상) : #ffffbb를 지정한 다음 Shape(모양) 목록 단추를 클릭합니다. [Legacy Shapes and More(레거시 모양 및 기타)] – [All Legacy Default Shapes(전체 레거시 모양)] – [Nature(자연)]를 클릭합니다.

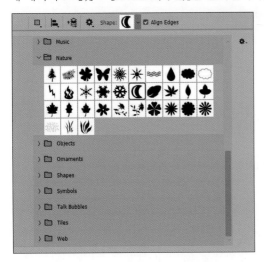

④ 《출력형태》와 일치하는 Moon(달, ☾)을 찾아 선택한 후 Shift를 누른 채 드래그하여 작업 영역에 추가합니다.

⑤ Layer Style(레이어 스타일)을 적용하기 위해, Layers(레이어) 패널 하단에 Add a Layer Style(레이어 스타일 추가, fx)을 클릭합니다.

⑥ [Stroke(선/획)]를 선택하고 Size(크기) : 3px, Color(색상) : #3399cc로 설정한 후 [OK(확인)]를 클릭합니다.

## 04 패턴(장식 모양) : 클리핑 마스크

① Layers(레이어) 패널 하단에 Create a new layer(새 레이어 생성, 🔳)를 클릭합니다.

② 도구상자의 Pattern Stamp Tool(패턴 스탬프 툴, 🏷️)을 클릭합니다.

③ 상단 Option Bar(옵션 바) 패턴 썸네일 옆에 목록 단추를 눌러 만들어 놓은 패턴 모양을 클릭합니다.

④ Size(크기)를 5000px로 설정합니다.

⑤ 작업 영역의 빈 곳을 클릭합니다.

⑥ 클리핑 마스크를 하기 위해 [Ctrl] + [Alt] + [G]를 눌러줍니다.

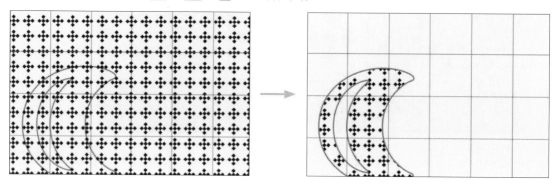

## 05 1급-12.jpg : Blending Mode(혼합 모드) – Hard Light(하드 라이트), Opacity(불투명도)(50%)

① '1급-12.jpg'를 클릭합니다.

② '1급-12.jpg'를 전체 선택([Ctrl] + [A]) 후 [Ctrl] + [C]를 눌러 복사합니다. 작업 영역으로 다시 돌아와 붙여넣기([Ctrl] + [V])합니다.

③ [Ctrl] + [T]를 눌러 《출력형태》와 비교해가며 크기와 위치를 조정하고 [Enter]를 눌러줍니다.

④ Blending Mode(혼합 모드)는 [Hard Light(하드 라이트)]를 선택합니다.

⑤ Opacity(불투명도)는 50%로 지정합니다.

## 06 1급-13.jpg : 필터 – Angled Strokes(각진 선/획), 레이어 마스크 – 세로 방향으로 흐릿하게

① '1급-13.jpg'를 클릭합니다.

② '1급-13.jpg'를 전체 선택([Ctrl] + [A]) 후 [Ctrl] + [C]를 눌러 복사합니다. 작업 영역으로 돌아와 붙여넣기([Ctrl] + [V])합니다.

③ [Ctrl] + [T]를 눌러 《출력형태》와 비교해가며 이미지 크기 및 위치를 조정하고 [Enter]를 눌러줍니다.

④ [Filter(필터)] – [Filter Gallery(필터 갤러리)] – [Brush Strokes(브러시 선/획)] – [Angled Strokes(각진 선/획)]를 선택한 후 [OK(확인)]를 클릭합니다.

⑤ Layers(레이어) 패널 하단에 Add a layer mask(마스크 추가, )를 클릭합니다.

⑥ Layers(레이어) 옆에 마스크가 적용됐으면, 도구상자의 Gradient Tool(그레이디언트 도구, ▣)을 클릭합니다.

⑦ Option Bar(옵션 바) Gradient Spectrum(그레이디언트 스펙트럼, ▣)을 클릭한 다음 Gradient Editor(그레이디언트 편집) 대화상자가 나타나면 그레이 계열의 그라데이션을 선택한 후 [OK(확인)]를 클릭합니다.

⑧ 배경의 위쪽에서 아래쪽 방향으로 드래그합니다.

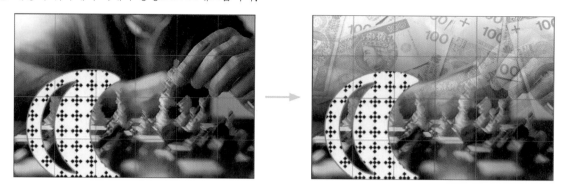

## 07 1급-14.jpg : 레이어 스타일 – Stroke(선/획)(2px, #33cc99)

① '1급-14.jpg'를 클릭합니다.

② 도구상자의 Quick Selection Tool(빠른 선택 도구, 🖌)을 선택합니다. Options Bar(옵션 바)에서 [Add to Selection(선택 영역에 추가)]으로 브러시의 크기를 조절해 필요한 영역을 선택하고 Ctrl + C로 복사합니다.

③ 작업 영역으로 돌아와 Ctrl + V로 이미지를 붙여넣기 하고, Ctrl + T를 누른 다음 Shift를 눌러 크기를 조정해 배치합니다.

④ Layer Style(레이어 스타일)을 적용하기 위해, Layers(레이어) 패널 하단에 Add a Layer Style(레이어 스타일 추가, fx)을 클릭합니다.

⑤ [Stroke(선/획)]를 선택해 Size(크기) : 2px, Color(색상) : #33cc99로 설정하고 [OK(확인)]를 클릭합니다.

## 08 1급-15.jpg : 필터 – Poster Edges(포스터 가장자리)

① '1급-15.jpg'를 클릭합니다.

② 도구상자의 Quick Selection Tool(빠른 선택 도구, 🖌)을 선택합니다. Options Bar(옵션 바)에서 [Add to Selection(선택 영역에 추가)]으로 브러시의 크기를 조절해 필요한 영역을 선택하고 Ctrl + C로 복사합니다.

③ 작업 영역으로 돌아와 Ctrl + V로 이미지를 붙여넣기 하고, Ctrl + T를 누른 다음 Shift를 눌러 크기를 조정해 배치합니다.

④ [Filter(필터)] – [Filter Gallery(필터 갤러리)] – [Artistic(예술 효과)] – [Poster Edges(포스터 가장 자리)]를 선택한 후 [OK(확인)]를 클릭합니다.

## 09 1급-16.jpg : 색상 보정 – 파란색 계열로 보정

① '1급-16.jpg'를 클릭합니다.

② 도구상자의 Quick Selection Tool(빠른 선택 도구, 🖌)을 선택합니다. Options Bar(옵션 바)에서 [Add to Selection(선택 영역에 추가)]으로 브러시의 크기를 조절해 필요한 영역을 선택하고 Ctrl + C로 복사합니다.

③ 작업 영역으로 돌아와 Ctrl + V로 이미지를 붙여넣기 하고, Ctrl + T를 누른 다음 Shift를 눌러 크기를 조정해 배치합니다.

④ Layers(레이어) 패널의 '1급-16.jpg' 레이어 썸네일을 Ctrl을 눌러 클릭한 다음 Layers(레이어) 패널 하단 Create new fill or adjustment layer(조정 레이어, ◑)를 클릭합니다.

⑤ [Hue/Saturation(색조/채도)]을 선택해 Properties(특징) 대화상자에서 Hue(색조), Saturation(채도)을 파란색에 가깝게 조절해 줍니다.

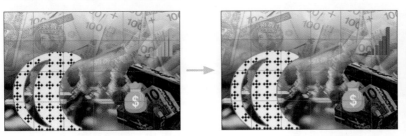

## 10 그 외 《출력형태》 참조

① Layers(레이어) 패널 하단에 Create a new layer(새 레이어 만들기, ⊞)를 클릭합니다.

② 도구상자의 Custom Shape Tool(사용자 정의 모양 도구, ▨)을 클릭합니다.

③ Option Bar(옵션 바)에서 Shape(모양)로 설정한 다음 Shape(모양) 목록 단추를 클릭합니다. [Legacy Shapes and More(레거시 모양 및 기타)] – [All Legacy Default Shapes(전체 레거시 모양)] – [Nature(자연)]를 클릭합니다.

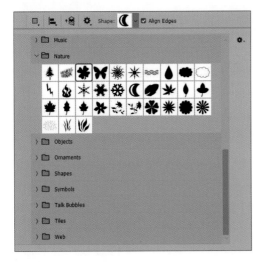

④ 《출력형태》와 일치하는 Shamrock(토끼풀, ✿)을 찾아 선택한 후, Shift를 누른 채 드래그하여 작업 영역에 추가합니다.

⑤ Layer Style(레이어 스타일)을 적용하기 위해, Layers(레이어) 패널 하단에 Add a Layer Style(레이어 스타일 추가, fx)을 클릭합니다.

⑥ [Drop Shadow(그림자 효과)]를 선택하고, Layer Style(레이어 스타일) 대화상자에서 [OK(확인)]를 클릭합니다.

⑦ 위와 같은 방법으로 Custom Shape Tool(사용자 정의 모양 도구, 🔯)을 사용하여 Fill Color(칠 색상) : #119933, 레이어 스타일 − Stroke(선/획)(2px, #220000)이 적용된 Leaf 4(잎 4, ♣)를 작업 영역에 추가합니다.

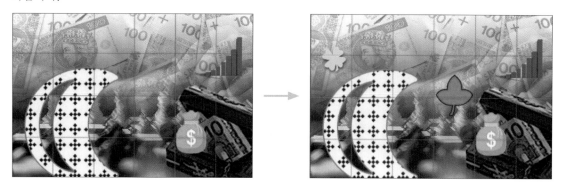

⑧ '1급−17.jpg'를 클릭합니다.

⑨ 도구상자의 Quick Selection Tool(빠른 선택 도구, 🖌)을 선택합니다. Options Bar(옵션 바)에서 [Add to Selection(선택 영역에 추가)]으로 브러시의 크기를 조절해 필요한 영역을 선택하고 Ctrl + C로 복사합니다.

⑩ 작업 영역으로 돌아와 Ctrl + V로 이미지를 붙여넣기 하고, Ctrl + T를 누른 다음 Shift를 눌러 크기를 조정해 배치합니다.


### 3 문자 효과 적용

**01 월급쟁이 재테크 상식(궁서, 42pt, #ff7777, 레이어 스타일 − Stroke(선/획)(3px, #220066))**

① 도구상자에서 Horizontal Type Tool(수평 문자 도구)을 클릭한 뒤 Options Bar(옵션 바)에서 Font(글꼴) : Gungsuh, Size(크기) : 42pt, Font Color(글자색) : #ff7777를 설정한 후 '월급쟁이 재테크 상식'을 입력합니다.

② Options Bar(옵션 바)에서 [Create Warped Text(뒤틀어진 텍스트)]를 클릭한 다음 Warp Text(텍스트 뒤틀기) 대화상자가 나타나면 Style : Fish(물고기)를 선택해 문자의 모양을 왜곡합니다.

③ Layer Style(레이어 스타일)을 적용하기 위해, Layers(레이어) 패널 하단에 Add a Layer Style(레이어 스타일 추가, fx)을 클릭합니다.

④ [Stroke(선/획)]를 선택해 Size(크기) : 3px, Color(색상) : #220066으로 설정하고 [OK(확인)]를 클릭합니다.

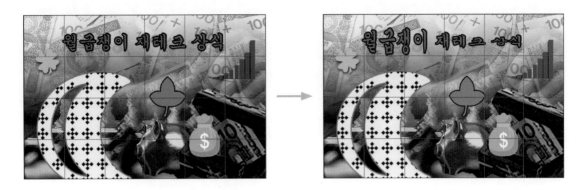

## 02 https://www.coin.or.kr(Times New Roman, Bold, 16pt, #000000)

① 도구상자에서 Horizontal Type Tool(수평 문자 도구)을 클릭한 뒤 Options Bar(옵션 바)에서 Font(글
   꼴) : Times New Roman, Style(스타일) : Bold, Size(크기) : 16pt, Font Color(글자색) : #000000
   을 설정한 후 'https://www.coin.or.kr'를 입력합니다.

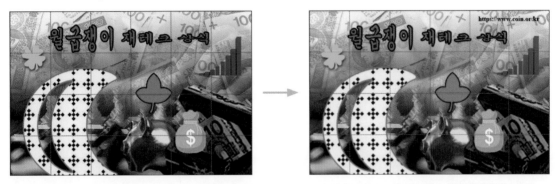

## 03 똑똑하게 투자하는 방법(돋움, 25pt, #cccc33, 레이어 스타일 – Stroke(선/획)(2px, #220066))

① 도구상자에서 Horizontal Type Tool(수평 문자 도구)을 클릭한 뒤 Options Bar(옵션 바)에서 Font(글
   꼴) : Dotum, Size(크기) : 25pt, Font Color(글자색) : #cccc33을 설정한 후 '똑똑하게 투자하는 방법'
   을 입력합니다.

② Layer Style(레이어 스타일)을 적용하기 위해, Layers(레이어) 패널 하단에 Add a Layer Style(레이어
   스타일 추가, fx.)을 클릭합니다.

③ [Stroke(획/선)]를 선택하고 Size(크기) : 2px, Position(포지션) : Outside, Color(색상) : #220066으로
   설정한 후 [OK(확인)]를 클릭합니다.

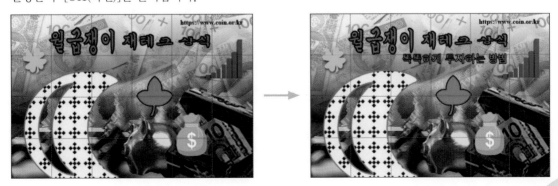

## 4  최종 파일 저장

### 01 JPG 파일 저장

① [File(파일)] – [Save As(다른 이름으로 저장)]를 선택합니다.

② 파일 이름은 '수험번호–성명–4'로 입력합니다.

③ 파일 형식은 JPEG를 선택하고 [저장(S)]을 클릭합니다.

④ JPEG Options(JPEG 옵션)은 Quality : 8 이상으로 설정하고 [OK(확인)]를 클릭합니다.

### 02 PSD 파일 저장

① [Image(이미지)] – [Image Size(이미지 크기)]를 클릭합니다.

② Width(폭) : 60Pixels, Height(높이) : 40Pixels, [OK(확인)]를 클릭합니다.

③ [File(파일)] – [Save(저장)](Ctrl + S)를 선택합니다.

### 03 최종 파일 확인

① 2가지 포맷(JPG, PSD)의 최종 파일이 만들어졌는지 확인합니다.


## 5  답안 파일 전송

### 01 감독위원 PC로 답안 파일 전송

# 04회 실전 모의고사

## 문제1    [기능평가] 고급 Tool(도구) 활용

다음의 〈조건〉에 따라 아래의 《출력형태》와 같이 작업하시오.    20점

### 조건 ㄴ

| 원본 이미지 | | 문서\GTQ\image\1급-1.jpg, 1급-2.jpg, 1급-3.jpg | |
|---|---|---|---|
| 파일 저장<br>규칙 | JPG | 파일명 | 문서\GTQ\수험번호-성명-1.jpg |
| | | 크기 | 400 x 500 Pixels |
| | PSD | 파일명 | 문서\GTQ\수험번호-성명-1.psd |
| | | 크기 | 40 x 50 Pixels |

### 출력형태 ㄴ

1. 그림 효과
① 1급-1.jpg : 필터 – Poster Edges(포스터 가장자리)
② Save Path(패스 저장) : 한복 모양
③ Mask(마스크) : 한복 모양, 1급-2.jpg를 이용하여 작성
   레이어 스타일 – Inner Glow(내부 광선), Stroke(선/획)(3px, 그레이디언트(#ffff00, #0000ff))
④ 1급-3.jpg : 레이어 스타일 – Bevel & Emboss(경사와 엠보스)
⑤ Shape Tool(모양 도구) :
   – 토끼 모양(#99cc66, 레이어 스타일 – Outer Glow(외부 광선))
   – 물고기 모양(#cc9966, #996600, 레이어 스타일 – Inner Shadow(내부 그림자))

2. 문자 효과
① 한국의 멋(궁서, 55pt, 레이어 스타일 – 그레이디언트 오버레이(#ff9900, #0099ff),
   Inner Shadow(내부 그림자))

## 문제2    [기능평가] 사진편집 응용

다음의 〈조건〉에 따라 아래의 《출력형태》와 같이 작업하시오.    20점

### 조건 ㄴ

| 원본 이미지 | | 문서\GTQ\image\1급-4.jpg, 1급-5.jpg, 1급-6.jpg | |
|---|---|---|---|
| 파일 저장<br>규칙 | JPG | 파일명 | 문서\GTQ\수험번호-성명-2.jpg |
| | | 크기 | 400 x 500 Pixels |
| | PSD | 파일명 | 문서\GTQ\수험번호-성명-2.psd |
| | | 크기 | 40 x 50 Pixels |

### 출력형태 ㄴ

1. 그림 효과
① 1급-4.jpg : 필터 – Texturizer(텍스처화)
② 색상 보정 : 1급-5.jpg – 파란색 계열로 보정
③ 1급-5.jpg : 레이어 스타일 – Drop Shadow(그림자 효과)
④ 1급-6.jpg : 레이어 스타일 – Inner Shadow(내부 그림자)
⑤ Shape Tool(모양 도구) :
   – 전구 모양(#ffcc33, 레이어 스타일 – Inner Glow(내부 광선))

2. 문자 효과
① 대한민국의 전통(궁서, 40pt, 레이어 스타일 – 그레이디언트 오버레이(#0066cc, #006633),
   Stroke(선/획)(2px, #ffffff))

다음의 〈조건〉에 따라 아래의 《출력형태》와 같이 작업하시오. `25점`

조건 └

| 원본 이미지 | 문서\GTQ\Image\1급-7.jpg, 1급-8.jpg, 1급-9.jpg, 1급-10.jpg, 1급-11.jpg | | |
|---|---|---|---|
| 파일 저장 규칙 | JPG | 파일명 | 문서\GTQ\수험번호-성명-3.jpg |
| | | 크기 | 600 x 400 Pixels |
| | PSD | 파일명 | 문서\GTQ\수험번호-성명-3.psd |
| | | 크기 | 60 x 40 Pixels |

1. 그림 효과
① 배경 : #cccccc
② 1급-7.jpg : 필터 – Texturizer(텍스처화) – 가로 방향으로 흐릿하게
③ 1급-8.jpg : Blending Mode(혼합 모드) – Overlay(오버레이), 레이어 마스크 – 가로 방향으로 흐릿하게
④ 1급-9.jpg : 필터 – Rough Pastels(거친 파스텔), 레이어 스타일 – Stroke(선/획)(2px, #663333))
⑤ 1급-10.jpg : 레이어 스타일 – Inner Glow(내부 광선)
⑥ 1급-11.jpg : 색상 보정 – 파란색 계열로 보정
⑦ 그 외 《출력형태》 참조

2. 문자 효과
① 한복의 아름다움(돋움, 36pt, 레이어 스타일 – 그레이디언트 오버레이(#000033, #336600), Stroke(선/획)(2px, #996666))
② The beauty and style of traditional outfits(Arial, Regular, 18pt, #663300, 레이어 스타일 – Stroke(선/획)(2px, #cccccc))
③ 한복입고 경복궁 체험하기(돋움, 16pt, #ffffff, 레이어 스타일 – Stroke(선/획)(2px, #330000))

출력형태 └

Shape Tool(모양 도구) 사용
#663333, 레이어 스타일 – Outer Glow(외부 광선)

Shape Tool(모양 도구) 사용
레이어 스타일 –
그레이디언트 오버레이
(#669966, #333300),
Drop Shadow(그림자 효과)

다음의 〈조건〉에 따라 아래의 《출력형태》와 같이 작업하시오. `35점`

### 조건

| 원본 이미지 | 문서\GTQ\Image\1급-12.jpg, 1급-13.jpg, 1급-14.jpg, 1급-15.jpg, 1급-16.jpg, 1급-17.jpg | | |
|---|---|---|---|
| 파일 저장 규칙 | JPG | 파일명 | 문서\GTQ\수험번호-성명-4.jpg |
| | | 크기 | 600 x 400 Pixels |
| | PSD | 파일명 | 문서\GTQ\수험번호-성명-4.psd |
| | | 크기 | 60 x 40 Pixels |

1. 그림 효과

① 배경 : #6699cc
② 패턴(나무 모양) : #003300
③ 1급-12.jpg : Blending Mode(혼합 모드) – Hard Light(하드 라이트), Opacity(불투명도)(30%)
④ 1급-13.jpg : 필터 – Angled Strokes(각진 선/획), 레이어 마스크 – 가로 방향으로 흐릿하게
⑤ 1급-14.jpg : 레이어 스타일 – Drop Shadow(그림자 효과)
⑥ 1급-15.jpg : 필터 – Poster Edges(포스터 가장자리)
⑦ 1급-16.jpg : 색상 보정 – 파란색 계열로 보정
⑧ 그 외 《출력형태》 참조

2. 문자 효과

① 마라톤 대회(궁서, 43pt, #0000cc, 레이어 스타일 – Stroke(선/획)(2px, #cccccc))
② https://www.run.or.kr(Times New Roman, Bold, 16pt, #ffffff)
③ 문화와 함께 달리기(돋움, 18pt, #000000, 레이어 스타일 – Stroke(선/획)(2px, #ccffcc))
④ 대회안내, 문의방법, 커뮤니티(돋움, 18pt, #000000, 레이어 스타일 – Stroke(선/획)(2px, #99ffff, #cc99ff))

### 출력형태

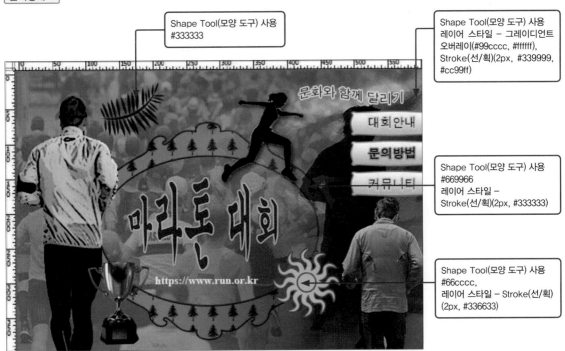

Shape Tool(모양 도구) 사용
#333333

Shape Tool(모양 도구) 사용
레이어 스타일 – 그레이디언트
오버레이(#99cccc, #ffffff),
Stroke(선/획)(2px, #339999,
#cc99ff)

Shape Tool(모양 도구) 사용
#669966
레이어 스타일 –
Stroke(선/획)(2px, #333333)

Shape Tool(모양 도구) 사용
#66cccc,
레이어 스타일 – Stroke(선/획)
(2px, #336633)

# 04회 실전 모의고사 해설

## 문제1 [기능평가] 고급 Tool(도구) 활용

### 1 준비 작업

#### 01 파일 만들기

① [File(파일)] – [New(새로 만들기)](Ctrl + N)를 클릭합니다.

#### 02 파일 세부 정보 설정

① New Document(새 문서)에서 Name(이름)에 '실전 연습04', 'Width(폭) : 400Pixels, Height(높이) : 500Pixels, Resolution(해상도) : 72Pixels/Inch, Color Mode(색상 모드) : RGB Color, 8bit, Background Contents(배경 내용) : White(흰색)'로 설정하여 새 작업 이미지를 만듭니다.

#### 03 파일 저장

① [File(파일)] – [Save As(다른 이름으로 저장)](Ctrl + Shift + S)를 클릭합니다.
경로 : PC\문서\GTQ, 파일명은 '수험번호-성명-1.psd'로 저장합니다.

#### 04 사용된 원본 이미지 열기

① [File(파일)] – [Open(열기)]을 클릭합니다.
경로 : 문서\GTQ\Image\1급-1.jpg, 1급-2.jpg, 1급-3.jpg 총 3개의 jpg 파일을 Shift 를 누른 채 모두 선택하고, [열기(O)]를 클릭합니다.

### 2 그림 효과 적용

#### 01 1급-1.jpg : 필터 – Poster Edges(포스터 가장자리)

① '1급-1.jpg'를 클릭합니다.
② '1급-1.jpg'를 전체 선택(Ctrl + A) 후 Ctrl + C를 눌러 복사합니다. 작업 영역으로 다시 돌아와 붙여넣기(Ctrl + V)합니다.
③ Ctrl + T를 눌러 《출력형태》와 비교해가며 이미지의 크기와 위치를 조정하고 Enter를 눌러줍니다.
④ [Filter(필터)] – [Filter Gallery(필터 갤러리)] – [Artistic(예술 효과)] – [Poster Edges(포스터 가장자리)]를 선택하고 [OK(확인)]를 클릭합니다.

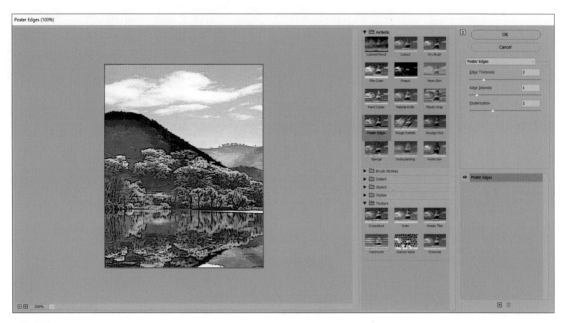

**TIP** ⭐

[Filter Gallery(필터 갤러리)] 대화상자의 오른쪽 [Cancel(취소)] 버튼 아래 목록 단추를 클릭하면 필터 갤러리의 모든 필터가 알파벳 순으로 정렬되어 있습니다.

## 02 Save Path(패스 저장) : 한복 모양

① Layers(레이어) 패널 하단에서 Create a new layer(새 레이어 생성, ▣)를 클릭합니다.

② 《출력형태》에 그려 놓은 기준선을 참고하여 안내선을 만들어줍니다.

③ 도구상자에서 Pen Tool(펜 도구, ✎)을 클릭합니다.

④ 상단 Option Bar(옵션 바)에서 Path(패스)를 Shape(모양)로 변경한 후 패스의 외곽을 그립니다.

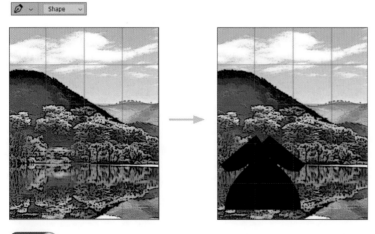

**TIP** ⭐

레이어가 여러 개로 생성된 경우, Shift 를 눌러 생성된 레이어를 모두 선택한 후 Ctrl + E 로 병합해줍니다.

⑤ Save Path(패스 저장) 대화상자가 나타나면 '한복 모양'으로 입력한 후 [OK(확인)]를 클릭합니다.

⑥ Paths(패스) 패널에서 Layers(레이어) 패널로 돌아옵니다.

## 03 Mask(마스크) : 한복 모양, 1급-2.jpg를 이용하여 작성, 레이어 스타일 – Inner Glow(내부 광선), Stroke(선/획) (3px, 그레이디언트(#ffff00, #0000ff))

① 만들어진 패스에 클리핑 마스크 작업을 하기 위해 '1급-2.jpg'를 클릭합니다.

② '1급-2.jpg'를 전체 선택(Ctrl + A) 후 Ctrl + C를 눌러 복사합니다. 작업 영역으로 돌아와 Shape(모양) 위에 붙여넣기(Ctrl + V)합니다.

③ 가져온 '1급-2.jpg'가 선택된 상태에서 마우스 우클릭 후 Create Clipping Mask(클리핑 마스크 만들기) 를 선택 또는 단축키 Ctrl + Alt + G를 눌러줍니다.

④ Ctrl + T를 눌러 《출력형태》와 비교해가며 크기와 위치를 조정하고 Enter를 눌러줍니다.

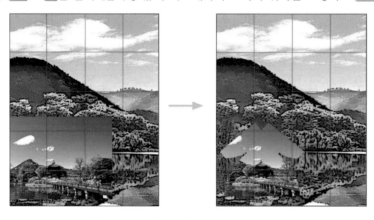

⑤ Layer Style(레이어 스타일)을 적용하기 위해, Layers(레이어) 패널 하단에 Add a Layer Style(레이어 스타일 추가, fx.)을 클릭합니다.

⑥ [Inner Glow(내부 광선)]를 선택한 후, Layer Style(레이어 스타일) 대화상자가 나타나면 [Stroke(선/획)]도 선택합니다.

⑦ [Stroke(선/획)]에서 Size(크기) : 3px, Fill Type(칠 유형) : Gradient(그레이디언트)로 지정합니다.

⑧ 이어서 Gradient 색상을 더블 클릭한 다음 [Gradient Editor(그레이디언트 편집)] 대화상자가 나타나면 [Color Stop(색상 정지점)]의 왼쪽과 오른쪽 색상을 각각 '#ffff00'과 '#0000ff'로 지정한 뒤 [OK(확인)]를 클릭합니다.

## 04 1급-3.jpg : 레이어 스타일 – Bevel & Emboss(경사와 엠보스)

① '1급-3.jpg'를 클릭합니다.

② 도구상자에서 Quick Selection Tool(빠른 선택 도구, ☑)을 클릭합니다.

③ Options Bar(옵션 바)에서 [Add to Selection(선택 영역에 추가)]을 설정한 후 브러시의 크기를 조절해 필요한 이미지를 선택합니다.

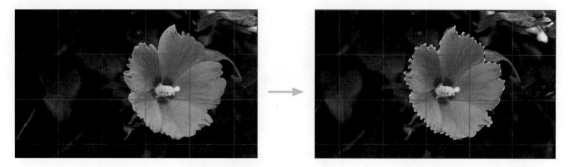

④ 선택 영역 지정이 완료되면 [Ctrl] + [C]를 눌러 레이어를 복사합니다.

⑤ 작업 영역으로 돌아와 [Ctrl] + [V]로 이미지를 붙여넣은 후, [Ctrl] + [T]로 크기를 조정해 배치합니다.

⑥ Layer Style(레이어 스타일)을 적용하기 위해, Layers(레이어) 패널 하단에 Add a Layer Style(레이어 스타일 추가, [fx.])을 클릭합니다.

⑦ [Bevel & Emboss(경사와 엠보스)]를 선택한 후, Layer Style(레이어 스타일) 대화상자가 나타나면 [OK(확인)]를 클릭합니다.

**05** Shape Tool(모양 도구)(토끼 모양 – #99cc66, 레이어 스타일 – Outer Glow(외부 광선), (물고기 모양 – #cc9966, #996600, 레이어 스타일 – Inner Shadow(내부 그림자))

① 도구상자의 Custom Shape Tool(사용자 정의 모양 도구, [🐾])을 클릭합니다.

② Option Bar(옵션 바)에서 Shape(모양), Fill Color(칠 색상) : #99cc66을 지정한 다음 Shape(모양) 목록 단추를 클릭합니다. [Legacy Shapes and More(레거시 모양 및 기타)] – [All Legacy Default Shapes (전체 레거시 모양)] – [Animals(동물)]를 클릭합니다.

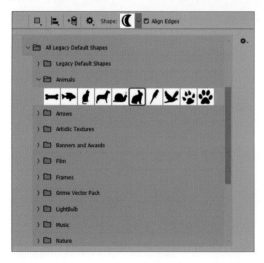

③ 《출력형태》와 일치하는 Rabbit(토끼, [🐰])을 찾아 선택한 후, [Shift]를 누른 채 드래그하여 작업 영역에 추가합니다.

④ Layer Style(레이어 스타일)을 적용하기 위해, Layers(레이어) 패널 하단에 Add a Layer Style(레이어 스타일 추가, [fx.])을 클릭합니다.

⑤ [Outer Glow(외부 광선)]를 선택한 후, Layer Style(레이어 스타일) 대화상자가 나타나면 [OK(확인)]를 클릭합니다.

⑥ 계속해서 Custom Shape Tool(사용자 정의 모양 도구, ✐)을 클릭합니다.

⑦ Option Bar(옵션 바)에서 Shape(모양), Fill Color(칠 색상) : #cc9966을 지정한 다음 Shape(모양) 목록 단추를 클릭합니다. [Legacy Shapes and More(레거시 모양 및 기타)] – [All Legacy Default Shapes(전체 레거시 모양)] – [Animals(동물)]를 클릭합니다.

⑧ 《출력형태》와 일치하는 Fish(물고기, 🐟)를 찾아 선택한 후, Shift 를 누른 채 드래그하여 작업 영역에 추가합니다.

⑨ Layer Style(레이어 스타일)을 적용하기 위해 레이어 패널 하단에 [Add a Layer Style(레이어 스타일 추가, fx.)]을 클릭한 다음 [Inner Shadow(내부 그림자)]를 선택해 적용합니다.

⑩ 위와 동일한 Shape(모양)를 작업 영역에 추가하기 위해 도구상자에서 Move Tool(이동 도구, ✛)을 클릭한 후 Alt 를 누른 채 Fish(물고기, 🐟)를 드래그합니다.

⑪ 이어서 도구상자 하단의 전경색을 더블 클릭합니다. Color Piker(색상 선택) 대화상자가 나타나면 #996600으로 설정하고 Alt + Delete 를 눌러 Fish(물고기, 🐟)의 색을 입혀줍니다.

## 3  문자 효과 적용

**01** 한국의 멋(궁서, 55pt, 레이어 스타일 – 그레이디언트 오버레이(#ff9900, #0099ff), Inner Shadow(내부 그림자))

① 도구상자에서 Horizontal Type Tool(수평 문자 도구)을 클릭한 뒤 Options Bar(옵션 바)에서 Font(글꼴) : Gungsuh, Size(크기) : 55pt를 설정한 후 '한국의 멋'을 입력합니다.

② Options Bar(옵션 바)에서 Create Warped Text(뒤틀어진 텍스트)를 클릭해 Warp Text(텍스트 뒤틀기) 대화상자가 나타나면 Style : Fish(물고기)를 선택하고 문자의 모양을 왜곡합니다.

③ Layer Style(레이어 스타일)을 적용하기 위해, Layers(레이어) 패널 하단에 Add a Layer Style(레이어 스타일 추가, fx.)을 클릭합니다.

④ [Gradient Overlay(그레이디언트 오버레이)]를 선택합니다.

⑤ Layer Style(레이어 스타일) 대화상자가 나타나면 Gradient(그레이디언트) 색상 스펙트럼을 클릭합니다.

⑥ 왼쪽과 오른쪽 아래 Color Stop(색상 정지점)을 각각 더블 클릭해 '#ff9900', '#0099ff'로 색상을 설정합니다.

⑦ Angle(각도)을 조정한 다음 [OK(확인)]를 클릭합니다.

⑧ 이어서 [Inner Shadow(내부 그림자)]를 선택하고 Layer Style(레이어 스타일) 대화상자에서 [OK(확인)]를 클릭합니다.

## 4 최종 파일 저장

### 01 JPG 파일 저장

① [File(파일)] – [Save As(다른 이름으로 저장)]를 클릭합니다.

② 파일 이름은 '수험번호–성명–1'로 입력합니다.

③ 파일 형식은 JPEG를 눌러주고 [저장(S)]을 클릭합니다.

④ JPEG Options(JPEG 옵션)은 Quality : 8 이상으로 잡고 [OK(확인)]를 클릭합니다.

### 02 PSD 파일 저장

① [Image(이미지)] – [Image Size(이미지 크기)]를 클릭합니다.

② Width(폭) : 40Pixels, Height(높이) : 50Pixels, [OK(확인)]를 클릭합니다.

③ [File(파일)] – [Save(저장)](Ctrl + S)를 선택합니다.

### 03 최종 파일 확인

① 2가지 포맷(JPG, PSD)의 최종 파일이 만들어졌는지 확인합니다.

## 5 답안 파일 전송

### 01 감독위원 PC로 답안 파일 전송

## 1 준비 작업

### 01 파일 만들기

① [File(파일)] − [New(새로 만들기)]([Ctrl] + [N])를 클릭합니다.

### 02 파일 세부 정보 설정

① New Document(새 문서)에서 Name(이름)에 '실전 연습04', 'Width(폭) : 400Pixels, Height(높이) : 500Pixels, Resolution(해상도) : 72Pixels/Inch, Color Mode(색상 모드): RGB Color, 8bit, Background Contents(배경 내용) : White(흰색)'로 설정하여 새 작업 이미지를 만듭니다.

### 03 파일 저장

① [File(파일)] − [Save As(다른 이름으로 저장)]([Ctrl] + [Shift] + [S])를 클릭합니다.
경로 : PC\문서\GTQ, 파일명은 '수험번호−성명−2.psd'로 저장합니다.

### 04 사용된 원본 이미지 열기

① [File(파일)] − [Open(열기)]을 클릭합니다.
경로 : 문서\GTQ\Image\1급−4.jpg, 1급−5.jpg, 1급−6.jpg 총 3개의 jpg 파일을 [Shift]를 누른 채 모두 선택하고 [열기([O])]를 클릭합니다.

## 2 그림 효과 적용

### 01 1급−4.jpg : 필터 − Texturizer(텍스처화)

① '1급−4.jpg'를 클릭합니다.

② '1급−4.jpg'를 전체 선택([Ctrl] + [A]) 후 [Ctrl] + [C]를 눌러 복사합니다. 작업 영역으로 돌아와 [Ctrl] + [V]로 붙여넣기 합니다.

③ [Ctrl] + [T]를 누르고 《출력형태》와 비교해가며 이미지의 크기 및 위치를 조정하고 [Enter]를 눌러줍니다.

④ [Filter(필터)] − [Filter Gallery(필터 갤러리)] − [Texture(텍스처)] − [Texturizer(텍스처화)]를 선택하고 [OK(확인)]를 클릭합니다.

## 02 색상 보정 : 1급-5.jpg – 파란색 계열로 보정

① '1급-5.jpg'를 클릭합니다.

② 도구상자의 Quick Selection Tool(빠른 선택 도구, ☑)을 클릭합니다. Options Bar(옵션 바)에서 [Add to Selection(선택 영역에 추가)]으로 브러시의 크기를 조절해 필요한 영역을 선택하고 [Ctrl] + [C]로 복사합니다.

③ 작업 영역으로 돌아와 [Ctrl] + [V]로 이미지를 붙여넣기 하고, [Ctrl] + [T]를 누른 다음 [Shift]를 눌러 크기를 조정해 배치합니다.

④ 색상 보정할 부분을 Quick Selection Tool(빠른 선택 도구, ☑)을 이용해 이미지를 선택해 줍니다.

⑤ Layers(레이어) 패널 하단에 Create new fill or Adjustment Layer(조정 레이어, ☑)를 클릭하고 Hue/Saturation(색조/채도)을 선택합니다.

⑥ Properties(특징) 대화상자에서 Hue(색조), Saturation(채도)을 파란색에 가깝게 조절해 줍니다.

## 03 1급-5.jpg : 레이어 스타일 – Drop Shadow(그림자 효과)

① Layers(레이어) 패널에서 '1급-5.jpg'를 선택합니다.

② Layer Style(레이어 스타일)을 적용하기 위해, Layers(레이어) 패널 하단에 Add a Layer Style(레이어 스타일 추가, fx)을 클릭합니다.

③ [Drop Shadow(그림자 효과)]를 선택하고, Layer Style(레이어 스타일) 대화상자가 나타나면 [OK(확인)]를 클릭합니다.

## 04 1급-6.jpg : 레이어 스타일 – Inner Shadow(내부 그림자)

① '1급-6.jpg'를 클릭합니다.

② 도구상자에서 Quick Selection Tool(빠른 선택 도구, )을 클릭합니다.

③ Options Bar(옵션 바)에 [Add to Selection(선택 영역에 추가)]을 설정한 후 브러시의 크기를 조절해 필요한 이미지를 선택합니다.

④ 선택 영역 지정이 완료되면 Ctrl + C 를 눌러 레이어를 복사합니다.

⑤ 작업 영역으로 돌아와 Ctrl + V 로 이미지를 붙여넣은 후, Ctrl + T 로 크기를 조정해 배치합니다.

⑥ Layer Style(레이어 스타일)을 적용하기 위해, Layers(레이어) 패널 하단에 Add a Layer Style(레이어 스타일 추가, fx)을 클릭합니다.

⑦ [Inner Shadow(내부 그림자)]를 선택한 후, Layer Style(레이어 스타일) 대화상자가 나타나면 [OK(확인)]를 클릭합니다.

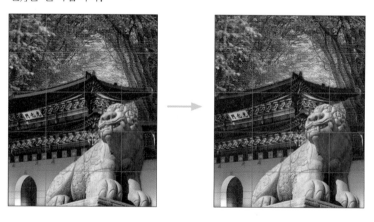

## 05 Shape Tool(모양 도구)(전구 모양 – #ffcc33, 레이어 스타일 – Inner Glow(내부 광선))

① Custom Shape Tool(사용자 정의 모양 도구, )을 클릭합니다.

② Option Bar(옵션 바)에서 Shape(모양), Fill Color(칠 색상) : #ffcc33을 지정한 다음 Shape(모양) 목록 단추를 클릭합니다. [Legacy Shapes and More(레거시 모양 및 기타)] – [All Legacy Default Shapes(전체 레거시 모양] – [Objects(물건)]를 클릭합니다.

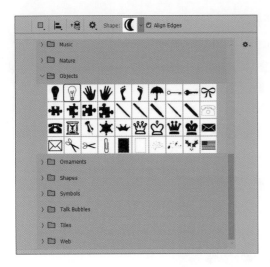

③ 《출력형태》와 일치하는 Light Bulb 2(전구 2, 💡)를 찾아 선택한 후, Shift 를 누른 채 드래그하여 작업 영역에 추가합니다.

④ Layer Style(레이어 스타일)을 적용하기 위해, Layers(레이어) 패널 하단에 Add a Layer Style(레이어 스타일 추가, fx.)을 클릭합니다.

⑤ [Inner Glow(내부 광선)]를 선택한 후, Layer Style(레이어 스타일) 대화상자가 나타나면 [OK(확인)]를 클릭합니다.

## 3  문자 효과 적용

**01** 대한민국의 전통(궁서, 40pt, 레이어 스타일 – 그레이디언트 오버레이(#0066cc, #006633), Stroke(선/획)
(2px, #ffffff))

① 도구상자에서 Horizontal Type Tool(수평 문자 도구)을 클릭한 뒤 Options Bar(옵션 바)에서 Font(글꼴) : Gungsuh, Size(크기) : 40pt을 설정한 후 '대한민국의 전통'을 입력합니다.

② Options Bar(옵션 바)에서 Create Warped Text(뒤틀어진 텍스트)를 클릭해 Warp Text(텍스트 뒤틀기) 대화상자가 나타나면 Style : Bulge(돌출)를 선택하여 문자의 모양을 왜곡합니다.

③ Layer Style(레이어 스타일)을 적용하기 위해, Layers(레이어) 패널 하단에 Add a Layer Style(레이어 스타일 추가, fx.)을 클릭합니다.

④ [Gradient Overlay(그레이디언트 오버레이)]를 선택합니다.

⑤ Layer Style(레이어 스타일) 대화상자에서 Gradient(그레이디언트) 색상 스펙트럼을 클릭합니다.

⑥ 왼쪽, 오른쪽의 Color Stop(색상 정지점)을 각각 더블 클릭하고 '#0066cc', '#006633'으로 색상을 설정합니다.

⑦ Angle(각도)을 조정하고 [OK(확인)]를 클릭합니다.

⑧ 이어서 [Stroke(획/선)]를 선택하고 Size(크기) : 2px, Position(포지션) : Outside, Color(색상) : #ffffff로 설정한 후 [OK(확인)]를 클릭합니다.

## 4 최종 파일 저장

### 01 JPG 파일 저장

① [File(파일)] − [Save As(다른 이름으로 저장)]를 선택합니다.

② 파일 이름은 '수험번호−성명−2'로 입력합니다.

③ 파일 형식은 JPEG를 선택하고 [저장(S)]을 클릭합니다.

④ JPEG Options(JPEG 옵션)은 Quality : 8 이상으로 잡고 [OK(확인)]를 클릭합니다.

### 02 PSD 파일 저장

① [Image(이미지)] − [Image Size(이미지 크기)]를 클릭합니다.

② Width(폭) : 40Pixels, Height(높이) : 50Pixels, [OK(확인)]를 클릭합니다.

③ [File(파일)] − [Save(저장)](Ctrl + S)를 선택합니다.

### 03 최종 파일 확인

① 2가지 포맷(JPG, PSD)의 최종 파일이 만들어졌는지 확인합니다.

## 5 답안 파일 전송

### 01 감독위원 PC로 답안 파일 전송

## 1   준비 작업

### 01 파일 만들기

① [File(파일)] − [New(새로 만들기)](**Ctrl** + **N**)를 클릭합니다.

### 02 파일 세부 정보 설정

① New Document(새 문서)에서 Name(이름)에 '실전 연습04', 'Width(폭) : 600Pixels, Height(높이) : 400Pixels, Resolution(해상도): 72Pixels/Inch, Color Mode(색상 모드) : RGB Color, 8bit, Background Contents(배경 내용) : White(흰색)'로 설정하여 새 작업 이미지를 만듭니다.

### 03 파일 저장

① [File(파일)] − [Save As(다른 이름으로 저장)](**Ctrl** + **Shift** + **S**)를 클릭합니다.
   경로 : PC\문서\GTQ, 파일명은 '수험번호−성명−3.psd'로 저장합니다.

### 04 사용된 원본 이미지 열기

① [File(파일)] − [Open(열기)]을 클릭합니다.
   경로 : 문서\GTQ\Image\1급−7.jpg, 1급−8.jpg, 1급−9.jpg, 1급−10.jpg, 1급−11.jpg 총 5개의 jpg
     **Shift**를 누른 채 모두 선택하고, [열기(**O**)]를 클릭합니다.

## 2   그림 효과 적용

### 01 배경 : #cccccc

① 도구상자 하단에 전경색을 더블 클릭합니다. Color Picker(색상 선택) 대화상자가 나타나면 #cccccc로 색상을 설정하고 [OK(확인)]를 클릭합니다. 작업 영역에서 전경색 단축키인 **Alt** + **Delete**를 눌러줍니다.

## 02 1급-7.jpg : 필터 – Texturizer(텍스처화) – 가로 방향으로 흐릿하게

① '1급-7.jpg'를 클릭합니다.

② '1급-7.jpg'를 전체 선택(Ctrl + A) 후 Ctrl + C를 눌러 복사합니다. 작업 영역으로 다시 돌아와 붙여넣기 (Ctrl + V)합니다.

③ Ctrl + T를 눌러 《출력형태》와 비교해가며 크기와 위치를 조정하고 Enter를 눌러줍니다.

④ [Filter(필터)] – [Filter Gallery(필터 갤러리)] – [Texture(텍스처)] – [Texturizer(텍스처화)]를 선택한 후 [OK(확인)]를 클릭합니다.

⑤ '1급-7.jpg' 레이어에 마스크를 추가하기 위해 Layers(레이어) 패널 하단에 Add a Layer Mask(마스크 추가, ▣)를 클릭합니다.

⑥ '1급-7.jpg' 레이어에 마스크가 적용됐으면, 도구상자의 Gradient Tool(그레이디언트 도구, ▣)을 클릭합니다.

⑦ Option Bar(옵션 바)에서 Gradient Spectrum(그레이디언트 스펙트럼, ▣ ■■■■)을 선택하고 Gradient Editor(그레이디언트 편집) 대화상자에서 그레이 계열을 지정한 후 [OK(확인)]를 클릭합니다.

⑧ 배경의 오른쪽에서 왼쪽 방향으로 드래그합니다.

**03** 1급-8.jpg : Blending Mode(혼합 모드) – Overlay(오버레이), 레이어 마스크 – 가로 방향으로 흐릿하게

① '1급-8.jpg'를 클릭합니다.

② '1급-8.jpg'를 전체 선택(Ctrl + A) 후 Ctrl + C를 눌러 복사합니다. 작업 영역으로 돌아와 붙여넣기(Ctrl + V)합니다.

③ Ctrl + T를 눌러 《출력형태》와 비교해가며 이미지의 크기 및 위치를 조정하고 Enter를 눌러줍니다.

④ Blending Mode(혼합 모드)는 [Overlay(오버레이)]를 선택합니다.

⑤ '1급-8.jpg' 레이어에 마스크를 추가하기 위해 Layers(레이어) 패널 하단에 Add a Layer Mask(마스크 추가, □)를 클릭합니다.

⑥ '1급-8.jpg' 레이어에 마스크가 적용됐으면, 도구상자의 Gradient Tool(그레이디언트 도구, ■)을 클릭합니다.

⑦ Option Bar(옵션 바)에서 Gradient Spectrum(그레이디언트 스펙트럼, ■) 을 선택한 다음 Gradient Editor(그레이디언트 편집) 대화상자에서 그레이 계열을 지정한 후 [OK(확인)]를 클릭합니다.

⑧ 배경의 왼쪽에서 오른쪽 방향으로 드래그합니다.

**04** 1급-9.jpg : 필터 – Rough Pastels(거친 파스텔), 레이어 스타일 – Stroke(선/획)(2px, #663333))

① Layers(레이어) 패널 하단에 Create a new layer(새 레이어 만들기, ⊞)를 선택합니다.

② 도구상자에서 Custom Shape Tool(사용자 정의 모양 도구, 🐾)을 클릭합니다.

③ Option Bar(옵션 바)에서 Shape(모양), Fill Color(칠 색상) : #ffffff를 지정한 다음 Shape(모양) 목록 단추를 클릭합니다. [Legacy Shapes and More(레거시 모양 및 기타)] – [All Legacy Default Shapes(전체 레거시 모양)] – [Nature(자연)]를 선택합니다.

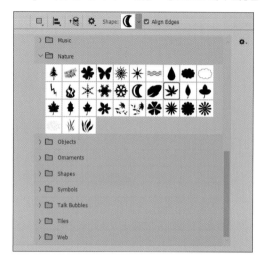

④ 《출력형태》와 일치하는 Leaf 2(단풍잎 2, ✹)를 찾아 선택한 후, [Shift]를 누른 채 드래그하여 작업 영역에 추가합니다.

⑤ '1급-9.jpg'를 전체 선택([Ctrl] + [A]) 후 [Ctrl] + [C]를 눌러 복사합니다. 작업 영역으로 다시 돌아와 붙여넣기 ([Ctrl] + [V])합니다.

⑥ [Filter(필터)] – [Filter Gallery(필터 갤러리)] – [Artistic(예술 효과)] – [Rough Pastels(거친 파스텔)]을 선택한 후 [OK(확인)]를 클릭합니다.

⑦ 클리핑 마스크를 하기 위해 '1급-9.jpg'를 Leaf 2(단풍잎 2, ✹) 위로 위치한 다음 [Ctrl] + [Alt] + [G]를 눌러줍니다.

⑧ Layer Style(레이어 스타일)을 적용하기 위해, Add a Layer Style(레이어 스타일 추가, fx.)을 클릭합니다.

⑨ [Stroke(선/획)]를 선택하고 Size(크기) : 2px, Position(포지션) : Outside, Color(색상) : #663333으로 설정합니다.

## 05 1급-10.jpg : 레이어 스타일 – Inner Glow(내부 광선)

① '1급-10.jpg'를 클릭합니다.

② 도구상자의 Quick Selection Tool(빠른 선택 도구, 🖌)을 선택합니다. Options Bar(옵션 바)에서 [Add to Selection(선택 영역에 추가)]으로 브러시의 크기를 조절해 필요한 영역을 선택하고 Ctrl + C 로 복사합니다.

③ 작업 영역으로 다시 돌아와 붙여넣기(Ctrl + V)합니다.

④ Layer Style(레이어 스타일)을 적용하기 위해, Add a Layer Style(레이어 스타일 추가, fx.)을 클릭합니다.

⑤ [Inner Glow(내부 광선)]를 선택하고 Layer Style(레이어 스타일) 대화상자에서 [OK(확인)]를 클릭합니다.

## 06 1급-11.jpg : 색상 보정 – 파란색 계열로 보정

① '1급-11.jpg'를 클릭합니다.

② 도구상자의 Quick Selection Tool(빠른 선택 도구, 🖌)을 선택합니다. Options Bar(옵션 바)에서 [Add to Selection(선택 영역에 추가)]으로 브러시의 크기를 조절해 필요한 영역을 선택하고 Ctrl + C 로 복사합니다.

③ 작업 영역으로 돌아와 Ctrl + V 로 이미지를 붙여넣기 한 후, Ctrl + T 를 누릅니다.

④ Shift 를 눌러 크기를 조정해 배치합니다.

⑤ 이어서 색상 보정할 부분을 Quick Selection Tool(빠른 선택 도구, 🖌)을 이용해 이미지를 선택해 줍니다.

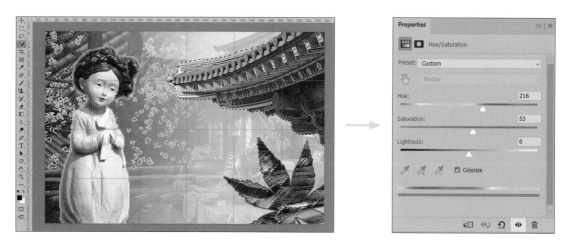

⑥ Layers(레이어) 패널 하단에 Create new fill or adjustment layer(조정 레이어, 🔘)를 클릭하고, Hue/Saturation(색조/채도)을 선택합니다.

⑦ Properties(특징) 대화상자에서 Hue(색조), Saturation(채도)을 파란색에 가깝게 조절해 줍니다.

## 07 그 외 《출력형태》 참조

① Layers(레이어) 패널 하단에 Create a new layer(새 레이어 생성, 🔳)를 클릭합니다.

② Custom Shape Tool(사용자 정의 모양 도구, 🟦)을 클릭합니다.

③ Option Bar(옵션 바)에서 Shape(모양), Fill Color(칠 색상) : #663333을 지정한 다음 Shape(모양) 목록 단추를 클릭합니다. [Legacy Shapes and More(레거시 모양 및 기타)] – [All Legacy Default Shapes(전체 레거시 모양)] – [Nature(자연)]를 선택합니다.

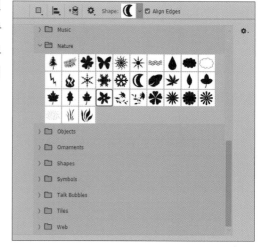

④ 《출력형태》와 일치하는 Flower 1(꽃 1, ✱)을 찾아 선택한 후, Shift 를 누른 채 드래그하여 작업 영역에 추가합니다.

⑤ Layer Style(레이어 스타일)을 적용하기 위해, Layers(레이어) 패널 하단에 [Add a Layer Style(레이어 스타일 추가, *fx.*)]을 클릭합니다.

⑥ [Outer Glow(외부 광선)]를 선택하고 Layer Style(레이어 스타일) 대화상자에서 [OK(확인)]를 클릭합니다.

⑦ 위와 같은 방법으로 Custom Shape Tool(사용자 모양 정의 도구, *🔲*)을 이용하여 레이어 스타일 – 그레이디언트 오버레이(#669966, #333300), Drop Shadow(그림자 효과)가 적용된 Grass 3(잔디 3, *🌿*)을 작업 영역에 추가합니다.

### 3 문자 효과 적용

01 한복의 아름다움(돋움, 36pt, 레이어 스타일 – 그레이디언트 오버레이(#000033, #336600), Stroke(선/획) (2px, #996666))

① 도구상자의 Horizontal Type Tool(수평 문자 도구)을 클릭한 뒤 Options Bar(옵션 바)에서 Font(글꼴) : Dotum, Size(크기) : 36pt를 설정한 후 '한복의 아름다움'을 입력합니다.

② Options Bar(옵션 바)에서 Create Warped Text(뒤틀어진 텍스트)를 클릭한 다음 Warp Text(텍스트 뒤틀기) 대화상자가 나타나면 Style : Fish(물고기)를 설정하여 문자의 모양을 왜곡합니다.

③ Layer Style(레이어 스타일)을 적용하기 위해, Layers(레이어) 패널 하단에 Add a Layer Style(레이어 스타일 추가, *fx.*)을 클릭합니다.

④ [Gradient Overlay(그레이디언트 오버레이)]를 선택합니다.

⑤ Layer Style(레이어 스타일) 대화상자에서 Gradient(그레이디언트) 색상 스펙트럼을 클릭합니다.

⑥ 왼쪽과 오른쪽의 Color Stop(색상 정지점)을 각각 더블 클릭하고 '#000033', '#336600'으로 색상을 설정합니다.

⑦ Angle(각도)을 조정하고 [OK(확인)]를 클릭합니다.

⑧ 이어서 [Stroke(획/선)]을 선택하고 Size(크기) : 2px, Position(포지션) : Outside, Color(색상) : #996666으로 설정한 후 [OK(확인)]를 클릭합니다.

**02** The beauty and style of traditional outfits(Arial, Regular, 18pt, #663300, 레이어 스타일 – Stroke (선/획)(2px, #cccccc))

① 도구상자에서 Horizontal Type Tool(수평 문자 도구)을 클릭한 뒤 Options Bar(옵션 바)에서 Font(글꼴) : Arial, Style(스타일) : Regular, Size(크기) : 18pt, Font Color(글자색) : #663300을 설정한 후 'The beauty and style of traditional outfits'를 입력합니다.

② Layer Style(레이어 스타일)을 적용하기 위해, Layers(레이어) 패널 하단에 Add a Layer Style(레이어 스타일 추가, fx.)을 클릭합니다.

③ [Stroke(획/선)]를 선택하고 Size(크기) : 2px, Position(포지션) : Outside, Color(색상) : #cccccc로 설정한 후 [OK(확인)]를 클릭합니다.

**03** 한복입고 경복궁 체험하기(돋움, 16pt, #ffffff, 레이어 스타일 – Stroke(선/획)(2px, #330000))

① 도구상자에서 Horizontal Type Tool(수평 문자 도구)을 클릭한 뒤 Options Bar(옵션 바)에서 Font(글꼴) : Dotum, Size(크기) : 16pt, Font Color(글자색) : #ffffff를 설정한 후 '한복입고 경복궁 체험하기'를 입력합니다.

② Layer Style(레이어 스타일)을 적용하기 위해, Layers(레이어) 패널 하단에 Add a Layer Style(레이어 스타일 추가, fx.)을 클릭합니다.

③ [Stroke(획/선)]를 선택하고 Size(크기) : 2px, Position(포지션) : Outside, Color(색상) : #330000으로 설정한 후 [OK(확인)]를 클릭합니다.

**4 최종 파일 저장**

**01** JPG 파일 저장

① [File(파일)] – [Save As(다른 이름으로 저장)]를 클릭합니다.

② 파일 이름은 '수험번호-성명-3'으로 입력합니다.

③ 파일 형식은 JPEG를 선택하고 [저장(S)]을 클릭합니다.

④ JPEG Options(JPEG 옵션)은 Quality : 8 이상으로 설정하고 [OK(확인)]를 클릭합니다.

## 02 PSD 파일 저장

① [Image(이미지)] – [Image Size(이미지 크기)]를 클릭합니다.

② Width(폭) : 60 Pixels, Height(높이) : 40 Pixels, [OK(확인)]를 클릭합니다.

③ [File(파일)] – [Save(저장)]( Ctrl + S )를 선택합니다.

## 03 최종 파일 확인

① 2가지 포맷(JPG, PSD)의 최종 파일이 만들어졌는지 확인합니다.

## 5  답안 파일 전송

### 01 감독위원 PC로 답안 파일 전송

## 1 준비 작업

### 01 파일 만들기

① [File(파일)] – [New(새로 만들기)](Ctrl + N)를 클릭합니다.

### 02 파일 세부 정보 설정

① New Document(새 문서)에서 Name(이름)에 '실전 연습04', 'Width(폭) : 600Pixels, Height(높이) : 400Pixels, Resolution(해상도) : 72Pixels/Inch, Color Mode(색상 모드) : RGB Color, 8bit, Background Contents(배경 내용) : White(흰색)'로 설정하여 새 작업 이미지를 만듭니다.

### 03 파일 저장

① [File(파일)] – [Save As(다른 이름으로 저장)](Ctrl + Shift + S)를 클릭합니다.
경로 : PC\문서\GTQ, 파일명은 '수험번호-성명-4.psd'로 저장합니다.

### 04 사용된 원본 이미지 열기

① [File(파일)] – [Open(열기)]을 클릭합니다.
경로 : 문서\GTQ\Image\1급-12.jpg, 1급-13.jpg, 1급-14.jpg, 1급-15.jpg, 1급-16.jpg, 1급-17.jpg 총 6개의 jpg 파일을 Shift를 누른 채 모두 선택하고 [열기(O)]를 클릭합니다.

## 2 그림 효과 적용

### 01 배경 : #6699cc

① 도구상자 하단에 전경색을 더블 클릭합니다. Color Picker(색상 선택) 대화상자가 나타나면 #6699cc로 색상을 설정하고 [OK(확인)]를 클릭합니다. 작업 영역에서 전경색 단축키인 Alt + Delete를 눌러줍니다.

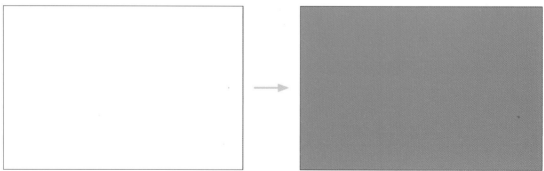

## 02 패턴(나무 모양) : #003300

① 패턴을 만들기 위해 [File(파일)] − [New(새로 만들기)]를 선택합니다.

② New Document(새 문서)에서 'Width(폭) : 70Pixels, Height(높이) : 70Pixels, Resolution(해상도)
: 72Pixels/Inch, Color Mode(색상 모드) : RGB Color, 8bit, Background Contents(배경 내용) :
Transparent(투명색)'로 설정하여 새 작업 이미지를 만듭니다.

③ Custom Shape Tool(사용자 모양 정의 도구, 🐾)을 클릭합니다.

④ Option Bar(옵션 바)에서 Shape(모양), Fill Color(칠
색상) : #003300을 지정한 다음 Shape(모양) 목록 단추
를 클릭합니다. [Legacy Shapes and More(레거시 모
양 및 기타)] − [All Legacy Default Shapes(전체 레거
시 모양)] − [Nature(자연)]를 선택합니다.

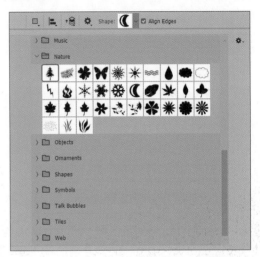

⑤ 《출력형태》와 일치하는 Tree(나무, 🌲)를 찾아 선택한 후, Shift 를 누른 채 드래그하여 작업 영역에 추가합니다.

⑥ 도구상자에서 Move Tool(이동 도구, ✛)을 클릭한 후 Alt 를 눌러 Tree(나무, 🌲)를 드래그해 복사합니다.

⑦ Menu Bar(메뉴 바) − [Edit(편집)] − [Define Pattern(사용자 패턴 정의)]을 클릭합니다.

⑧ Pattern Name(패턴 이름)을 '나무 모양'으로 입력하고 [OK(확인)]를 클릭한 후 작업 영역으로 돌아갑니다.

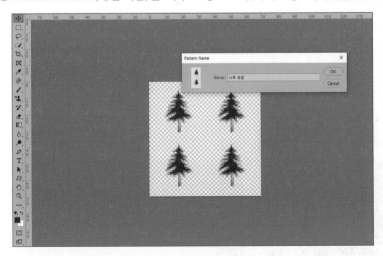

## 03 패턴(나무 모양) : Shape Tool(모양 도구) 사용, #669966, 레이어 스타일 − Stroke(선/획)(2px, #333333)

① Layers(레이어) 패널 하단에 Create a new layer(새 레이어 생성, 🔲)를 클릭합니다.

② 도구상자의 Custom Shape Tool(사용자 정의 모양 도구, 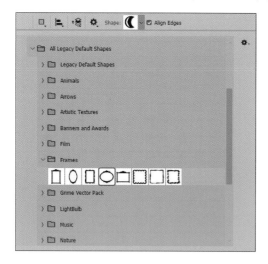)을 클릭합니다.

③ Option Bar(옵션 바)에서 Shape(모양), Fill Color(칠 색상) : #669966을 지정한 다음 Shape(모양) 목록 단추를 클릭합니다. [Legacy Shapes and More(레거시 모양 및 기타)] − [All Legacy Default Shapes(전체 레거시 모양)] − [Frames(프레임)]을 클릭합니다.

④ 《출력형태》와 비슷한 Frame 4(프레임 4, ◯) 모양을 찾아 선택합니다.

⑤ Shift 를 누른 채 드래그하여 조정한 후 Enter 를 눌러줍니다.

⑥ Layer Style(레이어 스타일)을 적용하기 위해, Layers(레이어) 패널 하단에 Add a Layer Style(레이어 스타일 추가, fx.)을 클릭합니다.

⑦ [Stroke(선/획)]를 선택하고 Size(크기) : 2px, Color(색상) : #333333으로 설정한 후 [OK(확인)]를 클릭합니다.

## 04 패턴(나무 모양) : 클리핑 마스크

① Layers(레이어) 패널 하단에 Create a new layer(새 레이어 생성, ⊞)를 클릭합니다.

② 도구상자의 Pattern Stamp Tool(패턴 스탬프 툴, ▨)을 클릭합니다.

③ 상단 Option Bar(옵션 바) 패턴 썸네일 옆에 목록 단추를 눌러 만들어 놓은 패턴 모양을 클릭합니다.

④ Size(크기)를 5000px로 설정합니다.

⑤ 작업 영역의 빈 곳을 클릭합니다.

⑥ 클리핑 마스크를 하기 위해 Ctrl + Alt + G 를 눌러줍니다.

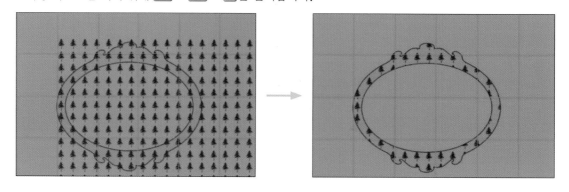

**05 1급-12.jpg : Blending Mode(혼합 모드) – Hard Light(하드 라이트), Opacity(불투명도)(30%)**

① '1급-12.jpg'를 클릭합니다.

② '1급-12.jpg'를 전체 선택(Ctrl + A) 후 Ctrl + C를 눌러 복사합니다. 작업 영역으로 돌아와 붙여넣기(Ctrl + V)합니다.

③ Ctrl + T를 눌러 《출력형태》와 비교해가며 크기와 위치를 조정하고 Enter를 눌러줍니다.

④ Blending Mode(혼합 모드)는 [Hard Light(하드 라이트)]를 선택합니다.

⑤ Opacity(불투명도)는 30%로 지정합니다.

**06 1급-13.jpg : 필터 – Angled Strokes(각진 선/획), 레이어 마스크 – 가로 방향으로 흐릿하게**

① '1급-13.jpg'를 클릭합니다.

② '1급-13.jpg'를 전체 선택(Ctrl + A) 후 Ctrl + C를 눌러 복사합니다. 작업 영역으로 돌아와 붙여넣기(Ctrl + V)합니다.

③ Ctrl + T를 눌러 《출력형태》와 비교해가며 크기와 위치를 조정하고 Enter를 눌러줍니다.

④ [Filter(필터)] – [Filter Gallery(필터 갤러리)] – [Brush Strokes(브러시 선/획)] – [Angled Strokes(각진 선/획)]를 선택한 후 [OK(확인)]를 클릭합니다.

⑤ Layers(레이어) 패널 하단에 Add a layer mask(마스크 추가, ▣)를 클릭합니다.

⑥ Layers(레이어) 옆에 마스크가 적용됐으면, 도구상자의 Gradient Tool(그레이디언트 도구, ▣)을 클릭합니다.

⑦ Option Bar(옵션 바) Gradient Spectrum(그레이디언트 스펙트럼, ▣)을 클릭한 다음 Gradient Editor(그레이디언트 편집) 대화상자가 나타나면 그레이 계열의 그라데이션을 선택한 후 [OK(확인)]를 클릭합니다.

⑧ 배경의 왼쪽에서 오른쪽 방향으로 드래그합니다.

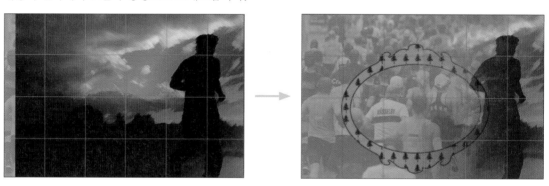

## 07 1급-14.jpg : 레이어 스타일 – Drop Shadow(그림자 효과)

① '1급-14.jpg'를 클릭합니다.

② 도구상자의 Quick Selection Tool(빠른 선택 도구, 🖌️)을 선택합니다. Options Bar(옵션 바)에서 [Add to Selection(선택 영역에 추가)]으로 브러시의 크기를 조절해 필요한 영역을 선택하고 Ctrl + C 로 복사합니다.

③ 작업 영역으로 돌아와 Ctrl + V 로 이미지를 붙여넣기 하고, Ctrl + T 를 누른 다음 Shift 를 눌러 크기를 조정해 배치합니다.

④ Layer Style(레이어 스타일)을 적용하기 위해, Layers(레이어) 패널 하단에 Add a Layer Style(레이어 스타일 추가, fx.)을 클릭합니다.

⑤ [Drop Shadow(그림자 효과)]를 선택하고 Layer Style(레이어 스타일) 대화상자에서 [OK(확인)]를 클릭합니다.

## 08 1급-15.jpg : 필터 – Poster Edges(포스터 가장자리)

① '1급-15.jpg'를 클릭합니다.

② 도구상자의 Quick Selection Tool(빠른 선택 도구, 🖌)을 선택합니다. Options Bar(옵션 바)에서 [Add to Selection(선택 영역에 추가)]으로 브러시의 크기를 조절해 필요한 영역을 선택하고 Ctrl + C로 복사합니다.

③ 작업 영역으로 돌아와 Ctrl + V로 이미지를 붙여넣기 하고, Ctrl + T를 누른 다음 Shift를 눌러 크기를 조정해 배치합니다.

④ [Filter(필터)] – [Filter Gallery(필터 갤러리)] – [Artistic(예술 효과)] – [Poster Edges(포스터 가장자리)]를 선택한 후 [OK(확인)]를 클릭합니다.

## 09 1급-16.jpg : 색상 보정 – 파란색 계열로 보정

① '1급-16.jpg'를 클릭합니다.

② 도구상자의 Quick Selection Tool(빠른 선택 도구, 🖌)을 선택합니다. Options Bar(옵션 바)에서 [Add to Selection(선택 영역에 추가)]으로 브러시의 크기를 조절해 필요한 영역을 선택하고 Ctrl + C로 복사합니다.

③ 작업 영역으로 돌아와 Ctrl + V로 이미지를 붙여넣기 하고, Ctrl + T를 누른 다음 Shift를 눌러 크기를 조정해 배치합니다.

④ 색상 보정할 영역을 Quick Selection Tool(빠른 선택 도구, 🖌)을 이용해 이미지를 선택해 줍니다.

⑤ Layers(레이어) 패널 하단에 Create new fill or Adjustment Layer(조정 레이어, ◑)를 클릭하고 Hue/Saturation(색조/채도)을 선택합니다.

⑥ Properties(특징) 대화상자에서 Hue(색조), Saturation(채도)을 파란색에 가깝게 조절해 줍니다.

## 10 그 외 《출력형태》 참조

① Layers(레이어) 패널 하단에 Create a new layer(새 레이어 만들기, ⊡)를 클릭합니다.

② 도구상자의 Custom Shape Tool(사용자 정의 모양 도구, 🖎)을 클릭합니다.

③ Option Bar(옵션 바)에서 Shape(모양), Fill Color(칠 색상) : #333333을 지정한 다음 Shape(모양) 목록 단추를 클릭합니다. [Legacy Shapes and More(레거시 모양 및 기타)] – [All Legacy Default Shapes(전체 레거시 모양)] – [Nature(자연)]를 클릭합니다.

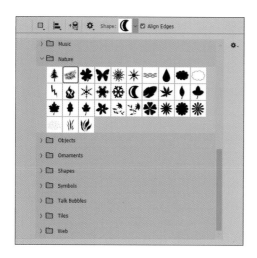

④ 《출력형태》와 일치하는 Fern(양치식물, )을 찾아 선택한 후, Shift 를 누른 채 드래그하여 작업 영역에 추가합니다.

⑤ 위와 같은 방법으로 Custom Shape Tool(사용자 정의 모양 도구, )을 사용하여 Fill Color(칠 색상) : #66cccc, 레이어 스타일 – Stroke(선/획)(2px, #336633)가 적용된 Sun 1(태양 1, )을 작업 영역에 추가합니다.

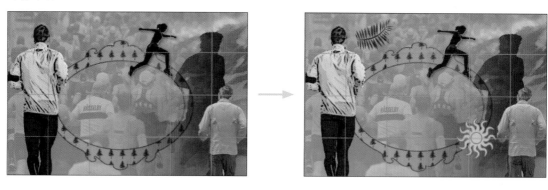

⑥ '1급–17.jpg'를 클릭합니다.

⑦ 도구상자의 Quick Selection Tool(빠른 선택 도구, )을 선택합니다. Options Bar(옵션 바)에서 [Add to Selection(선택 영역에 추가)]으로 브러시의 크기를 조절해 필요한 영역을 선택하고 Ctrl + C 로 복사합니다.

⑧ 작업 영역으로 돌아와 Ctrl + V 로 이미지를 붙여넣기 하고, Ctrl + T 를 누른 다음 Shift 를 눌러 크기를 조정해 배치합니다.

### 11 그 외 《출력형태》 참조

① Layers(레이어) 패널 하단에 Create a new layer(새 레이어 만들기, ⊡)를 클릭합니다.

② 도구상자의 Custom Shape Tool(사용자 정의 모양 도구, 🔳)을 클릭합니다.

③ Option Bar(옵션 바)에서 Shape(모양)로 설정한 다음 Shape(모양) 목록 단추를 클릭합니다. [Legacy Shapes and More(레거시 모양 및 기타)] − [All Legacy Default Shapes(전체 레거시 모양)] − [Banners and Awards(배너 및 상장)]를 클릭합니다.

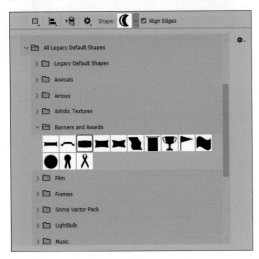

④ 《출력형태》와 일치하는 Banner 3(배너 3, ▰)을 찾아 선택한 후, 드래그하여 작업 영역에 추가합니다.

⑤ Layer Style(레이어 스타일)을 적용하기 위해, Layers(레이어) 패널 하단에 Add a Layer Style(레이어 스타일 추가, fx.)을 클릭합니다.

⑥ [Gradient Overlay(그레이디언트 오버레이)]를 선택합니다.

⑦ Layer Style(레이어 스타일) 대화상자가 나타나면 Gradient(그레이디언트) 색상 스펙트럼을 클릭합니다.

⑧ 왼쪽과 오른쪽 아래 Color Stop(색상 정지점)을 각각 더블 클릭해 '#99cccc', '#ffffff'로 색상을 설정한 후 Angle(각도)을 조정하고 [OK(확인)]를 클릭합니다.

⑨ 이어서 [Stroke(선/획)]를 선택해 Size(크기) : 2px, Color(색상) : #339999로 설정하고 [OK(확인)]를 클릭합니다.

⑩ 추가된 Shape(모양)에 Alt 를 누른 채 2번 드래그하여 복사합니다.

⑪ 복사된 Banner 3(배너 3, ▰)에 Layer Style(레이어 스타일)을 적용하기 위해, Layers(레이어) 패널 하단에 Add a Layer Style(레이어 스타일 추가, fx.)을 클릭합니다.

⑫ [Stroke(선/획)]를 선택하고 Size(크기) : 2px, Position(포지션) : Outside, Color(색상) : #cc99ff로 설정한 후 [OK(확인)]를 클릭합니다.

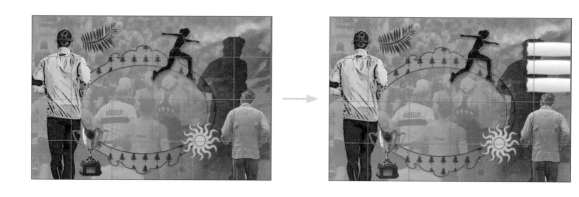

## 3  문자 효과 적용

**01 마라톤 대회(궁서, 43pt, #0000cc, 레이어 스타일 – Stroke(선/획)(2px, #cccccc))**

① 도구상자에서 Horizontal Type Tool(수평 문자 도구)을 클릭한 뒤 Options Bar(옵션 바)에서 Font(글꼴) : Gungsuh, Size(크기) : 43pt, Font Color(글자색) : #0000cc를 설정한 후 '마라톤 대회'를 입력합니다.

② Options Bar(옵션 바)에서 Create Warped Text(뒤틀어진 텍스트)를 클릭해 Warp Text(텍스트 뒤틀기) 대화상자가 나타나면 Style : Bulge(돌출)를 선택하여 문자의 모양을 왜곡합니다.

③ Layer Style(레이어 스타일)을 적용하기 위해, Layers(레이어) 패널 하단에 Add a Layer Style(레이어 스타일 추가, fx.)을 클릭합니다.

④ [Stroke(획/선)]를 선택하고 Size(크기) : 2px, Position(포지션) : Outside, Color(색상) : #cccccc로 설정한 후 [OK(확인)]를 클릭합니다.

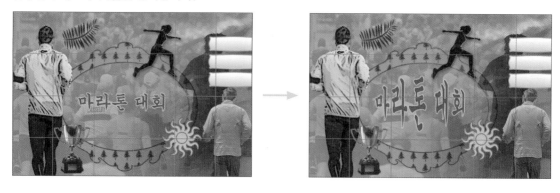

**02 https://www.run.or.kr(Times New Roman, Bold, 16pt, #ffffff)**

① 도구상자에서 Horizontal Type Tool(수평 문자 도구)을 클릭한 뒤 Options Bar(옵션 바)에서 Font(글꼴) : Times New Roman, Style(스타일) : Bold, Size(크기) : 16pt, Font Color(글자색) : #ffffff를 설정한 후 'https://www.run.or.kr'를 입력합니다.

**03** 문화와 함께 달리기(돋움, 18pt, #000000, 레이어 스타일 – Stroke(선/획)(2px, #ccffcc))

① 도구상자에서 Horizontal Type Tool(수평 문자 도구)을 클릭한 뒤 Options Bar(옵션 바)에서 Font(글꼴) : Dotum, Size(크기) : 18pt, Font Color(글자색) : #000000을 설정한 후 '문화와 함께 달리기'를 입력합니다.

② Options Bar(옵션 바)에서 [Create Warped Text(뒤틀어진 텍스트)]를 클릭한 다음 Warp Text(텍스트 뒤틀기) 대화상자가 나타나면 Style : Flag(깃발)를 선택해 문자의 모양을 왜곡합니다.

③ Layer Style(레이어 스타일)을 적용하기 위해, Layers(레이어) 패널 하단에 Add a Layer Style(레이어 스타일 추가, [fx])을 클릭합니다.

④ [Stroke(선/획)]를 선택해 Size(크기) : 2px, Color(색상) : #ccffcc로 설정하고 [OK(확인)]를 클릭합니다.

**04** 대회안내, 문의방법, 커뮤니티(돋움, 18pt, #000000, 레이어 스타일 – Stroke(선/획)(2px, #99ffff, #cc99ff))

① 도구상자에서 Horizontal Type Tool(수평 문자 도구)을 클릭한 뒤 Options Bar(옵션 바)에서 Font(글꼴) : Dotum, Size(크기) : 18pt, Font Color(글자색) : #000000을 설정해 '대회안내'를 입력합니다.

② Layer Style(레이어 스타일)을 적용하기 위해, Layers(레이어) 패널 하단에 Add a Layer Style(레이어 스타일 추가, [fx])을 클릭합니다.

③ [Stroke(선/획)]를 선택해 Size(크기) : 2px, Color(색상) : #99ffff로 설정하고 [OK(확인)]를 클릭합니다.

④ 도구상자의 Move Tool(이동도구, [✛])을 선택한 후 [Alt]를 눌러 '대회안내' 텍스트를 드래그하여 복사합니다.

⑤ 복사된 '대회안내' 텍스트를 각각 '문의방법'과 '커뮤니티'로 수정합니다.

⑥ 《출력형태》와 동일하게 하기 위해 '문의방법'의 Layer Style(레이어 스타일)을 Stroke(선/획) – Size(크기) : 2px, Color(색상) : #cc99ff로 수정합니다.

## 4 최종 파일 저장

### 01 JPG 파일 저장

① [File(파일)] – [Save As(다른 이름으로 저장)]를 클릭합니다.

② 파일 이름은 '수험번호-성명-4'로 입력합니다.

③ 파일 형식은 JPEG를 선택하고 [저장(S)]을 클릭합니다.

④ JPEG Options(JPEG 옵션)은 Quality : 8 이상으로 설정하고 [OK(확인)]를 클릭합니다.

### 02 PSD 파일 저장

① [Image(이미지)] – [Image Size(이미지 크기)]를 클릭합니다.

② Width(폭) : 60Pixels, Height(높이) : 40Pixels, [OK(확인)]를 클릭합니다.

③ [File(파일)] – [Save(저장)][Ctrl] + [S])를 선택합니다.

### 03 최종 파일 확인

① 2가지 포맷(JPG, PSD)의 최종 파일이 만들어졌는지 확인합니다.

## 5 답안 파일 전송

### 01 감독위원 PC로 답안 파일 전송

## 05회 실전 모의고사

### 문제1 [기능평가] 고급 Tool(도구) 활용

다음의 〈조건〉에 따라 아래의 《출력형태》와 같이 작업하시오. `20점`

조건 ╚

| 원본 이미지 | | 문서\GTQ\image\1급-1.jpg, 1급-2.jpg, 1급-3.jpg | |
|---|---|---|---|
| 파일 저장 규칙 | JPG | 파일명 | 문서\GTQ\수험번호-성명-1.jpg |
| | | 크기 | 400 x 500 Pixels |
| | PSD | 파일명 | 문서\GTQ\수험번호-성명-1.psd |
| | | 크기 | 40 x 50 Pixels |

출력형태 ╚

1. 그림 효과

① 1급-1.jpg : 필터 – Sponge(스폰지)
② Save Path(패스 저장) : 카메라 모양
③ Mask(마스크) : 카메라 모양, 1급-2.jpg를 이용하여 작성
　레이어 스타일 – Stroke(선/획)(3px, 그레이디언트(#ff5599, #ff8822))
④ 1급-3.jpg : 레이어 스타일 – Bevel & Emboss(경사와 엠보스)
⑤ Shape Tool(모양 도구) :
　– 나뭇잎 모양(#663322, 레이어 스타일 – Outer Glow(외부 광선))
　– 나비 모양(#ccff00, #ff0000, 레이어 스타일 – Drop Shadow(그림자 효과))

2. 문자 효과

① Cherry Blossom Festival(Times New Roman, Regular, 28pt, 레이어 스타일 – 그레이디언트 오버레이(#ff0000, #ccff00), Stroke(선/획)(2px, #220066))

### 문제2 [기능평가] 사진편집 응용

다음의 〈조건〉에 따라 아래의 《출력형태》와 같이 작업하시오. `20점`

조건 ╚

| 원본 이미지 | | 문서\GTQ\image\1급-4.jpg, 1급-5.jpg, 1급-6.jpg | |
|---|---|---|---|
| 파일 저장 규칙 | JPG | 파일명 | 문서\GTQ\수험번호-성명-2.jpg |
| | | 크기 | 400 x 500 Pixels |
| | PSD | 파일명 | 문서\GTQ\수험번호-성명-2.psd |
| | | 크기 | 40 x 50 Pixels |

출력형태 ╚

1. 그림 효과

① 1급-4.jpg : 필터 – Poster Edges(포스터 가장자리)
② 색상 보정 : 1급-5.jpg – 파란색 계열로 보정
③ 1급-5.jpg : 레이어 스타일 – Inner Shadow(내부 그림자)
④ 1급-6.jpg : 레이어 스타일 – Drop Shadow(그림자 효과)
⑤ Shape Tool(모양 도구) :
　– 우산 모양(#cc33cc, 레이어 스타일 – Inner Glow(내부 광선))

2. 문자 효과

① 한여름 밤의 꿈(굴림, 40pt, 레이어 스타일 – 그레이디언트 오버레이(#993399, #22ff22), Stroke(선/획)(2px, #000000))

다음의 〈조건〉에 따라 아래의 《출력형태》와 같이 작업하시오. `25점`

조건 └

| 원본 이미지 | 문서\GTQ\Image\1급-7.jpg, 1급-8.jpg, 1급-9.jpg, 1급-10.jpg, 1급-11.jpg | | |
|---|---|---|---|
| 파일 저장<br>규칙 | JPG | 파일명 | 문서\GTQ\수험번호-성명-3.jpg |
| | | 크기 | 600 x 400 Pixels |
| | PSD | 파일명 | 문서\GTQ\수험번호-성명-3.psd |
| | | 크기 | 60 x 40 Pixels |

1. 그림 효과

① 배경 : #ddeeee

② 1급-7.jpg : 필터 – Texturizer(텍스처화) – 가로 방향으로 흐릿하게

③ 1급-8.jpg : Blending Mode(혼합 모드) – Overlay(오버레이), 레이어 마스크 – 세로 방향으로 흐릿하게

④ 1급-9.jpg : 필터 – Rough Pastels(거친 파스텔), 레이어 스타일 – Stroke(선/획)(2px, #0077cc))

⑤ 1급-10.jpg : 레이어 스타일 – Inner Shadow(내부 그림자)

⑥ 1급-11.jpg : 색상 보정 – 파란색 계열로 보정

⑦ 그 외 《출력형태》 참조

2. 문자 효과

① 야생동물 보호구역(돋움, 32pt, 레이어 스타일 – 그레이디언트 오버레이(#336666, #ff3333), Stroke(선/획)(2px, #000000))

② 주민 청원 심의 통과(궁서, 24pt, #000099, 레이어 스타일 – Stroke(선/획)(2px, #ffffff))

③ 지원 / 구조 / 예방(궁서, 16pt, #660000, 레이어 스타일 – Drop Shadow(그림자 효과))

출력형태 └

Shape Tool(모양 도구) 사용
레이어 스타일 – 그레이디언트 오버레이(#336666, #ff3333),
Drop Shadow(그림자 효과)

Shape Tool(모양 도구) 사용
#113311,
레이어 스타일 – Inner Shadow
(내부 그림자)

다음의 〈조건〉에 따라 아래의 《출력형태》와 같이 작업하시오.    `35점`

**조건** ↳

| 원본 이미지 | | 문서\GTQ\Image\1급-12.jpg, 1급-13.jpg, 1급-14.jpg, 1급-15.jpg, 1급-16.jpg, 1급-17.jpg | |
|---|---|---|---|
| 파일 저장 규칙 | JPG | 파일명 | 문서\GTQ\수험번호-성명-4.jpg |
| | | 크기 | 600 x 400 Pixels |
| | PSD | 파일명 | 문서\GTQ\수험번호-성명-4.psd |
| | | 크기 | 60 x 40 Pixels |

1. 그림 효과

① 배경 : #aacc00
② 패턴(리본 모양) : #00cc99
③ 1급-12.jpg : Blending Mode(혼합 모드) – Soft Light(소프트 라이트)
④ 1급-13.jpg : 필터 – Angled Strokes(각진 선/획), 레이어 마스크 – 세로 방향으로 흐릿하게
⑤ 1급-14.jpg : 레이어 스타일 – Stroke(선/획)(3px, #660033)
⑥ 1급-15.jpg : 필터 – Poster Edges(포스터 가장자리)
⑦ 1급-16.jpg : 색상 보정 – 빨간색 계열로 보정, 레이어 스타일 – Bevel & Emboss(경사와 엠보스)
⑧ 그 외 《출력형태》 참조

2. 문자 효과

① 세계 대모험(궁서, 42pt, #eecc00, 레이어 스타일 – Stroke(선/획)(3px, #552200))
② https://www.mountain.or.kr(Times New Roman, Bold, 16pt, #330033)
③ 걸어서 세계 속으로(돋움, 25pt, #77cccc, 레이어 스타일 – Stroke(선/획)(2px, #552200))

**출력형태** ↳

Shape Tool(모양 도구) 사용
#336633, 레이어 스타일 – Inner Shadow(내부 그림자)

Shape Tool(모양 도구) 사용
#ffffff,
레이어 스타일 – Stroke(선/획)
(2px, #cc99cc)

Shape Tool(모양 도구) 사용
#cc4400,
레이어 스타일 –
Stroke(선/획)(2px, #ffffff)

# 05회 실전 모의고사 해설

## 문제1 [기능평가] 고급 Tool(도구) 활용

### 1 준비 작업

#### 01 파일 만들기

① [File(파일)] − [New(새로 만들기)](**Ctrl** + **N**)를 클릭합니다.

#### 02 파일 세부 정보 설정

① New Document(새 문서)에서 Name(이름)에 '실전 연습05', 'Width(폭) : 400Pixels, Height(높이) : 500Pixels, Resolution(해상도) : 72Pixels/inch, Color Mode(색상 모드) : RGB Color, 8bit, Background Contents(배경 내용) : White(흰색)'로 설정하여 새 작업 이미지를 만듭니다.

#### 03 파일 저장

① [File(파일)] − [Save As(다른 이름으로 저장)](**Ctrl** + **Shift** + **S**)를 클릭합니다.
경로 : PC\문서\GTQ, 파일명은 '수험번호−성명−1.psd'로 저장합니다.

#### 04 사용된 원본 이미지 열기

① [File(파일)] − [Open(열기)]을 클릭합니다.
경로 : 문서\GTQ\Image\1급−1.jpg, 1급−2.jpg, 1급−3.jpg 총 3개의 jpg 파일을 **Shift**를 누른 채 모두 선택하고, [열기(**O**)]를 클릭합니다.

### 2 그림 효과 적용

#### 01 1급−1.jpg : 필터 − Sponge(스폰지)

① '1급−1.jpg'를 클릭합니다.

② '1급−1.jpg'를 전체 선택(**Ctrl** + **A**) 후 **Ctrl** + **C**를 눌러 복사합니다. 작업 영역으로 돌아와 붙여넣기(**Ctrl** + **V**)합니다.

③ **Ctrl** + **T**를 눌러 《출력형태》와 비교해가며 이미지의 크기와 위치를 조정하고 **Enter**를 눌러줍니다.

④ [Filter(필터)] − [Filter Gallery(필터 갤러리)] − [Artistic(예술 효과)] − [Sponge(스폰지)]를 선택하고 [OK(확인)]를 클릭합니다.

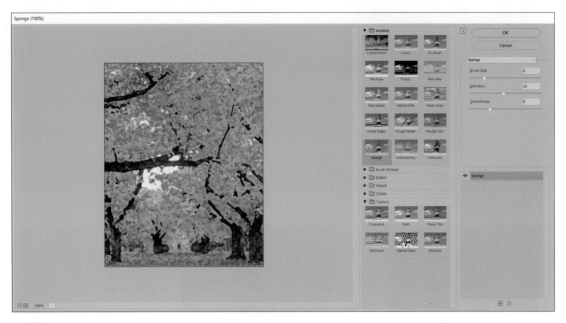

[Filter Gallery(필터 갤러리)] 대화상자의 오른쪽 [Cancel(취소)] 버튼 아래 목록 단추를 클릭하면 필터 갤러리의 모든 필터가 알파벳 순으로 정렬되어 있습니다.

## 02 Save Path(패스 저장) : 카메라 모양

① Layers(레이어) 패널 하단에서 Create a new layer(새로운 레이어 생성, ⊞)를 클릭합니다.

② 《출력형태》에 그려 놓은 기준선을 참고하여 안내선을 만들어줍니다.

③ 도구상자에서 Rounded Rectangle Tool(모서리가 둥근 사각형 도구, ◻)을 클릭합니다.

④ 상단 Option Bar(옵션 바)에서 Path(패스)를 Shape(모양)로 변경한 후 패스의 외곽을 그립니다.

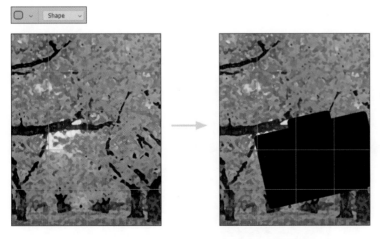

⑤ Layers(레이어) 패널에서 생성된 2개의 레이어를 Shift 를 누른 상태로 모두 선택하고 Ctrl + E 를 눌러 병합해줍니다.

⑥ 도구상자에서 Ellipse Tool(원형 도구, ◎)을 클릭하고 상단 Exclude Overlapping Shapes(모양 오버
랩 제외, 回)를 눌러 제외할 원형 2개를 그립니다.

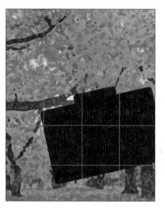 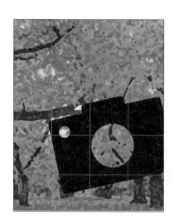

⑦ Layers(레이어) 패널 하단에서 Create a new layer(새로운 레이어 생성, 回)를 클릭합니다.
⑧ 도구상자의 Ellipse Tool(원형 도구, ◎)을 선택해 작업 영역에 원형 모양을 추가하고 Layers(레이어) 패
널에 생성된 2개의 레이어는 위와 동일하게 Ctrl + E로 병합해 줍니다.

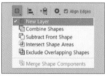

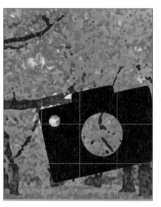 

⑨ [Window(윈도우)] – [Paths(패스)]를 클릭합니다.

⑩ Paths(패스) 패널에서 병합된 레이어를 더블 클릭합니다.

⑪ Save Path(패스 저장) 대화상자에서 '카메라 모양'을 입력한 후 [OK(확인)]를 클릭합니다.

⑫ Paths(패스) 패널에서 Layers(레이어) 패널로 다시 돌아옵니다.

**03 Mask(마스크) : 카메라 모양, 1급-2.jpg를 이용하여 작성, 레이어 스타일 – Stroke(선/획)(3px, 그레이디언트 (#ff5599, #ff8822))**

① 만들어진 패스에 클리핑 마스크 작업을 하기 위해 '1급-2.jpg'를 클릭합니다.

② '1급-2.jpg'를 전체 선택(Ctrl + A) 후 Ctrl + C를 눌러 복사합니다. 작업 영역으로 돌아와 Shape(모양) 위에 붙여넣기(Ctrl + V)합니다.

③ 가져온 '1급-2.jpg'가 선택된 상태에서 마우스 우클릭 후 Create Clipping Mask(클리핑 마스크 만들기)를 선택 또는 단축키 Ctrl + Alt + G를 눌러줍니다.

④ Ctrl + T를 눌러 《출력형태》와 비교해가며 크기와 위치를 조정하고 Enter를 눌러줍니다.

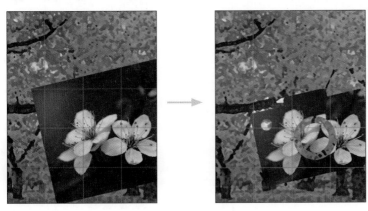

⑤ Layer Style(레이어 스타일)을 적용하기 위해, Layers(레이어) 패널 하단에 Add a Layer Style(레이어 스타일 추가, fx.)을 클릭합니다.

⑥ [Stroke(선/획)]를 선택해 Size(크기) : 3px, Fill Type(칠 유형) : Gradient로 지정합니다.

⑦ 계속해서 Gradient 색상을 더블 클릭한 다음 [Gradient Editor(그레이디언트 편집)] 대화상자가 나타나면 [Color Stop(색상 정지점)]의 왼쪽과 오른쪽 색상을 각각 '#ff5599', '#ff8822'로 지정한 뒤 [OK(확인)]를 클릭합니다.

**04 1급-3.jpg : 레이어 스타일 – Bevel & Emboss(경사와 엠보스)**

① '1급-3.jpg'를 클릭합니다.

② 도구상자에서 Quick Selection Tool(빠른 선택 도구, ✐)을 클릭합니다.

③ Options Bar(옵션 바)에 [Add to Selection(선택 영역에 추가)]을 설정한 후 브러시의 크기를 조절하며 필요한 이미지를 선택합니다.

④ 선택 영역 지정이 완료되면 Ctrl + C를 눌러 레이어를 복사합니다.

⑤ 작업 영역으로 돌아와 Ctrl + V로 이미지를 붙여넣은 후, Ctrl + T로 크기를 조정해 배치합니다.

⑥ Layer Style(레이어 스타일)을 적용하기 위해, Layers(레이어) 패널 하단에 Add a Layer Style(레이어 스타일 추가, fx.)을 클릭합니다.

⑦ [Bevel & Emboss(경사와 엠보스)]를 선택한 후, Layer Style(레이어 스타일) 대화상자가 나타나면 [OK(확인)]를 클릭합니다.

**05** Shape Tool(모양 도구)(나뭇잎 모양 – #663322, 레이어 스타일 – Outer Glow(외부 광선)), (나비 모양 – #ccff00, #ff0000, 레이어 스타일 – Drop Shadow(그림자 효과))

① 도구상자의 Custom Shape Tool(사용자 모양 정의 도구, ⬚)을 클릭합니다.

② Option Bar(옵션 바)에서 Shape(모양), Fill Color(칠 색상) : #663322를 지정한 다음 Shape(모양) 목록 단추를 클릭합니다. [Legacy Shapes and More(레거시 모양 및 기타)] – [All Legacy Default Shapes(전체 레거시 모양)] – [Nature(자연)]를 클릭합니다.

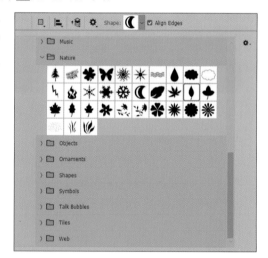

③ 《출력형태》와 일치하는 Leaf 3(잎 3, ◗)을 찾아 선택한 후, Shift 를 누른 채 드래그하여 작업 영역에 추가합니다.

④ Layer Style(레이어 스타일)을 적용하기 위해, Layers(레이어) 패널 하단에 Add a Layer Style(레이어 스타일 추가, fx.)을 클릭합니다.

⑤ [Outer Glow(외부 광선)]를 선택한 후, Layer Style(레이어 스타일) 대화상자가 나타나면 [OK(확인)]를 클릭합니다.

⑥ 계속해서 Custom Shape Tool(사용자 정의 모양 도구, ⬚)을 클릭합니다.

⑦ Option Bar(옵션 바)에서 Shape(모양), Fill Color(칠 색상) : #ccff00을 지정한 다음 Shape(모양) 목록 단추를 클릭합니다. [Legacy Shapes and More(레거시 모양 및 기타)] − [All Legacy Default Shapes(전체 레거시 모양)] − [Animals(동물)]를 클릭합니다.

⑧ 《출력형태》와 일치하는 Butterfly(나비, 🦋)를 찾아 선택한 후, Shift 를 누른 채 드래그하여 작업 영역에 추가합니다.

⑨ Layer Style(레이어 스타일)을 적용하기 레이어 패널 하단에 Add a Layer Style(레이어 스타일 추가, fx.)을 클릭한 다음 [Drop Shadow(그림자 효과)]를 선택해 적용합니다.

⑩ 도구상자에서 Move Tool(이동 도구, ⊕)을 클릭한 후 Alt 를 누른 채 Butterfly(나비, 🦋)를 드래그해 복사합니다

⑪ 이어서 도구상자 하단의 전경색을 더블 클릭합니다. Color Piker(색상 선택) 대화상자가 나타나면 #ff0000 으로 설정하고 Alt + Delete 를 눌러 Butterfly(나비, 🦋)의 색을 입혀줍니다.

### 3 문자 효과 적용

01 Cherry Blossom Festival(Times New Roman, Regular, 28pt, 레이어 스타일 − 그레이디언트 오버레이 (#ff0000, #ccff00), Stroke(선/획)(2px, #220066))

① 도구상자에서 Horizontal Type Tool(수평 문자 도구)을 클릭한 뒤 Options Bar(옵션 바)에서 Font(글 꼴) : Times New Roman, Style(스타일) : Regular, Size(크기) : 28pt을 설정한 후 'Cherry Blossom Festival'를 입력합니다.

② Options Bar(옵션 바)에서 Create Warped Text(뒤틀어진 텍스트)를 클릭해 Warp Text(텍스트 뒤틀기) 대화상자가 나타나면 Style : Squeeze(짜다)를 선택하고 문자의 모양을 왜곡합니다.

③ Layer Style(레이어 스타일)을 적용하기 위해, Layers(레이어) 패널 하단에 Add a Layer Style(레이어 스타일 추가, fx.)을 클릭합니다.

④ [Gradient Overlay(그레이디언트 오버레이)]를 선택합니다.

⑤ Layer Style(레이어 스타일) 대화상자가 나타나면 Gradient(그레이디언트) 색상 스펙트럼을 클릭합니다.

⑥ Color Stop(색상 정지점)의 왼쪽과 오른쪽 아래를 각각 더블 클릭해 '#ff0000', '#ccff00'으로 색상을 설정합니다.

⑦ Angle(각도)을 조정하고 [OK(확인)]를 클릭합니다.

⑧ 이어서 [Stroke(획/선)]를 선택하고 Size(크기) : 2px, Position(포지션) : Outside, Color(색상) : #220066
으로 설정한 후 [OK(확인)]를 클릭합니다.

## 4  최종 파일 저장

### 01 JPG 파일 저장

① [File(파일)] – [Save As(다른 이름으로 저장)]를 클릭합니다.

② 파일 이름은 '수험번호-성명-1'로 입력합니다.

③ 파일 형식은 JPEG를 눌러주고 [저장(S)]을 클릭합니다.

④ JPEG Options(JPEG 옵션)은 Quality : 8 이상으로 잡고 [OK(확인)]를 클릭합니다.

### 02 PSD 파일 저장

① [Image(이미지)] – [Image Size(이미지 크기)]를 선택합니다.

② Width(폭) : 40Pixels, Height(높이) : 50Pixels, [OK(확인)]를 클릭합니다.

③ [File(파일)] – [Save(저장)]([Ctrl] + [S])를 선택합니다.

### 03 최종 파일 확인

① 2가지 포맷(JPG, PSD)의 최종 파일이 만들어졌는지 확인합니다.

## 5  답안 파일 전송

### 01 감독위원 PC로 답안 파일 전송

## 1 준비 작업

### 01 파일 만들기

① [File(파일)] – [New(새로 만들기)]([Ctrl] + [N])를 클릭합니다.

### 02 파일 세부 정보 설정

① New Document(새 문서)에서 Name(이름)에 '실전 연습05', 'Width(폭) : 400Pixels, Height(높이) : 500Pixels, Resolution(해상도) : 72Pixels/Inch, Color Mode(색상 모드) : RGB Color, 8bit, Background Contents(배경 내용) : White(흰색)'로 설정하여 새 작업 이미지를 만듭니다.

### 03 파일 저장

① [File(파일)] – [Save As(다른 이름으로 저장)]([Ctrl] + [Shift] + [S])를 클릭합니다.
경로 : PC\문서\GTQ, 파일명은 '수험번호-성명-2.psd'로 저장합니다.

### 04 사용된 원본 이미지 열기

① [File(파일)] – [Open(열기)]을 클릭합니다.
경로 : 문서\GTQ\Image\1급-4.jpg, 1급-5.jpg, 1급-6.jpg 총 3개의 jpg 파일을 [Shift]를 누른 채 모두 선택하고 [열기([O])]를 클릭합니다.

## 2 그림 효과 적용

### 01 1급-4.jpg : 필터 – Poster Edges(포스터 가장자리)

① '1급-4.jpg'를 클릭합니다.
② '1급-4.jpg'를 전체 선택([Ctrl] + [A]) 후 [Ctrl] + [C]를 눌러 복사합니다. 작업 영역으로 돌아와 [Ctrl] + [V]로 붙여넣기 합니다.
③ [Ctrl] + [T]를 누르고 《출력형태》와 비교해가며 이미지의 크기 및 위치를 조정하고 [Enter]를 눌러줍니다.
④ [Filter(필터)] – [Filter Gallery(필터 갤러리)] – [Artistic(예술 효과)] – [Poster Edges(포스터 가장자리)]를 선택하고 [OK(확인)]를 클릭합니다.

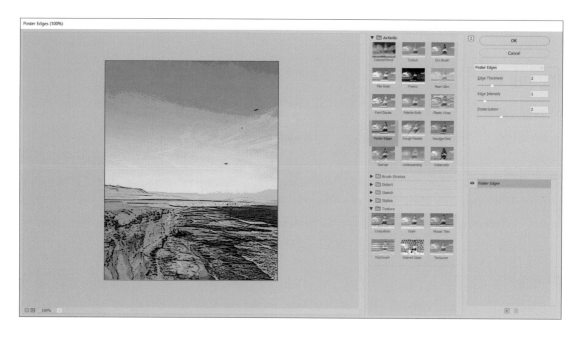

## 02 색상 보정 : 1급-5.jpg - 파란색 계열로 보정

① '1급-5.jpg'를 클릭합니다.

② 도구상자의 Quick Selection Tool(빠른 선택 도구, [아이콘])을 클릭합니다. Options Bar(옵션 바)에서 [Add to Selection(선택 영역에 추가)]으로 브러시의 크기를 조절해 필요한 영역을 선택하고 Ctrl + C로 복사합니다.

③ 작업 영역으로 돌아와 Ctrl + V로 이미지를 붙여넣기 하고, Ctrl + T를 누른 다음 Shift를 눌러 크기를 조정해 배치합니다.

④ 색상 보정할 부분을 Quick Selection Tool(빠른 선택 도구, [아이콘])을 이용해 이미지를 선택해 줍니다.

⑤ Layers(레이어) 패널 하단에 Create new fill or Adjustment Layer(조정 레이어, [아이콘])를 클릭하고 Hue/Saturation(색조/채도)을 선택합니다.

⑥ Properties(특징) 대화상자에서 Hue(색조), Saturation(채도)을 파란색에 가깝게 조절해 줍니다.

### 03 1급-5.jpg : 레이어 스타일 - Inner Shadow(내부 그림자)

① Layers(레이어) 패널에서 '1급-5.jpg'를 선택합니다.

② Layer Style(레이어 스타일)을 적용하기 위해, Layers(레이어) 패널 하단에 Add a Layer Style(레이어 스타일 추가, [fx.])을 클릭합니다.

③ [Inner Shadow(내부 그림자)]를 선택하고, Layer Style(레이어 스타일) 대화상자가 나타나면 [OK(확인)]를 클릭합니다.

### 04 1급-6.jpg : 레이어 스타일 - Drop Shadow(그림자 효과)

① '1급-6.jpg'를 클릭합니다.

② 도구상자에서 Quick Selection Tool(빠른 선택 도구, [✎])을 클릭합니다.

③ Options Bar(옵션 바)에 [Add to Selection(선택 영역에 추가)]을 설정한 후 브러시의 크기를 조절하며 필요한 이미지를 선택합니다.

④ 선택 영역 지정이 완료되면 Ctrl + C 를 눌러 레이어를 복사합니다.

⑤ 작업 영역으로 돌아와 Ctrl + V 로 이미지를 붙여넣은 후, Ctrl + T 로 크기를 조정해 배치합니다.

⑥ Layer Style(레이어 스타일)을 적용하기 위해, Layers(레이어) 패널 하단에 Add a Layer Style(레이어 스타일 추가, [fx.])을 클릭합니다.

⑦ [Drop Shadow(그림자 효과)]를 선택하고 Layer Style(레이어 스타일) 대화상자가 나타나면 [OK(확인)]를 클릭합니다.

### 05 Shape Tool(모양 도구)(우산 모양 - #cc33cc, 레이어 스타일 - Inner Glow(내부 광선))

① Custom Shape Tool(사용자 정의 모양 도구, [✿.])을 클릭합니다.

② Option Bar(옵션 바)에서 Shape(모양), Fill Color(칠 색상) : #cc33cc를 지정한 다음 Shape(모양) 목록 단추를 클릭합니다. [Legacy Shapes and More(레거시 모양 및 기타)] - [All Legacy Default Shapes(전체 레거시 모양)] - [Objects(물건)]를 클릭합니다.

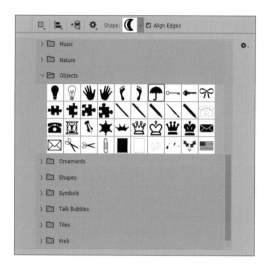

③ 《출력형태》와 일치하는 Umbrella(우산, )를 찾아 선택한 후, [Shift]를 누른 채 드래그하여 작업 영역에 추가합니다.

④ Layer Style(레이어 스타일)을 적용하기 위해, Layers(레이어) 패널 하단에 Add a Layer Style(레이어 스타일 추가, [fx.])을 클릭합니다.

⑤ [Inner Glow(내부 광선)]를 선택한 후, Layer Style(레이어 스타일) 대화상자가 나타나면 [OK(확인)]를 클릭합니다.

## 3 문자 효과 적용

**01** 한여름 밤의 꿈(굴림, 40pt, 레이어 스타일 – 그레이디언트 오버레이(#993399, #22ff22), Stroke(선/획) (2px, #000000))

① 도구상자에서 Horizontal Type Tool(수평 문자 도구)을 클릭한 뒤 Options Bar(옵션 바)에서 Font(글 꼴) : Gulim, Size(크기) : 40pt을 설정한 후 '한여름 밤의 꿈'을 입력합니다.

② Options Bar(옵션 바)에서 Create Warped Text(뒤틀어진 텍스트)를 클릭해 Warp Text(텍스트 뒤틀기) 대화상자가 나타나면 Style : Bulge(돌출)를 선택하여 문자의 모양을 왜곡합니다.

③ Layer Style(레이어 스타일)을 적용하기 위해, Layers(레이어) 패널 하단에 Add a Layer Style(레이어 스타일 추가, [fx.])을 클릭합니다.

④ [Gradient Overlay(그레이디언트 오버레이)]를 선택합니다.

⑤ Layer Style(레이어 스타일) 대화상자에서 Gradient(그레이디언트) 색상 스펙트럼을 클릭합니다.

⑥ 왼쪽과 오른쪽의 Color Stop(색상 정지점)을 각각 더블 클릭하고 '#993399', '#22ff22'로 색상을 설정합니다.

⑦ Angle(각도)을 조정하고 [OK(확인)]를 클릭합니다.

⑧ 이어서 [Stroke(획/선)]를 선택하고 Size(크기) : 2px, Position(포지션) : Outside, Color(색상) : #000000
으로 설정한 후 [OK(확인)]를 클릭합니다.

## 4  최종 파일 저장

### 01 JPG 파일 저장

① [File(파일)] – [Save As(다른 이름으로 저장)]를 선택합니다.

② 파일 이름은 '수험번호-성명-2'로 입력합니다.

③ 파일 형식은 JPEG를 선택하고 [저장(S)]을 클릭합니다.

④ JPEG Options(JPEG 옵션)은 Quality : 8 이상으로 잡고 [OK(확인)]를 클릭합니다.

### 02 PSD 파일 저장

① [Image(이미지)] – [Image Size(이미지 크기)]를 선택합니다.

② Width(폭) : 40Pixels, Height(높이) : 50Pixels, [OK(확인)]를 클릭합니다.

③ [File(파일)] – [Save(저장)]([Ctrl] + [S])를 선택합니다.

### 03 최종 파일 확인

① 2가지 포맷(JPG, PSD)의 최종 파일이 만들어졌는지 확인합니다.

## 5  답안 파일 전송

### 01 감독위원 PC로 답안 파일 전송

## 1 준비 작업

### 01 파일 만들기

① [File(파일)] – [New(새로 만들기)](Ctrl + N)를 클릭합니다.

### 02 파일 세부 정보 설정

① New Document(새 문서)에서 Name(이름)에 '실전 연습05', 'Width(폭) : 600Pixels, Height(높이) : 400Pixels, Resolution(해상도): 72Pixels/Inch, Color Mode(색상 모드) : RGB Color, 8bit, Background Contents(배경 내용) : White(흰색)'로 설정하여 새 작업 이미지를 만듭니다.

### 03 파일 저장

① [File(파일)] – [Save As(다른 이름으로 저장)](Ctrl + Shift + S)를 클릭합니다.
경로 : PC\문서\GTQ, 파일명은 '수험번호-성명-3.psd'로 저장합니다.

### 04 사용된 원본 이미지 열기

① [File(파일)] – [Open(열기)]을 클릭합니다.
경로 : 문서\GTQ\Image\1급-7.jpg, 1급-8.jpg, 1급-9.jpg, 1급-10.jpg, 1급-11.jpg 총 5개의 jpg 파일을 Shift를 누른 채 모두 선택하고, [열기(O)]를 클릭합니다.

## 2 그림 효과 적용

### 01 배경 : #ddeeee

① 도구상자 하단에 전경색을 더블 클릭합니다. Color Picker(색상 선택) 대화상자가 나타나면 #ddeeee로 색상을 설정하고 [OK(확인)]를 클릭합니다. 작업 영역에서 전경색 단축키인 Alt + Delete를 눌러줍니다.

**02** 1급-7.jpg : 필터 – Texturizer(텍스처화) – 가로 방향으로 흐릿하게

① '1급-7.jpg'를 클릭합니다.

② '1급-7.jpg'를 전체 선택(Ctrl + A) 후 Ctrl + C를 눌러 복사합니다. 작업 영역으로 다시 돌아와 붙여넣기 (Ctrl + V)합니다.

③ Ctrl + T를 눌러 《출력형태》와 비교해가며 크기와 위치를 조정하고 Enter를 눌러줍니다.

④ [Filter(필터)] – [Filter Gallery(필터 갤러리)] – [Texture(텍스처)] – [Texturizer(텍스처화)]를 선택한 후 [OK(확인)]를 클릭합니다.

⑤ '1급-7.jpg' 레이어에 마스크를 추가하기 위해 Layers(레이어) 패널 하단에 Add a Layer Mask(마스크 추가, ▣)를 클릭합니다.

⑥ '1급-7.jpg' 레이어에 마스크가 적용됐으면, 도구상자의 Gradient Tool(그레이디언트 도구, ▣)을 클릭합니다.

⑦ Option Bar(옵션 바)에서 Gradient Spectrum(그레이디언트 스펙트럼, ▣▬▬▬▬) )을 선택하고 Gradient Editor(그레이디언트 편집) 대화상자에서 그레이 계열을 지정한 후 [OK(확인)]를 클릭합니다.

⑧ 배경의 왼쪽에서 오른쪽 방향으로 드래그합니다.

**03** 1급-8.jpg : Blending Mode(혼합 모드) – Overlay(오버레이), 레이어 마스크 – 세로 방향으로 흐릿하게

① '1급-8.jpg'를 클릭합니다.

② '1급-8.jpg'를 전체 선택(Ctrl + A) 후 Ctrl + C를 눌러 복사합니다. 작업 영역으로 돌아와 붙여넣기(Ctrl + V)합니다.

③ Ctrl + T를 눌러 《출력형태》와 비교해가며 이미지의 크기 및 위치를 조정하고 Enter를 눌러줍니다.

④ Blending Mode(혼합 모드)는 [Overlay(오버레이)]를 선택합니다.

⑤ '1급-8.jpg' 레이어에 마스크를 추가하기 위해 Layers(레이어) 패널 하단에 Add a Layer Mask(마스크 추가 🔲)를 클릭합니다.

⑥ '1급-8.jpg' 레이어에 마스크가 적용됐으면, 도구상자의 Gradient Tool(그레이디언트 도구, 🔲)을 클릭합니다.

⑦ Option Bar(옵션 바)에서 Gradient Spectrum(그레이디언트 스펙트럼, 🔲)을 선택한 다음 Gradient Editor(그레이디언트 편집) 대화상자에서 그레이 계열을 지정한 후 [OK(확인)]를 클릭합니다.

⑧ 배경의 위쪽에서 아래쪽 방향으로 드래그합니다.

**04** 1급-9.jpg : 필터 – Rough Pastels(거친 파스텔), 레이어 스타일 – Stroke(선/획)(2px, #0077cc))

① Layers(레이어) 패널 하단에 Create a new layer(새 레이어 생성, ⊞)를 클릭합니다.

② 도구상자에서 Custom Shape Tool(사용자 정의 모양 도구, 🖾)을 클릭합니다.

③ Option Bar(옵션 바)에서 Shape(모양), Fill Color(칠 색상) : #ffffff를 지정한 다음 Shape(모양) 목록
단추를 클릭합니다. [Legacy Shapes and More(레거시 모양 및 기타)] – [All Legacy Default Shapes
(전체 레거시 모양)] – [Objects(물건)]를 선택합니다.

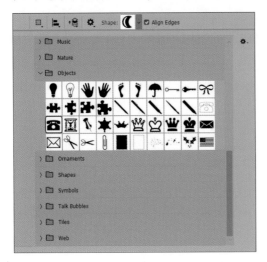

④ 《출력형태》와 일치하는 Phone 2(전화기 2, ☎)를 찾아 선택한 후, Shift 를 누른 채 드래그하여 작업 영역에
추가합니다.

⑤ '1급-9.jpg'를 전체 선택( Ctrl + A ) 후 Ctrl + C 를 눌러 복사합니다. 작업 영역으로 다시 돌아와 붙여넣기
( Ctrl + V )합니다.

⑥ [Filter(필터)] – [Filter Gallery(필터 갤러리)] – [Artistic(예술 효과)] – [Rough Pastels(거친 파스
텔)]을 선택한 후 [OK(확인)]를 클릭합니다.

⑦ 클리핑 마스크를 하기 위해 '1급-9.jpg'를 Phone 2(전화기 2, ☎) 위로 위치한 다음 Ctrl + Alt + G 를
눌러줍니다.

⑧ Layer Style(레이어 스타일)을 적용하기 위해, Add a Layer Style(레이어 스타일 추가, fx )을 클릭합니다.

⑨ [Stroke(선/획)]를 선택하고 Size(크기) : 2px, Position(포지션) : Outside, Color(색상) : #0077cc로
설정합니다.

## 05 1급-10.jpg : 레이어 스타일 – Inner Shadow(내부 그림자)

① '1급-10.jpg'를 클릭합니다.

② 도구상자의 Quick Selection Tool(빠른 선택 도구, ▨)을 선택합니다. Options Bar(옵션 바)에서 [Add to Selection(선택 영역에 추가)]으로 브러시의 크기를 조절해 필요한 영역을 선택하고 Ctrl + C로 복사합니다.

③ 작업 영역으로 돌아와 Ctrl + V로 이미지를 붙여넣고 Ctrl + T를 눌러 크기를 조정한 뒤 Enter를 눌러줍니다.

④ Layer Style(레이어 스타일)을 적용하기 위해, Add a Layer Style(레이어 스타일 추가, fx.)을 클릭합니다.

⑤ [Inner Shadow(내부 그림자)]를 선택하고 Layer Style(레이어 스타일) 대화상자에서 [OK(확인)]를 클릭합니다.

## 06 1급-11.jpg : 색상 보정 – 파란색 계열로 보정

① '1급-11.jpg'를 클릭합니다.

② 도구상자의 Quick Selection Tool(빠른 선택 도구, ▨)을 선택합니다. Options Bar(옵션 바)에서 [Add to Selection(선택 영역에 추가)]으로 브러시의 크기를 조절해 필요한 영역을 선택하고 Ctrl + C로 복사합니다.

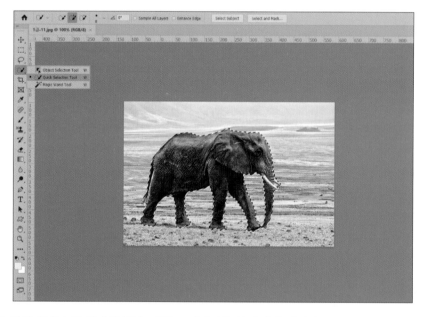

③ 작업 영역으로 돌아와 Ctrl + V로 이미지를 붙여넣기 합니다.

④ Ctrl + T를 눌러 마우스 우클릭 후 [Flip Horizontal(수평 뒤집기)]로 뒤집은 후 배치합니다.

⑤ 이어서 색상 보정할 부분을 도구상자의 Quick Selection Tool(빠른 선택 도구, ▨)을 이용해 이미지를 선택해줍니다.

⑥ Layers(레이어) 패널 하단에 Create new fill or adjustment layer(조정 레이어, )를 클릭하고, Hue/Saturation(색조/채도)을 선택합니다.

⑦ Properties(특징) 대화상자에서 Hue(색조), Saturation(채도)을 파란색에 가깝게 조절해 줍니다.

## 07 그 외 《출력형태》 참조

① Layers(레이어) 패널 하단에 Create a new layer(새 레이어 생성, ⊞)를 클릭합니다.

② Custom Shape Tool(사용자 모양 정의 도구, ❖)을 클릭합니다.

③ Option Bar(옵션 바)에서 Shape(모양), Fill Color(칠 색상) : #ffffff를 지정한 다음 Shape(모양) 목록 단추를 클릭합니다. [Legacy Shapes and More(레거시 모양 및 기타)] - [All Legacy Default Shapes(전체 레거시 모양)] - [Animals(동물)]를 선택합니다.

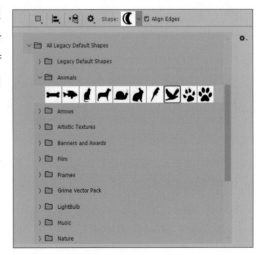

④ 《출력형태》와 일치하는 Brid 2(새 2, ▼)를 찾아 선택한 후, Shift를 누른 채 드래그하여 작업 영역에 추가합니다.

⑤ Layer Style(레이어 스타일)을 적용하기 위해, Layers(레이어) 패널 하단에 Add a Layer Style(레이어 스타일 추가, *fx.*)을 클릭합니다.

⑥ [Drop Shadow(그림자 효과)]와 [Gradient Overlay(그레이디언트 오버레이)]를 선택합니다.

⑦ Layer Style(레이어 스타일) 대화상자에서 Gradient(그레이디언트) 색상 스펙트럼을 클릭합니다.

⑧ 왼쪽과 오른쪽 아래 Color Stop(색상 정지점)을 각각 더블 클릭해 '#336666', '#ff3333'으로 색상을 설정한 후 Angle(각도)을 조정하고 [OK(확인)]를 클릭합니다.

⑨ 이어서 Custom Shape Tool(사용자 모양 정의 도구, *⚙.*)을 클릭합니다.

⑩ Option Bar(옵션 바)에서 Shape(모양), Fill Color(칠 색상) : #113311을 지정한 다음 Shape(모양) 목록 단추를 클릭합니다. [Legacy Shapes and More(레거시 모양 및 기타)] − [All Legacy Default Shapes(전체 레거시 모양)] − [Animals(동물)]를 선택합니다.

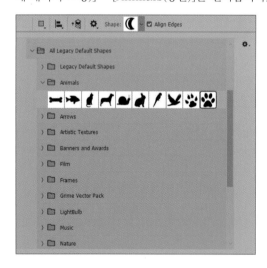

⑪ 《출력형태》와 일치하는 Cat Print(고양이 발자국, ▓)를 찾아 선택한 후, Shift를 누른 채 드래그하여 작업 영역에 추가합니다.

⑫ Layer Style(레이어 스타일)을 적용하기 위해, Layers(레이어) 패널 하단에 Add a Layer Style(레이어 스타일 추가, *fx.*)을 클릭합니다.

⑬ [Inner Shadow(내부 그림자)]를 선택하고 Layer Style(레이어 스타일) 대화상자에서 [OK(확인)]를 클릭합니다.

## 3 문자 효과 적용

**01** 야생동물 보호구역(돋움, 32pt, 레이어 스타일 – 그레이디언트 오버레이(#336666, #ff3333), Stroke(선/획) (2px, #000000))

① 도구상자에서 Horizontal Type Tool(수평 문자 도구)을 클릭한 뒤 Options Bar(옵션 바)에서 Font(글꼴) : Dotum, Size(크기) : 32pt를 설정한 후 '야생동물 보호구역'을 입력합니다.

② Options Bar(옵션 바)에서 Create Warped Text(뒤틀어진 텍스트)를 클릭해 Warp Text(텍스트 뒤틀기) 대화상자가 나타나면 Style : Shell Lower(아래가 넓은 조개)를 선택하여 문자의 모양을 왜곡합니다.

③ Layer Style(레이어 스타일)을 적용하기 위해, Layers(레이어) 패널 하단에 Add a Layer Style(레이어 스타일 추가, fx.)을 클릭합니다.

④ [Gradient Overlay(그레이디언트 오버레이)]를 선택합니다.

⑤ Layer Style(레이어 스타일) 대화상자가 나타나면 Gradient(그레이디언트) 색상 스펙트럼을 클릭합니다.

⑥ 왼쪽과 오른쪽 아래 Color Stop(색상 정지점)을 각각 더블 클릭해 '#336666', '#ff3333'으로 색상을 설정한 후 Angle(각도)을 조정합니다.

⑦ 이어서 [Stroke(획/선)]를 선택하고 Size(크기) : 2px, Position(포지션) : Outside, Color(색상) : #000000 으로 설정한 후 [OK(확인)]를 클릭합니다.

**02 주민 청원 심의 통과(궁서, 24pt, #000099, 레이어 스타일 – Stroke(선/획)(2px, #ffffff))**

① 도구상자에서 Horizontal Type Tool(수평 문자 도구)을 클릭한 뒤 Options Bar(옵션 바)에서 Font(글꼴) : Gungsuh, Size(크기) : 24pt, Font Color(글자색) : #000099를 설정한 후 '주민 청원 심의 통과'를 입력합니다.

② Options Bar(옵션 바)에서 Create Warped Text(뒤틀어진 텍스트)를 클릭해 Warp Text(텍스트 뒤틀기) 대화상자가 나타나면 Style : Flag(깃발)를 선택하여 문자의 모양을 왜곡합니다.

③ Layer Style(레이어 스타일)을 적용하기 위해, Layers(레이어) 패널 하단에 Add a Layer Style(레이어 스타일 추가, [fx])을 클릭합니다.

④ [Stroke(획/선)]를 선택하고 Size(크기) : 2px, Position(포지션) : Outside, Color(색상) : #ffffff로 설정한 후 [OK(확인)]를 클릭합니다.

**03 지원 / 구조 / 예방(궁서, 16pt, #660000, 레이어 스타일 – Drop Shadow(그림자 효과))**

① 도구상자에서 Horizontal Type Tool(수평 문자 도구)을 클릭한 뒤 Options Bar(옵션 바)에서 Font(글꼴) : Gungsuh, Size(크기) : 16pt, Font Color(글자색) : #660000을 설정한 후 '지원 / 구조 / 예방'을 입력합니다.

② Layer Style(레이어 스타일)을 적용하기 위해, Layers(레이어) 패널 하단에 Add a Layer Style(레이어 스타일 추가, [fx])을 클릭합니다.

③ [Drop Shadow(그림자 효과)]를 선택하고, Layer Style(레이어 스타일) 대화상자에서 [OK(확인)]를 클릭합니다.


## **4  최종 파일 저장**

**01 JPG 파일 저장**

① [File(파일)] – [Save As(다른 이름으로 저장)]를 선택합니다.
② 파일 이름은 '수험번호-성명-3'으로 입력합니다.
③ 파일 형식은 JPEG를 선택하고 [저장(S)]을 클릭합니다.
④ JPEG Options(JPEG 옵션)은 Quality : 8 이상으로 잡고 [OK(확인)]를 클릭합니다.

**02 PSD 파일 저장**

① [Image(이미지)] – [Image Size(이미지 크기)]를 클릭합니다.
② Width(폭) : 60Pixels, Height(높이) : 40Pixels, [OK(확인)]를 클릭합니다.
③ [File(파일)] – [Save(저장)]([Ctrl] + [S])를 선택합니다.

**03 최종 파일 확인**

① 2가지 포맷(JPG, PSD)의 최종 파일이 만들어졌는지 확인합니다.


## **5  답안 파일 전송**

**01 감독위원 PC로 답안 파일 전송**

## 1 준비 작업

### 01 파일 만들기

① [File(파일)] – [New(새로 만들기)]([Ctrl] + [N])를 클릭합니다.

### 02 파일 세부 정보 설정

① New Document(새 문서)에서 Name(이름)에 '실전 연습05', 'Width(폭) : 600Pixels, Height(높이)
: 400Pixels, Resolution(해상도) : 72Pixels/Inch, Color Mode(색상 모드) : RGB Color, 8bit,
Background Contents(배경 내용) : White(흰색)'로 설정하여 새 작업 이미지를 만듭니다.

### 03 파일 저장

① [File(파일)] – [Save As(다른 이름으로 저장)]([Ctrl] + [Shift] + [S])를 클릭합니다.
경로 : PC\문서\GTQ, 파일명은 '수험번호-성명-4.psd'로 저장합니다.

### 04 사용된 원본 이미지 열기

① [File(파일)] – [Open(열기)]을 클릭합니다.
경로 : 문서\GTQ\Image\1급-12.jpg, 1급-13.jpg, 1급-14.jpg, 1급-15.jpg, 1급-16.jpg, 1급-17.jpg 총 6
개의 jpg 파일을 [Shift]를 눌러 클릭하고, [열기([O])]를 클릭합니다.

## 2 그림 효과 적용

### 01 배경 : #aacc00

① 도구상자 하단에 전경색을 더블 클릭합니다. Color Picker(색상 선택) 대화상자가 나타나면
#aacc00으로 색상을 설정하고 [OK(확인)]를 클릭합니다. 작업 영역에서 전경색 단축키인
[Alt] + [Delete]를 눌러줍니다.

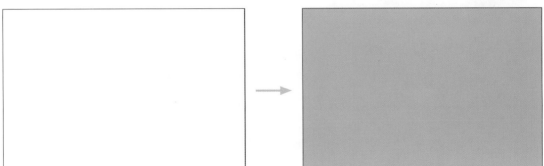

**02 패턴(리본 모양) : #00cc99**

① 패턴을 만들기 위해 [File(파일)] – [New(새로 만들기)]를 클릭합니다.

② New Document(새 문서)에서 'Width(폭) : 70Pixels, Height(높이) : 70Pixels, Resolution(해상도)
: 72Pixels/Inch, Color Mode(색상 모드) : RGB Color, 8bit, Background Contents(배경 내용) :
Transparent(투명색)'로 설정하여 새 작업 이미지를 만듭니다.

③ Custom Shape Tool(사용자 모양 정의 도구, ) 을 클릭합니다.

④ Option Bar(옵션 바)에서 Shape(모양), Fill Color(칠
색상) : #00cc99를 지정한 다음 Shape(모양) 목록 단추
를 클릭합니다. [Legacy Shapes and More(레거시 모양
및 기타)] – [All Legacy Default Shapes(전체 레거시
모양)] – [Objects(물건)]를 선택합니다.

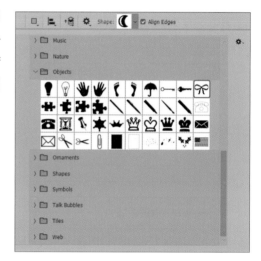

⑤ 《출력형태》와 일치하는 Bow(리본, ) 를 찾아 선택한 후, Shift 를 누른 채 드래그하여 작업 영역에 추가
합니다.

⑥ 도구상자에서 Move Tool(이동 도구, ) 을 클릭한 후 Alt 를 눌러 Bow(리본, ) 를 드래그해 복사합니다.

⑦ Menu Bar(메뉴 바) – [Edit(편집)] – [Define Pattern(사용자 패턴 정의)]를 클릭합니다.

⑧ Pattern Name(패턴 이름)을 '리본 모양'으로 입력하고 [OK(확인)]를 클릭한 후 작업 영역으로 돌아갑니다.

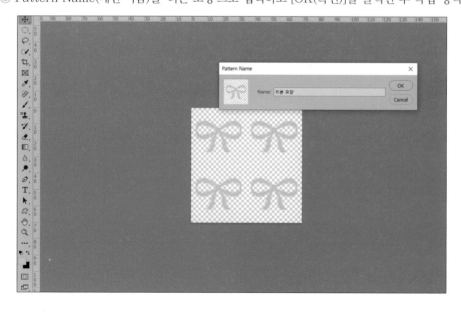

**03 패턴(리본 모양) : Shape Tool(모양 도구) 사용, #cc4400, 레이어 스타일 – Stroke(선/획)(2px, #ffffff)**

① Layers(레이어) 패널 하단에 Create a new layer(새 레이어 생성, ⊞)를 클릭합니다.

② 도구상자의 Custom Shape Tool(사용자 정의 모양 도구, ▧)을 클릭합니다.

③ Option Bar(옵션 바)에서 Shape(모양), Fill Color(칠
색상) : #cc4400을 지정한 다음 Shape(모양) 목록 단추
를 클릭합니다. [Legacy Shapes and More(레거시 모
양 및 기타)] – [All Legacy Default Shapes(전체 레
거시 모양)] – [Web(웹)]을 클릭합니다.

④ 《출력형태》와 비슷한 Serch(검색, 🔍)를 찾아 선택합니다.

⑤ Shift 를 누른 채 드래그하여 조정한 후 Enter 를 눌러줍니다.

⑥ Layer Style(레이어 스타일)을 적용하기 위해, Layers(레이어) 패널 하단에 Add a Layer Style(레이어
스타일 추가, fx.)을 클릭합니다.

⑦ [Stroke(선/획)]를 선택하고 Size(크기) : 2px, Color(색상) : #ffffff로 설정한 후 [OK(확인)]를 클릭합
니다.

**04 패턴(리본 모양) : 클리핑 마스크**

① Layers(레이어) 패널 하단에 Create a new layer(새 레이어 생성, ⊞)를 클릭합니다.

② 도구상자의 Pattern Stamp Tool(패턴 스탬프 툴, ▧)을 클릭합니다.

③ 상단 Option Bar(옵션 바) 패턴 썸네일 옆에 화살표를 눌러 만들어 놓은 패턴 모양을 클릭합니다.

④ Size(크기)를 5000px로 설정합니다.

⑤ 작업 영역의 빈 곳을 클릭합니다.

⑥ 클리핑 마스크를 하기 위해 Ctrl + Alt + G 를 눌러줍니다.

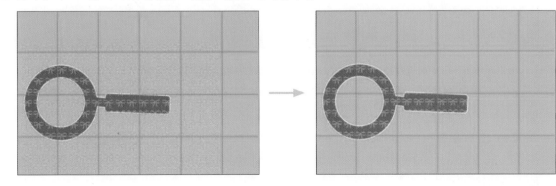

## 05 1급-12.jpg : Blending Mode(혼합 모드) - Soft Light(소프트 라이트)

① '1급-12.jpg'를 클릭합니다.

② '1급-12.jpg'를 전체 선택(Ctrl + A) 후 Ctrl + C를 눌러 복사합니다. 작업 영역으로 돌아와 붙여넣기 (Ctrl + V)합니다.

③ Ctrl + T를 눌러 《출력형태》와 비교해가며 크기와 위치를 조정하고 Enter를 눌러줍니다.

④ Blending Mode(혼합 모드)는 [Soft Light(소프트 라이트)]를 선택합니다.

## 06 1급-13.jpg : 필터 - Angled Strokes(각진 선/획), 레이어 마스크 - 세로 방향으로 흐릿하게

① '1급-13.jpg'를 클릭합니다.

② '1급-13.jpg'를 전체 선택(Ctrl + A) 후 Ctrl + C를 눌러 복사합니다. 작업 영역으로 돌아와 붙여넣기(Ctrl + V)합니다.

③ Ctrl + T를 눌러 《출력형태》와 비교해가며 이미지의 크기 및 위치를 조정하고 Enter를 눌러줍니다.

④ [Filter(필터)] - [Filter Gallery(필터 갤러리)] - [Brush Strokes(브러시 선/획)] - [Angled Strokes(각진 선/획)]를 선택한 후 [OK(확인)]를 클릭합니다.

⑤ Layers(레이어) 패널 하단에 Add a layer mask(마스크 추가, ▣)를 클릭합니다.

⑥ Layers(레이어) 옆에 마스크가 적용됐으면, 도구상자의 Gradient Tool(그레이디언트 도구, ▣)을 클릭합니다.

⑦ Option Bar(옵션 바) Gradient Spectrum(그레이디언트 스펙트럼, ▣)을 클릭한 다음 Gradient Editor(그레이디언트 편집) 대화상자가 나타나면 그레이 계열의 그라데이션을 선택한 후 [OK(확인)]를 클릭합니다.

⑧ 배경의 위쪽에서 아래쪽 방향으로 드래그합니다.

## 07 1급-14.jpg : 레이어 스타일 – Stroke(선/획)(3px, #660033)

① '1급-14.jpg'를 클릭합니다.

② 도구상자의 Quick Selection Tool(빠른 선택 도구, 🖌)을 선택합니다. Options Bar(옵션 바)에서 [Add to Selection(선택 영역에 추가)]으로 브러시의 크기를 조절해 필요한 영역을 선택하고 Ctrl + C로 복사합니다.

③ 작업 영역으로 돌아와 Ctrl + V로 이미지를 붙여넣기 하고, Ctrl + T를 누른 다음 Shift를 눌러 크기를 조정해 배치합니다.

④ Layer Style(레이어 스타일)을 적용하기 위해, Layers(레이어) 패널 하단에 Add a Layer Style(레이어 스타일 추가, fx.)을 클릭합니다.

⑤ [Stroke(획/선)]를 선택하고 Size(크기) : 3px, Position(포지션) : Outside, Color(색상) : #660033으로 설정한 후 [OK(확인)]를 클릭합니다.

## 08 1급-15.jpg : 필터 – Poster Edges(포스터 가장자리)

① '1급-15.jpg'를 클릭합니다.

② 도구상자의 Quick Selection Tool(빠른 선택 도구, 🖌)을 선택합니다. Options Bar(옵션 바)에서 [Add to Selection(선택 영역에 추가)]으로 브러시의 크기를 조절해 필요한 영역을 선택하고 Ctrl + C로 복사합니다.

③ 작업 영역으로 돌아와 [Ctrl] + [V]로 이미지를 붙여넣기 하고, [Ctrl] + [T]를 누른 다음 [Shift]를 눌러 크기를 조정해 배치합니다.

④ [Filter(필터)] – [Filter Gallery(필터 갤러리)] – [Artistic(예술 효과)] – [Poster Edges(포스터 가장 자리)]를 선택한 후 [OK(확인)]를 클릭합니다.

## 09 1급-16.jpg : 색상 보정 – 빨간색 계열로 보정, 레이어 스타일 – Bevel & Emboss(경사와 엠보스)

① '1급-16.jpg'를 클릭합니다.

② 도구상자의 Quick Selection Tool(빠른 선택 도구, [✎])을 선택합니다. Options Bar(옵션 바)에서 [Add to Selection(선택 영역에 추가)]으로 브러시의 크기를 조절해 필요한 영역을 선택하고 [Ctrl] + [C]로 복사합니다.

③ 작업 영역으로 돌아와 [Ctrl] + [V]로 이미지를 붙여넣기 하고, [Ctrl] + [T]를 누른 다음 [Shift]를 눌러 크기를 조정해 배치합니다.

④ 색상 보정할 영역을 Quick Selection Tool(빠른 선택 도구, [✎])을 이용해 이미지를 선택해 줍니다.

⑤ Layers(레이어) 패널 하단에 Create new fill or Adjustment Layer(조정 레이어, [◑])를 클릭하고 Hue/Saturation(색조/채도)을 선택합니다.

⑥ Properties(특징) 대화상자에서 Hue(색조), Saturation(채도)을 빨간색에 가깝게 조절해 줍니다.

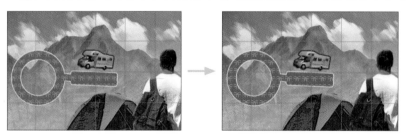

⑦ Layer Style(레이어 스타일)을 적용하기 위해, Layers(레이어) 패널 하단에 Add a Layer Style(레이어 스타일 추가, [fx])을 클릭합니다.

⑧ [Bevel & Emboss(경사와 엠보스)]를 선택한 후, Layer Style(레이어 스타일) 대화상자가 나타나면 [OK(확인)]를 클릭합니다.

## 10 그 외 《출력형태》 참조

① Layers(레이어) 패널 하단에 Create a new layer(새 레이어 만들기, ▣)를 클릭합니다.

② 도구상자의 Custom Shape Tool(사용자 정의 모양 도구, ▩)을 클릭합니다.

③ Option Bar(옵션 바)에서 Shape(모양), Fill Color(칠 색상) : #336633을 지정한 다음 Shape(모양) 목록 단추를 클릭합니다. [Legacy Shapes and More(레거시 모양 및 기타)] – [All Legacy Default Shapes(전체 레거시 모양)] – [Objects(물건)]를 클릭합니다.

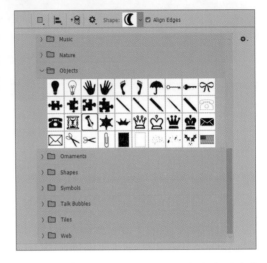

④ 《출력형태》와 일치하는 Thumb Tack(압정, ▨)을 찾아 선택한 후, Shift 를 누른 채 드래그하여 작업 영역에 추가합니다.

⑤ Layer Style(레이어 스타일)을 적용하기 위해, Layers(레이어) 패널 하단에 Add a Layer Style(레이어 스타일 추가, fx.)을 클릭합니다.

⑥ [Inner Shadow(내부 그림자)]를 선택하고 Layer Style(레이어 스타일) 대화상자에서 [OK(확인)]를 클릭합니다.

⑦ 위와 같은 방법으로 Custom Shape Tool(사용자 정의 모양 도구, ▩)을 사용하여 Fill Color(칠 색상) : #ffffff, 레이어 스타일 – Stroke(선/획)(2px, #cc99cc)가 적용된 Blob 1 Frame(방울, ▧)을 작업 영역에 추가합니다.

⑧ '1급-17.jpg'를 클릭합니다.

⑨ 도구상자의 Quick Selection Tool(빠른 선택 도구, ▨)을 선택합니다. Options Bar(옵션 바)에서 [Add to Selection(선택 영역에 추가)]으로 브러시의 크기를 조절해 필요한 영역을 선택하고 Ctrl + C 로 복사합니다.

⑩ 작업 영역으로 돌아와 Ctrl + V 로 이미지를 붙여넣기 하고, Ctrl + T 를 누른 다음 Shift 를 눌러 크기를 조정해 배치합니다.

## 3 문자 효과 적용

**01** 세계 대모험(궁서, 42pt, #eecc00, 레이어 스타일 − Stroke(선/획)(3px, #552200))

① 도구상자에서 Horizontal Type Tool(수평 문자 도구)을 클릭한 뒤 Options Bar(옵션 바)에서 Font(글꼴) : Gungsuh, Size(크기) : 42pt, Font Color(글자색) : #eecc00을 설정한 후 '세계 대모험'을 입력합니다.

② Options Bar(옵션 바)에서 Create Warped Text(뒤틀어진 텍스트)를 클릭해 Warp Text(텍스트 뒤틀기) 대화상자가 나타나면 Style : Shell Lower(아래가 넓은 조개)를 선택하여 문자의 모양을 왜곡합니다.

③ Layer Style(레이어 스타일)을 적용하기 위해, Layers(레이어) 패널 하단에 Add a Layer Style(레이어 스타일 추가, *fx.*)을 클릭합니다.

④ [Stroke(획/선)]를 선택하고 Size(크기) : 3px, Position(포지션) : Outside, Color(색상) : #552200으로 설정한 후 [OK(확인)]를 클릭합니다.

**02** https://www.mountain.or.kr(Times New Roman, Bold, 16pt, #330033)

① 도구상자에서 Horizontal Type Tool(수평 문자 도구)을 클릭한 뒤 Options Bar(옵션 바)에서 Font(글꼴) : Times New Roman, Style(스타일) : Bold, Size(크기) : 16pt, Font Color(글자색) : #330033을 설정한 후 'https://www.mountain.or.kr'를 입력합니다.

**03** 걸어서 세계 속으로(돋움, 25pt, #77cccc, 레이어 스타일 – Stroke(선/획)(2px, #552200))

① 도구상자에서 Horizontal Type Tool(수평 문자 도구)을 클릭한 뒤 Options Bar(옵션 바)에서 Font(글꼴) : Dotum, Size(크기) : 25pt, Font Color(글자색) : #77cccc를 설정한 후 '걸어서 세계 속으로'를 입력합니다.

② Layer Style(레이어 스타일)을 적용하기 위해, Layers(레이어) 패널 하단에 Add a Layer Style(레이어 스타일 추가, $\boxed{fx.}$)을 클릭합니다.

③ [Stroke(선/획)]를 선택해 Size(크기) : 2px, Color(색상) : #552200으로 설정하고 [OK(확인)]를 클릭합니다.

## 4 최종 파일 저장

### 01 JPG 파일 저장

① [File(파일)] – [Save As(다른 이름으로 저장)]를 클릭합니다.
② 파일 이름은 '수험번호-성명-4'로 입력합니다.
③ 파일 형식은 JPEG를 선택하고 [저장(S)]을 클릭합니다.
④ JPEG Options(JPEG 옵션)은 Quality : 8 이상으로 잡고 [OK(확인)]를 클릭합니다.

### 02 PSD 파일 저장

① [Image(이미지)] – [Image Size(이미지 크기)]를 클릭합니다.
② Width(폭) : 60Pixels, Height(높이) : 40Pixels, [OK(확인)]를 클릭합니다.
③ [File(파일)] – [Save(저장)]($\boxed{Ctrl}$ + $\boxed{S}$)를 선택합니다.

### 03 최종 파일 확인

① 2가지 포맷(JPG, PSD)의 최종 파일이 만들어졌는지 확인합니다.

## 5 답안 파일 전송

### 01 감독위원 PC로 답안 파일 전송

## 문제1 [기능평가] 고급 Tool(도구) 활용

다음의 〈조건〉에 따라 아래의 《출력형태》와 같이 작업하시오.

`20점`

조건 ㄴ

| 원본 이미지 | | 문서\GTQ\image\1급-1.jpg, 1급-2.jpg, 1급-3.jpg | |
|---|---|---|---|
| 파일 저장 규칙 | JPG | 파일명 | 문서\GTQ\수험번호-성명-1.jpg |
| | | 크기 | 400 x 500 Pixels |
| | PSD | 파일명 | 문서\GTQ\수험번호-성명-1.psd |
| | | 크기 | 40 x 50 Pixels |

출력형태 ㄴ

**1. 그림 효과**

① 1급-1.jpg : 필터 - Dry Brush(드라이 브러시)
② Save Path(패스 저장) : 열차 모양
③ Mask(마스크) : 열차 모양, 1급-2.jpg를 이용하여 작성
   레이어 스타일 - Stroke(선/획)(2px, #ffcccc)
④ 1급-3.jpg : 레이어 스타일 - Bevel & Emboss(경사와 엠보스)
⑤ Shape Tool(모양 도구) :
   - 눈 모양(#ffff22, #ff33ff, 레이어 스타일 - Inner Shadow(내부 그림자))
   - 물방울 모양(#44ccff, 레이어 스타일 - Inner Glow(내부 광선))

**2. 문자 효과**

① 4차산업과 운송업(궁서, 36pt, 레이어 스타일 - 그레이디언트 오버레이(#eeccee, #ffff22), Drop Shadow(그림자 효과))

## 문제2 [기능평가] 사진편집 응용

다음의 〈조건〉에 따라 아래의 《출력형태》와 같이 작업하시오.

`20점`

조건 ㄴ

| 원본 이미지 | | 문서\GTQ\image\1급-4.jpg, 1급-5.jpg, 1급-6.jpg | |
|---|---|---|---|
| 파일 저장 규칙 | JPG | 파일명 | 문서\GTQ\수험번호-성명-2.jpg |
| | | 크기 | 400 x 500 Pixels |
| | PSD | 파일명 | 문서\GTQ\수험번호-성명-2.psd |
| | | 크기 | 40 x 50 Pixels |

출력형태 ㄴ

**1. 그림 효과**

① 1급-4.jpg : 필터 - Texturizer(텍스처화)
② 색상 보정 : 1급-5.jpg - 보라색 계열로 보정
③ 1급-5.jpg : 레이어 스타일 - Bevel & Emboss(경사와 엠보스)
④ 1급-6.jpg : 레이어 스타일 - Outer Glow(외부 광선)
⑤ Shape Tool(모양 도구) :
   - 나뭇잎 모양(#cccccc, 레이어 스타일 - Stroke(선/획)(2px, #330099))

**2. 문자 효과**

① 세무컨설팅 지침 안내(돋움, 32pt, 레이어 스타일 - 그레이디언트 오버레이(#33ccdd, #cccc22), Stroke(선/획)(2px, #000000))

다음의 〈조건〉에 따라 아래의 《출력형태》와 같이 작업하시오.    [25점]

조건 ㄴ

| 원본 이미지 | | | 문서\GTQ\Image\1급-7.jpg, 1급-8.jpg, 1급-9.jpg, 1급-10.jpg, 1급-11.jpg |
|---|---|---|---|
| 파일 저장 규칙 | JPG | 파일명 | 문서\GTQ\수험번호-성명-3.jpg |
| | | 크기 | 600 x 400 Pixels |
| | PSD | 파일명 | 문서\GTQ\수험번호-성명-3.psd |
| | | 크기 | 60 x 40 Pixels |

1. 그림 효과

① 배경 : #cccccc
② 1급-7.jpg : Blending Mode(혼합 모드) – Hard Light(하드 라이트)
③ 1급-8.jpg : 필터 – Dry Brush(드라이 브러시), 레이어 마스크 – 가로 방향으로 흐릿하게
④ 1급-9.jpg : 필터 – Rough Pastels(거친 파스텔), 레이어 스타일 – Stroke(선/획)(2px, #ffffff))
⑤ 1급-10.jpg : 레이어 스타일 – Outer Glow(외부 광선), Drop Shadow(그림자 효과)
⑥ 1급-11.jpg : 색상 보정 – 초록색 계열로 보정
⑦ 그 외 《출력형태》 참조

2. 문자 효과

① 직장인을 위한 공부법(굴림, 32pt, #eeccff, 레이어 스타일 – Stroke(선/획)(2px, #000000))
② 일 잘하는 직장인을 위한 데이터 실무 분석 방법(궁서, 14pt, #eeee33, 레이어 스타일 – Stroke(선/획)(2px, #001155))
③ 일시: 2022. 02. 14. 오후 2시 장소: 한국 비즈니스 센터(궁서, 10pt, #ffffff, 레이어 스타일 – Stroke(선/획)(2px, #001155))

출력형태 ㄴ

Shape Tool(모양 도구) 사용
#ffff00, 레이어 스타일 – Drop Shadow(그림자 효과)

Shape Tool(모양 도구) 사용
#554433, 레이어 스타일 – Drop Shadow(그림자 효과)

Shape Tool(모양 도구) 사용
#cccccc,
레이어 스타일 – Inner Shadow
(내부 그림자))

다음의 〈조건〉에 따라 아래의 《출력형태》와 같이 작업하시오. 　　35점

**조건**

| 원본 이미지 | 문서\GTQ\Image\1급-12.jpg, 1급-13.jpg, 1급-14.jpg, 1급-15.jpg, 1급-16.jpg, 1급-17.jpg | | | |
|---|---|---|---|---|
| 파일 저장 규칙 | JPG | 파일명 | 문서\GTQ\수험번호-성명-4.jpg | |
| | | 크기 | 600 x 400 Pixels | |
| | PSD | 파일명 | 문서\GTQ\수험번호-성명-4.psd | |
| | | 크기 | 60 x 40 Pixels | |

1. 그림 효과
① 배경 : #889988
② 패턴(세계 모양) : #00cc55
③ 1급-12.jpg : Blending Mode(혼합 모드) – Overlay(오버레이) – 세로 방향으로 흐릿하게
④ 1급-13.jpg : 필터 – Sponge(스폰지), 레이어 마스크 – 가로 방향으로 흐릿하게
⑤ 1급-14.jpg : 레이어 스타일 – Inner Glow(내부 광선)
⑥ 1급-15.jpg : 필터 – Poster Edges(포스터 가장자리)
⑦ 1급-16.jpg : 색상 보정 – 초록색 계열로 보정
⑧ 그 외 《출력형태》 참조

2. 문자 효과
① 숲속 동물(궁서, 25pt, #992233, 레이어 스타일 – Stroke(선/획)(2px, #ffff99))
② 사랑스러운 동물들의 세계(돋움, 18pt, #220099, 레이어 스타일 – Stroke(선/획)(2px, #ffffff))

**출력형태**

Shape Tool(모양 도구) 사용
#ff9900, 레이어 스타일 – Drop Shadow(그림자 효과)

Shape Tool(모양 도구) 사용
#cc00ff,
레이어 스타일 – Stroke(선/획)
(2px, #ffffff)

Pen Tool(펜 도구) 사용
#5555bb
레이어 스타일 –
Stroke(선/획)(2px, #001155)

# 06회 실전 모의고사 해설

## 문제1 [기능평가] 고급 Tool(도구) 활용

### 1 준비 작업

**01 파일 만들기**

① [File(파일)] − [New(새로 만들기)]([Ctrl] + [N])를 클릭합니다.

**02 파일 세부 정보 설정**

① New Document(새 문서)에서 Name(이름)에 '실전 연습06', 'Width(폭) : 400Pixels, Height(높이) : 500Pixels, Resolution(해상도) : 72Pixels/Inch, Color Mode(색상 모드) : RGB Color, 8bit, Background Contents(배경 내용) : White(흰색)'로 설정하여 새 작업 이미지를 만듭니다.

**03 파일 저장**

① [File(파일)] − [Save As(다른 이름으로 저장)]([Ctrl] + [Shift] + [S])를 클릭합니다.
경로 : PC\문서\GTQ, 파일명은 '수험번호−성명−1.psd'로 저장합니다.

**04 사용된 원본 이미지 열기**

① [File(파일)] − [Open(열기)]을 선택합니다.
경로 : 문서\GTQ\Image\1급−1.jpg, 1급−2.jpg, 1급−3.jpg 총 3개의 jpg [Shift]를 누른 채 모두 선택하고, [열기([O])]를 클릭합니다.

### 2 그림 효과 적용

**01 1급−1.jpg : 필터 − Dry Brush(드라이 브러시)**

① '1급−1.jpg'를 클릭합니다.

② '1급−1.jpg'를 전체 선택([Ctrl] + [A]) 후 [Ctrl] + [C]를 눌러 복사합니다. 작업 영역으로 다시 돌아와 붙여넣기([Ctrl] + [V])합니다.

③ [Ctrl] + [T]를 눌러 《출력형태》와 비교해가며 이미지의 크기와 위치를 조정하고 [Enter]를 눌러줍니다.

④ [Filter(필터)] − [Filter Gallery(필터 갤러리)] − [Artistic(예술 효과)] − [Dry Brush(드라이 브러시)]를 선택하고 [OK(확인)]를 클릭합니다.

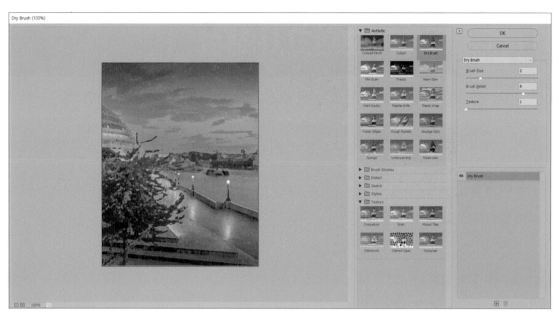

TIP ★

[Filter Gallery(필터 갤러리)] 대화상자의 오른쪽 [Cancel(취소)] 버튼 아래 목록 단추를 클릭하면 필터 갤러리의 모든 필터가 알파벳 순으로 정렬되어 있습니다.

## 02 Save Path(패스 저장) : 열차 모양

① Layers(레이어) 패널 하단에서 Create a new layer(새 레이어 생성, ⊞)를 클릭합니다.

② 《출력형태》에 그려 놓은 기준선을 참고하여 안내선을 만들어줍니다.

③ 도구상자에서 Rounded Rectangle Tool(둥근 사각형 도구, ◯)과 Rectangle Tool(사각형 도구, ▣)을 활용하여 열차 외곽을 만들어줍니다.

주의 ❗

반드시 상단 Option Bar(옵션 바)에서 Path(패스)를 Shape(모양)로 변경한 후 패스의 외곽을 그려줍니다.

◯ ⌄ | Shape ⌄

④ Layers(레이어) 패널에 생성된 여러 Shape(모양) 레이어는 Shift 를 눌러 모두 선택한 후 Ctrl + E 로 병합해줍니다.

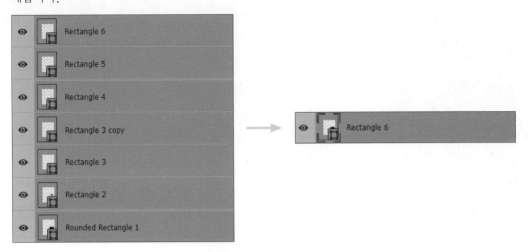

⑤ 도구상자에서 Ellipse Tool(원형 도구, ⬭)을 클릭하고 상단 Exclude Overlapping Shapes(모양 오버랩 제외, ⬕)를 눌러 제외할 원형 2개를 그립니다.

⑥ 도구상자에서 Rounded Rectangle Tool(둥근 사각형 도구, ⬜)를 클릭하고 상단 Exclude Overlapping Shapes(모양 오버랩 제외, ⬕)를 눌러 제외할 둥근 직사각형을 1개 그립니다.

⑦ [Window(윈도우)] – [Paths(패스)]를 선택합니다.

⑧ Paths(패스) 패널에서 병합된 레이어를 더블 클릭합니다.

⑨ Save Path(패스 저장) 대화상자에서 '열차 모양'을 입력한 후 [OK(확인)]를 클릭합니다.

⑩ Paths(패스) 패널에서 Layers(레이어) 패널로 돌아옵니다.

## 03 Mask(마스크) : 열차 모양, 1급-2.jpg를 이용하여 작성, 레이어 스타일 – Stroke(선/획)(2px, #ffcccc)

① 만들어진 패스에 클리핑 마스크 작업을 하기 위해 '1급-2.jpg'를 클릭합니다.

② '1급-2.jpg'를 전체 선택(Ctrl + A) 후 Ctrl + C를 눌러 복사합니다. 작업 영역으로 돌아와 Shape(모양) 위에 붙여넣기(Ctrl + V)합니다.

③ 가져온 '1급-2.jpg'가 선택된 상태에서 마우스 우클릭 후 Create Clipping Mask(클리핑 마스크 만들기)를 선택 또는 단축키 Ctrl + Alt + G를 눌러줍니다.

④ Ctrl + T를 눌러 《출력형태》와 비교해가며 크기와 위치를 조정하고 Enter를 눌러줍니다.

⑤ Layer Style(레이어 스타일)을 적용하기 위해, Layers(레이어) 패널 하단에 Add a Layer Style(레이어 스타일 추가, fx.)을 클릭합니다.

⑥ [Stroke(선/획)]를 선택하고, Size(크기) : 2px, Color(색상) : #ffcccc로 설정한 후 [OK(확인)]를 클릭합니다.

### 04 1급-3.jpg : 레이어 스타일 – Bevel & Emboss(경사와 엠보스)

① '1급-3.jpg'를 클릭합니다.

② 도구상자에서 Quick Selection Tool(빠른 선택 도구, )을 클릭합니다.

③ Options Bar(옵션 바)에 [Add to Selection(선택 영역에 추가)]을 설정한 후 브러시의 크기를 조절하며 필요한 이미지를 선택합니다.

④ 선택 영역 지정이 완료되면 Ctrl + C를 눌러 레이어를 복사합니다.

⑤ 작업 영역으로 돌아와 Ctrl + V로 이미지를 붙여넣은 후, Ctrl + T로 크기를 조정해 배치합니다.

⑥ Layer Style(레이어 스타일)을 적용하기 위해, Layers(레이어) 패널 하단에 Add a Layer Style(레이어 스타일 추가, fx.)을 클릭합니다.

⑦ [Bevel & Emboss(경사와 엠보스)]를 선택한 후, Layer Style(레이어 스타일) 대화상자에서 [OK(확인)]를 클릭합니다.

⑧ Ctrl + T를 눌러 마우스 우클릭 후 [Flip Horizontal(수평 뒤집기)]로 뒤집어 배치합니다.

**05** Shape Tool(모양 도구)(물방울 모양 – #44ccff, 레이어 스타일 – Inner Glow(내부 광선), (눈 모양 – #ffff22, #ff33ff, 레이어 스타일 – Inner Shadow(내부 그림자))

① 도구상자의 Custom Shape Tool(사용자 모양 정의 도구, 🔳)을 클릭합니다.

② Option Bar(옵션 바)에서 Shape(모양), Fill Color(칠 색상) : #44ccff를 지정한 다음 Shape(모양) 목록 단추를 클릭합니다. [Legacy Shapes and More(레거시 모양 및 기타)] – [All Legacy Default Shapes(전체 레거시 모양)] – [Nature(자연)]를 클릭합니다.

③ 《출력형태》와 일치하는 Raindrop(물방울, 🔳)을 찾아 선택한 후, Shift 를 누른 채 드래그하여 작업 영역에 추가합니다.

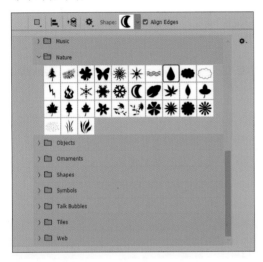

④ Layer Style(레이어 스타일)을 적용하기 위해, Layers(레이어) 패널 하단에 Add a Layer Style(레이어 스타일 추가, fx.)을 클릭합니다.

⑤ [Inner Glow(내부 광선)]를 선택한 후, Layer Style(레이어 스타일) 대화상자가 나타나면 [OK(확인)]를 클릭합니다.

⑥ 계속해서 Custom Shape Tool(사용자 정의 모양 도구, 🔳)을 클릭합니다.

⑦ Option Bar(옵션 바)에서 Shape(모양), Fill Color(칠 색상) : #ff33ff를 지정한 다음 Shape(모양) 목록 단추를 클릭합니다. [Legacy Shapes and More(레거시 모양 및 기타)] – [All Legacy Default Shapes(전체 레거시 모양)] – [Nature(자연)]를 클릭합니다.

⑧ 《출력형태》와 일치하는 Snow Flake 3(눈꽃 3, 🔳)을 찾아 선택한 후, Shift 를 누른 채 드래그하여 작업 영역에 추가합니다.

⑨ 도구상자에서 Move Tool(이동 도구, ⊹)을 클릭한 후 Alt 를 눌러 Snow Flake 3(눈꽃 3, 🔳)을 드래그해 복사합니다.

⑩ 도구상자 하단의 전경색을 더블 클릭해 Color Piker(색상 선택) 대화상자가 나타나면 #ffff22로 설정하고 Alt + Delete 를 눌러 Shape(모양)의 색상을 입혀줍니다.

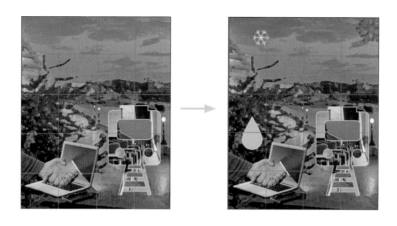

## 3 문자 효과 적용

01 4차산업과 운송업(궁서, 36pt, 레이어 스타일 – 그레이디언트 오버레이(#eeccee, #ffff22), Drop Shadow(그림자 효과))

① 도구상자에서 Horizontal Type Tool(수평 문자 도구)을 클릭한 뒤 Options Bar(옵션 바)에서 Font(글꼴) : Gungsuh, Size(크기) : 36pt을 설정한 후 '4차산업과 운송업'을 입력합니다.

② Options Bar(옵션 바)에서 Create Warped Text(뒤틀어진 텍스트)를 클릭해 Warp Text(텍스트 뒤틀기) 대화상자가 나타나면 Style : Arc Upper(위 부채꼴)를 선택하여 문자의 모양을 왜곡합니다.

③ Layer Style(레이어 스타일)을 적용하기 위해, Layers(레이어) 패널 하단에 Add a Layer Style(레이어 스타일 추가, fx.)을 클릭합니다.

④ [Gradient Overlay(그레이디언트 오버레이)]를 선택합니다.

⑤ Layer Style(레이어 스타일) 대화상자가 나타나면 Gradient(그레이디언트) 색상 스펙트럼을 클릭합니다.

⑥ 왼쪽과 오른쪽 아래 Color Stop(색상 정지점)을 각각 더블 클릭해 '#eeccee', '#ffff22'로 색상을 설정한 후 Angle(각도)을 조정하고 [OK(확인)]를 클릭합니다.

⑦ 이어서 [Drop Shadow(그림자 효과)]를 선택하고 Layer Style(레이어 스타일) 대화상자에서 [OK(확인)]를 클릭합니다.

## 4 최종 파일 저장

### 01 JPG 파일 저장

① [File(파일)] – [Save As(다른 이름으로 저장)]를 클릭합니다.

② 파일 이름은 '수험번호-성명-1'로 입력합니다.

③ 파일 형식은 JPEG를 눌러주고 [저장(S)]을 클릭합니다.

④ JPEG Options(JPEG 옵션)은 Quality : 8 이상으로 잡고 [OK(확인)]를 클릭합니다.

### 02 PSD 파일 저장

① [Image(이미지)] – [Image Size(이미지 크기)]를 클릭합니다.

② Width(폭) : 40Pixels, Height(높이) : 50Pixels, [OK(확인)]를 클릭합니다.

③ [File(파일)] – [Save(저장)][Ctrl] + [S])를 선택합니다.

### 03 최종 파일 확인

① 2가지 포맷(JPG, PSD)의 최종 파일이 만들어졌는지 확인합니다.


## 5 답안 파일 전송

### 01 감독위원 PC로 답안 파일 전송

## 문제2    [기능평가] 사진편집 응용

## 1   준비 작업

### 01 파일 만들기

① [File(파일)] – [New(새로 만들기)](Ctrl + N)를 클릭합니다.

### 02 파일 세부 정보 설정

① New Document(새 문서)에서 Name(이름)에 '실전 연습06', 'Width(폭) : 400Pixels, Height(높이) : 500Pixels, Resolution(해상도) : 72Pixels/Inch, Color Mode(색상 모드) : RGB Color, 8bit, Background Contents(배경 내용) : White(흰색)'로 설정하여 새 작업 이미지를 만듭니다.

### 03 파일 저장

① [File(파일)] – [Save As(다른 이름으로 저장)](Ctrl + Shift + S)를 클릭합니다.
경로 : PC\문서\GTQ, 파일명은 '수험번호-성명-2.psd'로 저장합니다.

### 04 사용된 원본 이미지 열기

① [File(파일)] – [Open(열기)]을 클릭합니다.
경로 : 문서\GTQ\Image\1급-4.jpg, 1급-5.jpg, 1급-6.jpg 총 3개의 jpg 파일을 Shift 를 눌러 클릭하고, [열기(O)]를 클릭합니다.

## 2   그림 효과 적용

### 01 1급-4.jpg : 필터 – Texturizer(텍스처화)

① '1급-4.jpg'를 클릭합니다.

② '1급-4.jpg'를 전체 선택(Ctrl + A) 후 Ctrl + C를 눌러 복사합니다. 작업 영역으로 돌아와 Ctrl + V로 붙여넣기합니다.

③ Ctrl + T를 누르고 《출력형태》와 비교해가며 이미지의 크기 및 위치를 조정하고 Enter를 눌러줍니다.

④ [Filter(필터)] – [Filter Gallery(필터 갤러리)] – [Texture(텍스처)] – [Texturizer(텍스터화)]를 선택하고 [OK(확인)]를 클릭합니다.

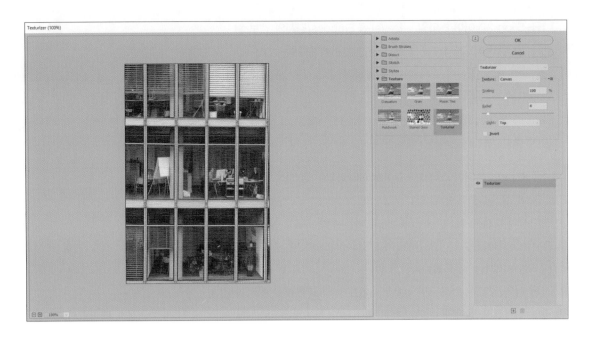

## 02 색상 보정 : 1급-5.jpg – 보라색 계열로 보정

① '1급-5.jpg'를 클릭합니다.

② 도구상자의 Quick Selection Tool(빠른 선택 도구, [아이콘])을 클릭합니다. Options Bar(옵션 바)에서 [Add to Selection(선택 영역에 추가)]으로 브러시의 크기를 조절해 필요한 영역을 선택하고 $\boxed{Ctrl}$ + $\boxed{C}$로 복사합니다.

③ 작업 영역으로 돌아와 $\boxed{Ctrl}$ + $\boxed{V}$로 이미지를 붙여넣기 하고, $\boxed{Ctrl}$ + $\boxed{T}$를 누른 다음 $\boxed{Shift}$를 눌러 크기를 조정해 배치합니다.

④ 색상 보정할 부분을 Quick Selection Tool(빠른 선택 도구, [아이콘])을 이용해 이미지를 선택해 줍니다.

⑤ Layers(레이어) 패널 하단에 Create new fill or Adjustment Layer(조정 레이어, [아이콘])를 클릭하고 Hue/Saturation(색조/채도)을 선택합니다.

⑥ Properties(특징) 대화상자에서 Hue(색조), Saturation(채도)을 보라색에 가깝게 조절해 줍니다.

## 03 1급-5.jpg : 레이어 스타일 – Bevel & Emboss(경사와 엠보스)

① Layers(레이어) 패널에서 '1급-5.jpg'를 선택합니다.

② Layer Style(레이어 스타일)을 적용하기 위해, Layers(레이어) 패널 하단에 Add a Layer Style(레이어 스타일 추가, fx.)을 클릭합니다.

③ [Bevel & Emboss(경사와 엠보스)]를 선택하고, Layer Style(레이어 스타일) 대화상자가 나타나면 [OK(확인)]를 클릭합니다.

## 04 1급-6.jpg : 레이어 스타일 – Outer Glow(외부 광선)

① '1급-6.jpg'를 클릭합니다.

② 도구상자의 Quick Selection Tool(빠른 선택 도구, )을 클릭합니다.

③ Options Bar(옵션 바)에 [Add to Selection(선택 영역에 추가)]을 설정한 후 브러시의 크기를 조절하며 필요한 이미지를 선택합니다.

④ 선택 영역 지정이 완료되면 Ctrl + C 를 눌러 레이어를 복사합니다.

⑤ 작업 영역으로 돌아와 Ctrl + V 로 이미지를 붙여넣은 후, Ctrl + T 로 크기를 조정해 배치합니다.

⑥ Layer Style(레이어 스타일)을 적용하기 위해, Layers(레이어) 패널 하단에 Add a Layer Style(레이어 스타일 추가, fx.)을 클릭합니다.

⑦ [Outer Glow(외부 광선)]를 선택하고, Layer Style(레이어 스타일) 대화상자가 나타나면 [OK(확인)]를 클릭합니다.

## 05 Shape Tool(모양 도구)(나뭇잎 모양 – #cccccc, 레이어 스타일 – Stroke(선/획)(2px, 330099))

① Custom Shape Tool(사용자 정의 모양 도구, )을 클릭합니다.

② Option Bar(옵션 바)에서 Shape(모양), Fill Color(칠 색상) : #cccccc를 지정한 다음 Shape(모양) 목록 단추를 클릭합니다. [Legacy Shapes and More(레거시 모양 및 기타)] – [All Legacy Default Shapes(전체 레거시 모양)] – [Nature(자연)]를 클릭합니다.

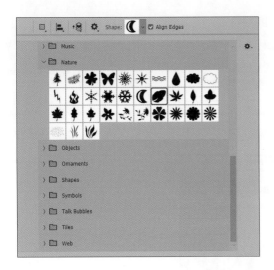

③ 《출력형태》와 일치하는 Leaf 1(잎 1, )을 찾아 선택한 후, Shift 를 누른 채 드래그하여 작업 영역에 추가합니다.

④ Layer Style(레이어 스타일)을 적용하기 위해, Layers(레이어) 패널 하단에 Add a Layer Style(레이어 스타일 추가, fx.)을 클릭합니다.

⑤ [Stroke(획/선)]를 선택하고 Size(크기) : 2px, Position(포지션) : Outside, Color(색상) : #330099로 설정한 후 [OK(확인)]를 클릭합니다.

## 3 문자 효과 적용

**01** 세무컨설팅 지침 안내(돋움, 32pt, 레이어 스타일 – 그레이디언트 오버레이(#33ccdd, #cccc22), Stroke(선/획)(2px, #000000))

① 도구상자에서 Horizontal Type Tool(수평 문자 도구)을 클릭한 뒤 Options Bar(옵션 바)에서 Font(글꼴) : Dotum, Size(크기) : 32pt를 설정한 후 '세무컨설팅 지침 안내'를 입력합니다.

② Options Bar(옵션 바)에서 Create Warped Text(뒤틀어진 텍스트)를 클릭해 Warp Text(텍스트 뒤틀기) 대화상자가 나타나면 Style : Arch(아치)를 선택하여 문자의 모양을 왜곡합니다.

③ Layer Style(레이어 스타일)을 적용하기 위해, Layers(레이어) 패널 하단에 Add a Layer Style(레이어 스타일 추가, fx.)을 클릭합니다.

④ [Gradient Overlay(그레이디언트 오버레이)]를 선택합니다.

⑤ Layer Style(레이어 스타일) 대화상자에서 Gradient(그레이디언트) 색상 스펙트럼을 클릭합니다.

⑥ 왼쪽과 오른쪽의 Color Stop(색상 정지점)을 각각 더블 클릭하고 '#33ccdd', '#cccc22'로 색상을 설정합니다.

⑦ Angle(각도)을 조정하고 [OK(확인)]를 클릭합니다.

⑧ 이어서 [Stroke(획/선)]를 선택하고 Size(크기) : 2px, Position(포지션) : Outside, Color(색상) : #000000 으로 설정한 후 [OK(확인)]를 클릭합니다.

## 4 최종 파일 저장

### 01 JPG 파일 저장

① [File(파일)] – [Save As(다른 이름으로 저장)]를 선택합니다.

② 파일 이름은 '수험번호–성명–2'로 입력합니다.

③ 파일 형식은 JPEG를 눌러주고 [저장(S)]을 클릭합니다.

④ JPEG Options(JPEG 옵션)은 Quality : 8 이상으로 잡고 [OK(확인)]를 클릭합니다.

### 02 PSD 파일 저장

① [Image(이미지)] – [Image Size(이미지 크기)]를 클릭합니다.

② Width(폭) : 40Pixels, Height(높이) : 50Pixels, [OK(확인)]를 클릭합니다.

③ [File(파일)] – [Save(저장)](Ctrl + S)를 선택합니다.

### 03 최종 파일 확인

① 2가지 포맷(JPG, PSD)의 최종 파일이 만들어졌는지 확인합니다.

## 5 답안 파일 전송

### 01 감독위원 PC로 답안 파일 전송

## 1 준비 작업

### 01 파일 만들기

① [File(파일)] – [New(새로 만들기)](Ctrl + N)를 클릭합니다.

### 02 파일 세부 정보 설정

① New Document(새 문서)에서 Name(이름)에 '실전 연습06', 'Width(폭) : 600Pixels, Height(높이) : 400Pixels, Resolution(해상도) : 72Pixels/Inch, Color Mode(색상 모드) : RGB Color, 8bit, Background Contents(배경 내용) : White(흰색)'로 설정하여 새 작업 이미지를 만듭니다.

### 03 파일 저장

① [File(파일)] – [Save As(다른 이름으로 저장)](Ctrl + Shift + S)를 클릭합니다.
  경로 : PC\문서\GTQ, 파일명은 '수험번호-성명-3.psd'로 저장합니다.

### 04 사용된 원본 이미지 열기

① [File(파일)] – [Open(열기)]을 클릭합니다.
  경로 : 문서\GTQ\Image\1급-7.jpg, 1급-8.jpg, 1급-9.jpg, 1급-10.jpg, 1급-11.jpg 총 5개의 jpg 파일을 Shift를 누른 채 모두 선택하고, [열기(O)]를 클릭합니다.

## 2 그림 효과 적용

### 01 배경 : #cccccc

① 도구상자 하단에 전경색을 더블 클릭합니다. Color Picker(색상 선택) 대화상자가 나타나면 #cccccc로 색상을 설정하고 [OK(확인)]를 클릭합니다. 작업 영역에서 전경색 단축키인 Alt + Delete를 눌러줍니다.

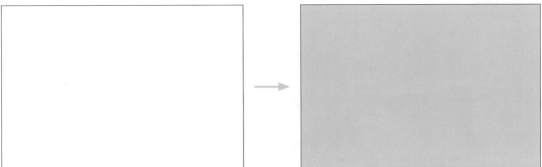

## 02  1급-7.jpg : 필터 – Blending Mode(혼합 모드) – Hard Light(하드 라이트)

① '1급-7.jpg'를 클릭합니다.

② '1급-7.jpg'를 전체 선택(Ctrl + A) 후 Ctrl + C를 눌러 복사합니다. 작업 영역으로 다시 돌아와 붙여넣기 (Ctrl + V)합니다.

③ Ctrl + T를 눌러 《출력형태》와 비교해가며 크기와 위치를 조정하고 Enter를 눌러줍니다.

④ Blending Mode(혼합 모드)는 [Hard Light(하드 라이트)]를 선택합니다.

## 03  1급-8.jpg : 필터 – Dry Brush(드라이 브러시), 레이어 마스크 – 가로 방향으로 흐릿하게

① '1급-8.jpg'를 클릭합니다.

② '1급-8.jpg'를 전체 선택(Ctrl + A) 후 Ctrl + C를 눌러 복사합니다. 작업 영역으로 다시 돌아와 붙여넣기 (Ctrl + V)합니다.

③ Ctrl + T를 눌러 《출력형태》와 비교해가며 크기와 위치를 조정하고 Enter를 눌러줍니다.

④ [Filter(필터)] – [Filter Gallery(필터 갤러리)] – [Artistic(예술 효과)] – [Dry Brush(드라이 브러시)]를 선택한 후 [OK(확인)]를 클릭합니다.

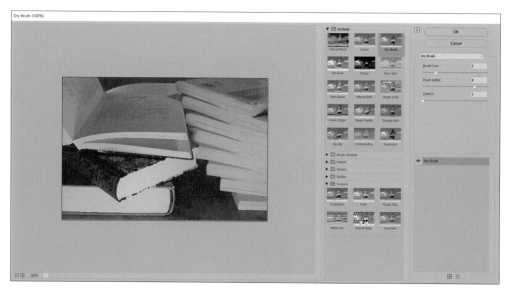

⑤ '1급-8.jpg' 레이어에 마스크를 추가하기 위해 Layers(레이어) 패널 하단에 Add a Layer Mask(마스크 추가, ▣)를 클릭합니다.

⑥ '1급-8.jpg' 레이어에 마스크가 적용됐으면, 도구상자의 Gradient Tool(그레이디언트 도구, ▣)을 클릭합니다.

⑦ Option Bar(옵션 바)에서 Gradient Spectrum(그레이디언트 스펙트럼, ▣■■▣)을 선택한 다음 Gradient Editor(그레이디언트 편집) 대화상자에서 그레이 계열을 지정한 후 [OK(확인)]를 클릭합니다.

⑧ 배경의 오른쪽에서 왼쪽 방향으로 드래그합니다.

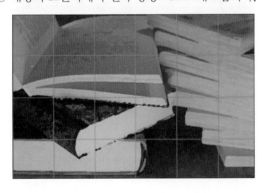

**04 1급-9.jpg : 필터 – Rough Pastels(거친 파스텔), 레이어 스타일 – Stroke(선/획)(2px, #ffffff))**

① Layers(레이어) 패널 하단에 Create a new layer(새 레이어 만들기, ▣)를 선택합니다.

② 도구상자에서 Custom Shape Tool(사용자 정의 모양 도구, ▨)을 클릭합니다.

③ Option Bar(옵션 바)에서 Shape(모양), Fill Color(칠 색상) : #ffffff를 지정한 다음 Shape(모양) 목록 단추를 클릭합니다. [Legacy Shapes and More(레거시 모양 및 기타)] – [All Legacy Default Shapes(전체 레거시 모양)] – [Banners and Awards(배너 및 상장)]를 선택합니다.

④ 《출력형태》와 일치하는 Trophy(트로피, ▼)를 찾아 선택한 후, Shift 를 누른 채 드래그하여 작업 영역에 추가합니다.

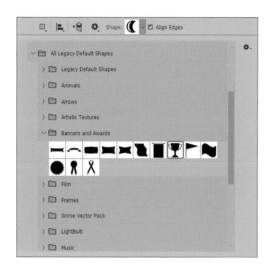

⑤ '1급-9.jpg'를 전체 선택(Ctrl + A) 후 Ctrl + C를 눌러 복사합니다. 작업 영역으로 다시 돌아와 붙여넣기 (Ctrl + V)합니다.

⑥ [Filter(필터)] - [Filter Gallery(필터 갤러리)] - [Artistic(예술 효과)] - [Rough Pastels(거친 파스텔)]을 선택한 후 [OK(확인)]를 클릭합니다.

⑦ 클리핑 마스크를 하기 위해 '1급-9.jpg'를 Trophy(트로피, 🏆) 위로 위치한 다음 Ctrl + Alt + G를 눌러 줍니다.

⑧ Layer Style(레이어 스타일)을 적용하기 위해, Add a Layer Style(레이어 스타일 추가, fx.)을 클릭합니다.

⑨ [Stroke(선/획)]를 선택하고 Size(크기) : 2px, Position(포지션) : Outside, Color(색상) : #ffffff로 설정합니다.

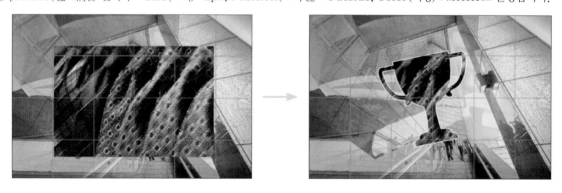

**05 1급-10.jpg : 레이어 스타일 - Outer Glow(외부 광선), Drop Shadow(그림자 효과)**

① '1급-10.jpg'를 클릭합니다.

② 도구상자의 Quick Selection Tool(빠른 선택 도구, ✏️)을 선택합니다. Options Bar(옵션 바)에서 [Add to Selection(선택 영역에 추가)]으로 브러시의 크기를 조절해 필요한 영역을 선택하고 Ctrl + C로 복사합니다.

③ 작업 영역으로 다시 돌아와 붙여넣기(Ctrl + V)합니다.

④ Layer Style(레이어 스타일)을 적용하기 위해, Add a Layer Style(레이어 스타일 추가, fx.)을 클릭합니다.

⑤ [Outer Glow(외부 광선)]와 [Drop Shadow(그림자 효과)]를 선택하고, Layer Style(레이어 스타일) 대화상자에서 [OK(확인)]를 클릭합니다.

## 06 1급-11.jpg : 색상 보정 − 초록색 계열로 보정

① '1급-11.jpg'를 클릭합니다.

② 도구상자의 Quick Selection Tool(빠른 선택 도구, ▨)을 선택합니다. Options Bar(옵션 바)에서 [Add to Selection(선택 영역에 추가)]으로 브러시의 크기를 조절해 필요한 영역을 선택하고 Ctrl + C 로 복사합니다.

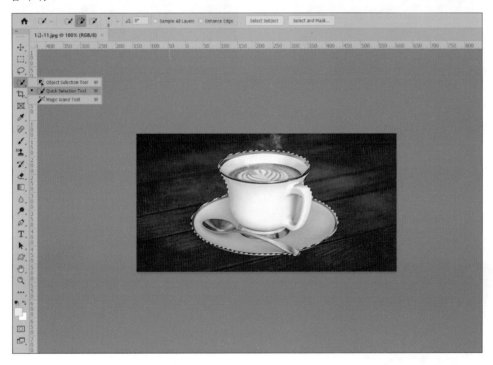

③ 작업 영역으로 돌아와 Ctrl + V 로 이미지를 붙여넣기 합니다.

④ Ctrl + T 를 눌러 《출력형태》와 비교해가며 이미지의 크기 및 위치를 조정하고 Enter 를 눌러줍니다.

⑤ 이어서 색상 보정할 부분을 Quick Selection Tool(빠른 선택 도구, ▨)을 이용해 이미지를 선택합니다.

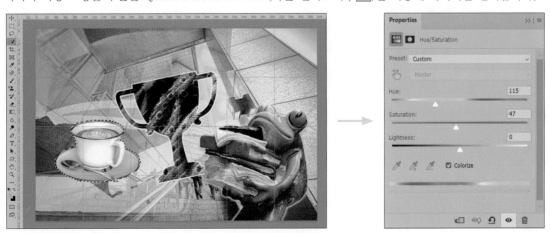

⑥ Layers(레이어) 패널 하단에 Create new fill or adjustment layer(조정 레이어, )를 클릭하고, Hue/Saturation(색조/채도)을 선택합니다.

⑦ Properties(특징) 대화상자에서 Hue(색조), Saturation(채도)을 초록색에 가깝게 조절해 줍니다.

## 07 그 외《출력형태》참조

① Layers(레이어) 패널 하단에 Create a new layer(새 레이어 생성, ▣)를 클릭합니다.

② Custom Shape Tool(사용자 정의 모양 도구, ⬚)을 클릭합니다.

③ Option Bar(옵션 바)에서 Shape(모양), Fill Color(칠 색상) : #554433을 지정한 다음 Shape(모양) 목록 단추를 클릭합니다. [Legacy Shapes and More(레거시 모양 및 기타)] – [All Legacy Default Shapes(전체 레거시 모양)] – [Symbols(기호)]를 선택합니다.

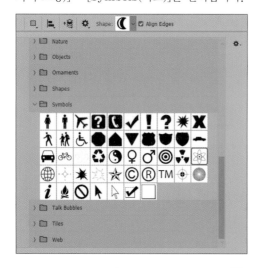

④ 《출력형태》와 일치하는 Nuclear(원자력, ✳)를 찾아 선택한 후, Shift를 누른 채 드래그하여 작업 영역에 추가합니다.

⑤ Layer Style(레이어 스타일)을 적용하기 위해, Layers(레이어) 패널 하단에 Add a Layer Style(레이어 스타일 추가, fx.)을 클릭합니다.

⑥ [Drop Shadow(그림자 효과)]를 선택하고, Layer Style(레이어 스타일) 대화상자에서 [OK(확인)]를 클릭합니다.

 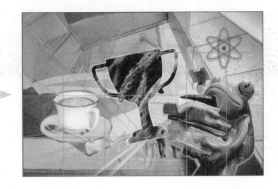

⑦ 이어서 Custom Shape Tool(사용자 모양 정의 도구, 🖈)을 클릭합니다.

⑧ Option Bar(옵션 바)에서 Shape(모양), Fill Color(칠 색상) : #cccccc를 지정한 다음 Shape(모양) 목록 단추를 클릭합니다. [Legacy Shapes and More(레거시 모양 및 기타)] – [All Legacy Default Shapes(전체 레거시 모양)] – [Banners and Awards(배너 및 상장)]를 선택합니다.

⑨ 《출력형태》와 일치하는 Banner 4(배너 4, ▬)를 찾아 선택한 후, 드래그하여 작업 영역에 추가합니다.

⑩ Layer Style(레이어 스타일)을 적용하기 위해, Layers(레이어) 패널 하단에 Add a Layer Style(레이어 스타일 추가, 🟦)을 클릭합니다.

⑪ [Inner Shadow(내부 그림자)]를 선택하고, Layer Style(레이어 스타일) 대화상자에서 [OK(확인)]를 클릭합니다.

⑫ 위와 같은 방법으로 Custom Shape Tool(사용자 정의 모양 도구, 🖈)을 사용하여 Fill Color(칠 색상) : #ffff00, 레이어 스타일 – Drop Shadow(그림자 효과)가 적용된 Square(사각형, ■)를 작업 영역에 추가합니다.

## 3  문자 효과 적용

**01** 직장인을 위한 공부법(굴림, 32pt, #eeccff, 레이어 스타일 – Stroke(선/획)(2px, #000000))

① 도구상자에서 Horizontal Type Tool(수평 문자 도구)을 클릭한 뒤 Options Bar(옵션 바)에서 Font(글꼴) : Gulim, Size(크기) : 32pt, Font Color(글자색) : #eeccff를 설정한 후 '직장인을 위한 공부법'을 입력합니다.

② Options Bar(옵션 바)에서 Create Warped Text(뒤틀어진 텍스트)를 클릭해 Warp Text(텍스트 뒤틀기) 대화상자가 나타나면 Style : Rise(상승)를 선택하여 문자의 모양을 왜곡합니다.

③ Layer Style(레이어 스타일)을 적용하기 위해, Layers(레이어) 패널 하단에 Add a Layer Style(레이어 스타일 추가, fx)을 클릭합니다.

④ [Stroke(획/선)]를 선택하고 Size(크기) : 2px, Position(포지션) : Outside, Color(색상) : #000000으로 설정한 후 [OK(확인)]를 클릭합니다.

**02** 일 잘하는 직장인을 위한 데이터 실무 분석 방법(궁서, 14pt, #eeee33, 레이어 스타일 – Stroke(선/획) (2px, #001155))

① 도구상자에서 Horizontal Type Tool(수평 문자 도구)을 클릭한 뒤 Options Bar(옵션 바)에서 Font(글꼴) : Gungsuh, Size(크기) : 14pt, Font Color(글자색) : #eeee33을 설정한 후 '일 잘하는 직장인을 위한 데이터 실무 분석 방법'을 입력합니다.

② Layer Style(레이어 스타일)을 적용하기 위해, Layers(레이어) 패널 하단에 Add a Layer Style(레이어 스타일 추가, fx)을 클릭합니다.

③ [Stroke(획/선)]를 선택하고 Size(크기) : 2px, Position(포지션) : Outside, Color(색상) : #001155로 설정한 후 [OK(확인)]를 클릭합니다.

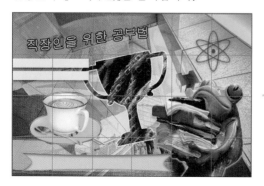 

**03** 일시: 2022. 02. 14. 오후 2시, 장소: 한국 비즈니스 센터(궁서, 10pt, #ffffff, 레이어 스타일 − Stroke(선/획) (2px, #001155))

① 도구상자에서 Horizontal Type Tool(수평 문자 도구)을 클릭한 뒤 Options Bar(옵션 바)에서 Font(글꼴) : Gungsuh, Size(크기) : 10pt, Font Color(글자색) : #ffffff를 설정한 후 '일시: 2022. 02. 14. 오후 2시, 장소: 한국 비즈니스 센터'를 입력합니다.

② Layer Style(레이어 스타일)을 적용하기 위해, Layers(레이어) 패널 하단에 Add a Layer Style(레이어 스타일 추가, *fx.*)을 클릭합니다.

③ [Stroke(획/선)]를 선택하고 Size(크기) : 2px, Position(포지션) : Outside, Color(색상) : #001155로 설정한 후 [OK(확인)]를 클릭합니다.

## 4 최종 파일 저장

### 01 JPG 파일 저장

① [File(파일)] − [Save As(다른 이름으로 저장)]를 선택합니다.
② 파일 이름은 '수험번호−성명−3'으로 입력합니다.
③ 파일 형식은 JPEG를 눌러주고 [저장(S)]을 클릭합니다.
④ JPEG Options(JPEG 옵션)은 Quality : 8 이상으로 잡고 [OK(확인)]를 클릭합니다.

### 02 PSD 파일 저장

① [Image(이미지)] − [Image Size(이미지 크기)]를 클릭합니다.
② Width(폭) : 60Pixels, Height(높이) : 40Pixels, [OK(확인)]를 클릭합니다.
③ [File(파일)] − [Save(저장)](Ctrl + S)를 선택합니다.

### 03 최종 파일 확인

① 2가지 포맷(JPG, PSD)의 최종 파일이 만들어졌는지 확인합니다.

## 5 답안 파일 전송

### 01 감독위원 PC로 답안 파일 전송

# 1 준비 작업

## 01 파일 만들기

① [File(파일)] – [New(새로 만들기)](Ctrl + N)를 클릭합니다.

## 02 파일 세부 정보 설정

① New Document(새 문서)에서 Name(이름)에 '실전 연습06', 'Width(폭) : 600Pixels, Height(높이) : 400Pixels, Resolution(해상도) : 72Pixels/Inch, Color Mode(색상 모드) : RGB Color, 8bit, Background Contents(배경 내용) : White(흰색)'로 설정하여 새 작업 이미지를 만듭니다.

## 03 파일 저장

① [File(파일)] – [Save As(다른 이름으로 저장)](Ctrl + Shift + S)를 클릭합니다.
   경로 : PC\문서\GTQ, 파일명은 '수험번호-성명-4.psd'로 저장합니다.

## 04 사용된 원본 이미지 열기

① [File(파일)] – [Open(열기)]을 클릭합니다.
   경로 : 문서\GTQ\Image\1급-12.jpg, 1급-13.jpg, 1급-14.jpg, 1급-15.jpg, 1급-16.jpg, 1급-17.jpg 총 6 개의 jpg 파일을 Shift를 누른 채 모두 선택하고, [열기(O)]를 클릭합니다.

# 2 그림 효과 적용

## 01 배경 : #889988

① 도구상자 하단에 전경색을 더블 클릭합니다. Color Picker(색상 선택) 대화상자가 나타나면 #889988로 색상을 설정하고 [OK(확인)]를 클릭합니다. 작업 영역에서 전경색 단축키인 Alt + Delete를 눌러줍니다.

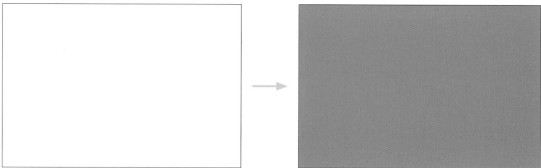

## 02 패턴(세계 모양) : #00cc55

① 패턴을 만들기 위해 [File(파일)] – [New(새로 만들기)]를 선택합니다.

② New Document(새 문서)에서 'Width(폭) : 70Pixels, Height(높이) : 70Pixels, Resolution(해상도) : 72Pixels/Inch, Color Mode(색상 모드) : RGB Color, 8bit, Background Contents(배경 내용) : Transparent(투명색)'로 설정하여 새 작업 이미지를 만듭니다.

③ Custom Shape Tool(사용자 모양 정의 도구, )을 클릭합니다.

④ Option Bar(옵션 바)에서 Shape(모양), Fill Color(칠 색상) : #00cc55를 지정한 다음 Shape(모양) 목록 단추를 클릭합니다. [Legacy Shapes and More(레거시 모양 및 기타)] – [All Legacy Default Shapes(전체 레거시 모양)] – [Web(웹)]을 선택합니다.

⑤ 《출력형태》와 일치하는 World Wide Web(월드 와이드 웹, ⊕)을 찾아 선택한 후, Shift 를 누른 채 드래그하여 작업 영역에 추가합니다.

⑥ 도구상자에서 Move Tool(이동 도구, ✛)을 클릭한 후 Alt 를 눌러 World Wide Web(월드 와이드 웹, ⊕)을 드래그해 복사합니다

⑦ Menu Bar(메뉴 바) – [Edit(편집)] – [Define Pattern(사용자 패턴 정의)]을 클릭합니다.

⑧ Pattern Name(패턴 이름)을 '세계 모양'으로 입력하고 [OK(확인)]를 클릭한 후 작업 영역으로 돌아갑니다.

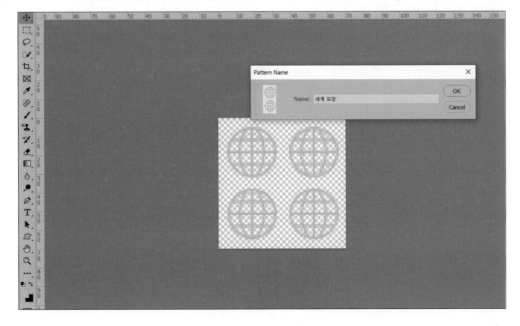

## 03 패턴(세계 모양) : Pen Tool(펜 도구) 사용, #5555bb, 레이어 스타일 – Stroke(선/획)(2px, #001155)

① Layers(레이어) 패널 하단에 Create a new layer(새 레이어 만들기, ▣)를 클릭합니다.

② 도구상자에서 Pen Tool(펜 도구, ✎)을 클릭합니다.

③ 상단 Option Bar(옵션 바)에서 Path(패스)를 Shape(모양)로 변경한 후 Fill Color(칠 색상) : #5555bb 로 설정하고 Shape(모양)를 그립니다.

④ Layer Style(레이어 스타일)을 적용하기 위해, Layers(레이어) 패널 하단에 Add a Layer Style(레이어 스타일 추가, ⨍)을 클릭합니다.

⑤ [Stroke(선/획)]를 선택하고 Size(크기) : 2px, Color(색상) : #001155로 지정한 다음 [OK(확인)]를 클릭합니다.

## 04 패턴(세계 모양) : 클리핑 마스크

① Layers(레이어) 패널 하단에 Create a new layer(새 레이어 생성, ▣)를 클릭합니다.

② 도구상자의 Pattern Stamp Tool(패턴 스탬프 툴, ⬚)을 클릭합니다.

③ 상단 Option Bar(옵션 바) 패턴 썸네일 옆에 목록 단추를 눌러 만들어 놓은 패턴 모양을 클릭합니다.

④ Size(크기)를 5000px로 설정합니다.

⑤ 작업 영역의 빈 곳을 클릭합니다.

⑥ 클리핑 마스크를 하기 위해 Ctrl + Alt + G를 눌러줍니다.

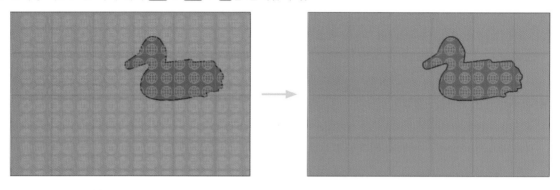

## 05 1급-12.jpg : Blending Mode(혼합 모드) – Overlay(오버레이), 레이어 마스크 – 세로 방향으로 흐릿하게

① '1급-12.jpg'를 클릭합니다.

② '1급-12.jpg'를 전체 선택(Ctrl + A) 후 Ctrl + C를 눌러 복사합니다. 작업 영역으로 돌아와 붙여넣기 (Ctrl + V)합니다.

③ Ctrl + T를 눌러 《출력형태》와 비교해가며 크기와 위치를 조정하고 Enter를 눌러줍니다.

④ Blending Mode(혼합 모드)는 [Overlay(오버레이)]를 선택합니다.

⑤ Layers(레이어) 패널 하단에 Add a layer mask(마스크 추가, ▣)를 클릭합니다.

⑥ Layers(레이어) 옆에 마스크가 적용됐으면, 도구상자의 Gradient Tool(그레이디언트 도구, ▣)을 클릭합니다.

⑦ Option Bar(옵션 바)에서 Gradient Spectrum(그레이디언트 스펙트럼, ▣ ▬▬▬ )을 클릭한 다음 Gradient Editor(그레이디언트 편집) 대화상자가 나타나면 그레이 계열의 그라데이션을 선택한 후 [OK(확인)]를 클릭합니다.

⑧ 배경의 위쪽에서 아래쪽 방향으로 드래그합니다.

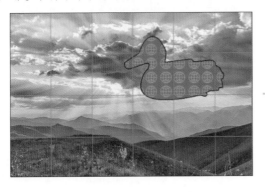 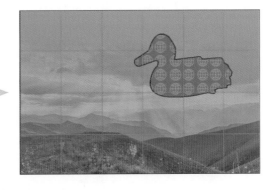

**06** 1급-13.jpg : 필터 – Sponge(스폰지), 레이어 마스크 – 가로 방향으로 흐릿하게

① '1급-13.jpg'를 클릭합니다.

② '1급-13.jpg'를 전체 선택(Ctrl + A) 후 Ctrl + C를 눌러 복사합니다. 작업 영역으로 돌아와 붙여넣기 (Ctrl + V)합니다.

③ Ctrl + T를 눌러 《출력형태》와 비교해가며 크기와 위치를 조정하고 Enter를 눌러줍니다.

④ [Filter(필터)] – [Filter Gallery(필터 갤러리)] – [Artistic(예술 효과)] – [Sponge(스폰지)]를 선택한 후 [OK(확인)]를 클릭합니다.

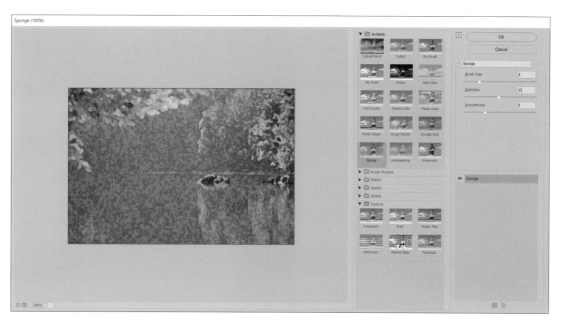

⑤ Layers(레이어) 패널 하단에 Add a layer mask(마스크 추가, )를 클릭합니다.

⑥ Layers(레이어) 옆에 마스크가 적용됐으면, 도구상자의 Gradient Tool(그레이디언트 도구, )을 클릭합니다.

⑦ Option Bar(옵션 바) Gradient Spectrum(그레이디언트 스펙트럼, )을 클릭한 다음 Gradient Editor(그레이디언트 편집) 대화상자가 나타나면 그레이 계열의 그라데이션을 선택한 후 [OK(확인)]를 클릭합니다.

⑧ 배경의 왼쪽에서 오른쪽 방향으로 드래그합니다.

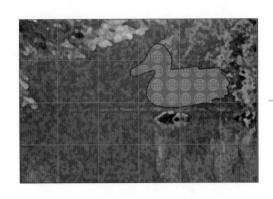 

## 07 1급-14.jpg : 레이어 스타일 – Inner Glow(내부 광선)

① '1급-14.jpg'를 클릭합니다.

② 도구상자의 Quick Selection Tool(빠른 선택 도구, ✎)을 선택합니다. Options Bar(옵션 바)에서 [Add to Selection(선택 영역에 추가)]으로 브러시의 크기를 조절해 필요한 영역을 선택하고 Ctrl + C로 복사합니다.

③ 작업 영역으로 돌아와 Ctrl + V로 이미지를 붙여넣기 하고, Ctrl + T를 누른 다음 Shift를 눌러 크기를 조정해 배치합니다.

④ Layer Style(레이어 스타일)을 적용하기 위해, Layers(레이어) 패널 하단에 Add a Layer Style(레이어 스타일 추가, fx.)을 클릭합니다.

⑤ [Inner Glow(내부 광선)]를 선택하고 Layer Style(레이어 스타일) 대화상자가 나타나면 [OK(확인)]를 클릭합니다.

## 08 1급-15.jpg : 필터 – Poster Edges(포스터 가장자리)

① '1급-15.jpg'를 클릭합니다.

② 도구상자의 Quick Selection Tool(빠른 선택 도구, ✎)을 선택합니다. Options Bar(옵션 바)에서 [Add to Selection(선택 영역에 추가)]으로 브러시의 크기를 조절해 필요한 영역을 선택하고 Ctrl + C로 복사합니다.

③ 작업 영역으로 돌아와 Ctrl + V로 이미지를 붙여넣기 하고, Ctrl + T를 누른 다음 Shift로 크기를 조정해 배치합니다.

④ [Filter(필터)] – [Filter Gallery(필터 갤러리)] – [Artistic(예술 효과)] – [Poster Edges(포스터 가장자리)]를 선택한 후 [OK(확인)]를 클릭합니다.

## 09 1급-16.jpg : 색상 보정 – 초록색 계열로 보정

① '1급-16.jpg'를 클릭합니다.

② 도구상자의 Quick Selection Tool(빠른 선택 도구, ✎)을 선택합니다. Options Bar(옵션 바)에서 [Add to Selection(선택 영역에 추가)]으로 브러시의 크기를 조절해 필요한 영역을 선택하고 Ctrl + C로 복사합니다.

③ 작업 영역으로 돌아와 Ctrl + V로 이미지를 붙여넣기 하고, Ctrl + T를 누른 다음 Shift를 눌러 크기를 조정해 배치합니다.

④ Layers(레이어) 패널의 '1급-16.jpg' 레이어 썸네일을 `Ctrl`을 눌러 클릭한 다음 Layers(레이어) 패널 하단 Create new fill or adjustment layer(조정 레이어, ●)를 클릭합니다.

⑤ [Hue/Saturation(색조/채도)]을 선택해 Properties(특징) 대화상자에서 Hue(색조), Saturation(채도)을 초록색에 가깝게 조절해 줍니다.

## 10 그 외 《출력형태》 참조

① Layers(레이어) 패널 하단에 Create a new layer(새 레이어 만들기, ⊞)를 클릭합니다.

② 도구상자의 Custom Shape Tool(사용자 정의 모양 도구, ✿)을 클릭합니다.

③ Option Bar(옵션 바)에서 Shape(모양), Fill Color(칠 색상) : #ff9900을 지정한 다음 Shape(모양) 목록 단추를 클릭합니다. [Legacy Shapes and More(레거시 모양 및 기타)] – [All Legacy Default Shapes(전체 레거시 모양)] – [Ornaments(장식)]를 클릭합니다.

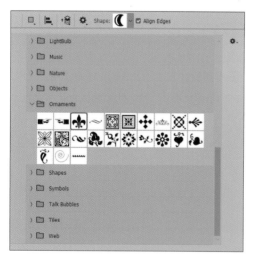

④ 《출력형태》와 일치하는 Fleur-De-Lis(백합화문, ⚜)를 찾아 선택한 후, `Shift`를 누른 채 드래그하여 작업 영역에 추가합니다.

⑤ Layer Style(레이어 스타일)을 적용하기 위해, Layers(레이어) 패널 하단에 Add a Layer Style(레이어 스타일 추가, `fx.`)을 클릭합니다.

⑥ [Drop Shadow(그림자 효과)]를 선택하고 Layer Style(레이어 스타일) 대화상자에서 [OK(확인)]를 클릭합니다.

⑦ 위와 같은 방법으로 Custom Shape Tool(사용자 정의 모양 도구, ▨)을 사용하여 Fill Color(칠 색상) : #cc00ff, 레이어 스타일 – Stroke(선/획)(2px, #ffffff)가 적용된 Heart Card(하트 카드, ♥)를 작업 영역에 추가합니다.

⑧ '1급-17.jpg'를 클릭합니다.

⑨ 도구상자의 Quick Selection Tool(빠른 선택 도구, ▨)을 선택합니다. Options Bar(옵션 바)에서 [Add to Selection(선택 영역에 추가)]으로 브러시의 크기를 조절해 필요한 영역을 선택하고 Ctrl + C로 복사합니다.

⑩ 작업 영역으로 돌아와 Ctrl + V로 이미지를 붙여넣기 하고, Ctrl + T를 누른 다음 Shift로 크기를 조정해 배치합니다.

## 3 문자 효과 적용

### 01 숲속 동물(궁서, 25pt, #992233, 레이어 스타일 – Stroke(선/획)(2px, #ffff99))

① 도구상자에서 Horizontal Type Tool(수평 문자 도구)을 클릭한 뒤 Options Bar(옵션 바)에서 Font(글꼴) : Gungsuh, Size(크기) : 25pt, Font Color(글자색) : #992233을 설정한 후 '숲속 동물'을 입력합니다.

② Options Bar(옵션 바)에서 Create Warped Text(뒤틀어진 텍스트)를 클릭해 Warp Text(텍스트 뒤틀기) 대화상자가 나타나면 Style : Arc(부채꼴)를 선택하여 문자의 모양을 왜곡합니다.

③ Layer Style(레이어 스타일)을 적용하기 위해, Layers(레이어) 패널 하단에 Add a Layer Style(레이어 스타일 추가, ▨)을 클릭합니다.

④ [Stroke(획/선)]를 선택하고 Size(크기) : 2px, Position(포지션) : Outside, Color(색상) : #ffff99로 설정한 후 [OK(확인)]를 클릭합니다.

**02** 사랑스러운 동물들의 세계(돋움, 18pt, #220099, 레이어 스타일 – Stroke(선/획)(2px, #ffffff))

① 도구상자에서 Horizontal Type Tool(수평 문자 도구)을 클릭한 뒤 Options Bar(옵션 바)에서 Font(글꼴) : Dotum, Size(크기) : 18pt, Font Color(글자색) : #220099를 설정한 후 '사랑스러운 동물들의 세계'를 입력합니다.

② Options Bar(옵션 바)에서 Create Warped Text(뒤틀어진 텍스트)를 클릭해 Warp Text(텍스트 뒤틀기) 대화상자가 나타나면 Style : Flag(깃발)를 선택하여 문자의 모양을 왜곡합니다

③ Layer Style(레이어 스타일)을 적용하기 위해, Layers(레이어) 패널 하단에 Add a Layer Style(레이어 스타일 추가, fx.)을 클릭합니다.

④ [Stroke(획/선)]를 선택하고 Size(크기) : 2px, Position(포지션) : Outside, Color(색상) : #ffffff로 설정한 후 [OK(확인)]를 클릭합니다.

## 4 최종 파일 저장

**01** JPG 파일 저장

① [File(파일)] – [Save As(다른 이름으로 저장)]를 클릭합니다.
② 파일 이름은 '수험번호–성명–4'로 입력합니다.
③ 파일 형식은 JPEG를 선택하고 [저장(S)]을 클릭합니다.
④ JPEG Options(JPEG 옵션)은 Quality : 8 이상으로 잡고 [OK(확인)]를 클릭합니다.

**02** PSD 파일 저장

① [Image(이미지)] – [Image Size(이미지 크기)]를 클릭합니다.
② Width(폭) : 60Pixels, Height(높이) : 40Pixels, [OK(확인)]를 클릭합니다.
③ [File(파일)] – [Save(저장)](Ctrl + S)를 선택합니다.

**03** 최종 파일 확인

① 2가지 포맷(JPG, PSD)의 최종 파일이 만들어졌는지 확인합니다.

## 5 답안 파일 전송

**01** 감독위원 PC로 답안 파일 전송

## 07 회 실전 모의고사

### 문제1 [기능평가] 고급 Tool(도구) 활용

다음의 〈조건〉에 따라 아래의 《출력형태》와 같이 작업하시오.

`[20점]`

조건 ╚

| 원본 이미지 | 문서\GTQ\image\1급-1.jpg, 1급-2.jpg, 1급-3.jpg | | |
|---|---|---|---|
| 파일 저장 규칙 | JPG | 파일명 | 문서\GTQ\수험번호-성명-1.jpg |
| | | 크기 | 400 x 500 Pixels |
| | PSD | 파일명 | 문서\GTQ\수험번호-성명-1.psd |
| | | 크기 | 40 x 50 Pixels |

1. 그림 효과

① 1급-1.jpg : 필터 – Rough Pastels(거친 파스텔)
② Save Path(패스 저장) : 요리사 모양
③ Mask(마스크) : 요리사 모양, 1급-2.jpg를 이용하여 작성
　레이어 스타일 – Stroke(선/획)(3px, #3366ff), Inner Shadow(내부 그림자)
④ 1급-3.jpg : 레이어 스타일 – Bevel & Emboss(경사와 엠보스)
⑤ Shape Tool(모양 도구) :
　– 돋보기 모양(#79ffbb, 레이어 스타일 – Drop Shadow(그림자 효과))
　– 재활용 모양(#ffde77, 레이어 스타일 – Inner Shadow(내부 그림자))

2. 문자 효과

① Agricultural Society(Times New Roman, Bold, 32pt, 레이어 스타일 – 그레이디언트 오버레이(#66efff, #ffdd22), Drop Shadow(그림자 효과))

### 문제2 [기능평가] 사진편집 응용

다음의 〈조건〉에 따라 아래의 《출력형태》와 같이 작업하시오.

`[20점]`

조건 ╚

| 원본 이미지 | 문서\GTQ\image\1급-4.jpg, 1급-5.jpg, 1급-6.jpg | | |
|---|---|---|---|
| 파일 저장 규칙 | JPG | 파일명 | 문서\GTQ\수험번호-성명-2.jpg |
| | | 크기 | 400 x 500 Pixels |
| | PSD | 파일명 | 문서\GTQ\수험번호-성명-2.psd |
| | | 크기 | 40 x 50 Pixels |

1. 그림 효과

① 1급-4.jpg : 필터 – Poster Edges(포스터 가장자리)
② 색상 보정 : 1급-5.jpg – 보라색 계열로 보정
③ 1급-5.jpg : 레이어 스타일 – Bevel & Emboss(경사와 엠보스)
④ 1급-6.jpg : 레이어 스타일 – Drop Shadow(그림자 효과)
⑤ Shape Tool(모양 도구) :
　– 비행기 모양(#ffde77, 레이어 스타일 – Stroke(선/획)(2px, #cc7711))

2. 문자 효과

① 기후변화 해결방안(돋움, 46pt, 레이어 스타일 – 그레이디언트 오버레이(#eeff88, #7788ff), Stroke(선/획)(2px, #000000))

다음의 〈조건〉에 따라 아래의 《출력형태》와 같이 작업하시오. `25점`

조건 ㄴ

| 원본 이미지 | | 문서\GTQ\Image\1급-7.jpg, 1급-8.jpg, 1급-9.jpg, 1급-10.jpg, 1급-11.jpg | |
|---|---|---|---|
| 파일 저장<br>규칙 | JPG | 파일명 | 문서\GTQ\수험번호-성명-3.jpg |
| | | 크기 | 600 x 400 Pixels |
| | PSD | 파일명 | 문서\GTQ\수험번호-성명-3.psd |
| | | 크기 | 60 x 40 Pixels |

1. 그림 효과

① 배경 : #22cccc
② 1급-7.jpg : Blending Mode(혼합 모드) – Overlay(오버레이)
③ 1급-8.jpg : 필터 – Texturizer(텍스처화), 레이어 마스크 – 가로 방향으로 흐릿하게
④ 1급-9.jpg : 필터 – Rough Pastels(거친 파스텔), 레이어 스타일 – Stroke(선/획)(2px, #cc7711))
⑤ 1급-10.jpg : 레이어 스타일 – Inner Glow(내부 광선), Drop Shadow(그림자 효과)
⑥ 1급-11.jpg : 색상 보정 – 초록색 계열로 보정
⑦ 그 외 《출력형태》 참조

2. 문자 효과

① 독서문화행사 개최(돋움, 36pt, #ffffff, 레이어 스타일 – Stroke(선/획)(2px, 그레이디언트(#ff11aa, #5c2626)))
② 지역사회의 책문화 살리기(궁서, 18pt, #000000, 레이어 스타일 – Stroke(선/획)(2px, #ffeecc))

출력형태 ㄴ

Shape Tool(모양 도구) 사용
#ff00cc, 레이어 스타일 – Outer Glow(외부 광선)

Shape Tool(모양 도구) 사용
#22ffcc,
레이어 스타일 – Drop Shadow
(그림자 효과)

## 문제4 [실무응용] 웹 페이지 제작

다음의 〈조건〉에 따라 아래의 《출력형태》와 같이 작업하시오. 35점

### 조건 ∟

| 원본 이미지 | | | 문서\GTQ\Image\1급-12.jpg, 1급-13.jpg, 1급-14.jpg, 1급-15.jpg, 1급-16.jpg, 1급-17.jpg |
|---|---|---|---|
| 파일 저장 규칙 | JPG | 파일명 | 문서\GTQ\수험번호-성명-4.jpg |
| | | 크기 | 600 x 400 Pixels |
| | PSD | 파일명 | 문서\GTQ\수험번호-성명-4.psd |
| | | 크기 | 60 x 40 Pixels |

1. 그림 효과

① 배경 : #ddffff
② 패턴(자동차 모양) : #aa11cc
③ 1급-12.jpg : Blending Mode(혼합 모드) – Hard Light(하드 라이트), Opacity(불투명도)(30%)
④ 1급-13.jpg : 필터 – Sponge(스폰지), 레이어 마스크 – 가로 방향으로 흐릿하게
⑤ 1급-14.jpg : 레이어 스타일 – Drop Shadow(그림자 효과)
⑥ 1급-15.jpg : 필터 – Poster Edges(포스터 가장자리)
⑦ 1급-16.jpg : 색상 보정 – 빨간색 계열로 보정
⑧ 그 외 《출력형태》 참조

2. 문자 효과

① 자연휴양림 조성(궁서, 32pt, #002299, 레이어 스타일 – Stroke(선/획)(2px, #ffffff))
② https://www.nature.or.kr(Arial, Bold, 16pt, #115533)
③ 도심 속에서 함께하는 자연과의 공존(궁서, 18pt, # ff2222, 레이어 스타일 – Stroke(선/획)(2px, #ccff22))

### 출력형태 ∟

Shape Tool(모양 도구) 사용
#7755cc, 레이어 스타일 – Stroke(선/획)(3px, #114433)

Shape Tool(모양 도구) 사용
#ff9900,
레이어 스타일 – Drop Shadow
(그림자 효과)

Shape Tool(모양 도구) 사용
#ccffcc
레이어 스타일 –
Stroke(선/획)(3px, #00cc33)

# 07회 실전 모의고사 해설

## 문제1 [기능평가] 고급 Tool(도구) 활용

### 1 준비 작업

#### 01 파일 만들기

① [File(파일)] – [New(새로 만들기)]([Ctrl] + [N])를 클릭합니다.

#### 02 파일 세부 정보 설정

① New Document(새 문서)에서 Name(이름)에 '실전 연습07', 'Width(폭) : 400Pixels, Height(높이) : 500Pixels, Resolution(해상도) : 72Pixels/inch, Color Mode(색상 모드) : RGB Color, 8bit, Background Contents(배경 내용) : White(흰색)'로 설정하여 새 작업 이미지를 만듭니다.

#### 03 파일 저장

① [File(파일)] – [Save As(다른 이름으로 저장)]([Ctrl] + [Shift] + [S])를 클릭합니다.
경로 : PC\문서\GTQ, 파일명은 '수험번호-성명-1.psd'로 저장합니다.

#### 04 사용된 원본 이미지 열기

① [File(파일)] – [Open(열기)]을 클릭합니다.
경로 : 문서\GTQ\Image\1급-1.jpg, 1급-2.jpg, 1급-3.jpg 총 3개의 jpg 파일을 [Shift]를 누른 채 모두 선택하고, [열기([O])]를 클릭합니다.

### 2 그림 효과 적용

#### 01 1급-1.jpg : 필터 – Rough Pastels(거친 파스텔)

① '1급-1.jpg'를 클릭합니다.
② '1급-1.jpg'를 전체 선택([Ctrl] + [A]) 후 [Ctrl] + [C]를 눌러 복사합니다. 작업 영역으로 다시 돌아와 붙여넣기([Ctrl] + [V])합니다.
③ [Ctrl] + [T]를 눌러 《출력형태》와 비교해가며 이미지의 크기와 위치를 조정하고 [Enter]를 눌러줍니다.
④ [Filter(필터)] – [Filter Gallery(필터 갤러리)] – [Artistic(예술 효과)] – [Rough Pastels(거친 파스텔)]를 선택하고 [OK(확인)]를 클릭합니다.

**TIP ★**

[Filter Gallery(필터 갤러리)] 대화상자의 오른쪽 [Cancel(취소)] 버튼 아래 목록 단추를 클릭하면 필터 갤러리의 모든 필터가 알파벳 순으로 정렬되어 있습니다.

## 02 Save Path(패스 저장) : 요리사 모양

① Layers(레이어) 패널 하단에서 Create a new layer(새 레이어 생성, ⊞)를 클릭합니다.

② 《출력형태》에 그려 놓은 기준선을 참고하여 안내선을 만들어줍니다.

③ 도구상자에서 Ellipse Tool(원형 도구, ◎)과 Pen Tool(펜 도구, ✍)을 각각 선택합니다.

④ 상단 Option Bar(옵션 바)에서 Path(패스)를 Shape(모양)로 변경한 후 패스의 외곽을 그립니다.

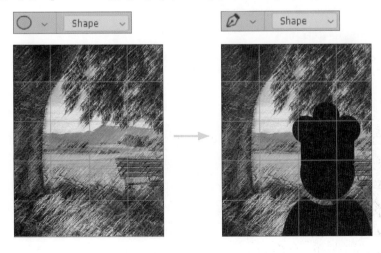

⑤ Layers(레이어) 패널에 생성된 여러 레이어를 Shift를 누른 채 모두 선택하고 Ctrl + E를 눌러 병합해 줍니다.

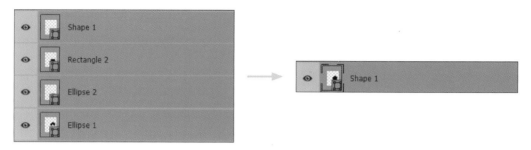

⑥ 도구상자에서 Ellipse Tool(원형 도구, ◎)을 클릭하고 상단 Exclude Overlapping Shapes(모양 오버랩 제외, ⬜)를 눌러 제외할 원형 1개를 그립니다.

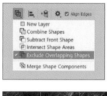

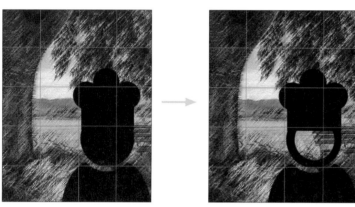

⑦ [Window(윈도우)] – [Paths(패스)]를 클릭합니다.

⑧ Paths(패스) 패널에서 병합된 레이어를 더블 클릭합니다.

⑨ Save Path(패스 저장) 대화상자에서 '요리사 모양'을 입력한 후 [OK(확인)]를 클릭합니다.

⑩ Paths(패스) 패널에서 Layers(레이어) 패널로 돌아옵니다.

**03** Mask(마스크) : 요리사 모양, 1급-2.jpg를 이용하여 작성, 레이어 스타일 – Stroke(선/획)(3px, #3366ff), Inner Shadow(내부 그림자)

① 만들어진 패스에 클리핑 마스크 작업을 하기 위해 '1급-2.jpg'를 클릭합니다.

② '1급-2.jpg'를 전체 선택(Ctrl + A) 후 Ctrl + C를 눌러 복사합니다. 작업 영역으로 돌아와 Shape(모양) 위에 붙여넣기(Ctrl + V)합니다.

③ 가져온 '1급-2.jpg'가 선택된 상태에서 마우스 우클릭 후 Create Clipping Mask(클리핑 마스크 만들기)를 선택하거나 또는 Ctrl + Alt + G를 눌러줍니다.

④ Ctrl + T 를 눌러 《출력형태》와 비교해가며 크기와 위치를 조정하고 Enter 를 눌러줍니다.

⑤ Layer Style(레이어 스타일)을 적용하기 위해, Layers(레이어) 패널 하단에 Add a Layer Style(레이어 스타일 추가, fx )을 클릭합니다.

⑥ [Inner Shadow(내부 그림자)]와 [Stroke(선/획)]를 선택해 Size(크기) : 3px, Position(포지션) : Outside, Color(색상) : #3366ff로 설정한 후 [OK(확인)]를 클릭합니다.

## 04 1급-3.jpg : 레이어 스타일 – Bevel & Emboss(경사와 엠보스)

① '1급-3.jpg'를 클릭합니다.

② 도구상자에서 Quick Selection Tool(빠른 선택 도구, ✐)을 클릭합니다.

③ 선택 영역 지정이 완료되면 Ctrl + C 를 눌러 레이어를 복사합니다.

④ 작업 영역으로 돌아와 Ctrl + V 로 이미지를 붙여넣은 후, Ctrl + T 로 크기를 조정해 배치합니다.

⑤ Layer Style(레이어 스타일)을 적용하기 위해, Layers(레이어) 패널 하단에 Add a Layer Style(레이어 스타일 추가, fx )을 클릭합니다.

⑥ [Bevel & Emboss(경사와 엠보스)]를 선택한 후, Layer Style(레이어 스타일) 대화상자가 나타나면 [OK(확인)] 를 클릭합니다.

## 05 Shape Tool(모양 도구)(돋보기 모양 – #79ffbb, 레이어 스타일 – Drop Shadow(그림자 효과)), 재활용 모양 – #ffde77, 레이어 스타일 – Inner Shadow(내부 그림자))

① 도구상자의 Custom Shape Tool(사용자 모양 정의 도구, ⬛)을 클릭합니다.

② Option Bar(옵션 바)에서 Shape(모양), Fill Color(칠 색상) : #79ffbb를 지정한 다음 Shape(모양) 목록 단추를 클릭합니다. [Legacy Shapes and More(레거시 모양 및 기타)] – [All Legacy Default Shapes(전체 레거시 모양)] – [Web(웹)]을 클릭합니다.

③ 《출력형태》와 일치하는 Search(검색, 🔍)를 찾아 선택한 후, 작업 영역에 추가합니다.

④ Layer Style(레이어 스타일)을 적용하기 위해, Layers(레이어) 패널 하단에 Add a Layer Style(레이어 스타일 추가, fx.)을 클릭합니다.

⑤ [Drop Shadow(그림자 효과)]를 선택한 후, Layer Style(레이어 스타일) 대화상자가 나타나면 [OK(확인)]를 클릭합니다.

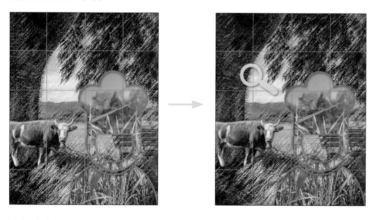

⑥ 계속해서 Custom Shape Tool(사용자 정의 모양 도구, 🔳)을 클릭합니다.

⑦ Option Bar(옵션 바)에서 Shape(모양), Fill Color(칠 색상) : #ffde77를 지정한 다음 Shape(모양) 목록 단추를 클릭합니다. [Legacy Shapes and More(레거시 모양 및 기타)] – [All Legacy Default Shapes(전체 레거시 모양)] – [Symbols(기호)]를 클릭합니다.

⑧ 《출력형태》와 일치하는 Recycle 2(재활용 2, ♻)를 찾아 선택한 후, Shift 를 누른 채 드래그하여 작업 영역에 추가합니다.

⑨ Layer Style(레이어 스타일)을 적용하기 위해 레이어 패널 하단에 Add a Layer Style(레이어 스타일 추가, fx.)을 클릭한 다음 [Inner Shadow(내부 그림자)]를 선택해 적용합니다.

## 3 문자 효과 적용

**01 Agricultural Society(Times New Roman, Bold, 32pt, 레이어 스타일 – 그레이디언트 오버레이(#66efff, #ffdd22), Drop Shadow(그림자 효과))**

① 도구상자에서 Horizontal Type Tool(수평 문자 도구)을 클릭한 뒤 Options Bar(옵션 바)에서 Font(글꼴) : Times New Roman, Style(스타일) : Bold, Size(크기) : 32pt를 설정한 후 'Agricultural Society'를 입력합니다.

② Options Bar(옵션 바)에서 Create Warped Text(뒤틀어진 텍스트)를 클릭해 Warp Text(텍스트 뒤틀기) 대화상자가 나타나면 style : Flag(깃발)를 선택하고 문자의 모양을 왜곡합니다.

③ Layer Style(레이어 스타일)을 적용하기 위해, Layers(레이어) 패널 하단에 Add a Layer Style(레이어 스타일 추가, fx.)을 클릭합니다.

④ [Gradient Overlay(그레이디언트 오버레이)]를 선택합니다.

⑤ Layer Style(레이어 스타일) 대화상자가 나타나면 Gradient(그레이디언트) 색상 스펙트럼을 클릭합니다.

⑥ 왼쪽과 오른쪽 아래 Color Stop(색상 정지점)을 각각 더블 클릭해 '#66efff', '#ffdd22'로 색상을 설정한 후 Angle(각도)을 조정하고 [OK(확인)]를 클릭합니다.

⑦ 이어서 [Drop Shadow(그림자 효과)]를 선택하고 Layer Style(레이어 스타일) 대화상자에서 [OK(확인)]를 클릭합니다.

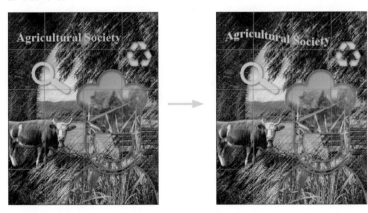

## 4 최종 파일 저장

**01 JPG 파일 저장**

① [File(파일)] – [Save As(다른 이름으로 저장)]를 클릭합니다.

② 파일 이름은 '수험번호-성명-1'로 입력합니다.

③ 파일 형식은 JPEG를 눌러주고 [저장(S)]을 클릭합니다.

④ JPEG Options(JPEG 옵션)은 Quality : 8 이상으로 잡고 [OK(확인)]를 클릭합니다.

## 02 PSD 파일 저장

① [Image(이미지)] – [Image Size(이미지 크기)]를 클릭합니다.

② Width(폭) : 40Pixels, Height(높이) : 50Pixels, [OK(확인)]를 클릭합니다.

③ [File(파일)] – [Save(저장)](Ctrl + S )를 선택합니다.

## 03 최종 파일 확인

① 2가지 포맷(JPG, PSD)의 최종 파일이 만들어졌는지 확인합니다.

## 5 답안 파일 전송

## 01 감독위원 PC로 답안 파일 전송

## 1  준비 작업

### 01 파일 만들기

① [File(파일)] − [New(새로 만들기)](Ctrl + N)를 클릭합니다.

### 02 파일 세부 정보 설정

① New Document(새 문서)에서 Name(이름)에 '실전 연습07', 'Width(폭) : 400Pixels, Height(높이) : 500Pixels, Resolution(해상도) : 72Pixels/Inch, Color Mode(색상 모드) : RGB Color, 8bit, Background Contents(배경 내용) : White(흰색)'로 설정하여 새 작업 이미지를 만듭니다.

### 03 파일 저장

① [File(파일)] − [Save As(다른 이름으로 저장)](Ctrl + Shift + S)를 클릭합니다.
   경로 : PC\문서\GTQ, 파일명은 '수험번호−성명−2.psd'로 저장합니다.

### 04 사용된 원본 이미지 열기

① [File(파일)] − [Open(열기)]을 클릭합니다.
   경로 : 문서\GTQ\Image\1급−4.jpg, 1급−5.jpg, 1급−6.jpg 총 3개의 jpg 파일을 Shift를 누른 채 모두 선택하고 [열기(O)]를 클릭합니다.

## 2  그림 효과 적용

### 01 1급−4.jpg : 필터 − Poster Edges(포스터 가장자리)

① '1급−4.jpg'를 클릭합니다.
② '1급−4.jpg'를 전체 선택(Ctrl + A) 후 Ctrl + C를 눌러 복사합니다. 작업 영역으로 돌아와 Ctrl + V로 붙여넣기 합니다.
③ Ctrl + T를 누르고 《출력형태》와 비교해가며 이미지의 크기 및 위치를 조정하고 Enter를 눌러줍니다.
④ [Filter(필터)] − [Filter Gallery(필터 갤러리)] − [Artistic(예술 효과)] − [Poster Edges(포스터 가장자리)]를 선택한 다음 [OK(확인)]를 클릭합니다.

## 02 색상 보정 : 1급-5.jpg - 보라색 계열로 보정

① '1급-5.jpg'를 클릭합니다.

② 도구상자의 Quick Selection Tool(빠른 선택 도구, ⬛)을 클릭합니다. Options Bar(옵션 바)에서 [Add to Selection(선택 영역에 추가)]으로 브러시의 크기를 조절해 필요한 영역을 선택하고 [Ctrl] + [C]로 복사합니다.

③ 작업 영역으로 돌아와 [Ctrl] + [V]로 이미지를 붙여넣기 하고, [Ctrl] + [T]를 누른 다음 [Shift]를 눌러 크기를 조정해 배치합니다.

④ 색상 보정할 부분을 Quick Selection Tool(빠른 선택 도구, ⬛)을 이용해 이미지를 선택해 줍니다.

⑤ Layers(레이어) 패널 하단에 Create new fill or Adjustment layer(조정 레이어, ⬛)를 클릭하고 Hue/Saturation(색조/채도)을 선택합니다.

⑥ Properties(특징) 대화상자에서 Hue(색조), Saturation(채도)을 보라색에 가깝게 조절해 줍니다.

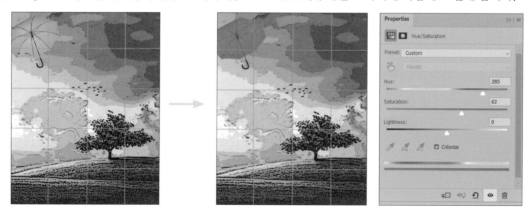

## 03 1급-5.jpg : 레이어 스타일 – Bevel & Emboss(경사와 엠보스)

① Layers(레이어) 패널에서 '1급-5.jpg'를 클릭합니다.

② Layer Style(레이어 스타일)을 적용하기 위해, Layers(레이어) 패널 하단에 Add a Layer Style(레이어 스타일 추가, *fx.*)을 클릭합니다.

③ [Bevel & Emboss(경사와 엠보스)]를 선택하고, Layer Style(레이어 스타일) 대화상자가 나타나면 [OK(확인)]를 클릭합니다.

## 04 1급-6.jpg : 레이어 스타일 – Inner Shadow(내부 그림자)

① '1급-6.jpg'를 클릭합니다.

② 도구상자에서 Quick Selection Tool(빠른 선택 도구, *✏️*)을 클릭합니다.

③ Options Bar(옵션 바)에 [Add to Selection(선택 영역에 추가)]을 설정한 후 브러시의 크기를 조절하며 필요한 이미지를 선택합니다.

④ 선택 영역 지정이 완료되면 Ctrl + C 를 눌러 레이어를 복사합니다.

⑤ 작업 영역으로 돌아와 Ctrl + V 로 이미지를 붙여넣은 후, Ctrl + T 로 크기를 조정해 배치합니다.

⑥ Layer Style(레이어 스타일)을 적용하기 위해, Layers(레이어) 패널 하단에 Add a Layer Style(레이어 스타일 추가, *fx.*)을 클릭합니다.

⑦ [Inner Shadow(내부 그림자)]를 선택한 후, Layer Style(레이어 스타일) 대화상자가 나타나면 [OK(확인)]를 클릭합니다.

## 05 Shape Tool(모양 도구)(비행기 모양 – #ffde77, 레이어 스타일 – Stroke(선/획)(2px, #cc7711))

① Custom Shape Tool(사용자 정의 모양 도구, *🖈*)을 클릭합니다.

② Option Bar(옵션 바)에서 Shape(모양), Fill Color(칠 색상) : #ffde77를 지정한 다음 Shape(모양) 목록 단추를 클릭합니다. [Legacy Shapes and More(레거시 모양 및 기타)] – [All Legacy Default Shapes(전체 레거시 모양)] – [Symbols(기호)]를 클릭합니다.

③ 《출력형태》와 일치하는 Airplane(비행기, )을 찾아 선택한 후, [Shift]를 누른 채 드래그하여 작업 영역에 추가합니다.

④ Layer Style(레이어 스타일)을 적용하기 위해, Layers(레이어) 패널 하단에 Add a Layer Style(레이어 스타일 추가, [fx.])을 클릭합니다.

⑤ [Stroke(획/선)]를 선택하고 Size(크기) : 2px, Position(포지션) : Outside, Color(색상) : #cc7711로 설정한 후 [OK(확인)]를 클릭합니다.

## 3 문자 효과 적용

01 기후변화 해결방안(돋움, 46pt, 레이어 스타일 – 그레이디언트 오버레이(#eeff88, #7788ff), Stroke(선/획) (2px, #000000))

① 도구상자에서 Horizontal Type Tool(수평 문자 도구)을 클릭한 뒤 Options Bar(옵션 바)에서 Font(글꼴) : Dotum, Size(크기) : 46pt를 설정한 후 '기후변화 해결방안'을 입력합니다.

② Layer Style(레이어 스타일)을 적용하기 위해, Layers(레이어) 패널 하단에 Add a Layer Style(레이어 스타일 추가, [fx.])을 클릭합니다.

③ [Gradient Overlay(그레이디언트 오버레이)]를 선택합니다.

④ Layer Style(레이어 스타일) 대화상자에서 Gradient(그레이디언트) 색상 스펙트럼을 클릭합니다.

⑤ 왼쪽과 오른쪽의 Color Stop(색상 정지점)을 각각 더블 클릭해 '#eeff88', '#7788ff'로 색상을 설정합니다.

⑥ Angle(각도)을 조정하고 [OK(확인)]를 클릭합니다.

⑦ 이어서 [Stroke(획/선)]를 선택하고 Size(크기) : 2px, Position(포지션) : Outside, Color(색상) : #000000
   으로 설정한 후 [OK(확인)]를 클릭합니다.

## 4  최종 파일 저장

### 01 JPG 파일 저장

① [File(파일)] – [Save As(다른 이름으로 저장)]를 선택합니다.

② 파일 이름은 '수험번호-성명-2'로 입력합니다.

③ 파일 형식은 JPEG를 선택하고 [저장(S)]을 클릭합니다.

④ JPEG Options(JPEG 옵션)은 Quality : 8 이상으로 잡고 [OK(확인)]를 클릭합니다.

### 02 PSD 파일 저장

① [Image(이미지)] – [Image Size(이미지 크기)]를 클릭합니다.

② Width(폭) : 40Pixels, Height(높이) : 50Pixels, [OK(확인)]를 클릭합니다.

③ [File(파일)] – [Save(저장)](Ctrl + S)를 선택합니다.

### 03 최종 파일 확인

① 2가지 포맷(JPG, PSD)의 최종 파일이 만들어졌는지 확인합니다.

## 5  답안 파일 전송

### 01 감독위원 PC로 답안 파일 전송

## 1　준비 작업

### 01 파일 만들기

① [File(파일)] – [New(새로 만들기)]( Ctrl + N )를 클릭합니다.

### 02 파일 세부 정보 설정

① New Document(새 문서)에서 Name(이름)에 '실전 연습07', 'Width(폭) : 600Pixels, Height(높이) : 400Pixels, Resolution(해상도): 72Pixels/Inch, Color Mode(색상 모드) : RGB Color, 8bit, Background Contents(배경 내용) : White(흰색)'로 설정하여 새 작업 이미지를 만듭니다.

### 03 파일 저장

① [File(파일)] – [Save As(다른 이름으로 저장)]( Ctrl + Shift + S )를 클릭합니다.

　경로 : PC\문서\GTQ, 파일명은 '수험번호-성명-3.psd'로 저장합니다.

### 04 사용된 원본 이미지 열기

① [File(파일)] – [Open(열기)]을 클릭합니다.

　경로 : 문서\GTQ\Image\1급-7.jpg, 1급-8.jpg, 1급-9.jpg, 1급-10.jpg, 1급-11.jpg 총 5개의 jpg Shift 를 누른 채 모두 선택하고, [열기( O )]를 클릭합니다.

## 2　그림 효과 적용

### 01 배경 : #22cccc

① 도구상자 하단에 전경색을 더블 클릭합니다. Color Picker(색상 선택) 대화상자가 나타나면 #22cccc로 색상을 설정하고 [OK(확인)]를 클릭합니다. 작업 영역에서 전경색 단축키인 Alt + Delete 를 눌러줍니다.

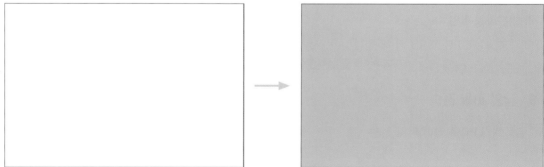

## 02 1급-7.jpg : 필터 – Blending Mode(혼합 모드) – Overlay(오버레이)

① '1급-7.jpg'를 클릭합니다.

② '1급-7.jpg'를 전체 선택(Ctrl + A) 후 Ctrl + C를 눌러 복사합니다. 작업 영역으로 다시 돌아와 붙여넣기 (Ctrl + V)합니다.

③ Ctrl + T를 눌러 《출력형태》와 비교해가며 크기와 위치를 조정하고 Enter를 눌러줍니다.

④ Blending Mode(혼합 모드)는 [Overlay(오버레이)]를 선택합니다.

## 03 1급-8.jpg : 필터 – Texturizer(텍스처화), 레이어 마스크 – 가로 방향으로 흐릿하게

① '1급-8.jpg'를 클릭합니다.

② '1급-8.jpg'를 전체 선택(Ctrl + A) 후 Ctrl + C를 눌러 복사합니다. 작업 영역으로 다시 돌아와 붙여넣기 (Ctrl + V)합니다.

③ Ctrl + T를 눌러 《출력형태》와 비교해가며 이미지의 크기 및 위치를 조정하고 Enter를 눌러줍니다.

④ [Filter(필터)] – [Filter Gallery(필터 갤러리)] – [Texture(텍스처)] – [Texturizer(텍스처화)]를 선택한 후 [OK(확인)]를 클릭합니다.

⑤ '1급-8.jpg' 레이어에 마스크를 추가하기 위해 Layers(레이어) 패널 하단에 Add a Layer Mask(마스크 추가, ▣)를 클릭합니다.

⑥ '1급-8.jpg' 레이어에 마스크가 적용됐으면, 도구상자의 Gradient Tool(그레이디언트 도구, ▣)을 클릭합니다.

⑦ Option Bar(옵션 바)에서 Gradient Spectrum(그레이디언트 스펙트럼, ▣▪ ▰▰▰ ▾)을 선택한 다음 Gradient Editor(그레이디언트 편집) 대화상자에서 그레이 계열을 지정한 후 [OK(확인)]를 클릭합니다.

⑧ 배경의 오른쪽에서 왼쪽 방향으로 드래그합니다.

**04 1급-9.jpg : 필터 – Rough Pastels(거친 파스텔), 레이어 스타일 – Stroke(선/획)(2px, #cc7711))**

① Layers(레이어) 패널 하단에 Create a new layer(새 레이어 만들기, ▣)를 선택합니다.

② 도구상자에서 Custom Shape Tool(사용자 정의 모양 도구, ▨)을 클릭합니다.

③ Option Bar(옵션 바)에서 Shape(모양), Fill Color(칠 색상) : #ffffff를 지정한 다음 Shape(모양) 목록 단추를 클릭합니다. [Legacy Shapes and More(레거시 모양 및 기타)] – [All Legacy Default Shapes(전체 레거시 모양)] – [Symbols(기호)]를 선택합니다.

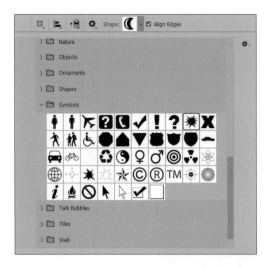

④ 《출력형태》와 일치하는 Starburst(광채, ✳)를 찾아 선택한 후, Shift 를 누른 채 드래그하여 작업 영역에 추가합니다.

⑤ '1급-9.jpg'를 전체 선택(Ctrl + A) 후 Ctrl + C를 눌러 복사합니다. 작업 영역으로 돌아와 붙여넣기(Ctrl + V)합니다.

⑥ [Filter(필터)] – [Filter Gallery(필터 갤러리)] – [Artistic(예술 효과)] – [Rough Pastels(거친 파스텔)]을 선택한 후 [OK(확인)]를 클릭합니다.

⑦ 클리핑 마스크를 하기 위해 '1급-9.jpg'를 Starburst(광채, ✳) 위로 위치한 다음 Ctrl + Alt + G를 눌러줍니다.

⑧ Layer Style(레이어 스타일)을 적용하기 위해, Add a Layer Style(레이어 스타일 추가, fx.)을 클릭합니다.

⑨ [Stroke(선/획)]를 선택하고 Size(크기) : 2px, Position(포지션) : Outside, Color(색상) : #cc7711로 설정합니다.

## 05 1급-10.jpg : 레이어 스타일 – Inner Glow(내부 광선), Drop Shadow(그림자 효과)

① '1급-10.jpg'를 클릭합니다.

② 도구상자의 Quick Selection Tool(빠른 선택 도구, ✐)을 선택합니다. Options Bar(옵션 바)에서 [Add to Selection(선택 영역에 추가)]으로 브러시의 크기를 조절해 필요한 영역을 선택하고 Ctrl + C로 복사합니다.

③ 작업 영역으로 돌아와 Ctrl + V로 이미지를 붙여넣고 Ctrl + T를 눌러 크기를 조정한 뒤 Enter 를 눌러줍니다.

④ Layer Style(레이어 스타일)을 적용하기 위해, Add a Layer Style(레이어 스타일 추가, [fx.])을 클릭합니다.

⑤ [Inner Glow(내부 광선)]와 [Drop Shadow(그림자 효과)]를 선택하고 Layer Style(레이어 스타일) 대화상자에서 [OK(확인)]를 클릭합니다.

## 06 1급-11.jpg : 색상 보정 – 초록색 계열로 보정

① '1급-11.jpg'를 클릭합니다.

② 도구상자의 Quick Selection Tool(빠른 선택 도구, [✓])을 선택합니다. Options Bar(옵션 바)에서 [Add to Selection(선택 영역에 추가)]으로 브러시의 크기를 조절해 필요한 영역을 선택하고 [Ctrl] + [C]로 복사합니다.

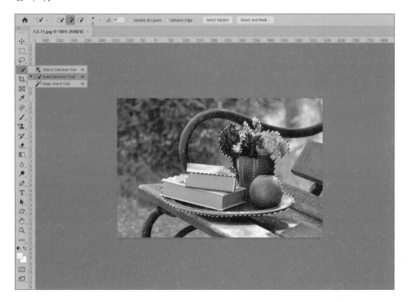

③ 작업 영역으로 돌아와 [Ctrl] + [V]로 이미지를 붙여넣기 합니다.

④ [Ctrl] + [T]를 눌러 마우스 우클릭 후 [Flip Horizontal(수평 뒤집기)]로 뒤집어 배치합니다.

⑤ 이어서 색상 보정할 부분을 Quick Selection Tool(빠른 선택 도구, [✓])을 이용해 이미지를 선택해 줍니다.

⑥ Layers(레이어) 패널 하단에 Create new fill or adjustment layer(조정 레이어, [◐])를 클릭하고, Hue/Saturation(색조/채도)을 선택합니다.

⑦ Properties(특징) 대화상자에서 Hue(색조), Saturation(채도)을 초록색에 가깝게 조절해 줍니다.

## 07 그 외 《출력형태》 참조

① Layers(레이어) 패널 하단에 Create a new layer(새 레이어 생성, ⊞)를 클릭합니다.

② Custom Shape Tool(사용자 정의 모양 도구, ▨)을 클릭합니다.

③ Option Bar(옵션 바)에서 Shape(모양), Fill Color(칠 색상) : #ff00cc를 지정한 다음 Shape(모양) 목록 단추를 클릭합니다. [Legacy Shapes and More(레거시 모양 및 기타)] – [All Legacy Default Shapes(전체 레거시 모양)] – [Symbols(기호)]를 선택합니다.

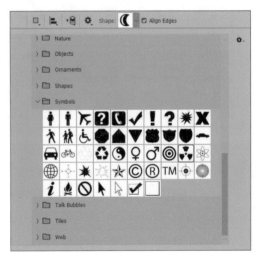

④ 《출력형태》와 일치하는 Radioactive(방사능, ☢)를 찾아 선택한 후, Shift 를 누른 채 드래그하여 작업 영역에 추가합니다.

⑤ Layer Style(레이어 스타일)을 적용하기 위해, Layers(레이어) 패널 하단에 Add a Layer Style(레이어 스타일 추가, fx.)을 클릭합니다.

⑥ [Outer Glow(외부 광선)]를 선택하고 Layer Style(레이어 스타일) 대화상자에서 [OK(확인)]를 클릭합니다.

⑦ 계속해서 Custom Shape Tool(사용자 모양 정의 도구, ☜)을 클릭합니다.

⑧ Option Bar(옵션 바)에서 Shape(모양), Fill Color(칠 색상) : #22ffcc를 지정한 다음 Shape(모양) 목록 단추를 클릭합니다. [Legacy Shapes and More(레거시 모양 및 기타)] − [All Legacy Default Shapes (전체 레거시 모양)] − [Symbols(기호)]를 선택합니다.

⑨ 《출력형태》와 일치하는 No Symbol(기호 없음, ⊘)을 찾아 선택한 후, Shift 를 누른 채 드래그하여 작업 영역에 추가합니다.

⑩ Layer Style(레이어 스타일)을 적용하기 위해, Layers(레이어) 패널 하단에 Add a Layer Style(레이어 스타일 추가, fx.)을 클릭합니다.

⑪ [Drop Shadow(그림자 효과)]를 선택하고 Layer Style(레이어 스타일) 대화상자에서 [OK(확인)]를 클릭합니다.

## 3 문자 효과 적용

01 독서문화행사 개최(돋움, 36pt, #ffffff, 레이어 스타일 − Stroke(선/획)(2px, 그레이디언트(#ff11aa, #5c2626))

① 도구상자에서 Horizontal Type Tool(수평 문자 도구)을 클릭한 뒤 Options Bar(옵션 바)에서 Font(글꼴) : Dotum, Size(크기) : 36pt, Font Color(글자색) : #ffffff를 설정한 후 '독서문화행사 개최'를 입력합니다.

② Options Bar(옵션 바)에서 Create Warped Text(뒤틀어진 텍스트)를 클릭해 Warp Text(텍스트 뒤틀기) 대화상자가 나타나면 Style : Fish(물고기)를 선택하여 문자의 모양을 왜곡합니다.

③ Layer Style(레이어 스타일)을 적용하기 위해, Layers(레이어) 패널 하단에 Add a Layer Style(레이어 스타일 추가, fx.)을 클릭합니다.

④ [Stroke(선/획)]를 선택하고 Size(크기) : 2px, Position(포지션) : Outside, Fill Type(칠 유형) : Gradient로 설정합니다.

⑤ Gradient 옆에 색상 스펙트럼을 클릭합니다.

⑥ 왼쪽과 오른쪽 아래 Color Stop(색상 정지점)을 각각 더블 클릭하고 하단에 '#ff11aa', '#5c2626'을 입력합니다.

⑦ Angle(각도)을 조정하고 [OK(확인)]를 클릭합니다.

**02** 지역사회의 책문화 살리기(궁서, 18pt, #000000, 레이어 스타일 – Stroke(선/획)(2px, #ffeecc))

① 도구상자에서 Horizontal Type Tool(수평 문자 도구)을 클릭한 뒤 Options Bar(옵션 바)에서 Font(글꼴)
: Gungsuh, Size(크기) : 18pt, Font Color(글자색) : #000000을 설정한 후 '지역사회의 책문화 살리
기'를 입력합니다.

② Layer Style(레이어 스타일)을 적용하기 위해, Layers(레이어) 패널 하단에 Add a Layer Style(레이어
스타일 추가, fx.)을 클릭합니다.

③ [Stroke(획/선)]를 선택하고 Size(크기) : 2px, Position(포지션) : Outside, Color(색상) : #ffeecc로
설정한 후 [OK(확인)]를 클릭합니다.

## 4 최종 파일 저장

### 01 JPG 파일 저장

① [File(파일)] – [Save As(다른 이름으로 저장)]를 클릭합니다.

② 파일 이름은 '수험번호-성명-3'으로 입력합니다.

③ 파일 형식은 JPEG를 선택하고 [저장(S)]을 클릭합니다.

④ JPEG Options(JPEG 옵션)은 Quality : 8 이상으로 잡고 [OK(확인)]를 클릭합니다.

### 02 PSD 파일 저장

① [Image(이미지)] – [Image Size(이미지 크기)]를 클릭합니다.

② Width(폭) : 60Pixels, Height(높이) : 40Pixels, [OK(확인)]를 클릭합니다.

③ [File(파일)] – [Save(저장)](Ctrl + S)를 선택합니다.

### 03 최종 파일 확인

① 2가지 포맷(JPG, PSD)의 최종 파일이 만들어졌는지 확인합니다.

## 5 답안 파일 전송

### 01 감독위원 PC로 답안 파일 전송

## 1 준비 작업

### 01 파일 만들기

① [File(파일)] − [New(새로 만들기)](Ctrl + N)를 클릭합니다.

### 02 파일 세부 정보 설정

① New Document(새 문서)에서 Name(이름)에 '실전 연습07', 'Width(폭) : 600Pixels, Height(높이) : 400Pixels, Resolution(해상도) : 72Pixels/Inch, Color Mode(색상 모드) : RGB Color, 8bit, Background Contents(배경 내용) : White(흰색)'로 설정하여 새 작업 이미지를 만듭니다.

### 03 파일 저장

① [File(파일)] − [Save As(다른 이름으로 저장)](Ctrl + Shift + S)를 클릭합니다.
경로 : PC\문서\GTQ, 파일명은 '수험번호−성명−4.psd로 저장합니다.

### 04 사용된 원본 이미지 열기

① [File(파일)] − [Open(열기)]을 클릭합니다.
경로 : 문서\GTQ\Image\1급−12.jpg, 1급−13.jpg, 1급−14.jpg, 1급−15.jpg, 1급−16.jpg, 1급−17.jpg 총 6개의 jpg 파일을 Shift를 누른 채 모두 선택하고 [열기(O)]를 클릭합니다.

## 2 그림 효과 적용

### 01 배경 : #ddffff

① 도구상자 하단에 전경색을 더블 클릭합니다. Color Picker(색상 선택) 대화상자가 나타나면 #ddffff로 색상을 설정하고 [OK(확인)]를 클릭합니다. 작업 영역에서 전경색 단축키인 Alt + Delete를 눌러줍니다.

## 02 패턴(자동차 모양) : #aa11cc

① 패턴을 만들기 위해 [File(파일)] – [New(새로 만들기)]를 선택합니다.

② New Document(새 문서)에서 'Width(폭) : 70Pixels, Height(높이) : 70Pixels, Resolution(해상도) : 72Pixels/Inch, Color Mode(색상 모드) : RGB Color, 8bit, Background Contents(배경 내용) : Transparent(투명색)'로 설정하여 새 작업 이미지를 만듭니다.

③ Custom Shape Tool(사용자 모양 정의 도구, 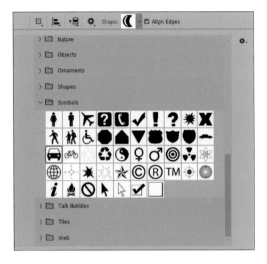)을 클릭합니다.

④ Option Bar(옵션 바)에서 Shape(모양), Fill Color(칠 색상) : #aa11cc를 지정한 다음 Shape(모양) 목록 단추를 클릭합니다. [Legacy Shapes and More(레거시 모양 및 기타)] – [All Legacy Default Shapes(전체 레거시 모양)] – [Symbols(기호)]를 선택합니다.

⑤ 《출력형태》와 일치하는 Car 2(자동차 2, 🚗)를 찾아 선택한 후, Shift 를 누른 채 드래그하여 작업 영역에 추가합니다.

⑥ 도구상자에서 Move Tool(이동 도구, ✛)을 클릭한 후 Alt 를 눌러 Car 2(자동차 2, 🚗)를 드래그해 복사합니다.

⑦ Menu Bar(메뉴 바) – [Edit(편집)] – [Define Pattern(사용자 패턴 정의)]을 클릭합니다.

⑧ Pattern Name(패턴 이름)을 '자동차 모양'으로 입력하고 [OK(확인)]를 클릭한 후 작업 영역으로 돌아갑니다.

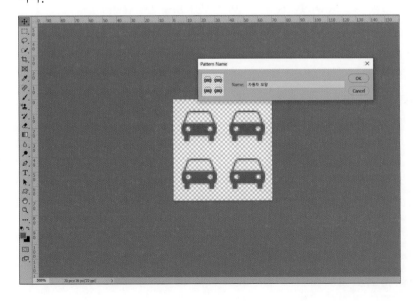

**03** 패턴(자동차 모양) : Shape Tool(모양 도구) 사용, #ccffcc, 레이어 스타일 – Stroke(선/획)(3px, #00cc33)

① Layers(레이어) 패널 하단에 Create a new layer(새 레이어 생성, ▣)를 클릭합니다.

② 도구상자의 Custom Shape Tool(사용자 정의 모양 도구, ▨)을 클릭합니다.

③ Option Bar(옵션 바)에서 Shape(모양), Fill Color(칠 색상) : #ccffcc를 지정한 다음 Shape(모양) 목록 단추를 클릭합니다. [Legacy Shapes and More(레거시 모양 및 기타)] – [All Legacy Default Shapes(전체 레거시 모양)] – [Shapes(물건)]를 클릭합니다.

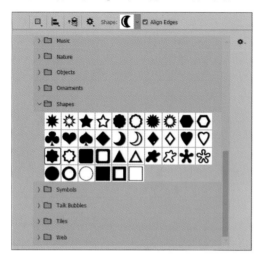

④ 《출력형태》와 비슷한 8 point Star(8꼭지 별, ✦) 모양을 찾아 선택합니다.

⑤ Shift 를 누른 채 드래그하여 크기를 조정한 후 Enter 를 눌러줍니다.

⑥ Layer Style(레이어 스타일)을 적용하기 위해, Layers(레이어) 패널 하단에 Add a Layer Style(레이어 스타일 추가, fx.)을 클릭합니다.

⑦ [Stroke(선/획)]를 선택하고 Size(크기) : 3px, Color(색상) : #00cc33으로 설정한 후 [OK(확인)]를 클릭합니다.

**04** 패턴(자동차 모양) : 클리핑 마스크

① Layers(레이어) 패널 하단에 Create a new layer(새 레이어 생성, ▣)를 클릭합니다.

② 도구상자의 Pattern Stamp Tool(패턴 스탬프 툴, ▧)을 클릭합니다.

③ 상단 Option Bar(옵션 바) 패턴 썸네일 옆에 목록 단추를 눌러 만들어 놓은 패턴 모양을 클릭합니다.

④ Size(크기)를 5000px로 설정합니다.

⑤ 작업 영역의 빈 곳을 클릭합니다.

⑥ 클리핑 마스크를 하기 위해 Ctrl + Alt + G 를 눌러줍니다.

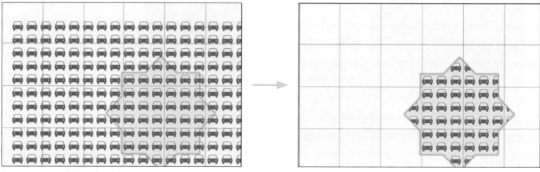

**05** 1급-12.jpg : Blending Mode(혼합 모드) – Hard Light(하드 라이트), Opacity(불투명도)(30%)

① '1급-12.jpg'를 클릭합니다.

② '1급-12.jpg'를 전체 선택(Ctrl + A) 후 Ctrl + C를 눌러 복사합니다. 작업 영역으로 돌아와 붙여넣기 (Ctrl + V)합니다.

③ Ctrl + T를 눌러 《출력형태》와 비교해가며 크기와 위치를 조정하고 Enter를 눌러줍니다.

④ Blending Mode(혼합 모드)는 [Hard Light(하드 라이트)]를 선택합니다.

⑤ Opacity(불투명도)는 30%로 지정합니다.

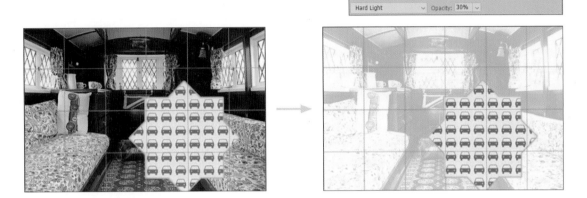

**06** 1급-13.jpg : 필터 – Sponge(스폰지), 레이어 마스크 – 가로 방향으로 흐릿하게

① '1급-13.jpg'를 클릭합니다.

② '1급-13.jpg'를 전체 선택(Ctrl + A) 후 Ctrl + C를 눌러 복사합니다. 작업 영역으로 다시 돌아와 붙여넣기 (Ctrl + V)합니다.

③ Ctrl + T를 눌러 《출력형태》와 비교해가며 크기와 위치를 조정하고 Enter를 눌러줍니다.

④ [Filter(필터)] – [Filter Gallery(필터 갤러리)] – [Artistic(예술 효과)] – [Sponge(스폰지)]를 선택한 후 [OK(확인)]를 클릭합니다.

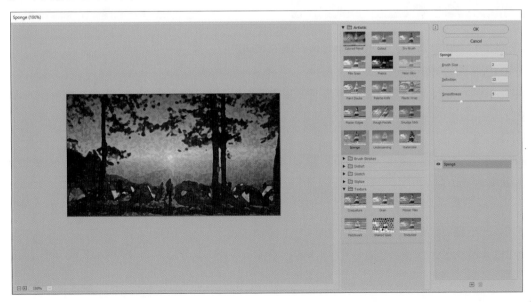

⑤ Layers(레이어) 패널 하단에 Add a layer mask(마스크 추가, ■)를 클릭합니다.

⑥ Layers(레이어) 옆에 마스크가 적용됐으면, 도구상자의 Gradient Tool(그레이디언트 도구, ■)을 클릭합니다.

⑦ Option Bar(옵션 바) Gradient Spectrum(그레이디언트 스펙트럼, ■■■■■)을 클릭한 다음 Gradient Editor(그레이디언트 편집) 대화상자가 나타나면 그레이 계열의 그라데이션을 선택한 후 [OK(확인)]를 클릭합니다.

⑧ 배경의 왼쪽에서 오른쪽 방향으로 드래그합니다.

## 07 1급-14.jpg : 레이어 스타일 – Drop Shadow(그림자 효과)

① '1급-14.jpg'를 클릭합니다.

② 도구상자의 Quick Selection Tool(빠른 선택 도구, ▨)을 선택합니다. Options Bar(옵션 바)에서 [Add to Selection(선택 영역에 추가)]으로 브러시의 크기를 조절해 필요한 영역을 선택하고 Ctrl + C로 복사합니다.

③ 작업 영역으로 돌아와 Ctrl + V로 이미지를 붙여넣기 하고, Ctrl + T를 누른 다음 Shift 를 눌러 크기를 조정해 배치합니다.

④ Layer Style(레이어 스타일)을 적용하기 위해, Layers(레이어) 패널 하단에 Add a Layer Style(레이어 스타일 추가, fx)을 클릭합니다.

⑤ [Drop Shadow(그림자 효과)]를 선택하고 Layer Style(레이어 스타일) 대화상자에서 [OK(확인)]를 클릭합니다.

## 08 1급-15.jpg : 필터 - Poster Edges(포스터 가장자리)

① '1급-15.jpg'를 클릭합니다.

② 도구상자의 Quick Selection Tool(빠른 선택 도구, ![아이콘])을 선택합니다. Options Bar(옵션 바)에서 [Add to Selection(선택 영역에 추가)]으로 브러시의 크기를 조절해 필요한 영역을 선택하고 Ctrl + C 로 복사합니다.

③ 작업 영역으로 돌아와 Ctrl + V 로 이미지를 붙여넣기 하고, Ctrl + T 를 누른 다음 Shift 를 눌러 크기를 조정해 배치합니다.

④ [Filter(필터)] - [Filter Gallery(필터 갤러리)] - [Artistic(예술 효과)] - [Poster Edges(포스터 가장자리)]를 선택한 후 [OK(확인)]를 클릭합니다.

## 09 1급-16.jpg : 색상 보정 - 빨간색 계열로 보정

① '1급-16.jpg'를 클릭합니다.

② 도구상자의 Quick Selection Tool(빠른 선택 도구, ![아이콘])을 선택합니다. Options Bar(옵션 바)에서 [Add to Selection(선택 영역에 추가)]으로 브러시의 크기를 조절해 필요한 영역을 선택하고 Ctrl + C 로 복사합니다.

③ 작업 영역으로 돌아와 Ctrl + V 로 이미지를 붙여넣기 하고, Ctrl + T 를 누른 다음 Shift 를 눌러 크기를 조정해 배치합니다.

④ Layers(레이어) 패널의 '1급-16.jpg' 레이어 썸네일을 Ctrl 을 눌러 클릭한 다음 Layers(레이어) 패널 하단 Create new fill or adjustment layer(조정 레이어, ![아이콘])를 클릭합니다.

⑤ [Hue/Saturation(색조/채도)]을 선택해 Properties(특징) 대화상자에서 Hue(색조), Saturation(채도)을 빨간색에 가깝게 조절해 줍니다.

## 10 그 외 《출력형태》 참조

① Layers(레이어) 패널 하단에 Create a new layer(새 레이어 만들기, ![아이콘])를 클릭합니다.

② 도구상자의 Custom Shape Tool(사용자 정의 모양 도구, ![아이콘])을 클릭합니다.

③ Option Bar(옵션 바)에서 Shape(모양), Fill Color(칠 색상) : #7755cc를 지정한 다음 Shape(모양) 목록 단추를 클릭합니다. [Legacy Shapes and More(레거시 모양 및 기타)] - [All Legacy Default Shapes(전체 레거시 모양)] - [Shapes(모양)]를 클릭합니다.

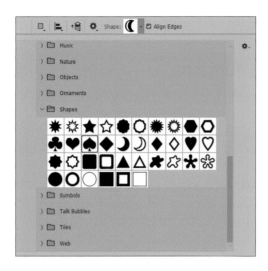

④ 《출력형태》와 일치하는 Space Card(스페이스 카드, ♠)를 찾아 선택한 후, Shift 를 누른 채 드래그하여 작업 영역에 추가합니다.

⑤ Layer Style(레이어 스타일)을 적용하기 위해, Layers(레이어) 패널 하단에 Add a Layer Style(레이어 스타일 추가, fx.)을 클릭합니다.

⑥ [Stroke(획/선)]를 선택하고 Size(크기) : 3px, Position(포지션) : Outside, Color(색상) : #114433으로 설정한 후 [OK(확인)]를 클릭합니다.

⑦ 위와 같은 방법으로 Custom Shape Tool(사용자 정의 모양 도구, 🐾)을 사용하여 Fill Color(칠 색상) : #ff9900, 레이어 스타일 – Drop Shadow(그림자 효과)가 적용된 Blob 2 Frame(방울 2, ✿)을 작업 영역에 추가합니다.

⑧ '1급-17.jpg'를 클릭합니다.

⑨ 도구상자의 Quick Selection Tool(빠른 선택 도구, 🖌)을 선택합니다. Options Bar(옵션 바)에서 [Add to Selection(선택 영역에 추가)]으로 브러시의 크기를 조절해 필요한 영역을 선택하고 Ctrl + C 로 복사합니다.

⑩ 작업 영역으로 돌아와 Ctrl + V 로 이미지를 붙여넣기 하고, Ctrl + T 를 누른 다음 Shift 를 눌러 크기를 조정해 배치합니다.

## 3 문자 효과 적용

**01** 자연휴양림 조성(궁서, 32pt, #002299, 레이어 스타일 – Stroke(선/획)(2px, #ffffff))

① 도구상자에서 Horizontal Type Tool(수평 문자 도구)을 클릭한 뒤 Options Bar(옵션 바)에서 Font(글꼴) : Gungsuh, Size(크기) : 32pt, Font Color(글자색) : #002299를 설정한 후 '자연휴양림 조성'을 입력합니다.

② Options Bar(옵션 바)에서 Create Warped Text(뒤틀어진 텍스트)를 클릭해 Warp Text(텍스트 뒤틀기) 대화상자가 나타나면 Style : Bulge(돌출)를 선택하여 문자의 모양을 왜곡합니다.

③ Layer Style(레이어 스타일)을 적용하기 위해, Layers(레이어) 패널 하단에 Add a Layer Style(레이어 스타일 추가, [fx])을 클릭합니다.

④ [Stroke(획/선)]를 선택하고 Size(크기) : 2px, Position(포지션) : Outside, Color(색상) : #ffffff로 설정한 후 [OK(확인)]를 클릭합니다.

**02** https://www.nature.or.kr(Arial, Bold, 16pt, #115533)

① 도구상자에서 Horizontal Type Tool(수평 문자 도구)을 클릭한 뒤 Options Bar(옵션 바)에서 Font(글꼴) : Arial, Style(스타일) : Bold, Size(크기) : 16pt, Font Color(글자색) : #115533을 설정한 후 'https://www.nature.or.kr'를 입력합니다.

**03** 도심 속에서 함께하는 자연과의 공존(궁서, 18pt, #ff2222, 레이어 스타일 − Stroke(선/획)(2px, #ccff22))

① 도구상자에서 Horizontal Type Tool(수평 문자 도구)을 클릭한 뒤 Options Bar(옵션 바)에서 Font(글꼴) : Gungsuh, Size(크기) : 18pt, Font Color(글자색) : #ff2222를 설정한 후 '도심 속에서 함께하는 자연과의 공존'을 입력합니다.

② Layer Style(레이어 스타일)을 적용하기 위해, Layers(레이어) 패널 하단에 Add a Layer Style(레이어 스타일 추가, [fx.])을 클릭합니다.

③ [Stroke(선/획)]를 선택해 Size(크기) : 2px, Color(색상) : #ccff22로 설정하고 [OK(확인)]를 클릭합니다.

## 4 최종 파일 저장

### 01 JPG 파일 저장

① [File(파일)] − [Save As(다른 이름으로 저장)]를 클릭합니다.

② 파일 이름은 '수험번호−성명−4'로 입력합니다.

③ 파일 형식은 JPEG를 선택하고 [저장(S)]을 클릭합니다.

④ JPEG Options(JPEG 옵션)은 Quality : 8 이상으로 설정하고 [OK(확인)]를 클릭합니다.

### 02 PSD 파일 저장

① [Image(이미지)] − [Image Size(이미지 크기)]를 클릭합니다.

② Width(폭) : 60Pixels, Height(높이) : 40Pixels, [OK(확인)]를 클릭합니다.

③ [File(파일)] − [Save(저장)]([Ctrl] + [S])를 선택합니다.

### 03 최종 파일 확인

① 2가지 포맷(JPG, PSD)의 최종 파일이 만들어졌는지 확인합니다.

## 5 답안 파일 전송

### 01 감독위원 PC로 답안 파일 전송

## 문제1 [기능평가] 고급 Tool(도구) 활용

다음의 〈조건〉에 따라 아래의 《출력형태》와 같이 작업하시오. `20점`

조건 ↳

| 원본 이미지 | 문서\GTQ\image\1급−1.jpg, 1급−2.jpg, 1급−3.jpg | | |
|---|---|---|---|
| 파일 저장 규칙 | JPG | 파일명 | 문서\GTQ\수험번호−성명−1.jpg |
| | | 크기 | 400 x 500 Pixels |
| | PSD | 파일명 | 문서\GTQ\수험번호−성명−1.psd |
| | | 크기 | 40 x 50 Pixels |

출력형태 ↳

1. 그림 효과

① 1급−1.jpg : 필터 − Texturizer(텍스처화)
② Save Path(패스 저장) : 트로피 모양
③ Mask(마스크) : 트로피 모양, 1급−2.jpg를 이용하여 작성
　레이어 스타일 − Inner Shadow(내부 그림자), Stroke(선/획)(3px, 그레이디언트
　(#99ccdd, #ffff00))
④ 1급−3.jpg : 레이어 스타일 − Bevel & Emboss(경사와 엠보스)
⑤ Shape Tool(모양 도구) :
　− 리본 모양(#ff9900, 레이어 스타일 − Outer Glow(외부 광선))
　− 해 모양(#22ccdd, #0033cc, 레이어 스타일 − Inner Shadow(내부 그림자))

2. 문자 효과

① 어린이 축구교실(돋움, 36pt, #22cc00, 레이어 스타일 − Drop Shadow(그림자 효과),
Stroke(선/획)(2px, #771100))

## 문제2 [기능평가] 사진편집 응용

다음의 〈조건〉에 따라 아래의 《출력형태》와 같이 작업하시오. `20점`

조건 ↳

| 원본 이미지 | 문서\GTQ\image\1급−4.jpg, 1급−5.jpg, 1급−6.jpg | | |
|---|---|---|---|
| 파일 저장 규칙 | JPG | 파일명 | 문서\GTQ\수험번호−성명−2.jpg |
| | | 크기 | 400 x 500 Pixels |
| | PSD | 파일명 | 문서\GTQ\수험번호−성명−2.psd |
| | | 크기 | 40 x 50 Pixels |

출력형태 ↳

1. 그림 효과

① 1급−4.jpg : 필터 − Rough Pastels(거친 파스텔)
② 색상 보정 : 1급−5.jpg − 파란색 계열로 보정
③ 1급−5.jpg : 레이어 스타일 − Inner Glow(내부 광선)
④ 1급−6.jpg : 레이어 스타일 − Drop Shadow(그림자 효과)
⑤ Shape Tool(모양 도구) :
　− 자전거 모양(#993300, 레이어 스타일 − Inner Shadow(내부 그림자))

2. 문자 효과

① 전국농구대회 개최(궁서, 38pt, #444411, 레이어 스타일 − Stroke(선/획)(2px, #00cc88))

다음의 〈조건〉에 따라 아래의 《출력형태》와 같이 작업하시오. `25점`

| 원본 이미지 | 문서\GTQ\Image\1급-7.jpg, 1급-8.jpg, 1급-9.jpg, 1급-10.jpg, 1급-11.jpg | | |
|---|---|---|---|
| 파일 저장 규칙 | JPG | 파일명 | 문서\GTQ\수험번호-성명-3.jpg |
| | | 크기 | 600 x 400 Pixels |
| | PSD | 파일명 | 문서\GTQ\수험번호-성명-3.psd |
| | | 크기 | 60 x 40 Pixels |

1. 그림 효과

① 배경 : #acc2ff
② 1급-7.jpg : 필터 – Texturizer(텍스처화) – 가로 방향으로 흐릿하게
③ 1급-8.jpg : Blending Mode(혼합 모드) – Overlay(오버레이), 레이어 마스크 – 세로 방향으로 흐릿하게
④ 1급-9.jpg : 필터 – Dry Brush(드라이 브러시), 레이어 스타일 – Stroke(선/획)(2px, #00aacc))
⑤ 1급-10.jpg : 레이어 스타일 – Inner Glow(내부 광선)
⑥ 1급-11.jpg : 색상 보정 – 파란색 계열로 보정
⑦ 그 외 《출력형태》 참조

2. 문자 효과

① 환절기 질병 예방법(돋움, 36pt, 레이어 스타일 – Drop Shadow(그림자 효과), 그레이디언트 오버레이(#6611cc, #228877), Stroke(선/획)(2px, #ffffff))
② 가을철 주의해야 하는 질병(궁서, 24pt, #004422, 레이어 스타일 – Stroke(선/획)(2px, #ffcc22))
③ 질병 / 예방법 / 환절기(궁서, 16pt, #000000)

Shape Tool(모양 도구) 사용
#eeffaa, 레이어 스타일 –
Inner Shadow(내부 그림자)

Shape Tool(모양 도구) 사용
#001144, 레이어 스타일 –
Outer Glow(외부 광선)

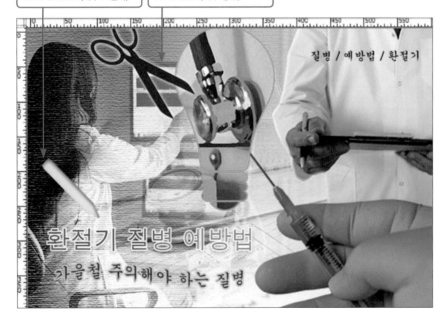

## 문제4 [실무응용] 웹 페이지 제작

다음의 〈조건〉에 따라 아래의 《출력형태》와 같이 작업하시오. `35점`

### 조건 ㄴ

| 원본 이미지 | | | 문서\GTQ\Image\1급-12.jpg, 1급-13.jpg, 1급-14.jpg, 1급-15.jpg, 1급-16.jpg, 1급-17.jpg |
|---|---|---|---|
| 파일 저장 규칙 | JPG | 파일명 | 문서\GTQ\수험번호-성명-4.jpg |
| | | 크기 | 600 x 400 Pixels |
| | PSD | 파일명 | 문서\GTQ\수험번호-성명-4.psd |
| | | 크기 | 60 x 40 Pixels |

### 1. 그림 효과

① 배경 : #b8f4bf
② 패턴(나뭇잎 모양) : #00ee11
③ 1급-12.jpg : Blending Mode(혼합 모드) – Hard Light(하드 라이트), Opacity(불투명도)(30%)
④ 1급-13.jpg : 필터 – Angled Strokes(각진 선/획), 레이어 마스크 – 세로 방향으로 흐릿하게
⑤ 1급-14.jpg : 레이어 스타일 – Drop Shadow(그림자 효과)
⑥ 1급-15.jpg : 필터 – Poster Edges(포스터 가장자리)
⑦ 1급-16.jpg : 색상 보정 – 초록색 계열로 보정
⑧ 그 외 《출력형태》 참조

### 2. 문자 효과

① Space In The Universe(Arial, Bold, 36pt, #0099cc, 레이어 스타일 – Stroke(선/획)(2px, #ffffff))
② https://www.space.or.kr(Times New Roman, Bold, 16pt, #00ff99, 레이어 스타일 – Drop Shadow(그림자 효과))
③ 광활한 우주의 아름다움(돋움, 20pt, #225544, 레이어 스타일 – Stroke(선/획)(2px, #fffccc))

### 출력형태 ㄴ

Shape Tool(모양 도구) 사용
#880000, 레이어 스타일 – Inner Shadow(내부 그림자)

Shape Tool(모양 도구) 사용
#887700, 레이어 스타일 –
Outer Glow(외부 광선)

Shape Tool(모양 도구) 사용
#ffdd00,
레이어 스타일 –
Stroke(선/획)(2px, #fffccc)

# 실전 모의고사 해설

---

### 문제1　[기능평가] 고급 Tool(도구) 활용

## 1 준비 작업

### 01 파일 만들기

① [File(파일)] – [New(새로 만들기)]([Ctrl] + [N])를 클릭합니다.

### 02 파일 세부 정보 설정

① New Document(새 문서)에서 Name(이름)에 '실전 연습08', 'Width(폭) : 400Pixels, Height(높이)
: 500Pixels, Resolution(해상도) : 72Pixels/inch, Color Mode(색상 모드) : RGB Color, 8bit,
Background Contents(배경 내용) : White(흰색)'로 설정하여 새 작업 이미지를 만듭니다.

### 03 파일 저장

① [File(파일)] – [Save As(다른 이름으로 저장)]([Ctrl] + [Shift] + [S])를 클릭합니다.
경로 : PC\문서\GTQ, 파일명은 '수험번호-성명-1.psd'로 저장합니다.

### 04 사용된 원본 이미지 열기

① [File(파일)] – [Open(열기)]을 클릭합니다.
경로 : 문서\GTQ\Image\1급-1.jpg, 1급-2.jpg, 1급-3.jpg 총 3개의 jpg 파일을 [Shift]를 누른 채 모두
선택하고, [열기([O])]를 클릭합니다.

## 2 그림 효과 적용

### 01 1급-1.jpg : 필터 – Texturizer(텍스처화)

① '1급-1.jpg'를 클릭합니다.

② '1급-1.jpg'를 전체 선택([Ctrl] + [A]) 후 [Ctrl] + [C]를 눌러 복사합니다. 작업 영역으로 돌아와 붙여넣기([Ctrl]
+ [V])합니다.

③ [Ctrl] + [T]를 눌러 《출력형태》와 비교해가며 이미지의 크기와 위치를 조정하고 [Enter]를 눌러줍니다.

④ [Filter(필터)] – [Filter Gallery(필터 갤러리)] – [Textur(텍스처)] – [Texturizer(텍스처화)]를 선택
하고 [OK(확인)]를 클릭합니다.

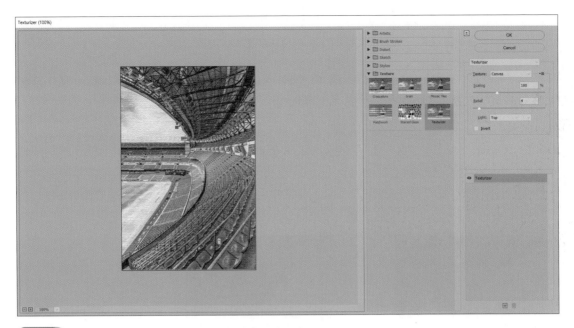

TIP ⭐

[Filter Gallery(필터 갤러리)] 대화상자의 오른쪽 [Cancel(취소)] 버튼 아래 목록 단추를 클릭하면 필터 갤러리의 모든 필터가 알파벳 순으로 정렬되어 있습니다.

## 02 Save Path(패스 저장) : 트로피 모양

① Layers(레이어) 패널 하단에서 Create a new layer(새로운 레이어 생성, 🖽)를 클릭합니다.

② 《출력형태》에 그려 놓은 기준선을 참고하여 안내선을 만들어줍니다.

③ 도구상자에서 Pen Tool(펜 도구, ✐.)을 클릭합니다.

④ 상단 Option Bar(옵션 바)에서 Path(패스)를 Shape(모양)로 변경한 후 패스의 외곽을 그립니다.

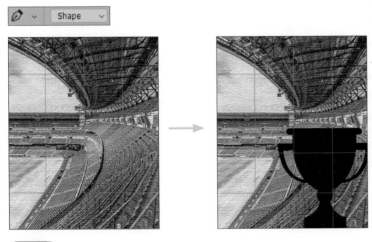

TIP ⭐

레이어를 추가해 Rounded Rectangle Tool(둥근 사각형 도구, 🔘)과 Ellipse Tool(원형 도구, 🔘)을 사용하면 패스를 더 쉽게 만들 수 있습니다.

⑤ Save Path(패스 저장) 대화상자에서 '트로피 모양'을 입력한 후 [OK(확인)]를 클릭합니다.

⑥ Paths(패스) 패널에서 Layers(레이어) 패널로 돌아옵니다.

## 03 Mask(마스크) : 트로피 모양, 1급-2.jpg를 이용하여 작성, 레이어 스타일 – Inner Shadow(내부 그림자), Stroke(선/획)(3px, 그레이디언트 (#99ccdd, #ffff00))

① 만들어진 패스에 클리핑 마스크 작업을 하기 위해 '1급-2.jpg'를 클릭합니다.

② '1급-2.jpg'를 전체 선택(Ctrl + A) 후 Ctrl + C를 눌러 복사합니다. 작업 영역으로 돌아와 Shape(모양) 위에 붙여넣기(Ctrl + V)합니다.

③ 가져온 '1급-2.jpg'가 선택된 상태에서 마우스 우클릭 후 Create Clipping Mask(클리핑 마스크 만들기)를 선택 또는 단축키 Ctrl + Alt + G를 눌러줍니다.

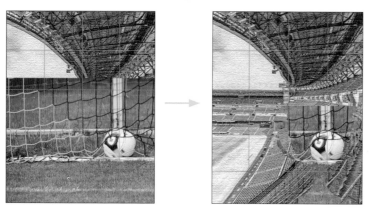

④ Ctrl + T를 눌러《출력형태》와 비교해가며 크기와 위치를 조정하고 Enter를 눌러줍니다.

⑤ Layer Style(레이어 스타일)을 적용하기 위해, Layers(레이어) 패널 하단에 Add a Layer Style(레이어 스타일 추가, fx.)을 클릭합니다.

⑥ [Stroke(획/선)]를 선택하고 Size(크기) : 3px, Position(포지션) : Outside, Fill Type(칠 유형) : Gradient(그레이디언트)로 설정한 후 [OK(확인)]를 클릭합니다.

⑦ Gradient(그레이디언트) 색상 스펙트럼을 클릭합니다.

⑧ 왼쪽과 오른쪽 아래 Color Stop(색상 정지점)을 각각 더블 클릭하고 하단에 '#99ccdd', '#ffff00'을 입력합니다. Angle(각도)을 조정하고 [OK(확인)]를 클릭합니다.

⑨ 이어서 [Inner Shadow(내부 그림자)]를 선택하고 Layer Style(레이어 스타일) 대화상자에서 [OK(확인)]를 클릭합니다.

## 04 1급-3.jpg : 레이어 스타일 – Bevel & Emboss(경사와 엠보스)

① '1급-3.jpg'를 클릭합니다.

② 도구상자에서 Quick Selection Tool(빠른 선택 도구, ✎)을 클릭합니다.

③ 선택 영역 지정이 완료되면 Ctrl + C를 눌러 레이어를 복사합니다.

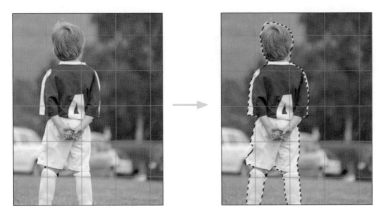

④ 작업 영역으로 돌아와 `Ctrl` + `V`로 이미지를 붙여넣은 후, `Ctrl` + `T`로 크기를 조정해 배치합니다.

⑤ Layer Style(레이어 스타일)을 적용하기 위해, Layers(레이어) 패널 하단에 Add a Layer Style(레이어 스타일 추가, `fx.`)을 클릭합니다.

⑥ [Bevel & Emboss(경사와 엠보스)]를 선택한 후, Layer Style(레이어 스타일) 대화상자가 나타나면 [OK(확인)]를 클릭합니다.

## 05 Shape Tool(모양 도구)(리본 모양 – #ff9900, 레이어 스타일 – Outer Glow(외부 광선)), (해 모양 – #22ccdd, #0033cc, 레이어 스타일 – Inner Shadow(내부 그림자))

① 도구상자의 Custom Shape Tool(사용자 모양 정의 도구, `⟨⟩`)을 클릭합니다.

② Option Bar(옵션 바)에서 Shape(모양), Fill Color(칠 색상) : #ff9900을 지정한 다음 Shape(모양) 목록 단추를 클릭합니다. [Legacy Shapes and More(레거시 모양 및 기타)] – [All Legacy Default Shapes(전체 레거시 모양)] – [Banners and Awards(배너 및 상장)]를 클릭합니다.

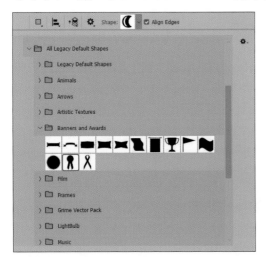

③《출력형태》와 일치하는 Ribbon 1(리본 1, `⚑`)를 찾아 선택한 후, `Shift`를 누른 채 드래그하여 작업 영역에 추가합니다.

④ Layer Style(레이어 스타일)을 적용하기 위해, Layers(레이어) 패널 하단에 [Add a Layer Style(레이어 스타일 추가, `fx.`)]을 클릭합니다.

⑤ [Outer Glow(외부 광선)]를 선택한 후, Layer Style(레이어 스타일) 대화상자에 [OK(확인)]를 클릭합니다.

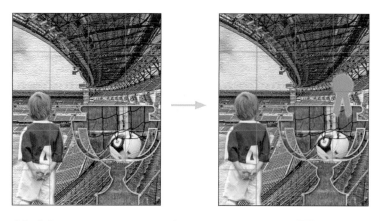

⑥ 계속해서 Custom Shape Tool(사용자 정의 모양 도구, 🔲)을 클릭합니다.

⑦ Option Bar(옵션 바)에서 Shape(모양), Fill Color(칠 색상) : #22ccdd를 지정한 다음 Shape(모양) 목록 단추를 클릭합니다. [Legacy Shapes and More(레거시 모양 및 기타)] – [All Legacy Default Shapes(전체 레거시 모양)] – [Nature(자연)]를 클릭합니다.

⑧ 《출력형태》와 일치하는 Sun 1(태양 1, ☀)을 찾아 선택한 후, Shift 를 누른 채 드래그하여 작업 영역에 추가합니다.

⑨ Layer Style(레이어 스타일)을 적용하기 위해 레이어 패널 하단에 Add a Layer Style(레이어 스타일 추가, fx.)을 클릭한 다음 [Inner Shadow(내부 그림자)]를 선택해 적용합니다.

⑩ Alt 를 누른 채 Sun 1(태양 1, ☀)을 드래그하여 복사합니다.

⑪ 이어서 도구상자 하단의 전경색을 더블 클릭합니다. Color Piker(색상 선택) 대화상자가 나타나면 #0033cc로 설정하고 Alt + Delete 를 눌러 Sun 1(태양 1, ☀)의 색을 입혀줍니다.

### 3  문자 효과 적용

01 어린이 축구교실(돋움, 36pt, #22cc00, 레이어 스타일 – Drop Shadow(그림자 효과), Stroke(선/획)(2px, #771100))

① 도구상자에서 Horizontal Type Tool(수평 문자 도구)을 클릭한 뒤 Options Bar(옵션 바)에서 Font(글꼴) : Dotum, Size(글자 크기) : 36pt, Font Color(글자색) : #22cc00을 설정한 후 '어린이 축구교실'을 입력합니다.

② Options Bar(옵션 바)에서 Create Warped Text(뒤틀어진 텍스트)를 클릭해 Warp Text(텍스트 뒤틀기) 대화상자가 나타나면 Style : Arc Upper(위 부채꼴)를 선택하여 문자의 모양을 왜곡합니다.

③ Layer Style(레이어 스타일)을 적용하기 위해, Layers(레이어) 패널 하단에 Add a Layer Style(레이어 스타일 추가, fx.)을 클릭합니다.

④ [Stroke(획/선)]를 선택하고 Size(크기) : 2px, Position(포지션) : Outside, Color(색상) : #771100으로 설정합니다.

⑤ 이어서 [Drop Shadow(그림자 효과)]를 선택하고 Layer Style(레이어 스타일) 대화상자에서 [OK(확인)]를 클릭합니다.

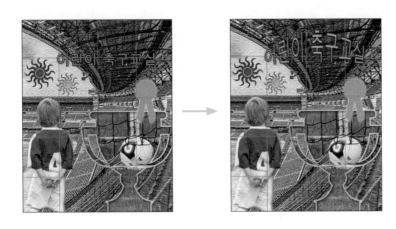

## 4  최종 파일 저장

### 01 JPG 파일 저장

① [File(파일)] − [Save As(다른 이름으로 저장)]를 클릭합니다.

② 파일 이름은 '수험번호−성명−1'로 입력합니다.

③ 파일 형식은 JPEG를 선택하고 [저장(S)]을 클릭합니다.

④ JPEG Options(JPEG 옵션)은 Quality : 8 이상으로 잡고 [OK(확인)]를 클릭합니다.

### 02 PSD 파일 저장

① [Image(이미지)] − [Image Size(이미지 크기)]를 클릭합니다.

② Width(폭) : 40Pixels, Height(높이) : 50Pixels, [OK(확인)]를 클릭합니다.

③ [File(파일)] − [Save(저장)]( Ctrl + S )를 선택합니다.

### 03 최종 파일 확인

① 2가지 포맷(JPG, PSD)의 최종 파일이 만들어졌는지 확인해합니다.

## 5  답안 파일 전송

### 01 감독위원 PC로 답안 파일 전송

## 문제2 [기능평가] 사진편집 응용

### 1 준비 작업

#### 01 파일 만들기

① [File(파일)] – [New(새로 만들기)](Ctrl + N)를 클릭합니다.

#### 02 파일 세부 정보 설정

① New Document(새 문서)에서 Name(이름)에 '실전 연습08', 'Width(폭) : 400Pixels, Height(높이) : 500Pixels, Resolution(해상도) : 72Pixels/Inch, Color Mode(색상 모드) : RGB Color, 8bit, Background Contents(배경 내용) : White(흰색)'로 설정하여 새 작업 이미지를 만듭니다.

#### 03 파일 저장

① [File(파일)] – [Save As(다른 이름으로 저장)](Ctrl + Shift + S)를 클릭합니다.
경로 : PC\문서\GTQ, 파일명은 '수험번호-성명-2.psd'로 저장합니다.

#### 04 사용된 원본 이미지 열기

① [File(파일)] – [Open(열기)]을 클릭합니다.
경로 : 문서\GTQ\Image\1급-4.jpg, 1급-5.jpg, 1급-6.jpg 총 3개의 jpg 파일을 Shift를 누른 채 모두 선택하고 [열기(O)]를 클릭합니다.

### 2 그림 효과 적용

#### 01 1급-4.jpg : 필터 – Rough Pastels(거친 파스텔)

① '1급-4.jpg'를 클릭합니다.
② '1급-4.jpg'를 전체 선택(Ctrl + A) 후 Ctrl + C를 눌러 복사합니다. 작업 영역으로 돌아와 Ctrl + V로 붙여넣기 합니다.
③ Ctrl + T를 누르고 《출력형태》와 비교해가며 이미지의 크기 및 위치를 조정하고 Enter를 눌러줍니다.
④ [Filter(필터)] – [Filter Gallery(필터 갤러리)] – [Artistic(예술 효과)] – [Rough Pastels(거친 파스텔)]를 선택한 다음 [OK(확인)]를 클릭합니다.

## 02 색상 보정 : 1급-5.jpg - 파란색 계열로 보정

① '1급-5.jpg'를 클릭합니다.

② 도구상자의 Quick Selection Tool(빠른 선택 도구, )을 클릭합니다. Options Bar(옵션 바)에서 [Add to Selection(선택 영역에 추가)]으로 브러시의 크기를 조절해 필요한 영역을 선택하고 Ctrl + C 로 복사합니다.

③ 작업 영역으로 돌아와 Ctrl + V 로 이미지를 붙여넣기 하고, Ctrl + T 를 누른 다음 Shift 로 크기를 조정해 배치합니다.

④ 색상 보정할 부분을 Quick Selection Tool(빠른 선택 도구, )을 이용해 이미지를 선택해 줍니다.

⑤ Layers(레이어) 패널 하단에 Create new fill or Adjustment Layer(조정 레이어, )를 클릭하고 Hue/Saturation(색조/채도)을 선택합니다.

⑥ Properties(특징) 대화상자에서 Hue(색조), Saturation(채도)을 파란색에 가깝게 조절해 줍니다.

## 03 1급-5.jpg : 레이어 스타일 – Inner Glow(내부 광선)

① Layers(레이어) 패널에서 '1급-5.jpg'를 선택합니다.

② Layer Style(레이어 스타일)을 적용하기 위해, Layers(레이어) 패널 하단에 Add a Layer Style(레이어 스타일 추가, fx.)을 클릭합니다.

③ [Inner Glow(내부 광선)]를 선택하고, Layer Style(레이어 스타일) 대화상자가 나타나면 [OK(확인)]를 클릭합니다.

## 04 1급-6.jpg : 레이어 스타일 – Drop Shadow(그림자 효과)

① '1급-6.jpg'를 클릭합니다.

② 도구상자에서 Quick Selection Tool(빠른 선택 도구, ) )을 클릭합니다.

③ Options Bar(옵션 바)에서 [Add to Selection(선택 영역에 추가)]으로 브러시의 크기를 조정해 필요한 이미지를 선택합니다.

④ 선택 영역 지정이 완료되면 Ctrl + C 를 눌러 레이어를 복사합니다.

⑤ 작업 영역으로 돌아와 Ctrl + V 로 이미지를 붙여넣은 후, Ctrl + T 로 크기를 조정해 배치합니다.

⑥ Layer Style(레이어 스타일)을 적용하기 위해, Layers(레이어) 패널 하단에 Add a Layer Style(레이어 스타일 추가, fx.)을 클릭합니다.

⑦ [Drop Shadow(그림자 효과)]를 선택하고 Layer Style(레이어 스타일) 대화상자가 나타나면 [OK(확인)]를 클릭합니다.

## 05 Shape Tool(모양 도구)(자전거 모양 – #993300, 레이어 스타일 – Inner Shadow(내부 그림자))

① Custom Shape Tool(사용자 정의 모양 도구, ) )을 클릭합니다.

② Option Bar(옵션 바)에서 Shape(모양), Fill Color(칠 색상) : #993300을 지정한 다음 Shape(모양) 목록 단추를 클릭합니다. [Legacy Shapes and More(레거시 모양 및 기타)] – [All Legacy Default Shapes(전체 레거시 모양)] – [Symbols(기호)]를 클릭합니다.

③ 《출력형태》와 일치하는 Bicycle(자전거, 🚲)를 찾아 선택한 후, Shift 를 누른 채 드래그하여 작업 영역에 추가합니다.

④ Layer Style(레이어 스타일)을 적용하기 위해, Layers(레이어) 패널 하단에 Add a Layer Style(레이어 스타일 추가, fx.)을 클릭합니다.

⑤ [Inner Shadow(내부 그림자)]를 선택한 후, Layer Style(레이어 스타일) 대화상자에서 [OK(확인)]를 클릭합니다.

## 3 문자 효과 적용

**01** 전국농구대회 개최(궁서, 38pt, #444411, 레이어 스타일 − Stroke(선/획)(2px, #00cc88))

① 도구상자에서 Horizontal Type Tool(수평 문자 도구)을 클릭한 뒤 Options Bar(옵션 바)에서 Font(글꼴) : Gungsuh, Size(크기) : 38pt, Font Color(글자색) : #444411을 설정한 후 '전국농구대회 개최'를 입력합니다.

② Options Bar(옵션 바)에서 Create Warped Text(뒤틀어진 텍스트)를 클릭해 Warp Text(텍스트 뒤틀기) 대화상자가 나타나면 Style : Fish(물고기)를 선택하여 문자의 모양을 왜곡합니다.

③ Layer Style(레이어 스타일)을 적용하기 위해, Layers(레이어) 패널 하단에 Add a Layer Style(레이어 스타일 추가, fx.)을 클릭합니다.

④ [Stroke(선/획)]를 선택하고 Size(크기) : 2px, Color(색상) : #00cc88로 설정한 후 [OK(확인)]를 클릭합니다.

## 4 최종 파일 저장

### 01 JPG 파일 저장

① [File(파일)] – [Save As(다른 이름으로 저장)]를 선택합니다.
② 파일 이름은 '수험번호-성명-2'로 입력합니다.
③ 파일 형식은 JPEG를 선택하고 [저장(S)]을 클릭합니다.
④ JPEG Options(JPEG 옵션)은 Quality : 8 이상으로 잡고 [OK(확인)]를 클릭합니다.

### 02 PSD 파일 저장

① [Image(이미지)] – [Image Size(이미지 크기)]를 선택합니다.
② Width(폭) : 40Pixels, Height(높이) : 50Pixels, [OK(확인)]를 클릭합니다.
③ [File(파일)] – [Save(저장)]( Ctrl + S )를 선택합니다.

### 03 최종 파일 확인

① 2가지 포맷(JPG, PSD)의 최종 파일이 만들어졌는지 확인합니다.

## 5 답안 파일 전송

### 01 감독위원 PC로 답안 파일 전송

## 1 준비 작업

### 01 파일 만들기

① [File(파일)] – [New(새로 만들기)](Ctrl + N)를 클릭합니다.

### 02 파일 세부 정보 설정

① New Document(새 문서)에서 Name(이름)에 '실전 연습08', 'Width(폭) : 600Pixels, Height(높이) : 400Pixels, Resolution(해상도): 72Pixels/Inch, Color Mode(색상 모드) : RGB Color, 8bit, Background Contents(배경 내용) : White(흰색)'로 설정하여 새 작업 이미지를 만듭니다.

### 03 파일 저장

① [File(파일)] – [Save As(다른 이름으로 저장)](Ctrl + Shift + S)를 클릭합니다.
경로 : PC\문서\GTQ, 파일명은 '수험번호–성명–3.psd'로 저장합니다.

### 04 사용된 원본 이미지 열기

① [File(파일)] – [Open(열기)]을 클릭합니다.
경로 : 문서\GTQ\Image\1급–7.jpg, 1급–8.jpg, 1급–9.jpg, 1급–10.jpg, 1급–11.jpg 총 5개의 jpg 파일을 Shift를 누른 채 모두 선택하고, [열기(O)]를 클릭합니다.

## 2 그림 효과 적용

### 01 배경 : #acc2ff

① 도구상자 하단에 전경색을 더블 클릭합니다. Color Picker(색상 선택) 대화상자가 나타나면 #acc2ff로 색상을 설정하고 [OK(확인)]를 클릭합니다. 작업 영역에서 전경색 단축키인 Alt + Delete를 눌러줍니다.

## 02 1급-7.jpg : 필터 − Texturizer(텍스처화) − 가로 방향으로 흐릿하게

① '1급-7.jpg'를 클릭합니다.

② '1급-7.jpg'를 전체 선택(Ctrl + A) 후 Ctrl + C를 눌러 복사합니다. 작업 영역으로 다시 돌아와 붙여넣기 (Ctrl + V)합니다.

③ Ctrl + T를 눌러 《출력형태》와 비교해가며 크기와 위치를 조정하고 Enter를 눌러줍니다.

④ [Filter(필터)] − [Filter Gallery(필터 갤러리)] − [Texture(텍스처)] − [Texturizer(텍스처화)]를 선택한 후 [OK(확인)]를 클릭합니다.

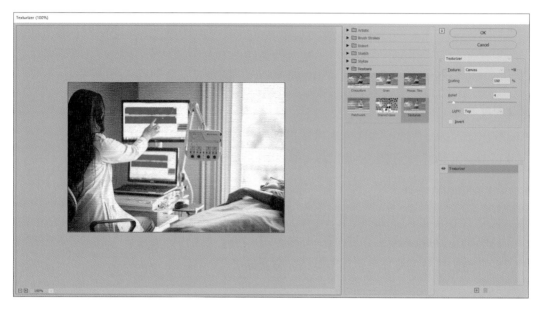

⑤ '1급-7.jpg' 레이어에 마스크를 추가하기 위해 Layers(레이어) 패널 하단에 Add a Layer Mask(마스크 추가, ▣)를 클릭합니다.

⑥ '1급-7.jpg' 레이어에 마스크가 적용됐으면, 도구상자의 Gradient Tool(그레이디언트 도구, ▣)을 클릭합니다.

⑦ Option Bar(옵션 바) Gradient Spectrum(그레이디언트 스펙트럼, ▣)을 선택하고 Gradient Editor(그레이디언트 편집) 대화상자에서 그레이 계열을 지정한 후 [OK(확인)]를 클릭합니다.

⑧ 배경의 오른쪽에서 왼쪽 방향으로 드래그합니다.

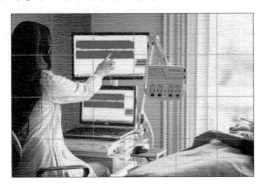 

**03** 1급-8.jpg : Blending Mode(혼합 모드) − Overlay(오버레이), 레이어 마스크 − 세로 방향으로 흐릿하게

① '1급-8.jpg'를 클릭합니다.

② '1급-8.jpg'를 전체 선택(Ctrl + A) 후 Ctrl + C를 눌러 복사합니다. 작업 영역으로 다시 돌아와 붙여넣기 (Ctrl + V)합니다.

③ Ctrl + T를 눌러 《출력형태》와 비교해가며 이미지의 크기 및 위치를 조정하고 Enter를 눌러줍니다.

④ Blending Mode(혼합 모드)는 [Overlay(오버레이)]를 선택합니다.

⑤ 이어서 '1급-8.jpg' 레이어에 마스크를 추가하기 위해 Layers(레이어) 패널 하단에 Add a Layer Mask(마스크 추가, ▣)를 클릭합니다.

⑥ 1급-8.jpg 레이어에 마스크가 적용됐으면, 도구상자의 Gradient Tool(그레이디언트 도구, ▣)을 클릭합니다.

⑦ Option Bar(옵션 바) Gradient Spectrum(그레이디언트 스펙트럼, ▣)을 선택한 다음 Gradient Editor(그레이디언트 편집) 대화상자에서 그레이 계열을 지정한 후 [OK(확인)]를 클릭합니다.

⑧ 배경의 위쪽에서 아래쪽 방향으로 드래그합니다.

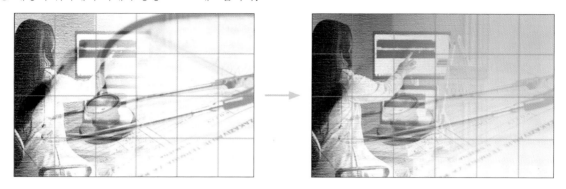

**04 1급-9.jpg : 필터 – Dry Brush(드라이 브러시), 레이어 스타일 – Stroke(선/획)(2px, #00aacc))**

① Layers(레이어) 패널 하단에 Create a new layer(새 레이어 생성, ⬚)를 선택합니다.

② 도구상자에서 Custom Shape Tool(사용자 정의 모양 도구, 🐷)을 클릭합니다.

③ Option Bar(옵션 바)에서 Shape(모양), Fill Color(칠
색상) : #ffffff를 지정한 다음 Shape(모양) 목록 단추를
클릭합니다. [Legacy Shapes and More(레거시 모양
및 기타)] – [All Legacy Default Shapes(전체 레거시
모양)] – [Objets(물건)]를 선택합니다.

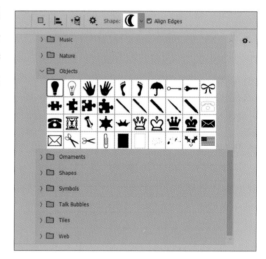

④ 《출력형태》와 일치하는 Light Bulb 1(전구 1, 💡)를 찾아 선택한 후, Shift 를 누른 채 드래그하여 작업 영
역에 추가합니다.

⑤ '1급-9.jpg'를 전체 선택( Ctrl + A ) 후 Ctrl + C 를 눌러 복사합니다. 작업 영역으로 다시 돌아와 붙여넣기
( Ctrl + V )합니다.

⑥ [Filter(필터)] – [Filter Gallery(필터 갤러리)] – [Artistic(예술 효과)] – [Dry Brush(드라이 브러시)]를
선택한 후 [OK(확인)]를 클릭합니다.

⑦ 클리핑 마스크를 하기 위해 '1급-9.jpg'를 Light Bulb 1(전구 1, 💡) 위로 위치한 다음 Ctrl + Alt + G 를
눌러줍니다.

⑧ Layer Style(레이어 스타일)을 적용하기 위해, Add a Layer Style(레이어 스타일 추가, fx. )을 클릭합니다.

⑨ [Stroke(선/획)]를 선택하고 Size(크기) : 2px, Position(포지션) : Outside, Color(색상) : #00aacc로
설정합니다.

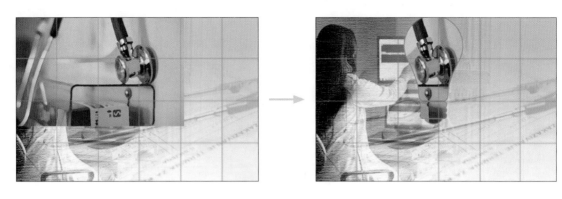

## 05 1급-10.jpg : 레이어 스타일 – Inner Glow(내부 광선)

① '1급-10.jpg'를 클릭합니다.

② 도구상자의 Quick Selection Tool(빠른 선택 도구, ✐)을 선택합니다. Options Bar(옵션 바)에서 [Add to Selection(선택 영역에 추가)]으로 브러시의 크기를 조절해 필요한 영역을 선택하고 Ctrl + C로 복사합니다.

③ 작업 영역으로 돌아와 붙여넣기(Ctrl + V)합니다.

④ Layer Style(레이어 스타일)을 적용하기 위해, Add a Layer Style(레이어 스타일 추가, fx.)을 클릭합니다.

⑤ [Inner Glow(내부 광선)]를 선택하고 Layer Style(레이어 스타일) 대화상자에서 [OK(확인)]를 클릭합니다.

## 06 1급-11.jpg : 색상 보정 – 파란색 계열로 보정

① '1급-11.jpg'를 클릭합니다.

② 도구상자의 Quick Selection Tool(빠른 선택 도구, ✐)을 선택합니다. Options Bar(옵션 바)에서 [Add to Selection(선택 영역에 추가)]으로 브러시의 크기를 조절해 필요한 영역을 선택하고 Ctrl + C로 복사합니다.

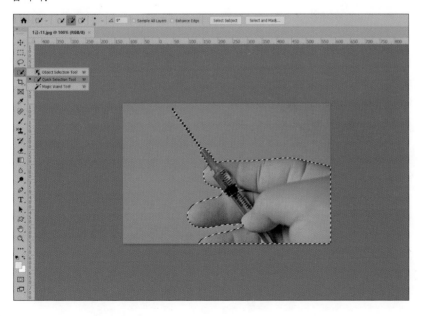

③ 작업 영역으로 돌아와 Ctrl + V 로 이미지를 붙여넣기 합니다.

④ Ctrl + T 를 눌러 마우스 우클릭 후 [Flip Horizontal(수평 뒤집기)]로 뒤집은 후 배치합니다.

⑤ 이어서 색상 보정할 부분을 Quick Selection Tool(빠른 선택 도구, 🖌)을 이용해 이미지를 선택해 줍니다.

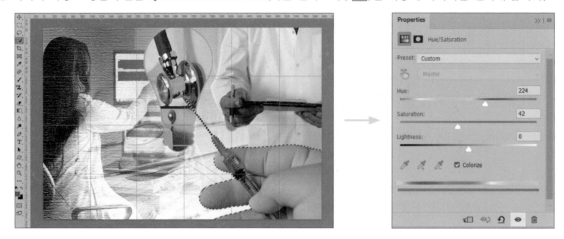

⑥ Layers(레이어) 패널 하단에 Create new fill or adjustment layer(조정 레이어, 🔘)를 클릭하고, Hue/Saturation(색조/채도)을 선택합니다.

⑦ Properties(특징) 대화상자에서 Hue(색조), Saturation(채도)을 파란색에 가깝게 조절해 줍니다.

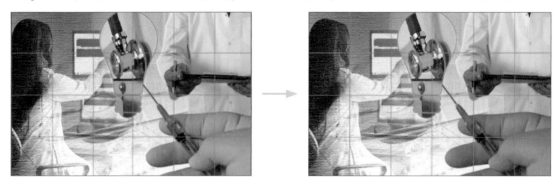

## 07 그 외 《출력형태》 참조

① Layers(레이어) 패널 하단에 Create a new layer(새 레이어 생성, 🔲)를 클릭합니다.

② Custom Shape Tool(사용자 모양 정의 도구, 🔳)을 클릭합니다.

③ Option Bar(옵션 바)에서 Shape(모양), Fill Color(칠 색상) : #eeffaa를 지정한 다음 Shape(모양) 목록 단추를 클릭합니다. [Legacy Shapes and More(레거시 모양 및 기타)] – [All Legacy Default Shapes(전체 레거시 모양)] – [Objects(물건)]를 선택합니다.

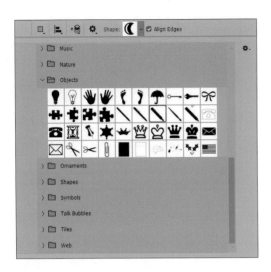

④ 《출력형태》와 일치하는 Crayon(크래용, ◥)을 찾아 선택한 후, Shift 를 누른 채 드래그하여 작업 영역에 추가합니다.

⑤ Layer Style(레이어 스타일)을 적용하기 위해, Layers(레이어) 패널 하단에 Add a Layer Style(레이어 스타일 추가, fx.)을 클릭합니다.

⑥ [Inner Shadow(내부 그림자)]를 선택하고, Layer Style(레이어 스타일) 대화상자에서 [OK(확인)]를 클릭합니다.

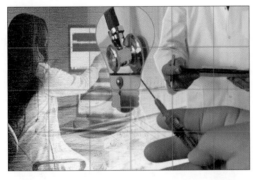 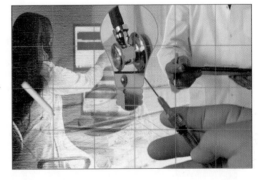

⑦ 계속해서 Custom Shape Tool(사용자 모양 정의 도구, ✿.)을 클릭합니다.

⑧ Option Bar(옵션 바)에서 Shape(모양), Fill Color(칠 색상) : #001144를 지정한 다음 Shape(모양) 목록 단추를 클릭합니다. [Legacy Shapes and More(레거시 모양 및 기타)] – [All Legacy Default Shapes(전체 레거시 모양)] – [Objects(물건)]를 선택합니다.

⑨ 《출력형태》와 일치하는 Scissors 1(가위 1, ✂)을 찾아 선택한 후, Shift 를 누른 채 드래그하여 작업 영역에 추가합니다.

⑩ Layer Style(레이어 스타일)을 적용하기 위해, Layers(레이어) 패널 하단에 Add a Layer Style(레이어 스타일 추가, fx.)을 클릭합니다.

⑪ [Outer Glow(외부 광선)]를 선택하고, Layer Style(레이어 스타일) 대화상자에서 [OK(확인)]를 클릭합니다.

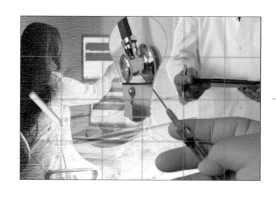
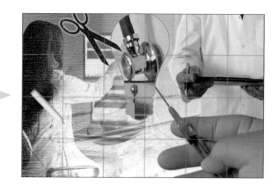

## 3  문자 효과 적용

01 환절기 질병 예방법(돋움, 36pt, 레이어 스타일 – Drop Shadow(그림자 효과), 그레이디언트 오버레이
(#6611cc, #228877), Stroke(선/획)(2px, #ffffff))

① 도구상자에서 Horizontal Type Tool(수평 문자 도구)을 클릭한 뒤 Options Bar(옵션 바)에서 Font(글
꼴) : Dotum, Size(크기) : 36pt를 설정한 후 '환절기 질병 예방법'을 입력합니다.

② Layer Style(레이어 스타일)을 적용하기 위해, Layers(레이어) 패널 하단에 Add a Layer Style(레이어
스타일 추가, fx.)을 클릭합니다.

③ [Drop Shadow(그림자 효과)]와 [Gradient Overlay(그레이디언트 오버레이)]를 선택합니다.

④ Gradient(그레이디언트) 색상 스펙트럼을 클릭합니다.

⑤ 왼쪽과 오른쪽 아래 Color Stop(색상 정지점)을 각각 더블 클릭해 '#6611cc', '#228877'로 색상을 설정한
후 Angle(각도)을 조정하고 [OK(확인)]를 클릭합니다.

⑥ 이어서 [Stroke(획/선)]를 선택하고 Size(크기) : 2px, Position(포지션) : Outside, Color(색상) : #ffffff로
설정한 후 [OK(확인)]를 클릭합니다.

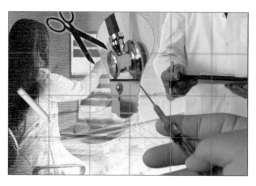
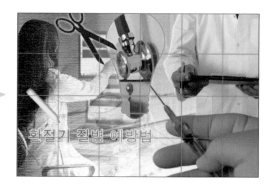

**02 가을철 주의해야 하는 질병(궁서, 24pt, #004422, 레이어 스타일 – Stroke(선/획)(2px, #ffcc22)**

① 도구상자에서 Horizontal Type Tool(수평 문자 도구)을 클릭한 뒤 Options Bar(옵션 바)에서 Font(글꼴) : Gungsuh, Size(크기) : 24pt, Font Color(글자색) : #004422를 설정한 후 '가을철 주의해야 하는 질병'을 입력합니다.

② Options Bar(옵션 바)에서 Create Warped Text(뒤틀어진 텍스트)를 클릭해 Warp Text(텍스트 뒤틀기) 대화상자가 나타나면 Style : Flag(깃발)를 선택하여 문자의 모양을 왜곡합니다.

③ Layer Style(레이어 스타일)을 적용하기 위해, Layers(레이어) 패널 하단에 Add a Layer Style(레이어 스타일 추가, fx.)을 클릭합니다.

④ [Stroke(획/선)]를 선택하고 Size(크기) : 2px, Position(포지션) : Outside, Color(색상) : #ffcc22로 설정한 후 [OK(확인)]를 클릭합니다.

**03 질병 / 예방법 / 환절기(궁서, 16pt, #000000)**

① 도구상자에서 Horizontal Type Tool(수평 문자 도구)을 클릭한 뒤 Options Bar(옵션 바)에서 Font(글꼴) : Gungsuh, Size(크기) : 16pt, Font Color(글자색) : #000000을 설정한 후 '질병 / 예방법 / 환절기'를 입력합니다.

## 4 최종 파일 저장

**01 JPG 파일 저장**

① [File(파일)] – [Save As…(다른 이름으로 저장)]를 선택합니다.
② 파일 이름은 '수험번호-성명-3'으로 입력합니다.
③ 파일 형식은 JPEG를 선택하고 [저장(S)]을 클릭합니다.
④ JPEG Options(JPEG 옵션)은 Quality : 8 이상으로 잡고 [OK(확인)]를 클릭합니다.

**02 PSD 파일 저장**

① [Image(이미지)] – [Image Size(이미지 크기)]를 클릭합니다.
② Width(폭) : 60Pixels, Height(높이) : 40Pixels, [OK(확인)]를 클릭합니다.
③ [File(파일)] – [Save(저장)]([Ctrl] + [S])를 선택합니다.

**03 최종 파일 확인**

① 2가지 포맷(JPG, PSD)의 최종 파일이 만들어졌는지 확인합니다.

## 5 답안 파일 전송

**01 감독위원 PC로 답안 파일 전송**

## 1   준비 작업

### 01 파일 만들기

① [File(파일)] – [New(새로 만들기)]((Ctrl) + (N))를 클릭합니다.

### 02 파일 세부 정보 설정

① New Document(새 문서)에서 Name(이름)에 '실전 연습08', 'Width(폭) : 600Pixels, Height(높이)
 : 400Pixels, Resolution(해상도) : 72Pixels/Inch, Color Mode(색상 모드) : RGB Color, 8bit,
 Background Contents(배경 내용) : White(흰색)'로 설정하여 새 작업 이미지를 만듭니다.

### 03 파일 저장

① [File(파일)] – [Save As(다른 이름으로 저장)]((Ctrl) + (Shift) + (S))를 클릭합니다.
 경로 : PC\문서\GTQ, 파일명은 '수험번호-성명-4.psd'로 저장합니다.

### 04 사용된 원본 이미지 열기

① [File(파일)] – [Open(열기)]을 클릭합니다.
 경로 : 문서\GTQ\Image\1급-12.jpg, 1급-13.jpg, 1급-14.jpg, 1급-15.jpg, 1급-16.jpg, 1급-17.jpg 총 6
 개의 jpg 파일을 (Shift)를 눌러 클릭하고, [열기((O))]를 클릭합니다.

## 2   그림 효과 적용

### 01 배경 : #b8f4bf

① 도구상자 하단에 전경색을 더블 클릭합니다. Color Picker(색상 선택) 대화상자가 나타나면
 #b8f4bf로 색상을 설정하고 [OK(확인)]를 클릭합니다. 작업 영역에서 전경색 단축키인
 (Alt) + (Delete)를 눌러줍니다.

## 02 패턴(나뭇잎 모양) : #00ee11

① 패턴을 만들기 위해 [File(파일)] – [New(새로 만들기)]를 클릭합니다.

② New Document(새 문서)에서 'Width(폭) : 70Pixels, Height(높이) : 70Pixels, Resolution(해상도) : 72Pixels/Inch, Color Mode(색상 모드) : RGB Color, 8bit, Background Contents(배경 내용) : Transparent(투명색)'로 설정하여 새 작업 이미지를 만듭니다.

③ Custom Shape Tool(사용자 모양 정의 도구, 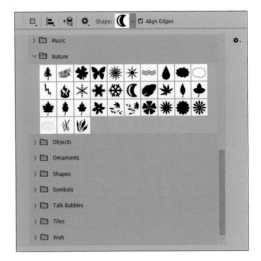)을 클릭합니다.

④ Option Bar(옵션 바)에서 Shape(모양), Fill Color(칠 색상) : #00ee11을 지정한 다음 Shape(모양) 목록 단추를 클릭합니다. [Legacy Shapes and More(레거시 모양 및 기타)] – [All Legacy Default Shapes(전체 레거시 모양)] – [Nature(자연)]를 선택합니다.

⑤ 《출력형태》와 일치하는 Leaf 1(잎 1, )을 찾아 선택한 후, Shift 를 누른 채 드래그하여 작업 영역에 추가합니다.

⑥ 도구상자에서 Move Tool(이동 도구, )을 클릭한 후 Alt 를 눌러 Leaf 1(잎 1, )을 드래그해 복사합니다.

⑦ Menu Bar(메뉴 바) – [Edit(편집)] – [Define Pattern(사용자 패턴 정의)]을 클릭합니다.

⑧ Pattern Name(패턴 이름)을 '나뭇잎 모양'으로 입력하고 [OK(확인)]를 클릭한 후 작업 영역으로 돌아갑니다.

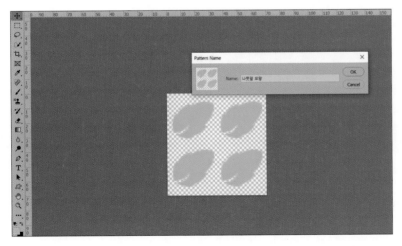

**03** 패턴(나뭇잎 모양) : Shape Tool(모양 도구) 사용, #ffdd00, 레이어 스타일 – Stroke(선/획)(2px, #fffccc)

① Layers(레이어) 패널 하단에 Create a new layer(새 레이어 생성, ⊞)를 클릭합니다.

② 도구상자의 Custom Shape Tool(사용자 정의 모양 도구, 🞃)을 클릭합니다.

③ Option Bar(옵션 바)에서 Shape(모양), Fill Color(칠 색상) : #ffdd00을 지정한 다음 Shape(모양) 목록 단추를 클릭합니다. [Legacy Shapes and More(레거시 모양 및 기타)] – [All Legacy Default Shapes(전체 레거시 모양)] – [Symbols(기호)]를 클릭합니다.

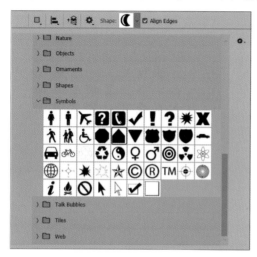

④ 《출력형태》와 비슷한 Sign 2(표지판 2, ▲) 모양을 찾아 선택합니다.

⑤ Shift 를 누른 채 드래그하여 크기를 조정한 후 Enter 를 눌러줍니다.

⑥ Layer Style(레이어 스타일)을 적용하기 위해, Layers(레이어) 패널 하단에 Add a Layer Style(레이어 스타일 추가, fx.)을 클릭합니다.

⑦ [Stroke(선/획)]를 선택하고 Size(크기) : 2px, Color(색상) : #fffccc로 설정한 후 [OK(확인)]를 클릭합니다.

**04** 패턴(나뭇잎 모양) : 클리핑 마스크

① Layers(레이어) 패널 하단에 Create a new layer(새 레이어 생성, ⊞)를 클릭합니다.

② 도구상자의 Pattern Stamp Tool(패턴 스탬프 툴, 🖳)을 클릭합니다.

③ 상단 Option Bar(옵션 바) 패턴 썸네일 옆에 목록 단추를 눌러 만들어 놓은 패턴 모양을 클릭합니다.

④ Size(크기)를 5000px로 설정합니다.

⑤ 작업 영역의 빈 곳을 클릭합니다.

⑥ 클리핑 마스크를 하기 위해 Ctrl + Alt + G 를 눌러줍니다.

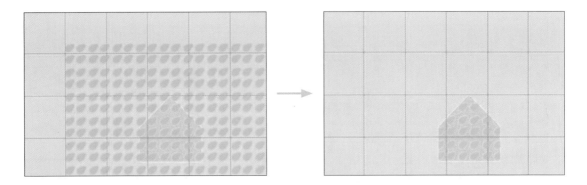

**05** 1급-12.jpg : Blending Mode(혼합 모드) – Hard Light(하드 라이트), Opacity(불투명도)(30%)

① '1급-12.jpg'를 클릭합니다.

② '1급-12.jpg'를 전체 선택(Ctrl + A) 후 Ctrl + C를 눌러 복사합니다. 작업 영역으로 돌아와 붙여넣기 (Ctrl + V)합니다.

③ Ctrl + T를 눌러 《출력형태》와 비교해가며 크기와 위치를 조정하고 Enter를 눌러줍니다.

④ Blending Mode(혼합 모드)는 [Hard Light(하드 라이트)]를 선택합니다.

⑤ Opacity(불투명도)는 30%로 지정합니다.

**06** 1급-13.jpg : 필터 – Angled Strokes(각진 선/획), 레이어 마스크 – 세로 방향으로 흐릿하게

① '1급-13.jpg'를 클릭합니다.

② '1급-13.jpg'를 전체 선택(Ctrl + A) 후 Ctrl + C를 눌러 복사합니다. 작업 영역으로 다시 돌아와 붙여넣기 (Ctrl + V)합니다.

③ Ctrl + T를 눌러 《출력형태》와 비교해가며 이미지의 크기 및 위치를 조정하고 Enter를 눌러줍니다.

④ [Filter(필터)] – [Filter Gallery(필터 갤러리)] – [Brush Strokes(브러시 선/획)] – [Angled Strokes(각진 선/획)]를 선택한 후 [OK(확인)]를 클릭합니다.

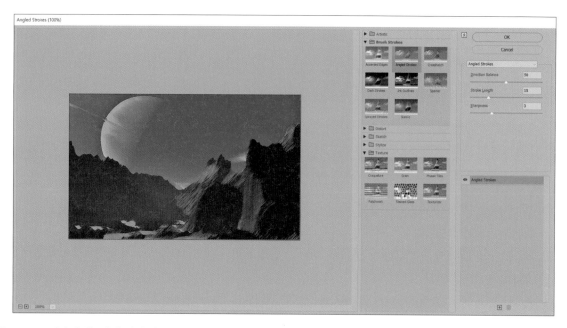

⑤ Layers(레이어) 패널 하단에 Add a layer mask(마스크 추가, )를 클릭합니다.

⑥ Layers(레이어) 옆에 마스크가 적용됐으면, 도구상자의 Gradient Tool(그레이디언트 도구, )을 클릭합니다.

⑦ Option Bar(옵션 바) Gradient Spectrum(그레이디언트 스펙트럼, )을 클릭한 다음 Gradient Editor(그레이디언트 편집) 대화상자가 나타나면 그레이 계열의 그라데이션을 선택한 후 [OK(확인)]를 클릭합니다.

⑧ 배경의 위쪽에서 아래쪽 방향으로 드래그합니다.

## 07 1급-14.jpg : 레이어 스타일 – Drop Shadow(그림자 효과)

① '1급-14.jpg'를 클릭합니다.

② 도구상자의 Quick Selection Tool(빠른 선택 도구, ✐)을 선택합니다. Options Bar(옵션 바)에서 [Add to Selection(선택 영역에 추가)]으로 브러시의 크기를 조절해 필요한 영역을 선택하고 Ctrl + C로 복사합니다.

③ 작업 영역으로 돌아와 Ctrl + V로 이미지를 붙여넣기 하고, Ctrl + T를 누른 다음 Shift를 눌러 크기를 조정해 배치합니다.

④ Layer Style(레이어 스타일)을 적용하기 위해, Layers(레이어) 패널 하단에 Add a Layer Style(레이어 스타일 추가, fx.)을 클릭합니다.

⑤ [Drop Shadow(그림자 효과)]를 선택하고 Layer Style(레이어 스타일) 대화상자에서 [OK(확인)]를 클릭합니다.

## 08 1급-15.jpg : 필터 – Poster Edges(포스터 가장자리)

① '1급-15.jpg'를 클릭합니다.

② 도구상자의 Quick Selection Tool(빠른 선택 도구, ✐)을 선택합니다. Options Bar(옵션 바)에서 [Add to Selection(선택 영역에 추가)]으로 브러시의 크기를 조절해 필요한 영역을 선택하고 Ctrl + C로 복사합니다.

③ 작업 영역으로 돌아와 Ctrl + V로 이미지를 붙여넣기 하고, Ctrl + T를 누른 다음 Shift를 눌러 크기를 조정해 배치합니다.

④ [Filter(필터)] – [Filter Gallery(필터 갤러리)] – [Artistic(예술 효과)] – [Poster Edges(포스터 가장자리)]를 선택한 후 [OK(확인)]를 클릭합니다.

## 09 1급-16.jpg : 색상 보정 – 초록색 계열로 보정

① '1급-16.jpg'를 클릭합니다.

② 도구상자의 Quick Selection Tool(빠른 선택 도구, ✐)을 선택합니다. Options Bar(옵션 바)에서 [Add to Selection(선택 영역에 추가)]으로 브러시의 크기를 조절해 필요한 영역을 선택하고 Ctrl + C로 복사합니다.

③ 작업 영역으로 돌아와 Ctrl + V로 이미지를 붙여넣기 하고, Ctrl + T를 누른 다음 Shift로 크기를 조정해 배치합니다.

④ Layers(레이어) 패널의 '1급-16.jpg' 레이어 썸네일을 [Ctrl]을 눌러 클릭한 다음 Layers(레이어) 패널 하단 Create new fill or adjustment layer(조정 레이어, ◑)를 클릭합니다.

⑤ [Hue/Saturation(색조/채도)]을 선택해 Properties(특징) 대화상자에서 Hue(색조), Saturation(채도)을 초록색에 가깝게 조절해 줍니다.

## 10 그 외 《출력형태》 참조

① Layers(레이어) 패널 하단에 Create a new layer(새 레이어 만들기, ⊞)를 클릭합니다.

② 도구상자의 Custom Shape Tool(사용자 정의 모양 도구, ▨)을 클릭합니다.

③ Option Bar(옵션 바)에서 Shape(모양), Fill Color(칠 색상) : #880000을 지정한 다음 Shape(모양) 목록 단추를 클릭합니다. [Legacy Shapes and More(레거시 모양 및 기타)] - [All Legacy Default Shapes(전체 레거시 모양)] - [Symbols(기호)]를 클릭합니다.

④ 《출력형태》와 일치하는 Pedestrian(보행자, 🚶)을 찾아 선택한 후, [Shift]를 누른 채 드래그하여 작업 영역에 추가합니다.

⑤ Layer Style(레이어 스타일)을 적용하기 위해, Layers(레이어) 패널 하단에 Add a Layer Style(레이어 스타일 추가, fx)을 클릭합니다.

⑥ [Inner Shadow(내부 그림자)]를 선택하고 Layer Style(레이어 스타일) 대화상자에서 [OK(확인)]를 클릭합니다.

⑦ 위와 같은 방법으로 Custom Shape Tool(사용자 정의 모양 도구, ✎.)을 사용하여 Fill Color(칠 색상) : #887700, 레이어 스타일 – Outer Glow(외부 광선)가 적용된 Help(도움, ❓)를 작업 영역에 추가합니다.

⑧ '1급–17.jpg'를 클릭합니다.
⑨ 도구상자의 Quick Selection Tool(빠른 선택 도구, ✎)을 선택합니다. Options Bar(옵션 바)에서 [Add to Selection(선택 영역에 추가)]으로 브러시의 크기를 조절해 필요한 영역을 선택하고 Ctrl + C 로 복사합니다.
⑩ 작업 영역으로 돌아와 Ctrl + V 로 이미지를 붙여넣기 하고, Ctrl + T 를 누른 다음 Shift 를 눌러 크기를 조정해 배치합니다.

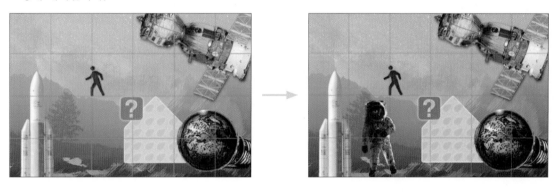

## 3 문자 효과 적용

**01** Space In The Universe(Arial, Bold, 36pt, #0099cc, 레이어 스타일 – Stroke(선/획)(2px, #ffffff))

① 도구상자에서 Horizontal Type Tool(수평 문자 도구)을 클릭한 뒤 Options Bar(옵션 바)에서 Font(글꼴) : Arial, Style(스타일) : Bold, Size(크기) : 36pt, Font Color(글자색) : #0099cc를 설정한 후 'Space In The Universe'를 입력합니다.
② Options Bar(옵션 바)에서 Create Warped Text(뒤틀어진 텍스트)를 클릭해 Warp Text(텍스트 뒤틀기) 대화상자가 나타나면 Style : Flag(깃발)를 선택하여 문자의 모양을 왜곡합니다.
③ Layer Style(레이어 스타일)을 적용하기 위해, Layers(레이어) 패널 하단에 Add a Layer Style(레이어 스타일 추가, fx.)을 클릭합니다.
④ [Stroke(획/선)]를 선택하고 Size(크기) : 2px, Position(포지션) : Outside, Color(색상) : #ffffff로 설정한 후 [OK(확인)]를 클릭합니다.

**02** https://www.space.or.kr(Times New Roman, Bold, 16pt, #00ff99, 레이어 스타일 – Drop Shadow
(그림자 효과))

① 도구상자에서 Horizontal Type Tool(수평 문자 도구)을 클릭한 뒤 Options Bar(옵션 바)에서 Font(글
꼴) : Times New Roman, Style(스타일) : Bold, Size(크기) : 16pt, Font Color(글자색) : #00ff99를
설정한 후 'https://www.space.or.kr'를 입력합니다.

② Layer Style(레이어 스타일)을 적용하기 위해, Layers(레이어) 패널 하단에 Add a Layer Style(레이어
스타일 추가, [fx.])을 클릭합니다.

③ [Drop Shadow(그림자 효과)]를 선택하고 Layer Style(레이어 스타일) 대화상자에서 [OK(확인)]를 클릭
합니다.

**03** 광활한 우주의 아름다움(돋움, 20pt, #225544, 레이어 스타일 – Stroke(선/획)(2px, #fffccc))

① 도구상자에서 Horizontal Type Tool(수평 문자 도구)을 클릭한 뒤 Options Bar(옵션 바)에서 Font(글꼴)
: Dotum, Size(크기) : 20pt, Font Color(글자색) : #225544를 설정한 후 '광활한 우주의 아름다움'을
입력합니다.

② Layer Style(레이어 스타일)을 적용하기 위해, Layers(레이어) 패널 하단에 Add a Layer Style(레이어
스타일 추가, [fx.])을 클릭합니다.

③ [Stroke(획/선)]를 선택하고 Size(크기) : 2px, Position(포지션) : Outside, Color(색상) : #fffccc로
설정한 후 [OK(확인)]를 클릭합니다.

## 4 최종 파일 저장

### 01 JPG 파일 저장

① [File(파일)] – [Save As(다른 이름으로 저장)]를 클릭합니다.
② 파일 이름은 '수험번호–성명–4'로 입력합니다.
③ 파일 형식은 JPEG를 선택하고 [저장(S)]을 클릭합니다.
④ JPEG Options(JPEG 옵션)은 Quality : 8 이상으로 잡고 [OK(확인)]를 클릭합니다.

### 02 PSD 파일 저장

① [Image(이미지)] – [Image Size(이미지 크기)]를 클릭합니다.

② Width(폭) : 60Pixels, Height(높이) : 40Pixels, [OK(확인)]를 클릭합니다.

③ [File(파일)] – [Save(저장)](Ctrl + S)를 선택합니다.

### 03 최종 파일 확인

① 2가지 포맷(JPG, PSD)의 최종 파일이 만들어졌는지 확인합니다.

## 5 답안 파일 전송

### 01 감독위원 PC로 답안 파일 전송

## 문제1    [기능평가] 고급 Tool(도구) 활용

다음의 〈조건〉에 따라 아래의 《출력형태》와 같이 작업하시오.　[20점]

조건 └

| 원본 이미지 | 문서\GTQ\image\1급-1.jpg, 1급-2.jpg, 1급-3.jpg | | |
|---|---|---|---|
| 파일 저장 규칙 | JPG | 파일명 | 문서\GTQ\수험번호-성명-1.jpg |
| | | 크기 | 400 x 500 Pixels |
| | PSD | 파일명 | 문서\GTQ\수험번호-성명-1.psd |
| | | 크기 | 40 x 50 Pixels |

출력형태 └

1. 그림 효과

① 1급-1.jpg : 필터 – Crosshatch(그물눈)
② Save Path(패스 저장) : 스탠드 모양
③ Mask(마스크) : 스탠드 모양, 1급-2.jpg를 이용하여 작성
　레이어 스타일 – Drop Shadow(그림자 효과)
④ 1급-3.jpg : 레이어 스타일 – Bevel & Emboss(경사와 엠보스)
⑤ Shape Tool(모양 도구) :
　– 배너 모양(#110077, 레이어 스타일 – Inner Shadow(내부 그림자))
　– 물음표 모양(#11ddcc, 레이어 스타일 – Outer Glow(외부 광선))

2. 문자 효과

① 방과 후 수업(굴림, 42pt, #1199cc, 레이어 스타일 – Stroke(선/획)(2px, #ffff00))

## 문제2    [기능평가] 사진편집 응용

다음의 〈조건〉에 따라 아래의 《출력형태》와 같이 작업하시오.　[20점]

조건 └

| 원본 이미지 | 문서\GTQ\image\1급-4.jpg, 1급-5.jpg, 1급-6.jpg | | |
|---|---|---|---|
| 파일 저장 규칙 | JPG | 파일명 | 문서\GTQ\수험번호-성명-2.jpg |
| | | 크기 | 400 x 500 Pixels |
| | PSD | 파일명 | 문서\GTQ\수험번호-성명-2.psd |
| | | 크기 | 40 x 50 Pixels |

출력형태 └

1. 그림 효과

① 1급-4.jpg : 필터 – Rough Pastels(거친 파스텔)
② 색상 보정 : 1급-5.jpg – 초록색 계열로 보정
③ 1급-5.jpg : 레이어 스타일 – Inner Glow(내부 광선)
④ 1급-6.jpg : 레이어 스타일 – Drop Shadow(그림자 효과)
⑤ Shape Tool(모양 도구) :
　– 모래시계 모양(#880000, 레이어 스타일 – Inner Shadow(내부 그림자))

2. 문자 효과

① 인생의 회전목마(궁서, 45pt, #ffffff, 레이어 스타일 – Stroke(선/획)(3px, #770055))

다음의 〈조건〉에 따라 아래의 《출력형태》와 같이 작업하시오.                                                            25점

조건 ↳

| 원본 이미지 | | 문서\GTQ\Image\1급-7.jpg, 1급-8.jpg, 1급-9.jpg, 1급-10.jpg, 1급-11.jpg | |
|---|---|---|---|
| 파일 저장 규칙 | JPG | 파일명 | 문서\GTQ\수험번호-성명-3.jpg |
| | | 크기 | 600 x 400 Pixels |
| | PSD | 파일명 | 문서\GTQ\수험번호-성명-3.psd |
| | | 크기 | 60 x 40 Pixels |

1. 그림 효과
① 배경 : #ccddff
② 1급-7.jpg : 필터 – Texturizer(텍스처화) – 가로 방향으로 흐릿하게
③ 1급-8.jpg : Blending Mode(혼합 모드) – Overlay(오버레이), 레이어 마스크 – 세로 방향으로 흐릿하게
④ 1급-9.jpg : 필터 – Sponge(스폰지), 레이어 스타일 – Stroke(선/획)(3px, #ffffff))
⑤ 1급-10.jpg : 레이어 스타일 – Inner Glow(내부 광선)
⑥ 1급-11.jpg : 색상 보정 – 초록색 계열로 보정
⑦ 그 외 《출력형태》 참조

2. 문자 효과
① 농사 특산물 기획전(돋움, 36pt, #ffffff, 레이어 스타일 – Drop Shadow(그림자 효과), Stroke(선/획)(2px, #5757aa))
② 쌀 농사 풍년을 맞은 특별 기획전(궁서, 16pt, #000000, 레이어 스타일 – Stroke(선/획)(2px, #aa6600))
③ 주최 / 후원 / 기획(궁서, 16pt, #ffffff, 레이어 스타일 – Drop Shadow(그림자 효과))

출력형태 ↳

Shape Tool(모양 도구) 사용
#992222, 레이어 스타일 – Outer Glow(외부 광선)

Shape Tool(모양 도구) 사용
#552299,
레이어 스타일 – Inner Shadow
(내부 그림자)

다음의 〈조건〉에 따라 아래의 《출력형태》와 같이 작업하시오. `35점`

조건 └

| 원본 이미지 | | | 문서\GTQ\Image\1급-12.jpg, 1급-13.jpg, 1급-14.jpg, 1급-15.jpg, 1급-16.jpg, 1급-17.jpg |
|---|---|---|---|
| 파일 저장 규칙 | JPG | 파일명 | 문서\GTQ\수험번호-성명-4.jpg |
| | | 크기 | 600 x 400 Pixels |
| | PSD | 파일명 | 문서\GTQ\수험번호-성명-4.psd |
| | | 크기 | 60 x 40 Pixels |

1. 그림 효과

① **배경** : #fff888
② **패턴(토끼 모양)** : #665500
③ 1급-12.jpg : Blending Mode(혼합 모드) – Hard Light(하드 라이트), Opacity(불투명도)(50%)
④ 1급-13.jpg : 필터 – Film Grain(필름 그레인), 레이어 마스크 – 세로 방향으로 흐릿하게
⑤ 1급-14.jpg : 레이어 스타일 – Outer Glow(외부 광선)
⑥ 1급-15.jpg : 필터 – Poster Edges(포스터 가장자리)
⑦ 1급-16.jpg : 색상 보정 – 노란색 계열로 보정
⑧ 그 외 《출력형태》 참조

2. 문자 효과

① 설레는 여행의 시작(돋움, 30pt, #554400, 레이어 스타일 – Stroke(선/획)(2px, #ffffff))
② https://www.trip.or.kr(Times New Roman, Bold, 16pt, #003322, 레이어 스타일 – Outer Glow(외부 광선))
③ 내 생애 가장 소중한 여행(돋움, 20pt, #2581ff, 레이어 스타일 – Stroke(선/획)(2px, #ffffff))

출력형태 └

Shape Tool(모양 도구) 사용
#0033cc, 레이어 스타일 – Drop Shadow(그림자 효과)

Shape Tool(모양 도구) 사용
#77cc00
레이어 스타일 – Inner Shadow
(내부 그림자)

Shape Tool(모양 도구) 사용
#ffcc22
레이어 스타일 –
Stroke(선/획)(2px, #dd3300)

# 실전 모의고사 해설

## 문제1    [기능평가] 고급 Tool(도구) 활용

### 1   준비 작업

#### 01 파일 만들기

① [File(파일)] − [New(새로 만들기)]( Ctrl + N )를 클릭합니다.

#### 02 파일 세부 정보 설정

① New Document(새 문서)에서 Name(이름)에 '실전 연습09', 'Width(폭) : 400Pixels, Height(높이) : 500Pixels, Resolution(해상도) : 72Pixels/inch, Color Mode(색상 모드) : RGB Color, 8bit, Background Contents(배경 내용) : White(흰색)'로 설정하여 새 작업 이미지를 만듭니다.

#### 03 파일 저장

① [File(파일)] − [Save As(다른 이름으로 저장)]( Ctrl + Shift + S )를 클릭합니다.
경로 : PC\문서\GTQ, 파일명은 '수험번호−성명−1.psd'로 저장합니다.

#### 04 사용된 원본 이미지 열기

① [File(파일)] − [Open(열기)]을 클릭합니다.
경로 : 문서\GTQ\Image\1급−1.jpg, 1급−2.jpg, 1급−3.jpg 총 3개의 jpg 파일을 Shift 를 눌러 클릭하고, [열기( O )]를 클릭합니다.

### 2   그림 효과 적용

#### 01 1급−1.jpg : 필터 − Crosshatch(그물눈)

① '1급−1.jpg'를 클릭합니다.
② '1급−1.jpg'를 전체 선택( Ctrl + A ) 후 Ctrl + C 를 눌러 복사합니다. 작업 영역으로 돌아와 붙여넣기( Ctrl + V )합니다.
③ Ctrl + T 를 눌러 《출력형태》와 비교해가며 이미지의 크기와 위치를 조정하고 Enter 를 눌러줍니다.
④ [Filter(필터)] − [Filter Gallery(필터 갤러리)] − [Brush Strokes(브러시 선/획)] − [Crosshatch(그물눈)]를 선택하고 [OK(확인)]를 클릭합니다.

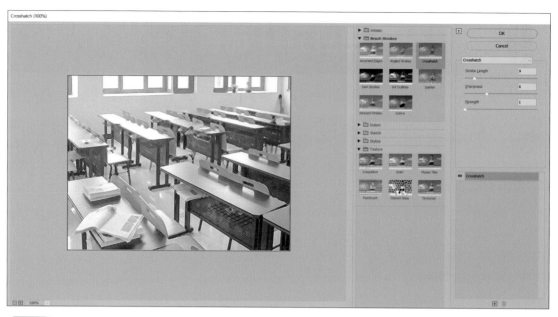

**TIP** ⭐

[Filter Gallery(필터 갤러리)] 대화상자의 오른쪽 [Cancel(취소)] 버튼 아래 목록 단추를 클릭하면 필터 갤러리의 모든 필터가 알파벳 순으로 정렬되어 있습니다.

## 02 Save Path(패스 저장) : 스탠드 모양

① Layers(레이어) 패널 하단에서 Create a new layer(새 레이어 생성, ▣)를 클릭합니다.
②《출력형태》에 그려 놓은 기준선을 참고하여 안내선을 만들어줍니다.
③ 도구상자에서 Pen Tool(펜 도구, ⯒.)을 선택합니다.
④ 상단 Option Bar(옵션 바)에서 Path(패스)를 Shape(모양)로 변경한 후 패스의 외곽을 그립니다.

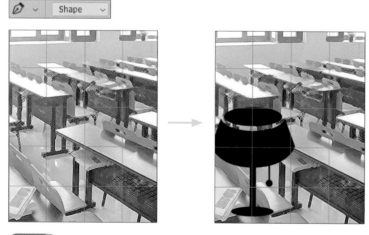

**TIP** ⭐

레이어를 생성한 다음, Ellipse Tool(원형 도구, ▣)을 활용하면 더 쉽게 만들 수 있습니다.
레이어가 여러 개로 생성되었을 경우, [Shift]를 눌러 생성된 레이어를 모두 선택한 후 [Ctrl] + [E]로 병합해 줍니다.

⑤ [Window(윈도우)] – [Paths(패스)]를 클릭합니다.

⑥ Paths(패스) 패널에서 병합된 레이어를 더블 클릭합니다.

⑦ Save Path(패스 저장) 대화상자에서 '스탠드 모양'을 입력한 후 [OK(확인)]를 클릭합니다.

⑧ Paths(패스) 패널에서 Layers(레이어) 패널로 돌아옵니다.

## 03 Mask(마스크) : 스탠드 모양, 1급-2.jpg를 이용하여 작성, 레이어 스타일 – Drop Shadow(그림자 효과)

① 만들어진 패스에 클리핑 마스크 작업을 하기 위해 '1급-2.jpg'를 클릭합니다.

② '1급-2.jpg'를 전체 선택(Ctrl + A) 후 Ctrl + C를 눌러 복사합니다. 작업 영역으로 돌아와 Shape(모양) 위에 붙여넣기(Ctrl + V)합니다.

③ 가져온 '1급-2.jpg'가 선택된 상태에서 마우스 우클릭 후 Create Clipping Mask(클리핑 마스크 만들기)를 선택 또는 단축키 Ctrl + Alt + G를 눌러줍니다.

④ Ctrl + T를 눌러 《출력형태》와 비교해가며 크기와 위치를 조정하고 Enter를 눌러줍니다.

⑤ Layer Style(레이어 스타일)을 적용하기 위해, Layers(레이어) 패널 하단에 Add a Layer Style(레이어 스타일 추가, fx.)을 클릭합니다.

⑥ [Drop Shadow(그림자 효과)]를 선택하고, Layer Style(레이어 스타일) 대화상자에서 [OK(확인)]를 클릭합니다.

## 04 1급-3.jpg : 레이어 스타일 – Bevel & Emboss(경사와 엠보스)

① '1급-3.jpg'를 클릭합니다.

② 도구상자에서 Quick Selection Tool(빠른 선택 도구, 🖌)을 클릭합니다.

③ 선택 영역 지정이 완료되면 Ctrl + C 를 눌러 레이어를 복사합니다.

④ 작업 영역으로 돌아와 Ctrl + V 로 이미지를 붙여넣기 합니다.

⑤ Ctrl + T 를 눌러 마우스 우클릭 후 [Flip Horizontal(수평 뒤집기)]로 뒤집어 배치합니다.

⑥ Layer Style(레이어 스타일)을 적용하기 위해, Layers(레이어) 패널 하단에 Add a Layer Style(레이어 스타일 추가, fx.)을 클릭합니다.

⑦ [Bevel & Emboss(경사와 엠보스)]를 선택한 후, Layer Style(레이어 스타일) 대화상자가 나타나면 [OK(확인)]를 클릭합니다.

**05** Shape Tool(모양 도구)(배너 모양 – #110077, 레이어 스타일 – Inner Shadow(내부 그림자)), (물음표 모양 – #11ddcc, 레이어 스타일 – Outer Glow(외부 광선))

① 도구상자의 Custom Shape Tool(사용자 모양 정의 도구, ▨)을 클릭합니다.

② Option Bar(옵션 바)에서 Shape(모양), Fill Color(칠 색상) : #110077를 지정한 다음 Shape(모양) 목록 단추를 클릭합니다. [Legacy Shapes and More(레거시 모양 및 기타)] – [All Legacy Default Shapes(전체 레거시 모양)] – [Banners and Awards(배너 및 상장)]를 클릭합니다.

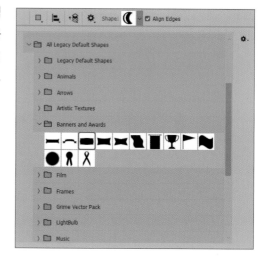

③ 《출력형태》와 일치하는 Banner 3(배너 3, ▬)을 찾아 선택한 후, 드래그하여 작업 영역에 추가합니다.

④ Layer Style(레이어 스타일)을 적용하기 위해, Layers(레이어) 패널 하단에 Add a Layer Style(레이어 스타일 추가, fx.)을 클릭합니다.

⑤ [Inner Shadow(내부 그림자)]를 선택한 후, Layer Style(레이어 스타일) 대화상자가 나타나면 [OK(확인)]를 클릭합니다.

⑥ 계속해서 Custom Shape Tool(사용자 정의 모양 도구, ⬚)을 클릭합니다.

⑦ Option Bar(옵션 바)에서 Shape(모양), Fill Color(칠 색상) : #11ddcc를 지정한 다음 Shape(모양) 목록 단추를 클릭합니다. [Legacy Shapes and More(레거시 모양 및 기타)] – [All Legacy Default Shapes(전체 레거시 모양)] – [Symbols(기호)]를 클릭합니다.

⑧ 《출력형태》와 일치하는 Question Mark(물음표, ?)를 찾아 선택한 후, Shift 를 누른 채 드래그하여 작업 영역에 추가합니다.

⑨ Layer Style(레이어 스타일)을 적용하기 위해 레이어 패널 하단에 Add a Layer Style(레이어 스타일 추가, fx.)을 클릭합니다.

⑩ [Outer Glow(외부 광선)]를 선택하고, Layer Style(레이어 스타일) 대화상자에서 [OK(확인)]를 클릭합니다.

## 3 문자 효과 적용

**01 방과 후 수업(굴림, 42pt, #1199cc, 레이어 스타일 – Stroke(선/획)(2px, #ffff00))**

① 도구상자에서 Horizontal Type Tool(수평 문자 도구)을 클릭한 뒤 Options Bar(옵션 바)에서 Font(글꼴) : Gulim, Size(크기) : 42pt, Font Color(글자색) : #1199cc를 설정한 후 '방과 후 수업'을 입력합니다.

② Options Bar(옵션 바)에서 Create Warped Text(뒤틀어진 텍스트)를 클릭해 Warp Text(텍스트 뒤틀기) 대화상자가 나타나면 Style : Shell Lower(아래로 넓은 조개)를 선택하여 문자의 모양을 왜곡합니다.

③ Layer Style(레이어 스타일)을 적용하기 위해, Layers(레이어) 패널 하단에 Add a Layer Style(레이어 스타일 추가, fx.)을 클릭합니다.

④ [Stroke(획/선)]를 선택하고 Size(크기) : 2px, Position(포지션) : Outside, Color(색상) : #ffff00으로 설정한 후 [OK(확인)]를 클릭합니다.

## 4 최종 파일 저장

### 01 JPG 파일 저장

① [File(파일)] − [Save As(다른 이름으로 저장)]를 클릭합니다.

② 파일 이름은 '수험번호−성명−1'로 입력합니다.

③ 파일 형식은 JPEG를 눌러주고 [저장(S)]을 클릭합니다.

④ JPEG Options(JPEG 옵션)은 Quality : 8 이상으로 잡고 [OK(확인)]를 클릭합니다.

### 02 PSD 파일 저장

① [Image(이미지)] − [Image Size(이미지 크기)]를 클릭합니다.

② Width(폭) : 40Pixels, Height(높이) : 50Pixels, [OK(확인)]를 클릭합니다.

③ [File(파일)] − [Save(저장)](Ctrl + S)를 선택합니다.

### 03 최종 파일 확인

① 2가지 포맷(JPG, PSD)의 최종 파일이 만들어졌는지 확인합니다.


## 5 답안 파일 전송

### 01 감독위원 PC로 답안 파일 전송

## 1 준비 작업

### 01 파일 만들기

① [File(파일)] – [New(새로 만들기)](Ctrl + N)를 클릭합니다.

### 02 파일 세부 정보 설정

① New Document(새 문서)에서 Name(이름)에 '실전 연습09', 'Width(폭) : 400Pixels, Height(높이) : 500Pixels, Resolution(해상도) : 72Pixels/Inch, Color Mode(색상 모드) : RGB Color, 8bit, Background Contents(배경 내용) : White(흰색)'로 설정하여 새 작업 이미지를 만듭니다.

### 03 파일 저장

① [File(파일)] – [Save As(다른 이름으로 저장)](Ctrl + Shift + S)를 클릭합니다.
    경로 : PC\문서\GTQ, 파일명은 '수험번호-성명-2.psd'로 저장합니다.

### 04 사용된 원본 이미지 열기

① [File(파일)] – [Open(열기)]을 클릭합니다.
    경로 : 문서\GTQ\Image\1급-4.jpg, 1급-5.jpg, 1급-6.jpg 총 3개의 jpg 파일을 Shift 를 누른 채 모두 선택하고 [열기(O)]를 클릭합니다.

## 2 그림 효과 적용

### 01 1급-4.jpg : 필터 – Rough Pastels(거친 파스텔)

① '1급-4.jpg'를 클릭합니다.

② '1급-4.jpg'를 전체 선택(Ctrl + A)한 후 Ctrl + C를 눌러 복사합니다. 작업 영역으로 돌아와 Ctrl + V로 붙여넣기합니다.

③ Ctrl + T를 누르고 《출력형태》와 비교해가며 이미지의 크기 및 위치를 조정하고 Enter를 눌러줍니다.

④ [Filter(필터)] – [Filter Gallery(필터 갤러리)] – [Artistic(예술 효과)] – [Rough Pastels(거친 파스텔)]를 선택한 다음 [OK(확인)]를 클릭합니다.

## 02 색상 보정 : 1급-5.jpg – 초록색 계열로 보정

① '1급-5.jpg'를 클릭합니다.

② 도구상자의 Quick Selection Tool(빠른 선택 도구, ![icon])을 클릭합니다. Options Bar(옵션 바)에서 [Add to Selection(선택 영역에 추가)]으로 브러시의 크기를 조절해 필요한 영역을 선택하고 [Ctrl] + [C]로 복사합니다.

③ 작업 영역으로 돌아와 [Ctrl] + [V]로 이미지를 붙여넣기 하고, [Ctrl] + [T]를 누른 다음 [Shift]를 눌러 크기를 조정해 배치합니다.

④ 색상 보정할 부분을 Quick Selection Tool(빠른 선택 도구, ![icon])을 이용해 이미지를 선택해 줍니다.

⑤ Layers(레이어) 패널 하단에 Create new fill or Adjustment Layer(조정 레이어, ![icon])를 클릭하고 Hue/Saturation(색조/채도)을 선택합니다.

⑥ Properties(특징) 대화상자에서 Hue(색조), Saturation(채도)을 초록색에 가깝게 조절해 줍니다.

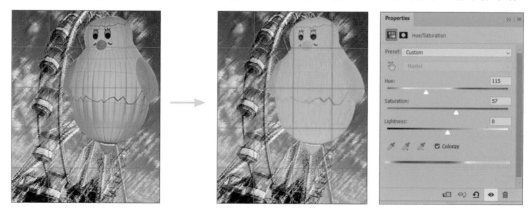

## 03 1급-5.jpg : 레이어 스타일 – Inner Glow(내부 광선)

① Layers(레이어) 패널에서 '1급-5.jpg'를 선택합니다.

② Layer Style(레이어 스타일)을 적용하기 위해, Layers(레이어) 패널 하단에 Add a Layer Style(레이어 스타일 추가, fx.)을 클릭합니다.

③ [Inner Glow(내부 광선)]를 선택하고, Layer Style(레이어 스타일) 대화상자가 나타나면 [OK(확인)]를 클릭합니다.

## 04 1급-6.jpg : 레이어 스타일 – Drop Shadow(그림자 효과)

① '1급-6.jpg'를 클릭합니다.

② 도구상자의 Quick Selection Tool(빠른 선택 도구, ✏️)을 클릭합니다.

③ Options Bar(옵션 바)에서 [Add to Selection(선택 영역에 추가)]으로 브러시의 크기를 조절해 필요한 이미지를 선택합니다.

④ 선택 영역 지정이 완료되면 Ctrl + C 를 눌러 레이어를 복사합니다.

⑤ 작업 영역으로 돌아와 Ctrl + V 로 이미지를 붙여넣기 합니다.

⑥ Ctrl + T 를 눌러 마우스 우클릭 후 [Flip Horizontal(수평 뒤집기)]로 뒤집어 배치합니다.

⑦ Layer Style(레이어 스타일)을 적용하기 위해, Layers(레이어) 패널 하단에 Add a Layer Style(레이어 스타일 추가, fx.)을 클릭합니다.

⑧ [Drop Shadow(그림자 효과)]를 선택한 후, Layer Style(레이어 스타일) 대화상자가 나타나면 [OK(확인)]를 클릭합니다.

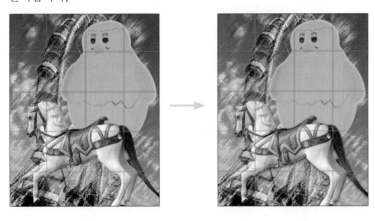

## 05 Shape Tool(모양 도구)(모래시계 모양 – #880000, 레이어 스타일 – Inner Shadow(내부 그림자))

① Custom Shape Tool(사용자 정의 모양 도구, 🎨)을 클릭합니다.

② Option Bar(옵션 바)에서 Shape(모양), Fill Color(칠 색상) : #880000을 지정한 다음 Shape(모양) 목록 단추를 클릭합니다. [Legacy Shapes and More(레거시 모양 및 기타)] – [All Legacy Default Shapes(전체 레거시 모양)] – [Objects(물건)]를 클릭합니다.

③ 《출력형태》와 일치하는 Hourglass(모래시계, ⟨⟩)를 찾아 선택한 후, Shift 를 누른 채 드래그하여 작업 영역에 추가합니다.

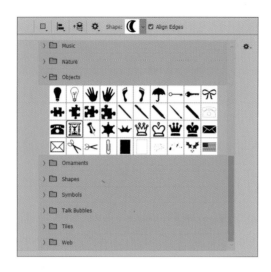

④ Layer Style(레이어 스타일)을 적용하기 위해, Layers(레이어) 패널 하단에 Add a Layer Style(레이어 스타일 추가, fx.)을 클릭합니다.

⑤ [Inner Shadow(내부 그림자)]를 선택한 후, Layer Style(레이어 스타일) 대화상자가 나타나면 [OK(확인)]를 클릭합니다.

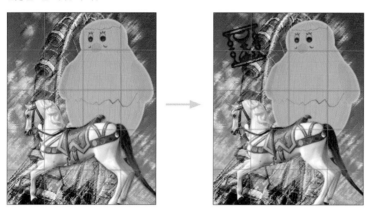

## 3 문자 효과 적용

**01 인생의 회전목마(궁서, 45pt, #ffffff, 레이어 스타일 – Stroke(선/획)(3px, #770055))**

① 도구상자에서 Horizontal Type Tool(수평 문자 도구)을 클릭한 뒤 Options Bar(옵션 바)에서 Font(글꼴) : Gungsuh, Size(크기) : 45pt, Font Color(글자색) : #ffffff를 설정한 후 '인생의 회전목마'를 입력합니다.

② Options Bar(옵션 바)에서 Create Warped Text(뒤틀어진 텍스트)를 클릭해 Warp Text(텍스트 뒤틀기) 대화상자가 나타나면 Style : Flag(깃발)를 선택하여 문자의 모양을 왜곡합니다.

③ Layer Style(레이어 스타일)을 적용하기 위해, Layers(레이어) 패널 하단에 Add a Layer Style(레이어 스타일 추가, fx.)을 클릭합니다.

④ [Stroke(선/획)]를 선택하고 Size(크기) : 3px, Color(색상) : #770055로 설정한 후 [OK(확인)]를 클릭합니다.

### 4 최종 파일 저장

#### 01 JPG 파일 저장

① [File(파일)] – [Save As(다른 이름으로 저장)]를 선택합니다.

② 파일 이름은 '수험번호–성명–2'로 입력합니다.

③ 파일 형식은 JPEG를 눌러주고 [저장(S)]을 클릭합니다.

④ JPEG Options(JPEG 옵션)은 Quality : 8 이상으로 잡고 [OK(확인)]를 클릭합니다.

#### 02 PSD 파일 저장

① [Image(이미지)] – [Image Size(이미지 크기)]를 클릭합니다.

② Width(폭) : 40Pixels, Height(높이) : 50Pixels, [OK(확인)]를 클릭합니다.

③ [File(파일)] – [Save(저장)][Ctrl] + [S])를 선택합니다.

#### 03 최종 파일 확인

① 2가지 포맷(JPG, PSD)의 최종 파일이 만들어졌는지 확인합니다.

### 5 답안 파일 전송

#### 01 감독위원 PC로 답안 파일 전송

## 1　준비 작업

### 01 파일 만들기

① [File(파일)] – [New(새로 만들기)](Ctrl + N)를 클릭합니다.

### 02 파일 세부 정보 설정

① New Document(새 문서)에서 Name(이름)에 '실전 연습09', 'Width(폭) : 600Pixels, Height(높이) : 400Pixels, Resolution(해상도): 72Pixels/Inch, Color Mode(색상 모드) : RGB Color, 8bit, Background Contents(배경 내용) : White(흰색)'로 설정하여 새 작업 이미지를 만듭니다.

### 03 파일 저장

① [File(파일)] – [Save As(다른 이름으로 저장)](Ctrl + Shift + S)를 클릭합니다.
　경로 : PC\문서\GTQ, 파일명은 '수험번호-성명-3.psd'로 저장합니다.

### 04 사용된 원본 이미지 열기

① [File(파일)] – [Open(열기)]을 클릭합니다.
　경로 : 문서\GTQ\Image\1급-7.jpg, 1급-8.jpg, 1급-9.jpg, 1급-10.jpg, 1급-11.jpg 총 5개의 jpg 파일을 Shift를 누른 채 모두 선택하고, [열기(O)]를 클릭합니다.

## 2　그림 효과 적용

### 01 배경 : #ccddff

① 도구상자 하단에 전경색을 더블 클릭합니다. Color Picker(색상 선택) 대화상자가 나타나면 #ccddff로 색상을 설정하고 [OK(확인)]를 클릭합니다. 작업 영역에서 전경색 단축키인 Alt + Delete를 눌러줍니다.

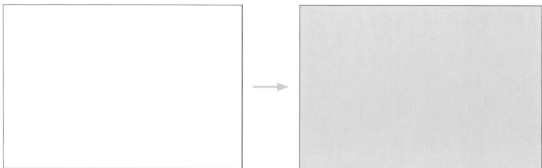

## 02 1급-7.jpg : 필터 – Texturizer(텍스처화) – 가로 방향으로 흐릿하게

① '1급-7.jpg'를 클릭합니다.

② '1급-7.jpg'를 전체 선택(Ctrl + A) 후 Ctrl + C를 눌러 복사합니다. 작업 영역으로 다시 돌아와 붙여넣기 (Ctrl + V)합니다.

③ Ctrl + T를 눌러《출력형태》와 비교해가며 크기와 위치를 조정하고 Enter를 눌러줍니다.

④ [Filter(필터)] – [Filter Gallery(필터 갤러리)] – [Texture(텍스처)] – [Texturizer(텍스처화)]를 선택한 후 [OK(확인)]를 클릭합니다.

⑤ '1급-7.jpg' 레이어에 마스크를 추가하기 위해 Layers(레이어) 패널 하단에 Add a Layer Mask(마스크 추가, ▣)를 클릭합니다.

⑥ '1급-7.jpg' 레이어에 마스크가 적용됐으면, 도구상자의 Gradient Tool(그레이디언트 도구, ▣)을 클릭합니다.

⑦ Option Bar(옵션 바) Gradient Spectrum(그레이디언트 스펙트럼, ▣)을 선택하고 Gradient Editor (그레이디언트 편집) 대화상자에서 그레이 계열을 지정한 후 [OK(확인)]를 클릭합니다.

⑧ 배경의 왼쪽에서 오른쪽 방향으로 드래그합니다.

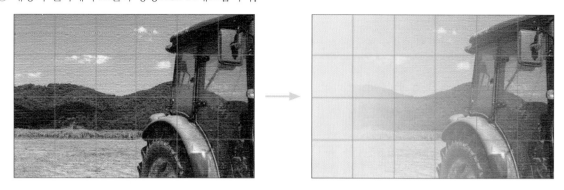

**03** 1급-8.jpg : Blending Mode(혼합 모드) – Overlay(오버레이), 레이어 마스크 – 세로 방향으로 흐릿하게

① '1급-8.jpg'를 클릭합니다.

② '1급-8.jpg'를 전체 선택(Ctrl + A) 후 Ctrl + C를 눌러 복사합니다. 작업 영역으로 다시 돌아와 붙여넣기(Ctrl + V)합니다.

③ Ctrl + T를 눌러 《출력형태》와 비교해가며 크기와 위치를 조정하고 Enter를 눌러줍니다.

④ Blending Mode(혼합 모드)는 [Overlay(오버레이)]를 선택합니다.

⑤ 이어서 '1급-8.jpg' 레이어에 마스크를 추가하기 위해 Layers(레이어) 패널 하단에 Add a Layer Mask(마스크 추가, ◻)를 클릭합니다.

⑥ '1급-8.jpg' 레이어에 마스크가 적용됐으면, 도구상자의 Gradient Tool(그레이디언트 도구, ◻)을 클릭합니다.

⑦ Option Bar(옵션 바) Gradient Spectrum(그레이디언트 스펙트럼, ◻▾ ◼◼◼◼◼)을 선택하고 Gradient Editor(그레이디언트 편집) 대화상자에서 그레이 계열을 지정한 후 [OK(확인)]를 클릭합니다.

⑧ 배경의 위쪽에서 아래쪽 방향으로 드래그합니다.

## 04 1급-9.jpg : 필터 − Sponge(스폰지), 레이어 스타일 − Stroke(선/획)(3px, #ffffff))

① Layers(레이어) 패널 하단에 Create a new layer(새 레이어 만들기, ⊡)를 선택합니다.

② 도구상자에서 Custom Shape Tool(사용자 정의 모양 도구, ⊠)을 클릭합니다.

③ Option Bar(옵션 바)에서 Shape(모양), Fill Color(칠 색상) : #ffffff를 지정한 다음 Shape(모양) 목록 단추를 클릭합니다. [Legacy Shapes and More(레거시 모양 및 기타)] − [All Legacy Default Shapes(전체 레거시 모양)] − [Objects(물건)]를 선택합니다.

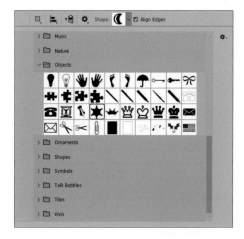

④ 《출력형태》와 일치하는 Sheriff's Badge(보안관 뱃지, ★)를 찾아 선택한 후, ⎡Shift⎤를 누른 채 드래그하여 작업 영역에 추가합니다.

⑤ '1급-9.jpg'를 전체 선택(⎡Ctrl⎤ + ⎡A⎤) 후 ⎡Ctrl⎤ + ⎡C⎤를 눌러 복사합니다. 작업 영역으로 돌아와 붙여넣기(⎡Ctrl⎤ + ⎡V⎤)합니다.

⑥ [Filter(필터)] − [Filter Gallery(필터 갤러리)] − [Artistic(예술 효과)] − [Sponge(스폰지)]를 선택하고 [OK(확인)]를 클릭합니다.

⑦ 클리핑 마스크를 하기 위해 '1급-9.jpg'를 Sheriff's Badge(보안관 뱃지, ★) 위로 위치한 다음 ⎡Ctrl⎤ + ⎡Alt⎤ + ⎡G⎤를 눌러줍니다.

⑧ Layer Style(레이어 스타일)을 적용하기 위해, Add a Layer Style(레이어 스타일 추가, fx.)을 클릭합니다.

⑨ [Stroke(선/획)]를 선택하고 Size(크기) : 3px, Position(포지션) : Outside, Color(색상) : #ffffff로 설정합니다.

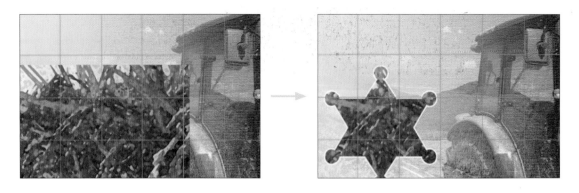

## 05 1급-10.jpg : 레이어 스타일 − Inner Glow(내부 광선)

① '1급-10.jpg'를 클릭합니다

② 도구상자의 Quick Selection Tool(빠른 선택 도구, ▧)을 선택합니다. Options Bar(옵션 바)에서 [Add to Selection(선택 영역에 추가)]으로 브러시의 크기를 조절해 필요한 영역을 선택하고 Ctrl + C로 복사합니다.

③ 작업 영역으로 다시 돌아와 붙여넣기(Ctrl + V)합니다.

④ Layer Style(레이어 스타일)을 적용하기 위해, Add a Layer Style(레이어 스타일 추가, fx)을 클릭합니다.

⑤ [Inner Glow(내부 광선)]를 선택하고, Layer Style(레이어 스타일) 대화상자에서 [OK(확인)]를 클릭합니다.

## 06 1급-11.jpg : 색상 보정 − 초록색 계열로 보정

① '1급-11.jpg'를 클릭합니다.

② 도구상자의 Quick Selection Tool(빠른 선택 도구, ▧)을 선택합니다. Options Bar(옵션 바)에서 [Add to Selection(선택 영역에 추가)]으로 브러시의 크기를 조절해 필요한 영역을 선택하고 Ctrl + C로 복사합니다.

③ 작업 영역으로 돌아와 Ctrl + V로 이미지를 붙여넣기 합니다.

④ Ctrl + T를 눌러 마우스 우클릭 후 [Flip Horizontal(수평 뒤집기)]로 뒤집은 후 배치합니다.

⑤ 이어서 색상 보정할 부분을 Quick Selection Tool(빠른 선택 도구, )을 이용해 이미지를 선택해 줍니다.

⑥ Layers(레이어) 패널 하단에 Create new fill or adjustment layer(조정 레이어, )를 클릭하고, Hue/Saturation(색조/채도)을 선택합니다.

⑦ Properties(특징) 대화상자에서 Hue(색조), Saturation(채도)을 초록색에 가깝게 조절해 줍니다.

## 07 그 외 《출력형태》 참조

① Layers(레이어) 패널 하단에 Create a new layer(새 레이어 생성, )를 클릭합니다.

② Custom Shape Tool(사용자 정의 모양 도구, )을 클릭합니다.

③ Option Bar(옵션 바)에서 Shape(모양), Fill Color(칠 색상) : #992222를 지정한 다음 Shape(모양) 목록 단추를 클릭합니다. [Legacy Shapes and More(레거시 모양 및 기타)] – [All Legacy Default Shapes(전체 레거시 모양)] – [Nature(자연)]를 선택합니다.

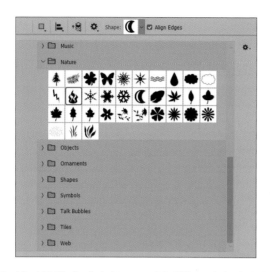

④ 《출력형태》와 일치하는 Fire(불, 🔥)를 찾아 선택한 후, Shift 를 누른 채 드래그하여 작업 영역에 추가합니다.

⑤ Layer Style(레이어 스타일)을 적용하기 위해, Layers(레이어) 패널 하단에 Add a Layer Style(레이어 스타일 추가, fx.)을 클릭합니다.

⑥ [Outer Glow(외부 광선)]를 선택하고 Layer Style(레이어 스타일) 대화상자에서 [OK(확인)]를 클릭합니다.

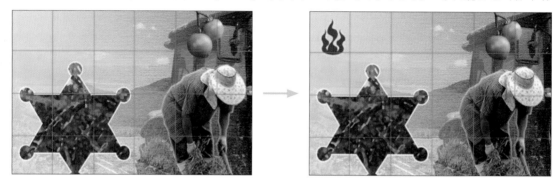

⑦ 이어서 Custom Shape Tool(사용자 모양 정의 도구, 🔷)을 클릭합니다.

⑧ Option Bar(옵션 바)에서 Shape(모양), Fill Color(칠 색상) : #552299를 지정한 다음 Shape(모양) 목록 단추를 클릭합니다. [Legacy Shapes and More(레거시 모양 및 기타)] – [All Legacy Default Shapes(전체 레거시 모양)] – [Objects(물건)]를 선택합니다.

⑨ 《출력형태》와 일치하는 Holly(호랑가시나무, 🍂)를 찾아 선택한 후, Shift 를 누른 채 드래그하여 작업 영역에 추가합니다.

⑩ Layer Style(레이어 스타일)을 적용하기 위해, Layers(레이어) 패널 하단에 Add a Layer Style(레이어 스타일 추가, fx.)을 클릭합니다.

⑪ [Inner Shadow(내부 그림자)]를 선택하고 Layer Style(레이어 스타일) 대화상자에서 [OK(확인)]를 클릭합니다.

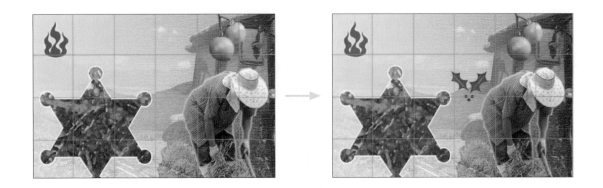

## 3  문자 효과 적용

**01 농사 특산물 기획전(돋움, 36pt, #ffffff, 레이어 스타일 – Drop Shadow(그림자 효과), Stroke(선/획)(2px, #5757aa))**

① 도구상자에서 Horizontal Type Tool(수평 문자 도구)을 클릭한 뒤 Options Bar(옵션 바)에서 Font(글꼴) : Dotum, Size(크기) : 36pt, Font Color(글자색) : #ffffff를 설정한 후 '농사 특산물 기획전'을 입력합니다.

② Options Bar(옵션 바)에서 Create Warped Text(뒤틀어진 텍스트)를 클릭해 Warp Text(텍스트 뒤틀기) 대화상자가 나타나면 Style : Fish(물고기)를 선택하여 문자의 모양을 왜곡합니다.

③ Layer Style(레이어 스타일)을 적용하기 위해, Layers(레이어) 패널 하단에 Add a Layer Style(레이어 스타일 추가, fx)을 클릭합니다.

④ [Stroke(선/획)]를 선택하고 Size(크기) : 2px, Position(포지션) : Outside, Color(색상) : #5757aa로 설정합니다.

⑤ 이어서 [Drop Shadow(그림자 효과)]를 선택한 다음 [OK(확인)]를 클릭합니다.

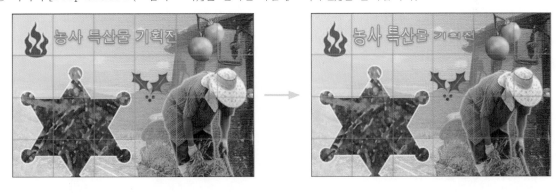

**02 쌀 농사 풍년을 맞은 특별 기획전(궁서, 16pt, #000000, 레이어 스타일 – Stroke(선/획)(2px, #aa6600))**

① 도구상자에서 Horizontal Type Tool(수평 문자 도구)을 클릭한 뒤 Options Bar(옵션 바)에서 Font(글꼴) : Gungsuh, Size(크기) : 16pt, Font Color(글자색) : #000000을 설정한 후 '쌀 농사 풍년을 맞은 특별 기획전'을 입력합니다.

② Layer Style(레이어 스타일)을 적용하기 위해, Layers(레이어) 패널 하단에 Add a Layer Style(레이어

스타일 추가, _fx._)을 클릭합니다.

③ [Stroke(획/선)]를 선택하고 Size(크기) : 2px, Position(포지션) : Outside, Color(색상) : #aa6600으로 설정한 후 [OK(확인)]를 클릭합니다.

### 03 주최 / 후원 / 기획(궁서, 16pt, #ffffff, 레이어 스타일 – Drop Shadow(그림자 효과))

① 도구상자에서 Horizontal Type Tool(수평 문자 도구)을 클릭한 뒤 Options Bar(옵션 바)에서 Font(글꼴) : Gungsuh, Size(크기) : 16pt, Font Color(글자색) : #ffffff를 설정한 후 '주최 / 후원 / 기획'을 입력합니다.

② Layer Style(레이어 스타일)을 적용하기 위해, Layers(레이어) 패널 하단에 Add a Layer Style(레이어 스타일 추가, _fx._)을 클릭합니다.

③ [Drop Shadow(그림자 효과)]를 선택하고 Layer Style(레이어 스타일) 대화상자에서 [OK(확인)]를 클릭합니다.

---

## 4 최종 파일 저장

### 01 JPG 파일 저장

① [File(파일)] – [Save As…(다른 이름으로 저장)]를 클릭합니다.

② 파일 이름은 '수험번호-성명-3'으로 입력합니다.

③ 파일 형식은 JPEG를 선택하고 [저장(S)]을 클릭합니다.

④ JPEG Options(JPEG 옵션)은 Quality : 8 이상으로 설정하고 [OK(확인)]를 클릭합니다.

### 02 PSD 파일 저장

① [Image(이미지)] – [Image Size(이미지 크기)]를 클릭합니다.

② Width(폭) : 60Pixels, Height(높이) : 40Pixels, [OK(확인)]를 클릭합니다.

③ [File(파일)] – [Save(저장)]([Ctrl] + [S])를 선택합니다.

### 03 최종 파일 확인

① 2가지 포맷(JPG, PSD)의 최종 파일이 만들어졌는지 확인합니다.

---

## 5 답안 파일 전송

### 01 감독위원 PC로 답안 파일 전송

## 1   준비 작업

### 01 파일 만들기

① [File(파일)] − [New(새로 만들기)](Ctrl + N)를 클릭합니다.

### 02 파일 세부 정보 설정

① New Document(새 문서)에서 Name(이름)에 '실전 연습09', 'Width(폭) : 600Pixels, Height(높이) : 400Pixels, Resolution(해상도) : 72Pixels/Inch, Color Mode(색상 모드) : RGB Color, 8bit, Background Contents(배경 내용) : White(흰색)'로 설정하여 새 작업 이미지를 만듭니다.

### 03 파일 저장

① [File(파일)] − [Save As(다른 이름으로 저장)](Ctrl + Shift + S)를 클릭합니다.
   경로 : PC\문서\GTQ, 파일명은 '수험번호−성명−4.psd'로 저장합니다.

### 04 사용된 원본 이미지 열기

① [File(파일)] − [Open(열기)]을 클릭합니다.
   경로 : 문서\GTQ\Image\1급−12.jpg, 1급−13.jpg, 1급−14.jpg, 1급−15.jpg, 1급−16.jpg, 1급−17.jpg 총 6개의 jpg 파일을 Shift를 누른 채 모두 선택하고, [열기(O)]를 클릭합니다.

## 2   그림 효과 적용

### 01 배경 : #fff888

① 도구상자 하단에 전경색을 더블 클릭합니다. Color Picker(색상 선택) 대화상자가 나타나면 #fff888로 색상을 설정하고 [OK(확인)]를 클릭합니다. 작업 영역에서 전경색 단축키인 Alt + Delete를 눌러줍니다.

## 02 패턴(토끼 모양) : #665500

① 패턴을 만들기 위해 [File(파일)] − [New(새로 만들기)]를 선택합니다.

② New Document(새 문서)에서 'Width(폭) : 70Pixels, Height(높이) : 70Pixels, Resolution(해상도) : 72Pixels/Inch, Color Mode(색상 모드) : RGB Color, 8bit, Background Contents(배경 내용) : Transparent(투명색)'로 설정하여 새 작업 이미지를 만듭니다.

③ Custom Shape Tool(사용자 모양 정의 도구, )을 클릭합니다.

④ Option Bar(옵션 바)에서 Shape(모양), Fill Color(칠 색상) : #665500을 지정한 다음 Shape(모양) 목록 단추를 클릭합니다. [Legacy Shapes and More(레거시 모양 및 기타)] − [All Legacy Default Shapes(전체 레거시 모양)] − [Animals(동물)]를 선택합니다.

⑤ 《출력형태》와 일치하는 Rabbit(토끼, )을 찾아 선택한 후, Shift 를 누른 채 드래그하여 작업 영역에 추가합니다.

⑥ Alt 를 눌러 Rabbit(토끼, )을 드래그하여 복사합니다.

⑦ Menu Bar(메뉴 바) − [Edit(편집)] − [Define Pattern(사용자 패턴 정의)]을 클릭합니다.

⑧ Pattern Name(패턴 이름)을 '토끼 모양'으로 입력하고 [OK(확인)]를 클릭합니다.

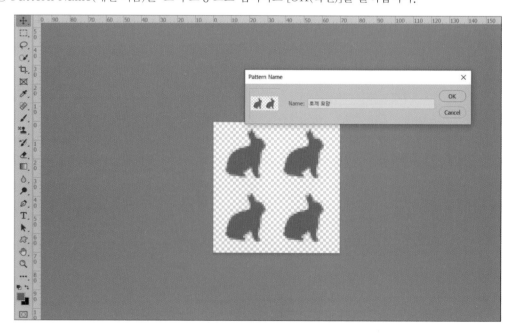

**03** 패턴(토끼 모양) : Shape Tool(모양 도구) 사용, #ffcc22, 레이어 스타일 – Stroke(선/획)(2px, #dd3300)

① Layers(레이어) 패널 하단에 Create a new layer(새 레이어 만들기, ⊞)를 클릭합니다.

② 도구상자의 Custom Shape Tool(사용자 정의 모양 도구, ✐.)을 클릭합니다.

③ Option Bar(옵션 바)에서 Shape(모양), Fill Color(칠 색상) : #ffcc22를 지정한 다음 Shape(모양) 목록 단추를 클릭합니다. [Legacy Shapes and More(레거시 모양 및 기타)] – [All Legacy Default Shapes(전체 레거시 모양)] – [Symbols(기호)]를 클릭합니다.

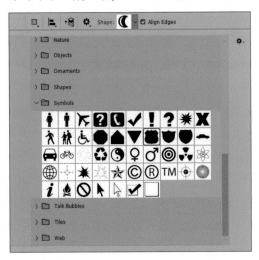

④ 《출력형태》와 비슷한 Sign 4(표시 4, ⬤) 모양을 찾아 선택합니다.

⑤ Shift 를 누른 채 드래그하여 크기를 조정한 후 Enter 를 눌러줍니다.

⑥ Layer Style(레이어 스타일)을 적용하기 위해, Layers(레이어) 패널 하단에 Add a Layer Style(레이어 스타일 추가, fx.)을 클릭합니다.

⑦ [Stroke(선/획)]를 선택하고 Size(크기) : 2px, Color(색상) : #dd3300으로 설정한 후 [OK(확인)]를 클릭합니다.

**04** 패턴(토끼 모양) : 클리핑 마스크

① Layers(레이어) 패널 하단에 Create a new layer(새 레이어 생성, ⊞)를 클릭합니다.

② 도구상자의 Pattern Stamp Tool(패턴 스탬프 툴, ⬛)을 클릭합니다.

③ 상단 Option Bar(옵션 바) 패턴 썸네일 옆에 목록 단추를 눌러 만들어 놓은 패턴 모양을 클릭합니다.

④ Size(크기)를 5000px로 설정합니다.

⑤ 작업 영역의 빈 곳을 클릭합니다.

⑥ 클리핑 마스크를 하기 위해 Ctrl + Alt + G 를 눌러줍니다.

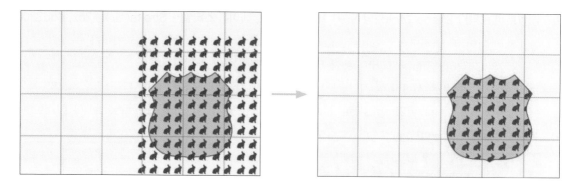

**05** 1급-12.jpg : Blending Mode(혼합 모드) – Hard Light(하드 라이트), Opacity(불투명도)(50%)

① '1급-12.jpg'를 클릭합니다.

② '1급-12.jpg'를 전체 선택(Ctrl + A) 후 Ctrl + C를 눌러 복사합니다. 작업 영역으로 다시 돌아와 붙여넣기 (Ctrl + V)합니다.

③ Ctrl + T를 눌러 《출력형태》와 비교해가며 크기와 위치를 조정하고 Enter를 눌러줍니다.

④ Blending Mode(혼합 모드)는 [Hard Light(하드 라이트)]를 선택합니다.

⑤ Opacity(불투명도)는 50%로 지정합니다.

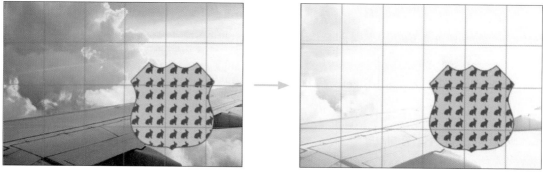

**06** 1급-13.jpg : 필터 – Film Grain(필름 그레인), 레이어 마스크 – 세로 방향으로 흐릿하게

① '1급-13.jpg'를 클릭합니다.

② '1급-13.jpg'를 전체 선택(Ctrl + A) 후 Ctrl + C를 눌러 복사합니다. 작업 영역으로 다시 돌아와 붙여넣기 (Ctrl + V)합니다.

③ Ctrl + T를 눌러 《출력형태》와 비교해가며 크기와 위치를 조정하고 Enter를 눌러줍니다.

④ [Filter(필터)] – [Filter Gallery(필터 갤러리)] – [Artistic(예술 효과)] – [Film Grain(필름 그레인)]을 선택한 후 [OK(확인)]를 클릭합니다.

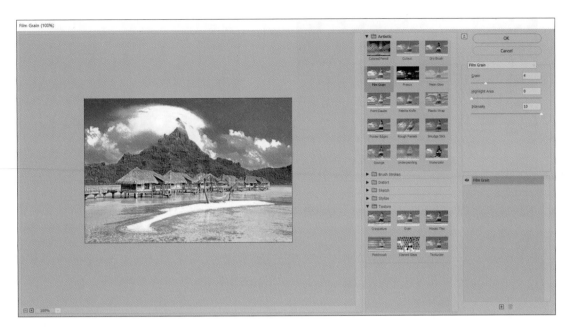

⑤ Layers(레이어) 패널 하단에 Add a layer mask(마스크 추가, )를 클릭합니다.

⑥ Layers(레이어) 옆에 마스크가 적용됐으면, 도구상자의 Gradient Tool(그레이디언트 도구, )을 클릭합니다.

⑦ Option Bar(옵션 바) Gradient Spectrum(그레이디언트 스펙트럼, )을 클릭한 다음 Gradient Editor(그레이디언트 편집) 대화상자가 나타나면 그레이 계열의 그라데이션을 선택한 후 [OK(확인)]를 클릭합니다.

⑧ 배경의 위쪽에서 아래쪽 방향으로 드래그합니다.

### 07 1급-14.jpg : 레이어 스타일 – Outer Glow(외부 광선)

① '1급-14.jpg'를 클릭합니다.

② 도구상자의 Quick Selection Tool(빠른 선택 도구, ✏️)을 선택합니다. Options Bar(옵션 바)에서 [Add to Selection(선택 영역에 추가)]으로 브러시의 크기를 조절해 필요한 영역을 선택하고 Ctrl + C로 복사합니다.

③ 작업 영역으로 돌아와 Ctrl + V로 이미지를 붙여넣기 하고, Ctrl + T를 누른 다음 Shift로 크기를 조정해 배치합니다.

④ Layer Style(레이어 스타일)을 적용하기 위해, Layers(레이어) 패널 하단에 Add a Layer Style(레이어 스타일 추가, fx.)을 클릭합니다.

⑤ [Outer Glow(외부 광선)]를 선택하고, Layer Style(레이어 스타일) 대화상자에서 [OK(확인)]를 클릭합니다.

### 08 1급-15.jpg : 필터 – Poster Edges(포스터 가장자리)

① '1급-15.jpg'를 클릭합니다.

② 도구상자의 Quick Selection Tool(빠른 선택 도구, ✏️)을 선택합니다. Options Bar(옵션 바)에서 [Add to Selection(선택 영역에 추가)]으로 브러시의 크기를 조절해 필요한 영역을 선택하고 Ctrl + C로 복사합니다.

③ 작업 영역으로 돌아와 Ctrl + V로 이미지를 붙여넣기 하고, Ctrl + T를 누른 다음 Shift로 크기를 조정해 배치합니다.

④ [Filter(필터)] – [Filter Gallery(필터 갤러리)] – [Artistic(예술 효과)] – [Poster Edges(포스터 가장자리)]를 선택한 후 [OK(확인)]를 클릭합니다.

### 09 1급-16.jpg : 색상 보정 – 노란색 계열로 보정

① '1급-16.jpg'를 클릭합니다.

② 도구상자의 Quick Selection Tool(빠른 선택 도구, ✏️)을 선택합니다. Options Bar(옵션 바)에서 [Add to Selection(선택 영역에 추가)]으로 브러시의 크기를 조절해 필요한 영역을 선택하고 Ctrl + C로 복사합니다.

③ 작업 영역으로 돌아와 Ctrl + V로 이미지를 붙여넣기 하고, Ctrl + T를 누른 다음 Shift를 눌러 크기를 조정해 배치합니다.

④ 색상 보정할 영역을 Quick Selection Tool(빠른 선택 도구, )을 이용해 이미지를 선택해 줍니다.

⑤ Layers(레이어) 패널 하단에 Create new fill or Adjustment Layer(조정 레이어, )를 클릭하고 Hue/Saturation(색조/채도)을 선택합니다.

⑥ Properties(특징) 대화상자에서 Hue(색조), Saturation(채도)을 노란색에 가깝게 조절해 줍니다.

## 10 그 외 《출력형태》 참조

① Layers(레이어) 패널 하단에 Create a new layer(새 레이어 만들기, ▣)를 클릭합니다.

② 도구상자의 Custom Shape Tool(사용자 정의 모양 도구, ▨)을 클릭합니다.

③ Option Bar(옵션 바)에서 Shape(모양), Fill Color(칠 색상) : #0033cc를 지정한 다음 Shape(모양) 목록 단추를 클릭합니다. [Legacy Shapes and More(레거시 모양 및 기타)] – [All Legacy Default Shapes(전체 레거시 모양)] – [Symbols(기호)]를 클릭합니다.

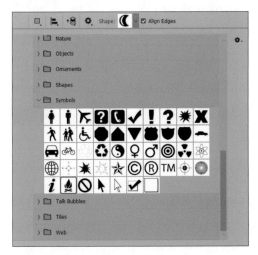

④ 《출력형태》와 일치하는 Campfire(캠프파이어, ▲)를 찾아 선택한 후, Shift 를 누른 채 드래그하여 작업 영역에 추가합니다.

⑤ Layer Style(레이어 스타일)을 적용하기 위해, Layers(레이어) 패널 하단에 Add a Layer Style(레이어 스타일 추가, fx.)을 클릭합니다.

⑥ [Drop Shadow(그림자 효과)]를 선택하고 Layer Style(레이어 스타일) 대화상자에서 [OK(확인)]를 클릭합니다.

⑦ 위와 같은 방법으로 Custom Shape Tool(사용자 정의 모양 도구, 🏵)을 사용하여 Fill Color(칠 색상) : #77cc00, 레이어 스타일 – Inner Shadow(내부 그림자)가 적용된 Yin Yang(음양, ☯)을 작업 영역에 추가합니다.

⑧ '1급–17.jpg'를 클릭합니다.

⑨ 도구상자의 Quick Selection Tool(빠른 선택 도구, ✎)을 선택합니다. Options Bar(옵션 바)에서 [Add to Selection(선택 영역에 추가)]으로 브러시의 크기를 조절해 필요한 영역을 선택하고 Ctrl + C로 복사합니다.

⑩ 작업 영역으로 돌아와 Ctrl + V로 이미지를 붙여넣기 하고, Ctrl + T를 누른 다음 Shift를 눌러 크기를 조정해 배치합니다.

## 3 문자 효과 적용

**01** 설레는 여행의 시작(돋움, 30pt, #554400, 레이어 스타일 – Stroke(선/획)(2px, #ffffff))

① 도구상자에서 Horizontal Type Tool(수평 문자 도구)을 클릭한 뒤 Options Bar(옵션 바)에서 Font(글꼴) : Dotum, Size(크기) : 30pt, Font Color(글자색) : #554400을 설정한 후 '설레는 여행의 시작'을 입력합니다.

② Options Bar(옵션 바)에서 Create Warped Text(뒤틀어진 텍스트)를 클릭해 Warp Text(텍스트 뒤틀기) 대화상자가 나타나면 Style : Shell Lower(아래가 넓은 조개)를 선택하여 문자의 모양을 왜곡합니다.

③ Layer Style(레이어 스타일)을 적용하기 위해, Layers(레이어) 패널 하단에 Add a Layer Style(레이어 스타일 추가, fx)을 클릭합니다.

④ [Stroke(획/선)]를 선택하고 Size(크기) : 2px, Position(포지션) : Outside, Color(색상) : #ffffff로 설정한 후 [OK(확인)]를 클릭합니다.

**02** https://www.trip.or.kr(Times New Roman, Bold, 16pt, #003322, 레이어 스타일 – Outer Glow(외부 광선))

① 도구상자에서 Horizontal Type Tool(수평 문자 도구)을 클릭한 뒤 Options Bar(옵션 바)에서 Font(글꼴) : Times New Roman, Style(스타일) : Bold, Size(크기) : 16pt, Font Color(글자색) : #003322를 설정한 후 'https://www.trip.or.kr'를 입력합니다.

② Layer Style(레이어 스타일)을 적용하기 위해, Layers(레이어) 패널 하단에 Add a Layer Style(레이어 스타일 추가, fx.)을 클릭합니다.

③ [Outer Glow(외부 광선)]를 선택하고, Layer Style(레이어 스타일) 대화상자에서 [OK(확인)]를 클릭합니다.

**03** 내 생애 가장 소중한 여행(돋움, 20pt, #2581ff, 레이어 스타일 – Stroke(선/획)(2px, #ffffff))

① 도구상자에서 Horizontal Type Tool(수평 문자 도구)을 클릭한 뒤 Options Bar(옵션 바)에서 Font(글꼴) : Dotum, Size(크기) : 20pt, Font Color(글자색) : #2581ff를 설정한 후 '내 생애 가장 소중한 여행'을 입력합니다.

② Layer Style(레이어 스타일)을 적용하기 위해, Layers(레이어) 패널 하단에 Add a Layer Style(레이어 스타일 추가, fx.)을 클릭합니다.

③ [Stroke(선/획)]를 선택해 Size(글자 크기) : 2px, Color(색상) : #ffffff로 설정하고 [OK(확인)]를 클릭합니다.

## **4** 최종 파일 저장

### **01** JPG 파일 저장

① [File(파일)] – [Save As(다른 이름으로 저장)]를 클릭합니다.

② 파일 이름은 '수험번호–성명–4'로 입력합니다.

③ 파일 형식은 JPEG를 선택하고 [저장(S)]을 클릭합니다.

④ JPEG Options(JPEG 옵션)은 Quality : 8 이상으로 잡고 [OK(확인)]를 클릭합니다.

## 02 PSD 파일 저장

① [Image(이미지)] – [Image Size(이미지 크기)]를 클릭합니다.

② Width(폭) : 60Pixels, Height(높이) : 40Pixels, [OK(확인)]를 클릭합니다.

③ [File(파일)] – [Save(저장)](Ctrl + S)를 선택합니다.

## 03 최종 파일 확인

① 2가지 포맷(JPG, PSD)의 최종 파일이 만들어졌는지 확인합니다.

## 5  답안 파일 전송

### 01 감독위원 PC로 답안 파일 전송

## 10 회 실전 모의고사

### 문제1 [기능평가] 고급 Tool(도구) 활용

다음의 〈조건〉에 따라 아래의 《출력형태》와 같이 작업하시오.

`20점`

조건 ↰

| 원본 이미지 | | 문서\GTQ\image\1급-1.jpg, 1급-2.jpg, 1급-3.jpg |
|---|---|---|
| 파일 저장 규칙 | JPG | |
| | | 파일명 | 문서\GTQ\수험번호-성명-1.jpg |
| | | 크기 | 400 x 500 Pixels |
| | PSD | 파일명 | 문서\GTQ\수험번호-성명-1.psd |
| | | 크기 | 40 x 50 Pixels |

출력형태 ↰

1. 그림 효과
① 1급-1.jpg : 필터 – Cutout(커트아웃)
② Save Path(패스 저장) : 여자 모양
③ Mask(마스크) : 여자 모양, 1급-2.jpg를 이용하여 작성
　레이어 스타일 – Outer Glow(외부 광선)
④ 1급-3.jpg : 레이어 스타일 – Bevel & Emboss(경사와 엠보스)
⑤ Shape Tool(모양 도구) :
　– 높은음자리표 모양(#552211, 레이어 스타일 – Drop Shadow(그림자 효과))
　– 장식 모양(#998800, 레이어 스타일 – Outer Glow(외부 광선))

2. 문자 효과
① Music Is My Life(Arial, Bold, 32pt, #000000, 레이어 스타일 – Stroke(선/획)(3px, #ffffff))

### 문제2 [기능평가] 사진편집 응용

다음의 〈조건〉에 따라 아래의 《출력형태》와 같이 작업하시오.

`20점`

조건 ↰

| 원본 이미지 | | 문서\GTQ\image\1급-4.jpg, 1급-5.jpg, 1급-6.jpg |
|---|---|---|
| 파일 저장 규칙 | JPG | |
| | | 파일명 | 문서\GTQ\수험번호-성명-2.jpg |
| | | 크기 | 400 x 500 Pixels |
| | PSD | 파일명 | 문서\GTQ\수험번호-성명-2.psd |
| | | 크기 | 40 x 50 Pixels |

출력형태 ↰

1. 그림 효과
① 1급-4.jpg : 필터 – Dry Brush(드라이 브러시)
② 색상 보정 : 1급-5.jpg – 빨간색 계열로 보정
③ 1급-5.jpg : 레이어 스타일 – Inner Glow(내부 광선)
④ 1급-6.jpg : 레이어 스타일 – Drop Shadow(그림자 효과)
⑤ Shape Tool(모양 도구) :
　– 하트 모양(#ddee00, 레이어 스타일 – Inner Shadow(내부 그림자))

2. 문자 효과
① 소녀와 꽃(궁서, 48pt, #ffffff, 레이어 스타일 – Stroke(선/획)(3px, #993322))

다음의 〈조건〉에 따라 아래의 《출력형태》와 같이 작업하시오. `25점`

조건 ㄴ

| 원본 이미지 | | | 문서\GTQ\Image\1급-7.jpg, 1급-8.jpg, 1급-9.jpg, 1급-10.jpg, 1급-11.jpg |
|---|---|---|---|
| 파일 저장 규칙 | JPG | 파일명 | 문서\GTQ\수험번호-성명-3.jpg |
| | | 크기 | 600 x 400 Pixels |
| | PSD | 파일명 | 문서\GTQ\수험번호-성명-3.psd |
| | | 크기 | 60 x 40 Pixels |

1. 그림 효과

① 배경 : #ff9000
② 1급-7.jpg : 필터 – Texturizer(텍스처화) – 가로 방향으로 흐릿하게
③ 1급-8.jpg : Blending Mode(혼합 모드) – Overlay(오버레이), 레이어 마스크 – 세로 방향으로 흐릿하게
④ 1급-9.jpg : 필터 – Texturizer(텍스처화), 레이어 스타일 – Stroke(선/획)(3px, #ffffff))
⑤ 1급-10.jpg : 레이어 스타일 – Inner Glow(내부 광선)
⑥ 1급-11.jpg : 색상 보정 – 초록색 계열로 보정
⑦ 그 외 《출력형태》 참조

2. 문자 효과

① 추수감사절(돋움, 42pt, #ffffff, 레이어 스타일 – Drop Shadow(그림자 효과), Stroke(선/획)(3px, #000000))
② Thanksgiving Day(Times New Roman, Bold, 22pt, #eedd33, 레이어 스타일 – Stroke(선/획)(2px, #000000))
③ 풍성한 은혜와 감사(궁서, 24pt, #ffffff, 레이어 스타일 – Drop Shadow(그림자 효과))

출력형태 ㄴ

Shape Tool(모양 도구) 사용
#442200, 레이어 스타일 – Outer Glow(외부 광선)

Shape Tool(모양 도구) 사용
#554422,
레이어 스타일 –
Inner Shadow(내부 그림자)

다음의 〈조건〉에 따라 아래의 《출력형태》와 같이 작업하시오.　　35점

**조건** └

| 원본 이미지 | | | 문서\GTQ\Image\1급-12.jpg, 1급-13.jpg, 1급-14.jpg, 1급-15.jpg, 1급-16.jpg, 1급-17.jpg |
|---|---|---|---|
| 파일 저장 규칙 | JPG | 파일명 | 문서\GTQ\수험번호-성명-4.jpg |
| | | 크기 | 600 x 400 Pixels |
| | PSD | 파일명 | 문서\GTQ\수험번호-성명-4.psd |
| | | 크기 | 60 x 40 Pixels |

### 1. 그림 효과

① 배경 : #cfedd4
② 패턴(달팽이 모양) : #cc44ff
③ 1급-12.jpg : Blending Mode(혼합 모드) – Hard Light(하드 라이트), Opacity(불투명도)(50%)
④ 1급-13.jpg : 필터 – Film Grain(필름 그레인), 레이어 마스크 – 가로 방향으로 흐릿하게
⑤ 1급-14.jpg : 레이어 스타일 – Drop Shadow(그림자 효과)
⑥ 1급-15.jpg : 필터 – Poster Edges(포스터 가장자리)
⑦ 1급-16.jpg : 색상 보정 – 파란색 계열로 보정
⑧ 그 외 《출력형태》 참조

### 2. 문자 효과

① 겨울의 시작(궁서, 36pt, #000000, 레이어 스타일 – Stroke(선/획)(2px, #51d0ff))
② https://www.winter.or.kr(Times New Roman, Bold, 16pt, #000000, 레이어 스타일 – Outer Glow(외부 광선))
③ 국내 겨울 여행지 추천(돋움, 18pt, #000000, 레이어 스타일 – Stroke(선/획)(2px, #fff000))
④ 경기도, 강원도, 경상도, 전라도(돋움, 12pt, #ffffff, 레이어 스타일 – Stroke(선/획)(2px, 그레이디언트(#003366, #cc33cc)))

**출력형태** └

Shape Tool(모양 도구) 사용,
레이어 스타일 – 그레이디언트 오버레이(#999900, #ffffff),
Stroke(선/획)(3px, Fill Color : #339933, #6633cc))

Shape Tool(모양 도구) 사용
#002277
레이어 스타일 – Inner Glow
(내부 광선)

Shape Tool(모양 도구) 사용
#008722
레이어 스타일 –
Drop Shadow(그림자 효과)

Shape Tool(모양 도구) 사용
#eeee99
레이어 스타일 –
Stroke(선/획)(3px, #cccccc)

# 10회 실전 모의고사 해설

## 문제1 [기능평가] 고급 Tool(도구) 활용

### 1 준비 작업

#### 01 파일 만들기

① [File(파일)] − [New(새로 만들기)]([Ctrl]+[N])를 클릭합니다.

#### 02 파일 세부 정보 설정

① New Document(새 문서)에서 Name(이름)에 '실전 연습10', 'Width(폭) : 400Pixels, Height(높이) : 500Pixels, Resolution(해상도) : 72Pixels/Inch, Color Mode(색상 모드) : RGB Color, 8bit, Background Contents(배경 내용) : White(흰색)'로 설정하여 새 작업 이미지를 만듭니다.

#### 03 파일 저장

① [File(파일)] − [Save As(다른 이름으로 저장)]([Ctrl]+[Shift]+[S])를 클릭합니다.
경로 : PC\문서\GTQ, 파일명은 '수험번호−성명−1.psd'로 저장합니다.

#### 04 사용된 원본 이미지 열기

① [File(파일)] − [Open(열기)]을 클릭합니다.
경로 : 문서\GTQ\Image\1급−1.jpg, 1급−2.jpg, 1급−3.jpg 총 3개의 jpg 파일을 [Shift]를 누른 채 모두 선택하고, [열기([O])]를 클릭합니다.

### 2 그림 효과 적용

#### 01 1급−1.jpg : 필터 − Cutout(커트아웃)

① '1급−1.jpg'를 클릭합니다.

② '1급−1.jpg'를 전체 선택([Ctrl]+[A]) 후 [Ctrl]+[C]를 눌러 복사합니다. 작업 영역으로 돌아와 붙여넣기([Ctrl]+[V])합니다.

③ [Ctrl]+[T]를 눌러 《출력형태》와 비교해가며 이미지의 크기와 위치를 조정하고 [Enter]를 눌러줍니다.

④ [Filter(필터)] − [Filter Gallery(필터 갤러리)] − [Artistic(예술 효과)] − [Cutout(커트아웃)]을 선택하고 [OK(확인)]를 클릭합니다.

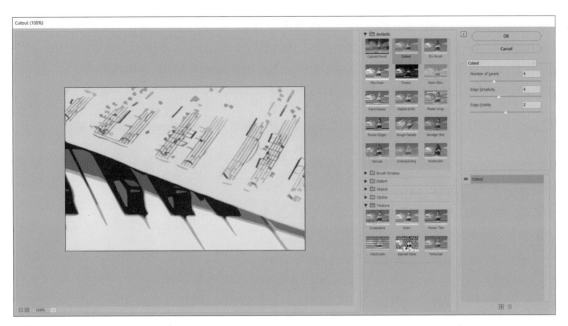

TIP ⭐

[Filter Gallery(필터 갤러리)] 대화상자의 오른쪽 [Cancel(취소)] 버튼 아래 목록 단추를 클릭하면 필터 갤러리의 모든 필터가 알파벳 순으로 정렬되어 있습니다.

## 02 Save Path(패스 저장) : 여자 모양

① Layers(레이어) 패널 하단에서 Create a new layer(새 레이어 생성, ⊡)를 클릭합니다.

②《출력형태》에 그려 놓은 기준선을 참고하여 안내선을 만들어줍니다.

③ 도구상자에서 Ellipse Tool(원형 도구, ◎)과 Pen Tool(펜 도구, ⊘.)을 각각 선택합니다.

④ 상단 Option Bar(옵션 바)에서 Path(패스)를 Shape(모양)로 변경한 후 패스의 외곽을 그립니다.

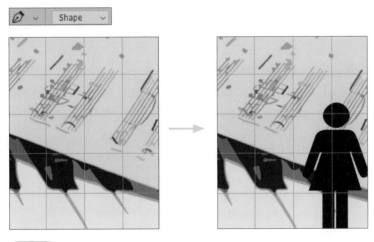

TIP ⭐

레이어를 생성한 다음, Ellipse Tool(원형 도구, ◎)을 활용해 더 쉽게 만들 수 있습니다.

⑤ [Window(윈도우)] – [Paths(패스)]를 클릭합니다.

⑥ Paths(패스) 패널에서 병합된 레이어를 더블 클릭합니다.

⑦ Save Path(패스 저장) 대화상자에서 '여자 모양'을 입력한 후 [OK(확인)]를 클릭합니다.

⑧ Paths(패스) 패널에서 Layers(레이어) 패널로 돌아옵니다.

**03** Mask(마스크) : 여자 모양, 1급-2.jpg를 이용하여 작성, 레이어 스타일 – Outer Glow(외부 광선)

① 만들어진 패스에 클리핑 마스크 작업을 하기 위해 '1급-2.jpg'를 클릭합니다.

② '1급-2.jpg'를 전체 선택(Ctrl + A) 후 Ctrl + C를 눌러 복사합니다. 작업 영역으로 돌아와 Shape(모양) 위에 붙여넣기(Ctrl + V)합니다.

③ 가져온 '1급-2.jpg'가 선택된 상태에서 마우스 우클릭 후 Create Clipping Mask(클리핑 마스크 만들기)를 선택 또는 단축키 Ctrl + Alt + G를 눌러줍니다.

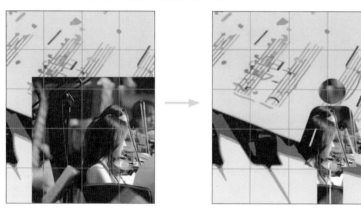

④ Ctrl + T를 눌러 《출력형태》와 비교해가며 크기와 위치를 조정하고 Enter를 눌러줍니다.

⑤ Layer Style(레이어 스타일)을 적용하기 위해, Layers(레이어) 패널 하단에 Add a Layer Style(레이어 스타일 추가, fx.)을 클릭합니다.

⑥ [Outer Glow(외부 광선)]를 선택하고, Layer Style(레이어 스타일) 대화상자에서 [OK(확인)]를 클릭합니다.

**04** 1급-3.jpg : 레이어 스타일 – Bevel & Emboss(경사와 엠보스)

① '1급-3.jpg'를 클릭합니다.

② 도구상자에서 Quick Selection Tool(빠른 선택 도구, ☑)을 클릭합니다.

③ 선택 영역 지정이 완료되면 Ctrl + C를 눌러 레이어를 복사합니다.

④ 작업 영역으로 돌아와 Ctrl + V로 이미지를 붙여넣은 후, Ctrl + T로 크기를 조정해 배치합니다.

⑤ Layer Style(레이어 스타일)을 적용하기 위해, Layers(레이어) 패널 하단에 [Add a Layer Style(레이어 스타일 추가, fx.))]을 클릭합니다.

⑥ [Bevel & Emboss(경사와 엠보스)]를 선택한 후, Layer Style(레이어 스타일) 대화상자가 나타나면 [OK(확인)]를 클릭합니다.

**05** Shape Tool(모양 도구)(높은음자리표 모양 – #552211, 레이어 스타일 – Drop Shadow(그림자 효과)), 장식 모양 – #998800, 레이어 스타일 – Outer Glow(외부 광선))

① 도구상자의 Custom Shape Tool(사용자 모양 정의 도구, ✿)을 클릭합니다.

② Option Bar(옵션 바)에서 Shape(모양), Fill Color(칠 색상) : #552211을 지정한 다음 Shape(모양) 목록 단추를 클릭합니다. [Legacy Shapes and More(레거시 모양 및 기타)] – [All Legacy Default Shapes(전체 레거시 모양)] – [Music(음악)]을 클릭합니다.

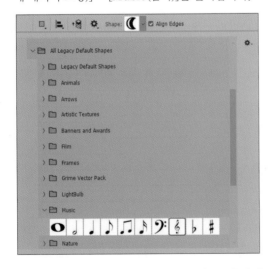

③ 《출력형태》와 일치하는 Treble Clef(높은음자리표, 𝄞)를 찾아 선택한 후, Shift를 누른 채 드래그하여 작업 영역에 추가합니다.

④ Layer Style(레이어 스타일)을 적용하기 위해, Layers(레이어) 패널 하단에 [Add a Layer Style(레이어 스타일 추가, fx.))]을 클릭합니다.

⑤ [Drop Shadow(그림자 효과)]를 선택하고 Layer Style(레이어 스타일) 대화상자가 나타나면 [OK(확인)]를 클릭합니다.

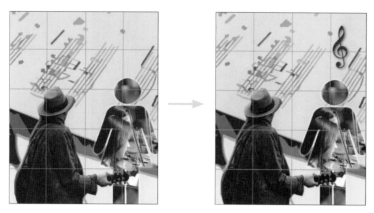

⑥ 계속해서 Custom Shape Tool(사용자 정의 모양 도구, ✍.)을 클릭합니다.

⑦ Option Bar(옵션 바)에서 Shape(모양), Fill Color(칠 색상) : #998800을 지정한 다음 Shape(모양) 목록 단추를 클릭합니다. [Legacy Shapes and More(레거시 모양 및 기타)] – [All Legacy Default Shapes(전체 레거시 모양)] – [Ornaments(장식)]를 클릭합니다.

⑧ 《출력형태》와 일치하는 Ornament 8(장식품 8, ▓)를 찾아 선택한 후, Shift 를 누른 채 드래그하여 작업 영역에 추가합니다.

⑨ Layer Style(레이어 스타일)을 적용하기 위해 레이어 패널 하단에 [Add a Layer Style(레이어 스타일 추가, fx.)]을 클릭한 다음 [Outer Glow(외부 광선)]를 선택해 적용합니다.


## 3  문자 효과 적용

01 Music Is My Life(Arial, Bold, 32pt, #000000, 레이어 스타일 – Stroke(선/획)(3px, #ffffff))

① 도구상자에서 Horizontal Type Tool(수평 문자 도구)을 클릭한 뒤 Options Bar(옵션 바)에서 Font(글꼴) : Arial, Style(스타일) : Bold, Size(크기) : 32pt, Font Color(글자색) : #000000을 설정한 후 'Music Is My Life'를 입력합니다.

② Options Bar(옵션 바)에서 Create Warped Text(뒤틀어진 텍스트)를 클릭해 Warp Text(텍스트 뒤틀기) 대화상자가 나타나면 Style : Bulge(돌출)를 선택하여 문자의 모양을 왜곡합니다.

③ Layer Style(레이어 스타일)을 적용하기 위해, Layers(레이어) 패널 하단에 Add a Layer Style(레이어 스타일 추가, fx.)을 클릭합니다.

④ [Stroke(획/선)]를 선택하고 Size(크기) : 3px, Position(포지션) : Outside, Color(색상) : #ffffff로 설정한 후 [OK(확인)]를 클릭합니다.

## 4  최종 파일 저장

### 01 JPG 파일 저장

① [File(파일)] – [Save As(다른 이름으로 저장)]를 클릭합니다.

② 파일 이름은 '수험번호–성명–1'로 입력합니다.

③ 파일 형식은 JPEG를 눌러주고 [저장(S)]을 클릭합니다.

④ JPEG Options(JPEG 옵션)은 Quality : 8 이상으로 잡고 [OK(확인)]를 클릭합니다.

### 02 PSD 파일 저장

① [Image(이미지)] – [Image Size(이미지 크기)]를 클릭합니다.

② Width(폭) : 40Pixels, Height(높이) : 50Pixels, [OK(확인)]를 클릭합니다.

③ [File(파일)] – [Save(저장)](Ctrl + S)를 선택합니다.

### 03 최종 파일 확인

① 2가지 포맷(JPG, PSD)의 최종 파일이 만들어졌는지 확인합니다.

## 5  답안 파일 전송

### 01 감독위원 PC로 답안 파일 전송

## 문제2 | [기능평가] 사진편집 응용

## 1 준비 작업

### 01 파일 만들기

① [File(파일)] − [New(새로 만들기)](Ctrl + N)를 클릭합니다.

### 02 파일 세부 정보 설정

① New Document(새 문서)에서 Name(이름)에 '실전 연습10', 'Width(폭) : 400Pixels, Height(높이) : 500Pixels, Resolution(해상도) : 72Pixels/Inch, Color Mode(색상 모드) : RGB Color, 8bit, Background Contents(배경 내용) : White(흰색)'로 설정하여 새 작업 이미지를 만듭니다.

### 03 파일 저장

① [File(파일)] − [Save As(다른 이름으로 저장)](Ctrl + Shift + S)를 클릭합니다.
경로 : PC\문서\GTQ, 파일명은 '수험번호−성명−2.PSD'로 저장합니다.

### 04 사용된 원본 이미지 열기

① [File(파일)] − [Open(열기)]을 클릭합니다.
경로 : 문서\GTQ\Image\1급−4.jpg, 1급−5.jpg, 1급−6.jpg 총 3개의 jpg 파일을 Shift 를 누른 채 모두 선택하고 [열기(O)]를 클릭합니다.

## 2 그림 효과 적용

### 01 1급−4.jpg : 필터 − Dry Brush(드라이 브러시)

① '1급−4.jpg'를 클릭합니다.

② '1급−4.jpg'를 전체 선택(Ctrl + A) 후 Ctrl + C를 눌러 복사합니다. 작업 영역으로 돌아와 Ctrl + V로 붙여넣기 합니다.

③ Ctrl + T를 누르고 《출력형태》와 비교해가며 이미지의 크기 및 위치를 조정하고 Enter를 눌러줍니다.

④ [Filter(필터)] − [Filter Gallery(필터 갤러리)] − [Artistic(예술 효과)] − [Dry Brush(드라이 브러시)]를 선택한 다음 [OK(확인)]를 클릭합니다.

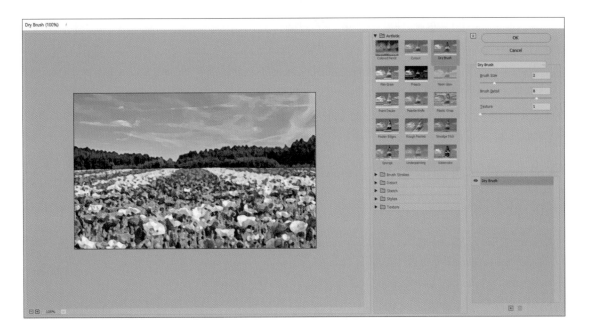

## 02 색상 보정 : 1급-5.jpg – 빨간색 계열로 보정

① '1급-5.jpg'를 클릭합니다.

② 도구상자의 Quick Selection Tool(빠른 선택 도구, )을 클릭합니다. Options Bar(옵션 바)에서 [Add to Selection(선택 영역에 추가)]으로 브러시의 크기를 조절해 필요한 영역을 선택하고 Ctrl + C 로 복사합니다.

③ 작업 영역으로 돌아와 Ctrl + V 로 이미지를 붙여넣기 하고, Ctrl + T 를 누른 다음 Shift 로 크기를 조정해 배치합니다.

④ 색상 보정할 부분을 Quick Selection Tool(빠른 선택 도구, )을 이용해 이미지를 선택해 줍니다.

⑤ Layers(레이어) 패널 하단에 Create new fill or Adjustment Layer(조정 레이어, )를 클릭하고 Hue/Saturation(색조/채도)을 선택합니다.

⑥ Properties(특징) 대화상자에서 Hue(색조), Saturation(채도)을 빨간색에 가깝게 조절해 줍니다.

### 03 1급-5.jpg : 레이어 스타일 – Inner Glow(내부 광선)

① Layers(레이어) 패널에서 '1급-5.jpg'를 클릭합니다.

② Layer Style(레이어 스타일)을 적용하기 위해, Layers(레이어) 패널 하단에 Add a Layer Style(레이어 스타일 추가, *fx.*)을 클릭합니다.

③ [Inner Glow(내부 광선)]를 선택하고, Layer Style(레이어 스타일) 대화상자가 나타나면 [OK(확인)]를 클릭합니다.

### 04 1급-6.jpg : 레이어 스타일 – Drop Shadow(그림자 효과)

① '1급-6.jpg'를 클릭합니다.

② 도구상자에서 Quick Selection Tool(빠른 선택 도구, ▨)을 클릭합니다.

③ Options Bar(옵션 바)에 [Add to Selection(선택 영역에 추가)]을 설정한 후 브러시의 크기를 조절하며 필요한 이미지를 선택합니다.

④ 선택 영역 지정이 완료되면 Ctrl + C 를 눌러 레이어를 복사합니다.

⑤ 작업 영역으로 돌아와 Ctrl + V 로 이미지를 붙여넣은 후, Ctrl + T 로 크기를 조정해 배치합니다.

⑥ Layer Style(레이어 스타일)을 적용하기 위해, Layers(레이어) 패널 하단에 Add a Layer Style(레이어 스타일 추가, *fx.*)을 클릭합니다.

⑦ [Drop Shadow(그림자 효과)]를 선택한 후, Layer Style(레이어 스타일) 대화상자가 나타나면 [OK(확인)]를 클릭합니다.

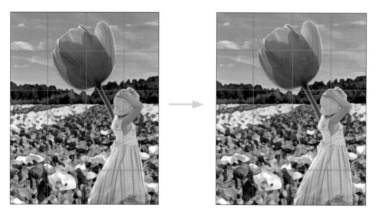

### 05 Shape Tool(모양 도구)(하트 모양 – #ddee00, 레이어 스타일 – Inner Shadow(내부 그림자))

① Custom Shape Tool(사용자 정의 모양 도구, ▨)을 클릭합니다.

② Option Bar(옵션 바)에서 Shape(모양), Fill Color(칠 색상) : #ddee00을 지정한 다음 Shape(모양) 목록 단추를 클릭합니다. [Legacy Shapes and More(레거시 모양 및 기타)] – [All Legacy Default Shapes(전체 레거시 모양)] – [Shapes(모양)]를 클릭합니다.

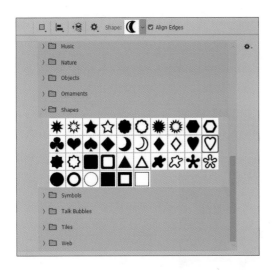

③ 《출력형태》와 일치하는 Heart Frame(하트 프레임, ♡)을 찾아 선택한 후, Shift 를 누른 채 드래그하여 작업 영역에 추가합니다.

④ Layer Style(레이어 스타일)을 적용하기 위해, Layers(레이어) 패널 하단에 Add a Layer Style(레이어 스타일 추가, fx.)을 클릭합니다.

⑤ [Inner Shadow(내부 그림자)]를 선택한 후, Layer Style(레이어 스타일) 대화상자가 나타나면 [OK(확인)]를 클릭합니다.

## 3 문자 효과 적용

**01 소녀와 꽃(궁서, 48pt, #ffffff, 레이어 스타일 – Stroke(선/획)(3px, #993322))**

① 도구상자에서 Horizontal Type Tool(수평 문자 도구)을 클릭한 뒤 Options Bar(옵션 바)에서 Font(글꼴) : Gungsuh, Size(크기) : 48pt, Font Color(글자색) : #ffffff를 설정한 후 '소녀와 꽃'을 입력합니다.

② Options Bar(옵션 바)에서 Create Warped Text(뒤틀어진 텍스트)를 클릭해 Warp Text(텍스트 뒤틀기) 대화상자가 나타나면 Style : Wave(파도)를 선택하여 문자의 모양을 왜곡합니다.

③ Layer Style(레이어 스타일)을 적용하기 위해, Layers(레이어) 패널 하단에 Add a Layer Style(레이어 스타일 추가, fx.)을 클릭합니다.

④ [Stroke(선/획)]를 선택하고 Size(크기) : 3px, Color(색상) : #993322로 설정한 후 [OK(확인)]를 클릭합니다.

## 4  최종 파일 저장

### 01 JPG 파일 저장

① [File(파일)] – [Save As(다른 이름으로 저장)]를 선택합니다.

② 파일 이름은 '수험번호-성명-2'로 입력합니다.

③ 파일 형식은 JPEG를 선택하고 [저장(S)]을 클릭합니다.

④ JPEG Options(JPEG 옵션)은 Quality : 8 이상으로 잡고 [OK(확인)]를 클릭합니다.

### 02 PSD 파일 저장

① [Image(이미지)] – [Image Size(이미지 크기)]를 클릭합니다.

② Width(폭) : 40Pixels, Height(높이) : 50Pixels, [OK(확인)]를 클릭합니다.

③ [File(파일)] – [Save(저장)][ Ctrl + S ]를 선택합니다.

### 03 최종 파일 확인

① 2가지 포맷(JPG, PSD)의 최종 파일이 만들어졌는지 확인합니다.

## 5  답안 파일 전송

### 01 감독위원 PC로 답안 파일 전송

## 문제3    [실무응용] 포스터 제작

## 1  준비 작업

### 01 파일 만들기

① [File(파일)] - [New(새로 만들기)]([Ctrl] + [N])를 클릭합니다.

### 02 파일 세부 정보 설정

① New Document(새 문서)에서 Name(이름)에 '실전 연습10', 'Width(폭) : 600Pixels, Height(높이) : 400Pixels, Resolution(해상도): 72Pixels/Inch, Color Mode(색상 모드) : RGB Color, 8bit, Background Contents(배경 내용) : White(흰색)'로 설정하여 새 작업 이미지를 만듭니다.

### 03 파일 저장

① [File(파일)] - [Save As(다른 이름으로 저장)]([Ctrl] + [Shift] + [S])를 클릭합니다.
경로 : PC\문서\GTQ, 파일명은 '수험번호-성명-3.psd'로 저장합니다.

### 04 사용된 원본 이미지 열기

① [File(파일)] - [Open(열기)]을 클릭합니다.
경로 : 문서\GTQ\Image\1급-7.jpg, 1급-8.jpg, 1급-9.jpg, 1급-10.jpg, 1급-11.jpg 총 5개의 jpg [Shift]를 누른 채 모두 선택하고, [열기([O])]를 클릭합니다.

## 2  그림 효과 적용

### 01 배경 : #ff9000

① 도구상자 하단에 전경색을 더블 클릭합니다. Color Picker(색상 선택) 대화상자가 나타나면 #ff9000으로 색상을 설정하고 [OK(확인)]를 클릭합니다. 작업 영역에서 전경색 단축키인 [Alt] + [Delete]를 눌러줍니다.

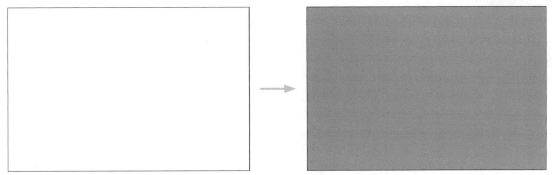

## 02 1급-7.jpg : 필터 – Texturizer(텍스처화) – 가로 방향으로 흐릿하게

① '1급-7.jpg'를 클릭합니다.

② '1급-7.jpg'를 전체 선택(Ctrl + A) 후 Ctrl + C를 눌러 복사합니다. 작업 영역으로 돌아와 붙여넣기(Ctrl + V) 합니다.

③ Ctrl + T를 눌러 《출력형태》와 비교해가며 크기와 위치를 조정하고 Enter를 눌러줍니다.

④ [Filter(필터)] – [Filter Gallery(필터 갤러리)] – [Texture(텍스처)] – [Texturizer(텍스처화)]를 선택한 후 [OK(확인)]를 클릭합니다.

⑤ '1급-7.jpg' 레이어에 마스크를 추가하기 위해 Layers(레이어) 패널 하단에 Add a Layer Mask(마스크 추가, ▣)를 클릭합니다.

⑥ '1급-7.jpg' 레이어에 마스크가 적용됐으면, 도구상자의 Gradient Tool(그레이디언트 도구, ▣)을 클릭합니다.

⑦ Option Bar(옵션 바)에서 Gradient Spectrum(그레이 디언트 스펙트럼, ▣)을 선택한 다음 Gradient Editor(그레이디언트 편집) 대화상자에서 그레이 계열을 지정한 후 [OK(확인)]를 클릭합니다.

⑧ 배경의 왼쪽에서 오른쪽 방향으로 드래그합니다.

**03** 1급-8.jpg : Blending Mode(혼합 모드) - Overlay(오버레이), 레이어 마스크 - 세로 방향으로 흐릿하게

① '1급-8.jpg'를 클릭합니다.

② '1급-8.jpg'를 전체 선택(Ctrl + A) 후 Ctrl + C를 눌러 복사합니다. 작업 영역으로 돌아와 붙여넣기(Ctrl + V)합니다.

③ Ctrl + T를 눌러 《출력형태》와 비교해가며 이미지의 크기 및 위치를 조정하고 Enter를 눌러줍니다.

④ Blending Mode(혼합 모드)는 [Overlay(오버레이)]를 선택합니다.

⑤ 이어서 '1급-8.jpg' 레이어에 마스크를 추가하기 위해 Layers(레이어) 패널 하단에 Add a Layer Mask (마스크 추가, ▣)를 클릭합니다.

⑥ 1급-8.jpg 레이어에 마스크가 적용됐으면, 도구상자의 Gradient Tool(그레이디언트 도구, ▣)을 클릭합니다.

⑦ Option Bar(옵션 바)에서 Gradient Spectrum(그레이디언트 스펙트럼, ▣▬▬▬▬)을 선택한 다음 Gradient Editor(그레이디언트 편집) 대화상자에서 그레이 계열을 지정한 후 [OK(확인)]를 클릭합니다.

⑧ 배경의 아래쪽에서 위쪽 방향으로 드래그합니다.

**04** 1급-9.jpg : Texturizer(텍스처화), 레이어 스타일 – Stroke(선/획)(3px, #ffffff))

① Layers(레이어) 패널 하단에 Create a new layer(새 레이어 만들기, ⬚)를 선택합니다.

② 도구상자에서 Custom Shape Tool(사용자 정의 모양 도구, ▨)을 클릭합니다.

③ Option Bar(옵션 바)에서 Shape(모양), Fill Color(칠 색상) : #ffffff를 지정한 다음 Shape(모양) 목록 단추를 클릭합니다. [Legacy Shapes and More(레거시 모양 및 기타)] – [All Legacy Default Shapes(전체 레거시 모양)] – [Nature(자연)]를 선택합니다.

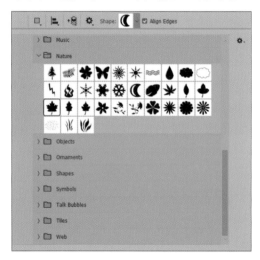

④ 《출력형태》와 일치하는 Leaf 5(잎 5, ✿)를 찾아 선택한 후, Shift 를 누른 채 드래그하여 작업 영역에 추가합니다.

⑤ '1급-9.jpg'를 전체 선택( Ctrl + A ) 후 Ctrl + C 를 눌러 복사합니다. 작업 영역으로 돌아와 붙여넣기( Ctrl + V )합니다.

⑥ [Filter(필터)] – [Filter Gallery(필터 갤러리)] – [Texturizer(텍스처)] – [Texturizerizer(텍스처화)]를 선택한 후 [OK(확인)]를 클릭합니다.

⑦ 클리핑 마스크를 하기 위해 '1급-9.jpg'를 Leaf 5(잎 5, ✿) 위로 위치한 다음 Ctrl + Alt + G 를 눌러줍니다.

⑧ Layer Style(레이어 스타일)을 적용하기 위해, Add a Layer Style(레이어 스타일 추가, fx.)을 클릭합니다.

⑨ [Stroke(선/획)]를 선택하고 Size(크기) : 3px, Position(포지션) : Outside, Color(색상) : #ffffff로 설정합니다.

## 05 1급-10.jpg : 레이어 스타일 – Inner Glow(내부 광선)

① '1급-10.jpg'를 클릭합니다.
② 도구상자의 Quick Selection Tool(빠른 선택 도구, ) )을 선택합니다. Options Bar(옵션 바)에서 [Add to Selection(선택 영역에 추가)]으로 브러시의 크기를 조절해 필요한 영역을 선택하고 Ctrl + C 로 복사합니다.
③ 작업 영역으로 돌아와 붙여넣기(Ctrl + V )합니다.
④ Layer Style(레이어 스타일)을 적용하기 위해, Add a Layer Style(레이어 스타일 추가, fx. )을 클릭합니다.
⑤ [Inner Glow(내부 광선)]를 선택하고, Layer Style(레이어 스타일) 대화상자에서 [OK(확인)]를 클릭합니다.

## 06 1급-11.jpg : 색상 보정 – 초록색 계열로 보정

① '1급-11.jpg'를 클릭합니다.
② 도구상자의 Quick Selection Tool(빠른 선택 도구, ) )을 선택합니다. Options Bar(옵션 바)에서 [Add to Selection(선택 영역에 추가)]으로 브러시의 크기를 조절해 필요한 영역을 선택하고 Ctrl + C 로 복사합니다.

③ 작업 영역으로 돌아와 Ctrl + V로 이미지를 붙여넣기 하고, Ctrl + T를 누른 채 Shift로 크기를 조정해 배치합니다.

④ 색상 보정할 부분을 Quick Selection Tool(빠른 선택 도구, ☑)을 이용해 이미지를 선택해 줍니다.

⑤ Layers(레이어) 패널 하단에 Create new fill or Adjustment Layer(조정 레이어, ◑)를 클릭하고 Hue/Saturation(색조/채도)을 선택합니다.

⑥ Properties(특징) 대화상자에서 Hue(색조), Saturation(채도)을 초록색에 가깝게 조절해 줍니다.

## 07 그 외 《출력형태》 참조

① Layers(레이어) 패널 하단에 Create a new layer(새 레이어 생성, ▣)를 클릭합니다.

② Custom Shape Tool(사용자 정의 모양 도구, ☒)을 클릭합니다.

③ Option Bar(옵션 바)에서 Shape(모양), Fill Color(칠 색상) : #442200을 지정한 다음 Shape(모양) 목록 단추를 클릭합니다. [Legacy Shapes and More(레거시 모양 및 기타)] – [All Legacy Default Shapes(전체 레거시 모양)] – [Nature(자연)]를 선택합니다.

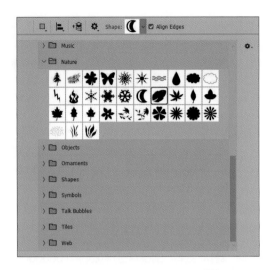

④ 《출력형태》와 일치하는 Leaf 1(잎 1, 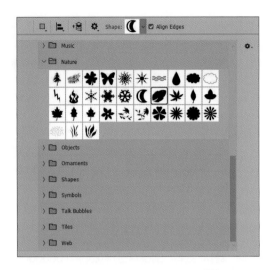)을 찾아 선택한 후, Shift 를 누른 채 드래그하여 작업 영역에 추가합니다.

⑤ Layer Style(레이어 스타일)을 적용하기 위해, Layers(레이어) 패널 하단에 Add a Layer Style(레이어 스타일 추가, fx.)을 클릭합니다.

⑥ [Outer Glow(외부 광선)]를 선택하고 Layer Style(레이어 스타일) 대화상자에서 [OK(확인)]를 클릭합니다.

⑦ 이어서 Custom Shape Tool(사용자 모양 정의 도구, )을 클릭합니다.

⑧ Option Bar(옵션 바)에서 Shape(모양), Fill Color(칠 색상) : #554422를 지정한 다음 Shape(모양) 목록 단추를 클릭합니다. [Legacy Shapes and More(레거시 모양 및 기타)] – [All Legacy Default Shapes(전체 레거시 모양)] – [Nature(자연)]를 선택합니다.

⑨ 《출력형태》와 일치하는 Flower 4(꽃 4, )를 찾아 선택한 후, Shift 를 누른 채 드래그하여 작업 영역에 추가합니다.

⑩ Layer Style(레이어 스타일)을 적용하기 위해, Layers(레이어) 패널 하단에 Add a Layer Style(레이어 스타일 추가, fx.)을 클릭합니다.

⑪ [Inner Shadow(내부 그림자)]를 선택하고, Layer Style(레이어 스타일) 대화상자에서 [OK(확인)]를 클릭합니다.

## 3 문자 효과 적용

**01** 추수감사절(돋움, 42pt, #ffffff, 레이어 스타일 − Drop Shadow(그림자 효과), Stroke(선/획)(3px, #000000))

① 도구상자에서 Horizontal Type Tool(수평 문자 도구)을 클릭한 뒤 Options Bar(옵션 바)에서 Font(글꼴) : Dotum, Size(크기) : 42pt, Font Color(글자색) : #ffffff를 설정한 후 '추수감사절'을 입력합니다.

② Options Bar(옵션 바)에서 Create Warped Text(뒤틀어진 텍스트)를 클릭해 Warp Text(텍스트 뒤틀기) 대화상자가 나타나면 Style : Arch(아치)를 선택하여 문자의 모양을 왜곡합니다.

③ Layer Style(레이어 스타일)을 적용하기 위해, Layers(레이어) 패널 하단에 Add a Layer Style(레이어 스타일 추가, fx.)을 클릭합니다.

④ [Drop Shadow(그림자 효과)]와 [Stroke(선/획)]를 선택해 Size(크기) : 3px, Color(색상) : #000000으로 설정한 후 [OK(확인)]를 클릭합니다.

**02** Thanksgiving Day(Times New Roman, Bold, 22pt, #eedd33, 레이어 스타일 − Stroke(선/획)(2px, #000000))

① 도구상자에서 Horizontal Type Tool(수평 문자 도구)을 클릭한 뒤 Options Bar(옵션 바)에서 Font(글꼴) : Times New Roman, Style(스타일) : Bold, Size(크기) : 22pt, Font Color(글자색) : #eedd33을 설정한 후 'Thanksgiving Day'를 입력합니다.

② Layer Style(레이어 스타일)을 적용하기 위해, Layers(레이어) 패널 하단에 Add a Layer Style(레이어 스타일 추가, *fx.*)을 클릭합니다.

③ [Stroke(획/선)]를 선택해 Size(크기) : 2px, Position(포지션) : Outside, Color(색상) : #000000으로 설정한 후 [OK(확인)]를 클릭합니다.

## 03 풍성한 은혜와 감사(궁서, 24pt, #ffffff, 레이어 스타일 – Drop Shadow(그림자 효과))

① 도구상자에서 Horizontal Type Tool(수평 문자 도구)을 클릭한 뒤 Options Bar(옵션 바)에서 Font(글꼴) : Gungsuh, Size(크기) : 24pt, Font Color(글자색) : #ffffff를 설정한 후 '풍성한 은혜와 감사'를 입력합니다.

② Layer Style(레이어 스타일)을 적용하기 위해, Layers(레이어) 패널 하단에 Add a Layer Style(레이어 스타일 추가, *fx.*)을 클릭합니다.

③ [Drop Shadow(그림자 효과)]를 선택하고 Layer Style(레이어 스타일) 대화상자에서 [OK(확인)]를 클릭합니다.

## 4 최종 파일 저장

### 01 JPG 파일 저장

① [File(파일)] – [Save As(다른 이름으로 저장)]를 클릭합니다.

② 파일 이름은 '수험번호–성명–3'으로 입력합니다.

③ 파일 형식은 JPEG를 선택하고 [저장(S)]을 클릭합니다.

④ JPEG Options(JPEG 옵션)은 Quality : 8 이상으로 잡고 [OK(확인)]를 클릭합니다.

### 02 PSD 파일 저장

① [Image(이미지)] – [Image Size(이미지 크기)]를 클릭합니다.

② Width(폭) : 60 Pixels, Height(높이) : 40 Pixels, [OK(확인)]를 클릭합니다.

③ [File(파일)] – [Save(저장)](Ctrl + S)를 선택합니다.

### 03 최종 파일 확인

① 2가지 포맷(JPG, PSD)의 최종 파일이 만들어졌는지 확인합니다.

## 5 답안 파일 전송

### 01 감독위원 PC로 답안 파일 전송

## 1　준비 작업

### 01 파일 만들기

① [File(파일)] – [New(새로 만들기)]([Ctrl] + [N])를 클릭합니다.

### 02 파일 세부 정보 설정

① New Document(새 문서)에서 Name(이름)에 '실전 연습10', 'Width(폭) : 600Pixels, Height(높이) : 400Pixels, Resolution(해상도) : 72Pixels/Inch, Color Mode(색상 모드) : RGB Color, 8bit, Background Contents(배경 내용) : White(흰색)'로 설정하여 새 작업 이미지를 만듭니다.

### 03 파일 저장

① [File(파일)] – [Save As(다른 이름으로 저장)]([Ctrl] + [Shift] + [S])를 클릭합니다.
　경로 : PC\문서\GTQ, 파일명은 '수험번호-성명-4.psd'로 저장합니다.

### 04 사용된 원본 이미지 열기

① [File(파일)] – [Open(열기)]을 선택합니다.
　경로 : 문서\GTQ\Image\1급-12.jpg, 1급-13.jpg, 1급-14.jpg, 1급-15.jpg, 1급-16.jpg, 1급-17.jpg
　총 6개의 jpg 파일을 [Shift]를 눌러 클릭하고, [열기([O])]를 클릭합니다.

## 2　그림 효과 적용

### 01 배경 : #cfedd4

① 도구상자 하단에 전경색을 더블 클릭합니다. Color Picker(색상 선택) 대화상자가 나타나면 #cfedd4로 색상을 설정하고 [OK(확인)]를 클릭합니다. 작업 영역에서 전경색 단축키인 [Alt] + [Delete]를 눌러줍니다.

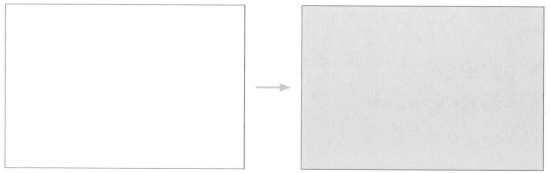

## 02 패턴(달팽이 모양) : #cc44ff

① 패턴을 만들기 위해 [File(파일)] − [New(새로 만들기)]를 선택합니다.

② New Document(새 문서)에서 'Width(폭) : 70Pixels, Height(높이) : 70Pixels, Resolution(해상도) : 72Pixels/Inch, Color Mode(색상 모드) : RGB Color, 8bit, Background Contents(배경 내용) : Transparent(투명색)'로 설정하여 새 작업 이미지를 만듭니다.

③ Custom Shape Tool(사용자 모양 정의 도구, )을 클릭합니다.

④ Option Bar(옵션 바)에서 Shape(모양), Fill Color(칠 색상) : #cc44ff를 지정한 다음 Shape(모양) 목록 단추 를 클릭합니다. [Legacy Shapes and More(레거시 모 양 및 기타)] − [All Legacy Default Shapes(전체 레 거시 모양)] − [Animals(동물)]를 선택합니다.

⑤ 《출력형태》와 일치하는 Snail(달팽이, ■)을 찾아 선택한 후, Shift 를 누른 채 드래그하여 작업 영역에 추 가합니다.

⑥ 도구상자에서 Move Tool(이동 도구, ✛)을 클릭한 후 Alt 를 눌러 Snail(달팽이, ■)을 드래그해 복사합 니다.

⑦ Menu Bar(메뉴 바) − [Edit(편집)] − [Define Pattern(사용자 패턴 정의)]을 클릭합니다.

⑧ Patten Name(패턴 이름)을 '달팽이 모양'으로 입력하고 [OK(확인)]를 클릭합니다.

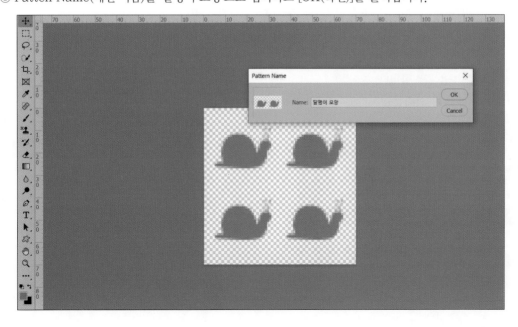

**03 패턴(달팽이 모양) : Shape Tool(모양 도구) 사용, #eeee99, 레이어 스타일 – Stroke(선/획)(3px, #cccccc)**

① Layers(레이어) 패널 하단에 Create a new layer(새 레이어 생성, ▣)를 클릭합니다.

② 도구상자의 Custom Shape Tool(사용자 정의 모양 도구, 🔊)을 클릭합니다.

③ Option Bar(옵션 바)에서 Shape(모양), Fill Color(칠 색상) : #eeee99를 지정한 다음 Shape(모양) 목록 단추를 클릭합니다. [Legacy Shapes and More(레거시 모양 및 기타)] – [All Legacy Default Shapes(전체 레거시 모양)] – [Nature(자연)]를 클릭합니다.

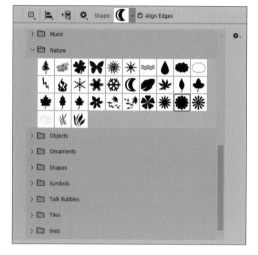

④ 《출력형태》와 비슷한 Flower 6(꽃 6, ✴) 모양을 찾아 선택합니다.

⑤ Shift 를 누른 채 드래그하여 크기를 조정한 후 Enter 를 눌러줍니다.

⑥ Layer Style(레이어 스타일)을 적용하기 위해, Layers(레이어) 패널 하단에 Add a Layer Style(레이어 스타일 추가, fx.)을 클릭합니다.

⑦ [Stroke(선/획)]를 선택하고 Size(크기) : 3px, Color(색상) : #cccccc로 설정한 후 [OK(확인)]를 클릭합니다.

**04 패턴(달팽이 모양) : 클리핑 마스크**

① Layers(레이어) 패널 하단에 Create a new layer(새 레이어 생성, ▣)를 클릭합니다.

② 도구상자의 Pattern Stamp Tool(패턴 스탬프 툴, 🖳)을 클릭합니다.

③ 상단 Option Bar(옵션 바) 패턴 썸네일 옆에 목록 단추를 눌러 만들어 놓은 패턴 모양을 클릭합니다.

④ Size(크기)를 5000px로 설정합니다.

⑤ 작업 영역의 빈 곳을 클릭합니다.

⑥ 클리핑 마스크를 하기 위해 Ctrl + Alt + G 를 눌러줍니다.

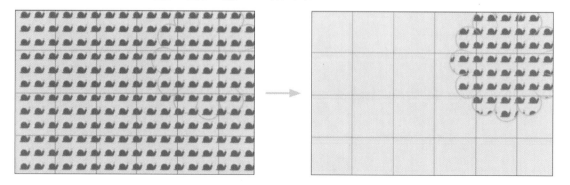

**05** 1급-12.jpg : Blending Mode(혼합 모드) – Hard Light(하드 라이트), Opacity(불투명도)(50%)

① '1급-12.jpg'를 클릭합니다.

② '1급-12.jpg'를 전체 선택(Ctrl + A) 후 Ctrl + C를 눌러 복사합니다. 작업 영역으로 다시 돌아와 붙여넣기 (Ctrl + V)합니다.

③ Ctrl + T를 눌러 《출력형태》와 비교해가며 크기와 위치를 조정하고 Enter를 눌러줍니다.

④ Blending Mode(혼합 모드)는 [Hard Light]를 선택합니다.

⑤ Opacity(불투명도)는 50%로 지정합니다.

**06** 1급-13.jpg : 필터 – Film Grain(필름 그레인), 레이어 마스크 – 가로 방향으로 흐릿하게

① '1급-13.jpg'를 클릭합니다.

② '1급-13.jpg'를 전체 선택(Ctrl + A) 후 Ctrl + C를 눌러 복사합니다. 작업 영역으로 다시 돌아와 붙여넣기(Ctrl + V)합니다.

③ Ctrl + T를 눌러 《출력형태》와 비교해가며 크기와 위치를 조정하고 Enter를 눌러줍니다.

④ [Filter(필터)] – [Filter Gallery(필터 갤러리)] – [Artistic(예술 효과)] – [Film Grain(필름 그레인)]을 선택한 후 [OK(확인)]를 클릭합니다.

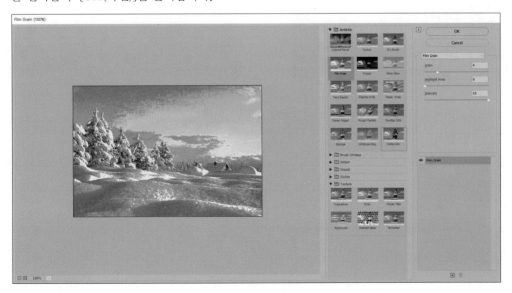

⑤ Layers(레이어) 패널 하단에 Add a layer mask(마스크 추가, )를 클릭합니다.

⑥ Layers(레이어) 옆에 마스크가 적용됐으면, 도구상자의 Gradient Tool(그레이디언트 도구, )을 클릭합니다.

⑦ Option Bar(옵션 바) Gradient Spectrum(그레이디언트 스펙트럼, )을 클릭한 다음 Gradient Editor(그레이디언트 편집) 대화상자가 나타나면 그레이 계열의 그라데이션을 선택한 후 [OK(확인)]를 클릭합니다.

⑧ 배경의 왼쪽에서 오른쪽 방향으로 드래그합니다.

## 07 1급-14.jpg : 레이어 스타일 – Drop Shadow(그림자 효과)

① '1급-14.jpg'를 클릭합니다.

② 도구상자의 Quick Selection Tool(빠른 선택 도구, )을 선택합니다. Options Bar(옵션 바)에서 [Add to Selection(선택 영역에 추가)]으로 브러시의 크기를 조절해 필요한 영역을 선택하고 Ctrl + C로 복사합니다.

③ 작업 영역으로 돌아와 Ctrl + V로 이미지를 붙여넣기 하고, Ctrl + T를 누른 다음 Shift로 크기를 조정해 배치합니다.

④ Layer Style(레이어 스타일)을 적용하기 위해, Layers(레이어) 패널 하단에 Add a Layer Style(레이어 스타일 추가, 🔳)을 클릭합니다.

⑤ [Drop Shadow(그림자 효과)]를 선택하고 Layer Style(레이어 스타일) 대화상자에서 [OK(확인)]를 클릭합니다.

## 08 1급-15.jpg : 필터 – Poster Edges(포스터 가장자리)

① '1급-15.jpg'를 클릭합니다.

② 도구상자의 Quick Selection Tool(빠른 선택 도구, 🖌)을 선택합니다. Options Bar(옵션 바)에서 [Add to Selection(선택 영역에 추가)]으로 브러시의 크기를 조절해 필요한 영역을 선택하고 Ctrl + C 로 복사합니다.

③ 작업 영역으로 돌아와 Ctrl + V 로 이미지를 붙여넣기 하고, Ctrl + T 를 누른 다음 Shift 로 크기를 조정해 배치합니다.

④ [Filter(필터)] – [Filter Gallery(필터 갤러리)] – [Artistic(예술 효과)] – [Poster Edges(포스터 가장자리)]를 선택한 후 [OK(확인)]를 클릭합니다.

## 09 1급-16.jpg : 색상 보정 – 파란색 계열로 보정

① '1급-16.jpg'를 클릭합니다.

② 도구상자의 Quick Selection Tool(빠른 선택 도구, 🖌)을 선택합니다. Options Bar(옵션 바)에서 [Add to Selection(선택 영역에 추가)]으로 브러시의 크기를 조절해 필요한 영역을 선택하고 Ctrl + C 로 복사합니다.

③ 작업 영역으로 돌아와 Ctrl + V 로 이미지를 붙여넣기 하고, Ctrl + T 를 누른 다음 Shift 로 크기를 조정해 배치합니다.

④ Layers(레이어) 패널의 '1급-16.jpg' 레이어 썸네일을 Ctrl 을 눌러 클릭한 다음 Layers(레이어) 패널 하단 Create new fill or adjustment layer(조정 레이어, 🔳)를 클릭합니다.

⑤ [Hue/Saturation(색조/채도)]을 선택해 Properties(특징) 대화상자에서 Hue(색조), Saturation(채도)을 파란색에 가깝게 조절해 줍니다.

## 10 그 외 《출력형태》 참조

① Layers(레이어) 패널 하단에 Create a new layer(새 레이어 만들기, 🔳)를 클릭합니다.

② 도구상자의 [Custom Shape Tool(사용자 정의 모양 도구, 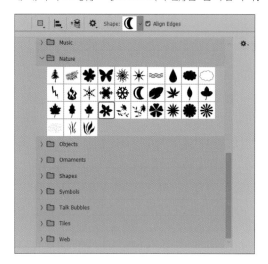)]을 클릭합니다.

③ Option Bar(옵션 바)에서 Shape(모양), Fill Color(칠 색상) : #008722를 지정한 다음 Shape(모양) 목록 단추를 클릭합니다. [Legacy Shapes and More(레거시 모양 및 기타)] – [All Legacy Default Shapes(전체 레거시 모양)] – [Nature(자연)]를 클릭합니다.

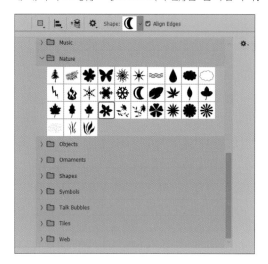

④ 《출력형태》와 일치하는 Flower 1(꽃 1, ✱)을 찾아 선택한 후, Shift 를 누른 채 드래그하여 작업 영역에 추가합니다.

⑤ Layer Style(레이어 스타일)을 적용하기 위해, Layers(레이어) 패널 하단에 Add a Layer Style(레이어 스타일 추가, fx.)을 클릭합니다.

⑥ [Drop Shadow(그림자 효과)]를 선택하고 Layer Style(레이어 스타일) 대화상자에서 [OK(확인)]를 클릭합니다.

⑦ 위와 같은 방법으로 Custom Shape Tool(사용자 정의 모양 도구, 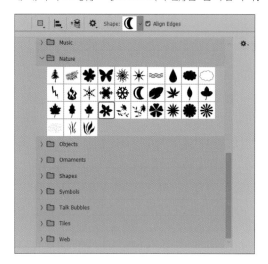)을 사용하여 Fill Color(칠 색상) : #002277, 레이어 스타일 – Inner Glow(내부 광선)가 적용된 Sun 2(태양 2, ✱)를 작업 영역에 추가합니다.

⑧ '1급-17.jpg'를 클릭합니다.

⑨ 도구상자의 Quick Selection Tool(빠른 선택 도구, ☑)을 선택합니다. Options Bar(옵션 바)에서 [Add to Selection(선택 영역에 추가)]으로 브러시의 크기를 조절해 필요한 영역을 선택하고 Ctrl + C 로 복사합니다.

⑩ 작업 영역으로 돌아와 Ctrl + V 로 이미지를 붙여넣기 하고, Ctrl + T 를 누른 다음 Shift 를 눌러 크기를 조정해 배치합니다.

## 11 그 외《출력형태》참조

① Layers(레이어) 패널 하단에 Create a new layer(새 레이어 만들기, ⊞)를 클릭합니다.

② 도구상자의 Custom Shape Tool(사용자 정의 모양 도구, ⬗)을 클릭합니다.

③ Option Bar(옵션 바)에서 Shape(모양)로 설정한 다음 Shape(모양) 목록 단추를 클릭합니다. [Legacy Shapes and More(레거시 모양 및 기타)] − [All Legacy Default Shapes(전체 레거시 모양)] − [Shapes(모양)]를 클릭합니다.

④ 《출력형태》와 일치하는 Hexagon(육각형, ⬡)을 찾아 선택한 후, 드래그하여 작업 영역에 추가합니다.

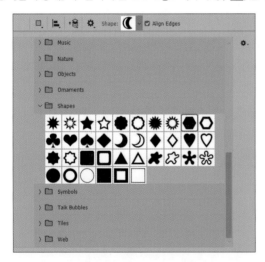

⑤ Layer Style(레이어 스타일)을 적용하기 위해, Layers(레이어) 패널 하단에 Add a Layer Style(레이어 스타일 추가, fx.)을 클릭합니다.

⑥ [Gradient Overlay(그레이디언트 오버레이)]를 선택합니다.

⑦ Layer Style(레이어 스타일) 대화상자가 나타나면 Gradient(그레이디언트) 색상 스펙트럼을 클릭합니다.

⑧ 왼쪽과 오른쪽 아래 Color Stop(색상 정지점)을 각각 더블 클릭해 '#999900', '#ffffff'로 색상을 설정한 후 Angle(각도)을 조정하고 [OK(확인)]를 클릭합니다.

⑨ 이어서 [Stroke(선/획)]를 선택하고 Size(크기) : 3px, Position(포지션) : Outside, Color(색상) : #339933
으로 설정하고 [OK(확인)]를 클릭합니다.

⑩ 만들어진 Shape(모양)를 [Alt]를 누른 채 3번 드래그하여 복사합니다.

⑪ 복사된 Hexagon(육각형, ⬢)에 Layer Style(레이어 스타일)을 적용하기 위해, Layers(레이어) 패널 하
단에 Add a Layer Style(레이어 스타일 추가, fx.)을 클릭합니다.

⑫ [Stroke(선/획)]를 선택하고 Size(크기) : 3px, Position(포지션) : Outside, Color(색상) : #6633cc로
설정한 후 [OK(확인)]를 클릭합니다.

## 3 문자 효과 적용

### 01 겨울의 시작(궁서, 36pt, #000000, 레이어 스타일 – Stroke(선/획)(2px, #51d0ff))

① 도구상자에서 Horizontal Type Tool(수평 문자 도구)을 클릭한 뒤 Options Bar(옵션 바)에서 Font(글
꼴) : Gungsuh, Size(크기) : 36pt, Font Color(글자색) : #000000을 설정한 후 '겨울의 시작'을 입력합
니다.

② Options Bar(옵션 바)에서 Create Warped Text(뒤틀어진 텍스트)를 클릭해 Warp Text(텍스트 뒤틀
기) 대화상자가 나타나면 Style : Fish(물고기)를 선택하여 문자의 모양을 왜곡합니다.

③ Layer Style(레이어 스타일)을 적용하기 위해, Layers(레이어) 패널 하단에 Add a Layer Style(레이어
스타일 추가, fx.)을 클릭합니다.

④ [Stroke(획/선)]를 선택하고 Size(크기) : 2px, Position(포지션) : Outside, Color(색상) : #51d0ff로
설정한 후 [OK(확인)]를 클릭합니다.

**02** https://www.winter.or.kr(Times New Roman, Bold, 16pt, #000000, 레이어 스타일 – Outer Glow(외부 광선))

① 도구상자에서 Horizontal Type Tool(수평 문자 도구)을 클릭한 뒤 Options Bar(옵션 바)에서 Font(글꼴) : Times New Roman, Style(스타일) : Bold, Size(크기) : 16pt, Font Color(글자색) : #000000을 설정한 후 'https://www.winter.or.kr'를 입력합니다.

② Layer Style(레이어 스타일)을 적용하기 위해, Layers(레이어) 패널 하단에 Add a Layer Style(레이어 스타일 추가, fx.)을 클릭합니다.

③ [Outer Glow(외부 광선)]를 선택하고 Layer Style(레이어 스타일) 대화상자에서 [OK(확인)]를 클릭합니다.

### 03 국내 겨울 여행지 추천(돋움, 18pt, #000000, 레이어 스타일 – Stroke(선/획)(2px, #fff000))

① 도구상자에서 Horizontal Type Tool(수평 문자 도구)을 클릭한 뒤 Options Bar(옵션 바)에서 Font(글꼴) : Dotum, Size(크기) : 18pt, Font Color(글자색) : #000000을 설정한 후 '국내 겨울 여행지 추천'을 입력합니다.

② Layer Style(레이어 스타일)을 적용하기 위해, Layers(레이어) 패널 하단에 Add a Layer Style(레이어 스타일 추가, fx.)을 클릭합니다.

③ [Stroke(선/획)]를 선택해 Size(크기) : 2px, Color(색상) : #fff000으로 설정하고 [OK(확인)]를 클릭합니다.

### 04 경기도, 강원도, 경상도, 전라도(돋움, 12pt, #ffffff, 레이어 스타일 – Stroke(선/획)(2px, 그레이디언트 (#003366, #cc33cc)))

① 도구상자에서 Horizontal Type Tool(수평 문자 도구)을 클릭한 뒤 Options Bar(옵션 바)에서 Font(글꼴) : Dotum, Size(크기) : 12pt, Font Color(글자색) : #ffffff를 설정한 후 '경기도'를 입력합니다.

② Layer Style(레이어 스타일)을 적용하기 위해, Layers(레이어) 패널 하단에 Add a Layer Style(레이어 스타일 추가, fx.)을 클릭합니다.

③ [Stroke(선/획)]를 선택해 Size(크기) : 2px, Fill Type(칠 유형) : Gradient(그레이디언트)로 지정합니다.

④ 이어서 Gradient 색상을 더블 클릭한 다음 [Gradient Editor(그레이디언트 편집)] 대화상자가 나타나면 [Color Stop(색상 정지점)]의 왼쪽과 오른쪽 색상을 각각 '#003366'과 '#cc33cc'로 지정한 뒤 [OK(확인)]를 클릭합니다.

⑤ 도구상자의 Move Tool(이동도구, ✛)을 선택한 후 Alt 를 눌러 '경기도' 텍스트를 아래로 드래그하여 복사합니다.

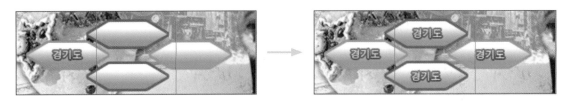

⑥ 복사된 '경기도' 텍스트를 각각 '강원도', '경상도', '전라도'로 수정합니다.

## 4 최종 파일 저장

### 01 JPG 파일 저장

① [File(파일)] – [Save As(다른 이름으로 저장)]를 선택합니다.

② 파일 이름은 '수험번호–성명–4'로 입력합니다.

③ 파일 형식은 JPEG를 선택하고 [저장(S)]을 클릭합니다.

④ JPEG Options(JPEG 옵션)은 Quality : 8 이상으로 설정하고 [OK(확인)]를 클릭합니다.

### 02 PSD 파일 저장

① [Image(이미지)] – [Image Size(이미지 크기)]를 클릭합니다.

② Width(폭) : 60Pixels, Height(높이) : 40Pixels, [OK(확인)]를 클릭합니다.

③ [File(파일)] – [Save(저장)][Ctrl] + [S]를 선택합니다.

### 03 최종 파일 확인

① 2가지 포맷(JPG, PSD)의 최종 파일이 만들어졌는지 확인합니다.

## 5 답안 파일 전송

### 01 감독위원 PC로 답안 파일 전송

PART

# 05

# 최신 기출 유형 모의고사

# 최신 기출 유형 모의고사

---

## 문제1 [기능평가] 고급 Tool(도구) 활용

다음의 〈조건〉에 따라 아래의 《출력형태》와 같이 작업하시오.

`20점`

**조건 ↳**

| 원본 이미지 | | | 문서\GTQ\image\1급-1.jpg, 1급-2.jpg, 1급-3.jpg |
|---|---|---|---|
| 파일 저장 규칙 | JPG | 파일명 | 문서\GTQ\수험번호-성명-1.jpg |
| | | 크기 | 400 x 500 Pixels |
| | PSD | 파일명 | 문서\GTQ\수험번호-성명-1.psd |
| | | 크기 | 40 x 50 Pixels |

**출력형태 ↳**

### 1. 그림 효과

① 1급-1.jpg : 필터 – Poster Edges(포스터 가장자리)
② Save Path(패스 저장) : 물고기 모양
③ Mask(마스크) : 물고기 모양, 1급-2.jpg를 이용하여 작성
  레이어 스타일 – Stroke(선/획)(3px, 그레이디언트(#ffff00, #0000ff),
  Inner Shadow(내부 그림자)
④ 1급-3.jpg : 레이어 스타일 – Bevel & Emboss(경사와 엠보스)
⑤ Shape Tool(모양 도구) :
  – 세계 모양(#cc66cc, 레이어 스타일 – Inner Shadow(내부 그림자))
  – 재활용 모양(#ccff00, #ff0000, 레이어 스타일 – Drop Shadow(그림자 효과))

### 2. 문자 효과

① Plogging Campaign(Times New Roman, Regular, 42pt, 레이어 스타일 – 그레이
  디언트 오버레이(#ff9900, #ccff00), Drop Shadow(그림자 효과))

---

## 문제2 [기능평가] 사진편집 응용

다음의 〈조건〉에 따라 아래의 《출력형태》와 같이 작업하시오.

`20점`

**조건 ↳**

| 원본 이미지 | | | 문서\GTQ\image\1급-4.jpg, 1급-5.jpg, 1급-6.jpg |
|---|---|---|---|
| 파일 저장 규칙 | JPG | 파일명 | 문서\GTQ\수험번호-성명-2.jpg |
| | | 크기 | 400 x 500 Pixels |
| | PSD | 파일명 | 문서\GTQ\수험번호-성명-2.psd |
| | | 크기 | 40 x 50 Pixels |

**출력형태 ↳**

### 1. 그림 효과

① 1급-4.jpg : 필터 – Dry Brush(드라이 브러시)
② 색상 보정 : 1급-5.jpg – 녹색 계열로 보정
③ 1급-5.jpg : 레이어 스타일 – Bevel & Emboss(경사와 엠보스)
④ 1급-6.jpg : 레이어 스타일 – Drop Shadow(그림자 효과)
⑤ Shape Tool(모양 도구) :
  – 세계 모양(#006699, 레이어 스타일 – Stroke(선/획)(2px, #ffff00)
    Opacity(불투명도)(50%))
  – 얼룩 모양(#ffffcc, 레이어 스타일 – Inner Shadow(내부 그림자))

### 2. 문자 효과

① 자연과 공존하는 삶(굴림, 40pt, 레이어 스타일 – 그레이디언트 오버레이(#00ccff,
  #ffffff, #cc66cc), Stroke(선/획)(2px, #000033))

다음의 〈조건〉에 따라 아래의 《출력형태》와 같이 작업하시오. `25점`

**조건 ㄴ**

| 원본 이미지 | 문서\GTQ\Image\1급-7.jpg, 1급-8.jpg, 1급-9.jpg, 1급-10.jpg, 1급-11.jpg | | |
|---|---|---|---|
| 파일 저장 규칙 | JPG | 파일명 | 문서\GTQ\수험번호-성명-3.jpg |
| | | 크기 | 600 x 400 Pixels |
| | PSD | 파일명 | 문서\GTQ\수험번호-성명-3.psd |
| | | 크기 | 60 x 40 Pixels |

1. 그림 효과

① 배경 : #006666
② 1급-7.jpg : Blending Mode(혼합 모드) – Soft Light(소프트 라이트), 레이어 마스크 – 세로 방향으로 흐릿하게
③ 1급-8.jpg : 필터 – Texturizer(텍스처화), 레이어 마스크 – 가로 방향으로 흐릿하게
④ 1급-9.jpg : 필터 – Rough Pastels(거친 파스텔), 레이어 스타일 – Stroke(선/획)(5px, 그레이디언트(#cc6600, 투명으로))
⑤ 1급-10.jpg : 레이어 스타일 – Inner Glow(내부 광선), Drop Shadow(그림자 효과)
⑥ 1급-11.jpg : 색상 보정 – 노란색 계열로 보정, 레이어 스타일 – Bevel & Emboss(경사와 엠보스)
⑦ 그 외 《출력형태》 참조

2. 문자 효과

① 지속적인 해양 쓰레기 모니터링(궁서, 32pt, 44pt, 레이어 스타일 – 그레이디언트 오버레이(#cc33ff, #006666, #ff9900), Stroke(선/획)(2px, #99ccff), Drop Shadow(그림자 효과))
② Continuous monitoring of marine waste(Arial, Regular, 18pt, #003366, 레이어 스타일 – Stroke(선/획)(2px, #cccccc))
③ 청소년 자원봉사 지원하기(돋움, 16pt, #000000, 레이어 스타일 – Stroke(선/획)(2px, 그레이디언트(#006633, #ffff99))
④ 연구 / 조사 / 제안(돋움, 16pt, #ffffff, #ff9900, 레이어 스타일 – Stroke(선/획)(2px, #333300))

**출력형태 ㄴ**

Shape Tool(모양 도구) 사용
레이어 스타일 – 그레이디언트
오버레이(#66cc00, #ff9900),
Drop Shadow(그림자 효과)

Shape Tool(모양 도구) 사용
#333333, 레이어 스타일 –
Outer Glow(외부 광선)

Shape Tool(모양 도구) 사용
#ffff00, #ffffff, 레이어 스타일 – Drop Shadow(그림자 효과),
Opacity(불투명도)(60%)

다음의 〈조건〉에 따라 아래의 《출력형태》와 같이 작업하시오.    35점

조건 └

| 원본 이미지 | 문서\GTQ\Image\1급-12.jpg, 1급-13.jpg, 1급-14.jpg, 1급-15.jpg, 1급-16.jpg, 1급-17.jpg | | |
|---|---|---|---|
| 파일 저장 규칙 | JPG | 파일명 | 문서\GTQ\수험번호-성명-4.jpg |
| | | 크기 | 600 x 400 Pixels |
| | PSD | 파일명 | 문서\GTQ\수험번호-성명-4.psd |
| | | 크기 | 60 x 40 Pixels |

1. 그림 효과

① 배경 : #99cccc

② 패턴(나무, 집 모양) : #336633, #ffffff

③ 1급-12.jpg : Blending Mode(혼합 모드) – Hard Light(하드 라이트), 레이어 마스크 – 대각선 방향으로 흐릿하게

④ 1급-13.jpg : 필터 – Sponge(스폰지), 레이어 마스크 – 세로 방향으로 흐릿하게

⑤ 1급-14.jpg : 레이어 스타일 – Bevel & Emboss(경사와 엠보스), Drop Shadow(그림자 효과)

⑥ 1급-15.jpg : 필터 – Poster Edges(포스터 가장자리), 레이어 스타일 – Drop Shadow(그림자 효과)

⑦ 1급-16.jpg : 색상 보정 – 파란색 계열로 보정, 레이어 스타일 – Bevel & Emboss(경사와 엠보스)

⑧ 그 외 《출력형태》 참조

2. 문자 효과

① 시민과 환경운동연합이 만든 변화들(굴림, 32pt, 레이어 스타일 – 그레이디언트 오버레이(#3300ff, #ff6600), Stroke(선/획)(2px, #ccccff))

② https://www.kfem.or.kr(Times New Roman, Bold, 16pt, #330066, 레이어 스타일 – Stroke(선/획)(2px, #ffffff))

③ 플라스틱 제로 활동에 함께해 주세요(궁서, 15pt, 27pt, #003333, #993300, 레이어 스타일 – Stroke(선/획)(2px, #ffffcc))

④ 국제연대, 생태보전, 생활환경(돋움, 18pt, #000000, 레이어 스타일 – Stroke(선/획)(2px, #ffffff, #ff9900))

출력형태 └

Shape Tool(모양 도구) 사용
#33ff99, 레이어 스타일 – Drop Shadow(그림자 효과)

Shape Tool(모양 도구) 사용
레이어 스타일 – 그레이디언트 오버레이(#996699, #ff9900, #ffffff),
Stroke(선/획)(2px, #663366, #cc6600)

Shape Tool(모양 도구) 사용
#cc6699
레이어 스타일 – Inner Shadow
(내부 그림자), Opacity(불투명도)
(70%)

Pen Tool(펜 도구) 사용
#99cccc, #cccccc
레이어 스타일 –
Drop Shadow(그림자 효과)

## 문제1    [기능평가] 고급 Tool(도구) 활용

### 1  준비 작업

#### 01 파일 만들기

① [File(파일)] – [New(새로 만들기)]([Ctrl] + [N])를 클릭합니다.

#### 02 파일 세부 정보 설정

① New Document(새 문서)에서 Name(이름)에 '최신 기출01', 'Width(폭) : 400Pixels, Height(높이) : 500Pixels, Resolution(해상도) : 72Pixels/Inch, Color Mode(색상 모드) : RGB Color, 8bit, Background Contents(배경 내용) : White(흰색)'로 설정하여 새 작업 이미지를 만듭니다.

#### 03 파일 저장

① [File(파일)] – [Save As(다른 이름으로 저장)]([Ctrl] + [Shift] + [S])를 클릭합니다.
　경로 : PC\문서\GTQ, 파일명은 '수험번호–성명–1.psd'로 파일을 저장합니다.

#### 04 사용된 원본 이미지 열기

① [File(파일)] – [Open(열기)]을 선택합니다.
　경로 : 문서\GTQ\Image\1급–1.jpg, 1급–2.jpg, 1급–3.jpg 총 3개의 jpg 파일을 [Shift]를 눌러 모두 선택하고 [열기([O])]를 클릭합니다.

### 2  그림 효과 적용

#### 01 1급–1.jpg : 필터 – Poster Edges(포스터 가장자리)

① '1급–1.jpg'를 클릭합니다.

② '1급–1.jpg'를 전체 선택([Ctrl] + [A]) 후 [Ctrl] + [C]를 눌러 복사합니다. 작업 영역으로 돌아와 붙여넣기([Ctrl] + [V])합니다.

③ [Ctrl] + [T]를 눌러 《출력형태》와 비교해가며 이미지의 크기와 위치를 조정하고 [Enter]를 눌러줍니다.

④ [Filter(필터)] – [Filter Gallery(필터 갤러리)] – [Artistic(예술 효과)] – [Poster Edges(포스터 가장자리)]를 선택하고 [OK(확인)]를 클릭합니다.

> **TIP** ⭐
>
> [Filter Gallery(필터 갤러리)] 대화상자의 오른쪽 [Cancel(취소)] 버튼 아래 목록 단추를 클릭하면 필터 갤러리의 모든 필터가 알파벳 순으로 정렬되어 있습니다.

#### 02 Save Path(패스 저장) : 폴더 모양

① [Layers(레이어)] 패널 하단에서 [Create a new layer(새 레이어 생성, [⊡])]를 클릭합니다.

② 《출력형태》에 그려 놓은 기준선을 참고하여 안내선을 만들어줍니다.

③ 도구상자에서 Pen Tool(펜 도구, )을 클릭합니다.

④ Option Bar(옵션 바)에서 Path(패스)를 Shape(모양)로 변경한 후 폴더 외곽을 그립니다.

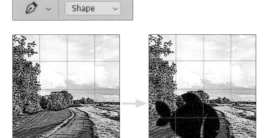

> **TIP** ⭐
>
> 레이어가 여러 개로 생성된 경우, Shift 를 눌러 생성된 레이어를 모두 선택한 다음 Ctrl + E 로 병합해줍니다.

⑤ 도구상자에서 Ellipse Tool(원형 도구, )을 클릭하고 상단 Exclude Overlapping Shapes(모양 오버랩 제외, )를 눌러 제외해야 하는 원형 1개를 그립니다.

⑥ [Window(윈도우)] – [Paths(패스)]를 클릭합니다.

⑦ Paths(패스) 패널에서 병합된 레이어를 더블 클릭합니다.

⑧ Save Path(패스 저장) 대화상자에서 '물고기 모양'을 입력한 후 [OK(확인)]를 클릭합니다.

⑨ Paths(패스) 패널에서 Layers(레이어) 패널로 돌아옵니다.

**03 Mask(마스크) : 물고기 모양, 1급−2.jpg를 이용하여 작성**

① 만들어진 패스에 클리핑 마스크 작업을 하기 위해 '1급−2.jpg'를 클릭합니다.

② '1급−2.jpg'를 전체 선택(Ctrl + A) 후 Ctrl + C를 눌러 복사합니다. 작업 영역으로 돌아와 Shape(모양) 위에 붙여넣기(Ctrl + V)합니다.

③ 가져온 '1급−2.jpg'가 선택된 상태에서 마우스 우클릭 후 Create Clipping Mask(클리핑 마스크 만들기)를 선택하거나 또는 Ctrl + Alt + G를 눌러줍니다.

④ Ctrl + T를 눌러 《출력형태》와 비교해가며 크기와 위치를 조정하고 Enter를 눌러줍니다.

⑤ Layer Style(레이어 스타일)을 적용하기 위해, Layers(레이어) 패널 하단에 [Add a Layer Style(레이어 스타일 추가, fx.)]을 클릭합니다.

⑥ [Inner Shadow(내부 그림자)]와 [Stroke(선/획)]를 선택해 Size(크기) : 3px, Fill Type(칠 유형) : Gradient로 설정합니다.

⑧ 계속해서 Gradient 색상을 더블 클릭한 다음 [Gradient Editor(그레이디언트 편집)] 대화상자가 나타나면 [Color Stop(색상 정지점)]의 왼쪽과 오른쪽 색상을 각각 '#ffff00', '#0000ff'로 설정한 뒤 [OK(확인)]를 클릭합니다.

**04** 1급-3.jpg : 레이어 스타일 – Bevel & Emboss
(경사와 엠보스)

① '1급-3.jpg'를 클릭합니다.

② 도구상자에서 [Quick Selection Tool(빠른 선택
도구, )]을 클릭합니다.

③ 선택 영역 지정이 완료되면 Ctrl + C 를 눌러 레
이어를 복사합니다.

④ 작업 영역으로 돌아와 Ctrl + V 로 이미지를 붙여
넣은 후, Ctrl + T 로 크기를 조정해 배치합니다.

⑤ Layer Style(레이어 스타일)을 적용하기 위해,
Layers(레이어) 패널 하단에 [Add a Layer
Style(레이어 스타일 추가, fx.)]을 클릭합니다.

⑥ [Bevel & Emboss(경사와 엠보스)]를 선택하고
Layer Style(레이어 스타일) 대화상자가 나타
나면 [OK(확인)]를 클릭합니다.

**05** Shape Tool(모양 도구)(세계 모양 – #cc66cc,
레이어 스타일 – Inner Shadow(내부 그림자)),
(재활용 모양 – #ccff00, #ff0000, 레이어 스타
일 – Drop Shadow(그림자 효과)

① 도구상자의 [Custom Shape Tool(사용자 정의
모양 도구, )]을 클릭합니다.

② Option Bar(옵션 바)에서 Shape(모양), Fill
Color(칠 색상) : #cc66cc를 지정한 다음
Shape(모양) 목록 단추를 클릭합니다. [Legacy
Shapes and More(레거시 모양 및 기타)] – [All
Legacy Default Shapes(전체 레거시 모양)]
– [Symbols(기호)]를 클릭합니다.

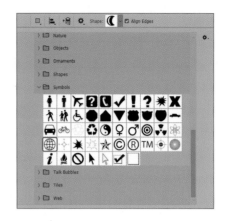

③ 《출력형태》와 일치하는 World Wide Web(월드
와이드 웹, ⊕)을 찾아 선택한 후, Shift 를 누른
채 드래그하여 작업 영역에 추가합니다.

④ Layer Style(레이어 스타일)을 적용하기 위해,
Layers(레이어) 패널 하단에 [Add a Layer
Style(레이어 스타일 추가, fx.)]을 클릭합니다.

⑤ [Inner Shadow(내부 그림자)]를 선택하고
Layer Style(레이어 스타일) 대화상자가 나타
나면 [OK(확인)]를 클릭합니다.

⑥ 계속해서 [Custom Shape Tool(사용자 정의
모양 도구, )]을 클릭합니다.

⑦ Option Bar(옵션 바)에서 Shape(모양),
Fill Color(칠 색상) : #ccff00을 지정한 다음
Shape(모양) 목록 단추를 클릭합니다. [Legacy
Shapes and More(레거시 모양 및 기타)] – [All
Legacy Default Shapes(전체 레거시 모양)]
– [Symbols(기호)]를 클릭합니다.

⑧ 《출력형태》와 일치하는 Recycle 2(재활용 2, ♻)
를 찾아 선택한 후, Shift 를 누른 채 드래그하여
작업 영역에 추가합니다.

⑨ Layer Style(레이어 스타일)을 적용하기 위해

레이어 패널 하단에 [Add a Layer Style(레이어 스타일 추가, fx)]을 클릭한 다음 [Drop Shadow(그림자 효과)]를 선택해 적용합니다.

⑩ 도구상자에서 Move Tool(이동 도구, ✛)을 클릭한 후 Alt 를 누른 채 Recycle 2(재활용 2, ♻)를 드래그해 복사합니다.

⑪ 이어서 도구상자 하단의 전경색을 더블 클릭합니다. Color Piker(색상 선택) 대화상자가 나타나면 #ff0000으로 설정하고 Alt + Delete 를 눌러 Recycle 2(재활용 2, ♻)의 색을 입혀줍니다.

## 3 문자 효과 적용

**01** Plogging Campaign(Times New Roman, Regular, 42pt, 레이어 스타일 – 그레이디언트 오버레이(#ff9900, #ccff00), Drop Shadow(그림자 효과))

① 도구상자에서 Horizontal Type Tool(수평 문자 도구)을 클릭한 뒤 Options Bar(옵션 바)에서 Font(글꼴) : Times New Roman, Style(스타일) : Regular, Size(크기) : 42pt을 설정한 후 'Plogging Campaign'을 입력합니다.

② Options Bar(옵션 바)에서 Create Warped Text(뒤틀어진 텍스트)를 클릭해 Warp Text(텍스트 뒤틀기) 대화상자가 나타나면 Style : Rise(증가)를 선택하고 문자의 모양을 왜곡합니다.

③ Layer Style(레이어 스타일)을 적용하기 위해, Layers(레이어) 패널 하단에 Add a Layer Style(레이어 스타일 추가, fx)을 클릭합니다.

④ [Gradient Overlay(그레이디언트 오버레이)]를 선택합니다.

⑤ Layer Style(레이어 스타일) 대화상자가 나타나면 Gradient(그레이디언트) 색상 스펙트럼을 클릭합니다.

⑥ 왼쪽과 오른쪽 아래 Color Stop(색상 정지점)을 각각 더블 클릭해 '#ff9900', '#ccff00'으로 색상을 설정합니다.

⑦ Angle(각도)를 조정하고 [OK(확인)]를 클릭합니다.

⑧ [Drop Shadow(그림자 효과)]를 선택하고 Layer Style(레이어 스타일) 대화상자에서 [OK(확인)]를 클릭합니다.

## 4 최종 파일 저장

### 01 JPG 파일 저장

① [File(파일)] – [Save As(다른 이름으로 저장)]를 선택합니다.

② 파일 이름은 '수험번호-성명-1'로 입력합니다.

③ 파일 형식은 JPEG를 눌러주고 [저장(S)]을 클릭합니다.

④ JPEG Options(JPEG 옵션)은 Quality : 8 이상으로 잡고 [OK(확인)]를 클릭합니다.

### 02 PSD 파일 저장

① [Image(이미지)] – [Image Size(이미지 크기)]를 클릭합니다.

② Width(폭) : 40Pixels, Height(높이) : 50 Pixels, [OK(확인)]를 클릭합니다.

③ [File(파일)] – [Save(저장)](Ctrl + S)를 선택합니다.

### 03 최종 파일 확인

① 2가지 포맷(JPG, PSD)의 최종 파일이 만들어졌는지 확인합니다.

## 5 답안 파일 전송

### 01 감독위원 PC로 답안 파일 전송

## 문제2 [기능평가] 사진편집 응용

### 1 준비 작업

#### 01 파일 만들기

① [File(파일)] − [New(새로 만들기)]([Ctrl] + [N])를 클릭합니다.

#### 02 파일 세부 정보 설정

① New Document(새 문서)에서 Name(이름)에 '최신 기출01', 'Width(폭) : 400Pixels, Height(높이) : 500Pixels, Resolution(해상도) : 72Pixels/Inch, Color Mode(색상 모드) : RGB Color, 8bit, Background Contents(배경 내용) : White(흰색)'로 설정하여 새 작업 이미지를 만듭니다.

#### 03 파일 저장

① [File(파일)] − [Save As(다른 이름으로 저장)] ([Ctrl] + [Shift] + [S])를 클릭합니다.

경로 : PC\문서\GTQ, 파일명은 '수험번호−성명−2.psd'로 파일을 저장합니다.

#### 04 사용된 원본 이미지 열기

① [File(파일)] − [Open(열기)]을 선택합니다.

경로 : 문서\GTQ\Image\1급−4.jpg, 1급−5.jpg, 1급−6.jpg 총 3개의 jpg 파일을 [Shift]를 눌러 모두 선택하고 [열기([O])]를 클릭합니다.

### 2 그림 효과 적용

#### 01 1급−4.jpg : 필터 − Dry Brush(드라이 브러시)

① '1급−4.jpg'를 클릭합니다.

② '1급−4.jpg'를 전체 선택([Ctrl] + [A]) 후 [Ctrl] + [C]를 눌러 복사합니다. 작업 영역으로 돌아와 [Ctrl] + [V]로 붙여넣기 합니다.

③ [Ctrl] + [T]를 누르고 《출력형태》와 비교해가며

이미지의 크기 및 위치를 조정하고 [Enter]를 눌러줍니다.

④ [Filter(필터)] − [Filter Gallery(필터 갤러리)] − [Artistic(예술 효과)] − [Dry Brush(드라이 브러시)]를 선택하고 [OK(확인)]를 클릭합니다.

#### 02 색상 보정 : 1급−5.jpg − 녹색 계열로 보정

① '1급−5.jpg'를 클릭합니다.

② 도구상자의 Quick Selection Tool(빠른 선택 도구, )을 클릭합니다. Options Bar(옵션 바)에서 [Add to Selection(선택 영역에 추가)]으로 브러시의 크기를 조절해 필요한 영역을 선택하고 [Ctrl] + [C]로 복사합니다.

③ 작업 영역으로 돌아와 [Ctrl] + [V]로 이미지를 붙여넣기 하고, [Ctrl] + [T]를 누른 다음 [Shift]를 눌러 크기를 조정해 배치합니다.

④ 색상 보정할 부분을 Quick Selection Tool(빠른 선택 도구, )을 이용해 이미지를 선택해줍니다.

⑤ Layers(레이어) 패널 하단에 Create new fill or Adjustment Layer(조정 레이어, )를 클릭하고 Hue/Saturation(색조/채도)을 선택합니다.

⑥ Properties(특징) 대화상자에서 Hue(색조), Saturation(채도)을 녹색에 가깝게 조절해줍니다.

### 03 1급-5.jpg : 레이어 스타일 – Bevel & Emboss (경사와 엠보스)

① Layers(레이어) 패널에서 '1급-5.jpg'를 선택합니다.

② Layer Style(레이어 스타일)을 적용하기 위해, Layers(레이어) 패널 하단에 Add a Layer Style(레이어 스타일 추가, $fx.$)을 클릭합니다.

③ [Bevel & Emboss(경사와 엠보스)]를 선택하고 Layer Style(레이어 스타일) 대화상자가 나타나면 [OK(확인)]를 클릭합니다.

### 04 1급-6.jpg : 레이어 스타일 – Drop Shadow(그림자 효과)

① '1급-6.jpg'를 클릭합니다.

② 도구상자의 Quick Selection Tool(빠른 선택 도구, $\nearrow$)을 클릭합니다.

③ Options Bar(옵션 바)에 [Add to Selection (선택 영역에 추가)]으로 브러시의 크기를 조절해 필요한 이미지를 선택합니다.

④ 선택 영역 지정이 완료되면 Ctrl + C 를 눌러 레이어를 복사합니다.

⑤ 작업 영역으로 돌아와 Ctrl + V 로 이미지를 붙여넣은 후, Ctrl + T 로 크기를 조정해 배치합니다.

⑥ Layer Style(레이어 스타일)을 적용하기 위해, Layers(레이어) 패널 하단에 [Add a Layer Style(레이어 스타일 추가, $fx.$)]을 클릭합니다.

⑦ [Drop Shadow(그림자 효과)]를 선택한 후, Layer Style(레이어 스타일) 대화상자에서 [OK (확인)]를 클릭합니다.

### 05 Shape Tool(모양 도구)(세계 모양 – #006699, 레이어 스타일 – Stroke(선/획)(2px, #ffff00), Opacity(불투명도)(50%), (방울 모양 – #ffffcc, 레이어 스타일 – Inner Shadow(내부 그림자))

① Custom Shape Tool(사용자 정의 모양 도구, $\diamondsuit$)을 클릭합니다.

② Option Bar(옵션 바)에서 Shape(모양), Fill Color(칠 색상) : #006699를 지정한 다음 Shape (모양) 목록 단추를 클릭합니다. [Legacy Shapes and More(레거시 모양 및 기타)] – [All Legacy Default Shapes(전체 레거시 모양)] – [Symbols(기호)]를 클릭합니다.

③ 《출력형태》와 일치하는 World Wide Web(월드 와이드 웹, $\oplus$)을 찾아 선택한 후, Shift 를 누른 채 드래그하여 작업 영역에 추가합니다.

④ Layer Style(레이어 스타일)을 적용하기 위해, Layers(레이어) 패널 하단에 Add a Layer Style(레이어 스타일 추가, [fx])을 클릭합니다.

⑤ [Stroke(획/선)]를 선택하고 Size(크기) : 2px, Position(포지션) : Outside, Color(색상) : #ffff00으로 설정한 후 [OK(확인)]를 클릭합니다.

⑥ 위와 같은 방법으로 [Custom Shape Tool(사용자 정의 모양 도구, [≈])]을 사용하여 Fill Color(칠 색상) : #ffffcc, 레이어 스타일 – Inner Shadow(내부 그림자)가 적용된 Blob 1 Frame(방울 1 프레임, [✿])을 작업 영역에 추가합니다.

> **TIP**
>
> [Alt]를 누른 채 Blob 1 Frame(방울 1 프레임, [✿])을 드래그하여 복사합니다.

### 3 문자 효과 적용

**01** 자연과 공존하는 삶(굴림, 40pt, 레이어 스타일 – 그레이디언트 오버레이(#00ccff, #ffffff, #cc66cc), Stroke(선/획)(2px, #000033))

① 도구상자에서 Horizontal Type Tool(수평 문자 도구)을 클릭한 뒤 Options Bar(옵션 바)에서 Font(글꼴) : Gulim, Size(크기) : 40pt을 설정한 후 '자연과 공존하는 삶'을 입력합니다.

② Options Bar(옵션 바)에서 Create Warped Text(뒤틀어진 텍스트)를 클릭해 Warp Text(텍스트 뒤틀기) 대화상자가 나타나면 Style : Fish(물고기)를 선택하여 문자의 모양을 왜곡합니다.

③ Layer Style(레이어 스타일)을 적용하기 위해, Layers(레이어) 패널 하단에 Add a Layer Style(레이어 스타일 추가, [fx])을 클릭합니다.

④ [Gradient Overlay(그레이디언트 오버레이)]를 선택합니다.

⑤ Layer Style(레이어 스타일) 대화상자에서 Gradient(그레이디언트) 색상 스펙트럼을 클릭합니다.

⑥ 왼쪽, 중앙, 오른쪽의 Color Stop(색상 정지점)을 더블 클릭하고 각각 '#00ccff', '#ffffff', '#cc66cc'로 색상을 설정합니다.

⑦ Angle(각도)를 조정하고 [OK(확인)]를 클릭합니다.

⑧ 이어서 [Stroke(획/선)]를 선택하고 Size(크기) : 2px, Position(포지션) : Outside, Color(색상) : #000033으로 설정한 후 [OK(확인)]를 클릭합니다.

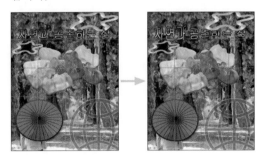

### 4 최종 파일 저장

**01** JPG 파일 저장

① [File(파일)] – [Save As(다른 이름으로 저장)]를 클릭합니다.

② 파일 이름은 '수험번호-성명-2'로 입력합니다.

③ 파일 형식은 JPEG를 눌러주고 [저장(S)]을 클릭합니다.

④ JPEG Options(JPEG 옵션)은 Quality : 8 이상으로 잡고 [OK(확인)]를 클릭합니다.

**02** PSD 파일 저장

① [Image(이미지)] – [Image Size(이미지 크기)]를

클릭합니다.

② Width(폭) : 40Pixels, Height(높이) : 50Pixels, [OK(확인)]를 클릭합니다.

③ [File(파일)] - [Save(저장)]([Ctrl] + [S])를 선택합니다.

### 03 최종 파일 확인

① 2가지 포맷(JPG, PSD)의 최종 파일이 만들어졌는지 확인합니다.

## 5 답안 파일 전송

### 01 감독위원 PC로 답안 파일 전송

---

## 문제3  [실무응용] 포스터 제작

## 1 준비 작업

### 01 파일 만들기

① [File(파일)] - [New(새로 만들기)]([Ctrl] + [N])를 클릭합니다.

### 02 파일 세부 정보 설정

① New Document(새 문서)에서 Name(이름)에 '최신기출01', 'Width(폭) : 600Pixels, Height(높이) : 400Pixels, Resolution(해상도): 72Pixels/Inch, Color Mode(색상 모드) : RGB Color, 8bit, Background Contents(배경 내용) : White(흰색)'로 설정하여 새 작업 이미지를 만듭니다.

### 03 파일 저장

① [File(파일)] - [Save As(다른 이름으로 저장)]([Ctrl] + [Shift] + [S])를 클릭합니다.
경로 : PC\문서\GTQ, 파일명은 '수험번호-성명-3.psd'로 저장합니다.

### 04 사용된 원본 이미지 열기

① [File(파일)] - [Open(열기)]을 선택합니다.
경로 : 문서\GTQ\Image\1급-7.jpg, 1급-8.jpg, 1급-9.jpg, 1급-10.jpg, 1급-11.jpg 총 5개의 jpg 파일을 [Shift]를 눌러 모두 선택하고, [열기([O])]를 클릭합니다.

## 2 그림 효과 적용

### 01 배경 : #006666

① 도구상자 하단에 전경색을 더블 클릭합니다. Color Picker(색상 선택) 대화상자가 나타나면 #006666으로 색상을 설정하고 [OK(확인)]를 클릭합니다. 작업 영역에서 전경색 단축키인 [Alt] + [Delete]를 눌러줍니다.

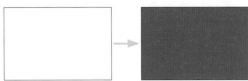

**02** 1급-7.jpg : Blending Mode(혼합 모드) – Soft Light(소프트 라이트), 레이어 마스크 – 세로 방향으로 흐릿하게

① '1급-7.jpg'를 클릭합니다.

② '1급-7.jpg'를 전체 선택(Ctrl + A) 후 Ctrl + C를 눌러 복사합니다. 작업 영역으로 돌아와 붙여넣기(Ctrl + V)합니다.

③ Ctrl + T를 눌러 《출력형태》와 비교해가며 크기와 위치를 조정하고 Enter를 눌러줍니다.

④ Blending Mode(혼합 모드)는 [Soft Light(소프트 라이트)]를 선택합니다.

⑤ '1급-7.jpg' 레이어에 마스크를 추가하기 위해 Layers(레이어) 패널 하단에 Add a Layer Mask(마스크 추가, ▣)를 클릭합니다.

⑥ '1급-7.jpg' 레이어에 마스크가 적용됐으면, 도구상자의 Gradient Tool(그레이디언트 도구, ▣)을 클릭합니다.

⑦ Option Bar(옵션 바)에서 Gradient Spectrum (그레이디언트 스펙트럼, ▣)을 선택하고 Gradient Editor(그레이디언트 편집) 대화상자에서 그레이 계열을 지정한 후 [OK(확인)]를 클릭합니다.

⑧ 배경의 위쪽에서 아래쪽 방향으로 드래그합니다.

**03** 1급-8.jpg : 필터 – Texturizer(텍스처화), 레이어 마스크 – 가로 방향으로 흐릿하게

① '1급-8.jpg'를 클릭합니다.

② '1급-8.jpg'를 전체 선택(Ctrl + A) 후 Ctrl + C를 눌러 복사합니다. 작업 영역으로 다시 돌아와 붙여넣기(Ctrl + V)합니다.

③ Ctrl + T를 눌러 마우스 오른쪽 버튼 클릭 후 [Flip Horizontal(수평 뒤집기)]로 뒤집은 후 배치합니다.

④ [Filter(필터)] – [Filter Gallery(필터 갤러리)] – [Texture(텍스처)] – [Texturizer(텍스처화)]를 선택한 후 [OK(확인)]를 클릭합니다.

⑤ '1급-8.jpg' 레이어에 마스크를 추가하기 위해 Layers(레이어) 패널 하단에 Add a Layer Mask (마스크 추가, ▣)를 클릭합니다.

⑥ '1급-8.jpg' 레이어에 마스크가 적용됐으면, 도구상자의 Gradient Tool(그레이디언트 도구, ▣)을 클릭합니다.

⑦ Option Bar(옵션 바)에서 Gradient Spectrum(그레이디언트 스펙트럼, ▣)을

선택한 다음 Gradient Editor(그레이디언트
편집) 대화상자에서 그레이 계열을 지정한 후
[OK(확인)]를 클릭합니다.

⑧ 배경의 오른쪽에서 왼쪽 방향으로 드래그합니다.

## 04 1급-9.jpg : 필터 – Rough Pastels(거친 파스텔), 레이어 스타일 – Stroke(선/획)(5px, 그레이디 언트(#cc6600, 투명으로))

① Layers(레이어) 패널 하단에 Create a new
layer(새 레이어 만들기, 🔲)를 선택합니다.

② 도구상자에서 Custom Shape Tool(사용자 정의
모양 도구, 🔷)을 클릭합니다.

③ Option Bar(옵션 바)에서 Shape(모양),
Fill Color(칠 색상) : #ffffff를 지정한 다음
Shape(모양) 목록 단추를 클릭합니다. [Legacy
Shapes and More(레거시 모양 및 기타)] – [All
Legacy Default Shapes(전체 레거시 모양)] –
[Nature(자연)]를 선택합니다.

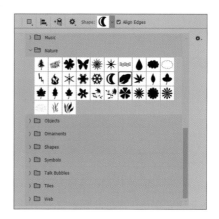

④ 《출력형태》와 일치하는 Leaf 1(잎 1, 🌙)을 찾아
선택한 후, Shift 를 누른 채 드래그하여 작업 영
역에 추가합니다.

⑤ '1급-9.jpg'를 전체 선택( Ctrl + A ) 후 Ctrl + C 를
눌러 복사합니다. 작업 영역으로 다시 돌아와 붙
여넣기( Ctrl + V )합니다.

⑥ [Filter(필터)] – [Filter Gallery(필터 갤러리)]
– [Artistic(예술 효과)] – [Rough Pastels(거
친 파스텔)]을 선택한 후 [OK(확인)]를 클릭합니다.

⑦ 클리핑 마스크를 하기 위해 '1급-9.jpg'를 Leaf
1(잎 1, 🌙) 위로 위치한 다음 Ctrl + Alt + G 를
눌러줍니다.

⑧ Layer Style(레이어 스타일)을 적용하기 위해,
Add a Layer Style(레이어 스타일 추가, fx. )을
클릭합니다.

⑨ [Stroke(선/획)]를 선택하고 Size(크기) : 5px,
Position(포지션) : Outside, Fill Type(칠 유
형) : Gradient로 설정합니다.

⑩ Gradient 색상 스펙트럼을 클릭합니다.

⑪ 왼쪽과 오른쪽 아래 Color Stop(색상 정지점)을
각각 더블 클릭해 '#cc6600', '#ffffff'로 색상을
설정한 후 Angle(각도)를 조절하고 [OK(확인)]
를 클릭합니다.

⑫ 흰색을 불투명하게 만들기 위해, '#ffffff' 위에
Opacity Stop(불투명도 정지점)을 클릭하고 하
단 Opacity(불투명도)를 0%로 입력합니다.

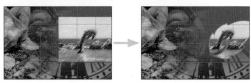

도구, )을 클릭합니다. Options Bar(옵션 바)에서 [Add to Selection(선택 영역에 추가)] 으로 브러시의 크기를 조절해 필요한 영역을 선택하고 Ctrl + C로 복사합니다.

③ 작업 영역으로 돌아와 Ctrl + V로 이미지를 붙여넣기 합니다.

④ Ctrl + T를 눌러 《출력형태》와 비교해가며 이미지 크기 및 위치를 조정하고 Enter를 눌러줍니다.

⑤ 이어서 색상 보정할 부분을 Quick Selection Tool(빠른 선택 도구, )을 이용해 이미지를 선택합니다.

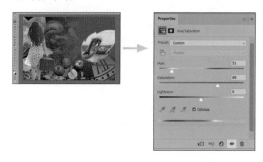

⑥ Layers(레이어) 패널 하단에 Create new fill or adjustment layer(조정 레이어, )를 클릭하고, Hue/Saturation(색조/채도)을 선택합니다.

⑦ Properties(특징) 대화상자에서 Hue(색조), Saturation(채도)을 노란색에 가깝게 조절해줍니다.

## 05 1급-10.jpg : 레이어 스타일 – Inner Glow(내부 광선), Drop Shadow(그림자 효과)

① '1급-10.jpg'를 클릭합니다.

② 도구상자의 Quick Selection Tool(빠른 선택 도구, )을 클릭합니다. Options Bar(옵션 바)에서 [Add to Selection(선택 영역에 추가)] 으로 브러시의 크기를 조절해 필요한 영역을 선택하고 Ctrl + C로 복사합니다.

③ 작업 영역으로 돌아와 Ctrl + V로 이미지를 붙여넣고 Ctrl + T를 눌러 크기를 조정한 뒤 Enter를 눌러줍니다.

④ Layer Style(레이어 스타일)을 적용하기 위해, Add a Layer Style(레이어 스타일 추가, fx.)을 클릭합니다.

⑤ [Inner Glow(내부 광선)]와 [Drop Shadow(그림자 효과)]를 선택하고 Layer Style(레이어 스타일) 대화상자에서 [OK(확인)]를 클릭합니다.

## 06 1급-11.jpg : 색상 보정 – 노란색 계열로 보정, 레이어 스타일 – Bevel & Emboss(경사와 엠보스)

① '1급-11.jpg'를 클릭합니다.

② 도구상자의 Quick Selection Tool(빠른 선택

⑧ Layer Style(레이어 스타일)을 적용하기 위해, Layers(레이어) 패널 하단에 [Add a Layer Style(레이어 스타일 추가, fx.)]을 클릭합니다.

⑨ [Bevel & Emboss(경사와 엠보스)]를 선택하고 Layer Style(레이어 스타일) 대화상자에서 [OK(확인)]를 클릭합니다.

### 07 그 외 《출력형태》 참조

① Layers(레이어) 패널 하단에 Create a new layer(새 레이어 생성, 🗗)를 클릭합니다.

② [Custom Shape Tool(사용자 모양 정의 도구, 🗭.)]을 클릭합니다.

③ Option Bar(옵션 바)에서 Shape(모양)로 지정한 다음 Shape(모양) 목록 단추를 클릭합니다. [Legacy Shapes and More(레거시 모양 및 기타)] – [All Legacy Default Shapes(전체 레거시 모양)] – [Symbols(기호)]를 선택합니다.

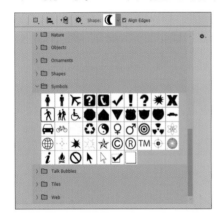

④ 《출력형태》와 일치하는 Pedestrian(보행자, 🏃)을 찾아 선택한 후, Shift 를 누른 채 드래그하여 작업 영역에 추가합니다.

⑤ Layer Style(레이어 스타일)을 적용하기 위해, Layers(레이어) 패널 하단에 [Add a Layer Style(레이어 스타일 추가, fx.)]을 클릭합니다.

⑥ [Gradient Overlay(그레이디언트 오버레이)]를 선택합니다.

⑦ Layer Style(레이어 스타일) 대화상자가 나타나면 Gradient(그레이디언트) 색상 스펙트럼을 클릭합니다.

⑧ 왼쪽과 오른쪽 아래 Color Stop(색상 정지점)을 각각 더블 클릭해 '#66cc00', '#ff9900'으로 색상을 설정한 후 Angle(각도)를 조정하고 [OK(확인)]를 클릭합니다.

⑨ 이어서 [Drop Shadow(그림자 효과)]를 선택하고, Layer Style(레이어 스타일) 대화상자에서 [OK(확인)]를 클릭합니다.

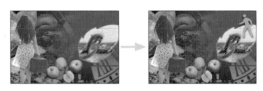

⑩ 위와 같은 방법으로 [Custom Shape Tool(사용자 정의 모양 도구, 🗭.)]을 사용하여 Fill Color(칠 색상) : #ffff00, #ffffff, 레이어 스타일 – Drop Shadow(그림자 효과), Opacity(불투명도)(60%)가 적용된 Spiral(스파이럴, 🌀)을 작업 영역에 추가합니다.

⑪ 위와 같은 방법으로 [Custom Shape Tool(사용자 정의 모양 도구, 🗭.)]을 사용하여 Fill Color(칠 색상) : #333333, 레이어 스타일 – Outer Glow(외부 광선)가 적용된 Point Left(왼쪽 겨누기, ◀)를 작업 영역에 추가합니다.

### 3 문자 효과 적용

01 지속적인 해양 쓰레기 모니터링(궁서, 44pt, 32pt, 레이어 스타일 – 그레이디언트 오버레이(#cc33ff, #006666, #ff9900), Stroke(선/획)(2px, #99ccff), Drop Shadow(그림자 효과))

① 도구상자에서 Horizontal Type Tool(수평 문자 도구)을 클릭한 뒤 Options Bar(옵션 바)에서 Font(글꼴) : Gungsuh, Size(크기) : 44pt를 설정한 후 '지속적인 해양 쓰레기 모니터링'을

입력한 다음, '해양 쓰레기 모니터링'을 블록 설정하여 Size(크기) : 32pt로 변경합니다.

② Options Bar(옵션 바)에서 Create Warped Text(뒤틀어진 텍스트)를 클릭해 Warp Text(텍스트 뒤틀기) 대화상자가 나타나면 Style : Fish(물고기)를 선택하여 문자의 모양을 왜곡합니다.

③ Layer Style(레이어 스타일)을 적용하기 위해, Layers(레이어) 패널 하단에 Add a Layer Style(레이어 스타일 추가, fx.)을 클릭합니다.

④ [Gradient Overlay(그레이디언트 오버레이)]를 선택합니다.

⑤ Layer Style(레이어 스타일) 대화상자가 나타나면 Gradient(그레이디언트) 색상 스펙트럼을 클릭합니다.

⑥ 왼쪽, 중앙, 오른쪽 아래 Color Stop(색상 정지점)을 더블 클릭해 각각 'cc33ff', '#006666', '#ff9900'으로 색상을 설정합니다.

⑦ Angle(각도)를 조절하고 [OK(확인)]를 클릭합니다.

⑧ 이어서 [Drop Shadow(그림자 효과)]와 [Stroke(선/획)]를 선택해 Size(크기) : 2px, Position(포지션) : Outside, Color(색상) : #99ccff로 설정한 후 [OK(확인)]를 클릭합니다.

## 02 Continuous monitoring of marine waste (Arial, Regular, 18pt, #003366, 레이어 스타일 – Stroke(선/획)(2px, #cccccc))

① 도구상자에서 Horizontal Type Tool(수평 문자 도구)을 클릭한 뒤 Options Bar(옵션 바)에서 Font(글꼴) : Arial, Style(스타일) : Regular, Size(크기) : 18pt, Font Color(글자색) : #003366을 설정한 후 'Continuous monitoring of marine waste'를 입력합니다.

② Layer Style(레이어 스타일)을 적용하기 위해, Layers(레이어) 패널 하단에 Add a Layer Style(레이어 스타일 추가, fx.)을 클릭합니다.

③ [Stroke(선/획)]를 선택해 Size(크기) : 2px, Color(색상) : #cccccc로 설정하고 [OK(확인)]를 클릭합니다.

## 03 청소년 자원봉사 지원하기(돋움, 16pt, #000000, 레이어 스타일 – Stroke(선/획)(2px, 그레이디언트 (#006633, #ffff99))

① 도구상자에서 Horizontal Type Tool(수평 문자 도구)을 클릭한 뒤 Options Bar(옵션 바)에서 Font(글꼴) : Dotum, Size(크기) : 16pt, Font Color(글자색) : #000000을 설정한 후 '청소년 자원봉사 지원하기'를 입력합니다.

② Layer Style(레이어 스타일)을 적용하기 위해, Layers(레이어) 패널 하단에 Add a Layer Style(레이어 스타일 추가, fx.)을 클릭합니다.

③ [Stroke(선/획)]를 선택하고 Size(크기) : 2px, Position(포지션) : Outside, Fill Type(칠 유형) : Gradient로 설정합니다.

④ Gradient 옆에 색상 스펙트럼을 클릭합니다.

⑤ 왼쪽과 오른쪽 아래 Color Stop(색상 정지점)을 각각 더블 클릭하고 하단 '#006633', '#ffff99'를 입력합니다.

⑥ Angle(각도)를 조정하고 [OK(확인)]를 클릭합니다.

## 04 연구, 조사, 제안(돋움, 16pt, #ffffff, #ff9900, 레이어 스타일 – Stroke(선/획)(2px, #333300))

① 도구상자에서 Horizontal Type Tool(수평 문자 도구)을 클릭한 뒤 Options Bar(옵션 바)에서 Font(글꼴) : Dotum, Size(크기) : 16pt, Font Color(글자색) : #ffffff를 설정한 후 '연구, 조사, 제안'을 입력한 다음, '제안'만 블록 설정하여 Font Color(글자색) : #ff9900으로 변경합니다.

③ Layer Style(레이어 스타일)을 적용하기 위해, Layers(레이어) 패널 하단에 [Add a Layer Style(레이어 스타일 추가, fx.)]을 클릭합니다.

④ [Stroke(선/획)]를 선택하고, Stroke(선/획) – Size(크기) : 2px, Color(색상) : #333300으로 설정한 후 [OK(확인)]를 클릭합니다.

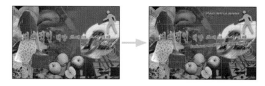

## 4 최종 파일 저장

### 01 JPG 파일 저장

① [File(파일)] – [Save As(다른 이름으로 저장)]를 선택합니다.

② 파일 이름은 '수험번호–성명–3'으로 입력합니다.

③ 파일 형식은 JPEG를 눌러주고 [저장(S)]을 클릭합니다.

④ JPEG Options(JPEG 옵션)은 Quality : 8 이상으로 잡고 [OK(확인)]를 클릭합니다.

### 02 PSD 파일 저장

① [Image(이미지)] – [Image Size(이미지 크기)]를 클릭합니다.

② Width(폭) : 60Pixels, Height(높이) : 40Pixels, [OK(확인)]를 클릭합니다.

③ [File(파일)] – [Save(저장)](Ctrl + S)를 선택합니다.

### 03 최종 파일 확인

① 2가지 포맷(JPG, PSD)의 최종 파일이 만들어졌는지 확인합니다.

## 5 답안 파일 전송

### 01 감독위원 PC로 답안 파일 전송

### 1 　준비 작업

#### 01 파일 만들기

① [File(파일)] – [New(새로 만들기)](Ctrl + N)를 클릭합니다.

#### 02 파일 세부 정보 설정

① New Document(새 문서)에서 Name(이름) 에 '최신 기출01', 'Width(폭) : 600Pixels, Height(높이) : 400Pixels, Resolution(해상 도) : 72Pixels/Inch, Color Mode(색상 모드) : RGB Color, 8bit, Background Contents(배 경 내용) : White(흰색)'로 설정하여 새 작업 이미 지를 만듭니다.

#### 03 파일 저장

① [File(파일)] – [Save As(다른 이름으로 저장)] (Ctrl + Shift + S)를 클릭합니다.

　경로 : PC\문서\GTQ, 파일명은 '수험번호–성 명–4.psd'로 저장합니다.

#### 04 사용된 원본 이미지 열기

① [File(파일)] – [Open(열기)]를 선택합니다.

　경로 : 문서\GTQ\Image\1급–12.jpg, 1급–13. jpg, 1급–14.jpg, 1급–15.jpg, 1급–16. jpg, 1급–17.jpg 총 6개의 jpg 파일을 Shift 를 눌러 모두 선택하고 [열기(O)]를 클릭합니다.

### 2 　그림 효과 적용

#### 01 배경 : #99cccc

① 도구상자 하단에 전경색을 더블 클릭합니다. Color Picker(색상 선택) 대화상자가 나타나면

#99cccc로 색상을 설정하고 [OK(확인)]를 클릭 합니다. 작업 영역에서 전경색 단축키인 Alt + Delete 를 눌러줍니다.

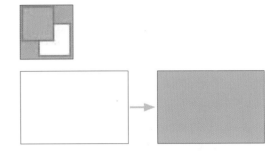

#### 02 패턴(나무, 집 모양) : #336633, #ffffff

① 패턴을 만들기 위해 [File(파일)] – [New(새로 만들기)]를 클릭합니다.

② New Document(새 문서)에서 'Width(폭) : 70Pixels, Height(높이) : 70Pixels, Resolution(해상도) : 72Pixels/Inch, Color Mode(색상 모드) : RGB Color, 8bit, Background Contents(배경 내용) : Transparent(투명색)'로 설정하여 새 작업 이 미지를 만듭니다.

③ [Custom Shape Tool(사용자 모양 정의 도구, 🔳)]을 클릭합니다.

④ Option Bar(옵션 바)에서 Shape(모양), Fill Color(칠 색상) : #336633을 지정한 다음 Shape(모양) 목록 단추를 클릭합니다. [Legacy Shapes and More(레거시 모양 및 기타)] – [All Legacy Default Shapes(전체 레거시 모 양)] – [Nature(자연)]를 선택합니다.

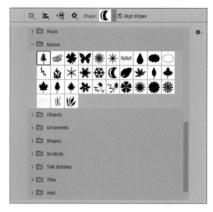

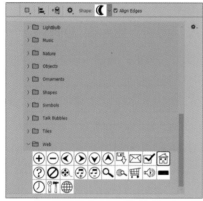

⑤ 《출력형태》와 일치하는 Tree(나무, 🌲)를 찾아 선택한 후, Shift 를 누른 채 드래그하여 작업 영역에 추가합니다.

⑥ 위와 같은 방법으로 [Custom Shape Tool(사용자 정의 모양 도구, 🔳)]을 사용하여 Fill Color(칠 색상) : #ffffff가 적용된 Home(집, 🏠)을 작업 영역에 추가합니다.

⑦ 도구상자에서 Move Tool(이동 도구, ✛)을 클릭한 후 Alt 를 눌러 Tree(나무, 🌲)와 Home (집, 🏠)을 드래그해 복사합니다.

⑧ Menu Bar(메뉴 바) – [Edit(편집)] – [Define Pattern(사용자 패턴 정의)]를 클릭합니다.

⑨ Pattern Name(패턴 이름)을 '나무, 집 모양'으로 입력하고 [OK(확인)]를 클릭한 후 작업 영역으로 돌아갑니다.

**03 패턴(나무, 집 모양) : Pen Tool(펜 도구) 사용, #99cccc, #cccccc, 레이어 스타일 – Drop Shadow(그림자 효과)**

① Layers(레이어) 패널 하단에 Create a new layer(새 레이어 만들기, 🔲)를 클릭합니다.

② 도구상자에서 Rounded Rectangle Tool(둥근 사각형 도구, 🔲)를 클릭합니다.

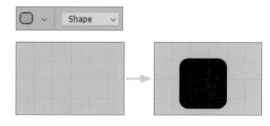

③ 도구상자에서 Pen Tool(펜 도구, ✒)을 클릭하고 상단 Exclude Overlapping Shapes(모양 오버랩 제외, 🔲)를 눌러 제외해야 하는 모양을 그려줍니다.

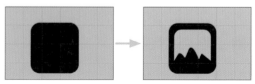

④ 도구상자 하단에 전경색을 더블 클릭해 Color Piker(색상 선택) 대화상자가 나타나면 #99cccc 로 설정하고 Alt + Delete 를 눌러 Shape(모양)의 색을 입혀줍니다.

⑤ Layer Style(레이어 스타일)을 적용하기 위해
레이어 패널 하단에 [Add a Layer Style(레이
어 스타일 추가, fx.)]을 클릭합니다.

⑥ [Drop Shadow(그림자 효과)]를 선택하고
Layer Style(레이어 스타일) 대화상자에서
[OK(확인)]를 클릭합니다.

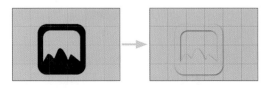

⑦ 도구상자에서 Pen Tool(펜 도구, ∅.)을 클릭하
고 구름 모양을 그립니다.

⑧ 도구상자 하단에 전경색을 더블 클릭해 Color
Piker(색상 선택) 대화상자가 나타나면 #cccccc
로 설정하고 Alt + Delete 를 눌러 Shape(모양)
의 색을 입혀줍니다.

⑨ Layer Style(레이어 스타일)을 적용하기 위해
레이어 패널 하단에 [Add a Layer Style(레이
어 스타일 추가, fx.)]을 클릭합니다.

⑩ [Drop Shadow(그림자 효과)]를 선택하고
Layer Style(레이어 스타일) 대화상자에서
[OK(확인)]를 클릭합니다.

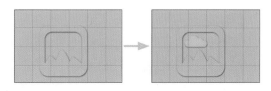

### 04 패턴(나무, 집 모양) : 클리핑 마스크

① Layers(레이어) 패널 하단에 Create a new
layer(새 레이어 생성, ▣)를 클릭합니다.

② 도구상자의 Pattern Stamp Tool(패턴 스탬프
툴, ▦)을 클릭합니다.

③ 상단 Option Bar(옵션 바) 패턴 썸네일 옆에 화살
표를 눌러 만들어 놓은 패턴 모양을 클릭합니다.

④ Size(크기)를 5000px로 설정합니다.

⑤ 작업 영역의 빈 곳을 클릭합니다.

⑥ 클리핑 마스크를 하기 위해 Ctrl + Alt + G 를
눌러줍니다.

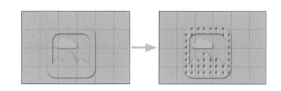

### 05 1급-12.jpg : Blending Mode(혼합 모드) – Hard Light(하드 라이트), 레이어 마스크 – 대각선 방향으로 흐릿하게

① '1급-12.jpg'를 클릭합니다.

② '1급-12.jpg'를 전체 선택(Ctrl + A) 후 Ctrl +
C 를 눌러 복사합니다. 작업 영역으로 다시 돌아
와 붙여넣기(Ctrl + V)합니다.

③ Ctrl + T 를 눌러《출력형태》와 비교해가며 크기
와 위치를 조정하고 Enter 를 눌러줍니다.

④ Blending Mode(혼합 모드)는 [Hard Light(하
드 라이트)]를 선택합니다.

⑤ Layers(레이어) 패널 하단에 Add a layer
mask(마스크 추가, ▣)를 클릭합니다.

⑥ Layers(레이어) 옆에 마스크가 적용됐으면, 도
구상자의 Gradient Tool(그레이디언트 도구,
▣)을 클릭합니다.

⑦ Option Bar(옵션 바) Gradient Spectrum(그
레이디언트 스펙트럼, ▣)을 클릭한 다
음 Gradient Editor(그레이디언트 편집) 대화
상자가 나타나면 그레이 계열의 그라데이션을
선택한 후 [OK(확인)]를 클릭합니다.

⑧ 배경의 오른쪽 위에서 왼쪽 아래 대각선 방향으로 드래그합니다.

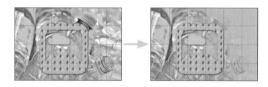

**06 1급-13.jpg : 필터 – Sponge(스폰지), 레이어 마스크 – 세로 방향으로 흐릿하게**

① '1급-13.jpg'를 클릭합니다.

② '1급-13.jpg'를 전체 선택(Ctrl + A) 후 Ctrl + C를 눌러 복사합니다. 작업 영역으로 다시 돌아와 붙여넣기(Ctrl + V)합니다.

③ Ctrl + T를 눌러 《출력형태》와 비교해가며 크기와 위치를 조절하고 Enter를 눌러줍니다.

④ [Filter(필터)] – [Filter Gallery(필터 갤러리)] – [Artistic(예술 효과)] – [Sponge(스폰지)]를 선택한 후 [OK(확인)]를 클릭합니다.

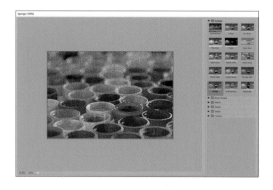

⑤ Layers(레이어) 패널 하단에 Add a layer mask(마스크 추가, ▣)를 클릭합니다.

⑥ Layers(레이어) 옆에 마스크가 적용됐으면, 도구상자의 Gradient Tool(그레이디언트 도구, ▣)을 클릭합니다.

⑦ Option Bar(옵션 바) Gradient Spectrum(그레이디언트 스펙트럼, ▣)을 클릭한 다음 Gradient Editor(그레이디언트 편집) 대화상자가 나타나면 그레이 계열의 그라데이션을 선택한 후 [OK(확인)]를 클릭합니다.

⑧ 배경의 위쪽에서 아래쪽 방향으로 드래그합니다.

**07 1급-14.jpg : 레이어 스타일 – Bevel & Emboss (경사와 엠보스), Drop Shadow(그림자 효과)**

① '1급-14.jpg'를 클릭합니다.

② 도구상자의 Quick Selection Tool(빠른 선택 도구, ▣)을 선택합니다. Options Bar(옵션 바)에서 [Add to Selection(선택 영역에 추가)]으로 브러시의 크기를 조절해 필요한 영역을 선택하고 Ctrl + C로 복사합니다.

③ 작업 영역으로 돌아와 Ctrl + V로 이미지를 붙여넣기 하고, Ctrl + T를 누른 다음 Shift를 눌러 크기를 조정해 배치합니다.

④ Layer Style(레이어 스타일)을 적용하기 위해, Layers(레이어) 패널 하단에 Add a Layer Style(레이어 스타일 추가, fx.)을 클릭합니다.

⑤ [Bevel & Emboss(경사와 엠보스)]를 선택하고 Layer Style(레이어 스타일) 대화상자가 나타나면 [Drop Shadow(그림자 효과)]도 선택한 후 [OK(확인)]를 클릭합니다.

**08** 1급-15.jpg : 필터 - Poster Edges(포스터 가장자리), 레이어 스타일 - Drop Shadow(그림자 효과)

① '1급-15.jpg'를 클릭합니다.

② 도구상자의 Quick Selection Tool(빠른 선택 도구, ✎)을 선택합니다. Options Bar(옵션 바)에서 [Add to Selection(선택 영역에 추가)]으로 브러시의 크기를 조절해 필요한 영역을 선택하고 Ctrl + C로 복사합니다.

③ 작업 영역으로 돌아와 Ctrl + V로 이미지를 붙여넣기 합니다.

④ Ctrl + T를 눌러 마우스 우클릭 후 [Flip Horizontal(수평 뒤집기)]로 뒤집은 후 배치합니다.

⑤ [Filter(필터)] - [Filter Gallery(필터 갤러리)] - [Artistic(예술 효과)] - [Poster Edges(포스터 가장자리)]를 선택한 후 [OK(확인)]를 클릭합니다.

⑥ Layer Style(레이어 스타일)을 적용하기 위해, Layers(레이어) 패널 하단에 [Add a Layer Style(레이어 스타일 추가, fx.)]을 클릭합니다.

⑦ [Drop Shadow(그림자 효과)]를 선택한 후, Layer Style(레이어 스타일) 대화상자가 나타나면 [OK(확인)]를 클릭합니다.

**09** 1급-16.jpg : 색상 보정 - 파란색 계열로 보정, 레이어 스타일 - Bevel & Emboss(경사와 엠보스)

① '1급-16.jpg'를 클릭합니다.

② 도구상자의 Quick Selection Tool(빠른 선택

도구, ✎)을 선택합니다. Options Bar(옵션 바)에서 [Add to Selection(선택 영역에 추가)]으로 브러시의 크기를 조절해 필요한 영역을 선택하고 Ctrl + C로 복사합니다.

③ 작업 영역으로 돌아와 Ctrl + V로 이미지를 붙여넣기 하고, Ctrl + T를 누른 다음 Shift를 눌러 크기를 조정해 배치합니다.

④ Layers(레이어) 패널의 '1급-16.jpg' 레이어 썸네일을 Ctrl을 눌러 클릭한 다음 Layers(레이어) 패널 하단 Create new fill or adjustment layer(조정 레이어, ⊙.)를 클릭합니다.

⑤ [Hue/Saturation(색조/채도)]을 선택해 Properties(특징) 대화상자에서 Hue(색조), Saturation(채도)을 파란색에 가깝게 조절해줍니다.

⑥ Layer Style(레이어 스타일)을 적용하기 위해 레이어 패널 하단에 [Add a Layer Style(레이어 스타일 추가, fx.)]을 클릭합니다.

⑦ [Bevel & Emboss(경사와 엠보스)]를 선택한 후, Layer Style(레이어 스타일) 대화상자가 나타나면 [OK(확인)]를 클릭합니다.

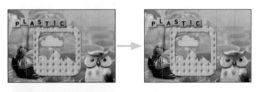

**10** 그 외 《출력형태》 참조

① Layers(레이어) 패널 하단에 Create a new layer(새 레이어 생성, ▣)를 클릭합니다.

② [Custom Shape Tool(사용자 모양 정의 도구, )]을 클릭합니다.

③ Option Bar(옵션 바)에서 Shape(모양), Fill Color(칠 색상) : #33ff99를 지정한 다음 Shape(모양) 목록 단추를 클릭합니다. [Legacy Shapes and More(레거시 모양 및 기타)] – [All Legacy Default Shapes(전체 레거시 모양)] – [Web(웹)]을 선택합니다.

④ 《출력형태》와 일치하는 Volume(볼륨, 🔊)을 찾아 선택한 후, Shift 를 누른 채 드래그하여 작업 영역에 추가합니다.

⑤ Layer Style(레이어 스타일)을 적용하기 위해, Layers(레이어) 패널 하단에 [Add a Layer Style(레이어 스타일 추가, fx.)]을 클릭합니다.

⑥ [Drop Shadow(그림자 효과)]를 선택하고 Layer Style(레이어 스타일) 대화상자에서 [OK(확인)]를 클릭합니다.

## 11 그 외 《출력형태》 참조

① Layers(레이어) 패널 하단에 Create a new layer(새 레이어 만들기, 🗔)를 클릭합니다.

② [Custom Shape Tool(사용자 모양 정의 도구, )]을 클릭합니다.

③ Option Bar(옵션 바)에서 Shape(모양)로 지정한 다음 Shape(모양) 목록 단추를 클릭합니다. [Legacy Shapes and More(레거시 모양 및 기타)] – [All Legacy Default Shapes(전체 레거시 모양)] – [Banners and Awards(배너 및 상장)]를 선택합니다.

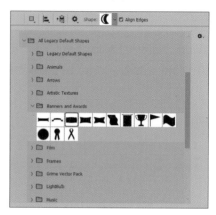

④ 《출력형태》와 일치하는 Banner 3(배너 3, ▬)을 찾아 선택한 후, Shift 를 누른 채 드래그하여 작업 영역에 추가합니다.

⑤ Layer Style(레이어 스타일)을 적용하기 위해, Layers(레이어) 패널 하단에 [Add a Layer Style(레이어 스타일 추가, fx.)]을 클릭합니다.

⑥ [Gradient Overlay(그레이디언트 오버레이)]를 선택합니다.

⑦ Layer Style(레이어 스타일) 대화상자가 나타나면 Gradient(그레이디언트) 색상 스펙트럼을 클릭합니다.

⑧ 왼쪽과 오른쪽 아래 Color Stop(색상 정지점)을 더블 클릭해 각각 '#996699', '#ffffff' 색상을 설정합니다.

⑨ Angle(각도)를 조절하고 [OK(확인)]를 클릭합니다.

⑩ 이어서 [Stroke(선/획)]를 선택하고 Size(크기) : 2px, Position(포지션): Outside, Color(색상) : #663366을 설정한 후, [OK(확인)]를 클릭합니다.

⑪ 추가된 Shape(모양)에 Alt 를 눌러 2번 드래그하여 복사합니다.

⑫ 복사된 Banner 3(배너 3, ■)에 Layer Style(레이어 스타일)을 적용하기 위해, Layers(레이어) 패널 하단에 Add a Layer Style(레이어 스타일 추가, _fx._)을 클릭합니다.

⑬ [Gradient Overlay(그레이디언트 오버레이)]를 선택합니다.

⑭ Layer Style(레이어 스타일) 대화상자가 나타나면 Gradient(그레이디언트) 색상 스펙트럼을 클릭합니다.

⑮ 왼쪽과 오른쪽 아래 Color Stop(색상 정지점)을 더블 클릭해 각각 '#ff9900', '#ffffff'로 색상을 설정한 후 Angle(각도)를 조절하고 [OK(확인)]를 클릭합니다.

⑯ 이어서 [Stroke(선/획)]를 선택하고 Size(크기) : 2px, Position(포지션) : Outside, Color(색상) : #cc6600으로 설정한 후 [OK(확인)]를 클릭합니다.

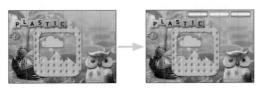

### 12 그 외 《출력형태》 참조

① Layers(레이어) 패널 하단에 Create a new layer(새 레이어 만들기, ▣)를 클릭합니다.

② [Custom Shape Tool(사용자 모양 정의 도구, ▨)]을 클릭합니다.

③ Option Bar(옵션 바)에서 Shape(모양)로 설정한 다음 Shape(모양) 목록 단추를 클릭합니다. [Legacy Shapes and More(레거시 모양 및 기타)] – [All Legacy Default Shapes(전체 레거시 모양)] – [Banners and Awards(배너 및 상장)]를 클릭합니다.

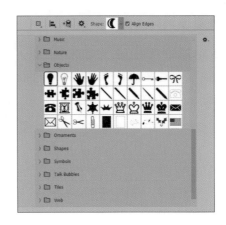

④ 《출력형태》와 일치하는 Light Bulb 1(밝은 전구 1, ▮)을 찾아 선택한 후, Shift를 누른 채 드래그하여 작업 영역에 추가합니다.

⑤ Layer Style(레이어 스타일)을 적용하기 위해, Layers(레이어) 패널 하단에 Add a Layer Style(레이어 스타일 추가, _fx._)을 클릭합니다.

⑥ [Inner Shadow(내부 그림자)]를 선택하고, Layer Style(레이어 스타일) 대화상자에서 [OK(확인)]를 클릭합니다.

⑦ Opacity(불투명도)는 70%로 지정합니다.

### 13 그 외 《출력형태》 참조 4

① '1급-17.jpg'를 클릭합니다.

② 도구상자의 Quick Selection Tool(빠른 선택 도구, ▨)을 선택합니다. Options Bar(옵션 바)에서 [Add to Selection(선택 영역에 추가)]으로 브러시의 크기를 조절해 필요한 영역을 선택하고 Ctrl + C로 복사합니다.

③ 작업 영역으로 돌아와 Ctrl + V로 이미지를 붙여넣기 하고, Ctrl + T를 누른 다음 Shift를 눌러 크기를 조정해 배치합니다.

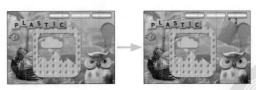

## 3 문자 효과 적용

**01** 시민과 환경운동연합이 만든 변화들(굴림, 32pt, 레이어 스타일 - 그레이디언트 오버레이(#3300ff, #ff6600), Stroke(선/획)(2px, #ccccff))

① 도구상자에서 Horizontal Type Tool(수평 문자 도구)을 클릭한 뒤 Options Bar(옵션 바)에서 Font(글꼴) : Gulim, Size(글자 크기) : 32pt를 설정한 후 '시민과 환경운동연합이 만든 변화들'을 입력합니다.

② Options Bar(옵션 바)에서 Create Warped Text(뒤틀어진 텍스트)를 클릭해 Warp Text(텍스트 뒤틀기) 대화상자가 나타나면 Style : Flag(깃발)를 선택하여 문자의 모양을 왜곡합니다.

③ Layer Style(레이어 스타일)을 적용하기 위해, Layers(레이어) 패널 하단에 Add a Layer Style(레이어 스타일 추가, fx.)을 클릭합니다.

④ [Gradient Overlay(그레이디언트 오버레이)]를 선택합니다.

⑤ Layer Style(레이어 스타일) 대화상자가 나타나면 Gradient(그레이디언트) 색상 스펙트럼을 클릭합니다.

⑥ 왼쪽과 오른쪽 아래 Color Stop(색상 정지점)을 더블 클릭해 각각 '#3300ff', '#ff6600'으로 색상을 설정한 후 Angle(각도)를 조절하고 [OK(확인)]를 클릭합니다.

⑦ 이어서 [Stroke(선/획)]를 선택해 Size(크기) : 2px, Color(색상) : #ccccff로 설정하고 [OK(확인)]를 클릭합니다.

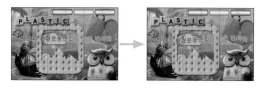

**02** https://www.kfem.or.kr(Times New Roman, Bold, 16pt, #330066, 레이어 스타일 - Stroke(선/획)(2px, #ffffff))

① 도구상자에서 Horizontal Type Tool(수평 문자 도구)을 클릭한 뒤 Options Bar(옵션 바)에서 Font(글꼴) : Times New Roman, Style(스타일) : Bold, Size(크기) : 16pt, Font Color(글자색) : #330066을 설정한 후 'https://www.kfem.or.kr'를 입력합니다.

② Layer Style(레이어 스타일)을 적용하기 위해, Layers(레이어) 패널 하단에 Add a Layer Style(레이어 스타일 추가, fx.)을 클릭합니다.

③ [Stroke(획/선)]를 선택하고 Size(크기) : 2px, Position(포지션) : Outside, Color(색상) : #ffffff로 설정한 후 [OK(확인)]를 클릭합니다.

**03** 플라스틱 제로 활동에 함께해 주세요(궁서, 15pt, 27pt, #003333, #993300, 레이어 스타일 - Stroke(선/획)(2px, #ffffcc))

① 도구상자에서 Horizontal Type Tool(수평 문자 도구)을 클릭한 뒤 Options Bar(옵션 바)에서 Font(글꼴) : Gungsuh, Size(크기) : 27pt, Font Color(글자색) : #003333을 설정한 후 '플라스틱 제로 활동에 함께해 주세요'를 입력한 다음, '활동에 함께해 주세요'를 블록 설정하여 Font(글꼴) : Dotum, Size(크기) : 15pt, Font Color(글자색) : #993300으로 변경합니다.

② Options Bar(옵션 바)에서 [Create Warped Text(뒤틀어진 텍스트)]를 클릭한 다음 Warp Text(텍스트 뒤틀기) 대화상자가 나타나면 Style : Flag(깃발)를 선택해 문자의 모양을 왜곡합니다.

③ Layer Style(레이어 스타일)을 적용하기 위해, Layers(레이어) 패널 하단에 Add a Layer Style(레이어 스타일 추가, fx.)을 클릭합니다.

④ [Stroke(선/획)]를 선택해 Size(크기) : 2px, Position(포지션): Outside , Color(색상) : #ffffcc로 설정하고 [OK(확인)]를 클릭합니다.

### 04 국제연대, 생태보전, 생활환경(돋움, 18pt, #000000, 레이어 스타일 – Stroke(선/획)(2px, #ffffff, #ff9900))

① 도구상자에서 Horizontal Type Tool(수평 문자 도구)을 클릭한 뒤 Options Bar(옵션 바)에서 Font(글꼴) : Dotum, Size(크기) : 18pt, Font Color(글자색) : #000000을 설정한 후 '국제연대'를 입력합니다.
② Layer Style(레이어 스타일)을 적용하기 위해, Layers(레이어) 패널 하단에 Add a Layer Style(레이어 스타일 추가, fx.)을 클릭합니다.
③ [Stroke(선/획)]를 선택해 Size(크기) : 2px, Color(색상) : #ffffff로 설정하고 [OK(확인)]를 클릭합니다.
④ 도구상자의 Move Tool(이동도구, ⊕)을 선택한 후 Alt를 눌러 '국제연대' 텍스트를 옆으로 드래그하여 복사합니다.
⑤ 복사된 '국제연대' 텍스트를 각각 '생태보전'과 '생활환경'으로 수정합니다.
⑥ 《출력형태》와 동일하게 하기 위해 '생태보전'의 Layer Style(레이어 스타일) – Stroke(선/획)를 Size(크기) : 2px, Color(색상) : #ff9900으로 수정합니다.

## 4 최종 파일 저장

### 01 JPG 파일 저장

① [File(파일)] – [Save As(다른 이름으로 저장)]를 선택합니다.
② 파일 이름은 '수험번호-성명-4'로 입력합니다.
③ 파일 형식은 JPEG를 눌러주고 [저장(S)]을 클릭합니다.

④ JPEG Options(JPEG 옵션)은 Quality : 8 이상으로 잡고 [OK(확인)]를 클릭합니다.

### 02 PSD 파일 저장

① [Image(이미지)] – [Image Size(이미지 크기)]를 클릭합니다.
② Width(폭) : 40Pixels, Height(높이) : 50Pixels, [OK(확인)]를 클릭합니다.
③ [File(파일)] – [Save(저장)](Ctrl + S)를 선택합니다.

### 03 최종 파일 확인

① 2가지 포맷(JPG, PSD)의 최종 파일이 만들어졌는지 확인합니다.

## 5 답안 파일 전송

### 01 감독위원 PC로 답안 파일 전송

## 02회 최신 기출 유형 모의고사

### 문제1 [기능평가] 고급 Tool(도구) 활용

다음의 〈조건〉에 따라 아래의 《출력형태》와 같이 작업하시오. `20점`

[조건]

| 원본 이미지 | 문서\GTQ\image₩1급-1.jpg, 1급-2.jpg, 1급-3.jpg | | |
|---|---|---|---|
| 파일 저장 규칙 | JPG | 파일명 | 문서\GTQ\수험번호-성명-1.jpg |
| | | 크기 | 400 x 500 Pixels |
| | PSD | 파일명 | 문서\GTQ\수험번호-성명-1.psd |
| | | 크기 | 40 x 50 Pixels |

[출력형태]

1. 그림 효과
① 1급-1.jpg : 필터 – Cutout(오려내기)
② Save Path(패스 저장) : 외발 수레 모양
③ Mask(마스크) : 외발 수레 모양, 1급-2.jpg를 이용하여 작성
   레이어 스타일 – Stroke(선/획)(3px, 그레이디언트(#ffff00, #6633ff)), Inner Shadow (내부 그림자)
④ 1급-3.jpg : 레이어 스타일 – Bevel & Emboss(경사와 엠보스)
⑤ Shape Tool(모양 도구) :
   – 잎 모양(#ff6600, 레이어 스타일 – Inner Shadow(내부 그림자))
   – 음표 모양(#99ff00, #ffffff, 레이어 스타일 – Bevel & Emboss(경사와 엠보스))

2. 문자 효과
① 스마트 농업(돋움, 48pt, 레이어 스타일 – 그레이디언트 오버레이(#00cc00, #ffff33), Drop Shadow(그림자 효과))

### 문제2 [기능평가] 사진편집 응용

다음의 〈조건〉에 따라 아래의 《출력형태》와 같이 작업하시오. `20점`

[조건]

| 원본 이미지 | 문서\GTQ\image\1급-4.jpg, 1급-5.jpg, 1급-6.jpg | | |
|---|---|---|---|
| 파일 저장 규칙 | JPG | 파일명 | 문서\GTQ\수험번호-성명-2.jpg |
| | | 크기 | 400 x 500 Pixels |
| | PSD | 파일명 | 문서\GTQ\수험번호-성명-2.psd |
| | | 크기 | 40 x 50 Pixels |

[출력형태]

1. 그림 효과
① 1급-4.jpg : 필터 – Texturizer(텍스처화)
② 색상 보정 : 1급-5.jpg – 보라색, 녹색 계열로 보정
③ 1급-5.jpg : 레이어 스타일 – Drop Shadow(그림자 효과)
④ 1급-6.jpg : 레이어 스타일 – Outer Glow(외부 광선)
⑤ Shape Tool(모양 도구) :
   – 장식 모양(#660033, 레이어 스타일 – Stroke(선/획)(2px, #ffcccc))
   – 폭발 모양(#ff6600, 레이어 스타일 – Inner Shadow(내부 그림자))

2. 문자 효과
① Green Life(Times New Roman, Bold, 45pt, 레이어 스타일 – 그레이디언트 오버레이 (#ffffff, #66ff00), Drop Shadow(그림자 효과))

## 문제3 [실무응용] 포스터 제작

다음의 〈조건〉에 따라 아래의 《출력형태》와 같이 작업하시오.

`25점`

**조건 ⌐**

| 원본 이미지 | 문서\GTQ\Image\1급-7.jpg, 1급-8.jpg, 1급-9.jpg, 1급-10.jpg, 1급-11.jpg | | |
|---|---|---|---|
| 파일 저장 규칙 | JPG | 파일명 | 문서\GTQ\수험번호-성명-3.jpg |
| | | 크기 | 600 x 400 Pixels |
| | PSD | 파일명 | 문서\GTQ\수험번호-성명-3.psd |
| | | 크기 | 60 x 40 Pixels |

**1. 그림 효과**

① 배경 : #336633
② 1급-7.jpg : Blending Mode(혼합 모드) – Screen(스크린), Opacity(불투명도)(70%)
③ 1급-8.jpg : 필터 – Paint Daubs(페인트 덥스), 레이어 마스크 – 가로 방향으로 흐릿하게
④ 1급-9.jpg : 필터 – Water paper(워터 페이퍼), 레이어 스타일 – Inner Shadow(내부 그림자)
⑤ 1급-10.jpg : 레이어 스타일 – Outer Glow(외부 광선), Drop Shadow(그림자 효과)
⑥ 1급-11.jpg : 색상 보정 – 녹색 계열로 보정, 레이어 스타일 – Stroke(선/획)(5px, 그레이디언트(#003366, 투명으로))
⑦ 그 외 《출력형태》 참조

**2. 문자 효과**

① 도시 농업 박람회(궁서, 42pt, 60pt, 레이어 스타일 – 그레이디언트 오버레이(#cc33ff, #006666, #ff9900), Stroke(선/획)(2px, #ffffff), Drop Shadow(그림자 효과))
② Korea Urban Agriculture Expo(Arial, Regular, 18pt, #003366, 레이어 스타일 – Stroke(선/획)(2px, #ffffff))
③ 2021년 9월 8일(수)~10일(금) / 순천만정원(돋움, 18pt, 레이어 스타일 – 그레이디언트 오버레이(#ff3333, #000066), Stroke(선/획) (2px, #ffffcc))
④ 건강한 삶 / 도시농업(돋움, 16pt, #ffffff, #cccc00, 레이어 스타일 – Stroke(선/획)(2px, #333300))

**출력형태 ⌐**

Shape Tool(모양 도구) 사용
#003399, #ffff00, 레이어 스타일 – Drop Shadow(그림자 효과),
Opacity(불투명도)(70%)

Shape Tool(모양 도구) 사용
#000000
레이어 스타일 – Outer Glow
(외부 광선), Opacity(불투명도)
(60%)

Shape Tool(모양 도구) 사용
레이어 스타일 –
그레이디언트 오버레이
(#000000, #ff3333),
Drop Shadow(그림자 효과)

다음의 〈조건〉에 따라 아래의 《출력형태》와 같이 작업하시오.　35점

조건 └

| 원본 이미지 | | 문서\GTQ\Image\1급-12.jpg, 1급-13.jpg, 1급-14.jpg, 1급-15.jpg, 1급-16.jpg, 1급-17.jpg |
|---|---|---|
| 파일 저장 규칙 | JPG | 파일명 | 문서\GTQ\수험번호-성명-4.jpg |
| | | 크기 | 600 x 400 Pixels |
| | PSD | 파일명 | 문서\GTQ\수험번호-성명-4.psd |
| | | 크기 | 60 x 40 Pixels |

1. 그림 효과

① 배경 : #cccccc

② 패턴(꽃잎, 원 모양) : #ffffff, #00ffff

③ 1급-12.jpg : Blending Mode(혼합 모드) – Hard Light(하드 라이트), 레이어 마스크 – 대각선 방향으로 흐릿하게

④ 1급-13.jpg : 필터 – Dry Brush(드라이 브러시), 레이어 마스크 – 가로 방향으로 흐릿하게

⑤ 1급-14.jpg : 레이어 스타일 – Bevel & Emboss(경사와 엠보스), Drop Shadow(그림자 효과)

⑥ 1급-15.jpg : 필터 – Crosshatch(그물눈), 레이어 스타일 – Inner Shadow(내부 그림자)

⑦ 1급-16.jpg : 색상 보정 – 파란색 계열로 보정, 레이어 스타일 – Bevel & Emboss(경사와 엠보스)

⑧ 그 외 《출력형태》 참조

2. 문자 효과

① City Farmer Project(Times New Roman, Bold, 36pt, 24pt, #330066, 레이어 스타일 – Stroke(선/획)(2px, 그레이디언트(#ff9900, #ffffff))

② 도시농부 프로젝트(굴림, 40pt, 레이어 스타일 – 그레이디언트 오버레이(#3300ff, #339966, #ff6600), Stroke(선/획)(3px, #ffffcc))

③ 재배작물 알아보기(궁서, 20pt, #660099, 레이어 스타일 – Drop Shadow(그림자 효과))

④ 텃밭분양, 텃밭체험, 반려식물(돋움, 18pt, #000000, 레이어 스타일 – Stroke(선/획)(2px, #99ffff, #cc99ff))

출력형태 └

Shape Tool(모양 도구) 사용
#ffff00, 레이어 스타일 – Drop Shadow(그림자 효과)

Shape Tool(모양 도구) 사용
#ffcc00, 레이어 스타일 –
Inner Shadow(내부 그림자),
Opacity(불투명도)(80%)

Shape Tool(모양 도구) 사용
레이어 스타일 – 그레이디언트
오버레이(#99cccc, #ffffff),
Stroke(선/획)(2px, #339999,
#cc99ff)

Pen Tool(펜 도구) 사용
#ff9966, #33cccc, #cc66cc,
레이어 스타일 –
Drop Shadow(그림자 효과)

## 문제1    [기능평가] 고급 Tool(도구) 활용

### 1   준비 작업

#### 01 파일 만들기

① [File(파일)] – [New(새로 만들기)](Ctrl + N)를 클릭합니다.

#### 02 파일 세부 정보 설정

① New Document(새 문서)에서 Name(이름) 에 '최신 기출02', 'Width(폭) : 400Pixels, Height(높이) : 500Pixels, Resolution(해상 도) : 72Pixels/Inch, Color Mode(색상 모드) : RGB Color, 8bit, Background Contents(배 경 내용) : White(흰색)'로 설정하여 새 작업 이미 지를 만듭니다.

#### 03 파일 저장

① [File(파일)] – [Save As(다른 이름으로 저장)] (Ctrl + Shift + S)를 클릭합니다.
경로 : PC\문서\GTQ, 파일명은 '수험번호−성 명−1.psd'로 저장합니다.

#### 04 사용된 원본 이미지 열기

① [File(파일)] – [Open(열기)]을 선택합니다.
경로 : 문서\GTQ\Image\1급−1.jpg, 1급−2. jpg, 1급−3.jpg 총 3개의 jpg 파일을 Shift 를 눌러 모두 선택하고 [열기(O)]를 클릭합니다.

### 2   그림 효과 적용

#### 01 1급−1.jpg : 필터 – Cutout(오려내기)

① '1급−1.jpg'를 클릭합니다.

② '1급−1.jpg'를 전체 선택(Ctrl + A) 후 Ctrl + C를 눌러 복사합니다. 작업 영역으로 돌아와 붙여넣 기(Ctrl + V)합니다.

③ Ctrl + T를 눌러 《출력형태》와 비교해가며 이 미지의 크기와 위치를 조정하고 Enter를 눌러줍 니다.

④ [Filter(필터)] – [Filter Gallery(필터 갤러리)] – [Artistic(예술 효과)] – [Cutout(오려내기)] 을 선택하고 [OK(확인)]를 클릭합니다.

> **TIP** ⭐
>
> [Filter Gallery(필터 갤러리)] 대화상자의 오른쪽 [Cancel(취소)] 버튼 아래 목록 단추를 클릭하면 필터 갤 러리의 모든 필터가 알파벳 순으로 정렬되어 있습니다.

#### 02 Save Path(패스 저장) : 외발 수레 모양

① Layers(레이어) 패널 하단에서 Create a new layer(새 레이어 생성, ⊡)를 클릭합니다.

② 《출력형태》에 그려 놓은 기준선을 참고하여 안내 선을 만들어줍니다.

③ 도구상자에서 Pen Tool(펜 도구, ⌀.)을 클릭합 니다.

④ 상단 Option Bar(옵션 바)에서 Path(패스)를 Shape(모양)로 변경한 후 패스의 외곽을 그립니다.

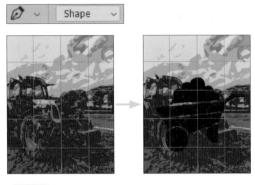

TIP ★
레이어가 여러 개로 생성될 경우, Shift를 눌러 생성된 레이어를 모두 선택하고 Ctrl + E로 병합해줍니다.

⑤ 도구상자에서 Ellipse Tool(원형 도구, ◯)을 클릭하고 상단 Exclude Overlapping Shapes(모양 오버랩 제외, ▣)를 눌러 제외할 원형 1개를 그립니다.

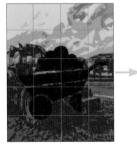

⑥ [Window(윈도우)] – [Paths(패스)]를 클릭합니다.

⑦ Paths(패스) 패널에서 병합된 레이어를 더블 클릭합니다.

⑧ Save Path(패스 저장) 대화상자에서 '외발 수레 모양'을 입력한 후 [OK(확인)]를 클릭합니다.

⑨ Paths(패스) 패널에서 Layers(레이어) 패널로 돌아옵니다.

## 03 Mask(마스크) : 외발 수레 모양, 1급-2.jpg를 이용하여 작성

① 만들어진 패스에 클리핑 마스크 작업을 하기 위해 '1급-2.jpg'를 클릭합니다.

② '1급-2.jpg'를 전체 선택(Ctrl + A)한 후 Ctrl + C를 눌러 복사합니다. 작업 영역으로 돌아와 Shape(모양) 위에 붙여넣기(Ctrl + V) 합니다.

③ 가져온 '1급-2.jpg'가 선택된 상태에서 마우스 우클릭 후 Create Clipping Mask(클리핑 마스크 만들기)를 선택하거나 또는 Ctrl + Alt + G를 눌러줍니다.

④ Ctrl + T를 눌러 《출력형태》와 비교해가며 크기와 위치를 조정하고 Enter를 눌러줍니다.

⑤ Layer Style(레이어 스타일)을 적용하기 위해, Layers(레이어) 패널 하단에 [Add a Layer Style(레이어 스타일 추가, fx.)]을 클릭합니다.

⑥ [Inner Shadow(내부 그림자)] [Stroke(선/획)]를 선택해 Size(크기) : 3px, Fill Type(칠 유형) : Gradient로 지정합니다.

⑧ 계속해서 Gradient 색상을 더블 클릭한 다음 [Gradient Editor(그레이디언트 편집)] 대화상자가 나타나면 [Color Stop(색상 정지점)]의 왼쪽과 오른쪽 색상을 각각 '#ffff00', '#6633ff'로 지정한 뒤 [OK(확인)]를 클릭합니다.

## 04 1급-3.jpg : 레이어 스타일 – Bevel & Emboss(경사와 엠보스)

① '1급-3.jpg'를 클릭합니다.

② 도구상자에서 [Quick Selection Tool(빠른 선
택 도구, 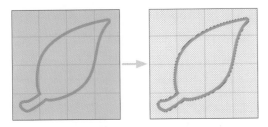)]을 클릭합니다.

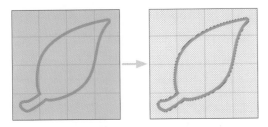

③ 선택 영역 지정이 완료되면 Ctrl + C 를 눌러 레
이어를 복사합니다.

④ 작업 영역으로 돌아와 Ctrl + V 로 이미지를 붙여
넣은 후, Ctrl + T 로 크기를 조정해 배치합니다.

⑤ Layer Style(레이어 스타일)을 적용하기 위해,
Layers(레이어) 패널 하단에 [Add a Layer
Style(레이어 스타일 추가, fx.)]을 클릭합니다.

⑥ [Bevel & Emboss(경사와 엠보스)]를 선택한 후,
Layer Style(레이어 스타일) 대화상자가 나타
나면 [OK(확인)]를 클릭합니다.

**05** Shape Tool(모양 도구)(잎 모양 – #ff6600, 레
이어 스타일 – Inner Shadow(내부 그림자)),
(음표 모양 – #99ff00, #ffffff, 레이어 스타일 –
Bevel & Emboss(경사와 엠보스))

① 도구상자의 [Custom Shape Tool(사용자 정의
모양 도구, )]을 클릭합니다.

② Option Bar(옵션 바)에서 Shape(모양), Fill
Color(칠 색상) : #ff6600을 지정한 다음
Shape(모양) 목록 단추를 클릭합니다. [Legacy
Shapes and More(레거시 모양 및 기타)] –
[All Legacy Default Shapes(전체 레거시 모
양)] – [Nature(자연)]를 클릭합니다.

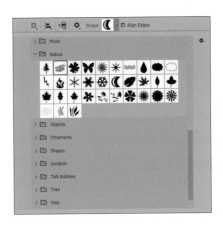

③ 《출력형태》와 일치하는 Fern(양치식물, )을
찾아 선택한 후, Shift 를 누른 채 드래그하여 작
업 영역에 추가합니다.

④ Layer Style(레이어 스타일)을 적용하기 위해,
Layers(레이어) 패널 하단에 [Add a Layer
Style(레이어 스타일 추가, fx.)]을 클릭합니다.

⑤ [Inner Shadow(내부 그림자)]를 선택하고
Layer Style(레이어 스타일) 대화상자가 나타
나면 [OK(확인)]를 클릭합니다.

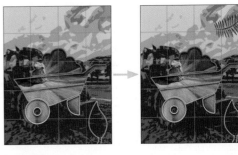

⑥ 계속해서 [Custom Shape Tool(사용자 정의
모양 도구, )]을 클릭합니다.

⑦ Option Bar(옵션 바)에서 Shape(모양), Fill
Color(칠 색상) : #99ff00을 지정한 다음
Shape(모양) 목록 단추를 클릭합니다. [Legacy
Shapes and More(레거시 모양 및 기타)] –
[All Legacy Default Shapes(전체 레거시 모
양)] – [Music(음악)]을 클릭합니다.

⑧ 《출력형태》와 일치하는 Sixteenth Note(16분
음표, )를 찾아 선택한 후, Shift 를 누른 채
드래그하여 작업 영역에 추가합니다.

⑨ Layer Style(레이어 스타일)을 적용하기 위해 레이어 패널 하단에 [Add a Layer Style(레이어 스타일 추가, [fx.])]을 클릭한 다음 [Bevel & Emboss(경사와 엠보스)]를 선택해 적용합니다.

⑩ 도구상자에서 Move Tool(이동도구, [↔])을 클릭한 후 [Alt]를 누른 채 Sixteenth Note(16분 음표, [fx.])를 드래그해 복사합니다.

⑪ 이어서 도구상자 하단의 전경색을 더블 클릭합니다. Color Piker(색상 선택) 대화상자가 나타나면 #ffffff로 설정하고 [Alt] + [Delete]를 눌러 Sixteenth Note(16분 음표, [♪])의 색을 입혀줍니다.

## 3 문자 효과 적용

**01 스마트 농업(돋움, 48pt, 레이어 스타일 – 그레이디언트 오버레이(#00cc00, #ffff33), Drop Shadow(그림자 효과))**

① 도구상자에서 Horizontal Type Tool(수평 문자 도구)을 클릭한 뒤 Options Bar(옵션 바)에서 Font(글꼴) : Dotum, Size(크기) : 48pt를 설정한 후 '스마트 농업'을 입력합니다.

② Options Bar(옵션 바)에서 Create Warped Text(뒤틀어진 텍스트)를 클릭해 Warp Text(텍스트 뒤틀기) 대화상자가 나타나면 Style : Bulge(돌출)를 선택하여 문자의 모양을 왜곡합니다.

③ Layer Style(레이어 스타일)을 적용하기 위해, Layers(레이어) 패널 하단에 Add a Layer Style(레이어 스타일 추가, [fx.])을 클릭합니다.

④ [Gradient Overlay(그레이디언트 오버레이)]를 선택합니다.

⑤ Layer Style(레이어 스타일) 대화상자에서 Gradient(그레이디언트) 색상 스펙트럼을 클릭합니다.

⑥ 왼쪽, 오른쪽의 Color Stop(색상 정지점)을 각각 더블 클릭하고 '#00cc00', '#ffff33'을 설정합니다.

⑦ Angle(각도)를 조정하고 [OK(확인)]를 클릭합니다.

⑧ 이어서 [Drop Shadow(그림자 효과)]를 선택하고 Layer Style(레이어 스타일) 대화상자에서 [OK(확인)]를 클릭합니다.

## 4 최종 파일 저장

**01 JPG 파일 저장**

① [File(파일)] – [Save As(다른 이름으로 저장)]를 선택합니다.

② 파일 이름은 '수험번호-성명-1'로 입력합니다.

③ 파일 형식은 JPEG를 선택하고 [저장(S)]을 클릭합니다.

④ JPEG Options(JPEG 옵션)은 Quality : 8 이상으로 잡고 [OK(확인)]를 클릭합니다.

**02 PSD 파일 저장**

① [Image(이미지)] – [Image Size(이미지 크기)]를 클릭합니다.

② Width(폭) : 40Pixels, Height(높이) : 50Pixels, [OK(확인)]를 클릭합니다.

③ [File(파일)] – [Save(저장)]([Ctrl] + [S])를 선택합니다.

**03 최종 파일 확인**

① 2가지 포맷(JPG, PSD)의 최종 파일이 만들어졌는지 확인합니다.

## 5 답안 파일 전송

**01 감독위원 PC로 답안 파일 전송**

## 1 준비 작업

### 01 파일 만들기

① [File(파일)] – [New(새로 만들기)](Ctrl + N)를 클릭합니다.

### 02 파일 세부 정보 설정

① New Document(새 문서)에서 Name(이름)에 '최신 기출02', 'Width(폭) : 400Pixels, Height(높이) : 500Pixels, Resolution(해상도) : 72Pixels/Inch, Color Mode(색상 모드) : RGB Color, 8bit, Background Contents(배경 내용) : White(흰색)'로 설정하여 새 작업 이미지를 만듭니다.

### 03 파일 저장

① [File(파일)] – [Save As(다른 이름으로 저장)](Ctrl + Shift + S)를 클릭합니다.

경로 : PC\문서\GTQ, 파일명은 '수험번호-성명-2.psd'로 파일을 저장합니다.

### 04 사용된 원본 이미지 열기

① [File(파일)] – [Open(열기)]를 선택합니다.

경로 : 문서\GTQ\Image\1급-4.jpg, 1급-5.jpg, 1급-6.jpg 총 3개의 jpg 파일을 Shift를 눌러 모두 선택하고 [열기(O)]를 클릭합니다.

## 2 그림 효과 적용

### 01 1급-4.jpg : 필터 – Texturizer(텍스처화)

① '1급-4.jpg'를 클릭합니다.

② '1급-4.jpg'를 전체 선택(Ctrl + A)한 후 Ctrl + C를 눌러 복사합니다. 작업 영역으로 돌아와 Ctrl + V로 붙여넣기 합니다.

③ Ctrl + T를 누르고 《출력형태》와 비교해가며 이미지의 크기 및 위치를 조정하고 Enter를 눌러 줍니다.

④ [Filter(필터)] – [Filter Gallery(필터 갤러리)] – [Texture(텍스처)] – [Texturizer(텍스처화)]를 선택하고 [OK(확인)]를 클릭합니다.

### 02 색상 보정 : 1급-5.jpg – 보라색, 녹색 계열로 보정

① '1급-5.jpg'를 클릭합니다.

② 도구상자의 Quick Selection Tool(빠른 선택 도구, ☑)을 클릭합니다. Options Bar(옵션 바)에서 [Add to Selection(선택 영역에 추가)]으로 브러시의 크기를 조절해 필요한 영역을 선택하고 Ctrl + C로 복사합니다.

③ 작업 영역으로 돌아와 Ctrl + V로 이미지를 붙여넣기 하고, Ctrl + T를 누른 다음 Shift를 눌러 크기를 조정해 배치합니다.

④ 색상 보정할 부분을 Quick Selection Tool(빠른 선택 도구, ☑)을 이용해 이미지를 선택해줍니다.

⑤ Layers(레이어) 패널 하단에 Create new fill or Adjustment Layer(조정 레이어, ☑)를 클릭하고 Hue/Saturation(색조/채도)을 선택합니다.

⑥ Properties(특징) 대화상자에서 Hue(색조), Saturation(채도)을 보라색과 녹색에 가깝게 조절해줍니다.

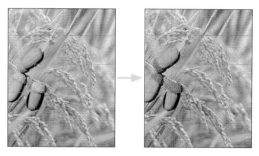

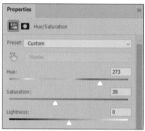

▲ 보라색

▲ 녹색

**03** 1급-5.jpg : 레이어 스타일 - Drop Shadow(그림자 효과)

① '1급-5.jpg'를 클릭합니다.

② Layer Style(레이어 스타일)을 적용하기 위해, Layers(레이어) 패널 하단에 Add a Layer Style(레이어 스타일 추가, 𝑓𝑥.)을 클릭합니다.

③ [Drop Shadow(그림자 효과)]를 선택하고, Layer Style(레이어 스타일) 대화상자에서 [OK(확인)]를 클릭합니다.

**04** 1급-6.jpg : 레이어 스타일 - Outer Glow(외부광선)

① '1급-6.jpg'를 클릭합니다.

② 도구상자에서 [Quick Selection Tool(빠른 선택 도구, ✏️)]을 클릭합니다.

③ Options Bar(옵션 바)에 [Add to Selection (선택 영역에 추가)]을 설정한 후 브러시의 크기를 조절하며 필요한 이미지를 선택합니다.

④ 선택 영역 지정이 완료되면 Ctrl + C를 눌러 레이어를 복사합니다.

⑤ 작업 영역으로 돌아와 Ctrl + V로 이미지를 붙여 넣은 후, Ctrl + T로 크기를 조정해 배치합니다.

⑥ Layer Style(레이어 스타일)을 적용하기 위해, Layers(레이어) 패널 하단에 [Add a Layer Style(레이어 스타일 추가, 𝑓𝑥.)]을 클릭합니다.

⑦ [Outer Glow(외부광선)]를 선택한 후, Layer Style(레이어 스타일) 대화상자가 나타나면 [OK(확인)]를 클릭합니다.

**05** Shape Tool(모양 도구)(장식 모양 - #660033, 레이어 스타일 - Stroke(선/획)(2px, #ffcccc)), (폭발 모양 - #ff6600, 레이어 스타일 - Inner Shadow(내부 그림자))

① Custom Shape Tool(사용자 정의 모양 도구, 🎨)을 클릭합니다.

② Option Bar(옵션 바)에서 Shape(모양), Fill Color(칠 색상) : #660033을 지정한 다음 Shape(모양) 목록 단추를 클릭합니다. [Legacy Shapes and More(레거시 모양 및 기타)] - [All Legacy Default Shapes(전체 레거시 모양)] - [Ornaments(장식)]를 클릭합니다.

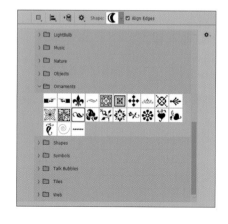

③ 《출력형태》와 일치하는 Leaf Ornament 1(잎 장식 1, ◧)을 찾아 선택한 후, Shift 를 누른 채 드래그하여 작업 영역에 추가합니다.

④ Layer Style(레이어 스타일)을 적용하기 위해, Layers(레이어) 패널 하단에 Add a Layer Style(레이어 스타일 추가, fx.)을 클릭합니다.

⑤ [Stroke(획/선)]를 선택하고 Size(크기) : 2px, Position(포지션) : Outside, Color(색상) : #ffcccc로 설정한 후 [OK(확인)]를 클릭합니다.

**TIP** ⭐

Alt 를 누른 채 Leaf Ornament 1(잎 장식 1, ◧)을 드래그하여 복사합니다.

⑥ 위와 같은 방법으로 폭발 모양(#ff6600, 레이어 스타일 – Inner Shadow(내부 그림자))를 적용합니다.

## 3 문자 효과 적용

**01 Green Life(Times New Roman, Bold, 45pt, 레이어 스타일 – 그레이디언트 오버레이(#ffffff, #66ff00), Drop Shadow(그림자 효과))**

① 도구상자에서 Horizontal Type Tool(수평 문자 도구)을 클릭한 뒤 Options Bar(옵션 바)에서 Font(글꼴) : Times New Roman, Style(스타일) : Bold, Size(크기) : 45pt를 설정한 후 'Green Life'를 입력합니다.

② Options Bar(옵션 바)에서 Create Warped Text(뒤틀어진 텍스트)를 클릭해 Warp Text(텍스트 뒤틀기) 대화상자가 나타나면 Style : Shell Lower(아래가 넓은 조개)를 선

택하여 문자의 모양을 왜곡합니다.

③ Layer Style(레이어 스타일)을 적용하기 위해, Layers(레이어) 패널 하단에 Add a Layer Style(레이어 스타일 추가, fx.)을 클릭합니다.

④ [Gradient Overlay(그레이디언트 오버레이)]를 선택합니다.

⑤ Layer Style(레이어 스타일) 대화상자에서 Gradient(그레이디언트) 색상 스펙트럼을 클릭합니다.

⑥ 왼쪽, 오른쪽 아래 Color Stop(색상 정지점)을 각각 더블 클릭해 '#ffffff', '#66ff00'으로 색상을 설정합니다.

⑦ Angle(각도)를 조정하고 [OK(확인)]를 클릭합니다.

⑧ 이어서 [Drop Shadow(그림자 효과)]를 선택하고 Layer Style(레이어 스타일) 대화상자에서 [OK(확인)]을 클릭합니다.

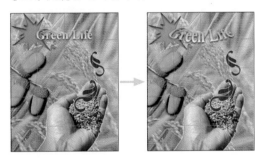

## 4 최종 파일 저장

**01 JPG 파일 저장**

① [File(파일)] – [Save As(다른 이름으로 저장)]를 선택합니다.

② 파일 이름은 '수험번호–성명–2'로 입력합니다.

③ 파일 형식은 JPEG를 선택하고 [저장(S)]을 클릭합니다.

④ JPEG Options(JPEG 옵션)은 Quality : 8 이상으로 설정하고 [OK(확인)]를 클릭합니다.

## 02 PSD 파일 저장

① [Image(이미지)] – [Image Size(이미지 크기)]를 클릭합니다.

② Width(폭) : 40Pixels, Height(높이) : 50Pixels, [OK(확인)]를 클릭합니다.

③ [File(파일)] – [Save(저장)](Ctrl + S)를 선택합니다.

## 03 최종 파일 확인

① 2가지 포맷(JPG, PSD)의 최종 파일이 만들어졌는지 확인합니다.

## 5 답안 파일 전송

### 01 감독위원 PC로 답안 파일 전송

---

## 문제3  [실무응용] 포스터 제작

## 1 준비 작업

### 01 파일 만들기

① [File(파일)] – [New(새로 만들기)](Ctrl + N)를 클릭합니다.

### 02 파일 세부 정보 설정

① New Document(새 문서)에서 Name(이름)에 '최신 기출02', 'Width(폭) : 600Pixels, Height(높이) : 400Pixels, Resolution(해상도): 72Pixels/Inch, Color Mode(색상 모드) : RGB Color, 8bit, Background Contents(배경 내용) : White(흰색)'로 설정하여 새 작업 이미지를 만듭니다.

### 03 파일 저장

① [File(파일)] – [Save As(다른 이름으로 저장)]](Ctrl + Shift + S)를 클릭합니다.

경로 : PC\문서\GTQ, 파일명은 '수험번호-성명-3.psd'로 저장합니다.

### 04 사용된 원본 이미지 열기

① [File(파일)] – [Open(열기)]를 선택합니다.

경로 : 문서\GTQ\Image\1급-7.jpg, 1급-8.jpg, 1급-9.jpg, 1급-10.jpg, 1급-11.jpg 총 5개의 jpg 파일을 Shift 를 눌러 모두 선택하고, [열기(O)]를 클릭합니다.

## 2 그림 효과 적용

### 01 배경 : #336633

① 도구상자 하단에 전경색을 더블 클릭합니다. Color Picker(색상 선택) 대화상자가 나타나면 #336633으로 색상을 설정하고 [OK(확인)]를 클릭합니다. 작업 영역에서 전경색의 단축키인 Alt + Delete 를 눌러줍니다.

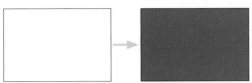

## 02 1급-7.jpg : Blending Mode(혼합 모드) – Screen(스크린), Opacity(불투명도)(70%)

① '1급-7.jpg'를 클릭합니다.

② '1급-7.jpg'를 전체 선택(Ctrl + A) 후 Ctrl + C를 눌러 복사합니다. 작업 영역으로 다시 돌아와 붙여넣기(Ctrl + V)합니다.

③ Ctrl + T를 눌러 《출력형태》와 비교해가며 크기와 위치를 조정하고 Enter를 눌러줍니다.

④ Blending Mode(혼합 모드)는 [Screen(스크린)]을 선택합니다.

⑤ Opacity(불투명도)는 70%로 지정합니다.

## 03 1급-8.jpg : 필터 – Paint Daubs(페인트 덥스), 레이어 마스크 – 가로 방향으로 흐릿하게

① '1급-8.jpg'를 클릭합니다.

② '1급-8.jpg'를 전체 선택(Ctrl + A) 후 Ctrl + C를 눌러 복사합니다. 작업 영역으로 다시 돌아와 붙여넣기(Ctrl + V)합니다.

③ Ctrl + T를 눌러 마우스 우클릭 후 [Flip Horizontal(수평 뒤집기)]로 뒤집어 배치합니다.

④ [Filter(필터)] – [Filter Gallery(필터 갤러리)] – [Artistic(예술 효과)] – [Paint Daubs(페인트 덥스)]를 선택한 후 [OK(확인)]를 클릭합니다.

## 04 1급-9.jpg : 필터 – Water paper(워터 페이퍼), 레이어 스타일 – Inner Shadow(내부 그림자)

① Layers(레이어) 패널 하단에 Create a new layer(새 레이어 생성, □)를 클릭합니다.

② 도구상자에서 Ellipse Tool(원형 툴, ◯)을 클릭해 3개의 원형을 그립니다.

③ 《출력형태》와 동일하게 그린 후 Layers(레이어) 패널에서 Shift를 눌러 3개의 레이어를 선택하고 병합합니다.

④ '1급-9.jpg'를 전체 선택(Ctrl + A) 후 Ctrl + C를 눌러 복사합니다. 작업 영역으로 다시 돌아와 붙여넣기(Ctrl + V)합니다.

⑤ [Filter(필터)] – [Filter Gallery(필터 갤러리)] – [Artistic(예술 효과)] – [Water paper(워터 페이퍼)]를 선택한 후 [OK(확인)]를 클릭합니다.

⑥ 클리핑 마스크를 하기 위해 '1급-9.jpg'를 Ellipse Tool(원형 툴, ◯)로 만든 레이어 위로 위치한 다음 Ctrl + Alt + G를 눌러줍니다.

⑦ Layer Style(레이어 스타일)을 적용하기 위해, Add a Layer Style(레이어 스타일 추가, fx.)을 클릭합니다.

⑧ [Inner Shadow(내부 그림자)]를 선택하고 Layer Style(레이어 스타일) 대화상자에서 [OK(확인)]를 클릭합니다.

**05** 1급-10.jpg : 레이어 스타일 – Outer Glow(외부 광선), Drop Shadow(그림자 효과)

① '1급-10.jpg'를 클릭합니다.

② 도구상자의 Quick Selection Tool(빠른 선택 도구, [이미지])을 선택합니다. Options Bar(옵션 바)에서 [Add to Selection(선택 영역에 추가)]으로 브러시의 크기를 조절해 필요한 영역을 선택하고 Ctrl + C로 복사합니다.

③ 작업 영역으로 돌아와 Ctrl + V로 이미지를 붙여넣고 Ctrl + T를 눌러 크기를 조정한 뒤 Enter를 눌러줍니다.

④ Layer Style(레이어 스타일)을 적용하기 위해, Add a Layer Style(레이어 스타일 추가, fx.)을 클릭합니다.

⑤ [Outer Glow(외부 광선)]와 [Drop Shadow (그림자 효과)]를 선택하고 Layer Style(레이어 스타일) 대화상자에서 [OK(확인)]를 클릭합니다.

**06** 1급-11.jpg : 색상 보정 – 녹색 계열로 보정, 레이어 스타일 – Stroke(선/획)(5px, 그레이디언트 (#003366, 투명으로))

① '1급-11.jpg'를 클릭합니다.

② 도구상자의 Quick Selection Tool(빠른 선택 도구, [이미지])을 선택합니다. Options Bar(옵션 바)에서 [Add to Selection(선택 영역에 추가)]으로 브러시의 크기를 조절해 필요한 영역을 선택하고 Ctrl + C로 복사합니다.

③ Ctrl + T를 눌러 《출력형태》와 비교해가며 이미지 크기 및 위치를 조정하고 Enter를 눌러줍니다.

④ 이어서 색상 보정할 부분을 Quick Selection Tool(빠른 선택 도구, [이미지])을 이용해 이미지를 선택해줍니다.

⑤ Layers(레이어) 패널 하단에 Create new fill or adjustment layer(조정 레이어, [이미지])를 클릭하고, Hue/Saturation(색조/채도)을 선택합니다.

⑥ Properties(특징) 대화상자에서 Hue(색조), Saturation(채도)을 녹색에 가깝게 조절해줍니다.

⑦ Layer Style(레이어 스타일)을 적용하기 위해, Layers(레이어) 패널 하단에 [Add a Layer Style(레이어 스타일 추가, fx.)]을 클릭합니다.

⑧ [Stroke(선/획)]를 선택하고 Size(크기) : 5px, Position(포지션) : Outside, Fill Type(칠 유형) : Gradient로 설정합니다.

⑨ Gradient 옆에 색상 스펙트럼을 클릭합니다.

⑩ 왼쪽과 오른쪽 아래 Color Stop(색상 정지점)을 더블 클릭하고 각각 '#003366', '#ffffff'를 입력합니다.

⑪ Angle(각도)를 조정하고 [OK(확인)]를 클릭합니다.

⑫ 흰색을 불투명하게 만들기 위해, '#ffffff' 위 Opacity Stop(불투명도 정지점)을 클릭하고 하단 Opacity(불투명도)에 0%로 입력합니다.

## 07 그 외 《출력형태》 참조

① Layers(레이어) 패널 하단에 Create a new layer(새 레이어 생성, 🔲)를 클릭합니다.

② [Custom Shape Tool(사용자 모양 정의 도구, 🔷)]을 클릭합니다.

③ Option Bar(옵션 바)에서 Shape(모양), Fill Color(칠 색상) : #003399를 지정한 다음 Shape(모양) 목록 단추를 클릭합니다. [Legacy Shapes and More(레거시 모양 및 기타)] – [All Legacy Default Shapes(전체 레거시 모양)] – [Ornaments(장식)]를 선택합니다.

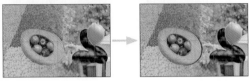

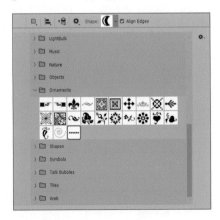

④ 《출력형태》와 일치하는 ZigZag(지그재그, ▭)를 찾아 선택한 후, Shift를 누른 채 드래그하여 작업 영역에 추가합니다.

⑤ Layer Style(레이어 스타일)을 적용하기 위해, Layers(레이어) 패널 하단에 [Add a Layer Style(레이어 스타일 추가, fx.)]을 클릭합니다.

⑥ [Drop Shadow(그림자 효과)]를 선택하고 Layer Style(레이어 스타일) 대화상자에서 [OK(확인)]를 클릭합니다.

⑦ Opacity(불투명도)는 70%로 입력합니다.

⑧ 추가된 Shape(모양)에 Alt를 누른 채 드래그하여 복사합니다.

⑨ 도구상자 하단의 전경색을 더블 클릭합니다. Color Piker(색상 선택) 대화상자가 나타나면 #ffff00으로 설정하고 Alt + Delete를 눌러 ZigZag(지그재그, ▭)의 색을 입혀줍니다.

⑩ 위와 같은 방법으로 [Custom Shape Tool(사용자 정의 모양 도구, 🔷)]을 사용하여 Fill Color(칠 색상) : #000000, 레이어 스타일 – Outer Glow(외부 광선), Opacity(불투명도)(60%)가 적용된 School(학교, 🚶)을 작업 영역에 추가하고, 마우스 우클릭 후 [Filp Horizontal(수평 뒤집기)]로 뒤집어 배치합니다.

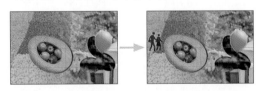

⑪ 위와 같은 방법으로 [Custom Shape Tool(사용자 정의 모양 도구, 🔷)]을 사용하여 레이어 스타일 – 그레이디언트 오버레이(#000000, #ff3333), Drop Shadow(그림자 효과)가 적용된 Volume(볼륨, 🔊)을 작업 영역에 추가합니다.

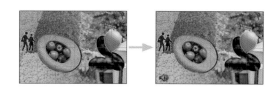

## 3 문자 효과 적용

**01 도시 농업 박람회(궁서, 42pt, 60pt, 레이어 스타일 – 그레이디언트 오버레이(#cc33ff, #006666, #ff9900), Stroke(선/획)(2px, #ffffff), Drop Shadow(그림자 효과))**

① 도구상자에서 Horizontal Type Tool(수평 문자 도구)을 클릭한 뒤 Options Bar(옵션 바)에서 Font(글꼴) : Gungsuh, Size(크기) : 42pt를 설정한 후 '도시 농업 박람회'를 입력한 다음, 농업을 블록 설정하여 Size(크기) : 60pt로 변경합니다.

② Options Bar(옵션 바)에서 [Create Warped Text(뒤틀어진 텍스트)]를 클릭한 다음 Warp Text(텍스트 뒤틀기) 대화상자가 나타나면 Style : Flag(깃발)를 선택해 문자의 모양을 왜곡합니다.

③ Layer Style(레이어 스타일)을 적용하기 위해, Layers(레이어) 패널 하단에 Add a Layer Style(레이어 스타일 추가, fx)을 클릭합니다.

④ [Gradient Overlay(그레이디언트 오버레이)]를 선택합니다.

⑤ Layer Style(레이어 스타일) 대화상자가 나타나면 Gradient(그레이디언트) 색상 스펙트럼을 클릭합니다.

⑥ 왼쪽과 오른쪽 아래 Color Stop(색상 정지점)을 더블 클릭해 각각 '#cc33ff', '#006666', '#ff9900'으로 색상을 설정한 후 Angle(각도)를 조정하고 [OK(확인)]를 클릭합니다.

⑦ 이어서 [Drop Shadow(그림자 효과)]와 [Stroke(선/획)]를 선택해 Size(크기) : 2px, Color(색상) : #ffffff로 설정하고 [OK(확인)]를 클릭합니다.

**02 Korea Urban Agriculture Expo(Arial, Regular, 18pt, #003366, 레이어 스타일 – Stroke(선/획)(2px, #ffffff))**

① 도구상자에서 Horizontal Type Tool(수평 문자 도구)을 클릭한 뒤 Options Bar(옵션 바)에서 Font(글꼴) : Arial, Style(스타일) : Regular, Size(크기) : 18pt, Font Color(글자색) : #003366을 설정한 후 'Korea Urban Agriculture Expo'를 입력합니다.

② Options Bar(옵션 바)에서 Create Warped Text(뒤틀어진 텍스트)를 클릭해 Warp Text(텍스트 뒤틀기) 대화상자가 나타나면 Style : Flag(깃발)를 선택하여 문자의 모양을 왜곡합니다.

③ Layer Style(레이어 스타일)을 적용하기 위해, Layers(레이어) 패널 하단에 Add a Layer Style(레이어 스타일 추가, fx)을 클릭합니다.

④ [Stroke(선/획)]를 선택해 Size(크기) : 2px, Color(색상) : #ffffff로 설정하고 [OK(확인)]를 클릭합니다.

**03 2021년 9월 8일(수)~10일(금) / 순천만정원 (돋움, 18pt, 레이어 스타일 – 그레이디언트 오버레이(#ff3333, #000066), Stroke(선/획)(2px, #ffffcc))**

① 도구상자에서 Horizontal Type Tool(수평 문자 도구)을 클릭한 뒤 Options Bar(옵션 바)에서 Font(글꼴) : Dotum, Size(크기) : 18pt를 설정한 후 '2021년 9월 8일(수)~10일(금) / 순천만정원'을 입력합니다.

② Layer Style(레이어 스타일)을 적용하기 위해, Layers(레이어) 패널 하단에 Add a Layer Style(레이어 스타일 추가, fx)을 클릭합니다.

③ [Gradient Overlay(그레이디언트 오버레이)]를 선택합니다.

④ Layer Style(레이어 스타일) 대화상자가 나타나면 Gradient(그레이디언트) 색상 스펙트럼을 클릭합니다.

⑤ 왼쪽과 오른쪽 아래 Color Stop(색상 정지점)을 더블 클릭해 각각 '#ff3333', '#000066'으로 색상을 설정한 후 Angle(각도)를 조정하고 [OK(확인)]를 클릭합니다.

⑥ 이어서 [Stroke(선/획)]를 선택해 Size(크기) : 2px, Color(색상) : #ffffcc로 설정하고 [OK(확인)]를 클릭합니다.

## 04 건강한 삶 / 도시농업(돋움, 16pt, #ffffff, #cccc00, 레이어 스타일 – Stroke(선/획)(2px, #333300))

① 도구상자에서 Horizontal Type Tool(수평 문자 도구)을 클릭한 뒤 Options Bar(옵션 바)에서 Font(글꼴) : Dotum, Size(크기) : 16pt, Font Color(글자색) : #ffffff를 설정한 후 '건강한 삶', Font Color(글자색) : #cccc00을 설정한 후 '도시농업'을 입력합니다.

② Layer Style(레이어 스타일)을 적용하기 위해, Layers(레이어) 패널 하단에 Add a Layer Style(레이어 스타일 추가, fx.)을 클릭합니다.

③ [Stroke(선/획)]를 선택해 Size(크기) : 2px, Position(포지션): Outside , Color(색상) : #333300으로 설정하고 [OK(확인)]를 클릭합니다.

## 4 최종 파일 저장

### 01 JPG 파일 저장

① [File(파일)] – [Save As(다른 이름으로 저장)]를 선택합니다.

② 파일 이름은 '수험번호–성명–3'으로 입력합니다.

③ 파일 형식은 JPEG를 눌러주고 [저장(S)]을 클릭합니다.

④ JPEG Options(JPEG 옵션)은 Quality : 8 이상으로 잡고 [OK(확인)]를 클릭합니다.

### 02 PSD 파일 저장

① [Image(이미지)] – [Image Size(이미지 크기)]를 클릭합니다.

② Width(폭) : 60Pixels, Height(높이) : 40Pixels, [OK(확인)]를 클릭합니다.

③ [File(파일)] – [Save(저장)](Ctrl + S)를 선택합니다.

### 03 최종 파일 확인

① 2가지 포맷(JPG, PSD)의 최종 파일이 만들어졌는지 확인합니다.

## 5 답안 파일 전송

### 01 감독위원 PC로 답안 파일 전송

## 문제4 [실무응용] 웹 페이지 제작

## 1 준비 작업

### 01 파일 만들기

① [File(파일)] − [New(새로 만들기)]( Ctrl + N )를 클릭합니다.

### 02 파일 세부 정보 설정

① New Document(새 문서)에서 Name(이름) 에 '최신 기출02', 'Width(폭) : 600Pixels, Height(높이) : 400Pixels, Resolution(해 상도) : 72Pixels/Inch, Color Mode(색 상 모드) : RGB Color, 8bit, Background Contents(배경 내용) : White(흰색)'로 설정하 여 새 작업 이미지를 만듭니다.

### 03 파일 저장

① [File(파일)] − [Save As(다른 이름으로 저장)] ( Ctrl + Shift + S )를 클릭합니다.

경로 : PC\문서\GTQ, 파일명은 '수험번호−성 명−4.psd'로 저장합니다.

### 04 사용된 원본 이미지 열기

① [File(파일)] − [Open(열기)]를 선택합니다.

경로 : 문서\GTQ\Image\1급−12.jpg, 1급−13. jpg, 1급−14.jpg, 1급−15.jpg, 1급−16. jpg, 1급−17.jpg 총 6개의 jpg 파일을 Shift 를 눌러 모두 선택하고, [열기( O )]를 클릭합니다.

## 2 그림 효과 적용

### 01 배경 : #cccccc

① 도구상자 하단에 전경색을 더블 클릭합니다. Color Picker(색상 선택) 대화상자가 나타나면 #cccccc로 색상을 설정하고 [OK(확인)]를 클릭 합니다. 작업 영역에서 전경색 단축키인 Alt +

Delete 를 눌러줍니다.

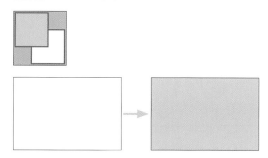

### 02 패턴(꽃잎, 원 모양) : #ffffff, #00ffff

① 패턴을 만들기 위해 [File(파일)] − [New(새로 만들기)]를 선택합니다.

② New Document(새 문서)에서 'Width(폭) : 70Pixels, Height(높이) : 70Pixels, Resolution(해상도) : 72Pixels/Inch, Color Mode(색상 모드) : RGB Color, 8bit, Background Contents(배경 내용) : Transparent(투명색)'로 설정하여 새 작업 이 미지를 만듭니다.

③ [Custom Shape Tool(사용자 모양 정의 도구, 🟤)]을 클릭합니다.

④ Option Bar(옵션 바)에서 Shape(모양), Fill Color(칠 색상) : #ffffff를 지정한 다음 Shape(모양) 목록 단추를 클릭합니다. [Legacy Shapes and More(레거시 모양 및 기타)] − [All Legacy Default Shapes(전체 레거시 모양)] − [Nature(자연)]를 선택합니다.

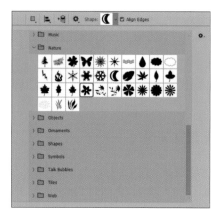

⑤ 《출력형태》와 일치하는 Flower 1(꽃 1, ✱)을 찾아 선택한 후, Shift 를 누른 채 드래그하여 작업 영역에 추가합니다.

⑥ Layers(레이어) 패널 하단에 Create a new layer(새 레이어 생성, ▣)를 클릭합니다.

⑦ Option Bar(옵션 바)에서 Shape(모양), Fill Color(칠 색상) : #00ffff를 지정한 다음 Shape(모양) 목록 단추를 클릭합니다. [Legacy Shapes and More(레거시 모양 및 기타)] – [All Legacy Default Shapes(전체 레거시 모양)] – [Shapes(모양)]를 선택합니다.

⑧ 《출력형태》와 일치하는 Circle Frame(써클 프레임, ◯)을 찾아 선택한 후, Shift 를 누른 채 드래그하여 작업 영역에 추가합니다.

⑨ Layers(레이어) 패널에서 Shift 를 누른 채 Flower 1(꽃 1, ✱)과 Circle Frame(써클 프레임, ◯)의 2개의 레이어를 모두 선택하고 도구상자에서 Move Tool(이동도구, ✛)을 클릭한 후 Alt 를 눌러 드래그해 복사합니다.

⑩ Menu Bar(메뉴 바) – [Edit(편집)] – [Define Pattern(사용자 패턴 정의)]을 클릭합니다.

⑪ Pattern Name(패턴 이름)을 '꽃잎, 원 모양'으로 입력하고 [OK(확인)]를 클릭한 후 작업 영역으로 돌아갑니다.

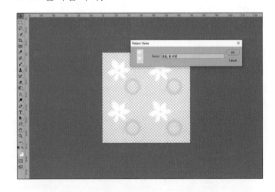

**03 패턴(꽃잎, 원 모양) : Pen Tool(펜 도구) 사용, #ff9966, #33cccc, #cc66cc, 레이어 스타일 – Drop Shadow(그림자 효과)**

① Layers(레이어) 패널 하단에 Create a new layer(새 레이어 생성, ▣)를 클릭합니다.

② 도구상자에서 Pen Tool(펜 도구, ✎)을 클릭합니다.

③ 상단 Option Bar(옵션 바)에서 Path(패스)를 Shape(모양)로 변경하고 Color(색상) : #ff9966으로 설정한 후 패스의 외곽을 그립니다.

④ Layer Style(레이어 스타일)을 적용하기 위해, Layers(레이어) 패널 하단에 [Add a Layer Style(레이어 스타일 추가, fx)]을 클릭합니다.

⑤ [Drop Shadow(그림자 효과)]를 선택하고 Layer Style(레이어 스타일) 대화상자에서 [OK(확인)]를 클릭합니다.

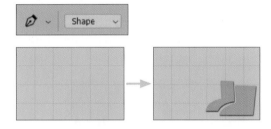

⑥ 위와 같은 방법으로 Color(색상) : #33cccc, #cc66cc로 색상을 설정한 후 나머지 외곽을 그리고 지문에 맞게 효과를 반영합니다.

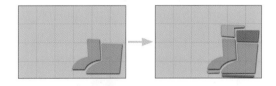

**04 패턴(꽃잎, 원 모양) : 클리핑 마스크**

① Layers(레이어) 패널 하단에 Create a new layer(새 레이어 생성, ▣)를 클릭합니다.

② 도구상자의 Pattern Stamp Tool(패턴 스탬프 툴, ▣)을 클릭합니다.

③ 상단 Option Bar(옵션 바) 패턴 썸네일 옆에 목록 단추를 눌러 만들어 놓은 패턴 모양을 클릭합니다.

④ Size(크기)를 5000px로 설정합니다.

⑤ 작업영역의 빈 곳을 클릭합니다.

⑥ 클리핑 마스크를 하기 위해 Ctrl + Alt + G 를 눌러줍니다.

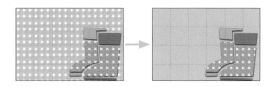

**05** 1급–12.jpg : Blending Mode(혼합 모드) – Hard Light(하드 라이트), 레이어 마스크 – 대각선 방향으로 흐릿하게

① '1급–12.jpg'를 클릭합니다.

② '1급–12.jpg'를 전체 선택(Ctrl + A) 후 Ctrl + C 를 눌러 복사합니다. 작업 영역으로 다시 돌아와 붙여넣기(Ctrl + V)합니다.

③ Ctrl + T 를 눌러 《출력형태》와 비교해가며 크기와 위치를 조정하고 Enter 를 눌러줍니다.

④ Blending Mode(혼합 모드)는 [Hard Light(하드 라이트)]를 선택합니다.

⑤ Layers(레이어) 패널 하단에 Add a layer mask(마스크 추가, ▣)를 클릭합니다.

⑥ Layers(레이어) 옆에 마스크가 적용됐으면, 도구 상자의 Gradient Tool(그레이디언트 도구, ▣)을 클릭합니다.

⑦ Option Bar(옵션 바) Gradient Spectrum(그레이디언트 스펙트럼, ▣▼▬▬▬)을 클릭한 다음 Gradient Editor(그레이디언트 편집) 대화 상자가 나타나면 그레이 계열의 그라데이션을 선택한 후 [OK(확인)]를 클릭합니다.

⑧ 배경의 오른쪽 위에서 왼쪽 아래 방향으로 드래그합니다.

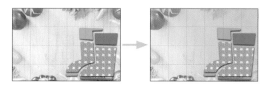

**06** 1급–13.jpg : 필터 – Dry Brush(드라이 브러시), 레이어 마스크 – 가로 방향으로 흐릿하게

① '1급–13.jpg'를 클릭합니다.

② '1급–13.jpg'를 전체 선택(Ctrl + A) 후 Ctrl + C 를 눌러 복사합니다. 작업 영역으로 다시 돌아와 붙여넣기(Ctrl + V)합니다.

③ Ctrl + T 를 눌러 《출력형태》와 비교해가며 크기와 위치를 조정하고 Enter 를 눌러줍니다.

④ [Filter(필터)] – [Filter Gallery(필터 갤러리)] – [Artistic(예술 효과)] – [Dry Brush(드라이 브러시)]를 선택한 후 [OK(확인)]를 클릭합니다.

⑤ Layers(레이어) 패널 하단에 Add a layer mask(마스크 추가, )를 클릭합니다.

⑥ Layers(레이어) 옆에 마스크가 적용됐으면, 도구상자의 Gradient Tool(그레이디언트 도구, )을 클릭합니다.

⑦ Option Bar(옵션 바) Gradient Spectrum(그레이디언트 스펙트럼, )을 클릭한 다음 Gradient Editor(그레이디언트 편집) 대화상자가 나타나면 그레이 계열의 그라데이션을 선택한 후 [OK(확인)]를 클릭합니다.

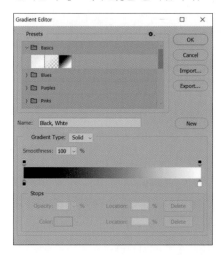

⑧ 배경의 왼쪽에서 오른쪽 방향으로 드래그합니다.

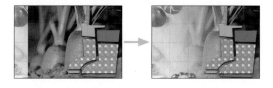

## 07 1급-14.jpg : 레이어 스타일 – Bevel & Emboss (경사와 엠보스), Drop Shadow(그림자 효과)

① '1급-14.jpg'를 클릭합니다.

② 도구상자의 Quick Selection Tool(빠른 선택 도구, )을 선택합니다. Options Bar(옵션 바)에서 [Add to Selection(선택 영역에 추가)]으로 브러시의 크기를 조절해 필요한 영역을 선택하고 Ctrl + C로 복사합니다.

③ 작업 영역으로 돌아와 Ctrl + V로 이미지를 붙여넣기 하고, Ctrl + T를 누른 다음 Shift를 눌러 크기를 조정해 배치합니다.

④ Layer Style(레이어 스타일)을 적용하기 위해, Layers(레이어) 패널 하단에 Add a Layer Style(레이어 스타일 추가, fx.)을 클릭합니다.

⑤ [Bevel & Emboss(경사와 엠보스)]와 [Drop Shadow(그림자 효과)]를 선택한 후 Layer Style(레이어 스타일) 대화상자에서 [OK(확인)]를 클릭합니다.

## 08 1급-15.jpg : 필터 – Crosshatch(그물눈), 레이어 스타일 – Inner Shadow(내부 그림자)

① '1급-15.jpg'를 클릭합니다.

② 도구상자의 Quick Selection Tool(빠른 선택 도구, )을 선택합니다. Options Bar(옵션 바)에서 [Add to Selection(선택 영역에 추가)]으로 브러시의 크기를 조절해 필요한 영역을 선택하고 Ctrl + C로 복사합니다.

③ 작업 영역으로 돌아와 Ctrl + V로 이미지를 붙여넣기 하고, Ctrl + T를 누른 다음 Shift를 눌러 크기를 조정해 배치합니다.

④ [Filter(필터)] – [Filter Gallery(필터 갤러리)] – [Brush Strokes(브러시 선/획)] – [Crosshatch(그물눈)]를 선택하고 [OK(확인)]를 클릭합니다.

⑤ Layer Style(레이어 스타일)을 적용하기 위해, Layers(레이어) 패널 하단에 [Add a Layer Style(레이어 스타일 추가, fx.)]을 클릭합니다.

⑥ [Inner Shadow(내부 그림자)]를 선택하고 Layer Style(레이어 스타일) 대화상자에서 [OK(확인)]를 클릭합니다.

## 09 1급-16.jpg : 색상 보정 – 파란색 계열로 보정, 레이어 스타일 – Bevel & Emboss(경사와 엠보스)

① '1급-16.jpg'를 클릭합니다.

② 도구상자의 Quick Selection Tool(빠른 선택 도구, )을 선택합니다. Options Bar(옵션 바)에서 [Add to Selection(선택 영역에 추가)]으로 브러시의 크기를 조절해 필요한 영역을 선택하고 Ctrl + C로 복사합니다.

③ 작업 영역으로 돌아와 Ctrl + V로 이미지를 붙여넣기 하고, Ctrl + T를 누른 다음 Shift를 눌러 크기를 조정해 배치합니다.

④ Layers(레이어) 패널의 '1급-16.jpg' 레이어 썸네일을 Ctrl을 눌러 클릭한 다음 Layers(레이어) 패널 하단 Create new fill or adjustment layer(조정 레이어, ◑)를 클릭합니다.

⑤ [Hue/Saturation(색조/채도)]을 선택해 Properties(특징) 대화상자에서 Hue(색조), Saturation(채도)을 파란색에 가깝게 조절해줍니다.

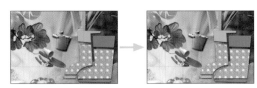

⑥ Layer Style(레이어 스타일)을 적용하기 위해 레이어 패널 하단에 [Add a Layer Style(레이어 스타일 추가, fx.)]을 클릭합니다.

⑦ [Bevel & Emboss(경사와 엠보스)]를 선택한 후, Layer Style(레이어 스타일) 대화상자가 나타나면 [OK(확인)]를 클릭합니다.

**10 그 외 《출력형태》 참조**

① Layers(레이어) 패널 하단에 Create a new layer(새 레이어 생성, ▣)를 클릭합니다.

② [Custom Shape Tool(사용자 모양 정의 도구, ✿.)]을 클릭합니다.

③ Option Bar(옵션 바)에서 Shape(모양), Fill Color(칠 색상) : #ffff00을 지정한 다음 Shape(모양) 목록 단추를 클릭합니다. [Legacy

Shapes and More(레거시 모양 및 기타)] – [All Legacy Default Shapes(전체 레거시 모양)] – [Web(웹)]을 선택합니다.

④ 《출력형태》와 일치하는 Save(저장, 🖫)를 찾아 선택한 후, Shift를 누른 채 드래그하여 작업 영역에 추가합니다.

⑤ Layer Style(레이어 스타일)을 적용하기 위해, Layers(레이어) 패널 하단에 [Add a Layer Style(레이어 스타일 추가, fx.)]을 클릭합니다.

⑥ [Drop Shadow(그림자 효과)]를 선택하고 Layer Style(레이어 스타일) 대화상자에서 [OK(확인)]를 클릭합니다.

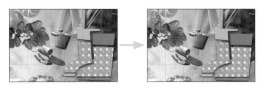

**11 그 외 《출력형태》 참조**

① Layers(레이어) 패널 하단에 Create a new layer(새 레이어 생성, ▣)를 클릭합니다.

② [Custom Shape Tool(사용자 모양 정의 도구, ✿.)]을 클릭합니다.

③ Option Bar(옵션 바)에서 Shape(모양), Fill Color(칠 색상) : #ffcc00을 지정한 다음 Shape(모양) 목록 단추를 클릭합니다. [Legacy Shapes and More(레거시 모양 및 기타)] – [All Legacy Default Shapes(전체 레거시 모양)] – [Shapes(모양)]를 선택합니다.

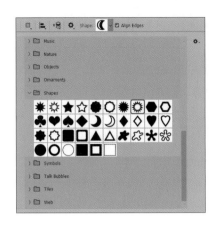

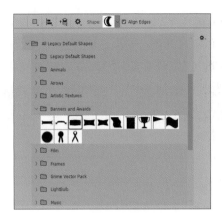

④ 《출력형태》와 일치하는 Flower 2 Frame(꽃 2 프레임, ✦)을 찾아 선택한 후, Shift 를 누른 채 드래그하여 작업 영역에 추가합니다.

⑤ Layer Style(레이어 스타일)을 적용하기 위해, Layers(레이어) 패널 하단에 [Add a Layer Style(레이어 스타일 추가, *fx*)]을 클릭합니다.

⑥ [Inner Shadow(내부 그림자)]를 선택하고 Layer Style(레이어 스타일) 대화상자에서 [OK(확인)]를 클릭합니다.

⑦ Opacity(불투명도)는 80%로 입력합니다.

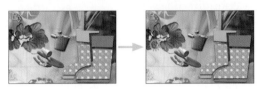

### 12 그 외 《출력형태》 참조

① Layers(레이어) 패널 하단에 Create a new layer(새 레이어 생성, ▣)를 클릭합니다.

② 도구상자의 [Custom Shape Tool(사용자 정의 모양 도구, ⬚)]을 클릭합니다.

③ Option Bar(옵션 바)에서 Shape(모양)로 설정한 다음 Shape(모양) 목록 단추를 클릭합니다. [Legacy Shapes and More(레거시 모양 및 기타)] – [All Legacy Default Shapes(전체 레거시 모양)] – [Banners and Awards(배너 및 상장)]를 클릭합니다.

④ 《출력형태》와 일치하는 Banner 3(배너 3, ▬) 을 찾아 선택한 후, Shift 를 누른 채 드래그하여 작업 영역에 추가합니다.

⑤ Layer Style(레이어 스타일)을 적용하기 위해, Layers(레이어) 패널 하단에 [Add a Layer Style(레이어 스타일 추가, *fx*)]을 클릭합니다.

⑥ [Gradient Overlay(그레이디언트 오버레이)]를 선택합니다.

⑦ Layer Style(레이어 스타일) 대화상자가 나타나면 Gradient(그레이디언트) 색상 스펙트럼을 클릭합니다.

⑧ 왼쪽과 오른쪽 아래 Color Stop(색상 정지점)을 더블 클릭해 각각 '#99cccc', '#ffffff' 색상을 설정합니다.

⑨ Angle(각도)를 조정하고 [OK(확인)]를 클릭합니다.

⑩ 이어서 [Stroke(선/획)]를 선택하고 Size(크기) : 2px, Position(포지션): Outside, Color(색상) : #339999를 설정한 후, [OK(확인)]를 클릭합니다.

⑪ 추가된 Shape(모양)에 Alt 를 누른 채 2번 드래그하여 복사합니다.

⑫ 복사된 Banner 3(배너 3, ▬)에 Layer Style(레이어 스타일)을 적용하기 위해, Layers(레이어) 패널 하단에 Add a Layer Style(레이어 스타일 추가, *fx*)을 클릭합니다.

⑬ [Stroke(선/획)]를 선택해 Size(크기) : 2px, Position(포지션) : Outside, Color(색상) : #cc99ff로 설정한 후, [OK(확인)]를 클릭합니다.

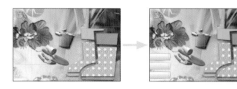

### 13 그 외 《출력형태》 참조

① '1급–17.jpg'를 클릭합니다.

② 도구상자의 Quick Selection Tool(빠른 선택 도구, ✐)을 선택합니다. Options Bar(옵션 바)에서 [Add to Selection(선택 영역에 추가)]으로 브러시의 크기를 조절해 필요한 영역을 선택하고 Ctrl + C로 복사합니다.

③ 작업 영역으로 돌아와 Ctrl + V로 이미지를 붙여넣기 하고, Ctrl + T를 누른 다음 Shift를 눌러 크기를 조정해 배치합니다.

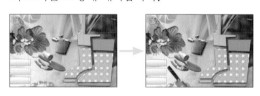

## 3 문자 효과 적용

### 01 City Farmer Project(Times New Roman, Bold, 36pt, 24pt, #330066, 레이어 스타일 – Stroke(선/획)(2px, 그레이디언트(#ff9900, #ffffff))

① 도구상자에서 Horizontal Type Tool(수평 문자 도구)을 클릭한 뒤 Options Bar(옵션 바)에서 Font(글꼴) : Times New Roman, Style(스타일) : Bold, Size(크기) : 36pt, Font Color(글자색) : #330066을 설정한 후 'City Farmer Project'를 입력한 다음, 소문자 'ity', 'armer', 'roject'를 차례대로 블록 설정하여 Size(크기) : 24pt로 변경합니다.

② Options Bar(옵션 바)에서 Create Warped Text(뒤틀어진 텍스트)를 클릭해 Warp Text(텍스트 뒤틀기) 대화상자가 나타나면 Style : Arc Lower(아래 부채꼴)를 선택하여 문자의 모양을 왜곡합니다.

③ Layer Style(레이어 스타일)을 적용하기 위해, Layers(레이어) 패널 하단에 Add a Layer Style(레이어 스타일 추가, fx.)을 클릭합니다.

④ [Stroke(선/획)]를 선택하고 Size(크기) : 2px, Position(포지션) : Outside, Fill Type(칠 유형): Gradient로 설정합니다.

⑤ Gradient 색상 스펙트럼을 클릭합니다.

⑥ 왼쪽과 오른쪽 아래 Color Stop(색상 정지점)을 더블 클릭해 각각 '#ff9900', '#ffffff'로 색상을 설정한 후 Angle(각도)를 조정하고 [OK(확인)]를 클릭합니다.

⑦ Layer Style(레이어 스타일) 대화상자에서 [OK(확인)]를 클릭합니다.

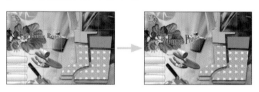

### 02 도시농부 프로젝트(굴림, 40pt, 레이어 스타일 – 그레이디언트 오버레이(#3300ff, #339966, #ff6600), Stroke(선/획)(3px, #ffffcc))

① 도구상자에서 Horizontal Type Tool(수평 문자 도구)을 클릭한 뒤 Options Bar(옵션 바)에서 Font(글꼴) : Gulim, Size(크기) : 40pt를 설정한 후 '도시농부 프로젝트'를 입력합니다.

② Options Bar(옵션 바)에서 [Create Warped Text(뒤틀어진 텍스트)]를 클릭한 다음 Warp Text(텍스트 뒤틀기) 대화상자가 나타나면 Style : Flag(깃발)를 선택해 문자의 모양을 왜곡합니다.

③ Layer Style(레이어 스타일)을 적용하기 위해, Layers(레이어) 패널 하단에 Add a Layer Style(레이어 스타일 추가, fx.)을 클릭합니다.

④ [Gradient Overlay(그레이디언트 오버레이)]를 선택합니다.

⑤ Layer Style(레이어 스타일) 대화상자에서 Gradient(그레이디언트) 색상 스펙트럼을 클릭합니다.

⑥ 왼쪽, 중앙, 오른쪽 아래 Color Stop(색상 정지점)을 더블 클릭하고 각각 '#3300ff', '#339966', '#ff6600'을 입력합니다.

⑦ Angle(각도)를 조정하고 [OK(확인)]를 클릭합니다.

⑧ 이어서 [Stroke(선/획)]를 선택해 Size(크기) : 3px, Position(포지션): Outside, Color(색상) : #ffffcc로 설정한 후, [OK(확인)]를 클릭합니다.

### 03 재배작물 알아보기(궁서, 20pt, #660099, 레이어 스타일 - Drop Shadow(그림자 효과))

① 도구상자에서 Horizontal Type Tool(수평 문자 도구)을 클릭한 뒤 Options Bar(옵션 바)에서 Font(글꼴) : Gungsuh, Size(크기) : 20pt, Font Color(글자색) : #660099를 설정한 후 '재배작물 알아보기'를 입력합니다.

② Layer Style(레이어 스타일)을 적용하기 위해, Layers(레이어) 패널 하단에 Add a Layer Style(레이어 스타일 추가, fx.)을 클릭합니다.

③ [Drop Shadow(그림자 효과)]를 선택하고 Layer Style(레이어 스타일) 대화상자에서 [OK(확인)]를 클릭합니다.

### 04 텃밭분양, 텃밭체험, 반려식물(돋움, 18pt, #000000, 레이어 스타일 - Stroke(선/획)(2px, #99ffff, #cc99ff))

① 도구상자에서 Horizontal Type Tool(수평 문자 도구)을 클릭한 뒤 Options Bar(옵션 바)에서 Font(글꼴) : Dotum, Size(크기) : 18pt, Font Color(글자색) : #000000을 설정한 후 '텃밭분양'을 입력합니다.

② Layer Style(레이어 스타일)을 적용하기 위해, Layers(레이어) 패널 하단에 Add a Layer Style(레이어 스타일 추가, fx.)을 클릭합니다.

③ [Stroke(선/획)]를 선택해 Size(크기) : 2px,

Color(색상) : #99ffff로 설정하고 [OK(확인)]를 클릭합니다.

④ 도구상자의 Move Tool(이동도구, ✛)을 선택한 후 Alt를 눌러 '텃밭분양' 텍스트를 아래로 드래그하여 복사합니다.

⑤ 복사된 '텃밭분양' 텍스트를 각각 '텃밭체험'과 '반려식물'로 수정합니다.

⑥ 《출력형태》와 동일하게 하기 위해 '텃밭체험'의 Layer Style(레이어 스타일)을 Stroke(선/획)를 선택해 Size(크기) : 2px, Color(색상) : #cc99ff로 수정합니다.

### 4 최종 파일 저장

#### 01 JPG 파일 저장

① [File(파일)] - [Save As(다른 이름으로 저장)]를 클릭합니다.

② 파일 이름은 '수험번호-성명-4'로 입력합니다.

③ 파일 형식은 JPEG를 선택하고 [저장(S)]을 클릭합니다.

④ JPEG Options(JPEG 옵션)은 Quality : 8 이상으로 잡고 [OK(확인)]를 클릭합니다.

#### 02 PSD 파일 저장

① [Image(이미지)] - [Image Size(이미지 크기)]를 클릭합니다.

② Width(폭) : 60Pixels, Height(높이) : 40Pixels, [OK(확인)]를 클릭합니다.

③ [File(파일)] - [Save(저장)](Ctrl + S)를 선택합니다.

#### 03 최종 파일 확인

① 2가지 포맷(JPG, PSD)의 최종 파일이 만들어졌는지 확인합니다.

### 5 답안 파일 전송

#### 01 감독위원 PC로 답안 파일 전송

### 문제1 [기능평가] 고급 Tool(도구) 활용

다음의 〈조건〉에 따라 아래의 《출력형태》와 같이 작업하시오.  `20점`

출력형태 ⌐

| 원본 이미지 | 문서\GTQ\image\1급-1.jpg, 1급-2.jpg, 1급-3.jpg | | |
|---|---|---|---|
| 파일 저장 규칙 | JPG | 파일명 | 문서\GTQ\수험번호-성명-1.jpg |
| | | 크기 | 400 x 500 Pixels |
| | PSD | 파일명 | 문서\GTQ\수험번호-성명-1.psd |
| | | 크기 | 40 x 50 Pixels |

1. 그림 효과

① 1급-1.jpg : 필터 – Crosshatch(그물눈)
② Save Path(패스 저장) : 운동기구 모양
③ Mask(마스크) : 운동기구 모양, 1급-2.jpg를 이용하여 작성
　레이어 스타일 – Stroke(선/획)(3px, 그레이디언트(#ff00ff, #99ff00)), Inner Shadow (내부 그림자)
④ 1급-3.jpg : 레이어 스타일 – Bevel & Emboss(경사와 엠보스)
⑤ Shape Tool(모양 도구) :
　– 잎 모양(#cccc00, 레이어 스타일 – Inner Shadow(내부 그림자))
　– 사람 모양(#cc66cc, #000000, 레이어 스타일 – Outer Glow(외부 광선))

2. 문자 효과

① 생활 체육(돋움, 50pt, 레이어 스타일 – 그레이디언트 오버레이(#6633cc, #ffffff), Drop Shadow(그림자 효과))

### 문제2 [기능평가] 사진편집 응용

다음의 〈조건〉에 따라 아래의 《출력형태》와 같이 작업하시오.  `20점`

출력형태 ⌐

| 원본 이미지 | 문서\GTQ\image\1급-4.jpg, 1급-5.jpg, 1급-6.jpg | | |
|---|---|---|---|
| 파일 저장 규칙 | JPG | 파일명 | 문서\GTQ\수험번호-성명-2.jpg |
| | | 크기 | 400 x 500 Pixels |
| | PSD | 파일명 | 문서\GTQ\수험번호-성명-2.psd |
| | | 크기 | 40 x 50 Pixels |

1. 그림 효과

① 1급-4.jpg : 필터 – Cutout(오려내기)
② 색상 보정 : 1급-5.jpg – 빨간색 계열로 보정
③ 1급-5.jpg : 레이어 스타일 – Drop Shadow(그림자 효과)
④ 1급-6.jpg : 레이어 스타일 – Outer Glow(외부 광선)
⑤ Shape Tool(모양 도구) :
　– 자전거 모양(#333366, #660033, 레이어 스타일 – Stroke(선/획)(2px, #ffcccc))
　– 별 모양(#ffcc00, 레이어 스타일 – Inner Shadow(내부 그림자))

2. 문자 효과

① Academy(Times New Roman, Bold, 50pt, 레이어 스타일 – 그레이디언트 오버레이 (#ffffff, #66ff00), Drop Shadow(그림자 효과))

## 문제3  [실무응용] 포스터 제작

다음의 〈조건〉에 따라 아래의 《출력형태》와 같이 작업하시오.  `25점`

**조건** ㄴ

| 원본 이미지 | 문서\GTQ\Image\1급-7.jpg, 1급-8.jpg, 1급-9.jpg, 1급-10.jpg, 1급-11.jpg | | |
|---|---|---|---|
| 파일 저장 규칙 | JPG | 파일명 | 문서\GTQ\수험번호-성명-3.jpg |
| | | 크기 | 600 x 400 Pixels |
| | PSD | 파일명 | 문서\GTQ\수험번호-성명-3.psd |
| | | 크기 | 60 x 40 Pixels |

1. 그림 효과

① 배경 : #666633
② 1급-7.jpg : Blending Mode(혼합 모드) – Screen(스크린), Opacity(불투명도)(80%)
③ 1급-8.jpg : 필터 – Film Grain(필름 그레인), 레이어 마스크 – 가로 방향으로 흐릿하게
④ 1급-9.jpg : 필터 – Texturizer(텍스처화), 레이어 스타일 – Inner Shadow(내부 그림자)
⑤ 1급-10.jpg : 레이어 스타일 – Outer Glow(외부 광선), Drop Shadow(그림자 효과)
⑥ 1급-11.jpg : 색상 보정 – 보라색 계열로 보정, 레이어 스타일 – Stroke(선/획)(5px, 그레이디언트(#003366, 투명으로))
⑦ 그 외 《출력형태》 참조

2. 문자 효과

① 청소년 건강증진 설명회(궁서, 42pt, 60pt, 레이어 스타일 – 그레이디언트 오버레이(#cc33ff, #006666, #0000cc), Stroke(선/획)(2px, #99ccff), Drop Shadow(그림자 효과))
② Junior Health Promotion Briefing(Arial, Regular, 18pt, #003366, 레이어 스타일 – Stroke(선/획)(2px, #ffffff))
③ 2021년 11월 4일(목)~6일(토) / 새시대경기장(돋움, 18pt, 레이어 스타일 – 그레이디언트 오버레이(#66cc00, #ffcc00), Stroke(선/획)(2px, #333333))
④ 맞춤형 / 건강컨설팅(돋움, 16pt, #ffffff, #cccc00, 레이어 스타일 – Stroke(선/획)(2px, #333333))

**출력형태** ㄴ

Shape Tool(모양 도구) 사용
#ffff00, #ffffff, 레이어 스타일 – Drop Shadow(그림자 효과), Opacity(불투명도)(80%)

Shape Tool(모양 도구) 사용
#000000, 레이어 스타일 –
Outer Glow(외부 광선),
Opacity(불투명도)(60%)

Shape Tool(모양 도구) 사용
레이어 스타일 – 그레이디언트
오버레이(#0033ff, #ff9900),
Drop Shadow(그림자 효과)

다음의 〈조건〉에 따라 아래의 《출력형태》와 같이 작업하시오.　35점

조건 ↳

| 원본 이미지 | | | 문서\GTQ\Image\1급-12.jpg, 1급-13.jpg, 1급-14.jpg, 1급-15.jpg, 1급-16.jpg, 1급-17.jpg |
|---|---|---|---|
| 파일 저장 규칙 | JPG | 파일명 | 문서\GTQ\수험번호-성명-4.jpg |
| | | 크기 | 600 x 400 Pixels |
| | PSD | 파일명 | 문서\GTQ\수험번호-성명-4.psd |
| | | 크기 | 60 x 40 Pixels |

1. 그림 효과

① 배경 : #ccffff

② 패턴(별, 새 모양) : #99ffff, #ffffff

③ 1급-12.jpg : Blending Mode(혼합 모드) – Hard Light(하드 라이트), 레이어 마스크 – 대각선 방향으로 흐릿하게

④ 1급-13.jpg : 필터 – Dry Brush(드라이 브러시), 레이어 마스크 – 가로 방향으로 흐릿하게

⑤ 1급-14.jpg : 레이어 스타일 – Bevel & Emboss(경사와 엠보스), Drop Shadow(그림자 효과)

⑥ 1급-15.jpg : 필터 – Film Grain(필름 그레인), 레이어 스타일 – Outer Glow(외부 광선)

⑦ 1급-16.jpg : 색상 보정 – 녹색 계열로 보정, 레이어 스타일 – Bevel & Emboss(경사와 엠보스)

⑧ 그 외 《출력형태》 참조

2. 문자 효과

① Practice Makes Perfect(Times New Roman, Bold, 36pt, 24pt, #330066, 레이어 스타일 – Stroke(선/획)(2px, 그레이디언트(#00ffff, #ffff00))

② 소수정예 교육 시스템(굴림, 40pt, 레이어 스타일 – 그레이디언트 오버레이(#3300ff, #339966, #990000), Stroke(선/획)(3px, #ffffcc))

③ 합격상담전화(궁서, 20pt, #333399, 레이어 스타일 – Drop Shadow(그림자 효과))

④ 수업안내, 입시요강, 커뮤니티(돋움, 18pt, #000000, 레이어 스타일 – Stroke(선/획)(2px, #99ffff, #cc99ff))

출력형태 ↳

Shape Tool(모양 도구) 사용, 레이어 스타일 –
그레이디언트 오버레이(#99cccc, #ffffff), Stroke(선/획)(2px, #339999, #cc99ff)

Shape Tool(모양 도구) 사용
#33ccff, 레이어 스타일 –
Drop Shadow(그림자 효과)

Pen Tool(펜 도구) 사용
#666666, #333366, #993333,
레이어 스타일 –
Inner Shadow(내부 그림자)

Shape Tool(모양 도구) 사용
#cccc33, 레이어 스타일 –
Inner Shadow(내부 그림자),
Opacity(불투명도)(70%)

## 문제1  [기능평가] 고급 Tool(도구) 활용

### 1  준비 작업

#### 01 파일 만들기

① [File(파일)] – [New(새로 만들기)]([Ctrl] + [N])를 클릭합니다.

#### 02 파일 세부 정보 설정

① New Document(새 문서)에서 Name(이름) 에 '최신 기출03', 'Width(폭) : 400Pixels, Height(높이) : 500Pixels, Resolution(해 상도) : 72Pixels/Inch, Color Mode(색 상 모드) : RGB Color, 8bit, Background Contents(배경 내용) : White(흰색)'로 설정하 여 새 작업 이미지를 만듭니다.

#### 03 파일 저장

① [File(파일)] – [Save As(다른 이름으로 저장)] ([Ctrl] + [Shift] + [S])를 클릭합니다.
경로 : PC\문서\GTQ, 파일명은 '수험번호−성 명−1.psd'로 저장합니다.

#### 04 사용된 원본 이미지 열기

① [File(파일)] – [Open(열기)]을 선택합니다.
경로 : 문서\GTQ\Image\1급−1.jpg, 1급−2.jpg, 1급−3.jpg 총 3개의 jpg [Shift]를 눌러 모두 도 선택하고, [열기([O])]를 클릭합니다.

### 2  그림 효과 적용

#### 01 1급−1.jpg : 필터 – Crosshatch(그물눈)

① '1급−1.jpg'를 클릭합니다.

② '1급−1.jpg'를 전체 선택([Ctrl] + [A]) 후 [Ctrl] + [C]를 눌러 복사합니다. 작업 영역으로 다시 돌아와 붙 여넣기([Ctrl] + [V])합니다.

③ [Ctrl] + [T]를 눌러 《출력형태》와 비교해가며 이 미지의 크기와 위치를 조정하고 [Enter]를 눌러줍 니다.

④ [Filter(필터)] – [Filter Gallery(필터 갤러리)] – [Brush Strokes(브러시 선/획)] – [Crosshatch (그물눈)]를 선택하고 [OK(확인)]를 클릭합니다.

**TIP ★**

[Filter Gallery(필터 갤러리)] 대화상자의 오른쪽 [Cancel (취소)] 버튼 아래 목록 단추를 클릭하면 필터 갤러리의 모든 필터가 알파벳 순으로 정렬되어 있습니다.

#### 02 Save Path(패스 저장) : 운동기구 모양

① [Layers(레이어)] 패널 하단에서 [Create a new layer(새 레이어 생성, [国])]를 클릭합니다.

② 《출력형태》에 그려 놓은 기준선을 참고하여 안내 선을 만들어줍니다.

③ 도구상자에서 Pen Tool(펜 도구, [펜])을 선택합 니다.

④ 상단 Option Bar(옵션 바)에서 Path(패스)를 Shape(모양)로 변경한 후 패스의 외곽을 그립 니다.

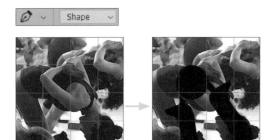

⑤ 도구상자에서 Ellipse Tool(원형 도구, ◉)을 클릭하고 상단 Exclude Overlapping Shapes (모양 오버랩 제외, ▣)를 눌러 제외할 원형 1개를 그립니다.

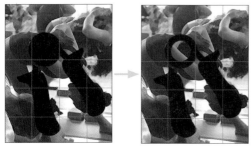

⑥ [Window(윈도우)] – [Paths(패스)]를 클릭합니다.

⑦ Paths(패스) 패널에서 병합된 레이어를 더블 클릭합니다.

⑧ Save Path(패스 저장) 대화상자에서 '운동 기구 모양'을 입력한 후 [OK(확인)]를 클릭합니다.

⑨ Paths(패스) 패널에서 Layers(레이어) 패널로 돌아옵니다.

**TIP** ★

레이어가 여러 개로 생성된 경우, Shift 를 눌러 생성된 레이어를 모두 선택하고 Ctrl + E 로 병합해줍니다.

## 03 Mask(마스크) : 운동기구 모양, 1급-2.jpg를 이용하여 작성

① 만들어진 패스에 클리핑 마스크 작업을 하기 위해 '1급-2.jpg'를 클릭합니다.

② '1급-2.jpg'를 전체 선택(Ctrl + A) 후 Ctrl + C 를 눌러 복사합니다. 작업 영역으로 돌아와 Shape (모양) 위에 붙여넣기(Ctrl + V)합니다.

③ 가져온 '1급-2.jpg'가 선택된 상태에서 마우스 우클릭 후 Create Clipping Mask(클리핑 마스크 만들기)를 선택하거나 또는 Ctrl + Alt + G 를 눌러줍니다.

④ Ctrl + T 를 눌러 《출력형태》와 비교해가며 크기와 위치를 조정하고 Enter 를 눌러줍니다.

⑤ Layer Style(레이어 스타일)을 적용하기 위해, Layers(레이어) 패널 하단에 [Add a Layer Style(레이어 스타일 추가, fx)]을 클릭합니다.

⑥ [Stroke(선/획)]를 선택해 Size(크기) : 3px, Position(포지션) : Outside, Fill Type(칠 유형): Gradient(그레이디언트)로 설정합니다.

⑦ Gradient 옆에 색상을 클릭합니다.

⑧ 왼쪽과 오른쪽 아래 Color Stop(색상 정지점)을 더블 클릭하고 각각 '#ff00ff', '#99ff00'으로 지정한 뒤 [OK(확인)]를 클릭합니다.

⑨ [Inner Shadow(내부 그림자)]를 선택하고 Layer Style(레이어 스타일) 대화상자에서 [OK(확인)]를 클릭합니다.

## 04 1급-3.jpg : 레이어 스타일 – Bevel & Emboss (경사와 엠보스)

① '1급-3.jpg'를 클릭합니다.

② 도구상자에서 Magic Wand Tool(마술봉 도구, ✨)을 클릭합니다. 하늘색 배경을 클릭한 후 Delete를 눌러 삭제합니다.

③ 선택 영역 지정이 완료되면 Ctrl + C를 눌러 레이어를 복사합니다.

④ 작업 영역으로 돌아와 Ctrl + V로 이미지를 붙여넣은 다음, Ctrl + T를 눌러 마우스 우클릭 후 [Flip Horizontal(수평 뒤집기)]로 뒤집어 배치합니다.

⑤ Layer Style(레이어 스타일)을 적용하기 위해, Layers(레이어) 패널 하단에 [Add a Layer Style(레이어 스타일 추가, fx.)]을 클릭합니다.

⑥ [Bevel & Emboss(경사와 엠보스)]를 선택한 후, Layer Style(레이어 스타일) 대화상자에서 [OK(확인)]를 클릭합니다.

**05 Shape Tool(모양 도구)(잎 모양 – #cccc00, 레이어 스타일 – Inner Shadow(내부 그림자)), (보행자 모양 – #cc66cc, #000000, 레이어 스타일 – Inner Shadow(내부 그림자))**

① 도구상자의 [Custom Shape Tool(사용자 정의 모양 도구, ✿)]을 클릭합니다.

② Option Bar(옵션 바)에서 Shape(모양), Fill Color(칠 색상) : #cccc00을 지정한 다음 Shape(모양) 목록 단추를 클릭합니다. [Legacy Shapes and More(레거시 모양 및 기타)] – [All Legacy Default Shapes(전체 레거시 모양)] – [Nature(자연)]를 클릭합니다.

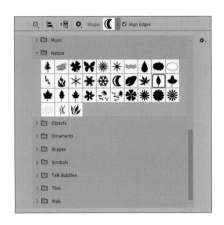

③ 《출력형태》와 일치하는 Leaf 3(잎 3, ◖)을 찾아 선택한 후, Shift를 누른 채 드래그하여 작업 영역에 추가합니다.

④ Layer Style(레이어 스타일)을 적용하기 위해, Layers(레이어) 패널 하단에 [Add a Layer Style(레이어 스타일 추가, fx.)]을 클릭합니다.

⑤ [Inner Shadow(내부 그림자)]를 선택하고 Layer Style(레이어 스타일) 대화상자에서 [OK(확인)]를 클릭합니다.

⑥ 위와 같은 방법으로 [Custom Shape Tool(사용자 정의 모양 도구, ✿)]을 사용하여 Fill Color(칠 색상) : #cc66cc, #000000, 레이어 스타일 – Inner Shadow(내부 그림자)가 적용된 Pedestrian(보행자, ☖)을 작업 영역에 추가합니다.

### 3 문자 효과 적용

**01 생활 체육(돋움, 50pt, 레이어 스타일 – 그레이디언트 오버레이(#6633cc, #ffffff), Drop Shadow(그림자 효과))**

① 도구상자에서 Horizontal Type Tool(수평 문자 도구)을 클릭한 뒤 Options Bar(옵션 바)에서 Font(글꼴) : Dotum, Size(크기) : 50pt를 설정한 후 '생활 체육'을 입력합니다.

② Options Bar(옵션 바)에서 Create Warped Text(뒤틀어진 텍스트)를 클릭해 Warp Text(텍스트 뒤틀기) 대화상자가 나타나면 Style : Bulge(돌출)를 선택하여 문자의 모양을 왜곡합니다.

③ Layer Style(레이어 스타일)을 적용하기 위해, Layers(레이어) 패널 하단에 Add a Layer Style(레이어 스타일 추가, _fx._)을 클릭합니다.

④ [Gradient Overlay(그레이디언트 오버레이)]를 선택합니다.

⑤ Layer Style(레이어 스타일) 대화상자에서 Gradient(그레이디언트) 색상 스펙트럼을 클릭합니다.

⑥ 왼쪽과 오른쪽 아래 Color Stop(색상 정지점)을 더블 클릭해 각각 '#6633cc', '#ffffff'로 색상을 설정합니다.

⑦ Angle(각도)를 조정하고 [OK(확인)]를 클릭합니다.

⑧ 이어서 [Drop Shadow(그림자 효과)]를 선택하고 Layer Style(레이어 스타일) 대화상자에서 [OK(확인)]을 클릭합니다.

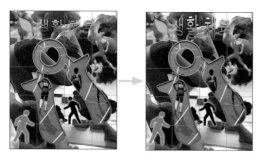

## 4  최종 파일 저장

### 01 JPG 파일 저장

① [File(파일)] – [Save As(다른 이름으로 저장)]를 클릭합니다.

② 파일 이름은 '수험번호-성명-1'로 입력합니다.

③ 파일 형식은 JPEG를 눌러주고 [저장(S)]을 클릭합니다.

④ JPEG Options(JPEG 옵션)은 Quality : 8 이상으로 잡고 [OK(확인)]를 클릭합니다.

### 02 PSD 파일 저장

① [Image(이미지)] – [Image Size(이미지 크기)]를 클릭합니다.

② Width(폭) : 40Pixels, Height(높이) : 50 Pixels, [OK(확인)]를 클릭합니다.

③ [File(파일)] – [Save(저장)]([Ctrl] + [S])를 선택합니다.

### 03 최종 파일 확인

① 2가지 포맷(JPG, PSD)의 최종 파일이 만들어졌는지 확인합니다.

## 5  답안 파일 전송

### 01 감독위원 PC로 답안 파일 전송

## 문제2  [기능평가] 사진편집 응용

### 1  준비 작업

#### 01 파일 만들기

① [File(파일)] – [New(새로 만들기)]([Ctrl] + [N])를 클릭합니다.

#### 02 파일 세부 정보 설정

① New Document(새 문서)에서 Name(이름) 에 '최신 기출03', 'Width(폭) : 400Pixels, Height(높이) : 500Pixels, Resolution(해 상도) : 72Pixels/Inch, Color Mode(색 상 모드) : RGB Color, 8bit, Background Contents(배경 내용) : White(흰색)'로 설정하 여 새 작업 이미지를 만듭니다.

#### 03 파일 저장

① [File(파일)] – [Save As(다른 이름으로 저장)] ([Ctrl] + [Shift] + [S])를 클릭합니다.
경로 : PC\문서\GTQ, 파일명은 '수험번호-성 명-2.psd'로 저장합니다.

#### 04 사용된 원본 이미지 열기

① [File(파일)] – [Open(열기)]를 선택합니다.
경로 : 문서\GTQ\Image\1급-4.jpg, 1급-5. jpg, 1급-6.jpg 총 3개의 jpg 파일을 [Shift]를 눌러 모두 선택하고 [열기([O])]를 클릭합니다.

### 2  그림 효과 적용

#### 01 1급-4.jpg : 필터 – Cutout(오려내기)

① '1급-4.jpg'를 클릭합니다.
② '1급-4.jpg'를 전체 선택([Ctrl] + [A])한 후 [Ctrl] + [C]를 눌러 복사합니다. 작업 영역으로 돌아와 [Ctrl] + [V]로 붙여넣기 합니다.

③ [Ctrl] + [T]를 누르고 《출력형태》와 비교해가며 이미지의 크기 및 위치를 조정하고 [Enter]를 눌러 줍니다.
④ [Filter(필터)] – [Filter Gallery(필터 갤러 리)] – [Artistic(예술 효과)] – [Cutout(오려 내기)]을 선택하고 [OK(확인)]를 클릭합니다.

#### 02 색상 보정 : 1급-5.jpg – 빨간색 계열로 보정

① '1급-5.jpg'를 클릭합니다.
② 도구상자의 Quick Selection Tool(빠른 선택 도구, [아이콘])을 클릭합니다. Options Bar(옵션 바)에서 [Add to Selection(선택 영역에 추가)] 으로 브러시의 크기를 조절해 필요한 영역을 선 택하고 [Ctrl] + [C]로 복사합니다.
③ 작업 영역으로 돌아와 [Ctrl] + [V]로 이미지를 붙 여넣기 하고, [Ctrl] + [T]를 누른 다음 [Shift]를 눌 러 크기를 조정해 배치합니다.
④ 색상 보정할 부분을 Quick Selection Tool(빠 른 선택 도구, [아이콘])을 이용해 이미지를 선택해줍 니다.
⑤ Layers(레이어) 패널 하단에 Create new fill or Adjustment Layer(조정 레이어, [아이콘])를 클 릭하고 Hue/Saturation(색조/채도)을 선택합 니다.
⑥ Properties(특징) 대화상자에서 Hue(색조), Saturation(채도)을 빨간색에 가깝게 조절해줍 니다.

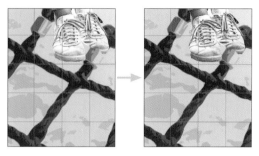

## 03 1급-5.jpg : 레이어 스타일 - Drop Shadow(그림자 효과)

① '1급-5.jpg'를 클릭합니다.

② Layer Style(레이어 스타일)을 적용하기 위해, Layers(레이어) 패널 하단에 Add a Layer Style(레이어 스타일 추가, *fx.*)을 클릭합니다.

③ [Drop Shadow(그림자 효과)]를 선택하고, Layer Style(레이어 스타일) 대화상자에서 [OK(확인)]를 클릭합니다.

## 04 1급-6.jpg : 레이어 스타일 - Outer Glow(외부 광선)

① '1급-6.jpg'를 클릭합니다.

② 도구상자의 Quick Selection Tool(빠른 선택 도구, ▨)을 클릭합니다.

③ Options Bar(옵션 바)에 [Add to Selection (선택 영역에 추가)]을 설정한 후 브러시의 크기를 조절하며 필요한 이미지를 선택합니다.

④ 선택 영역 지정이 완료되면 Ctrl + C를 눌러 레이어를 복사합니다.

⑤ 작업 영역으로 돌아와 Ctrl + V로 이미지를 붙여넣은 후, Ctrl + T로 크기를 조정해 배치합니다.

⑥ Layer Style(레이어 스타일)을 적용하기 위해, Layers(레이어) 패널 하단에 [Add a Layer Style(레이어 스타일 추가, *fx.*)]을 클릭합니다.

⑦ [Outer Glow(외부 광선)]를 선택하고, Layer Style(레이어 스타일) 대화상자가 나타나면 [OK(확인)]를 클릭합니다.

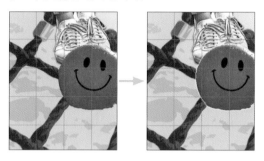

## 05 Shape Tool(모양 도구)(자전거 모양 - #333366, #660033 레이어 스타일 - Stroke(선/획)(2px, #ffcccc)), (보안관 뱃지 모양 - #ffcc00, 레이어 스타일 - Inner Shadow(내부 그림자))

① Custom Shape Tool(사용자 정의 모양 도구, ▨)을 클릭합니다.

② Option Bar(옵션 바)에서 Shape(모양), Fill Color(칠 색상) : #333366을 지정한 다음 Shape(모양) 목록 단추를 클릭합니다. [Legacy Shapes and More(레거시 모양 및 기타)] - [All Legacy Default Shapes(전체 레거시 모양)] - [Symbols(기호)]를 클릭합니다.

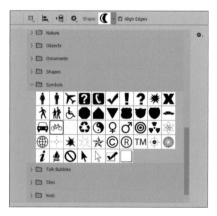

③ 《출력형태》와 일치하는 Bicycle(자전거, ▨)를 찾아 선택한 후, Shift를 누른 채 드래그하여 작

업 영역에 추가합니다.

④ Layer Style(레이어 스타일)을 적용하기 위해, Layers(레이어) 패널 하단에 Add a Layer Style(레이어 스타일 추가, [fx])을 클릭합니다.

⑤ [Stroke(획/선)]를 선택하고 Size(크기) : 2px, Position(포지션) : Outside, Color(색상) : #ffcccc로 설정한 후 [OK(확인)]를 클릭합니다.

⑥ 도구상자에서 Move Tool(이동도구, [+])을 클릭한 후 [Alt]를 누른 채 Bicycle(자전거, [🚲])을 드래그해 복사합니다.

⑦ 도구상자 하단에 전경색을 더블 클릭합니다. Color Picker(색상 선택) 대화상자가 나타나면 #660033으로 색상을 설정하고 [OK(확인)]를 클릭합니다. 작업 영역에서 [Alt] + [Delete]를 눌러줍니다.

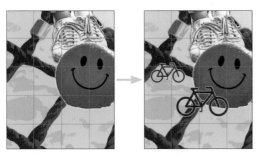

⑧ 위와 같은 방법으로 [Custom Shape Tool(사용자 정의 모양 도구, [🔳])]을 사용하여 Fill Color(칠 색상) : #ffcc00, 레이어 스타일 – Inner Shadow(내부 그림자)가 적용된 Sheriff's Badge(보안관 뱃지, [★])를 작업 영역에 추가합니다.

## 3 문자 효과 적용

01 Academy(Times New Roman, Bold, 50pt, 레이어 스타일 – 그레이디언트 오버레이(#ffffff, #66ff00), Drop Shadow(그림자 효과))

① 도구상자에서 Horizontal Type Tool(수평 문자 도구)을 클릭한 뒤 Options Bar(옵션 바)에서 Font(글꼴) : Times New Roman, Style(스타일) : Bold, Size(크기) : 50pt를 설정한 후 'Academy'를 입력합니다.

② Options Bar(옵션 바)에서 Create Warped Text(뒤틀어진 텍스트)를 클릭해 Warp Text(텍스트 뒤틀기) 대화상자가 나타나면 Style : Shell Lower(아래가 넓은 조개)를 선택하여 문자의 모양을 왜곡합니다.

③ Layer Style(레이어 스타일)을 적용하기 위해, Layers(레이어) 패널 하단에 Add a Layer Style(레이어 스타일 추가, [fx])을 클릭합니다.

④ [Gradient Overlay(그레이디언트 오버레이)]를 선택합니다.

⑤ Layer Style(레이어 스타일) 대화상자가 나타나면 Gradient(그레이디언트) 색상 스펙트럼을 클릭합니다.

⑥ 왼쪽, 오른쪽 아래 Color Stop(색상 정지점)을 더블 클릭해 각각 '#ffffff', '#66ff00'으로 색상을 설정합니다.

⑦ Angle(각도)를 조정하고 [OK(확인)]를 클릭합니다.

⑧ 이어서 [Drop Shadow(그림자 효과)]를 선택하고 Layer Style(레이어 스타일) 대화상자에서 [OK(확인)]을 클릭합니다.

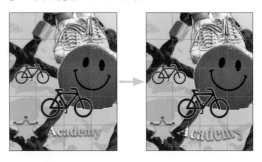

## 4 최종 파일 저장

01 JPG 파일 저장

① [File(파일)] – [Save As(다른 이름으로 저장)]를 선택합니다.

② 파일 이름은 '수험번호-성명-2'로 입력합니다.

안심Touch

③ 파일 형식은 JPEG를 눌러주고 [저장(S)]을 클릭합니다.

④ JPEG Options(JPEG 옵션)은 Quality : 8 이상으로 잡고 [OK(확인)]를 클릭합니다.

### 02 PSD 파일 저장

① [Image(이미지)] – [Image Size(이미지 크기)]를 클릭합니다.

② Width(폭) : 40Pixels, Height(높이) : 50Pixels, [OK(확인)]를 클릭합니다.

③ [File(파일)] – [Save(저장)]([Ctrl] + [S])를 선택합니다.

### 03 최종 파일 확인

① 2가지 포맷(JPG, PSD)의 최종 파일이 만들어졌는지 확인합니다.

## 5 답안 파일 전송

### 01 감독위원 PC로 답안 파일 전송

## 문제3  [실무응용] 포스터 제작

## 1 준비 작업

### 01 파일 만들기

① [File(파일)] – [New(새로 만들기)]([Ctrl] + [N])를 클릭합니다.

### 02 파일 세부 정보 설정

① New Document(새 문서)에서 Name(이름)에 '최신 기출03', 'Width(폭) : 600Pixels, Height(높이) : 400Pixels, Resolution(해상도): 72Pixels/Inch, Color Mode(색상 모드) : RGB Color, 8bit, Background Contents(배경 내용) : White(흰색)'로 설정하여 새 작업 이미지를 만듭니다.

### 03 파일 저장

① [File(파일)] – [Save As(다른 이름으로 저장)]([Ctrl] + [Shift] + [S])를 클릭합니다.
경로 : PC\문서\GTQ, 파일명은 '수험번호-성명-3.psd'로 저장합니다.

### 04 사용된 원본 이미지 열기

① [File(파일)] – [Open(열기)]를 선택합니다.
경로 : 문서\GTQ\Image\1급-7.jpg, 1급-8.jpg, 1급-9.jpg, 1급-10.jpg, 1급-11.jpg 총 5개의 jpg 파일을 [Shift]를 눌러 모두 선택하고, [열기([O])]를 클릭합니다.

## 2 그림 효과 적용

### 01 배경 : #666633

① 도구상자 하단에 전경색을 더블 클릭합니다. Color Picker(색상 선택) 대화상자가 나타나면 #666633으로 색상을 설정하고 [OK(확인)]를 클

릭합니다. 작업 영역에서 전경색 단축키인 Alt + Delete 를 눌러줍니다.

## 02 1급-7.jpg : Blending Mode(혼합 모드) – Screen(스크린), Opacity(불투명도)(80%)

① '1급-7.jpg'를 클릭합니다.

② '1급-7.jpg'를 전체 선택(Ctrl + A) 후 Ctrl + C 를 눌러 복사합니다. 작업 영역으로 다시 돌아와 붙여넣기(Ctrl + V)합니다.

③ Ctrl + T 를 눌러 《출력형태》와 비교해가며 크기와 위치를 조정하고 Enter 를 눌러줍니다.

④ Blending Mode(혼합 모드)는 [Screen(스크린)]을 선택합니다.

⑤ Opacity(불투명도)는 80%로 지정합니다.

## 03 1급-8.jpg : 필터 – Film Grain(필름 그레인), 레이어 마스크 – 가로 방향으로 흐릿하게

① '1급-8.jpg'를 클릭합니다.

② '1급-8.jpg'를 전체 선택(Ctrl + A) 후 Ctrl + C 를 눌러 복사합니다.

③ 작업 영역으로 돌아와 Ctrl + V 로 이미지를 붙여넣기 하고, Ctrl + T 를 누른 다음 Shift 를 눌러 크기를 조정해 배치합니다.

④ [Filter(필터)] – [Filter Gallery(필터 갤러리)] – [Artistic(예술 효과)] – [Film Grain(필름 그레인)]을 선택한 후 [OK(확인)]를 클릭합니다.

⑤ '1급-8.jpg' 레이어에 마스크를 추가하기 위해 Layers(레이어) 패널 하단에 Add a Layer Mask(마스크 추가, ▣)를 클릭합니다.

⑥ '1급-8.jpg' 레이어에 마스크가 적용됐으면, 도구상자의 Gradient Tool(그레이디언트 도구, ▣)을 클릭합니다.

⑦ Option Bar(옵션 바)에서 Gradient Spectrum (그레이디언트 스펙트럼, ▣▽▣)을 선택한 다음 Gradient Editor(그레이디언트 편집) 대화상자에서 그레이 계열을 지정한 후 [OK(확인)]를 클릭합니다.

⑧ 배경의 왼쪽에서 오른쪽 방향으로 드래그합니다.

## 04 1급-10.jpg : 레이어 스타일 – Outer Glow(외부 광선), Drop Shadow(그림자 효과)

① '1급-10.jpg'를 클릭합니다.

② 도구상자의 Quick Selection Tool(빠른 선택 도구, ) 을 선택합니다. Options Bar(옵션 바)에서 [Add to Selection(선택 영역에 추가)] 으로 브러시의 크기를 조절해 필요한 영역을 선 택하고 Ctrl + C 로 복사합니다.

③ 작업 영역으로 돌아와 Ctrl + V 로 이미지를 붙여넣고 Ctrl + T 를 눌러 크기를 조정한 뒤 Enter 를 눌러줍니다.

④ Layer Style(레이어 스타일)을 적용하기 위해, Add a Layer Style(레이어 스타일 추가, fx.)을 클릭합니다.

⑤ [Outer Glow(외부 광선)]와 [Drop Shadow (그림자 효과)]를 선택하고 Layer Style(레이어 스타일) 대화상자에서 [OK(확인)]를 클릭합니다.

## 05 1급-9.jpg : 필터 – Texturizer(텍스처화), 레이어 스타일 – Inner Shadow(내부 그림자)

① Layers(레이어) 패널 하단에 Create a new layer(새 레이어 만들기, ⊞)를 선택합니다.

② '1급-9.jpg'를 전체 선택(Ctrl + A) 후 Ctrl + C 를 눌러 복사합니다. 작업 영역으로 다시 돌아와 붙여넣기(Ctrl + V)를 합니다.

③ Ctrl + T 를 누른 다음 Shift 를 눌러 크기를 조절해 배치합니다.

④ [Filter(필터)] – [Filter Gallery(필터 갤러리)] – [Texture(텍스처)] – [Texturizer(텍스처화)]를 선택한 후 [OK(확인)]를 클릭합니다.

⑤ 클리핑 마스크를 하기 위해 '1급-9.jpg'를 '1급-10.jpg' 위로 위치한 다음 Ctrl + Alt + G 를 누른 뒤 Enter 를 눌러줍니다.

⑥ Layer Style(레이어 스타일)을 적용하기 위해, Add a Layer Style(레이어 스타일 추가, fx.)을 클릭합니다.

⑦ [Inner Shadow(내부 그림자)]를 선택하고 Layer Style(레이어 스타일) 대화상자에서 [OK(확인)]를 클릭합니다.

## 06 1급-11.jpg : 색상 보정 – 보라색 계열로 보정, 레이어 스타일 – Stroke(선/획)(5px, 그레이디언트 (#003366, 투명으로))

① '1급-11.jpg' 클릭합니다.

② 도구상자의 Quick Selection Tool(빠른 선택 도구, )을 선택합니다. Options Bar(옵션 바)에서 [Add to Selection(선택 영역에 추가)] 으로 브러시의 크기를 조절해 필요한 영역을 선택하고 Ctrl + C 로 복사합니다.

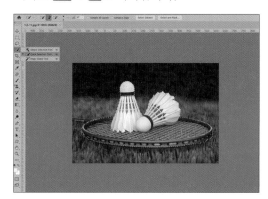

③ 작업 영역으로 돌아와 Ctrl + V 로 이미지를 붙여넣기 합니다.

④ Ctrl + T 를 눌러 《출력형태》와 비교해가며 이미지 크기 및 위치를 조정하고 Enter 를 눌러줍니다.

⑤ 이어서 색상 보정할 부분을 Quick Selection Tool(빠른 선택 도구, )을 이용해 이미지를 선택해줍니다.

⑥ Layers(레이어) 패널 하단에 Create new fill or adjustment layer(조정 레이어, ◑)를 클릭하고, Hue/Saturation(색조/채도)을 선택합니다.

⑦ Properties(특징) 대화상자에서 Hue(색조), Saturation(채도)을 보라색에 가깝게 조절해줍니다.

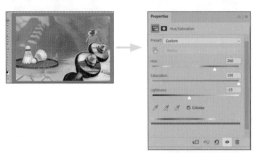

⑧ Layer Style(레이어 스타일)을 적용하기 위해, Layers(레이어) 패널 하단에 [Add a Layer Style(레이어 스타일 추가, fx.)]을 클릭합니다.

⑨ [Stroke(선/획)]를 선택하고 Size(크기) : 5px, Position(포지션) : Outside, Fill Type(칠 유형) : Gradient로 설정합니다.

⑩ Gradient 옆에 색상 스펙트럼을 클릭합니다.

⑪ 왼쪽과 오른쪽 아래 Color Stop(색상 정지점)을 더블 클릭하고 각각 '#003366', '#ffffff'를 입력합니다.

⑫ Angle(각도)를 조정하고 [OK(확인)]를 클릭합니다.

⑬ 흰색을 불투명하게 만들기 위해, '#ffffff' 위 Opacity Stop(불투명도 정지점)을 클릭하고 하단 Opacity(불투명도)에 0%로 입력합니다.

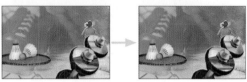

## 07 그 외 《출력형태》 참조

① Layers(레이어) 패널 하단에 Create a new layer(새 레이어 생성, ⊞)를 클릭합니다.

② [Custom Shape Tool(사용자 정의 모양 도구, 🖾.)]을 클릭합니다.

③ Option Bar(옵션 바)에서 Shape(모양), Fill Color(칠 색상) : #ffff00을 지정한 다음 Shape(모양) 목록 단추를 클릭합니다. [Legacy Shapes and More(레거시 모양 및 기타)] — [All Legacy Default Shapes(전체 레거시 모양)] — [Ornaments(장식)]를 선택합니다.

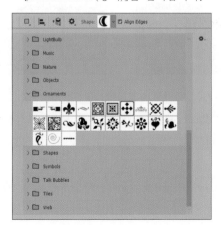

④ 《출력형태》와 일치하는 Ornament 4(장식 4, 〔✤〕)를 찾아 선택한 후, 〔Shift〕를 누른 채 드래그하여 작업 영역에 추가합니다.

⑤ Layer Style(레이어 스타일)을 적용하기 위해, Layers(레이어) 패널 하단에 [Add a Layer Style(레이어 스타일 추가, 〔fx.〕)]을 클릭합니다.

⑥ [Drop Shadow(그림자 효과)]를 선택하고 Layer Style(레이어 스타일) 대화상자에서 [OK(확인)]를 클릭합니다.

⑦ Opacity(불투명도)는 80%로 입력합니다.

⑧ 추가된 Shape(모양)에 〔Alt〕를 누른 채 드래그하여 복사합니다.

⑨ 도구상자 하단의 전경색을 더블 클릭합니다. Color Piker(색상 선택) 대화상자가 나타나면 #ffffff로 설정하고 〔Alt〕 + 〔Delete〕를 눌러 Ornament 4(장식 4, ✤)의 색을 입혀줍니다.

⑩ 위와 같은 방법으로 [Custom Shape Tool(사용자 정의 모양 도구, 〔✿.〕)]을 사용하여 Fill Color(칠 색상) #000000, 레이어 스타일 – Outer Glow(외부 광선), Opacity(불투명도)(60%)가 적용된 School(학교, 〔👫〕)을 작업 영역에 추가합니다.

⑪ 위와 같은 방법으로 [Custom Shape Tool(사용자 정의 모양 도구, 〔✿.〕)]을 사용하여 레이어 스타일 – 그레이디언트 오버레이(#0033ff, #ff9900), [Drop Shadow(그림자 효과)]가 적용된 Forward(앞으로, 〔▶〕)를 작업 영역에 추가합니다.

## 3 문자 효과 적용

**01** 청소년 건강증진 설명회(궁서, 42pt, 60pt, 레이어 스타일 – 그레이디언트 오버레이(#cc33ff, #006666, #0000cc), Stroke(선/획)(2px, #99ccff), Drop Shadow(그림자 효과))

① 도구상자에서 Horizontal Type Tool(수평 문자 도구)을 클릭한 뒤 Options Bar(옵션 바)에서 Font(글꼴) : Gungsuh, Size(크기) : 42pt를 설정한 후 '청소년 건강증진 설명회'를 입력한 다음, '건강'을 블록 설정하여 Size(크기) : 60pt로 변경합니다.

② Options Bar(옵션 바)에서 [Create Warped Text(뒤틀어진 텍스트)]를 클릭한 다음 Warp Text(텍스트 뒤틀기) 대화상자가 나타나면 Style : Flag(깃발)를 선택해 문자의 모양을 왜곡합니다.

③ Layer Style(레이어 스타일)을 적용하기 위해, Layers(레이어) 패널 하단에 Add a Layer Style(레이어 스타일 추가, 〔fx.〕)을 클릭합니다.

④ [Gradient Overlay(그레이디언트 오버레이)]를 선택합니다.

⑤ Layer Style(레이어 스타일) 대화상자가 나타나면 Gradient(그레이디언트) 색상 스펙트럼을 클릭합니다.

⑥ 왼쪽, 중앙, 오른쪽 아래 Color Stop(색상 정지점)을 더블 클릭해 각각 '#cc33ff', '#006666', '#0000cc'로 색상을 설정한 후 Angle(각도)를 조정하고 [OK(확인)]를 클릭합니다.

⑦ 이어서 [Drop Shadow(그림자 효과)]와 [Stroke(선/획)]를 선택해 Size(크기) : 2px, Color(색상) : #99ccff로 설정하고 [OK(확인)]를 클릭합니다.

## 02 Junior Health Promotion Briefing(Arial, Regular, 18pt, #003366, 레이어 스타일 – Stroke(선/획)(2px, #ffffff))

① 도구상자에서 Horizontal Type Tool(수평 문자 도구)을 클릭한 뒤 Options Bar(옵션 바)에서 Font(글꼴) : Arial, Style(스타일) : Regular, Size(크기) : 18pt, Font Color(글자색) : #003366을 설정한 후 'Junior Health Promotion Briefing'을 입력합니다.

② Options Bar(옵션 바)에서 Create Warped Text(뒤틀어진 텍스트)를 클릭해 Warp Text(텍스트 뒤틀기) 대화상자가 나타나면 Style : Flag(깃발)를 선택하여 문자의 모양을 왜곡합니다.

③ Layer Style(레이어 스타일)을 적용하기 위해, Layers(레이어) 패널 하단에 Add a Layer Style(레이어 스타일 추가, *fx.*)을 클릭합니다.

④ [Stroke(선/획)]를 선택해 Size(크기) : 2px, Color(색상) : #ffffff로 설정하고 [OK(확인)]를 클릭합니다.

## 03 2021년 11월 4일(목)~6일(토) / 새시대경기장(돋움, 18pt, 레이어 스타일 – 그레이디언트 오버레이(#66cc00, #ffcc00), Stroke(선/획)(2px, #333333)))

① 도구상자에서 Horizontal Type Tool(수평 문자 도구)을 클릭한 뒤 Options Bar(옵션 바)에서 Font(글꼴) : Dotum, Size(크기) : 18pt를 설정한 후 '2021년 11월 4일(목)~6일(토) / 새시대 경기장'을 입력합니다.

② Layer Style(레이어 스타일)을 적용하기 위해, Layers(레이어) 패널 하단에 Add a Layer Style(레이어 스타일 추가, *fx.*)을 클릭합니다.

③ [Gradient Overlay(그레이디언트 오버레이)]를 선택합니다.

④ Layer Style(레이어 스타일) 대화상자가 나타나면 Gradient(그레이디언트) 색상 스펙트럼을 클릭합니다.

⑤ 왼쪽, 오른쪽 아래 Color Stop(색상 정지점)을 더블 클릭해 각각 '#66cc00', '#ffcc00'으로 색상을 설정한 후 Angle(각도)를 조정하고 [OK(확인)]를 클릭합니다.

⑥ 이어서 [Stroke(선/획)]를 선택해 Size(크기) : 2px, Color(색상) : #333333으로 설정하고 [OK(확인)]를 클릭합니다.

## 04 맞춤형 / 건강 컨설팅(돋움, 16pt, #ffffff, #cccc00, 레이어 스타일 – Stroke(선/획)(2px, #333333)

① 도구상자에서 Horizontal Type Tool(수평 문자 도구)을 클릭한 뒤 Options Bar(옵션 바)에서 Font(글꼴) : Dotum, Size(크기) : 16pt, Font Color(글자색) : #ffffff를 설정한 후 '맞춤형 / 건강 컨설팅'을 입력한 다음, '건강 컨설팅'을 블록 설정하여 Font Color(글자색) : #cccc00으로 변경합니다.

② Layer Style(레이어 스타일)을 적용하기 위해, Layers(레이어) 패널 하단에 Add a Layer Style(레이어 스타일 추가, *fx.*)을 클릭합니다.

③ [Stroke(선/획)]를 선택해 Size(크기) : 2px, Position(포지션): Outside , Color(색상) : #333333으로 설정하고 [OK(확인)]를 클릭합니다.

## 4 최종 파일 저장

### 01 JPG 파일 저장

① [File(파일)] – [Save As(다른 이름으로 저장)]
를 선택합니다.

② 파일 이름은 '수험번호–성명–3'으로 입력합니다.

③ 파일 형식은 JPEG를 눌러주고 [저장(S)]을 클릭합니다.

④ JPEG Options(JPEG 옵션)은 Quality : 8 이상으로 잡고 [OK(확인)]를 클릭합니다.

### 02 PSD 파일 저장

① [Image(이미지)] – [Image Size(이미지 크기)]
를 클릭합니다.

② Width(폭) : 60Pixels, Height(높이) :
40Pixels, [OK(확인)]를 클릭합니다.

③ [File(파일)] – [Save(저장)](Ctrl + S)를 선택합니다.

### 03 최종 파일 확인

① 2가지 포맷(JPG, PSD)의 최종 파일이 만들어졌는지 확인합니다.

## 5 답안 파일 전송

### 01 감독위원 PC로 답안 파일 전송

---

## 문제4　[실무응용] 웹 페이지 제작

## 1 준비 작업

### 01 파일 만들기

① [File(파일)] – [New(새로 만들기)](Ctrl + N)를
클릭합니다.

### 02 파일 세부 정보 설정

① New Document(새 문서)에서 Name(이름)
에 '최신 기출03', 'Width(폭) : 600Pixels,
Height(높이) : 400Pixels, Resolution(해상도) : 72Pixels/Inch, Color Mode(색상 모드) : RGB Color, 8bit, Background
Contents(배경 내용) : White(흰색)'로 설정하여 새 작업 이미지를 만듭니다.

### 03 파일 저장

① [File(파일)] – [Save As(다른 이름으로 저장)]
(Ctrl + Shift + S)를 클릭합니다.

경로 : PC\문서\GTQ, 파일명은 '수험번호–성명–4.psd'로 저장합니다.

### 04 사용된 원본 이미지 열기

① [File(파일)] – [Open(열기)]를 클릭합니다.

경로 : 문서\GTQ\Image\1급–12.jpg, 1급–13.
jpg, 1급–14.jpg, 1급–15.jpg, 1급–16.
jpg, 1급–17.jpg 총 6개의 jpg 파일을
Shift를 눌러 모두 선택하고, [열기(O)]
를 클릭합니다.

## 2 그림 효과 적용

### 01 배경 : #ccffff

① 도구상자 하단에 전경색을 더블 클릭합니다.
Color Picker(색상 선택) 대화상자가 나타나면
#ccffff로 색상을 설정하고 [OK(확인)]를 클릭합니다. 작업 영역에서 전경색 단축키인 Alt +

Delete 를 눌러줍니다.

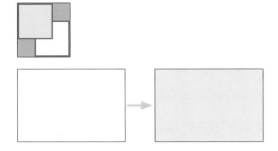

## 02 패턴(별, 새 모양) : #99ffff, #ffffff

① 패턴을 만들기 위해 [File(파일)] – [New(새로 만들기)]를 선택합니다.

② New Document(새 문서)에서 'Width(폭) : 70Pixels, Height(높이) : 70Pixels, Resolution(해상도) : 72Pixels/Inch, Color Mode(색상 모드) : RGB Color, 8bit, Background Contents(배경 내용) : Transparent(투명색)'로 설정하여 새 작업 이미지를 만듭니다.

③ [Custom Shape Tool(사용자 모양 정의 도구, ▨)]을 클릭합니다.

④ Option Bar(옵션 바)에서 Shape(모양), Fill Color(칠 색상) : #99ffff를 지정한 다음 Shape(모양) 목록 단추를 클릭합니다. [Legacy Shapes and More(레거시 모양 및 기타)] – [All Legacy Default Shapes(전체 레거시 모양)] – [Shapes(모양)]를 선택합니다.

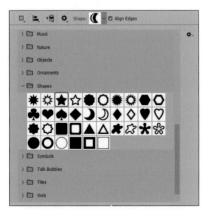

⑤ 《출력형태》와 일치하는 Star(별, ★)를 찾아 선택한 후, Shift 를 누른 채 드래그하여 작업 영역에 추가합니다.

⑥ Layers(레이어) 패널 하단에 Create a new layer(새 레이어 생성, ▣)를 클릭합니다.

⑦ Option Bar(옵션 바)에서 Shape(모양), Fill Color(칠 색상) : #ffffff를 지정한 다음 Shape(모양) 목록 단추를 클릭합니다. [Legacy Shapes and More(레거시 모양 및 기타)] – [All Legacy Default Shapes(전체 레거시 모양)] – [Animals(동물)]를 선택합니다.

⑧ 《출력형태》와 일치하는 Bird 2(새 2, ▼)를 찾아 선택한 후, Shift 를 누른 채 드래그하여 작업 영역에 추가합니다.

⑨ Layers(레이어) 패널에서 Shift 를 누른 채 Star(별, ★)와 Bird 2(새 2, ▼)의 2개의 레이어를 모두 선택하고 Alt 를 눌러 드래그해 복사합니다.

⑩ Menu Bar(메뉴 바) – [Edit(편집)] – [Define Pattern(사용자 패턴 정의)]를 클릭합니다.

⑪ Pattern Name(패턴 이름)을 '별, 새 모양'으로 입력하고 [OK(확인)]를 클릭한 후 작업 영역으로 돌아갑니다.

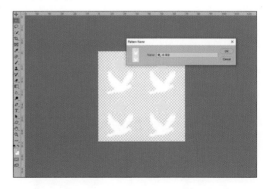

## 03 패턴(별, 새 모양) : Pen Tool(펜 도구) 사용, #666666, #333366, #993333, 레이어 스타일 – Inner Shadow(내부 그림자)

① Layers(레이어) 패널 하단에 Create a new layer(새 레이어 만들기, ▣)를 클릭합니다.

② 도구상자에서 Pen Tool(펜 도구, 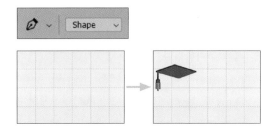)을 클릭합니다.

③ 상단 Option Bar(옵션 바)에서 Path(패스)를 Shape(모양)로 변경하고 Color(색상) : #666666으로 설정한 후 패스의 외곽을 그립니다.

④ Layer Style(레이어 스타일)을 적용하기 위해, Layers(레이어) 패널 하단에 [Add a Layer Style(레이어 스타일 추가, <i>fx</i>)]을 클릭합니다.

⑤ [Inner Shadow(내부 그림자)]를 선택하고 Layer Style(레이어 스타일) 대화상자에서 [OK(확인)]를 클릭합니다.

⑥ 위와 같은 방법으로 Color(색상) : #333366, #993333으로 색상을 변경한 후 나머지 외곽을 그리고 지문에 맞게 효과를 반영합니다.

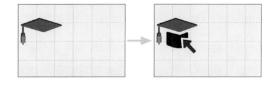

⑦ Layers(레이어) 패널에서 생성된 3개의 레이어를 Shift를 누른 채 모두 선택하고 Ctrl + G를 눌러 1개의 그룹으로 묶어줍니다.

## 04 패턴(별, 새 모양) : 클리핑 마스크

① Layers(레이어) 패널 하단에 Create a new layer(새 레이어 생성, ▣)를 클릭합니다.

② 도구상자의 Pattern Stamp Tool(패턴 스탬프 툴, ▨)을 클릭합니다.

③ 상단 Option Bar(옵션 바) 패턴 썸네일 옆에 목록 단추를 눌러 만들어 놓은 패턴 모양을 클릭합니다.

④ Size(크기)를 5000px로 설정합니다.

⑤ 작업 영역의 빈 곳을 클릭합니다.

⑥ 클리핑 마스크를 하기 위해 Ctrl + Alt + G를 눌러줍니다.

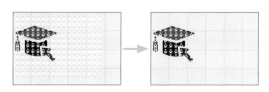

## 05 1급-12.jpg : Blending Mode(혼합 모드) – Hard Light(하드 라이트), 레이어 마스크 – 대각선 방향으로 흐릿하게

① '1급-12.jpg'를 클릭합니다.

② '1급-12.jpg'를 전체 선택(Ctrl + A) 후 Ctrl + C를 눌러 복사합니다. 작업 영역으로 다시 돌아와 붙여넣기(Ctrl + V)합니다.

③ Ctrl + T를 눌러 《출력형태》와 비교해가며 크기와 위치를 조정하고 Enter를 눌러줍니다.

④ Blending Mode(혼합 모드)는 [Hard Light(하드 라이트)]를 선택합니다.

⑤ Layers(레이어) 패널 하단에 Add a layer mask(마스크 추가, ▣)를 클릭합니다.

⑥ Layers(레이어) 옆에 마스크가 적용됐으면, 도구상자의 Gradient Tool(그레이디언트 도구, ▦)을 클릭합니다.

⑦ Option Bar(옵션 바) Gradient Spectrum(그레이디언트 스펙트럼, ▦)을 클릭한 다음 Gradient Editor(그레이디언트 편집) 대화상자가 나타나면 그레이 계열의 그라데이션을 선택한 후 [OK(확인)]를 클릭합니다.

⑧ 배경의 오른쪽 위에서 왼쪽 아래 방향으로 드래
그합니다.

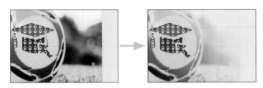

## 06 1급-13.jpg : 필터 – Dry Brush(드라이 브러시), 레이어 마스크 – 가로 방향으로 흐릿하게

① '1급-13.jpg'를 클릭합니다.

② '1급-13.jpg'를 전체 선택(Ctrl + A) 후 Ctrl + C를
눌러 복사합니다. 작업 영역으로 다시 돌아와 붙
여넣기(Ctrl + V)합니다.

③ Ctrl + T를 눌러 《출력형태》와 비교해가며 크기
와 위치를 조정하고 Enter를 눌러줍니다.

④ [Filter(필터)] – [Filter Gallery(필터 갤러리)]
– [Artistic(예술 효과)] – [Dry Brush(드라이
브러시)]를 선택한 후 [OK(확인)]를 클릭합니다.

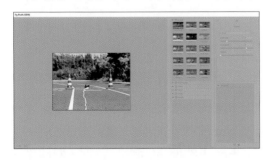

⑤ Layers(레이어) 패널 하단에 Add a layer
mask(마스크 추가, ▣)를 클릭합니다.

⑥ Layers(레이어) 옆에 마스크가 적용됐으면, 도
구상자의 Gradient Tool(그레이디언트 도구,
▣)을 클릭합니다.

⑦ Option Bar(옵션 바) Gradient Spectrum(그
레이디언트 스펙트럼, ▣)을 클릭한 다
음 Gradient Editor(그레이디언트 편집) 대화
상자가 나타나면 그레이 계열의 그라데이션을
선택한 후 [OK(확인)]를 클릭합니다.

⑧ 배경의 왼쪽에서 오른쪽 방향으로 드래그합니다.

## 07 1급-14.jpg : 레이어 스타일 – Bevel & Emboss (경사와 엠보스), Drop Shadow(그림자 효과)

① '1급-14.jpg'를 클릭합니다.

② 도구상자의 Quick Selection Tool(빠른 선택
도구, ▣)을 선택합니다. Options Bar(옵션
바)에서 [Add to Selection(선택 영역에 추가)]
으로 브러시의 크기를 조절해 필요한 영역을 선
택하고 Ctrl + C로 복사합니다.

③ 작업 영역으로 돌아와 Ctrl + V로 이미지를 붙
여넣기 하고, Ctrl + T를 누른 다음 Shift를 눌

러 크기를 조정해 배치합니다.

④ Layer Style(레이어 스타일)을 적용하기 위해, Layers(레이어) 패널 하단에 Add a Layer Style(레이어 스타일 추가, fx)을 클릭합니다.

⑤ [Bevel & Emboss(경사와 엠보스)]와 [Drop Shadow(그림자 효과)]를 선택하고 Layer Style(레이어 스타일) 대화상자에서 [OK(확인)]를 클릭합니다.

## 08 1급-15.jpg : 필터 – Film Grain(필름 그레인), 레이어 스타일 – Outer Glow(외부 광선)

① '1급-15.jpg'를 클릭합니다.

② 도구상자의 Quick Selection Tool(빠른 선택 도구, ✏️)을 선택합니다. Options Bar(옵션 바)에서 [Add to Selection(선택 영역에 추가)] 으로 브러시의 크기를 조절해 필요한 영역을 선택하고 Ctrl + C로 복사합니다.

③ 작업 영역으로 돌아와 Ctrl + V로 이미지를 붙여넣기 하고, Ctrl + T를 누른 다음 Shift를 눌러 크기를 조정해 배치합니다.

④ [Filter(필터)] – [Filter Gallery(필터 갤러리)] – [Artistic(예술 효과)] – [Film Grain(필름 그레인)]을 선택한 후 [OK(확인)]를 클릭합니다.

⑤ Layer Style(레이어 스타일)을 적용하기 위해, Layers(레이어) 패널 하단에 [Add a Layer Style(레이어 스타일 추가, fx)]을 클릭합니다.

⑥ [Outer Glow(외부 광선)]를 선택하고 Layer Style(레이어 스타일) 대화상자에서 [OK(확인)]를 클릭합니다.

## 09 1급-16.jpg : 색상 보정 – 녹색 계열로 보정, 레이어 스타일 – Bevel & Emboss(경사와 엠보스)

① '1급-16.jpg'를 클릭합니다.

② 도구상자의 Quick Selection Tool(빠른 선택 도구, ✏️)을 선택합니다. Options Bar(옵션 바)에서 [Add to Selection(선택 영역에 추가)]

으로 브러시의 크기를 조절해 필요한 영역을 선택하고 Ctrl + C로 복사합니다.

③ 작업 영역으로 돌아와 Ctrl + V로 이미지를 붙여넣기 하고, Ctrl + T를 누른 다음 Shift를 눌러 크기를 조정해 배치합니다.

④ 색상 보정할 영역을 Quick Selection Tool(빠른 선택 도구, ✏️)로 드래그하여 선택합니다.

⑤ Layers(레이어) 패널의 '1급-16.jpg' 레이어 썸네일을 Alt를 눌러 클릭한 다음 Layers(레이어) 패널 하단 Create new fill or adjustment layer(조정 레이어, ●)를 클릭합니다.

⑥ [Hue/Saturation(색조/채도)]을 선택해 Properties(특징) 대화상자에서 Hue(색조), Saturation(채도)을 녹색에 가깝게 조절해줍니다.

⑦ Layer Style(레이어 스타일)을 적용하기 위해 레이어 패널 하단에 [Add a Layer Style(레이어 스타일 추가, fx)]을 클릭합니다.

⑧ [Bevel & Emboss(경사와 엠보스)]를 선택한 후, Layer Style(레이어 스타일) 대화상자가 나타나면 [OK(확인)]를 클릭합니다.

## 10 그 외 《출력형태》 참조

① Layers(레이어) 패널 하단에 Create a new layer(새 레이어 만들기, ▣)를 클릭합니다.

② 도구상자의 [Custom Shape Tool(사용자 정의 모양 도구, ✿)]을 클릭합니다.

③ Option Bar(옵션 바)에서 Shape(모양), Fill Color(칠 색상) : #33ccff를 지정한 다음 Shape(모양) 목록 단추를 클릭합니다. [Legacy Shapes and More(레거시 모양 및 기타)] - [All Legacy Default Shapes(전체 레거시 모양)] - [Symbols(기호)]를 선택합니다.

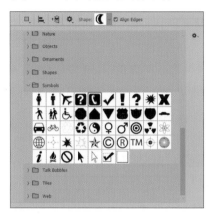

④ 《출력형태》와 일치하는 Phone 3(전화 3, ☎)을 찾아 선택한 후, Shift 를 누른 채 드래그하여 작업 영역에 추가합니다.

⑤ Layer Style(레이어 스타일)을 적용하기 위해, Layers(레이어) 패널 하단에 [Add a Layer Style(레이어 스타일 추가, fx.)]을 클릭합니다.

⑥ [Drop Shadow(그림자 효과)]를 선택하고 Layer Style(레이어 스타일) 대화상자에서 [OK(확인)]를 클릭합니다.

### 11 그 외 《출력형태》 참조

① Layers(레이어) 패널 하단에 Create a new layer(새 레이어 생성, ▣)를 클릭합니다.

② [Custom Shape Tool(사용자 모양 정의 도구, ▨)]을 클릭합니다.

③ Option Bar(옵션 바)에서 Shape(모양), Fill Color(칠 색상) : #cccc33을 지정한 다음 Shape(모양) 목록 단추를 클릭합니다. [Legacy

Shapes and More(레거시 모양 및 기타)] - [All Legacy Default Shapes(전체 레거시 모양)] - [Shapes(모양)]를 선택합니다.

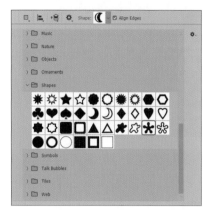

④ 《출력형태》와 일치하는 Blob 2(방울 2, ✸)를 찾아 선택한 후, Shift 를 누른 채 드래그하여 작업 영역에 추가합니다.

⑤ Layer Style(레이어 스타일)을 적용하기 위해, Layers(레이어) 패널 하단에 [Add a Layer Style(레이어 스타일 추가, fx.)]을 클릭합니다.

⑥ [Inner Shadow(내부 그림자)]를 선택하고 Layer Style(레이어 스타일) 대화상자에서 [OK(확인)]를 클릭합니다.

⑦ Opacity(불투명도)는 70%로 입력합니다.

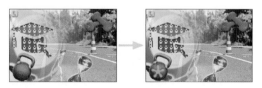

### 12 그 외 《출력형태》 참조

① Layers(레이어) 패널 하단에 Create a new layer(새 레이어 만들기, ▣)를 클릭합니다.

② 도구상자의 [Custom Shape Tool(사용자 정의 모양 도구, ▨)]을 클릭합니다.

③ Option Bar(옵션 바)에서 Shape(모양)로 설정한 다음 Shape(모양) 목록 단추를 클릭합니다. [Legacy Shapes and More(레거시 모양 및 기타)] - [All Legacy Default Shapes(전체 레거시 모양)] - [Banners and Awards(배너 및 상장)]를 클릭합니다.

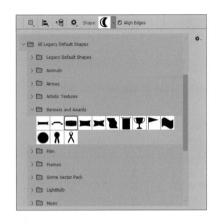

④ 《출력형태》와 일치하는 Banner 3(배너 3, ■)
을 찾아 선택한 후, Shift 를 누른 채 드래그하여
작업 영역에 추가합니다.

⑤ Layer Style(레이어 스타일)을 적용하기 위해,
Layers(레이어) 패널 하단에 [Add a Layer
Style(레이어 스타일 추가, fx.)]을 클릭합니다.

⑥ [Gradient Overlay(그레이디언트 오버레이)]
를 선택합니다.

⑦ Layer Style(레이어 스타일) 대화상자가 나타
나면 Gradient(그레이디언트) 색상 스펙트럼을
클릭합니다.

⑧ 왼쪽과 오른쪽 아래 Color Stop(색상 정지점)을
더블 클릭해 각각 '#99cccc', '#ffffff' 색상을 설
정합니다.

⑨ Angle(각도)를 조정하고 [OK(확인)]를 클릭합
니다.

⑩ 이어서 [Stroke(선/획)]를 선택하고 Size(크기)
: 2px, Position(포지션): Outside, Color(색
상) : #339999를 설정한 후, [OK(확인)]를 클릭
합니다.

⑪ 추가된 Shape(모양)에 Alt 를 눌러 2번 드래그
하여 복사합니다.

⑫ 복사된 Banner 3(배너 3, ■)에 Layer Style(레
이어 스타일)을 적용하기 위해, Layers(레이어)
패널 하단에 Add a Layer Style(레이어 스타일
추가, fx.)을 클릭합니다.

⑬ [Stroke(선/획)]를 선택해 Size(크기) : 2px,

Position(포지션) : Outside, Color(색상) :
cc99ff로 설정한 후, [OK(확인)]를 클릭합니다.

### 13 그 외 《출력형태》 참조

① '1급-17.jpg'를 클릭합니다.

② 도구상자의 Quick Selection Tool(빠른 선택
도구, ) 을 선택합니다. Options Bar(옵션
바)에서 [Add to Selection(선택 영역에 추가)]
으로 브러시의 크기를 조절해 필요한 영역을 선
택하고 Ctrl + C 로 복사합니다.

③ 작업 영역으로 돌아와 Ctrl + V 로 이미지를 붙
여넣기 하고, Ctrl + T 를 누른 다음 Shift 로 크
기를 조정해 배치합니다.

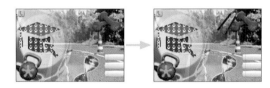

## 3 문자 효과 적용

**01** Practice Makes Perfect(Times New Roman,
Bold, 36pt, 24pt, #330066, 레이어 스타일 –
Stroke(선/획)(2px, 그레이디언트(#00ffff, #ffff00))

① 도구상자에서 Horizontal Type Tool(수평 문
자 도구)을 클릭한 뒤 Options Bar(옵션 바)에
서 Font(글꼴) : Times New Roman, Style(스
타일) : Bold, Size(크기) : 36pt, Font Color(글
자색) : #330066을 설정한 후 'Practice Makes
Perfect'를 입력한 다음, 소문자 'ractice',
'akes', 'erfect'를 차례대로 블록 설정하여
Size(크기) : 24pt로 변경합니다.

② Options Bar(옵션 바)에서 Create Warped
Text(뒤틀어진 텍스트)를 클릭해 Warp
Text(텍스트 뒤틀기) 대화상자가 나타나면

Style : Flag(깃발)를 선택하여 문자의 모양을 왜곡합니다.

③ Layer Style(레이어 스타일)을 적용하기 위해, Layers(레이어) 패널 하단에 Add a Layer Style(레이어 스타일 추가, fx.)을 클릭합니다.

④ [Stroke(선/획)]를 선택하고 Size(크기) : 2px, Position(포지션) : Outside, Fill Type(칠 유형): Gradient로 설정합니다.

⑤ Gradient 색상 스펙트럼을 클릭합니다.

⑥ 왼쪽과 오른쪽 아래 Color Stop(색상 정지점)을 더블 클릭해 각각 '#00ffff', '#ffff00'으로 색상을 설정한 후 Angle(각도)를 조절하고 [OK(확인)]를 클릭합니다.

⑦ Layer Style(레이어 스타일) 대화상자에서 [OK(확인)]를 클릭합니다.

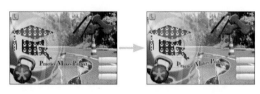

## 02 소수정예 교육 시스템(굴림, 40pt, 레이어 스타일 – 그레이디언트 오버레이(#3300ff, #339966, #990000), Stroke(선/획)(3px, #ffffcc))

① 도구상자에서 Horizontal Type Tool(수평 문자 도구)을 클릭한 뒤 Options Bar(옵션 바)에서 Font(글꼴) : Gulim, Size(크기) : 40pt를 설정한 후 '소수정예 교육 시스템'을 입력합니다.

② Options Bar(옵션 바)에서 [Create Warped Text(뒤틀어진 텍스트)]를 클릭한 다음 Warp Text(텍스트 뒤틀기) 대화상자가 나타나면 Style : Fish(물고기)를 선택해 문자의 모양을 왜곡합니다.

③ Layer Style(레이어 스타일)을 적용하기 위해, Layers(레이어) 패널 하단에 Add a Layer Style(레이어 스타일 추가, fx.)을 클릭합니다.

④ [Gradient Overlay(그레이디언트 오버레이)]를 선택합니다.

⑤ Layer Style(레이어 스타일) 대화상자에서 Gradient(그레이디언트) 색상 스펙트럼을 클릭합니다.

⑥ 왼쪽, 중앙, 오른쪽 아래 Color Stop(색상 정지점)을 더블 클릭하고 각각 '#3300ff', '#339966', '#ff6600'을 입력합니다.

⑦ Angle(각도)를 조절하고 [OK(확인)]를 클릭합니다.

⑧ 이어서 [Stroke(선/획)]를 선택해 Size(크기) : 3px, Position(포지션): Outside, Color(색상) : #ffffcc로 설정한 후, [OK(확인)]를 클릭합니다.

## 03 합격상담전화(궁서, 20pt, #333399, 레이어 스타일 – Drop Shadow(그림자 효과))

① 도구상자에서 Horizontal Type Tool(수평 문자 도구)을 클릭한 뒤 Options Bar(옵션 바)에서 Font(글꼴) : Gungsuh, Size(크기) : 20pt, Font Color(글자색) : #333399를 설정한 후 '합격상담전화'를 입력합니다.

② Layer Style(레이어 스타일)을 적용하기 위해, Layers(레이어) 패널 하단에 Add a Layer Style(레이어 스타일 추가, fx.)을 클릭합니다.

③ [Drop Shadow(그림자 효과)]를 선택하고 Layer Style(레이어 스타일) 대화상자에서 [OK(확인)]를 클릭합니다.

## 04 수업안내, 입시요강, 커뮤니티(돋움, 18pt, #000000, 레이어 스타일 – Stroke(선/획)(2px, #99ffff, #cc99ff))

① 도구상자에서 Horizontal Type Tool(수평 문자 도구)을 클릭한 뒤 Options Bar(옵션 바)에서 Font(글꼴) : Dotum, Size(크기) : 18pt, Font Color(글자색) : #000000을 설정한 후 '수업안내'를 입력합니다.

② Layer Style(레이어 스타일)을 적용하기 위해, Layers(레이어) 패널 하단에 Add a Layer Style(레이어 스타일 추가, fx.)을 클릭합니다.

③ [Stroke(선/획)]를 선택해 Size(크기) : 2px,

Color(색상) : #99ffff로 설정하고 [OK(확인)]를 클릭합니다.

④ 도구상자의 Move Tool(이동도구, ⊕)을 선택한 후 Alt 를 눌러 '수업안내' 텍스트를 아래로 드래그하여 복사합니다.

⑤ 복사된 '수업안내' 텍스트를 각각 '입시요강'과 '커뮤니티'로 수정합니다.

⑥ 《출력형태》와 동일하게 하기 위해 '수업안내'의 Layer Style(레이어 스타일)을 Stroke(선/획)를 Size(크기) : 2px, Color(색상) : #cc99ff로 수정합니다.

## 4 최종 파일 저장

### 01 JPG 파일 저장

① [File(파일)] – [Save As(다른 이름으로 저장)]를 클릭합니다.

② 파일 이름은 '수험번호-성명-4'로 입력합니다.

③ 파일 형식은 JPEG를 선택하고 [저장(S)]을 클릭합니다.

④ JPEG Options(JPEG 옵션)은 Quality : 8 이상으로 설정하고 [OK(확인)]를 클릭합니다.

### 02 PSD 파일 저장

① [Image(이미지)] – [Image Size(이미지 크기)]를 클릭합니다.

② Width(폭) : 60 Pixels, Height(높이) : 40 Pixels, [OK(확인)]를 클릭합니다.

③ [File(파일)] – [Save(저장)]( Ctrl + S )를 선택합니다.

### 03 최종 파일 확인

① 2가지 포맷(JPG, PSD)의 최종 파일이 만들어졌는지 확인합니다.

## 5 답안 파일 전송

### 01 감독위원 PC로 답안 파일 전송

## 문제1 [기능평가] 고급 Tool(도구) 활용

다음의 〈조건〉에 따라 아래의 《출력형태》와 같이 작업하시오. `20점`

**조건** ↳

| 원본 이미지 | | 문서\GTQ\image\1급-1.jpg, 1급-2.jpg, 1급-3.jpg | |
|---|---|---|---|
| 파일 저장<br>규칙 | JPG | 파일명 | 문서\GTQ\수험번호-성명-1.jpg |
| | | 크기 | 400 x 500 Pixels |
| | PSD | 파일명 | 문서\GTQ\수험번호-성명-1.psd |
| | | 크기 | 40 x 50 Pixels |

**출력형태** ↳

1. 그림 효과

① 1급-1.jpg : 필터 – Cutout(오려내기)
② Save Path(패스 저장) : 헤드셋 모양
③ Mask(마스크) : 헤드셋 모양, 1급-2.jpg를 이용하여 작성
　레이어 스타일 – Stroke(선/획)(4px, 그레이디언트(#66ff00, #00ccff)), Inner Glow
　(내부 광선)
④ 1급-3.jpg : 레이어 스타일 – Bevel & Emboss(경사와 엠보스)
⑤ Shape Tool(모양 도구) :
　– 불 모양(#003366, 레이어 스타일 – Inner Glow(내부 광선))
　– 번개 모양(#ff9900, #ffff00, 레이어 스타일 – Outer Glow(외부 광선))

2. 문자 효과

① SOUND UP(Times New Roman, Bold, 50pt, 레이어 스타일 – 그레이디언트 오
버레이(#336600, #ffff00), Stroke(선/획)(2px, #000066))

## 문제2 [기능평가] 사진편집 응용

다음의 〈조건〉에 따라 아래의 《출력형태》와 같이 작업하시오. `20점`

**조건** ↳

| 원본 이미지 | | 문서\GTQ\image\1급-4.jpg, 1급-5.jpg, 1급-6.jpg | |
|---|---|---|---|
| 파일 저장<br>규칙 | JPG | 파일명 | 문서\GTQ\수험번호-성명-2.jpg |
| | | 크기 | 400 x 500 Pixels |
| | PSD | 파일명 | 문서\GTQ\수험번호-성명-2.psd |
| | | 크기 | 40 x 50 Pixels |

**출력형태** ↳

1. 그림 효과

① 1급-4.jpg : 필터 – Texturizer(텍스처화)
② 색상 보정 : 1급-5.jpg – 빨간색, 파란색 계열로 보정
③ 1급-5.jpg : 레이어 스타일 – Drop Shadow(그림자 효과)
④ 1급-6.jpg : 레이어 스타일 – Inner Shadow(내부 그림자)
⑤ Shape Tool(모양 도구) :
　– 꽃잎 모양(#993399, #cc6600, 레이어 스타일 – Outer Glow(외부 광선))
　– 음표 모양(#006600, 레이어 스타일 – Bevel & Emboss(경사와 엠보스))

2. 문자 효과

① 노을공원 연주회(궁서, 40pt, #ffffcc, 레이어 스타일 – Stroke(선/획)(3px, 그레이디언트
(#ff9933, #993399)))

## 문제3  [실무응용] 포스터 제작

다음의 〈조건〉에 따라 아래의 《출력형태》와 같이 작업하시오.  `25점`

**조건** └

| 원본 이미지 | | 문서\GTQ\Image\1급-7.jpg, 1급-8.jpg, 1급-9.jpg, 1급-10.jpg, 1급-11.jpg | |
|---|---|---|---|
| **파일 저장 규칙** | JPG | 파일명 | 문서\GTQ\수험번호-성명-3.jpg |
| | | 크기 | 600 x 400 Pixels |
| | PSD | 파일명 | 문서\GTQ\수험번호-성명-3.psd |
| | | 크기 | 60 x 40 Pixels |

### 1. 그림 효과

① 배경 : #996633
② 1급-7.jpg : Blending Mode(혼합 모드) – Hard Light(하드 라이트), Opacity(불투명도)(70%)
③ 1급-8.jpg : 필터 – Film Grain(필름 그레인), 레이어 마스크 – 대각선 방향으로 흐릿하게
④ 1급-9.jpg : 필터 – Dry Brush(드라이 브러시)
⑤ 1급-10.jpg : 색상 보정 – 노란색 계열로 보정, 레이어 스타일 – Bevel & Emboss(경사와 엠보스)
⑥ 1급-11.jpg : 레이어 스타일 – Outer Glow(외부 광선), Inner Shadow(내부 그림자)
⑦ 그 외 《출력형태》 참조

### 2. 문자 효과

① Fall In Classic(Times New Roman, Bold, 40pt, 65pt, 레이어 스타일 – 그레이디언트 오버레이(#990000, #ccffff, #006600), Inner Shadow(내부 그림자))
② 사계절 오케스트라 정기 연주회(돋움, 22pt, #000033, 레이어 스타일 – Stroke(선/획)(2px, #999999))
③ Harmony Orchestra(Arial, Regular, 18pt, 레이어 스타일 – 그레이디언트 오버레이(#ff6600, #ffff00), Stroke(선/획)(2px, #333333))
④ 2021.11.29. 한국아트센터(궁서, 20pt, #333333, #990066, 레이어 스타일 – Stroke(선/획)(2px, #ffffcc))

**출력형태** └

Shape Tool(모양 도구) 사용
레이어 스타일 – Inner Shadow(내부 그림자),
그레이디언트 오버레이(#660000, #ffffff), Opacity(불투명도)(70%)

Shape Tool(모양 도구) 사용
#ccff99,
레이어 스타일 –
Bevel & Emboss(경사와 엠보스)

Shape Tool(모양 도구) 사용
#ffcccc, #99cc66,
레이어 스타일 –
Drop Shadow(그림자 효과),
Opacity(불투명도)(70%)

다음의 〈조건〉에 따라 아래의 《출력형태》와 같이 작업하시오.　35점

조건 ↳

| 원본 이미지 | | 문서\GTQ\Image\1급-12.jpg, 1급-13.jpg, 1급-14.jpg, 1급-15.jpg, 1급-16.jpg, 1급-17.jpg | |
|---|---|---|---|
| 파일 저장 규칙 | JPG | 파일명 | 문서\GTQ\수험번호-성명-4.jpg |
| | | 크기 | 600 x 400 Pixels |
| | PSD | 파일명 | 문서\GTQ\수험번호-성명-4.psd |
| | | 크기 | 60 x 40 Pixels |

1. 그림 효과

① 배경 : #cc66cc
② 패턴(음표, 물결 모양) : #9933ff, #ffffff
③ 1급-12.jpg : Blending Mode(혼합 모드) – Luminosity(광도), 레이어 마스크 – 세로 방향으로 흐릿하게
④ 1급-13.jpg : 필터 – Dry Brush(드라이 브러시), 레이어 마스크 – 대각선 방향으로 흐릿하게
⑤ 1급-14.jpg : 레이어 스타일 – Bevel & Emboss(경사와 엠보스), Stroke(선/획)(5px, #993399)
⑥ 1급-15.jpg : 필터 – Crosshatch(그물눈)
⑦ 1급-16.jpg : 색상 보정 – 빨간색 계열로 보정, 레이어 스타일 – Drop Shadow(그림자 효과)
⑧ 그 외 《출력형태》 참조

2. 문자 효과

① Music Academy(Arial, Bold, 40pt, 레이어 스타일 – 그레이디언트 오버레이(#cc3366, #3366cc, #66ff99), Stroke(선/획)(2px, #330000), Outer Glow(외부 광선))
② 즐겁지 않으면 음악이 아니다(궁서, 25pt, 36pt, 레이어 스타일 – 그레이디언트 오버레이(#ff9900, #ccffff), Stroke(선/획)(2px, #663300), Drop Shadow(그림자 효과))
③ www.musicedu.com(Times New Roman, Regular, 17pt, #ffffff, 레이어 스타일 – Stroke(선/획)(2px, #666666))
④ 강의안내, 강의등록, 오시는길(돋움, 15pt, #663300, 레이어 스타일 – Stroke(선/획)(1px, 그레이디언트(#ff0066, #ffff00)))

출력형태 ↳

Shape Tool(모양 도구) 사용
레이어 스타일 – 그레이디언트 오버레이(#ff0000, #ffff00), Outer Glow(외부 광선)

Shape Tool(모양 도구) 사용
레이어 스타일 –
그레이디언트 오버레이
(#ff0000, #ffff00),
Outer Glow(외부 광선)

Pen Tool(펜 도구) 사용
#ffcc99, #cc9933,
레이어 스타일 –
Drop Shadow(그림자 효과)

Shape Tool(모양 도구) 사용
#ffffcc, #9999ff,
레이어 스타일 –
Outer Glow(외부 광선),
Opacity(불투명도)(80%)

## 문제1  [기능평가] 고급 Tool(도구) 활용

### 1 준비 작업

#### 01 파일 만들기

① [File(파일)] – [New(새로 만들기)]([Ctrl] + [N])를 클릭합니다.

#### 02 파일 세부 정보 설정

① New Document(새 문서)에서 Name(이름) 에 '최신 기출04', 'Width(폭) : 400Pixels, Height(높이) : 500Pixels, Resolution(해 상도) : 72Pixels/Inch, Color Mode(색 상 모드) : RGB Color, 8bit, Background Contents(배경 내용) : White(흰색)'로 설정하여 새 작업 이미지를 만듭니다.

#### 03 파일 저장

① [File(파일)] – [Save As(다른 이름으로 저장)] ([Ctrl] + [Shift] + [S])를 클릭합니다.
경로 : PC\문서\GTQ, 파일명은 '수험번호–성 명–1.psd'로 저장합니다.

#### 04 사용된 원본 이미지 열기

① [File(파일)] – [Open(열기)]을 클릭합니다.
경로 : 문서\GTQ\Image\1급–1.jpg, 1급–2. jpg, 1급–3.jpg 총 3개의 jpg 파일을 [Shift]를 눌러 모두 선택하고, [열기([O])] 를 클릭합니다.

### 2 그림 효과 적용

#### 01 1급–1.jpg : 필터 – Cutout(오려내기)

① '1급–1.jpg'를 클릭합니다.

② '1급–1.jpg'를 전체 선택([Ctrl] + [A]) 후 [Ctrl] + [C]를 눌러 복사합니다. 작업 영역으로 다시 돌아와 붙 여넣기([Ctrl] + [V])합니다.

③ [Ctrl] + [T]를 눌러 《출력형태》와 비교해가며 이 미지의 크기와 위치를 조정하고 [Enter]를 눌러줍 니다.

④ [Filter(필터)] – [Filter Gallery(필터 갤러리)] – [Artistic(예술 효과)] – [Cutout(오려내기)] 을 선택하고 [OK(확인)]을 클릭합니다.

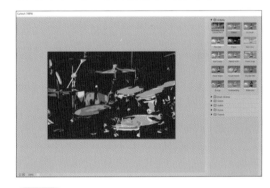

> **TIP** ⭐
>
> [Filter Gallery(필터 갤러리)] 대화상자의 오른쪽 [Cancel(취소)] 버튼 아래 목록 단추를 클릭하면 필터 갤 러리의 모든 필터가 알파벳 순으로 정렬되어 있습니다.

#### 02 Save Path(패스 저장) : 헤드셋 모양

① [Layers(레이어)] 패널 하단에서 [Create a new layer(새 레이어 생성, 🔲)]를 클릭합니다.

② 《출력형태》에 그려 놓은 기준선을 참고하여 안내 선을 만들어줍니다.

③ 도구상자에서 Pen Tool(펜 도구, 🖊)을 선택합 니다.

④ 상단 Option Bar(옵션 바)에서 Path(패스)를
Shape(모양)로 변경한 후 패스의 외곽을 그립
니다.

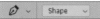

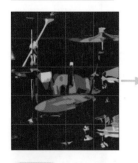

TIP ★

레이어가 여러 개로 생성된 경우, Shift를 눌러 생성된
레이어를 모두 선택한 다음 Ctrl + E로 병합해줍니다.

⑤ [Window(윈도우)] − [Paths(패스)]를 클릭합
니다.

⑥ Paths(패스) 패널에서 병합된 레이어를 더블 클
릭합니다.

⑦ Save Path(패스 저장) 대화상자에서 '헤드셋 모
양'을 입력한 후 [OK(확인)]를 클릭합니다.

⑧ Paths(패스) 패널에서 Layers(레이어) 패널로
돌아옵니다.

### 03 Mask(마스크) : 헤드셋 모양, 1급-2.jpg를 이용
하여 작성

① 만들어진 패스에 클리핑 마스크 작업을 하기 위
해 '1급-2.jpg'를 클릭합니다.

② '1급-2.jpg'를 전체 선택(Ctrl + A) 후 Ctrl + C를
눌러 복사합니다. 작업 영역으로 돌아와 Shape
(모양) 위에 붙여넣기(Ctrl + V)합니다.

③ 가져온 '1급-2.jpg'가 선택된 상태에서 마우스
우클릭 후 Create Clipping Mask(클리핑 마
스크 만들기)를 선택하거나 또는 Ctrl + Alt + G를
눌러줍니다.

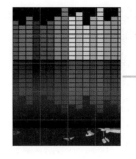

④ Ctrl + T를 눌러 《출력형태》와 비교해가며 크기
와 위치를 조정하고 Enter를 눌러줍니다.

⑤ Layer Style(레이어 스타일)을 적용하기 위해,
Layers(레이어) 패널 하단에 [Add a Layer
Style(레이어 스타일 추가, fx.)]을 클릭합니다.

⑥ [Stroke(선/획)]를 선택해 Size(크기) : 4px,
Position(포지션) : Outside, Fill Type(칠 유
형): Gradient(그레이디언트)로 설정합니다.

⑦ Gradient 옆에 색상을 클릭합니다.

⑧ 왼쪽, 오른쪽 아래 Color Stop(색상 정지점)을
각각 더블 클릭하고 '#66ff00', '#00ccff'로 지정
한 뒤[OK(확인)]를 클릭합니다.

⑨ [Inner Shadow(내부 그림자)]를 선택하고
Layer Style(레이어 스타일) 대화상자에서
[OK(확인)]를 클릭합니다.

### 04 1급-3.jpg : 레이어 스타일 − Bevel & Emboss
(경사와 엠보스)

① '1급-3.jpg'를 클릭합니다.

② 도구상자에서 Pen Tool(펜 도구, ∅.)을 클릭합
니다.

③ 헤드셋 외곽을 따라 선택 영역 지정이 완료되면
마우스 우클릭을 합니다.

④ [Make Selection(선택영역 만들기)]을 선택하
고 [OK(확인)]를 클릭한 후 Ctrl + C를 눌러 레
이어를 복사합니다.

⑤ 작업 영역으로 돌아와 Ctrl + V로 이미지를 붙
여넣기 합니다.

⑥ Layer Style(레이어 스타일)을 적용하기 위해,
Layers(레이어) 패널 하단에 [Add a Layer
Style(레이어 스타일 추가, fx.)]을 클릭합니다.

⑦ [Bevel & Emboss(경사와 엠보스)]를 선택하고 Layer Style(레이어 스타일) 대화상자에서 [OK(확인)]를 클릭합니다.

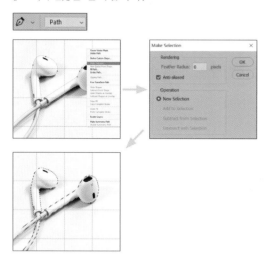

**05 Shape Tool(모양 도구)(불 모양 – #003366, 레이어 스타일 – Inner Glow(내부 광선)), (번개 모양 – #ff9900, #ffff00, 레이어 스타일 – Outer Glow(외부 광선))**

① 도구상자의 [Custom Shape Tool(사용자 모양 정의 도구, 🖼)]을 클릭합니다.

② Option Bar(옵션 바)에서 Shape(모양), Fill Color(칠 색상) : #003366을 지정한 다음 Shape(모양) 목록 단추를 클릭합니다. [Legacy Shapes and More(레거시 모양 및 기타)] – [All Legacy Default Shapes(전체 레거시 모양)] – [Nature(자연)]를 클릭합니다.

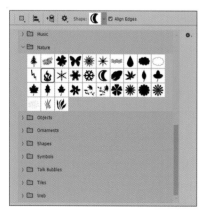

③ 《출력형태》와 일치하는 Fire(불, 🔥)를 찾아 선택한 후, Shift를 누른 채 드래그하여 작업 영역에 추가합니다.

④ Layer Style(레이어 스타일)을 적용하기 위해, Layers(레이어) 패널 하단에 [Add a Layer Style(레이어 스타일 추가, fx)]을 클릭합니다.

⑤ [Inner Glow(내부 광선)]를 선택하고 Layer Style(레이어 스타일) 대화상자에서 [OK(확인)]를 클릭합니다.

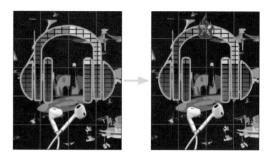

⑧ 위와 같은 방법으로 [Custom Shape Tool(사용자 정의 모양 도구, 🖼)]을 사용하여 Fill Color(칠 색상) : #ff9900, #ffff00, 레이어 스타일 – Outer Glow(외부 광선)가 적용된 Lightning(번개, ⚡)을 작업 영역에 추가합니다.

**3  문자 효과 적용**

**01 SOUND UP(Times New Roman, Bold, 50pt, 레이어 스타일 – 그레이디언트 오버레이(#336600, #ffff00), Stroke(선/획)(2px, #000066))**

① 도구상자에서 Horizontal Type Tool(수평 문자 도구)을 클릭한 뒤 Options Bar(옵션 바)에서 Font(글꼴) : Times New Roman, Style(스타일) : Bold, Size(크기) : 50pt를 설정한 후 'SOUND UP'을 입력합니다.

② Options Bar(옵션 바)에서 Create Warped Text(뒤틀어진 텍스트)를 클릭해 Warp Text(텍스트 뒤틀기) 대화상자가 나타나면 Style : Fish(물고기)를 선택하여 문자의 모양을 왜곡합니다.

③ Layer Style(레이어 스타일)을 적용하기 위해, Layers(레이어) 패널 하단에 Add a Layer Style(레이어 스타일 추가, fx.)을 클릭합니다.

④ [Gradient Overlay(그레이디언트 오버레이)]를 선택합니다.

⑤ Layer Style(레이어 스타일) 대화상자가 나타나면 Gradient(그레이디언트) 색상 스펙트럼을 클릭합니다.

⑥ 왼쪽, 오른쪽 아래 Color Stop(색상 정지점)을 더블 클릭해 각각 '#336600', '#ffff00'으로 색상을 설정합니다.

⑦ Angle(각도)를 조정하고 [OK(확인)]를 클릭합니다.

⑧ 이어서 [Stroke(선/획)]를 선택해 Size(크기) : 2px, Position(포지션) : Outside, Color(색상) : #000066으로 설정한 후 Layer Style(레이어 스타일) 대화상자에서 [OK(확인)]를 클릭합니다.

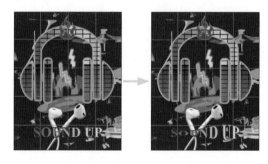

## 4 최종 파일 저장

### 01 JPG 파일 저장

① [File(파일)] – [Save As(다른 이름으로 저장)]를 클릭합니다.

② 파일 이름은 '수험번호-성명-1'로 입력합니다.

③ 파일 형식은 JPEG를 눌러주고 [저장(S)]을 클릭합니다.

④ JPEG Options(JPEG 옵션)은 Quality : 8 이상으로 잡고 [OK(확인)]를 클릭합니다.

### 02 PSD 파일 저장

① [Image(이미지)] – [Image Size(이미지 크기)]를 클릭합니다.

② Width(폭) : 40Pixels, Height(높이) : 50Pixels, [OK(확인)]를 클릭합니다.

③ [File(파일)] – [Save(저장)](Ctrl + S)를 선택합니다.

### 03 최종 파일 확인

① 2가지 포맷(JPG, PSD)의 최종 파일이 만들어졌는지 확인합니다.

## 5 답안 파일 전송

### 01 감독위원 PC로 답안 파일 전송

## 1 준비 작업

### 01 파일 만들기

① [File(파일)] – [New(새로 만들기)](Ctrl + N)를 클릭합니다.

### 02 파일 세부 정보 설정

① New Document(새 문서)에서 Name(이름)에 '최신 기출04', 'Width(폭) : 400Pixels, Height(높이) : 500Pixels, Resolution(해상도) : 72Pixels/Inch, Color Mode(색상 모드) : RGB Color, 8bit, Background Contents(배경 내용) : White(흰색)'로 설정하여 새 작업 이미지를 만듭니다.

### 03 파일 저장

① [File(파일)] – [Save As(다른 이름으로 저장)](Ctrl + Shift + S)를 클릭합니다.
경로 : PC\문서\GTQ, 파일명은 '수험번호-성명-2.psd'로 저장합니다.

### 04 사용된 원본 이미지 열기

① [File(파일)] – [Open(열기)]을 클릭합니다.
경로 : 문서\GTQ\Image\1급-4.jpg, 1급-5.jpg, 1급-6.jpg 총 3개의 jpg 파일을 Shift 를 눌러 모두 선택하고 [열기(O)]를 클릭합니다.

## 2 그림 효과 적용

### 01 1급-4.jpg : 필터 – Texturizer(텍스터화)

① '1급-4.jpg'를 클릭합니다.

② '1급-4.jpg'를 전체 선택(Ctrl + A) 후 Ctrl + C 를 눌러 복사합니다. 작업 영역으로 돌아와 Ctrl + V로 붙여넣기 합니다.

③ Ctrl + T 를 눌러 《출력형태》와 비교해가며 이

미지의 크기 및 위치를 조정하고 Enter 를 눌러줍니다.

④ [Filter(필터)] – [Filter Gallery(필터 갤러리)] – [Texture(텍스처)] – [Texturizer(텍스처화)]를 선택하고 [OK(확인)]를 클릭합니다.

### 02 색상 보정 : 1급-5.jpg – 빨간색, 파란색 계열로 보정

① '1급-5.jpg'를 클릭합니다.

② 도구상자의 Quick Selection Tool(빠른 선택 도구, ☑)을 클릭합니다. Options Bar(옵션 바)에서 [Add to Selection(선택 영역에 추가)]으로 브러시의 크기를 조절해 필요한 영역을 선택하고 Ctrl + C 로 복사합니다.

③ 작업 영역으로 돌아와 Ctrl + V 로 이미지를 붙여넣기 하고, Ctrl + T를 누른 다음 Shift 를 눌러 크기를 조정해 배치합니다.

④ 색상 보정할 부분을 Quick Selection Tool(빠른 선택 도구, ☑)을 이용해 이미지를 선택해줍니다.

⑤ Layers(레이어) 패널 하단에 Create new fill or Adjustment Layer(조정 레이어, ◑)를 클릭하고 Hue/Saturation(색조/채도)을 선택합니다.

⑥ Properties(특징) 대화상자에서 Hue(색조), Saturation(채도)을 빨간색과 파란색에 가깝게 조절해줍니다.

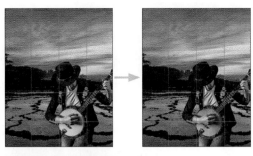

▲ 빨간색

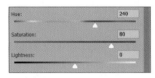

▲ 파란색

### 03 1급-5.jpg : 레이어 스타일 – Drop Shadow(그림자 효과)

① '1급-5.jpg'를 클릭합니다.
② Layer Style(레이어 스타일)을 적용하기 위해, Layers(레이어) 패널 하단에 Add a Layer Style(레이어 스타일 추가, fx)을 클릭합니다.
③ [Drop Shadow(그림자 효과)]를 선택하고, Layer Style(레이어 스타일) 대화상자에서 [OK(확인)]를 클릭합니다.

### 04 1급-6.jpg : 레이어 스타일 – Inner Shadow(내부 그림자)

① '1급-6.jpg'를 클릭합니다.
② 도구상자에서 [Quick Selection Tool(빠른 선택 도구, )]을 클릭합니다.
③ Options Bar(옵션 바)에서 [Add to Selection (선택 영역에 추가)]으로 설정한 후 브러시의 크기를 조절하며 필요한 이미지를 선택합니다.
④ 선택 영역 지정이 완료되면 Ctrl + C 를 눌러 레

이어를 복사합니다.
⑤ 작업 영역으로 돌아와 Ctrl + V 로 이미지를 붙여 넣은 후, Ctrl + T 로 크기를 조정해 배치합니다.
⑥ Layer Style(레이어 스타일)을 적용하기 위해, Layers(레이어) 패널 하단에 [Add a Layer Style(레이어 스타일 추가, fx)]을 클릭합니다.
⑦ [Inner Shadow(내부 그림자)]를 선택한 후, Layer Style(레이어 스타일) 대화상자에서 [OK(확인)]를 클릭합니다.

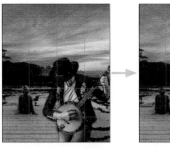

### 05 Shape Tool(모양 도구)(꽃잎 모양 – #993399, #cc6600 레이어 스타일 – Outer Glow(외부 광선), (음표 모양 – #006600, 레이어 스타일 – Bevel & Emboss(경사와 엠보스))

① Custom Shape Tool(사용자 정의 모양 도구, )을 클릭합니다.
② Option Bar(옵션 바)에서 Shape(모양), Fill Color(칠 색상) : #993399를 지정한 다음 Shape(모양) 목록 단추를 클릭합니다. [Legacy Shapes and More(레거시 모양 및 기타)] – [All Legacy Default Shapes(전체 레거시 모양)] – [Nature(자연)]를 클릭합니다.

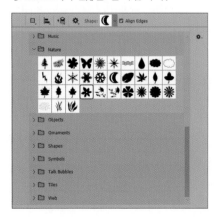

③ 《출력형태》와 일치하는 Flower 1(꽃 1, ✴)을 찾아 선택한 후, Shift 를 누른 채 드래그하여 작업 영역에 추가합니다.

④ Layer Style(레이어 스타일)을 적용하기 위해, Layers(레이어) 패널 하단에 Add a Layer Style(레이어 스타일 추가, fx.)을 클릭합니다.

⑤ [Outer Glow(외부 광선)]를 선택하고 Layer Style(레이어 스타일) 대화상자에서 [OK(확인)]를 클릭합니다.

⑥ 도구상자에서 Move Tool(이동도구, ✛)을 클릭한 후 Alt 를 누른 채 Flower 1(꽃 1, ✴)을 드래그해 복사합니다.

⑦ 도구상자 하단에 전경색을 더블 클릭합니다. Color Picker(색상 선택) 대화상자가 나타나면 #cc6600으로 색상을 설정하고 [OK(확인)]를 클릭합니다. 작업 영역에서 Alt + Delete 를 눌러줍니다.

⑧ 위와 같은 방법으로 [Custom Shape Tool(사용자 정의 모양 도구, ❀)]을 사용하여 Fill Color(칠 색상) : #006600, 레이어 스타일 - Bevel & Emboss(경사와 엠보스)가 적용된 Eighth Note(8분 음표, ♫)를 작업 영역에 추가합니다.

### 3 문자 효과 적용

**01** 노을공원 연주회(궁서, 40pt, #ffffcc, 레이어 스타일 - Stroke(선/획)(3px, 그레이디언트(#ff9933, #993399)))

① 도구상자에서 Horizontal Type Tool(수평 문자 도구)을 클릭한 뒤 Options Bar(옵션 바)에서 Font(글꼴) : Gungsuh, Size(크기) : 40pt를 설정한 후 '노을공원 연주회'를 입력합니다.

② Options Bar(옵션 바)에서 Create Warped Text(뒤틀어진 텍스트)를 클릭해 Warp Text(텍스트 뒤틀기) 대화상자가 나타나면 Style : Arch(아치)를 선택하여 문자의 모양을 왜곡합니다.

③ Layer Style(레이어 스타일)을 적용하기 위해, Layers(레이어) 패널 하단에 Add a Layer Style(레이어 스타일 추가, fx.)을 클릭합니다.

④ [Stroke(선/획)]를 선택하고 Size(크기) : 3px, Position(포지션): Outside, Fill Type(칠 유형) : Gradient로 선택합니다.

⑤ Gradient 옆에 색상 스펙트럼을 클릭합니다.

⑥ 왼쪽과 오른쪽 아래 Color Stop(색상 정지점)을 더블 클릭하고 각각 '#ff9933', '#993399'를 입력합니다.

⑦ Angle(각도)를 조정하고 [OK(확인)]를 클릭합니다.

### 4 최종 파일 저장

**01** JPG 파일 저장

① [File(파일)] - [Save As(다른 이름으로 저장)]를 선택합니다.

② 파일 이름은 '수험번호-성명-2'로 입력합니다.

③ 파일 형식은 JPEG를 선택하고 [저장(S)]을 클릭합니다.

④ JPEG Options(JPEG 옵션)은 Quality : 8 이상으로 잡고 [OK(확인)]를 클릭합니다.

## 02 PSD 파일 저장

① [Image(이미지)] – [Image Size(이미지 크기)]를 클릭합니다.

② Width(폭) : 40Pixels, Height(높이) : 50Pixels, [OK(확인)]를 클릭합니다.

③ [File(파일)] – [Save(저장)]([Ctrl] + [S])를 선택합니다.

## 03 최종 파일 확인

① 2가지 포맷(JPG, PSD)의 최종 파일이 만들어졌는지 확인합니다.

## 5 답안 파일 전송

### 01 감독위원 PC로 답안 파일 전송

---

### 문제3    [실무응용] 포스터 제작

## 1 준비 작업

### 01 파일 만들기

① [File(파일)] – [New(새로 만들기)]([Ctrl] + [N])를 클릭합니다.

### 02 파일 세부 정보 설정

① New Document(새 문서)에서 Name(이름)에 '최신 기출04', 'Width(폭) : 600Pixels, Height(높이) : 400Pixels, Resolution(해상도): 72Pixels/Inch, Color Mode(색상 모드) : RGB Color, 8bit, Background Contents(배경 내용) : White(흰색)'로 설정하여 새 작업 이미지를 만듭니다.

### 03 파일 저장

① [File(파일)] – [Save As(다른 이름으로 저장)]([Ctrl] + [Shift] + [S])를 클릭합니다.

경로 : PC\문서\GTQ, 파일명은 '수험번호-성명-3.psd'로 저장합니다.

### 04 사용된 원본 이미지 열기

① [File(파일)] – [Open(열기)]을 클릭합니다.

경로 : 문서\GTQ\Image\1급-7.jpg, 1급-8.jpg, 1급-9.jpg, 1급-10.jpg, 1급-11.jpg 총 5개의 jpg 파일을 [Shift]를 눌러 모두 선택하고, [열기([O])]를 클릭합니다.

## 2 그림 효과 적용

### 01 배경 : #996633

① 도구상자 하단에 전경색을 더블 클릭합니다. Color Picker(색상 선택) 대화상자가 나타나면 #996633으로 색상을 설정하고 [OK(확인)]를 클릭합니다. 작업 영역에서 전경색 단축키인 [Alt] + [Delete]를 눌러줍니다.

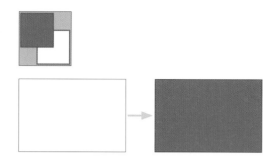

## 02 1급-7.jpg : Blending Mode(혼합 모드) – Hard Light(하드 라이트), Opacity(불투명도)(70%)

① '1급-7.jpg'를 클릭합니다.

② '1급-7.jpg'를 전체 선택(Ctrl + A) 후 Ctrl + C를 눌러 복사합니다. 작업 영역으로 다시 돌아와 붙여넣기(Ctrl + V)합니다.

③ Ctrl + T를 눌러 《출력형태》와 비교해가며 크기와 위치를 조정하고 Enter를 눌러줍니다.

④ Blending Mode(혼합 모드)는 [Hard Light(하드 라이트)]를 선택합니다.

⑤ Opacity(불투명도)는 70%로 지정합니다.

## 03 1급-8.jpg : 필터 – Film Grain(필름 그레인), 레이어 마스크 – 대각선 방향으로 흐릿하게

① '1급-8.jpg'를 클릭합니다.

② '1급-8.jpg'를 전체 선택(Ctrl + A) 후 Ctrl + C를 눌러 복사합니다.

③ 작업 영역으로 돌아와 Ctrl + V로 이미지를 붙여넣기 하고, Ctrl + T를 누른 다음 Shift를 눌러 크기를 조정해 배치합니다.

④ [Filter(필터)] – [Filter Gallery(필터 갤러리)] – [Artistic(예술 효과)] – [Film Grain(필름 그레인)]을 선택한 후 [OK(확인)]를 클릭합니다.

⑤ '1급-8.jpg' 레이어에 마스크를 추가하기 위해 Layers(레이어) 패널 하단에 Add a Layer Mask(마스크 추가, ▣)를 클릭합니다.

⑥ '1급-8.jpg' 레이어에 마스크가 적용됐으면, 도구상자의 Gradient Tool(그레이디언트 도구, ▣)을 클릭합니다.

⑦ Option Bar(옵션 바)에서 Gradient Spectrum (그레이디언트 스펙트럼, ▣)을 선택한 다음 Gradient Editor(그레이디언트 편집) 대화상자에서 그레이 계열을 지정한 후 [OK(확인)]를 클릭합니다.

⑧ 배경의 오른쪽 위에서 왼쪽 아래 방향으로 드래그합니다.

## 04 1급-9.jpg : 필터 – Dry Brush(드라이 브러시)

① Layers(레이어) 패널 하단에 Create a new layer(새 레이어 만들기, 🔲)를 선택합니다.

② 도구상자에서 Custom Shape Tool(사용자 정의 모양 도구, 🟦)을 클릭합니다.

③ Option Bar(옵션 바)에서 Shape(모양), Fill Color(칠 색상) : #ffffff를 지정한 다음 Shape(모양) 목록 단추를 클릭합니다. [Legacy Shapes and More(레거시 모양 및 기타)] – [All Legacy Default Shapes(전체 레거시 모양)] – [Nature(자연)]를 선택합니다.

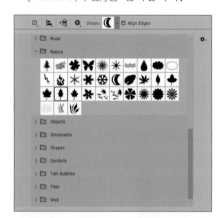

④ 《출력형태》와 일치하는 Leaf 6(잎 6, ⬇)을 찾아 선택한 후, Shift 를 누른 채 드래그하여 작업 영역에 추가합니다.

⑤ '1급-9.jpg'를 전체 선택(Ctrl + A ) 후 Ctrl + C 를 눌러 복사합니다. 작업 영역으로 다시 돌아와 붙여넣기(Ctrl + V )합니다.

⑥ [Filter(필터)] – [Filter Gallery(필터 갤러리)] – [Artistic(예술 효과)] – [Dry Brush(드라이 브러시)]를 선택한 후 [OK(확인)]를 클릭합니다.

⑦ 클리핑 마스크를 하기 위해 '1급-9.jpg'를 Leaf 6(잎 6, ⬇) 위로 위치한 다음 Ctrl + Alt + G 를 눌러줍니다.

## 05 1급-10.jpg : 색상 보정 – 노란색 계열로 보정, 레이어 스타일 – Bevel & Emboss(경사와 엠보스)

① '1급-10.jpg'를 클릭합니다.

② 도구상자의 Quick Selection Tool(빠른 선택 도구, 🖌)을 선택합니다. Options Bar(옵션 바)에서 [Add to Selection(선택 영역에 추가)] 으로 브러시의 크기를 조절해 필요한 영역을 선택하고 Ctrl + C 로 복사합니다.

③ 작업 영역으로 돌아와 Ctrl + V 로 이미지를 붙여 넣기 합니다.

④ Ctrl + T 를 눌러 《출력형태》와 비교해가며 이미지 크기 및 위치를 조정하고 Enter 를 눌러줍니다.

⑤ 이어서 색상 보정할 부분을 Quick Selection Tool(빠른 선택 도구, 🖌)을 이용해 이미지를 선택해줍니다.

⑥ Layers(레이어) 패널 하단에 Create new fill or adjustment layer(조정 레이어, 🔵)를 클릭하고, Hue/Saturation(색조/채도)을 선택합니다.

⑦ Properties(특징) 대화상자에서 Hue(색조), Saturation(채도)을 노란색에 가깝게 조절해줍니다.

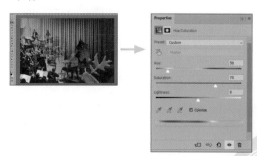

## 06 1급-11.jpg : 레이어 스타일 – Outer Glow(외부 광선), Inner Shadow(내부 그림자)

① '1급-11.jpg'를 클릭합니다.

② 도구상자의 Quick Selection Tool(빠른 선택 도구, [아이콘])을 선택합니다. Options Bar(옵션 바)에서 [Add to Selection(선택 영역에 추가)] 으로 브러시의 크기를 조절해 필요한 영역을 선 택하고 Ctrl + C 로 복사합니다. 작업 영역으로 돌아와 붙여넣기( Ctrl + V )합니다.

③ Ctrl + T 를 눌러 마우스 우클릭 후 [Flip Horizontal(수평 뒤집기)]로 뒤집어 배치합니다.

④ Layer Style(레이어 스타일)을 적용하기 위해, Add a Layer Style(레이어 스타일 추가, [fx])을 클릭합니다.

⑤ [Outer Glow(외부 광선)]와 [Inner Shadow (내부 그림자)]를 선택하고 Layer Style(레이어 스타일) 대화상자에서 [OK(확인)]를 클릭합니다.

## 07 그 외 《출력형태》 참조

① Layers(레이어) 패널 하단에 Create a new layer(새 레이어 생성, [아이콘])를 클릭합니다.

② [Custom Shape Tool(사용자 모양 정의 도구, [아이콘])]을 클릭합니다.

③ Option Bar(옵션 바)에서 Shape(모양), Fill Color(칠 색상) : #ccff99를 지정한 다음 Shape(모양) 목록 단추를 클릭합니다. [Legacy Shapes and More(레거시 모양 및 기타)] – [All Legacy Default Shapes(전체 레거시 모양)] – [Objects(물건)]를 선택합니다.

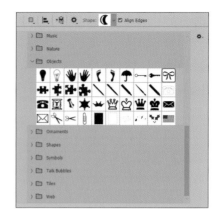

④ 《출력형태》와 일치하는 Bow(리본, [아이콘])를 찾아 선택한 후, Shift 를 누른 채 드래그하여 작업 영역에 추가합니다.

⑤ Layer Style(레이어 스타일)을 적용하기 위해, Layers(레이어) 패널 하단에 [Add a Layer Style(레이어 스타일 추가, [fx])]을 클릭합니다.

⑥ [Bevel & Emboss(경사와 엠보스)]를 선택하고 Layer Style(레이어 스타일) 대화상자에서 [OK (확인)]를 클릭합니다.

⑦ 위와 같은 방법으로 [Custom Shape Tool(사용자 정의 모양 도구, [아이콘])]을 사용하여 Fill Color(칠 색상) : #ffcccc, #99cc66, 레이어 스타일 – Drop Shadow(그림자 효과), Opacity(불투명 도)(70%)가 적용된 Leaf 3(잎 3, [아이콘])을 작업 영역에 추가합니다.

⑧ 위와 같은 방법으로 [Custom Shape Tool(사용자 정의 모양 도구, [아이콘])]을 사용하여 레이어 스타일 – Inner Shadow(내부 그림자), 그레이디언트 오버레이(#660000, #ffffff), Opacity(불투명도)(70%)가 적

용된 Sixteenth Note(16분 음표, ♪)를 작업 영역에 추가합니다.

## 3 문자 효과 적용

**01** Fall In Classic(Times New Roman, Bold, 40pt, 65pt, 레이어 스타일 – 그레이디언트 오버레이(#990000, #ccffff, #006600), Inner Shadow(내부 그림자))

① 도구상자에서 Horizontal Type Tool(수평 문자 도구)을 클릭한 뒤 Options Bar(옵션 바)에서 Font(글꼴) : Times New Roman, Style(스타일) : Bold, Size(크기) : 65pt를 설정한 후 'Fall In Classic'을 입력한 다음, 'In Classic'을 블록 설정하여 Size(크기) : 40pt로 변경합니다.

② Layer Style(레이어 스타일)을 적용하기 위해, Layers(레이어) 패널 하단에 Add a Layer Style(레이어 스타일 추가, *fx.*)을 클릭합니다.

③ [Gradient Overlay(그레이디언트 오버레이)]를 선택합니다.

④ Layer Style(레이어 스타일) 대화상자가 나타나면 Gradient(그레이디언트) 색상 스펙트럼을 클릭합니다.

⑤ 왼쪽, 중앙, 오른쪽 아래 Color Stop(색상 정지점)을 더블 클릭해 각각 '#990000', '#ccffff', '#006600'으로 색상을 설정한 후 Angle(각도)를 조정하고 [OK(확인)]를 클릭합니다.

⑥ 이어서 [Inner Shadow(내부 그림자)]를 선택하고 [OK(확인)]를 클릭합니다.

**02** 사계절 오케스트라 정기 연주회(돋움, 22pt, #000033, 레이어 스타일 – Stroke(선/획)(2px, #999999))

① 도구상자에서 Horizontal Type Tool(수평 문자 도구)을 클릭한 뒤 Options Bar(옵션 바)에서 Font(글꼴) : Dotum, Size(크기) : 22pt, Font Color(글자색) : #000033을 설정한 후 '사계절 오케스트라 정기 연주회'를 입력합니다.

② Options Bar(옵션 바)에서 Create Warped Text(뒤틀어진 텍스트)를 클릭해 Warp Text(텍스트 뒤틀기) 대화상자가 나타나면 Style : Flag(깃발)를 선택하여 문자의 모양을 왜곡합니다.

③ Layer Style(레이어 스타일)을 적용하기 위해, Layers(레이어) 패널 하단에 Add a Layer Style(레이어 스타일 추가, *fx.*)을 클릭합니다.

④ [Stroke(선/획)]를 선택해 Size(크기) : 2px, Position(포지션): Outside , Color(색상) : #999999로 설정하고 [OK(확인)]를 클릭합니다.

**03** Harmony Orchestra(Arial, Regular, 18pt, 레이어 스타일 – 그레이디언트 오버레이(#ff6600, #ffff00), Stroke(선/획)(2px, #333333))

① 도구상자에서 Horizontal Type Tool(수평 문자 도구)을 클릭한 뒤 Options Bar(옵션 바)에서 Font(글꼴) : Arial, Style(스타일) : Regular, Size(크기) : 18pt를 설정한 후 'Harmony Orchestra'를 입력합니다.

② Layer Style(레이어 스타일)을 적용하기 위해, Layers(레이어) 패널 하단에 Add a Layer Style(레이어 스타일 추가, *fx.*)을 클릭합니다.

③ [Gradient Overlay(그레이디언트 오버레이)]를 선택합니다.

④ Layer Style(레이어 스타일) 대화상자가 나타나면 Gradient(그레이디언트) 색상 스펙트럼을 클릭합니다.

⑤ 왼쪽과 오른쪽 아래 Color Stop(색상 정지점)을

더블 클릭해 각각 '#ff6600', '#ffff00'으로 색상을 설정한 후 Angle(각도)를 조정하고 [OK(확인)]를 클릭합니다.

⑥ 이어서 [Stroke(선/획)]를 선택해 Size(크기) : 2px, Color(색상) : #333333으로 설정하고 [OK(확인)]를 클릭합니다.

### 04 2021.11.29. 한국아트센터(궁서, 20pt, #333333, #990066, 레이어 스타일 – Stroke(선/획)(2px, #ffffcc))

① 도구상자에서 Horizontal Type Tool(수평 문자 도구)을 클릭한 뒤 Options Bar(옵션 바)에서 Font(글꼴) : Gungsuh, Size(크기) : 20pt, Font Color(글자색) : #333333을 설정한 후 '2021.11.29. 한국아트센터'를 입력한 다음, '한국아트센터'를 블록 설정하여 Font Color(글자색) : #990066으로 변경합니다.

② Layer Style(레이어 스타일)을 적용하기 위해, Layers(레이어) 패널 하단에 Add a Layer Style(레이어 스타일 추가, [fx.])을 클릭합니다.

③ [Stroke(선/획)]를 선택해 Size(크기) : 2px, Position(포지션): Outside , Color(색상) : #ffffcc로 설정하고 [OK(확인)]를 클릭합니다.

### 4 최종 파일 저장

#### 01 JPG 파일 저장

① [File(파일)] – [Save As(다른 이름으로 저장)]를 선택합니다.

② 파일 이름은 '수험번호-성명-3'로 입력합니다.

③ 파일 형식은 JPEG를 선택하고 [저장(S)]을 클릭합니다.

④ JPEG Options(JPEG 옵션)은 Quality : 8 이상으로 잡고 [OK(확인)]를 클릭합니다.

#### 02 PSD 파일 저장

① [Image(이미지)] – [Image Size(이미지 크기)]를 클릭합니다.

② Width(폭) : 60Pixels, Height(높이) : 40Pixels, [OK(확인)]를 클릭합니다.

③ [File(파일)] – [Save(저장)]([Ctrl] + [S])를 선택합니다.

#### 03 최종 파일 확인

① 2가지 포맷(JPG, PSD)의 최종 파일이 만들어졌는지 확인합니다.

### 5 답안 파일 전송

#### 01 감독위원 PC로 답안 파일 전송

## 문제4　[실무응용] 웹 페이지 제작

### 1  준비 작업

#### 01 파일 만들기

① [File(파일)] – [New(새로 만들기)](Ctrl + N)를 클릭합니다.

#### 02 파일 세부 정보 설정

① New Document(새 문서)에서 Name(이름) 에 '최신 기출04', 'Width(폭) : 600Pixels, Height(높이) : 400Pixels, Resolution(해 상도) : 72Pixels/Inch, Color Mode(색 상 모드) : RGB Color, 8bit, Background Contents(배경 내용) : White(흰색)'로 설정하 여 새 작업 이미지를 만듭니다.

#### 03 파일 저장

① [File(파일)] – [Save As(다른 이름으로 저장)] (Ctrl + Shift + S)를 클릭합니다.
　경로 : PC\문서\GTQ, 파일명은 '수험번호–성 명–4.psd'로 저장합니다.

#### 04 사용된 원본 이미지 열기

① [File(파일)] – [Open(열기)]을 선택합니다.
　경로 : 문서\GTQ\Image\1급–12.jpg, 1급–13. jpg, 1급–14.jpg, 1급–15.jpg, 1급–16. jpg, 1급–17.jpg 총 6개의 jpg 파일을 Shift 를 눌러 모두 선택하고, [열기(O)] 를 클릭합니다.

### 2  그림 효과 적용

#### 01 배경 : #cc66cc

① 도구상자 하단에 전경색을 더블 클릭합니다. Color Picker(색상 선택) 대화상자가 나타나면 #cc66cc로 색상을 설정하고 [OK(확인)]를 클릭

합니다. 작업 영역에서 전경색 단축키인 Alt + Delete 를 눌러줍니다.

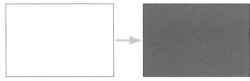

#### 02 패턴(음표, 물결 모양) : #9933ff, #ffffff

① 패턴을 만들기 위해 [File(파일)] – [New(새로 만들기)]를 선택합니다.

② New Document(새 문서)에서 'Width(폭) : 70Pixels, Height(높이) : 70Pixels, Resolution(해상도) : 72Pixels/Inch, Color Mode(색상 모드) : RGB Color, 8bit, Background Contents(배경 내용) : Transparent(투명색)'로 설정하여 새 작업 이 미지를 만듭니다.

③ [Custom Shape Tool(사용자 모양 정의 도구, 🔶)]을 클릭합니다.

④ Option Bar(옵션 바)에서 Shape(모양), Fill Color(칠 색상) : #9933ff를 지정한 다음 Shape(모양) 목록 단추를 클릭합니다. [Legacy Shapes and More(레거시 모양 및 기타)] – [All Legacy Default Shapes(전체 레거시 모양)] – [Music(음악)]을 선택합니다.

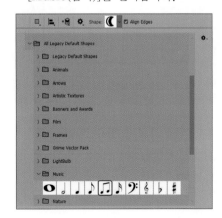

⑤ 《출력형태》와 일치하는 Eighth Notes(8분 음표, ♫)를 찾아 선택한 후, Shift를 누른 채 드래그하여 작업 영역에 추가합니다.

⑥ Layers(레이어) 패널 하단에 Create a new layer(새 레이어 생성, ▣)를 클릭합니다.

⑦ Option Bar(옵션 바)에서 Shape(모양), Fill Color(칠 색상) : #ffffff를 지정한 다음 Shape(모양) 목록 단추를 클릭합니다. [Legacy Shapes and More(레거시 모양 및 기타)] – [All Legacy Default Shapes(전체 레거시 모양)] – [Nature(자연)]를 선택합니다.

⑧ 《출력형태》와 일치하는 Waves(물결, ≈)를 찾아 선택한 후, Shift를 누른 채 드래그하여 작업 영역에 추가합니다.

⑨ Layers(레이어) 패널에서 Shift를 누른 채 Eighth Notes(8분 음표, ♫)와 Waves(물결, ≈)의 2개의 레이어를 모두 선택하고 도구상자에서 Move Tool(이동도구, ✛)을 클릭한 후 Alt를 눌러 드래그해 복사합니다.

⑩ Menu Bar(메뉴 바) – [Edit(편집)] – [Define Pattern(사용자 패턴 정의)]를 클릭합니다.

⑪ Pattern Name(패턴 이름)을 '꽃잎, 원 모양'으로 입력하고 [OK(확인)]를 클릭한 후 작업 영역으로 돌아갑니다.

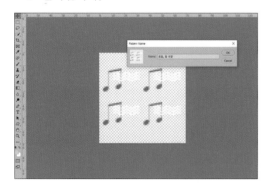

**03 패턴(음표, 물결 모양) : Pen Tool(펜 도구) 사용**
#ffcc99, #cc9933, 레이어 스타일 – Drop Shadow
(그림자 효과)

① Layers(레이어) 패널 하단에 Create a new layer(새 레이어 생성, ▣)를 클릭합니다.

② 도구상자에서 Pen Tool(펜 도구, ✎)]을 클릭합니다.

③ 상단 Option Bar(옵션 바)에서 Path(패스)를 Shape(모양)로 변경하고 Color(색상) : #ffcc99로 설정한 후 패스의 외곽을 그립니다.

④ Layer Style(레이어 스타일)을 적용하기 위해, Layers(레이어) 패널 하단에 [Add a Layer Style(레이어 스타일 추가, fx.)]을 클릭합니다.

⑤ [Drop Shadow(그림자 효과)]를 선택하고 Layer Style(레이어 스타일) 대화상자에서 [OK(확인)]를 클릭합니다.

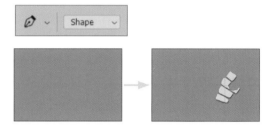

⑥ 위와 같은 방법으로 Color(색상) : #cc9933으로 설정한 후 나머지 외곽을 그리고 지문에 맞게 효과를 반영합니다.

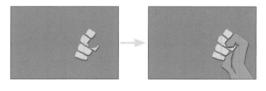

⑦ Layers(레이어) 패널에 생성된 3개의 레이어를 Shift를 눌러 모두 선택한 다음 Ctrl + G로 1개의 그룹을 생성합니다.

**04 패턴(달팽이 모양) : 클리핑 마스크**

① Layers(레이어) 패널 하단에 Create a new layer(새 레이어 생성, ▣)를 클릭합니다.

② 도구상자의 Pattern Stamp Tool(패턴 스탬프 툴, ▨)을 클릭합니다.

③ 상단 Option Bar(옵션 바) 패턴 썸네일 옆에 목록 단추를 눌러 만들어 놓은 패턴 모양을 클릭합니다.

④ Size(크기)를 5000px로 설정합니다.

⑤ 작업 영역의 빈 곳을 클릭합니다.

⑥ 클리핑 마스크를 하기 위해 Ctrl + Alt + G 를 눌러줍니다.

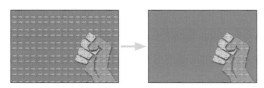

**05** 1급-12.jpg : Blending Mode(혼합 모드) − Luminosity(광도), 레이어 마스크 − 세로 방향으로 흐릿하게

① '1급-12.jpg'를 클릭합니다.

② '1급-12.jpg'를 전체 선택(Ctrl + A) 후 Ctrl + C 를 눌러 복사합니다. 작업 영역으로 다시 돌아와 붙여넣기(Ctrl + V)합니다.

③ Ctrl + T 를 눌러 《출력형태》와 비교해가며 크기와 위치를 조정하고 Enter 를 눌러줍니다.

④ Blending Mode(혼합 모드)는 [Luminosity(광도)]를 클릭합니다.

⑤ Layers(레이어) 패널 하단에 Add a layer mask(마스크 추가, ▣)를 클릭합니다.

⑥ Layers(레이어) 옆에 마스크가 적용됐으면, 도구상자의 Gradient Tool(그레이디언트 도구, ▣)을 클릭합니다.

⑦ Option Bar(옵션 바) Gradient Spectrum(그레이디언트 스펙트럼, ▣)을 클릭한 다음 Gradient Editor(그레이디언트 편집) 대화상자가 나타나면 그레이 계열의 그라데이션을 선택한 후 [OK(확인)]를 클릭합니다.

⑧ 배경의 위쪽에서 아래쪽 방향으로 드래그합니다.

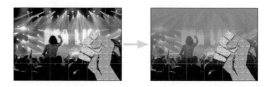

**06** 1급-13.jpg : 필터 − Dry Brush(드라이 브러시), 레이어 마스크 − 대각선 방향으로 흐릿하게

① '1급-13.jpg'를 클릭합니다.

② '1급-13.jpg'를 전체 선택(Ctrl + A) 후 Ctrl + C 를 눌러 복사합니다. 작업 영역으로 다시 돌아와 붙여넣기(Ctrl + V)합니다.

③ Ctrl + T 를 눌러 《출력형태》와 비교해가며 크기와 위치를 조정하고 Enter 를 눌러줍니다.

④ [Filter(필터)] − [Filter Gallery(필터 갤러리)] − [Artistic(예술 효과)] − [Dry Brush(드라이 브러시)]를 선택한 후 [OK(확인)]를 클릭합니다.

⑤ Layers(레이어) 패널 하단에 Add a layer mask(마스크 추가, ▣)를 클릭합니다.

⑥ Layers(레이어) 옆에 마스크가 적용됐으면, 도구상자의 Gradient Tool(그레이디언트 도구, ▣)을 클릭합니다.

⑦ Option Bar(옵션 바) Gradient Spectrum(그레이디언트 스펙트럼, ▣▬▬▬)을 클릭한 다음 Gradient Editor(그레이디언트 편집) 대화상자가 나타나면 그레이 계열의 그라데이션을 선택한 후 [OK(확인)]를 클릭합니다.

⑧ 배경의 오른쪽에서 왼쪽 방향으로 드래그합니다.

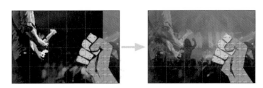

## 07 1급-14.jpg : 레이어 스타일 – Bevel & Emboss (경사와 엠보스), Stroke(선/획)(5px, #993399)

① '1급-14.jpg'를 클릭합니다.

② 도구상자의 Quick Selection Tool(빠른 선택 도구, ▣)을 선택합니다. Options Bar(옵션 바)에서 [Add to Selection(선택 영역에 추가)]으로 브러시의 크기를 조절해 필요한 영역을 선택하고 Ctrl + C로 복사합니다.

③ 작업 영역으로 돌아와 Ctrl + V로 이미지를 붙여넣기 하고, Ctrl + T를 눌러 마우스 우클릭 후 [Flip Horizontal(수평 뒤집기)]로 뒤집어 배치합니다.

④ Layer Style(레이어 스타일)을 적용하기 위해, Layers(레이어) 패널 하단에 Add a Layer Style(레이어 스타일 추가, fx.)을 클릭합니다.

⑤ [Bevel & Emboss(경사와 엠보스)]를 선택한 다음 [Stroke(선/획)]도 선택합니다.

⑥ Stroke(선/획) – Size(크기) : 5px, Position (포지션) : Outside, Color(색상) : #993399로 설정하고 Layer Style(레이어 스타일) 대화상자에서 [OK(확인)]를 클릭합니다.

## 08 1급-15.jpg : 필터 – Crosshatch(그물눈)

① '1급-15.jpg'를 클릭합니다.

② 도구상자의 Quick Selection Tool(빠른 선택 도구, ▣)을 선택합니다. Options Bar(옵션 바)에서 [Add to Selection(선택 영역에 추가)]으로 브러시의 크기를 조절해 필요한 영역을 선택하고 Ctrl + C로 복사합니다.

③ 작업 영역으로 돌아와 Ctrl + V로 이미지를 붙여넣기 하고, Ctrl + T를 눌러 마우스 우클릭 후 [Flip Horizontal(수평 뒤집기)]로 뒤집어 배치합니다.

④ [Filter(필터)] – [Filter Gallery(필터 갤러리)] – [Brush Strokes(브러시 선/획)] – [Crosshatch (그물눈)]를 선택한 후 [OK(확인)]를 클릭합니다.

## 09 1급-16.jpg : 색상 보정 – 빨간색 계열로 보정, 레이어 스타일 – Drop Shadow(그림자 효과)

① '1급-16.jpg'를 클릭합니다.

② 도구상자의 Quick Selection Tool(빠른 선택 도구, ▣)을 선택합니다. Options Bar(옵션 바)에서 [Add to Selection(선택 영역에 추가)]으로 브러시의 크기를 조절해 필요한 영역을 선택하고 Ctrl + C로 복사합니다.

③ 작업 영역으로 돌아와 Ctrl + V로 이미지를 붙여넣기 하고, Ctrl + T를 누른 다음 Shift를 눌러 크기를 조정해 배치합니다.

④ 색상 보정할 영역을 Quick Selection Tool(빠

른 선택 도구, )로 드래그하여 선택합니다.

⑤ Layers(레이어) 패널 하단 Create new fill or adjustment layer(조정 레이어, )를 클릭합니다.

⑥ [Hue/Saturation(색조/채도)]을 선택해 Properties(특징) 대화상자에서 Hue(색조), Saturation(채도)을 빨간색에 가깝게 조절해줍니다.

⑦ Layer Style(레이어 스타일)을 적용하기 위해 레이어 패널 하단에 [Add a Layer Style(레이어 스타일 추가, fx)]을 클릭합니다.

⑧ [Drop Shadow(그림자 효과)]를 선택한 후, Layer Style(레이어 스타일) 대화상자에서 [OK(확인)]를 클릭합니다.

## 10 그 외 《출력형태》 참조

① Layers(레이어) 패널 하단에 Create a new layer(새 레이어 만들기, )를 클릭합니다.

② 도구상자의 [Custom Shape Tool(사용자 정의 모양 도구, )]을 클릭합니다.

③ Option Bar(옵션 바)에서 Shape(모양)를 지정한 다음 Shape(모양) 목록 단추를 클릭합니다. [Legacy Shapes and More(레거시 모양 및 기타)] – [All Legacy Default Shapes(전체 레거시 모양)] – [Shapes(모양)]를 선택합니다.

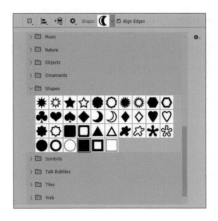

④ 《출력형태》와 일치하는 Rounded Square(둥근 사각형, ■)을 찾아 선택한 후, Shift 를 누른 채 드래그하여 작업 영역에 추가합니다.

⑤ Layer Style(레이어 스타일)을 적용하기 위해, Layers(레이어) 패널 하단에 [Add a Layer Style(레이어 스타일 추가, fx)]을 클릭합니다.

⑥ [Gradient Overlay(그레이디언트 오버레이)]를 선택합니다.

⑦ Layer Style(레이어 스타일) 대화상자가 나타나면 Gradient(그레이디언트) 색상 스펙트럼을 클릭합니다.

⑧ 왼쪽과 오른쪽 아래 Color Stop(색상 정지점)을 더블 클릭해 각각 '#000000', '#ffffff' 색상을 설정합니다.

⑨ Angle(각도)를 조정하고 [OK(확인)]를 클릭합니다.

⑩ 이어서 [Stroke(선/획)]를 선택하고 Size(크기) : 3px, Position(포지션): Outside, Color(색상) : #ffffff를 설정한 후, [OK(확인)]를 클릭합니다.

⑪ Opacity(불투명도)는 70%로 입력합니다.

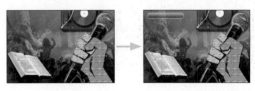

## 11 그 외 《출력형태》 참조

① Layers(레이어) 패널 하단에 Create a new layer(새 레이어 생성, ⊡)를 클릭합니다.

② [Custom Shape Tool(사용자 모양 정의 도구, ✿)]을 클릭합니다.

③ Option Bar(옵션 바)에서 Shape(모양)를 지정한 다음 Shape(모양) 목록 단추를 클릭합니다. [Legacy Shapes and More(레거시 모양 및 기타)] – [All Legacy Default Shapes(전체 레거시 모양)] – [Web(웹)]을 선택합니다.

④ 《출력형태》와 일치하는 Search(검색, 🔍)를 찾아 선택한 후, Shift 를 누른 채 드래그하여 작업 영역에 추가합니다.

⑤ Layer Style(레이어 스타일)을 적용하기 위해, Layers(레이어) 패널 하단에 [Add a Layer Style(레이어 스타일 추가, fx.)]을 클릭합니다.

⑥ [Gradient Overlay(그레이디언트 오버레이)]를 선택합니다.

⑦ Layer Style(레이어 스타일) 대화상자가 나타나면 Gradient(그레이디언트) 색상 스펙트럼을 클릭합니다.

⑧ 왼쪽과 오른쪽 아래 Color Stop(색상 정지점)을 더블 클릭해 각각 '#ff0000', '#ffff00' 색상을 설정합니다.

⑨ Angle(각도)를 조절하고 [OK(확인)]를 클릭합니다.

⑩ 이어서 [Outer Glow(외부 광선)]를 선택하고 Layer Style(레이어 스타일) 대화상자에서 [OK(확인)]를 클릭합니다.

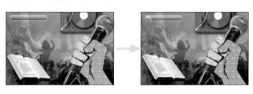

## 12 그 외 《출력형태》 참조

① Layers(레이어) 패널 하단에 Create a new layer(새 레이어 생성, ⊡)를 클릭합니다.

② [Custom Shape Tool(사용자 모양 정의 도구, ✿)]을 클릭합니다.

③ Option Bar(옵션 바)에서 Shape(모양), Fill Color(칠 색상) : #ffffcc를 지정한 다음 Shape(모양) 목록 단추를 클릭합니다. [Legacy Shapes and More(레거시 모양 및 기타)] – [All Legacy Default Shapes(전체 레거시 모양)] – [Shapes(모양)]를 선택합니다.

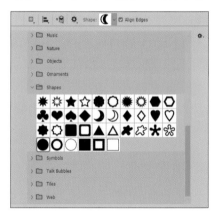

④ 《출력형태》와 일치하는 Circle(원, ●)를 찾아 선택한 후, Shift 를 누른 채 드래그하여 작업 영역에 추가합니다.

⑤ Layer Style(레이어 스타일)을 적용하기 위해, Layers(레이어) 패널 하단에 [Add a Layer Style(레이어 스타일 추가, fx.)]을 클릭합니다.

⑥ [Outer Glow(외부 광선)] 선택하고 Layer Style(레이어 스타일) 대화상자에서 [OK(확인)]를 클릭합니다.

⑦ Opacity(불투명도)는 80%로 입력합니다.

⑧ 추가된 Shape(모양)에 [Alt]를 누른 채 2번 드래그하여 복사합니다.

⑨ 이어서 도구상자 하단의 전경색을 더블 클릭합니다. Color Piker(색상 선택) 대화상자가 나타나면 #9999ff로 설정하고 [Alt] + [Delete]를 눌러 Circle(원, ●)의 색을 입혀줍니다

### 13 그 외 《출력형태》 참조

① '1급-17.jpg'를 클릭합니다.

② 도구상자의 Magic Wand Tool(마술봉 도구, )을 선택합니다. Options Bar(옵션 바)에서 [Add to Selection(선택 영역에 추가)]으로 브러시의 크기를 조절해 필요한 영역을 선택하고 [Ctrl] + [C]로 복사합니다.

③ 작업 영역으로 돌아와 [Ctrl] + [V]로 이미지를 붙여넣기 하고, [Ctrl] + [V]를 누른 다음 [Shift]를 눌러 크기를 조정해 배치합니다.

### 3 문자 효과 적용

**01** Music Academy(Arial, Bold, 40pt, 레이어 스타일 – 그레이디언트 오버레이(#cc3366, #3366cc, #66ff99), Stroke(선/획)(2px, #330000), Outer Glow(외부 광선))

① 도구상자에서 Horizontal Type Tool(수평 문자 도구)을 클릭한 뒤 Options Bar(옵션 바)에서 Font(글꼴) : Arial, Style(스타일) : Bold, Size(크기) : 40pt를 설정한 후 'Music Academy'를 입력합니다.

② Options Bar(옵션 바)에서 Create Warped Text(뒤틀어진 텍스트)를 클릭해 Warp Text(텍스트 뒤틀기) 대화상자가 나타나면 Style : Bulge(돌출)를 선택하여 문자의 모양을 왜곡합니다.

③ Layer Style(레이어 스타일)을 적용하기 위해, Layers(레이어) 패널 하단에 Add a Layer Style(레이어 스타일 추가, [fx])을 클릭합니다.

④ [Outer Glow(외부 광선)]를 선택한 후 [Gradient Overlay(그레이디언트 오버레이)]를 클릭합니다.

⑤ Layer Style(레이어 스타일) 대화상자에서 Gradient(그레이디언트) 색상 스펙트럼을 클릭합니다.

⑥ 왼쪽, 중앙, 오른쪽 아래 Color Stop(색상 정지점)을 더블 클릭하고 각각 '#cc3366', '#3366cc', '#66ff99'를 입력합니다.

⑦ Angle(각도)를 조정하고 [OK(확인)]를 클릭합니다.

⑧ 이어서 Stroke(선/획)를 선택해 Size(크기) : 2px, Position(포지션): Outside, Color(색상) : #330000으로 설정한 후, [OK(확인)]를 클릭합니다.

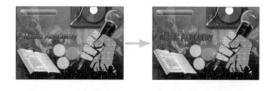

**02** 즐겁지 않으면 음악이 아니다(궁서, 25pt, 36pt, 레이어 스타일 – 그레이디언트 오버레이(#ff9900, #ccffff), Stroke(선/획)(2px, #663300), Drop Shadow(그림자 효과))

① 도구상자에서 Horizontal Type Tool(수평 문자 도구)을 클릭한 뒤 Options Bar(옵션 바)에서 Font(글꼴) : Gungsuh, Size(크기) : 25pt를 설정한 후 '즐겁지 않으면 음악이 아니다'를 입력한 다음, '음악'을 블록 설정하여 Size(크기) : 36pt로 변경합니다.

② Options Bar(옵션 바)에서 Create Warped Text(뒤틀어진 텍스트)를 클릭해 Warp Text(텍스트 뒤틀기) 대화상자가 나타나면 Style : Rise(증가)를 선택하여 문자의 모양을 왜곡합니다.

③ Layer Style(레이어 스타일)을 적용하기 위해, Layers(레이어) 패널 하단에 Add a Layer Style(레이어 스타일 추가, fx.)을 클릭합니다.

④ [Gradient Overlay(그레이디언트 오버레이)]를 선택합니다.

⑤ Layer Style(레이어 스타일) 대화상자에서 Gradient(그레이디언트) 색상 스펙트럼을 클릭합니다.

⑥ 왼쪽, 오른쪽 아래 Color Stop(색상 정지점)을 더블 클릭하고 각각 '#ff9900', '#ccffff'를 입력합니다.

⑦ Angle(각도)를 조정하고 [OK(확인)]를 클릭합니다.

⑧ 이어서 [Drop Shadow(그림자 효과)]를 선택하고 Stroke(선/획)를 선택해 Size(크기) : 2px, Position(포지션): Outside, Color(색상) : #663300으로 설정한 후, [OK(확인)]를 클릭합니다.

**03** www.musicedu.com(Times New Roman, Regular, 17pt, #ffffff, 레이어 스타일 – Stroke(선/획)(2px, #666666))

① 도구상자에서 Horizontal Type Tool(수평 문자 도구)을 클릭한 뒤 Options Bar(옵션 바)에서 Font(글꼴) : Times New Roman, Style(스타일) : Regular, Size(크기) : 17pt, Font Color(글자색) : #ffffff를 설정한 후 'www.musicedu.com'를 입력합니다.

② Layer Style(레이어 스타일)을 적용하기 위해, Layers(레이어) 패널 하단에 Add a Layer Style(레이어 스타일 추가, fx.)을 클릭합니다.

③ [Stroke(선/획)]를 선택해 Size(크기) : 2px, Position(포지션) : Outside, Color(색상) :

#666666으로 설정하고 [OK(확인)]를 클릭합니다.

**04** 강의안내, 강의등록, 오시는길(돋움, 15pt, #663300, 레이어 스타일 – Stroke(선/획)(1px, 그레이디언트(#ff0066, #ffff00)))

① 도구상자에서 Horizontal Type Tool(수평 문자 도구)을 클릭한 뒤 Options Bar(옵션 바)에서 Font(글꼴) : Dotum, Size(크기) : 15pt, Font Color(글자색) : #663300을 설정한 후 '강의안내'를 입력합니다.

② Layer Style(레이어 스타일)을 적용하기 위해, Layers(레이어) 패널 하단에 Add a Layer Style(레이어 스타일 추가, fx.)을 클릭합니다.

③ [Stroke(선/획)]를 선택하고 Size(크기) : 1px, Position(포지션) : Outside, Fill Type(칠 유형) : Gradient로 설정합니다.

④ Gradient 옆에 색상 스펙트럼을 클릭합니다.

⑤ 왼쪽과 오른쪽 아래 Color Stop(색상 정지점)을 더블 클릭하고 각각 하단 '#ff0066', '#ffff00'을 입력합니다.

⑥ Angle(각도)를 조정하고 [OK(확인)]를 클릭합니다.

⑦ 도구상자의 Move Tool(이동도구, ✛)를 선택한 후 Alt 를 눌러 '강의안내' 텍스트를 아래로 드래그하여 복사합니다.

⑧ 복사된 '강의안내' 텍스트를 각각 '강의등록'과 '오시는길'로 수정합니다.

**◼ 4** **최종 파일 저장**

**01** JPG 파일 저장

① [File(파일)] – [Save As(다른 이름으로 저장)]를 클릭합니다.

② 파일 이름은 '수험번호-성명-4'로 입력합니다.

③ 파일 형식은 JPEG를 선택하고 [저장(S)]을 클릭합니다.

④ JPEG Options(JPEG 옵션)은 Quality : 8 이
상으로 설정하고 [OK(확인)]를 클릭합니다.

## 02 PSD 파일 저장

① [Image(이미지)] − [Image Size(이미지 크기)]
를 클릭합니다.
② Width(폭) : 60Pixels, Height(높이) : 40
Pixels, [OK(확인)]를 클릭합니다.
③ [File(파일)] − [Save(저장)][Ctrl] + [S]를 선택
합니다.

## 03 최종 파일 확인

① 2가지 포맷(JPG, PSD)의 최종 파일이 만들어
졌는지 확인합니다.

## 5 답안 파일 전송

### 01 감독위원 PC로 답안 파일 전송

## 문제1    [기능평가] 고급 Tool(도구) 활용

다음의 〈조건〉에 따라 아래의 《출력형태》와 같이 작업하시오.    20점

조건

| 원본 이미지 | | 문서\GTQ\image\1급-1.jpg, 1급-2.jpg, 1급-3.jpg | |
|---|---|---|---|
| 파일 저장 규칙 | JPG | 파일명 | 문서\GTQ\수험번호-성명-1.jpg |
| | | 크기 | 400 x 500 Pixels |
| | PSD | 파일명 | 문서\GTQ\수험번호-성명-1.psd |
| | | 크기 | 40 x 50 Pixels |

1. 그림 효과

① 1급-1.jpg : 필터 – Patchwork(패치워크)
② Save Path(패스 저장) : 자물쇠 모양
③ Mask(마스크) : 자물쇠 모양, 1급-2.jpg를 이용하여 작성
    레이어 스타일 – Stroke(선/획)(4px, 그레이디언트(#ffff33, #cc3366)), Bevel & Emboss
           (경사와 엠보스)
④ 1급-3.jpg : 레이어 스타일 – Drop Shadow(그림자 효과)
⑤ Shape Tool(모양 도구) :
  – 표적 모양(#ccffcc, 레이어 스타일 – Drop Shadow(그림자 효과))
  – 손 모양(#663333, #336600, 레이어 스타일 – Inner Shadow(내부 그림자))

2. 문자 효과

① Cyber Security(Arial, Bold, 50pt, 레이어 스타일 – 그레이디언트 오버레이
  (#ffff00, #990099), Stroke(선/획)(2px, #666666))

## 문제2    [기능평가] 사진편집 응용

다음의 〈조건〉에 따라 아래의 《출력형태》와 같이 작업하시오.    20점

조건

| 원본 이미지 | | 문서\GTQ\image\1급-4.jpg, 1급-5.jpg, 1급-6.jpg | |
|---|---|---|---|
| 파일 저장 규칙 | JPG | 파일명 | 문서\GTQ\수험번호-성명-2.jpg |
| | | 크기 | 400 x 500 Pixels |
| | PSD | 파일명 | 문서\GTQ\수험번호-성명-2.psd |
| | | 크기 | 40 x 50 Pixels |

1. 그림 효과

① 1급-4.jpg : 필터 – Dry Brush(드라이 브러시)
② 색상 보정 : 1급-5.jpg – 빨간색, 파란색 계열로 보정
③ 1급-5.jpg : 레이어 스타일 – Drop Shadow(그림자 효과)
④ 1급-6.jpg : 레이어 스타일 – Inner Shadow(내부 그림자)
⑤ Shape Tool(모양 도구) :
  – 붓 모양(#9999ff, 레이어 스타일 – Drop Shadow(그림자 효과))
  – 비행기 모양(#cc3333, #ffcccc, 레이어 스타일 – Inner Shadow(내부 그림자))

2. 문자 효과

① 디지털 여행 드로잉(돋움, 40pt, #ffff99, 레이어 스타일 – Stroke(선/획)(3px, 그레
  이디언트(#cc0066, #3333cc)))

다음의 〈조건〉에 따라 아래의 《출력형태》와 같이 작업하시오. `25점`

조건 └

| 원본 이미지 | 문서\GTQ\Image\1급−7.jpg, 1급−8.jpg, 1급−9.jpg, 1급−10.jpg, 1급−11.jpg | | |
|---|---|---|---|
| 파일 저장 규칙 | JPG | 파일명 | 문서\GTQ\수험번호−성명−3.jpg |
| | | 크기 | 600 x 400 Pixels |
| | PSD | 파일명 | 문서\GTQ\수험번호−성명−3.psd |
| | | 크기 | 60 x 40 Pixels |

1. 그림 효과

① 배경 : #663366
② 1급−7.jpg : Blending Mode(혼합 모드) − Screen(스크린), Opacity(불투명도)(80%)
③ 1급−8.jpg : 필터 − Cutout(오려내기), 레이어 마스크 − 대각선 방향으로 흐릿하게
④ 1급−9.jpg : 필터 − Film Grain(필름 그레인)
⑤ 1급−10.jpg : 레이어 스타일 − Outer Glow(외부 광선), Drop Shadow(그림자 효과)
⑥ 1급−11.jpg : 색상 보정 − 파란색 계열로 보정, 레이어 스타일 − Stroke(선/획)(3px, 그레이디언트(#ff6600, #ffccff))
⑦ 그 외 《출력형태》 참조

2. 문자 효과

① 새로운 가상의 세계가 열리다(궁서, 25pt, 레이어 스타일 − 그레이디언트 오버레이(#ffffff, #9966ff), Stroke(선/획)(2px, #333333))
② Let's try it together(Arial, Bold, 20pt, #6699ff, 레이어 스타일 − Stroke(선/획)(2px, #ffffcc))
③ VR Experience(Times New Roman, Bold, 35pt, 50pt, 레이어 스타일 − Drop Shadow(그림자 효과), 그레이디언트 오버레이
  (#ffff00, #00ffff, #ff66ff))
④ 일시 : 2021.12.31. − 장소 : 미디어 콘서트홀(돋움, 17pt, #330099, #990066, 레이어 스타일 − Stroke(선/획)(2px, #99cccc))

출력형태 └

Shape Tool(모양 도구) 사용
#ff9900, 레이어 스타일 −
Stroke(선/획)(2px, #ffffff)

Shape Tool(모양 도구) 사용
레이어 스타일 −
그레이디언트 오버레이(#ffff00,
#663333), Opacity(불투명도)
(70%)

Shape Tool(모양 도구) 사용
#333300, #ff6600,
레이어 스타일 − Outer Glow(외
부 광선), Opacity(불투명도)
(70%)

## 문제4  [실무응용] 웹 페이지 제작

다음의 〈조건〉에 따라 아래의 《출력형태》와 같이 작업하시오.  `35점`

조건 └

| 원본 이미지 | | 문서\GTQ\Image\1급-12.jpg, 1급-13.jpg, 1급-14.jpg, 1급-15.jpg, 1급-16.jpg, 1급-17.jpg | |
|---|---|---|---|
| 파일 저장 규칙 | JPG | 파일명 | 문서\GTQ\수험번호-성명-4.jpg |
| | | 크기 | 600 x 400 Pixels |
| | PSD | 파일명 | 문서\GTQ\수험번호-성명-4.psd |
| | | 크기 | 60 x 40 Pixels |

1. 그림 효과

① 배경 : #99ff66
② 패턴(지구, 번개 모양) : #ffffff, #3300ff, Opacity(불투명도)(60%)
③ 1급-12.jpg : Blending Mode(혼합 모드) – Darken(어둡게 하기), 레이어 마스크 – 대각선 방향으로 흐릿하게
④ 1급-13.jpg : 필터 – Film Grain(필름 그레인), 레이어 마스크 – 가로 방향으로 흐릿하게
⑤ 1급-14.jpg : 레이어 스타일 – Bevel & Emboss(경사와 엠보스), Outer Glow(외부 광선)
⑥ 1급-15.jpg : 필터 – Texturizer(텍스처화), 레이어 스타일 – Inner Shadow(내부 그림자)
⑦ 1급-16.jpg : 색상 보정 – 녹색 계열로 보정, 레이어 스타일 – Drop Shadow(그림자 효과)
⑧ 그 외 《출력형태》 참조

2. 문자 효과

① E-Learning Center(Times New Roman, Bold, 35pt, 45pt, 레이어 스타일 – 그레이디언트 오버레이(#cc3333, #000000, #009999), Stroke(선/획)(3px, #ffffcc), Drop Shadow(그림자 효과))
② 개인별 비대면 스마트 학습(궁서, 30pt, 45pt, 레이어 스타일 – 그레이디언트 오버레이(#660099, #ff9966, #006600), Stroke(선/획)(2px, #ffffff), Drop Shadow(그림자 효과))
③ Volume Up(Arial, Bold, 18pt, #ff0000, 레이어 스타일 – Stroke(선/획)(2px, #66ccff))
④ 수강신청, 나의강좌, 정보변경(돋움, 17pt, #ffffff, 레이어 스타일 – Stroke(선/획)(2px, 그레이디언트(#003366, #cc33cc)))

출력형태 └

Shape Tool(모양 도구) 사용
레이어 스타일 – 그레이디언트 오버레이(#999900, #ffffff), Stroke(선/획)(3px, #339933, $6633cc)

Shape Tool(모양 도구) 사용
#ff0000, 레이어 스타일 –
Stroke(선/획)(2px, #66ccff)

Pen Tool(펜 도구) 사용
#669999, #336666,
레이어 스타일 –
Drop Shadow(그림자 효과)

Shape Tool(모양 도구) 사용
#0033cc,
레이어 스타일 –
Inner Shadow(내부 그림자),
Opacity(불투명도)(70%)

## 문제1 [기능평가] 고급 Tool(도구) 활용

### 1 준비 작업

**01 파일 만들기**

① [File(파일)] - [New(새로 만들기)]([Ctrl] + [N])를 클릭합니다.

**02 파일 세부 정보 설정**

① New Document(새 문서)에서 Name(이름) 에 '최신 기출05', 'Width(폭) : 400Pixels, Height(높이) : 500Pixels, Resolution(해 상도) : 72Pixels/Inch, Color Mode(색 상 모드) : RGB Color, 8bit, Background Contents(배경 내용) : White(흰색)'로 설정하 여 새 작업 이미지를 만듭니다.

**03 파일 저장**

① [File(파일)] - [Save As(다른 이름으로 저장)] ([Ctrl] + [Shift] + [S])를 클릭합니다.
경로 : PC\문서\GTQ, 파일명은 '수험번호-성 명-1.psd'로 저장합니다.

**04 사용된 원본 이미지 열기**

① [File(파일)] - [Open(열기)]을 선택합니다.
경로 : 문서\GTQ\Image\1급-1.jpg, 1급-2. jpg, 1급-3.jpg 총 3개의 jpg 파일을 [Shift]를 눌러 모두 선택하고, [열기([O])] 를 클릭합니다.

### 2 그림 효과 적용

**01 1급-1.jpg : 필터 - Patchwork(패치워크)**

① '1급-1.jpg'를 클릭합니다.

② '1급-1.jpg'를 전체 선택([Ctrl] + [A]) 후 [Ctrl] + [C]를 눌러 복사합니다. 작업 영역으로 다시 돌아와 붙 여넣기([Ctrl] + [V])합니다.

③ [Ctrl] + [T]를 눌러 《출력형태》와 비교해가며 이 미지의 크기와 위치를 조정하고 [Enter]를 눌러줍 니다.

④ [Filter(필터)] - [Filter Gallery(필터 갤러리)] - [Texture(텍스처)] - [Patchwork(패치워 크)]를 선택하고 [OK(확인)]를 클릭합니다.

TIP ★

[Filter Gallery(필터 갤러리)] 대화상자의 오른쪽 [Cancel(취소)] 버튼 아래 목록 단추를 클릭하면 필터 갤 러리의 모든 필터가 알파벳 순으로 정렬되어 있습니다.

**02 Save Path(패스 저장) : 자물쇠 모양**

① Layers(레이어) 패널 하단에서 Create a new layer(새로운 레이어 생성, [□])를 선택합니다.

② 《출력형태》에 그려 놓은 기준선을 참고하여 안내 선을 만들어줍니다.

③ 도구상자에서 Pen Tool(펜 도구, [∅.])을 선택합 니다.

④ 상단 Option Bar(옵션 바)에서 Path(패스)를 Shape(모양)로 변경한 후 패스의 외곽을 그립 니다.

**TIP**

레이어가 여러 개로 생성된 경우, Shift 를 눌러 생성된
레이어를 모두 선택한 다음 Ctrl + E 로 병합해줍니다.

⑤ 도구상자에서 Ellipse Tool(원형 도구, ◯)을
클릭하고 상단 Exclude Overlapping Shapes
(모양 오버랩 제외, ▣)를 눌러 제외할 원형 1개
를 그립니다.

⑥ 도구상자에서 Rectangle Tool(직사각형 도구,
▣)을 클릭하고 상단 Subtract Front Shape
(전면 모양 빼기, ▣)를 눌러 직사각형 1개를 그
립니다.

⑦ [Window(윈도우)] – [Paths(패스)]를 클릭합
니다.

⑧ Paths(패스) 패널에서 병합된 레이어를 더블 클
릭합니다.

⑨ Save Path(패스 저장) 대화상자에서 '자물쇠 모
양'을 입력한 후 [OK(확인)]를 클릭합니다.

⑩ Paths(패스) 패널에서 Layers(레이어) 패널로
돌아옵니다.

### 03 Mask(마스크) : 자물쇠 모양, 1급-2.jpg를 이용하여 작성

① 만들어진 패스에 클리핑 마스크 작업을 하기 위
해 '1급-2.jpg'를 클릭합니다.

② '1급-2.jpg'를 전체 선택(Ctrl + A) 후 Ctrl +
C를 눌러 복사합니다. 작업 영역으로 돌아와
Shape(모양) 위에 붙여넣기(Ctrl + V)합니다.

③ 가져온 '1급-2.jpg'가 선택된 상태에서 마우스 우
클릭 후 Create Clipping Mask(클리핑 마스크
만들기)를 선택하거나 또는 Ctrl + Alt + G를
눌러줍니다.

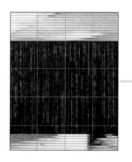 

④ Ctrl + T를 눌러 《출력형태》와 비교해가며 크기
와 위치를 조정하고 Enter 를 눌러줍니다.

⑤ Layer Style(레이어 스타일)을 적용하기 위해,
Layers(레이어) 패널 하단에 [Add a Layer

Style(레이어 스타일 추가, *fx*)]을 클릭합니다.

⑥ [Stroke(선/획)]를 선택해 Size(크기) : 4px, Position(포지션) : Outside, Fill Type(칠 유형): Gradient(그레이디언트)로 설정합니다.

⑦ Gradient 옆에 색상을 클릭합니다.

⑧ 왼쪽과 오른쪽 아래 Color Stop(색상 정지점)을 더블 클릭하고 각각 '#ffff33', '#cc3366'으로 지정한 뒤[OK(확인)]를 클릭합니다.

⑨ [Bevel & Emboss(경사와 엠보스)]를 선택하고 Layer Style(레이어 스타일) 대화상자에서 [OK(확인)]를 클릭합니다.

## 04 1급-3.jpg : 레이어 스타일 – Drop Shadow(그림자 효과)

① '1급-3.jpg'를 클릭합니다.

② 도구상자에서 [Quick Selection Tool(빠른 선택 도구, *)]을 클릭합니다.

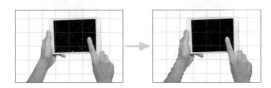

③ 선택 영역 지정이 완료되면 Ctrl + C를 눌러 레이어를 복사합니다.

④ 작업 영역으로 돌아와 Ctrl + V로 이미지를 붙여넣은 후, Ctrl + T로 크기를 조정해 배치합니다.

⑤ Layer Style(레이어 스타일)을 적용하기 위해, Layers(레이어) 패널 하단에 [Add a Layer Style(레이어 스타일 추가, *fx*)]을 클릭합니다.

⑥ [Drop Shadow(그림자 효과)]를 선택하고 Layer Style(레이어 스타일) 대화상자에서 [OK(확인)]를 클릭합니다.

## 05 Shape Tool(모양 도구)(표적 모양 – #ccffcc, 레이어 스타일 – Drop Shadow(그림자 효과)), (손 모양 – #663333, #336600, 레이어 스타일 – Inner Shadow(내부 그림자))

① 도구상자의 [Custom Shape Tool(사용자 모양 정의 도구, *)]을 클릭합니다.

② Option Bar(옵션 바)에서 Shape(모양), Fill Color(칠 색상) : #ccffcc를 지정한 다음 Shape(모양) 목록 단추를 클릭합니다. [Legacy Shapes and More(레거시 모양 및 기타)] – [All Legacy Default Shapes(전체 레거시 모양)] – [Symbols(기호)]를 클릭합니다.

③ 《출력형태》와 일치하는 Registaration Target 1(과녁 1, *)를 찾아 선택한 후, Shift 를 누른 채 드래그하여 작업 영역에 추가합니다.

④ Layer Style(레이어 스타일)을 적용하기 위해, Layers(레이어) 패널 하단에 [Add a Layer Style(레이어 스타일 추가, *fx*)]을 클릭합니다.

⑤ [Drop Shadow(그림자 효과)]를 선택하고 Layer Style(레이어 스타일) 대화상자에서 [OK(확인)]를 클릭합니다.

⑥ 계속해서 [Custom Shape Tool(사용자 정의 모양 도구, *)]을 클릭합니다.

⑦ Option Bar(옵션 바)에서 Shape(모양), Fill Color(칠 색상) : #663333을 지정한 다음 Shape(모양) 목록 단추를 클릭합니다. [Legacy Shapes and More(레거시 모양 및 기타)] –

[All Legacy Default Shapes(전체 레거시 모양)] – [Objects(물건)]를 클릭합니다.

⑧ 《출력형태》와 일치하는 Left Hand(왼손, 🖐)를 찾아 선택한 후, Shift 를 누른 채 드래그하여 작업 영역에 추가합니다.

⑨ Layer Style(레이어 스타일)을 적용하기 위해 레이어 패널 하단에 [Add a Layer Style(레이어 스타일 추가, fx.)]을 클릭한 다음 [Inner Shadow(내부 그림자)]를 선택해 적용합니다.

⑩ 도구상자에서 Move Tool(이동도구, ✥)을 클릭한 후 Alt 를 누른 채 Left Hand(왼손, 🖐)를 드래그해 복사합니다.

⑪ Ctrl + T 를 눌러 마우스 우클릭 후 [Flip Horizontal(수평 뒤집기)]로 뒤집어 배치합니다.

⑫ 이어서 도구상자 하단의 전경색을 더블 클릭합니다. Color Piker(색상 선택) 대화상자가 나타나면 #336600으로 설정하고 Alt + Delete 를 눌러 Left Hand(왼손, 🖐)의 색을 입혀줍니다.

## 3  문자 효과 적용

**01 Cyber Security(Arial, Bold, 50pt, 레이어 스타일 – 그레이디언트 오버레이(#ffff00, #990099), Stroke(선/획)(2px, #666666))**

① 도구상자에서 Horizontal Type Tool(수평 문자 도구)을 클릭한 뒤 Options Bar(옵션 바)에서 Font(글꼴) : Arial, Style(스타일) : Bold, Size(크기) : 50pt을 설정한 후 'Cyber Security'를 입력합니다.

② Options Bar(옵션 바)에서 Create Warped Text(뒤틀어진 텍스트)를 클릭해 Warp Text(텍스트 뒤틀기) 대화상자가 나타나면 Style : Fish(물고기)를 선택하고 문자의 모양을 왜곡합니다.

③ Layer Style(레이어 스타일)을 적용하기 위해, Layers(레이어) 패널 하단에 Add a Layer Style(레이어 스타일 추가, fx.)을 클릭합니다.

④ [Gradient Overlay(그레이디언트 오버레이)]를 선택합니다.

⑤ Layer Style(레이어 스타일) 대화상자가 나타나면 Gradient(그레이디언트) 색상 스펙트럼을 클릭합니다.

⑥ 왼쪽과 오른쪽 아래 Color Stop(색상 정지점)을 클릭해 각각 '#ffff00', #990099'로 색상을 설정합니다.

⑦ Angle(각도)을 조정하고 [OK(확인)]를 클릭합니다.

⑧ [Stroke(획/선)]를 선택하고 Size(크기) : 2px, Position(포지션) : Outside, Color(색상) : #666666으로 설정한 후 [OK(확인)]를 클릭합니다.

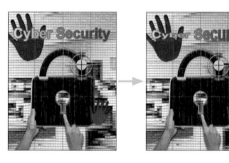

## 4  최종 파일 저장

**01 JPG 파일 저장**

① [File(파일)] – [Save As(다른 이름으로 저장)]를 선택합니다.

② 파일 이름은 '수험번호–성명–1'로 입력합니다.

③ 파일 형식은 JPEG를 눌러주고 [저장(S)]을 클릭합니다.

④ JPEG Options(JPEG 옵션)은 Quality : 8 이상으로 잡고 [OK(확인)]를 클릭합니다.

**02 PSD 파일 저장**

① [Image(이미지)] – [Image Size(이미지 크기)]를 클릭합니다.

② Width(폭) : 40Pixels, Height(높이) : 50Pixels, [OK(확인)]를 클릭합니다.

③ [File(파일)] - [Save(저장)]([Ctrl] + [S])를 선택
합니다.

### 03 최종 파일 확인

① 2가지 포맷(JPG, PSD)의 최종 파일이 만들어
졌는지 확인합니다.

## 5 답안 파일 전송

### 01 감독위원 PC로 답안 파일 전송

---

## 문제2 [기능평가] 사진편집 응용

## 1 준비 작업

### 01 파일 만들기

① [File(파일)] - [New(새로 만들기)]([Ctrl] + [N])를
클릭합니다.

### 02 파일 세부 정보 설정

① New Document(새 문서)에서 Name(이름)
에 '최신 기출05', 'Width(폭) : 400Pixels,
Height(높이) : 500Pixels, Resolution(해
상도) : 72Pixels/Inch, Color Mode(색
상 모드) : RGB Color, 8bit, Background
Contents(배경 내용) : White(흰색)'로 설정하
여 새 작업 이미지를 만듭니다.

### 03 파일 저장

① [File(파일)] - [Save As(다른 이름으로 저장)]
([Ctrl] + [Shift] + [S])를 클릭합니다.
경로 : PC\문서\GTQ, 파일명은 '수험번호-성
명-2.psd'로 저장합니다.

### 04 사용된 원본 이미지 열기

① [File(파일)] - [Open(열기)]를 선택합니다.
경로 : 문서\GTQ\Image\1급-4.jpg, 1급
-5.jpg, 1급-6.jpg 총 3개의 jpg 파일을
[Shift]를 눌러 모두 선택하고 [열기([O])]를
클릭합니다.

## 2 그림 효과 적용

### 01 1급-4.jpg : 필터 - Dry Brush(드라이 브러시)

① '1급-4.jpg'를 클릭합니다.
② '1급-4.jpg'를 전체 선택([Ctrl] + [A]) 후 [Ctrl] +
[C]를 눌러 복사합니다. 작업 영역으로 돌아와
[Ctrl] + [V]로 붙여넣기 합니다.

③ Ctrl + T 를 누르고 《출력형태》와 비교해가며 이미지의 크기 및 위치를 조정하고 Enter 를 눌러 줍니다.

④ [Filter(필터)] – [Filter Gallery(필터 갤러리)] – [Artistic(예술 효과)] – [Dry Brush(드라이 브러시)]를 선택하고 [OK(확인)]를 클릭합니다.

## 02 색상 보정 : 1급-5.jpg – 빨간색, 파란색 계열로 보정

① '1급-5.jpg'를 클릭합니다.

② 도구상자의 Quick Selection Tool(빠른 선택 도구, ◢)을 클릭합니다. Options Bar(옵션 바)에서 [Add to Selection(선택 영역에 추가)] 으로 브러시의 크기를 조절해 필요한 영역을 선택하고 Ctrl + C 로 복사합니다.

③ 작업 영역으로 돌아와 Ctrl + V (붙여넣기)하고 Ctrl + T 를 눌러 마우스 우클릭 후 [Flip Horizontal(수평 뒤집기)]로 뒤집어 배치합니다.

④ 색상 보정할 부분을 Quick Selection Tool(빠른 선택 도구, ◢)을 이용해 이미지를 선택해줍니다.

⑤ Layers(레이어) 패널 하단에 Create new fill or Adjustment Layer(조정 레이어, ◑)를 클릭하고 Hue/Saturation(색조/채도)을 선택합니다.

⑥ Properties(특징) 대화상자에서 Hue(색조), Saturation(채도)을 파란색에 가깝게 조절해줍니다.

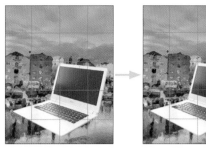

▲ 빨간색

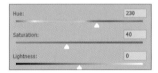

▲ 파란색

## 03 1급-5.jpg : 레이어 스타일 – Drop Shadow(그림자 효과)

① Layers(레이어) 패널에서 '1급-5.jpg'를 선택합니다.

② Layer Style(레이어 스타일)을 적용하기 위해, Layers(레이어) 패널 하단에 Add a Layer Style(레이어 스타일 추가, fx.)을 클릭합니다.

③ [Drop Shadow(그림자 효과)]를 선택하고, Layer Style(레이어 스타일) 대화상자에서 [OK(확인)]를 클릭합니다.

## 04 1급-6.jpg : 레이어 스타일 – Inner Shadow(내부 그림자)

① '1급-6.jpg'를 클릭합니다.

② 도구상자에서 [Quick Selection Tool(빠른 선택 도구, ◢)]을 클릭합니다.

③ Options Bar(옵션 바)에 [Add to Selection (선택 영역에 추가)]을 설정한 후 브러시의 크기를 조절하며 필요한 이미지를 선택합니다.

④ 선택 영역 지정이 완료되면 Ctrl + C 를 눌러 레이어를 복사합니다.

⑤ 작업 영역으로 돌아와 Ctrl + V 로 이미지를 붙여 넣은 후, Ctrl + T 로 크기를 조정해 배치합니다.

⑥ Layer Style(레이어 스타일)을 적용하기 위해, Layers(레이어) 패널 하단에 Add a Layer Style(레이어 스타일 추가, fx.)을 클릭합니다.

⑦ [Inner Shadow(내부 그림자)]를 선택한 후, Layer Style(레이어 스타일) 대화상자에서 [OK(확인)]를 클릭합니다.

**05** Shape Tool(모양 도구)(붓 모양 − #9999ff, 레이어 스타일 − Drop Shadow(그림자 효과)), (비행기 모양 − #cc3333, #ffcccc, 레이어 스타일 − Inner Shadow(내부 그림자))

① Custom Shape Tool(사용자 정의 모양 도구, ⬚.)을 클릭합니다.

② Option Bar(옵션 바)에서 Shape(모양), Fill Color(칠 색상) : #9999ff를 지정한 다음 Shape(모양) 목록 단추를 클릭합니다. [Legacy Shapes and More(레거시 모양 및 기타)] − [All Legacy Default Shapes(전체 레거시 모양)] − [Objects(물건)]를 클릭합니다.

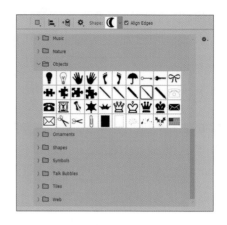

③ 《출력형태》와 일치하는 Paint brush(페인트 브러시, ◣)를 찾아 선택한 후, Shift 를 누른 채 드래그하여 작업 영역에 추가합니다.

④ Layer Style(레이어 스타일)을 적용하기 위해, Layers(레이어) 패널 하단에 Add a Layer Style(레이어 스타일 추가, fx.)을 클릭합니다.

⑤ [Drop Shadow(그림자 효과)]를 선택하고 Layer Style(레이어 스타일) 대화상자에서 [OK(확인)]를 클릭합니다.

⑥ 위와 같은 방법으로 [Custom Shape Tool(사용자 정의 모양 도구, ⬚.)]을 사용하여 Fill Color(칠 색상) : #cc3333, 레이어 스타일 − Inner Shadow(내부 그림자)가 적용된 Airplane(비행기, ➤)을 작업 영역에 추가합니다.

⑦ 도구상자에서 Move Tool(이동도구, ✛)을 클릭한 후 Alt 를 누른 채 Airplane(비행기, ➤)을 드래그해 복사합니다.

⑧ 도구상자 하단에 전경색을 더블 클릭하고 Color Picker(색상 선택) 대화상자가 나타나면 #ffcccc으로 색상을 설정한 후 [OK(확인)]를 클릭합니다.

Alt + Delete 를 눌러 Airplane(비행기, ✈)의 색을 입혀줍니다.

## 3 문자 효과 적용

**01** 디지털 여행 드로잉(돋움, 40pt, #ffff99, 레이어 스타일 – Stroke(선/획)(3px, 그레이디언트 (#cc0066, #3333cc)))

① 도구상자에서 Horizontal Type Tool(수평 문자 도구)을 클릭한 뒤 Options Bar(옵션 바)에서 Font(글꼴) : Dotum, Size(크기) : 40pt, Font Color(글자색) : #ffff99를 설정한 후 '디지털 여행 드로잉'을 입력합니다.

② Options Bar(옵션 바)에서 Create Warped Text(뒤틀어진 텍스트)를 클릭해 Warp Text(텍스트 뒤틀기) 대화상자가 나타나면 Style : Rise(증가)를 선택하여 문자의 모양을 왜곡합니다.

③ Layer Style(레이어 스타일)을 적용하기 위해, Layers(레이어) 패널 하단에 Add a Layer Style(레이어 스타일 추가, ✔)을 클릭합니다.

④ [Stroke(선/획)]를 선택하고 Size(크기) : 3px, Position(포지션) : Outside, Fill Type(칠 유형): Gradient로 설정합니다.

⑤ Gradient 색상 스펙트럼을 클릭합니다.

⑥ 왼쪽과 오른쪽 아래 Color Stop(색상 정지점)을 더블 클릭해 각각 '#cc0066', '#3333cc'로 색상을 설정한 후 Angle(각도)를 조절하고 [OK(확인)]를 클릭합니다.

 →

## 4 최종 파일 저장

**01** JPG 파일 저장

① [File(파일)] – [Save As(다른 이름으로 저장)]를 선택합니다.

② 파일 이름은 '수험번호-성명-2'로 입력합니다.

③ 파일 형식은 JPEG를 선택하고 [저장(S)]을 클릭합니다.

④ JPEG Options(JPEG 옵션)은 Quality : 8 이상으로 잡고 [OK(확인)]를 클릭합니다.

**02** PSD 파일 저장

① [Image(이미지)] – [Image Size(이미지 크기)]를 선택합니다.

② Width(폭) : 40Pixels, Height(높이) : 50Pixels, [OK(확인)]를 클릭합니다.

③ [File(파일)] – [Save(저장)](Ctrl + S)를 선택합니다.

**03** 최종 파일 확인

① 2가지 포맷(JPG, PSD)의 최종 파일이 만들어졌는지 확인합니다.

## 5 답안 파일 전송

**01** 감독위원 PC로 답안 파일 전송

## 1 준비 작업

### 01 파일 만들기

① [File(파일)] – [New(새로 만들기)](Ctrl + N)를
클릭합니다.

### 02 파일 세부 정보 설정

① New Document(새 문서)에서 Name(이름)
에 '최신 기출05', 'Width(폭) : 600Pixels,
Height(높이) : 400Pixels, Resolution(해상
도): 72Pixels/Inch, Color Mode(색상 모드) :
RGB Color, 8bit, Background Contents(배
경 내용) : White(흰색)'로 설정하여 새 작업 이
미지를 만듭니다.

### 03 파일 저장

① [File(파일)] – [Save As(다른 이름으로 저장)]
(Ctrl + Shift + S)를 클릭합니다.
경로 : PC\문서\GTQ, 파일명은 '수험번호–성
명–3.psd'로 저장합니다.

### 04 사용된 원본 이미지 열기

① [File(파일)] – [Open(열기)]을 선택합니다.
경로 : 문서\GTQ\Image\1급–7.jpg, 1급
–8.jpg, 1급–9.jpg, 1급–10.jpg, 1급
–11.jpg 총 5개의 jpg 파일을 Shift를 눌러
모두 선택하고, [열기(O)]를 클릭합니다.

## 2 그림 효과 적용

### 01 배경 : #663366

① 도구상자 하단에 전경색을 더블 클릭합니다.
Color Picker(색상 선택) 대화상자가 나타나면
#663366으로 색상을 설정하고 [OK(확인)]를 클
릭합니다. 작업 영역에서 전경색 단축키인 Alt
+ Delete를 눌러줍니다.

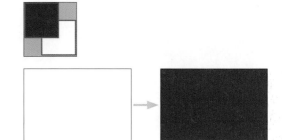

### 02 1급–7.jpg : Blending Mode(혼합 모드) – Screen(스크린), Opacity(불투명도)(80%)

① '1급–7.jpg'를 클릭합니다.

② '1급–7.jpg'를 전체 선택(Ctrl + A) 후 Ctrl + C를
눌러 복사합니다. 작업 영역으로 다시 돌아와 붙
여넣기(Ctrl + V)합니다.

③ Ctrl + T를 눌러 《출력형태》와 비교해가며 크기
와 위치를 조정하고 Enter를 눌러줍니다.

④ Blending Mode(혼합 모드)는 [Screen(스크
린)]을 선택합니다.

⑤ Opacity(불투명도)는 80%로 지정합니다.

### 03 1급–8.jpg : 필터 – Cutout(오려내기), 레이어 마스크 – 대각선 방향으로 흐릿하게

① '1급–8.jpg'를 클릭합니다.

② '1급–8.jpg'를 전체 선택(Ctrl + A) 후 Ctrl + C를
눌러 복사합니다. 작업 영역으로 다시 돌아와 붙
여넣기(Ctrl + V)합니다.

③ Ctrl + T를 눌러 마우스 우클릭 후 [Flip
Horizontal(수평 뒤집기)]로 뒤집어 배치합니다.

④ [Filter(필터)] – [Filter Gallery(필터 갤러리)]
– [Artistic(예술 효과)] – [Cutout(오려내기)]
을 선택한 후 [OK(확인)]를 클릭합니다.

⑤ '1급-8.jpg' 레이어에 마스크를 추가하기 위해 Layers(레이어) 패널 하단에 Add a Layer Mask(마스크 추가, ▣)를 클릭합니다.

⑥ '1급-8.jpg' 레이어에 마스크가 적용됐으면, 도구상자의 Gradient Tool(그레이디언트 도구, ▣)을 클릭합니다.

⑦ Option Bar(옵션 바) Gradient Spectrum(그레이디언트 스펙트럼, ▣▬▬▬▬▬▬)을 선택하고 Gradient Editor(그레이디언트 편집) 대화상자에서 그레이 계열을 지정한 후 [OK(확인)]를 클릭합니다.

⑧ 배경의 오른쪽 위에서 왼쪽 아래 방향으로 드래그합니다.

## 04 1급-9.jpg : 필터 – Film Grain(필름 그레인)

① Layers(레이어) 패널 하단에 Create a new layer(새 레이어 만들기, ▣)를 선택합니다.

② '1급-10.jpg' 이미지를 가져와 핸드폰 화면 영역을 Quick Selection Tool(빠른 선택 도구, ▣)로 선택하고 Ctrl + C로 복사한 뒤, 아래 이미지는 삭제합니다.

③ '1급-9.jpg'를 전체 선택(Ctrl + A) 후 Ctrl + C를 눌러 복사합니다.

④ 작업 영역으로 돌아와 Ctrl + V로 이미지를 붙여넣고 Ctrl + T를 눌러 크기를 조정한 뒤 Enter를 눌러줍니다.

⑤ [Filter(필터)] – [Filter Gallery(필터 갤러리)] – [Artistic(예술 효과)] – [Film Grain(필름 그레인)]을 선택한 후 [OK(확인)]를 클릭합니다.

⑥ 클리핑 마스크를 하기 위해 '1급-9.jpg'를 '1급-10.jpg' 위로 위치한 다음 Ctrl + Alt + G를 눌러줍니다.

## 05 1급-10.jpg : 레이어 스타일 – Outer Glow(외부 광선), Drop Shadow(그림자 효과)

① '1급-10.jpg'를 클릭합니다.

② 도구상자의 Quick Selection Tool(빠른 선택 도구, ▣)을 선택합니다. Options Bar(옵션 바)에서 [Add to Selection(선택 영역에 추가)]으로 브러시의 크기를 조절해 필요한 영역을 선택하고 Ctrl + C로 복사합니다.

③ 작업 영역으로 돌아와 Ctrl + V로 이미지를 붙여넣고 Ctrl + T를 눌러 크기를 조정한 뒤 Enter를 눌러줍니다.

④ Layer Style(레이어 스타일)을 적용하기 위해, Add a Layer Style(레이어 스타일 추가, fx.)을 클릭합니다.

⑤ [Outer Glow(외부 광선)]와 [Drop Shadow(그림자 효과)]를 선택하고 Layer Style(레이어 스타일) 대화상자에서 [OK(확인)]를 클릭합니다.

### 06 1급-11.jpg : 색상 보정 – 파란색 계열로 보정, 레이어 스타일 – Stroke(선/획)(3px, 그레이디언트 (#ff6600, #ffccff))

① '1급-11.jpg'를 클릭합니다.

② 도구상자의 Quick Selection Tool(빠른 선택 도구, ✎)을 선택합니다. Options Bar(옵션 바)에서 [Add to Selection(선택 영역에 추가)]으로 브러시의 크기를 조절해 필요한 영역을 선택하고 Ctrl + C로 복사합니다.

③ 작업 영역으로 돌아와 Ctrl + V로 이미지를 붙여넣기 합니다.

④ Ctrl + T를 눌러 《출력형태》와 비교해가며 이미지 크기 및 위치를 조정하고 Enter를 눌러줍니다.

⑤ 이어서 색상 보정할 부분을 Quick Selection Tool(빠른 선택 도구, ✎)을 이용해 이미지를 선택해줍니다.

⑤ Layers(레이어) 패널 하단에 Create new fill or adjustment layer(조정 레이어, ◐)를 클릭하고, Hue/Saturation(색조/채도)을 선택합니다.

⑥ Properties(특징) 대화상자에서 Hue(색조), Saturation(채도)을 파란색에 가깝게 조절해줍니다.

⑦ Layer Style(레이어 스타일)을 적용하기 위해, Layers(레이어) 패널 하단에 [Add a Layer Style(레이어 스타일 추가, fx.)]을 클릭합니다.

⑧ 이어서 [Stroke(선/획)]를 선택하고 Size(크기) : 3px, Position(포지션) : Outside, Fill Type(칠 유형) : Gradien로 설정합니다.

⑨ Gradient 옆에 색상 스펙트럼을 클릭합니다.

⑩ 왼쪽과 오른쪽 아래 Color Stop(색상 정지점)을 더블 클릭하고 각각 '#ff6600', '#ffccff'로 입력합니다.

### 07 그 외 《출력형태》 참조

① Layers(레이어) 패널 하단에 Create a new layer(새 레이어 생성, ▣)를 클릭합니다.

② [Custom Shape Tool(사용자 모양 정의 도구, ✏)]을 클릭합니다.

③ Option Bar(옵션 바)에서 Shape(모양), Fill Color(칠 색상) : #ff9900을 지정한 다음 Shape(모양) 목록 단추를 클릭합니다. [Legacy Shapes and More(레거시 모양 및 기타)] – [All Legacy Default Shapes(전체 레거시 모양)] – [Animals(동물)]를 선택합니다.

④ 《출력형태》와 일치하는 Bird 2(새 2, ✓)를 찾아 선택한 후, Shift를 누른 채 드래그하여 작업 영역에 추가합니다.

⑤ Layer Style(레이어 스타일)을 적용하기 위해, Layers(레이어) 패널 하단에 [Add a Layer Style(레이어 스타일 추가, fx.)]을 클릭합니다.

⑥ [Stroke(선/획)]를 선택하고 Size(크기) : 2px, Position(포지션) : Outside, Color(색상) : #ffffff로 설정한 후 [OK(확인)]를 클릭합니다.

⑦ 위와 같은 방법으로 [Custom Shape Tool(사용자 정의 모양 도구, 🖉)]을 사용하여 레이어 스타일 – Gradient Overlay(그레이디언트 오버레이)(#ffff00, #663333), Opacity(불투명도)(70%)가 적용된 Bull's Eye(불스아이, ◉)를 작업 영역에 추가합니다.

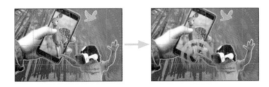

⑧ 위와 같은 방법으로 [Custom Shape Tool(사용자 정의 모양 도구, 🖉)]을 사용하여 Fill Color(칠 색상) : #333300, #ff6600 레이어 스타일 – Outer Glow(외부 광선), Opacity(불투명도)(70%)가 적용된 Tree(나무, 🌲)를 작업 영역에 추가합니다.

## 3 문자 효과 적용

**01** 새로운 가상의 세계가 열리다(궁서, 25pt, 레이어 스타일 – 그레이디언트 오버레이(#ffffff, #9966ff), Stroke(선/획)(2px, #333333))

① 도구상자에서 Horizontal Type Tool(수평 문자 도구)을 클릭한 뒤 Options Bar(옵션 바)에서 Font(글꼴) : Gungsuh, Size(크기) : 25pt를 설정한 후 '새로운 가상의 세계가 열리다'를 입력합니다.

② Layer Style(레이어 스타일)을 적용하기 위해, Layers(레이어) 패널 하단에 Add a Layer Style(레이어 스타일 추가, fx.)을 클릭합니다.

③ [Gradient Overlay(그레이디언트 오버레이)]를 선택합니다.

④ Layer Style(레이어 스타일) 대화상자가 나타나면 Gradient(그레이디언트) 색상 스펙트럼을 클릭합니다.

⑤ 왼쪽, 오른쪽 아래 Color Stop(색상 정지점)을 더블 클릭해 각각 '#ffffff', '#9966ff'로 색상을 설정합니다.

⑥ Angle(각도)를 조정하고 [OK(확인)]를 클릭합니다.

⑦ 이어서 [Stroke(선/획)]도 선택해 Size(크기) : 2px, Position(포지션) : Outside, Color(색상) : #333333으로 설정한 후 [OK(확인)]을 클릭합니다.

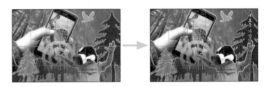

**02** Let's try it together(Arial, Bold, 20pt, #6699ff, 레이어 스타일 – Stroke(선/획)(2px, #ffffcc))

① 도구상자에서 Horizontal Type Tool(수평 문자 도구)을 클릭한 뒤 Options Bar(옵션 바)에서 Font(글꼴) : Arial, Style(스타일) : Bold, Size(크기) : 20pt, Font Color(글자색) : #6699ff를 설정한 후 'Let's try it together'를 입력합니다.

② Layer Style(레이어 스타일)을 적용하기 위해, Layers(레이어) 패널 하단에 Add a Layer Style(레이어 스타일 추가, fx.)을 클릭합니다.

③ [Stroke(선/획)]를 선택해 Size(크기) : 2px, Color(색상) : #ffffcc로 설정하고 [OK(확인)]를 클릭합니다.

**03** VR Experience(Times New Roman, Bold, 35pt, 50pt, 레이어 스타일 – Drop Shadow(그림자 효과), 그레이디언트 오버레이(#ffff00, #00ffff, #ff66ff))

① 도구상자에서 Horizontal Type Tool(수평 문자 도구)을 클릭한 뒤 Options Bar(옵션 바)에서 Font(글꼴) : Times New Roman, Style(스타일) : Bold, Size(크기) : 50pt를 설정한 후 'VR Experience'를 입력한 다음, 'Experience'에 블록 설정하여 Size(크기) : 35pt로 변경합니다.

② Options Bar(옵션 바)에서 Create Warped Text(뒤틀어진 텍스트)를 클릭해 Warp Text(텍스트 뒤틀기) 대화상자가 나타나면 Style : Arch(아치)를 선택하여 문자의 모양을 왜곡합니다.

③ Layer Style(레이어 스타일)을 적용하기 위해, Layers(레이어) 패널 하단에 Add a Layer Style(레이어 스타일 추가, fx.)을 클릭합니다.

④ [Drop Shadow(그림자 효과)]를 선택한 후, Layer Style(레이어 스타일) 대화상자가 나타나면 [Gradient Overlay(그레이디언트 오버레이)]를 선택합니다.

⑤ 왼쪽, 중앙, 오른쪽 아래 Color Stop(색상 정지점)을 더블 클릭해 각각 '#ffff00', '#00ffff', '#ff66ff'로 색상을 설정합니다.

⑥ Angle(각도)를 조정하고 [OK(확인)]를 클릭합니다.

**04** – 일시 : 2021.12.31. 장소 : 미디어 콘서트홀(돋움, 17pt, #330099, #990066, 레이어 스타일 Stroke(선/획)(2px, #99cccc))

① 도구상자에서 Horizontal Type Tool(수평 문자 도구)을 클릭한 뒤 Options Bar(옵션 바)에서 Font(글꼴) : Dotum, Size(크기) : 17pt, Font Color(글자색) : #330099를 설정한 후 '– 일시 : 2021.12.31. – 장소 : 미디어 콘서트홀'

을 입력한 다음, '– 장소 : 미디어 콘서트홀'에 블록 설정하여 Font Color(글자색) : #990066으로 변경합니다.

② Layer Style(레이어 스타일)을 적용하기 위해, Layers(레이어) 패널 하단에 [Add a Layer Style(레이어 스타일 추가, fx.)]을 클릭합니다.

③ [Stroke(선/획)]를 선택해 Size(크기) : 2px, Color(색상) : #99cccc로 설정한 후 [OK(확인)]를 클릭합니다.

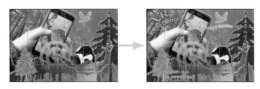

### 4  최종 파일 저장

**01 JPG 파일 저장**

① [File(파일)] – [Save As(다른 이름으로 저장)]를 클릭합니다.

② 파일 이름은 '수험번호–성명–3'으로 입력합니다.

③ 파일 형식은 JPEG를 선택하고 [저장(S)]을 클릭합니다.

④ JPEG Options(JPEG 옵션)은 Quality : 8 이상으로 잡고 [OK(확인)]를 클릭합니다.

**02 PSD 파일 저장**

① [Image(이미지)] – [Image Size(이미지 크기)]를 클릭합니다.

② Width(폭) : 60Pixels, Height(높이) : 40Pixels, [OK(확인)]를 클릭합니다.

③ [File(파일)] – [Save(저장)](Ctrl + S)를 선택합니다.

**03 최종 파일 확인**

① 2가지 포맷(JPG, PSD)의 최종 파일이 만들어졌는지 확인합니다.

## 5 답안 파일 전송

**01** 감독위원 PC로 답안 파일 전송

## 1 준비 작업

### 01 파일 만들기

① [File(파일)] − [New(새로 만들기)](Ctrl + N)를 클릭합니다.

### 02 파일 세부 정보 설정

① New Document(새 문서)에서 Name(이름) 에 '최신 기출05', 'Width(폭) : 600Pixels, Height(높이) : 400Pixels, Resolution(해 상도) : 72Pixels/Inch, Color Mode(색 상 모드) : RGB Color, 8bit, Background Contents(배경 내용) : White(흰색)'로 설정하 여 새 작업 이미지를 만듭니다.

### 03 파일 저장

① [File(파일)] − [Save As(다른 이름으로 저장)] (Ctrl + Shift + S)를 클릭합니다.
  경로 : PC\문서\GTQ, 파일명은 '수험번호−성 명−4.psd'로 저장합니다.

### 04 사용된 원본 이미지 열기

① [File(파일)] − [Open(열기)]를 선택합니다.
  경로 : 문서\GTQ\Image\1급−12.jpg, 1급−13. jpg, 1급−14.jpg, 1급−15.jpg, 1급−16. jpg, 1급−17.jpg 총 6개의 jpg 파일을 Shift를 눌러 모두 선택하고, [열기(O)] 를 클릭합니다.

## 2 그림 효과 적용

### 01 배경 : #99ff66

① 도구상자 하단에 전경색을 더블 클릭합니다. Color Picker(색상 선택) 대화상자가 나타나면 #99ff66으로 색상을 설정하고 [OK(확인)]를 클 릭합니다. 작업 영역에서 전경색 단축키인 Alt

+ Delete를 눌러줍니다.

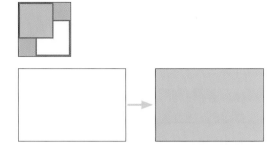

## 02 패턴(지구, 번개 모양) : #ffffff, #3300ff, Opacity(불투명도)(60%)

① 패턴을 만들기 위해 [File(파일)] − [New(새로 만들기)]를 클릭합니다.

② New Document(새 문서)에서 'Width(폭) : 70Pixels, Height(높이) : 70Pixels, Resolution(해상도) : 72Pixels/Inch, Color Mode(색상 모드) : RGB Color, 8bit, Background Contents(배경 내용) : Transparent(투명색)'로 설정하여 새 작업 이미지를 만듭니다.

③ [Custom Shape Tool(사용자 모양 정의 도구, 📷)]을 클릭합니다.

④ Option Bar(옵션 바)에서 Shape(모양), Fill Color(칠 색상) : #ffffff를 지정한 다음 Shape(모양) 목록 단추를 클릭합니다. [Legacy Shapes and More(레거시 모양 및 기타)] − [All Legacy Default Shapes(전체 레거시 모양)] − [Web(웹)]을 선택합니다.

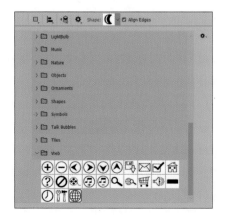

⑤ 《출력형태》와 일치하는 World(세계, 🌐)를 찾아 선택한 후, Shift를 누른 채 드래그하여 작업 영역에 추가합니다.

⑥ Layers(레이어) 패널 하단에 Create a new layer(새 레이어 생성, 🔲)를 클릭합니다.

⑦ Option Bar(옵션 바)에서 Shape(모양), Fill Color(칠 색상) : #3300ff를 지정한 다음 Shape(모양) 목록 단추를 클릭합니다. [Legacy Shapes and More(레거시 모양 및 기타)] − [All Legacy Default Shapes(전체 레거시 모양)] − [Nature(자연)]를 선택합니다.

⑧ 《출력형태》와 일치하는 Lightning(번개, ⚡)을 찾아 선택한 후, Shift를 누른 채 드래그하여 작업 영역에 추가합니다.

⑨ Layers(레이어) 패널에서 Shift를 누른 채 World(세계, 🌐)와 Lightning(번개, ⚡)의 2개의 레이어를 모두 선택하고 Alt를 눌러 드래그해 복사합니다.

⑩ Layers(레이어) 패널에서 전체 레이어를 선택한 후 Opacity(불투명도)를 60%로 입력합니다.

⑪ Menu Bar(메뉴 바) − [Edit(편집)] − [Define Pattern(사용자 패턴 정의)]을 클릭합니다.

⑫ Pattern Name(패턴 이름)을 '지구, 번개 모양'으로 입력하고 [OK(확인)]를 클릭한 후 작업 영역으로 돌아갑니다.

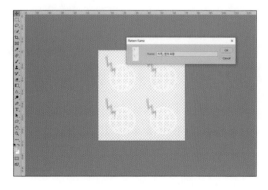

**03 패턴(지구, 번개 모양) : Pen Tool(펜 도구) 사용 #669999, #336666, 레이어 스타일 – Drop Shadow (그림자 효과)**

① Layers(레이어) 패널 하단에 Create a new layer(새 레이어 생성, 🔲)를 클릭합니다.

② 도구상자에서 Pen Tool(펜 도구, ✒.)을 클릭합니다.

③ 상단 Option Bar(옵션 바)에서 Path(패스)를 Shape(모양)로 변경하고 Color(색상) : #669999로 설정한 후 패스의 외곽을 그립니다.

④ Layer Style(레이어 스타일)을 적용하기 위해, Layers(레이어) 패널 하단에 [Add a Layer Style(레이어 스타일 추가, 🎬)]을 클릭합니다.

⑤ [Drop Shadow(그림자 효과)]를 선택하고 Layer Style(레이어 스타일) 대화상자에서 [OK(확인)]를 클릭합니다.

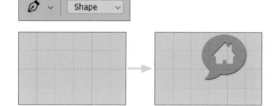

⑥ 위와 같은 방법으로 Color(색상) : #336666으로 설정한 후 나머지 외곽을 그리고 지문에 맞게 효과를 반영합니다.

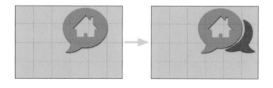

⑦ Layers(레이어) 패널에서 생성된 3개의 레이어를 Shift 를 누른 채 모두 선택하고 Ctrl + G 로 1개의 그룹으로 묶어줍니다.

**04 패턴(지구, 번개 모양) : 클리핑 마스크**

① Layers(레이어) 패널 하단에 Create a new layer(새 레이어 생성, 🔲)를 클릭합니다.

② 도구상자의 Pattern Stamp Tool(패턴 스탬프 툴, 🖼️)을 클릭합니다.

③ 상단 Option Bar(옵션 바) 패턴 썸네일 옆에 목록 단추를 눌러 만들어 놓은 패턴 모양을 클릭합니다.

④ Size(크기)를 5000px로 설정합니다.

⑤ 작업 영역의 빈 곳을 클릭합니다.

⑥ 클리핑 마스크를 하기 위해 Ctrl + Alt + G 를 눌러줍니다.

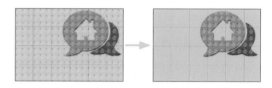

**05 1급–12.jpg : Blending Mode(혼합 모드) – Darken (어둡게 하기), 레이어 마스크 – 대각선 방향으로 흐릿하게**

① '1급–12.jpg'를 클릭합니다.

② '1급–12.jpg'를 전체 선택(Ctrl + A) 후 Ctrl + C 를 눌러 복사합니다. 작업 영역으로 다시 돌아와 붙여넣기(Ctrl + V)합니다.

③ Ctrl + T 를 눌러 《출력형태》와 비교해가며 크기와 위치를 조정하고 Enter 를 눌러줍니다.

④ Blending Mode(혼합 모드)는 [Darken(어둡게 하기)]을 클릭합니다.

⑤ Layers(레이어) 패널 하단에 Add a layer mask(마스크 추가, 🔳)를 클릭합니다.

⑥ Layers(레이어) 옆에 마스크가 적용됐으면, 도구상자의 Gradient Tool(그레이디언트 도구, 🔳)을 클릭합니다.

⑦ Option Bar(옵션 바) Gradient Spectrum(그레이디언트 스펙트럼, ▭)을 클릭한 다음 Gradient Editor(그레이디언트 편집) 대화상자가 나타나면 그레이 계열의 그라데이션을 선택한 후 [OK(확인)]를 클릭합니다.

⑧ 배경의 오른쪽 위에서 왼쪽 아래 방향으로 드래그합니다.

## 06 1급-13.jpg : 필터 – Film Grain(필름 그레인), 레이어 마스크 – 가로 방향으로 흐릿하게

① '1급-13.jpg'를 클릭합니다.

② '1급-13.jpg'를 전체 선택(Ctrl + A) 후 Ctrl + C를 눌러 복사합니다. 작업 영역으로 다시 돌아와 붙여넣기(Ctrl + V)합니다.

③ Ctrl + T를 눌러 《출력형태》와 비교해가며 크기와 위치를 조정하고 Enter를 눌러줍니다.

④ [Filter(필터)] – [Filter Gallery(필터 갤러리)] – [Artistic(예술 효과)] – [Film Grain(필름 그레인)]를 선택한 후 [OK(확인)]를 클릭합니다.

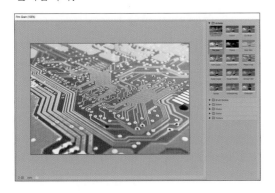

⑤ Layers(레이어) 패널 하단에 Add a layer mask (마스크 추가, ◻)를 클릭합니다.

⑥ Layers(레이어) 옆에 마스크가 적용됐으면, 도구상자의 Gradient Tool(그레이디언트 도구, ◻)을 클릭합니다.

⑦ Option Bar(옵션 바) Gradient Spectrum(그레이디언트 스펙트럼, ◻▪▬▭◻)을 클릭한 다음 Gradient Editor(그레이디언트 편집) 대화상자가 나타나면 그레이 계열의 그라데이션을 선택한 후 [OK(확인)]를 클릭합니다.

⑧ 배경의 왼쪽에서 오른쪽 방향으로 드래그합니다.

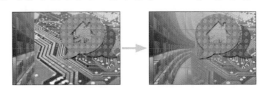

## 07 1급-14.jpg : 레이어 스타일 – Bevel & Emboss (경사와 엠보스), Outer Glow(외부 광선)

① '1급-14.jpg'를 클릭합니다.

② 도구상자의 Quick Selection Tool(빠른 선택 도구, ◻)을 선택합니다. Options Bar(옵션 바)에서 [Add to Selection(선택 영역에 추가)] 으로 브러시의 크기를 조절해 필요한 영역을 선택하고 Ctrl + C로 복사합니다.

③ 작업 영역으로 돌아와 Ctrl + V로 이미지를 붙여넣기 하고, Ctrl + T를 눌러 마우스 우클릭 후

[Flip Horizontal(수평 뒤집기)]로 뒤집어 배치합니다.

④ Layer Style(레이어 스타일)을 적용하기 위해, Layers(레이어) 패널 하단에 Add a Layer Style(레이어 스타일 추가, *fx*)을 클릭합니다.

⑤ [Bevel & Emboss(경사와 엠보스)]와 [Outer Glow(외부 광선)]를 선택한 다음 Layer Style(레이어 스타일) 대화상자에서 [OK(확인)]를 클릭합니다.

### 08 1급-15.jpg : 필터 – Texturizer(텍스처화), 레이어 스타일 – Inner Shadow(내부 그림자)

① '1급-15.jpg'를 클릭합니다.

② 도구상자의 Quick Selection Tool(빠른 선택 도구, *✓*)을 선택합니다. Options Bar(옵션 바)에서 [Add to Selection(선택 영역에 추가)]으로 브러시의 크기를 조절해 필요한 영역을 선택하고 Ctrl + C로 복사합니다.

③ 작업 영역으로 돌아와 Ctrl + V로 이미지를 붙여 넣기 합니다.

④ [Filter(필터)] – [Filter Gallery(필터 갤러리)] – [Texture(텍스처)] – [Texturizer(텍스처화)]를 선택한 후 [OK(확인)]를 클릭합니다.

⑤ Layer Style(레이어 스타일)을 적용하기 위해 레이어 패널 하단에 [Add a Layer Style(레이어 스타일 추가, *fx*)]을 클릭합니다.

⑥ [Inner Shadow(내부 그림자)]를 선택하고 Layer Style(레이어 스타일) 대화상자에서 [OK(확인)]를 클릭합니다.

### 09 1급-16.jpg : 색상 보정 – 녹색 계열로 보정, 레이어 스타일 – Drop Shadow(그림자 효과)

① '1급-16.jpg'를 클릭합니다.

② 도구상자의 Quick Selection Tool(빠른 선택 도구, *✓*)을 선택합니다. Options Bar(옵션 바)에서 [Add to Selection(선택 영역에 추가)]으로 브러시의 크기를 조절해 필요한 영역을 선택하고 Ctrl + C로 복사합니다.

③ 작업 영역으로 돌아와 Ctrl + V로 이미지를 붙여 넣기 하고, Ctrl + T를 누른 다음 Shift를 눌러 크기를 조정해 배치합니다.

④ 색상 보정할 영역을 Quick Selection Tool(빠른 선택 도구, *✓*)로 드래그하여 선택합니다.

⑤ Layers(레이어) 패널 하단 Create new fill or adjustment layer(조정 레이어, *◑*)를 클릭합니다.

⑥ [Hue/Saturation(색조/채도)]을 선택해 Properties(특징) 대화상자에서 Hue(색조) Saturation(채도)을 녹색에 가깝게 조절해줍니다.

⑦ Layer Style(레이어 스타일)을 적용하기 위해 레이어 패널 하단에 [Add a Layer Style(레이어 스타일 추가, *fx*)]을 클릭합니다.

⑧ [Drop Shadow(그림자 효과)]를 선택한 후, Layer Style(레이어 스타일) 대화상자가 나타나면 [OK(확인)]를 클릭합니다.

### 10 그 외 《출력형태》 참조

① Layers(레이어) 패널 하단에 Create a new layer(새 레이어 생성, *◻*)를 클릭합니다.

② [Custom Shape Tool(사용자 모양 정의 도구, *✿*)]을 클릭합니다.

③ Option Bar(옵션 바)에서 Shape(모양)를 지정한 다음 Shape(모양) 목록 단추를 클릭합니다. [Legacy Shapes and More(레거시 모양 및

기타)] – [All Legacy Default Shapes(전체 레거시 모양)] – [Shapes(모양)]를 선택합니다.

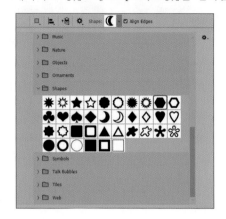

④ 《출력형태》와 일치하는 Hexagon(육각형, ⬡)을 찾아 선택한 후, Shift 를 누른 채 드래그하여 작업 영역에 추가합니다.

⑤ Layer Style(레이어 스타일)을 적용하기 위해, Layers(레이어) 패널 하단에 Add a Layer Style(레이어 스타일 추가, fx.)을 클릭합니다.

⑥ [Gradient Overlay(그레이디언트 오버레이)]를 선택합니다.

⑦ Layer Style(레이어 스타일) 대화상자가 나타나면 Gradient(그레이디언트) 색상 스펙트럼을 클릭합니다.

⑧ 왼쪽과 오른쪽 아래 Color Stop(색상 정지점)을 더블 클릭해 각각 '#999900', '#ffffff'로 색상을 설정한 후 Angle(각도)를 조정하고 [OK(확인)]를 클릭합니다.

⑨ 이어서 [Stroke(선/획)]를 선택하고 Size(크기) : 3px, Position(포지션) : Outside, Color(색상) : #339933으로 설정하고 [OK(확인)]를 클릭합니다.

⑩ 만들어진 Shape(모양)을 Alt 를 누른 채 3번 드래그하여 복사합니다.

⑪ 복사된 Hexagon(육각형, ⬡)에 Layer Style(레이어 스타일)을 적용하기 위해, Layers(레이어) 패널 하단에 Add a Layer Style(레이어 스타일 추가, fx.)을 클릭합니다.

⑫ [Stroke(선/획)]를 선택하고 Size(크기) : 3px, Position(포지션) : Outside, Color(색상) : #6633cc로 설정한 후 [OK(확인)]를 클릭합니다.

## 11 그 외 《출력형태》 참조

① Layers(레이어) 패널 하단에 Create a new layer(새 레이어 만들기, ⊞)를 클릭합니다.

② 도구상자의 [Custom Shape Tool(사용자 정의 모양 도구, ✿)]을 클릭합니다.

③ Option Bar(옵션 바)에서 Shape(모양), Fill Color(칠 색상) : #ff0000을 지정한 다음 Shape(모양) 목록 단추를 클릭합니다. [Legacy Shapes and More(레거시 모양 및 기타)] – [All Legacy Default Shapes(전체 레거시 모양)] – [Web(웹)]을 클릭합니다.

④ 《출력형태》와 일치하는 Volume(볼륨, 🔊)을 찾아 선택한 후, Shift 를 누른 채 드래그하여 작업 영역에 추가합니다.

⑤ Layer Style(레이어 스타일)을 적용하기 위해, Layers(레이어) 패널 하단에 Add a Layer Style(레이어 스타일 추가, fx.)을 클릭합니다.

⑥ 이어서 [Stroke(선/획)]를 선택하고 Size(크기) : 2px, Position(포지션) : Outside, Color(색상) : #66ccff로 설정하고 [OK(확인)]를 클릭합니다.

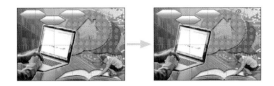

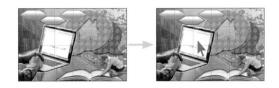

## 12 그 외《출력형태》참조

① Layers(레이어) 패널 하단에 Create a new layer(새 레이어 생성, □)를 클릭합니다.

② [Custom Shape Tool(사용자 모양 정의 도구, ⬥)]을 클릭합니다.

③ Option Bar(옵션 바)에서 Shape(모양), Fill Color(칠 색상) : #0033cc를 지정한 다음 Shape(모양) 목록 단추를 클릭합니다. [Legacy Shapes and More(레거시 모양 및 기타)] – [All Legacy Default Shapes(전체 레거시 모양)] – [Symbols(상징)]를 클릭합니다.

④ 《출력형태》와 일치하는 Mac Pointer(맥 포인터, ▲)를 찾아 선택한 후, Shift 를 누른 채 드래그하여 작업 영역에 추가합니다.

⑤ Layer Style(레이어 스타일)을 적용하기 위해, Layers(레이어) 패널 하단에 Add a Layer Style(레이어 스타일 추가, fx.)을 클릭합니다.

⑥ [Inner Shadow(내부 그림자)]를 선택하고 Layer Style(레이어 스타일) 대화상자에서 [OK(확인)]를 클릭합니다.

⑦ Opacity(불투명도)는 70%로 입력합니다.

## 13 그 외《출력형태》참조

① '1급-17.jpg'를 클릭합니다.

② 도구상자의 Quick Selection Tool(빠른 선택 도구, ◿)을 선택합니다. Options Bar(옵션 바)에서 [Add to Selection(선택 영역에 추가)] 으로 브러시의 크기를 조절해 필요한 영역을 선택하고 Ctrl + C 로 복사합니다.

③ 작업 영역으로 돌아와 Ctrl + V 로 이미지를 붙여넣기 하고, Ctrl + T 를 누른 다음 Shift 를 눌러 크기를 조정해 배치합니다.

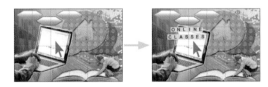

## 3 문자 효과 적용

**01** E-Learning Center(Times New Roman, Bold, 35pt, 45pt, 레이어 스타일 – 그레이디언트 오버레이(#cc3333, #000000, #009999), Stroke(선/획) (3px, #ffffcc), Drop Shadow(그림자 효과))

① 도구상자에서 Horizontal Type Tool(수평 문자 도구)을 클릭한 뒤 Options Bar(옵션 바)에서 Font(글꼴) : Times New Roman, Style(스타일) : Bold, Size(크기) : 35pt를 설정한 후 'E-Learning Center'를 입력한 다음, 'Center'를 블록 설정하여 Size(크기) : 45pt로 변경합니다.

② Options Bar(옵션 바)에서 Create Warped Text(뒤틀어진 텍스트)를 클릭해 Warp Text(텍스트 뒤틀기) 대화상자가 나타나면 Style : Bulge(돌출)를 선택하여 문자의 모양을 왜곡합니다.

③ Layer Style(레이어 스타일)을 적용하기 위해, Layers(레이어) 패널 하단에 Add a Layer

Style(레이어 스타일 추가, *fx.*)을 클릭합니다.

④ [Drop Shadow(그림자 효과)]를 선택한 후 [Gradient Overlay(그레이디언트 오버레이)]를 클릭합니다.

⑤ Layer Style(레이어 스타일) 대화상자에서 Gradient(그레이디언트) 색상 스펙트럼을 클릭합니다.

⑥ 왼쪽, 중앙, 오른쪽 아래 Color Stop(색상 정지점)을 각각 더블 클릭하고 '#cc3333', '#000000', '#000099'를 각각 입력합니다.

⑦ Angle(각도)를 조정하고 [OK(확인)]를 클릭합니다.

⑧ 이어서 [Stroke(선/획)]를 선택해 Size(크기) : 3px, Position(포지션): Outside, Color(색상) : #ffffcc로 설정한 후, [OK(확인)]를 클릭합니다.

## 02 개인별 비대면 스마트 학습(궁서, 30pt, 45pt, 레이어 스타일 – 그레이디언트 오버레이(#660099, #ff9966, #006600), Stroke(선/획)(2px, #ffffff), Drop Shadow(그림자 효과))

① 도구상자에서 Horizontal Type Tool(수평 문자 도구)을 클릭한 뒤 Options Bar(옵션 바)에서 Font(글꼴) : Gungsuh, Size(크기) : 30pt를 설정한 후 '개인별 비대면 스마트 학습'을 입력한 다음, '스마트'를 블록 설정하여 Size(크기) : 45pt로 변경합니다.

② Options Bar(옵션 바)에서 Create Warped Text(뒤틀어진 텍스트)를 클릭해 Warp Text(텍스트 뒤틀기) 대화상자가 나타나면 Style : Flag(깃발)를 선택하여 문자의 모양을 왜곡합니다.

③ Layer Style(레이어 스타일)을 적용하기 위해, Layers(레이어) 패널 하단에 Add a Layer Style(레이어 스타일 추가, *fx.*)을 클릭합니다.

④ [Gradient Overlay(그레이디언트 오버레이)]를 선택합니다.

⑤ Layer Style(레이어 스타일) 대화상자에서 Gradient(그레이디언트) 색상 스펙트럼을 클릭합니다.

⑥ 왼쪽, 중앙, 오른쪽 아래 Color Stop(색상 정지점)을 더블 클릭하고 각각 '#660099', '#ff9966', '#006600'을 입력합니다.

⑦ Angle(각도)를 조정하고 [OK(확인)]를 클릭합니다.

⑧ 이어서 [Drop Shadow(그림자 효과)]를 선택하고 [Stroke(선/획)]를 선택해 Size(크기) : 2px, Position(포지션): Outside, Color(색상) : #ffffff로 설정한 후, [OK(확인)]를 클릭합니다.

## 03 Volume Up(Arial, Bold, 18pt, #ff0000, 레이어 스타일 – Stroke(선/획)(2px, #66ccff))

① 도구상자에서 Horizontal Type Tool(수평 문자 도구)을 클릭한 뒤 Options Bar(옵션 바)에서 Font(글꼴) : Arial, Style(스타일) : Bold, Size(크기) : 18pt, Font Color(글자색) : #ff0000을 설정한 후 'Volume Up'을 입력합니다.

② Layer Style(레이어 스타일)을 적용하기 위해, Layers(레이어) 패널 하단에 Add a Layer Style(레이어 스타일 추가, *fx.*)을 클릭합니다.

③ [Stroke(선/획)]를 선택해 Size(크기) : 2px, Position(포지션) : Outside, Color(색상) : #66ccff로 설정하고 [OK(확인)]를 클릭합니다.

## 04 수강신청, 나의강좌, 정보변경(돋움, 17pt, #ffffff, 레이어 스타일 – Stroke(선/획)(2px, 그레이디언트(#003366, #cc33cc)))

① 도구상자에서 Horizontal Type Tool(수평 문자 도구)을 클릭한 뒤 Options Bar(옵션 바)에서 Font(글꼴) : Dotum, Size(크기) : 17pt, Font Color(글자색) : #ffffff를 설정한 후 '수강신청'을 입력합니다.

② Layer Style(레이어 스타일)을 적용하기 위해, Layers(레이어) 패널 하단에 Add a Layer Style(레이어 스타일 추가, *fx.*)을 클릭합니다.

③ [Stroke(선/획)]를 선택하고 Size(크기) : 2px,

Position(포지션) : Outside, Fill Type(칠 유형) : Gradient로 설정합니다.

④ Gradient 옆에 색상 스펙트럼을 클릭합니다.

⑤ 왼쪽과 오른쪽 아래 Color Stop(색상 정지점)을 각각 더블 클릭하고 하단 '#003366', '#cc33cc'를 입력합니다.

⑥ Angle(각도)를 조정하고 [OK(확인)]를 클릭합니다.

⑦ 도구상자의 Move Tool(이동도구, ⊕)를 선택한 후 Alt 를 눌러 '수강신청' 텍스트를 아래로 드래그하여 복사합니다.

⑧ 복사된 '수강신청' 텍스트를 각각 '나의강좌'와 '정보변경'으로 수정합니다.

## 4 최종 파일 저장

### 01 JPG 파일 저장

① [File(파일)] – [Save As(다른 이름으로 저장)]를 클릭합니다.

② 파일 이름은 '수험번호-성명-4'로 입력합니다.

③ 파일 형식은 JPEG를 선택하고 [저장(S)]을 클릭합니다.

④ JPEG Options(JPEG 옵션)은 Quality : 8 이상으로 설정하고 [OK(확인)]를 클릭합니다.

### 02 PSD 파일 저장

① [Image(이미지)] – [Image Size(이미지 크기)]를 클릭합니다.

② Width(폭) : 60Pixels, Height(높이) : 40 Pixels, [OK(확인)]를 클릭합니다.

③ [File(파일)] – [Save(저장)](Ctrl + S )를 선택합니다.

### 03 최종 파일 확인

① 2가지 포맷(JPG, PSD)의 최종 파일이 만들어졌는지 확인합니다.

## 5 답안 파일 전송

### 01 감독위원 PC로 답안 파일 전송

# 좋은 책을 만드는 길
# 독자님과 함께하겠습니다.

도서에 궁금한 점, 아쉬운 점, 만족스러운 점이
있으시다면 어떤 의견이라도 말씀해 주세요.
SD에듀는 독자님의 의견을 모아 더 좋은 책으로 보답하겠습니다.

## www.sdedu.co.kr

## GTQ 포토샵 1급

| | |
|---|---|
| 초 판 발 행 | 2022년 05월 15일 |
| 발 행 인 | 박영일 |
| 책 임 편 집 | 이해욱 |
| 저 자 | 이솔아 |
| 편 집 진 행 | 성지은 |
| 표지디자인 | 김지수 |
| 편집디자인 | 임옥경 |
| 발 행 처 | 시대고시기획 |
| 공 급 처 | (주)시대고시기획 |
| 출 판 등 록 | 제 10-1521호 |
| 주 소 | 서울시 마포구 큰우물로 75 [도화동 538 성지 B/D] 6F |
| 전 화 | 1600-3600 |
| 팩 스 | 02-701-8823 |
| 홈 페 이 지 | www.sdedu.co.kr |
| I S B N | 979-11-383-2371-0 (13000) |
| 정 가 | 21,000원 |

혼자 공부하기 힘드시다면 방법이 있습니다.
시대에듀의 동영상강의를 이용하시면 됩니다.
www.sdedu.co.kr → 회원가입(로그인) → 강의 살펴보기